贺灿飞 杨汝岱◎著

贸易经济地理研究

中国财经出版传媒集团

经济科学出版社
Economic Science Press

图书在版编目（CIP）数据

贸易经济地理研究/贺灿飞，杨汝岱著．—北京：经济科学出版社，2020．4

（经济地理研究）

ISBN 978－7－5218－1435－4

Ⅰ．①贸…　Ⅱ．①贺…②杨…　Ⅲ．①国际贸易－经济地理　Ⅳ．①F742

中国版本图书馆 CIP 数据核字（2020）第 053263 号

责任编辑：李　雪
责任校对：郑淑艳
责任印制：邱　天

贸易经济地理研究

MAOYI JINGJI DILI YANJIU

贺灿飞　杨汝岱　著

经济科学出版社出版、发行　新华书店经销

社址：北京市海淀区阜成路甲 28 号　邮编：100142

总编部电话：010－88191217　发行部电话：010－88191522

网址：www.esp.com.cn

电子邮箱：esp@esp.com.cn

天猫网店：经济科学出版社旗舰店

网址：http://jjkxcbs.tmall.com

北京季蜂印刷有限公司印装

787×1092　16 开　31.75 印张　660000 字

2020 年 4 月第 1 版　2020 年 4 月第 1 次印刷

ISBN 978－7－5218－1435－4　定价：116.00 元

前言

国际贸易是国家（地区）间的商品和服务交易，是发生在具有一定地理距离（包括经济距离、文化距离、心理距离、制度距离、政治距离等）的市场间的交易。国际贸易是一种典型的经济地理现象，自然地理和人文地理因素影响国际贸易的规模、结构和方向，影响贸易企业出口决策和市场选择决策，将国际贸易与地理结合起来是国际贸易研究的应有之义，能够引入实质性空间视角，弥补国际贸易理论的空间性的不足。自亚当·斯密（Adam Smith）和大卫·李嘉图（David Ricardo）提出绝对和相对优势理论以来，国际贸易理论历经新古典资源禀赋理论、技术差距理论、需求相似理论，再到新贸易论和新新贸易理论，其分析尺度从宏观到微观、从产业间到产业内、从国家（地区）间贸易到企业贸易，基本目标是解释国家（地区）之间为什么会发生贸易，什么企业能够克服沉没成本并成功出口，揭示国际贸易的微观机制。

现有国际贸易理论未能系统性地解释国际贸易的地理格局，忽视了距离以及贸易双方地理属性的重要性。即使是宏观层面的理论模型，也是割裂地分析国家（地区）之间的商品贸易，未能透视国际贸易网络化特性。新贸易理论和新新贸易理论尤其忽视地理因素在贸易中的重要性，不能回答什么产品从哪个国家（地区）出口到哪些国家（地区），哪个国家（地区）从哪些国家（地区）进口什么产品，什么地方的企业为什么出口到什么市场，企业如何拓展其国际市场等经济地理问题。此外，国际贸易理论是以国家（地区）作为基本分析空间单元，未能探究国家（地区）内部企业区位的地方性和差异性。贸易主体是发生在贸易双方国家（地区）内部位于特定地区的企业，企业是嵌入在本地社会经济制度环境中的行为主体，贸易行为无疑受到企业所在地区环境的影响。在经济全球化时代，地方通过资本、知识、服务、商品等与全球市场紧密联系，从而实现全球—地方互动，然而这种互动不完全由经济因素决定，文化、政治、外交、制度等都会发挥作用。

经济地理学综合性空间思维强调超越经济视角审视经济现象，认为贸易嵌入在贸易双方社会经济文化政治制度环境中，以多维度变量解释国际贸易格局；经济地理学将国家和地区间贸易作为重要的全球市场相互依赖性的支撑，是全球联系中最重要的网络，以网络方法和网络思维探究国际贸易；经济地理学重视多样化贸易主体与地方异质性的互动与演化关系，不仅仅探究企业如何出口，更要探究企业如何进入某个特定市场，如何拓展那些市场，探讨出口市场进入与退出动态问题等；经济地理学强调经济活动的空间性、空间相关性与依赖性，地理尺度转换与联系以及有形边界和无形边界的影响。当然经济地理学也关心国际贸易对地方的社会经济与环境效应。因此将地理与贸易联系起来，引入综合思维、空间思维、网络思维，强调多主体和地方异质性的分析范式，是国际贸易研究中不可或缺的理论力量，对于提高对贸易理论与实践的普遍认识具有重要作用。

中国作为一个经济大国，内部地方差异性非常显著。改革开放以来，中国在国际贸易中的地位不断攀升，贸易主体多元化，贸易对象不断拓展，贸易产品不断升级，贸易网络逐渐复杂化，中国成为参与经济全球化的主要获益者。通过积极参与全球产业分工，积极融入全球生产网络，尤其是2001年加入世界贸易组织（WTO）以来，中国实现了全方位开放，出口成为驱动经济增长的“三驾马车”之一。国际贸易在推动区域协调发展，推动西部开发、中部崛起、东北老基地改造以及沿海高质量转型发展中发挥了重要作用。目前中国正积极推进“一带一路”倡议，深化中国与国际市场的多维度联通，同时西方国家贸易保护主义抬头，甚至刻意打压中国制造。中国国际贸易面临新的复杂形势，在高质量转型发展的同时需要深入探讨如何调动贸易企业和地方积极性推进贸易转型，如何通过全球—地方互动拓宽出口市场，如何发挥政府、社会和市场力量持续推动外向型经济建设等，是重要研究问题。在国家自然科学基金重点项目“全球—地方互动与区域产业重构”的支持下，本书在综述国际贸易理论、梳理贸易—地理研究进展和中国国际贸易的地理学研究基础上，将地理视角引入国际贸易研究，探究中国国际贸易的宏观地理格局和微观驱动机制，尤其以出口企业为对象，探讨其出口决策、定价决策以及市场动态等。主要探讨了以下问题：(1) 中国对外贸易的宏观格局如何形成及演化；(2) 中国企业如何进入或者退出出口市场；(3) 中国企业如何拓展出口市场；(4) 中国对外贸易如何影响区域产业地理；(5) 中国对外贸易的经济韧性。

以下简要介绍各章主要内容。

第一章主要综述了国际贸易理论的发展，涵盖了从古典经济学的绝对优势理论和相对优势理论到当代的资源禀赋论，再到新贸易理论和新新贸易理论。

第二章聚焦地理与贸易关系的实证研究进展，关注经济学的贸易地理探讨和地理学的贸易地理研究。在经济学中，生产地理作用于机会成本而影响国际贸易，流通地理作用于贸易成本而影响国际贸易，消费地理作用于市场需求而影响国际贸易。地理学探讨尺度、距离、网络、边界与贸易的关系以及贸易的地方效应。

第三章基于代表性和原创性文献系统梳理了对外贸易增长、贸易结构变迁、贸易效应、贸易政策影响以及国际贸易的地理学研究，进而提出需要从政治、经济与地理三个维度综合研究中国的贸易地理。政治上，强化中央政府的引导和地方政府在政治和经济激励下的竞争相结合是理解中国贸易地理的制度视角；经济上，中国巨型规模效应、范围经济以及广泛的集聚效应赋予中国超越传统比较优势的贸易格局，甚至可以克服地理上的劣势走向更广阔的国际市场；地理上，中国贸易源地在社会、经济、文化、制度环境存在巨大差异，贸易目的地也并非同质，各个国家和地区与中国的地缘关系、经济发展水平、全球价值链位置、社会与政治稳定性、文化制度与消费习惯等存在显著差异，贸易能否发生取决于贸易源地和目的地特征。基于企业贸易行为，结合企业能力、源地和目的地特性，揭示国际贸易的微观机制将是贸易地理研究的独特贡献。

第四章介绍改革开放以来中国对外贸易政策体制改革进程，阐述了非空间和空间政策体制的变化。非空间的政策包括关税政策、外汇政策、汇率政策、出口退税政策和出口加工贸易政策等，空间导向政策包括区域导向性开放战略、保税区政策、出口加工区政策、自由贸易试验区政策以及中国参与区域一体化进程、“一带一路”倡议等。最后基于文献综述了贸易政策体制对中国国际贸易扩张的影响。

第五章描述了改革开放以来中国对外贸易格局演变。在描述世界贸易格局变化趋势基础上，系统考察了中国对外贸易发展格局，包括其进出口贸易规模、结构、市场格局和国内地理格局变化以及贸易源地与目的地网络演化等。

第六章聚焦地缘关系对中国出口贸易增长的影响，发现地缘关系在短期和长期维度上对国家出口贸易带来政治、地理、制度和文化等多方面影响。一方面，政治关系反映了短期政府间关系的波动，对中国出口的影响十分明显。其中较高的政府交往频度不利于中国出口增长，而政府亲密程度对中国出口的影响则是积极的，中国与出口目的国亲密程度越高，则越有向该国出口的倾向；另一方面，地理关系、制度关系和文化关系同样对中国出口有重要影响。

第七章研究企业出口市场的地理扩张机制。研究发现，中国企业出口模式正由集约向多样化转变，对于在位出口企业而言，其进入新市场主要通过直接搜索和间接搜索两条途径，即向与中国或者与原有出口市场邻近性较高的国家（地区）扩张，以此减少开拓新市场所需支付的贸易成本。而研究证明间接搜索方式是中国企业进入新出口地的主要途径，因此企业的出口目的地扩张具有一定的路径依赖性。国家（地区）间政治邻近性作为大的政治环境对企业出口扩张有重要影响。

第八章从移民网络角度研究企业出口边界动态演变。研究发现移民网络能够明显降低出口目的市场的不确定性，服务于企业的出口“试错”机制，从而显著提高在位出口关系出口额的增长率（集约边界），提高新进入出口关系的存活率（扩展边界）。研究扩展了现代国际贸易理论“确定性世界”的基本假设，也有利于从微观出口动态层面更为深入地理解中国贸易发展。

第九章讨论集聚效应、企业全要素生产率与企业出口决策的关系。研究发现，城市集聚和城市—行业集聚均能促进企业出口，而城市集聚更能降低企业出口的生产率阈值要求，使得生产率较低的企业同样可以出口，为出口企业生产率之谜提出了新解释。这种集聚效应对于规模报酬递减行业和外资企业影响更为明显。

第十章探究成本视角下的企业出口地理动态及其作用机制。结果表明企业出口活动和邻近企业溢出均对企业在出口市场上的进入和退出动态存在显著的双面性影响。一方面，企业出口活动不利于企业进入新市场，但有助于企业继续留在已有市场；另一方面，邻近企业溢出为企业进入新市场创造了有利条件，但同时也加快了企业从已有市场退出。在市场化程度较低和政府干预程度较高的地区，企业出口活动和邻近企业溢出发挥的“双面性”影响显著且强烈，因为地方制度环境能够影响中国企业的出口地理动态，也塑造了企业出口的动机和策略。

第十一章探讨全球—地方溢出效应对新企业进入出口市场的作用。研究发现出口溢出可以显著提升新出口企业进入市场的概率，私营企业更倾向于进入出口溢出更强的出口地、目的地市场；出口溢出对跟随型企业，特别是本土跟随型企业进入的促进作用更强，国有集体企业更强调整体出口经验溢出，私营企业更强调产品知识溢出；出口地溢出有利于新出口企业拓展到新目的地，目的地溢出有利于新出口企业拓展到新产品。

第十二章探究外商投资企业出口对中国内资企业出口决策的溢出效应。研究发现外商投资企业出口活动对内资企业出口决策存在显著的正向溢出效应；考虑出口目的地和出口地区的异质性，发现当出口目的地与中国存在较大的经济、地理、政治或制度距离时，外商投资企业对内资企业的出口溢出效应更显著；中西部城市的外商投资企业出口溢出效应比东部城市更为突出。

第十三章以中国出口产品进入新市场的演化路径为研究对象，将供需视角纳入同一解释框架，补充需求视角下的外部市场关联以及需求市场的贸易壁垒措施作为外部力量，探究贸易保护、出口溢出效应如何作用于中国出口市场拓展过程。研究发现中国出口市场拓展呈现典型的路径依赖特征，过去被忽略的需求视角下的外部市场溢出也是解释中国出口贸易格局的重要因素。贸易保护作为一种外部冲击，可有效地增强本地技术溢出的路径依赖而削弱市场关联溢出的路径依赖。贸易保护措施的发起极易削弱我国现有的出口市场联系，进一步增强出口市场拓展进程对本地现有基础知识的依赖。

第十四章以欧美国家对中国光伏产品出口反倾销、反补贴（“双反”）事件为例，研究国际贸易保护主义对中国光伏产品出口市场拓展的影响。结果表明，“双反”后中国与欧美贸易量急剧下降，与非“双反”国家贸易量有所提升，主要目的地从德国、荷兰、意大利和美国转向日本、韩国、印度和新加坡。政策激励能够促进光伏产品出口，且“双反”后政策效力增强。出口关联显著提升正常贸易环境下出口增长，“双反”后则为负向作用。加工贸易比重高的区域受到贸易保护冲击更为严重，市场多元化不能缓冲“双反”冲击，目的地中心性高有利于建立稳健贸易联系。政策激励在光伏贸易中作用突出，减少直接补贴，增加创新奖励是政策优化方向。

第十五章构建区位偏远度指标表征某地区与其他地区之间的经济联系，并结合企业出口自选择效应和出口目的国信息，研究企业区位与企业出口产品价格的关系。研究表明，出口产品城市内价格差异远远小于城市间价格差异，区位因素比目的国特征更能够解释出口产品价格差异；区位偏远度对企业出口产品价格有显著的影响，越偏远的地方，企业出口产品的价格相对越低，反映出我国出口产业的梯度分工模式；相对于一般贸易和内资企业，加工贸易和外商投资企业对区位偏远度更为敏感。

第十六章调查了企业异质性、地理因素与出口产品价格的关系。研究发现地理距离对企业出口到每个市场的每种产品的单位价格有显著的正影响，企业倾向于对距离更远的市场出口单位价格更高的产品，这种影响程度在加工贸易与一般贸易之间、外商投资企业与内资企业之间的差异非常明显。

第十七章分析出口产品的地区相关专业化及其空间差异性。分析表明中国出口产品地区专业化程度较高的城市由东部沿海逐渐向内陆扩散，形成多个连片地区，与区域经济发展水平高度契合。出口产品地区专业化具有显著的产品分异，技术含量高的产品具有更高的地区专业化水平。更高的技术关联密度、地方经济复杂度与产品复杂度有利于提升出口产品地区专业化程度，而地方政府对出口产品的干预趋于违逆市场的方向，不利于产品地区专业化的提升。

第十八章描述并解释了中国出口产业的地理格局。结果表明出口企业空间集聚程度较高，主要集中于东部沿海地区，但是出口产业空间扩散效应明显。新贸易理论及新经济地理学理论对我国出口企业的区位选择及空间分布有较强的解释力，本地市场规模越大，越有利于具有规模报酬递增的企业获得出口优势。地方政府的招商引资政策、开发区政策等促进了出口增长，尤其是技术密集型出口增长。

第十九章探讨产品结构与城市出口韧性的关系。研究发现相关多样化的产品结构不利于城市出口经历金融危机之后的短期反弹，这种负面影响在高质量产品上体现得尤为明显；相关多样化对高质量产品的负面作用主要发生于出口扩展边际，因为相关多样化可能会促使高质量产品在金融危机时期更多地退出出口市场。

第二十章进一步将金融危机后的区域出口韧性按照不同维度分解为危机第一阶段抵抗力、危机第二阶段恢复力以及危机过后产品结构转换提升力。研究发现，相关多样化在短期可以增强区域产品的抵抗力，在长期可以提高区域产品的恢复力并且助推区域产品结构升级；应急型税收政策虽在短期可以有效缓解危机冲击，但其影响范围及作用时间均是有限的；外商投资企业出口占比高的区域产品对区域产品结构升级影响不明显，但加工贸易方式推动了区域产品在危机中的结构升级。

第二十一章总结归纳全书主要发现，并提出了进一步深化和拓展贸易经济地理研究的思路。

本书是基于中国视角的贸易经济地理研究的初步探讨，重点聚焦了中国对外贸易的宏观格局和出口企业的决策与市场拓展行为等。在国家基金委重点项目“全球—地方互动与区域产业重构”的支持下，笔者将进一步将贸易与投资、知识、技术等联系建构经济全球化理论、分析框架；继续从多个维度、多个尺度探究中国对外贸易的国内地理格局及其演化、贸易市场的地理格局及其演化动态；将引入网络思维和网络分析方法全方位探究中国及其区域的贸易网络演化，探讨全球—地方互动机制；将引入关系经济地理、制度经济地理、演化经济地理视角，继续深化企业视角的贸易地理研究。

本书是作者在研究生团队参与下完成的阶段性成果，他们包括陈韬、李振发、齐放、李伟、胡绪千、杨文韬、黎明、黎斌、金璐璐、罗芊和朱向东等。限于作者的学识和能力，本书研究深度和广度有待进一步深化。对书中各章不足之处，还望广大读者和学界同仁批评指正！

贺灿飞　杨汝岱

2019 年 9 月

目录

第一章
国际贸易理论发展

一、引言

国际贸易作为经济全球化的加速器和重要成果，已经成为世界经济发展的主要推动力。2018 年，据世界贸易组织（WTO）统计，世界商品贸易出口总额为 19.67 万亿美元，占全球国内生产总值总量的 1/5；据国家统计局数据，2018 年中国货物贸易进出口总值达到了 30.5 万亿元人民币，约占中国国内生产总值的 1/3。近现代以来，随着经济全球化的发展，国际贸易规模不断扩张，贸易网络不断拓展，世界各个国家和地区的产品已经能够通过国际贸易进入千家万户。中国的孩子穿着越南生产的美国品牌球鞋，法国巴黎的餐厅后厨烹饪着最新鲜的阿根廷牛排，澳大利亚的家庭也点亮了源自北欧的灯具。国际贸易还提供了大量就业机会，改善了商品市场的供需关系，提升了全球的福利水平，并成为在不同地理尺度上联系和分隔世界经济的纽带。

肇始于亚当·斯密，古典经济学试图从理论上解释国际贸易，提出了绝对优势和比较优势理论。经过两百多年的发展，国际贸易理论从古典贸易理论发展为要素禀赋理论，进而又到新贸易理论和新新贸易理论。本章将回顾国际贸易理论的演进过程，比较这些理论在解释国际贸易行为的侧重点和逻辑，并适当介绍理论的拓展和延伸。

二、古典与新古典贸易理论

（一）古典贸易理论：从绝对优势到比较优势

国际贸易理论的渊源可以追溯到 15 世纪末的重商主义学说。重商主义是西欧封建制度向资本主义过渡时期的资产阶级早期经济思想的集中体现。早期重商主义以“货币差额论”为其主要思想，认为一国（地区）出口值超过进口值时，其货币即失去平衡，应当采取国家干预政策控制商品进口，禁止货币输出以积累货币财富。重商主义晚期的观点是“贸易差额论”，认为所有购买都会减少货币，所有售卖都会增加货币。因此，一国（地区）在对外贸易中，必须坚持扩大出口、减少进口甚至不进口的原则，这样才能使贵金属或者货币流入，增加一国（地区）的财富。15 世纪至 17 世纪中叶，西欧封建社会开始没落，资本主义生产方式逐渐体现出其先进性，以货币关系为基础的商品经济飞速发展，商业活动范围随着地理大发现而不断扩展（Pugel，2009）。

英国古典经济学家亚当·斯密（Adam Smith）于 1776 年出版《国民财富的性质和原因的研究》一书，提出了绝对优势理论（Adam Smith，1776），并对自由贸易的合理性与可行性进行论证，被后人公认为自由贸易理论的先驱。斯密的贸易理论主要包括三方面的观点：

（1）商品交换与分工。人类可以从商品交换中得到绝对利益，商品交换推动社会分工，进而促进劳动生产率的快速提升。

（2）国际分工。斯密进一步把社会分工扩大到国际范围，认为国际分工应当建立在先天自然优势和后天技术优势之上。每个国家（地区）都有适宜于生产某些特定产品的绝对有利条件，国家（地区）间应按照这种生产条件进行专业化生产，彼此进行商品交换，这样可以最大化增加资源、资本和劳动的利用率，从而提高生产率，积累更多物质财富。

（3）自由贸易。市场是一只“看不见的手”，能够支配生产和交换的全过程，实现利益最大化。相应地，斯密主张自由贸易主义，反对贸易保护。“应该停征一切税，例如关税、消费税……应该准许和一切国家通商和自由贸易”。

绝对优势理论认为生产成本的绝对差别主导了国际分工和国际贸易，在当时具有先进性，但工业革命已不再能适应英国工业资产阶级最大限度地扩展市场的需要。一方面，工业革命解放了英国工业生产力，英国产生了进口原材料和出口制成品的巨大需求，成为名副其实的“世界工厂”。另一方面，以《谷物法》为代表的贸易保护法案损害了资产阶级的利益，在这种情况下，英国古典经济学家大卫·李嘉图（David Ricardo）的比较优势理论应运而生。

李嘉图在 1817 年出版了《政治经济学及赋税原理》一书，提出了比较优势理论。比较优势理论建立在劳动价值论的基础之上，即生产商品所需的劳动力与劳动生产率有关。李嘉图认为，各个国家（地区）的劳动生产率是不同的，一国（地区）即使不能生产成本绝对低的产品，也能生产成本相对低的产品，并与其他国家（地区）进行交换；每个国家（地区）应集中力量生产那些有利程度较大或不利程度较小的产品，通过国际贸易进行商品交换，即国际贸易遵循“两利取其重，两害取其轻”的原则。

麦克道格尔（MacDougall，1951）对比较优势理论进行了第一次实证检验。他基于 1937 年英美两国 25 个产业的生产率和出口发现，劳动生产率与出口之间有明显的正相关关系，国际贸易很大程度上是基于两国（地区）间不同产业劳动生产率的差异而展开的。

尽管李嘉图的比较优势理论被多次证明是正确的，但它不能解释劳动生产率和国家（地区）比较优势的差别，也不能解释国际贸易对生产要素获利的影响。在这两个问题上，赫克歇尔（Eli F. Heckscher）和俄林（Bertil Ohlin）给予了更清晰的解答。

（二）新古典贸易理论：要素禀赋论

赫克歇尔于1919年发表《对外贸易对国民收入的影响》一文，揭示了要素禀赋与国际贸易的关系。1933年，赫克歇尔的学生俄林出版《地区间贸易和国际贸易》一书，全面阐述了要素禀赋与国际贸易的关系，并在1977年获得诺贝尔经济学奖。俄林提出，一个国家（地区）资源禀赋的相对丰裕程度决定了该国（地区）不同产品的生产成本。劳动并不是唯一的生产要素，资本、土地和其他生产要素都是重要的投入要素。不同商品生产需要不同的生产要素配置，各国（地区）生产要素禀赋不同，造成了生产成本的差异。因此，生产成本可以由劳动生产率差异决定，但更主要是由生产中使用的要素比例和一个国家（地区）的要素禀赋决定。赫克歇尔和俄林提出的理论被称为要素禀赋理论。要素禀赋理论以多生产要素代替李嘉图的单一生产要素假设，解释力更强。该理论也被称为“赫克歇尔—俄林理论”（H-O 理论）。

H-O 理论的逻辑思路可以概括为：生产成本所决定的商品价格差异是国际贸易发生的直接原因，而要素价格差异决定了各国（地区）商品生产成本的差异；各地的要素禀赋不同，决定了各国（地区）要素价格的差异，所以各地区的要素禀赋不同是地区间或国际进行贸易的前提。因此，如果一个国家（地区）在本国（地区）充裕要素密集型的产品生产上具有比较优势，就应该集中生产本国（地区）充裕要素密集型的产品并出口，而进口本国（地区）稀缺要素密集型的产品。要素禀赋理论的假设条件主要包括：完全竞争市场、规模报酬不变、需求偏好相同、国家（地区）使用相同的技术、无运输成本、无贸易壁垒的限制、生产中投入资本和劳动两种生产要素以及要素在国家（地区）内可以自由流动但在国际间不能自由流动。

H-O 理论建立在比较优势基础之上，要素流动假设也与比较优势理论相一致。H-O 理论在两个方面发展了比较优势理论。首先，H-O 理论建立在多种生产要素投入的基础上，与现实更加接近；其次，H-O 理论假设各国（地区）生产同一产品的技术水平是相同的，强调生产成本的差异源自要素禀赋的差别，而比较优势理论建立在各国（地区）劳动生产率差异之上。在 H-O 理论之后，保罗·萨缪尔森、雷布钦斯基等学者对 H-O 理论进行了拓展，提出了斯托帕—萨缪尔森定理、雷布钦斯基定理（Rybczynski Theorem）等延展理论，这些理论被统称为新古典国际贸易理论。

要素禀赋理论是国际贸易理论由古典向新古典发展的标志，其构建的 2×2×2 模型（即两个国家或地区、两种生产要素、两种产品）从一国（地区）的基本经济资源优势角度解释了国际贸易发生的原因。然而，要素禀赋理论也存在局限性，比如：过分突出要素供给差异，单纯强调生产要素的供给，忽略需求对国际贸易的影响；假设条件过于苛刻；过于强调静态分析等。这些局限性很大程度上造成了其对现实的解释力下降，遭到了后来经济学家的挑战。国际经济学界常将李嘉图模型和赫克歇尔—俄林模型归纳为同一种框架，即它们都强调比较优势是国际贸易的原因。后来基于比较优势的国际贸易模型还有如下发展：多恩布施等（Dornbusch et al.，1977）将原有的 2×2×2 的比较优势理论模型拓展到了两个国家（地区）、两种要素和多种产品，将产品的种类连续化，在多产品的情境下对比较优势理论的结论进行比较静态分析。伊顿和科图姆（Eaton & Kortum，2002）进一步将两个国家（地区）、多种产品的模型拓展到了多个国家（地区）和多种产品，创造性地在模型中将各国（地区）生产技术设定为服从 Frechet 分布的形式，由此得出了引力模型形式，并解释了技术差异和各国（地区）之间的贸易成本对国际贸易的影响。他们的开创性研究引发了后来一系列基于结构方法和反事实评估的定量研究。

三、新贸易理论

（一）里昂惕夫之谜

H-O 理论的基本结论是：一个国家（地区）出口其使用本国相对丰裕生产要素生产的产品，进口本国（地区）相对稀缺生产要素生产的产品。1953 年，美国经济学家里昂惕夫以其首创的投入—产出方法对美国 1947 年 200 个行业的资本与劳动比例进行了研究。按照要素禀赋理论，美国作为资本雄厚和技术发达国家，应进口劳动密集型产品，出口资本技术密集型产品，但检验的结果却恰恰相反（Leontief，1953）。无论是 1947 年还是 1951 年，美国进口商品的资本劳动比都高于出口商品的资本劳动比。由此，里昂惕夫指出：“美国参与国际分工是建立在劳动密集型而非资本密集型生产专业化基础之上的。换言之，美国利用对外贸易来节约资本和安排剩余劳动力。”里昂惕夫得出的这个检验结果与H-O模型对美国贸易结构的预测截然相反，被称为“里昂惕夫之谜”。

针对里昂惕夫之谜，学术界提出了不同理论解释，包括消费偏好、要素密集度逆转、公司海外返销、研究开发和技术差距等。而对要素禀赋理论的执念是里昂惕夫的检验结果如此令人震惊的根本原因。事实上，H-O理论只能用来解释初级产品和部分工业产品的贸易，新产品和大部分差异化工业产品的贸易则需要其他理论来解释。

（二）技术差距论

20世纪50年代以来，随着科学技术和生产力的不断发展以及国际政治经济形势趋于稳定，国际贸易规模越来越大，国际贸易的商品结构和地区分布发生了很大变化，传统的国际贸易理论已难以给出有力解释。一些经济学家围绕战后国际贸易的新特点，在国际贸易研究中另辟蹊径，他们从修正要素禀赋理论的前提条件入手，提出了许多解释当代国际贸易的新学说。贸易理论的发展放松了包括技术水平相同、要素不能在国际间自由流动等假设条件，使得理论具有更强的现实解释力。波斯纳（Michael V. Posner）的技术差距论不再假设各国（地区）技术水平相同，并由此解释国际贸易产生的原因。弗农（Raymond Vernon）的产品生命周期理论考虑要素在国际间的流动，诠释了比较优势的动态演进，并一定程度上解释了国际投资流动。

技术差距理论将技术看作一种生产要素，由于每个国家（地区）技术发展水平不同，技术差距可以使技术领先的国家（地区）具有技术上的比较优势，从而出口技术密集型产品。随着技术逐渐被进口地模仿，这种比较优势消失，由比较优势差异引起的贸易也就随之结束了。因此，工业化国家（地区）之间的工业品贸易大多是以技术差距为基础的。

波斯纳把技术差距产生到技术差距引起的国际贸易终止的间隔称为模仿滞后时期，全期又分为反应期和掌握期两个阶段，其中，反应期阶段初期为需求滞后阶段。反应期是指技术创新国家开始生产新产品到其他国家（地区）（技术模仿方）模仿其技术开始生产新产品的时间。掌握期是指其他国家（地区）开始生产新产品到其新产品进口为零的时间。需求滞后是指技术创新国（地区）开始生产新产品到开始出口新产品的时间（见图1－1）。

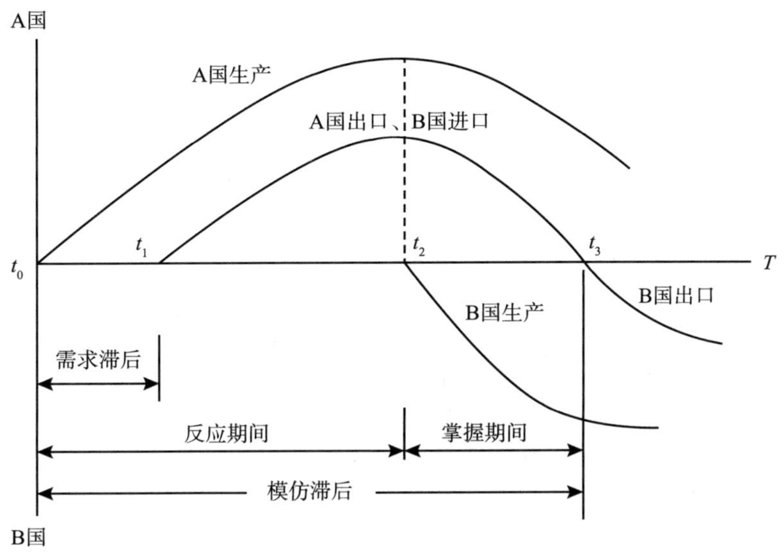

图1－1 技术差距论与国际贸易

资料来源：笔者整理。

（三）产业生命周期理论

产品生命周期指一种新产品从开始进入市场到被市场淘汰的整个过程，其在不同技术水平的国家间发生的时间和过程不一样，其间存在一个较大的技术差距和时差，正是这一时差，表现为不同国家（地区）在技术上的差距，反映了同一产品在不同国家市场上的竞争地位的差异，从而决定了国际贸易和国际投资的变化。典型的产品生命周期一般可以分成五个阶段，即引入期、成长期、成熟期、衰退期和让与期（见图1－2）。作为工业制成品贸易的动态理论，产品生命周期理论对第二次世界大战后制成品贸易模式和国际直接投资的发生提出了令人信服的解释。它考虑了生产要素密集性质的动态变化、贸易国（地区）比较优势的动态转移，以及进口需求的动态变化，对落后国家（地区）利用直接投资和劳动成本优势发展制造业生产具有重要的指导意义。日本经济学家赤松要（Kaname Akamatsu）继而把这种比较优势在不同国家（地区）之间的变化概括为亚洲经济发展的“雁行模式”。

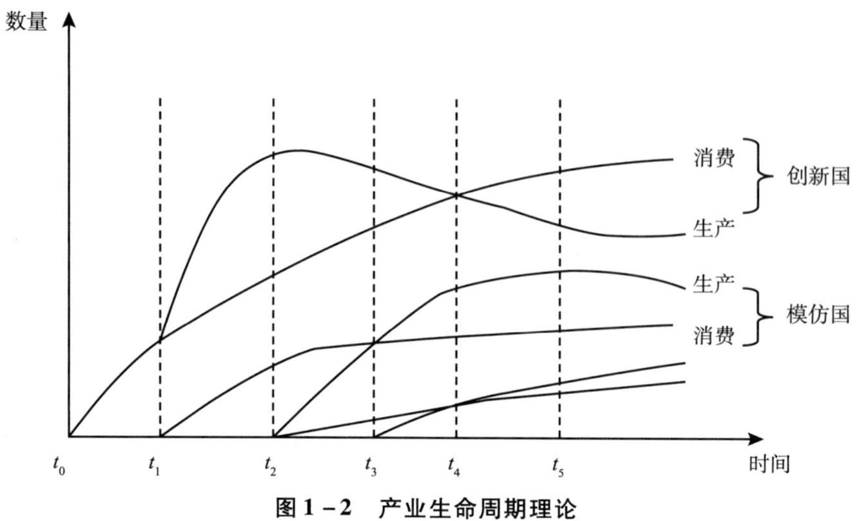

图1-2 产业生命周期理论

资料来源：笔者整理。

（四）需求相似理论

需求相似理论又称重叠需求理论，由瑞典经济学家林德尔（Linder S. B.）提出，认为两个国家（地区）之间的"重叠需求"是发生国际贸易的基础。林德尔认为："可出口产品的范围是由国家（地区）内需求决定的。一种产品在国家（地区）内被消费，对于这种产品成为潜在的出口产品是一个必要但不充分条件。"按照这一理论，一个国家（地区）首先会专业化于国内需求所对应的产品，当本地市场饱和时，一国（地区）企业家可能会开始探索从出口市场中获利的机会，他们首先会向那些与本国（地区）需求结构相似的国家（地区）出口。基于上述分析，两国（地区）需求结构越相似，则两国（地区）之间发生国际贸易的可能性越大。与此同时，林德尔认为影响需求结构的关键因素是平均收入水平。平均收入会影响人们消费产品的数量，因此平均收入接近的国家（地区）常常会具有相似的需求结构，因此可能具有更多的"重叠需求"，从而更可能发生国际贸易；而平均收入差距较大的国家（地区），则两国（地区）的"重叠需求"可能很少，发生国际贸易的可能性也较小。

可以看出，需求相似理论一反李嘉图模型和赫克歇尔—俄林模型的分析逻辑，从需求侧的相似性来解释国际贸易。与李嘉图模型和赫克歇尔—俄林模型相比，这一理论更适合解释发达国家（地区）之间的贸易，它说明了需求水平相似的国家（地区）之间存在产业内贸易的基础，因此可以看作是对基于比较优势的模型且局限于解释发展中国家（地区）和发达国家（地区）之间贸易理论的一种补充。

（五）规模经济理论

20 世纪 50 年代以来，国际贸易在经济结构相似、技术水平接近的发达国家（地区）之间得到迅速发展，使发达国家（地区）之间的分工在国际分工格局中居于主导地位，改变了第二次世界大战前发达国家（地区）主要从事工业制成品生产，发展中国家（地区）主要从事初级产品生产的国际分工模式。同时，发达国家（地区）之间又出现了对于同类产品既出口又进口的现象。到 20 世纪 90 年代，产业内贸易已经占到了世界贸易的 60%，开始取代产业间贸易成为发达国家（地区）间国际贸易的主要利益来源。

以克鲁格曼为代表的一批经济学家进一步放松完全竞争市场和规模报酬不变的假定，采用垄断竞争、规模经济、产品差异等因素合理地解释了当今大量存在的产业内贸易现象。克鲁格曼等人汲取了传统贸易理论的合理因素，采用产业组织理论和市场结构理论对国际贸易新现象进行解释。新贸易理论的分析建立在三个与理想化的传统贸易理论完全不同的假设上，假设分别是：（1）以国际市场不完全竞争代替完全竞争市场；（2）以厂商生产的规模报酬递增代替规模报酬不变；（3）以产品差异性代替同质性。

在以上三个假设下，新的贸易理论模型被构建起来，引发了一场贸易理论的革命，并得到主流经济学界的普遍认同，被称为“新贸易理论”（Brander & Krugman, 1983）。新贸易理论认为规模经济是国际贸易发生的基础，如果一个国家（地区）某产品的生产规模足够大，就会降低平均成本，使该国（地区）获得比较优势从而出口这种产品。因此，即便在要素禀赋、技术条件和消费者需求等方面都无差别的两国（地区）之间，也会发生贸易。发达国家（地区）具有相似的市场需求，但消费者对产品种类的偏好是多样的。这一逻辑解释了发达国家（地区）之间的产业内贸易，同时也意味着新贸易理论更强调出口增长中产品种类的重要性。

四、新新贸易理论：企业异质性与产品内贸易

20 世纪 80 年代以来，新一轮经济全球化浪潮出现了。在经济全球化发展的背景

下，国际贸易迅速发展，形成了一个包含不同部门之间、同一部门不同产业之间、同一产业不同产品之间以及同一产品不同工序之间分工的多层次国际贸易格局体系。其中，建立在价值链基础上的同一产品不同工序之间的分工是国际分工深化的成果，跨国公司成为贸易的主体。生产经营活动对企业而言是一个创造价值的过程，可以分解为一系列互不相同但又互相关联的活动，如研发、采购、制造、分销、服务等，形成了企业的价值链。由于生产经营活动更加专业化，导致国际贸易从最终产品的分工进一步向价值链中不同活动之间的分工发展，遍布于世界各地的各分支机构分别从事其中一项或几项活动。无论在企业规模还是企业生产率方面，企业都是异质的，因此，考虑企业间的差异对于理解国际贸易至关重要，同一产业部门内部企业之间的差异可能比不同产业部门之间的差异更加显著，而且现实中并非所有的企业都会从事出口。

梅里兹（Melitz，2003）扩展了克鲁格曼（Krugman，1980）的贸易模型，将企业异质性假设引入理论模型，建立异质性企业模型，回答了在现实中存在的只有少数企业才能出口的现象，进而解释了零出口如何转变成出口的过程。这些在新贸易理论基础上所获得的成果被称为“企业异质性贸易理论”，又被称为“新新贸易理论”（Baldwin，2005），新新贸易理论将研究重点放在异质企业上，考虑用企业异质性来解释更多新的企业层面的贸易现象。梅里兹（2003）在垄断竞争、线性成本和CES效用的基础上刻画企业生产率异质性对出口贸易的影响，模型显示只有高效率的企业才能进入出口市场，低效率的企业只能供应国内市场。这是因为企业向目的地出口某种产品需要付出固定成本，该固定成本在企业进入该目的地市场以后就变成了一种沉没成本。企业为了进入出口市场，必须达到能够承担这种沉没成本的门槛值，否则只能供应国内市场或者直接退出市场。新新贸易理论还有如下拓展：

第一，放宽Melitz模型中过于严苛的假设。Melitz模型依赖于CES效用函数，因此导致利润最大化的价格是边际成本的一个固定加成（markup），这一点受到了一定的质疑。因此，梅里兹和奥塔维亚诺（Melitz & Ottaviano，2008）结合产业组织理论，采用了拟线性二次效用函数设定，将成本加成内生化，在此基础上推导出的模型含义与梅里兹（2003）的模型十分相似，说明了Melitz模型在一定程度上能够适应不同的成本加成设定。与此同时，梅里兹（2003）的模型假设国家（地区）是对称的，企业出口到所有国家（地区）付出的固定成本均相等，但是阿尔科亚基斯（Arkolakis，2010）、伊顿等（Eaton et al.，2011）指出，企业接触不同国家（地区）的消费者需要付出不同的“市场渗透成本”，对这一异质性的“市场渗透成本”进行符合微观基础的设定之后，他们发现模型参数估计的结果能够很好地匹配法国企业的出口情况。

第二，将单一产品模型拓展到多产品企业。新新贸易理论虽然放弃了企业同质性假设，但仍然假定企业只出口一种产品，然而现实中，国家贸易中的多产品企业广泛存在。伯纳德等（Bernard et al.，2007）发现多产品企业在美国制造业出口企业中占

57.8%，其出口额占制造业总出口额的99.6%。贝尔图和福恩塔根（Berthou & Fontagné，2013）发现1998年法国多产品企业占所有出口企业的70%。迈耶等（Mayer et al.，2014）、伯纳德等（2011）、阿尔科亚基斯和明德尔（Arkolakis & Muendler，2010）等在企业异质性贸易理论基础上对多产品企业假定的贸易理论模型做出了开创性贡献。他们不仅关注了企业异质性，而且考虑企业内产品异质性，同时考虑不同目的地对特定产品的偏好或在目的国—产品层面具有差异的固定进入成本。高效率企业因为利润较高而有能力支付沉没成本，可以出口更多种类的产品到更多目的地市场；中等效率的企业因为只能负担国内市场固定成本而服务国内市场，效率最低的企业因负担不起国内市场进入成本而退出市场。不同目的地对特定产品的偏好决定了企业内产品间的自我选择，企业会选择目的地市场偏好程度高的产品进行出口，而将偏好程度低的产品供应国内。即使出口更多种类的产品存在额外成本，大企业仍然选择进行出口扩展，这是因为范围经济的存在，即进入出口市场的固定成本可以被多种产品分摊。企业出口多样化会降低风险，避免单一产品出口增长所带来的竞争效应。企业多产品假定使企业维度的生产率扩展到企业—产品—目的地市场维度的生产率，即企业内每个产品出口到每个国家（地区）的成本以及所获得的利润都不同。因此，市场均衡的结果也从企业维度的简单均衡扩展到企业—产品—目的地市场层面的均衡，也就是说，模型的均衡最终以不同企业出口不同产品到不同国家（地区）而告终。

第三，从国际贸易的研究拓展到外包和国际投资的研究。企业在国际化过程中面临着两个关键选择：其一，是否进入国际市场？其二，以何种方式进入国际市场？梅里兹（2003）的模型无法解释为什么这些海外生产会发生在企业边界之内，而不是通过常见的市场交易、分包或许可的形式进行海外生产。以安特拉斯（Antras）、埃尔普曼（Helpman）等为代表的学者探讨企业异质性对企业边界、外包（out-sourcing）以及内包（in-sourcing）战略选择的影响，为研究企业全球化和产业组织提供了全新视角。埃尔普曼等（2004）的模型结合Melitz模型的思路，得出生产率最高的企业将通过对外投资的形式进入国际市场，而生产率次之的企业将通过国际贸易进入出口市场，生产率最低的企业不出口。企业内生边界模型考虑南北两国贸易的情况，并假定企业会选择不同组织形式、不同产权结构和不同生产地，这些差异反映了企业异质性。新的企业内生边界模型发现，生产率差异影响了企业进入国际市场的决策。企业内生边界模型结论显示，对位于北国企业来说，高生产率的企业选择在南国生产中间产品，而低生产率企业只能在本国生产产品。对一国内部企业的组织形式选择上，低生产率企业倾向于外包，而高生产率企业倾向于垂直一体化。而对于跨国外包地选择上，低生产率企业选择本国，而高生产率企业选择外国。同时，模型还发现行业特征依赖于生产率分散程度，生产率越分散的行业，越依赖进口中间产品，并且行业内部服务密集程度越高，行业越倾向于一体化（Antras，2003；Antras & Helpman，2004）。

五、小结

本章介绍了国际贸易理论进展，各种理论主要特点见表1－1。传统贸易理论假设企业与产品具有同质性，同时消费者偏好相同，那么偏好相同的消费者对于同质性产品愿意支付相同的价格，因此如果一国（地区）拥有生产某种产品的绝对优势或比较优势，其依靠较低价格可以实现出口增长。传统贸易理论无法解释现实中大量存在的产业内贸易现象。新贸易理论认为规模经济报酬递增是国际贸易发生的基础，即便在要素禀赋、技术条件和消费者需求等方面都无差别的两国（地区）之间，也会发生贸易，因为如果一个国家（地区）某产品的生产规模足够大，就会稀释该产品的固定生产成本，降低平均成本，使该国（地区）获得比较优势从而出口这种产品。同时，发达国家（地区）具有相似的市场需求，但消费者对产品种类的偏好是多样的，这就解释了发达国家（地区）之间为什么存在产业内贸易。无论是产业间贸易还是产业内贸易，两者都有一个暗含假定，即所有产品出口到所有市场，但现实中零贸易现象广泛存在，国家（地区）不可能出口所有产品到所有市场。产业间贸易强调已出口产品的出口增长，产业内贸易强调产品种类增加对出口增长的作用。新新贸易理论将企业异质性引入理论模型，回答了在现实中存在的只有少数企业才能出口的现象，进而能够解释零出口如何转变成正出口的过程。不是所有企业都能够出口是因为企业向目的地出口某种产品需要付出固定成本，该固定成本在企业进入该目的地市场以后就变成了一种沉没成本，企业为了进入出口市场必须达到能够承担这种沉没成本的门槛值，否则只能供应国内市场或者直接退出市场。新新贸易理论仍然存在许多严苛的假设，例如采用固定成本加成的设定、企业出口单一产品设定、国家（地区）之间固定成本对称的设定等，后来的研究对其进行了一定的拓展和延伸，发现了一些异质性结果，这丰富了对异质性企业的贸易行为的理解。事实上，前面所述的贸易模型虽然在市场结构、是否考虑供给侧异质性等方面具有较大的差异，但是阿尔科亚基斯等（Arkolakis et al.，2012）通过严谨的数学推导发现，无论是基于完全竞争的比较优势引力模型（Eaton & Kortum，2002），还是基于垄断竞争的克鲁格曼规模报酬递增模型和异质性企业模型，贸易自由化对一个国家（地区）的福利所得仅取决于贸易弹性和对本国消费品消费的占比两个变量，这也暗示了这些贸易模型具有一定的内在共性。

表 1－1　　　　不同国际贸易理论的比较

理论	传统贸易理论	新贸易理论	新新贸易理论
基本假设	同质企业、同质产品、完全竞争市场、规模报酬不变	同质企业、产品差异化、不完全竞争市场、规模报酬递增	企业异质性、产品差异、不完全竞争市场、规模报酬递增
主要结论	按照比较优势和资源禀赋差异进行贸易；解释了产业间贸易	市场结构差异和规模经济存在以及产品差异化扩大了贸易；解释了产业内贸易	企业的异质性导致企业的不同贸易决策；解释公司内贸易和产业间贸易，也解释了产品间贸易

资料来源：笔者整理。

参考文献

［1］ Antras P. 2003. Firms, contracts, and trade structure. NBER Working Paper No. 9740. National Bureau of Economic Research, Inc.

［2］ Antras P. and Helpman E. 2004. Global sourcing. Journal of Political Economy, 112 (3): 552 - 580.

［3］ Arkolakis C., Costinot A. and Rodriguez-Clare A. 2012. New trade models, same old gains?. The American Economic Review, 102 (1): 94 - 130.

［4］ Arkolakis C. and Muendler M. A. 2010. The extensive margin of exporting products: A firm-level analysis. NBER Working Paper No. 16641. National Bureau of Economic Research, Inc.

［5］ Arkolakis C. 2010. Market penetration costs and the new consumers margin in international trade. Journal of Political Economy, 118 (6): 1151 - 1199.

［6］ Baldwin R. 2005. Heterogeneous firms and trade: Testable and untestable properties of the Melitz Model. NBER Working Paper No. 11471. National Bureau of Economic Research, Inc.

［7］ Bernard A. B., Jensen J. B., Redding S. J. and Schott P. K. 2007. Firms in international trade. Journal of Economic Perspectives, 21 (3): 105 - 130.

［8］ Bernard A. B., Redding S. J. and Schott P. K. 2011. Multiproduct firms and trade liberalization. The Quarterly Journal of Economics, 126: 1271 - 1318.

［9］ Berthou A. and Fontagné L. 2013. How do multiproduct exporters react to a change in trade costs?. The Scandinavian Journal of Economics, 115 (2): 326 - 353.

［10］ Brander J. and Krugman P. A. 1983. "Reciprocal dumping" model of international trade. Journal of International Economics, 15 (3): 313 - 321.

［11］ Dornbusch R., Fischer S. and Samuelson P. A. 1977. Comparative advantage, trade, and payments in a Ricardian model with a continuum of goods. The American Economic Review, 67 (5): 823 - 839.

［12］ Eaton J., Kortum S. and Kramarz F. 2011. An anatomy of international trade: Evidence from

French firms. Econometrica, 79 (5): 1453 - 1498.

[13] Eaton J. and Kortum S. 2002. Technology, geography, and trade. Econometrica, 70 (5): 1741 - 1779.

[14] Helpman E., Melitz M. J. and Yeaple S. R. 2004. Export versus FDI with heterogeneous firms. The American Economic Review, 94 (1): 300 - 316.

[15] Krugman P. 1980. Scale economies, product differentiation, and the pattern of trade. The American Economic Review, 70 (5): 950 - 959.

[16] Leontief W. 1953. Domestic production and foreign trade: The American capital position re-examined. Proceedings of the American Philosophical Society, 97 (4): 332 - 349.

[17] MacDougall G. D. A. 1951. British and American export: A study suggested by the theory of comparative costs, Part I. Economic Journal, 61: 697 - 724.

[18] Mayer T., Melitz M. J. and Ottaviano G. I. P. 2012. Market size, competition, and the product mix of exporters. The American Economic Review, 104 (2): 495 - 536.

[19] Melitz M. J. 2003. The impact of trade on intra-industry reallocations and aggregate industry productivity. Econometrica, 71 (6): 1695 - 1725.

[20] Melitz M. J. and Ottaviano G. I. P. 2008. Market size, trade, and productivity. The Review of Economic Studies, 75 (1): 295 - 316.

[21] Pugel T. 2009. International trade. 北京：中国人民大学出版社.

[22] Smith A. 1776. An Inquiry into the Nature and Causes of the Wealth of Nations. London, U. K.: W. Strahan and T. Cadell.

第二章
国际贸易地理研究

一、引言

第二次世界大战之后，国际贸易规模不断攀升，成为经济全球化的重要体现。但是，国际贸易迅速增长的现象并未受到地理学的重点关注。事实上，从 20 世纪 80 年代至今，直接针对国际贸易地理的文献综述不多（McConnell，1986；Grant，1994；Andresen，2010a），地理学者研究国际贸易的文献不够充分。部分学者直言地理学对国际贸易的关注严重缺乏（Dicken，2004），常常将国际贸易排除在本学科的研究范围之外（McConnell，1986），且其对国际贸易研究的贡献不外乎一些分散、孤立的研究的总和，并未提出有助于理解国际贸易地理的综合理论框架（Grant，1994）。实际上，地理学并非一开始便不重视对国际贸易的研究，早在商业地理学时期，对国际资源和贸易情况的细致描述是地理学的重要研究内容。然而，在经济全球化时代，地理学首先需要应对“地理消亡论”的挑战，由此开始新区域主义思潮和制度、文化、关系转向，强调区域的特殊性和区域内部的“非贸易相互依赖性”（untraded interdependency）对区域发展的短期或长期影响，而国际贸易作为全球化的主要体现之一，与区域化的大潮背道而驰。21 世纪以来，地理学才逐渐形成“区域外部力量”对区域发展的理论建构（Bathelt et al.，2004），而在这种语境下，贸易也仅被看作是区域外部联系的一种，地理学更关注贸易中蕴含的知识流对打破区域锁定的作用，而不是关注贸易本身。另外，由于贸易受到生产和消费两方面的影响，因而贸易的地理与生产和消费的地理无法脱离关系，这无形中增大了理论分析难度。无论是何种原因，地理学家对国际贸易的关注较为分散且不够深入，急需新的理论框架（Grant，1994）。

相比而言，经济学对于贸易与地理的关系反而给予了更多的关注，从经典的引力模型、克鲁格曼的核心边缘模型以及新新经济地理模型等，国际贸易领域的一系列理论模型均直接涉及地理与贸易的关系，其模型论证结果含有明显的地理含义。经济学者对这些理论模型也进行了充分的实证检验，虽然结果仍有一定分歧，但是也对这一问题给出了积极的启示。当然，地理学家认为国际贸易是国家（地区）、跨国公司等主体与制度之间复杂互动的产物（Grant，1994），因而用经济学的成本—收益视角分析贸易与地理的关系也有其局限性。首先，经济学研究基于特定效用函数、生产函数设定，推导模型以考察国际贸易的关系，其与地理相关的变量设定往往十分简单（例如，引力模型假设到岸价与离岸价与距离之间的简单线性关系，从而将地理距离纳入数学模型)，且这些模型往往建立在“同质的空间”假设之上，因而可能难以捕捉真实世界的状况；其次，经济学常在国家尺度和企业尺度上分析地理与贸易的关系，中观的区域、城市尺度的分析较为缺乏，且考虑不同尺度交互影响的研究较少；再其次，经济学对于制度、文化因素对贸易的影响关注较少，对于贸易如何反过来重塑地理景观，导致区域发展的不平衡也没有过多涉及。在这些方面，地理学研究可以构成有益的补充。

由此，本研究认为，地理学可在如下方面对国际贸易研究有所贡献：其一，以区域的外部联系视角看待贸易，探讨贸易这一区域与外部联系的渠道如何与区域内部各变量互动，导致区域内部、区域之间的发展与创新的不平等，从而塑造独特的地理景观；其二，考虑多尺度、跨尺度的贸易影响因素，尤其应着力于探讨国际贸易与区域、城市尺度变量的交互作用，弥补经济学相关研究缺乏中观尺度和多尺度研究的缺陷；其三，地理学的网络思维，将国际贸易看成全球网络的重要组成部分，探讨其形成与演化及其效应；其四，地理学对空间异质性的分析也可对解构现实贸易成本，打开贸易成本的黑箱，并理解其与制度、文化等非经济因素的复杂互动有所助益。首先，我们将从经济学视角回顾在国际贸易研究中，地理变量如何影响贸易；其次，通过分析经济学研究的局限性，从地理尺度的视角，分析加入地理尺度视角之后，研究结论将如何变得复杂，甚至出现与经典经济学模型截然相反的情况。地理学视角对于国际贸易研究仍有独特的边际贡献，亟待后来学者丰富这一领域的研究；最后，展望了未来地理学对国际贸易的研究。

二、国际贸易研究中的地理

从经济学视角来看，贸易是自经济学诞生以来重点研究的对象之一。古典经济学认为，分工的深度决定市场规模，贸易是社会分工不断深化的结果，同时贸易也会反过来促进社会分工的深化。古典经济学的这一重要结论实际上具有很强的地理含义，按照这一逻辑，如果将社会分工推广到国际分工或空间分工，各个国家在生产率、资源禀赋、制度、文化、经济规模等地理上的不同可能会导致不同的分工模式，从而导致不同的贸易模式。此处从古典经济学常用的生产、流通和消费的三阶段划分，分别总结地理因素如何对国际贸易产生影响。

（一）生产：作为机会成本的地理

古典贸易理论如绝对优势理论、比较优势理论和要素禀赋理论有一个共同点，即假设国际贸易是由不同国家（地区）间存在某种地理差异导致的。例如生产率在地理上的相对差异是比较优势理论的关键假设，而要素丰裕度在地理上的差异则是要素禀赋理论的关键假设。这些理论均呈现了从地理差异到专业化生产与专业化分工，再得出贸易互补、福利提升的逻辑。然而，对于克鲁格曼的新贸易理论而言，它与传统贸易理论的论证逻辑相反。传统贸易理论是从地理上的差异得出专业化的空间分工和贸易模式，而新贸易理论则是在地理上的同质的假设基础上，基于规模经济推导出专业化的空间分工和贸易模式。而新新贸易理论是在纯粹微观的维度上进行的，其本身没有任何地理含义。因而，为了总结地理的差异如何作用于生产阶段，本小节重点对传统贸易理论，尤其是要素禀赋理论进行回顾。

劳动生产率的地理或生产要素的空间分布是通过影响地区参与空间分工的机会成本的方式来影响贸易模式的。在克鲁格曼的规模报酬递增模型提出之前，地理学和经济学对国际贸易的研究主要是基于要素禀赋理论（赫克歇尔—俄林模型）（Andresen，2010a）。按照这一理论，如果国家（地区）参与国际贸易，那么劳动要素丰裕的国家（地区）相对而言将专业化生产劳动密集型产品，因而将出口劳动密集型产品；而资本要素丰裕的国家（地区）则相反，出口资本密集型产品。这是因为，在参与贸易的条件下，劳动要素丰裕的国家（地区）生产资本密集型产品的机会成本较高，无法达到利润最大化的最优点；而资本要素丰裕的国家（地区）则相反，生产劳动密集型产品的机会成本较高。同样地，这种关于机会成本的分析也适用于李嘉图模型。但是，就实证检验而言，要素禀赋模型却不尽如人意，从著名的里昂惕夫悖论，到20世纪80年代的一系列实证检验，均对要素禀赋模型的解释力提出了严峻的挑战（Maskus，1985；Brecher & Choudhri，1982；Staiger，1988）。实际上，要素禀赋模型假设各国（地区）具有相同的技术和相同的消费偏好，这一假设难以被地理学家接受。为了克服假设过于严格的缺点，一些经济学家尝试放松要素禀赋理论的假设，例如使国家（地区）具有不同的生产率和不同的消费情况，研究发现考虑不同国家（地区）的生产率不同在一定程度上提高了要素禀赋理论的解释力（Trefler，1995）。因而，基于简单假设的要素禀赋理论难以经受实证检验，若放松假设，允许某些程度的地理差异则可以提高理论的解释力。从上述贸易理论的实证检验中可以看出，生产的地理差异对贸易的影响是不可忽视的。生产要素、生产率在地理上分布的差异通过影响机会成本而作用于国际贸易的流量和流向。

（二）流通：作为贸易成本的地理

古典经济学的分析常常包含生产、流通和消费三个过程。虽然流通过程被新古典经济学范式逐渐省略，但是流通过程包含了丰富的地理含义，且流通过程中发生的各种成本仍然显著作用于贸易流量。商品流通过程简单来说即生产过程完成后直到消费者消费前的过程，包括产品的运输、储存、市场交易等。地理距离和边界能够影响运输、储存和交易过程的成本。因此本书认为，地理变量以增加或降低贸易成本的形式作用于流通过程。

1. 距离

如何打开贸易成本的黑箱是国际贸易学者一直致力探索的重要问题，而地理距离就是贸易成本的典型体现。常见的将地理距离纳入经济学模型分析的有萨缪尔森的"冰山成本"与引力模型，实际上，引力模型引入地理距离的方式也是设置一定的离岸价和到岸价的关系，即距离越远，离岸价与到岸价的差距越大，因而与冰山成本的形式异曲同工。因而此处以引力模型为例，探讨地理距离如何构成国际贸易中的贸易成本。

全球化的一大特征是"时空压缩"，人们认为技术的进步使得地理距离不再重要，世界变成平的。在"距离已死"和"地球村"的论调下，强调国际贸易随着地理距离而衰减的引力模型却逐渐成为经验研究的"主力"（workhorse）（Baier & Bergstrand，2007），且被公认为是目前国际贸易领域实证研究中最为稳健的理论模型（Leamer & Levinsohn，1995；Rose，2000），这说明了地理距离仍然显著地影响了国际贸易流量。经典的引力模型采用如下的形式：$T_{ij}=X_iX_jd_{ij}^{-\theta}e^{\lambda L_{ij}}$。其中，$T_{ij}$表示 i 国（地区）与 j 国（地区）之间的贸易量；X_i、X_j 分别表示 i 国（地区）、j 国（地区）的经济体量，常以 GDP 来表示。d_{ij}表示 i 国（地区）与 j 国（地区）之间的地理距离；θ 为正的参数；L_{ij}表示其他控制变量，例如 i 国（地区）与 j 国（地区）是否接壤、是否有共同语言、共同殖民历史等；λ 为 L_{ij} 的系数向量（Disdier & Head，2008）。可见，引力模型认为双边贸易随经济规模上升而上升，随地理距离上升而下降。迪斯迪耶和黑德（Disdier & Head，2008）对 103 篇国际贸易文献中涉及的 1 467 个距离弹性估计结果进行元分析，发现在 90% 的研究中，地理距离对国际贸易流量的弹性系数在 0.28 ~ 1.55 之间，地理距离每增长 10%，双边贸易额相应下降约 9%。引力模型在实证研究上的成功说明贸易仍然随着地理距离而衰减，地理距离仍然重要。全球化理论中的"地理消亡"与实际上地理的重要性相互矛盾，这被称作"距离之谜"或"消失的全球化之谜"（Arribas et al.，2011）。即使在全球化不断加深的时代，地理距离仍为一项重要的贸易成本。

2. 边界

相比于地理距离，边界也构成了某种“非线性的贸易成本”（Beugelsdijk & Mudambi，2013），且得到了地理学者和经济学者的广泛关注。国际贸易领域对边界效应最早的探索可以追溯到麦卡勒姆（McCallum，1995），这一研究对加拿大省际贸易和加拿大各省与美国各州的贸易进行了对比，发现 1988 年加拿大省际贸易是各省与美国各州贸易的22 倍，这在北美自由贸易协定签订后的 1993 年，仍为 15.3 倍。这说明了即使在美国这样一个与加拿大的语言、文化、制度非常相近的国家内，贸易一体化协定也无法抹除国境线带来的额外成本。受这一富有争议的开创性研究的影响，许多学者针对美国与加拿大又进行了跟进研究（Anderson & Smith，1999；Brown，2003；Gopinath et al.，2009；Andresen，2010b）。安德森和史密斯（Anderson & Smith，1999）探索了进口与出口是否具有同样的边界效应，发现进口和出口在加拿大的不同省份间也具有不同的边界效应，这一空间上的差异性使得他们将加拿大部分省份识别为对美国的“进口平台”或“出口平台”，边界效应对其具有特殊影响。还有一些研究探索了美国与加拿大之间的边界效应是否随着贸易一体化逐渐下降（Helliwell，1998），发现先前的研究有高估边界效应之嫌，且边界效应与关税等其他壁垒的效应有一定重合（Brown，2003），不仅在空间上具有明显异质性，而且对模型设定较为敏感（Andresen，2010b）。

同时，以其他地区为样本的边界效应研究也逐渐兴起，而且大多发现边界效应具有空间异质性。例如，对欧洲的研究也发现了明显的边界效应，同时这一边界效应受到国家（地区）之间的技术壁垒、产品信息成本、企业生产区位等的影响（Chen，2004）。其他样本包括西班牙（Gil-Pareja et al.，2006）、日本（Okubo，2004）。在这两个国家也均发现了一定的边界效应，但是对于日本而言，研究发现其边界效应较弱且不断下降（Okubo，2004）；而对西班牙的研究则发现其边界效应可能受特定的地理加总方法影响（Llano-Verduras et al.，2011）；国内学者也对我国省际贸易的边界效应进行了检验，发现边界效应在我国也明显存在，且中西部地区的边界效应明显大于东部地区（赵永亮、徐勇，2007）。因而，行政单元的地理边界也可能构成贸易成本，边界效应成为地理通过贸易成本影响贸易流量的又一例证。

（三）消费：作为市场需求的地理

对于生产过程和流通过程而言，地理分别表现为生产的机会成本和贸易成本。而对于消费过程而言，地理则作用于市场需求。本部分仅考虑经济规模的地理分布对贸易的影响，并未考虑消费结构的影响，因为其可以看作是经济规模影响在产品内贸易的体现（Helpman，1987）。本书认为，在消费层面，国家（地区）经济规模地理分布会影响市场需求的地理分布，从而影响国际贸易流量和国际贸易流向。此处以本地市场需求和国家（地区）间经济规模的相似性为例，分别讨论经济规模的地理分布如何影响贸易流向和贸易流量，同时回顾相关实证研究。

1. 本地市场需求（HME）：贸易流向

克鲁格曼（1980）的模型在垄断竞争和规模报酬递增的假设下，得出了如下推论：本国（地区）市场若对某种产品具有更大的需求，则本国（地区）这一产品在贸易中会出现顺差，即出口大于进口。这是因为在规模报酬递增的设定下，本国市场较大的地区能够更好地发挥规模经济优势。同时，埃尔普曼和克鲁格曼（Helpman & Krugman，1985）的模型也说明，在规模较大的国家（地区）中，消费者数量的占比将小于处于规模报酬递增的产业内部的企业数量的占比，即这些产业会出口产品。即使他们意识到模型推论可能是基于 DS 垄断竞争模型的设定，但是他们认为这一论断可能更具一般性。这一判断也与波特的《国家竞争优势》的描述有所重合，这一观点认为一国（地区）若能率先满足本国（地区）消费者的超前需求，那么这个国家（地区）生产的产品就会在国际上具有竞争优势。基于本地需求规模的“本地市场效应”被认为是克鲁格曼新经济地理学模型的基础（Fujita et al.，1999），因为只有本地市场效应存在，劳动力的实际工资在较大的国家（地区）更高，因而才会形成循环累积因果效应，导致核心边缘结构。这也可以看出，消费者规模的地理分布可能对国际贸易的流向产生显著影响。

那么，理论上推导出的本地市场效应是否真实存在呢？市场规模的地理分布是否能够经由本地市场效应影响贸易流向？对这一问题最早的实证研究可以追溯到戴维斯和温斯坦（Davis & Weinstein，1996），他们使用 OECD 国家的数据，发现要素禀赋可以解释 90% 的贸易，而本地市场效应仅能解释 10%，本地市场效应存在但是作用微弱。但在后续的研究中，有许多研究发现了本地市场效应至少在部分产业部门存在（Davis & Weinstein，1999；Davis & Weinstein，2003；Weber，2003；Domeque et al.，2005；Kim，2015；钱学锋、陈六傅，2007；林发勤、唐宜红，2010；颜银根，2010；毛艳华、李敬子，2015）。但同时，也有部分研究发现了“逆本地市场效应”的存在（Head & Ries，2001；Head et al.，2002），可见目前的实证结果存在明显分歧。这些分歧一方面是由于相比于国家（地区）间的贸易，新经济地理模型可能更适合解释地区间贸易，因为其具有更合适的贸易成本条件（Davis & Weinstein，1999）；另一方面的原因是模型设定的不同，若基于出口产品种类由企业内生决定的贸易模型（Helpman & Krugman，1985）进行检验，则往往可以发现本地市场效应的存在；若基于出口产品种类外生给定的贸易模型（Markusen & Veneble，1988）进行检验，则往往发现本地市场效应并不明显，甚至得到“逆本地市场效应”的结果。因而，虽然现有研究对市场需求或是市场潜力的实证检验并不一致，但是大多数研究均发现了在需求较大的地区拥有较高的实际工资（Head & Mayer，2004），这也可以看作是对新经济地理模型的积极验证。

2. 国家收入相似性：贸易流量

通常认为，技术进步引起的运输成本下降以及国际贸易不断自由化导致了第二次世界大战后国际贸易的增加（Krugman，1995）。同时，除了上述两个因素以外，国家间经济规模在空间上的收敛也成为国家（地区）间贸易量增加的可能原因（Feenstra，1998；Baier & Bergstrand，2001）。埃尔普曼（Helpman，1987）最早研究国家经济规模在地理上的相似性对贸易流量的影响，他用一个简单而深刻的模型阐释了国家（地区）间收入的相似性如何导致更大的国家（地区）间贸易量，并用部分发达国家（地区）的数据验证了这一判断。为了简要说明埃尔普曼（1987）的论证逻辑，此处假设世界由两个国家构成，它们的经济体量分别为 X_i、X_j。如果世界经济总量（两个国家经济总量）给定为 $M = X_i + X_j$，那么基于引力模型，两国间的贸易额为 $T_{ij} = X_i X_j d_{ij}^{-\theta} = \frac{1}{2}((X_i + X_j)^2 - X_i^2 - X_j^2) d_{ij}^{-\theta} = \frac{1}{2}(M^2 - X_i^2 - X_j^2) d_{ij}^{-\theta}$。在给定 $X_i + X_j = M$ 的情况下，容易得到在 $X_i = X_j$ 时，双边贸易额达到最大值，这说明了两个经济体的经济规模越接近，双边的贸易流量越大。跟随埃尔普曼（1987）的研究，胡梅尔斯和莱文索恩（Hummels & Levinsohn，1995）运用了 OECD 国家和非 OECD 国家（地区）的数据对这一结论进行验证，得出了与埃尔普曼（1987）类似的结论。布罗兹基和乌明斯基（Brodzicki & Uminski，2018）也发现了发展水平相似的地区，双边出口流量越大。然而，拜尔和贝格施特兰德（Baier & Bergstrand，2001）则发现相比于技术进步和贸易自由化，国家（地区）间收入的相似性对贸易增长贡献极小。这些结果说明，尽管实证结果有一定的分歧，国家（地区）之间的规模相似性也可能通过影响需求的地理分布来影响贸易流量。

（四）小结

图 2-1 总结了在古典经济学的“生产—流通—消费”范式下，地理与国际贸易的关系。在国家（地区）尺度上，国家（地区）间生产率、要素禀赋的空间分布不均导致了不同的生产模式，国家（地区）间的差异成为促进国际贸易的因素；国家

（地区）间的距离和边界构成了贸易的阻碍因素，导致邻近的国家（地区）间贸易流量更大；国家（地区）规模的地理分布同样也会通过影响需求水平的空间分布进而影响贸易的流向和贸易的流量，这体现在本地市场效应和国家（地区）收入相似性的相关研究上。在经济学的同质世界中，地理因素似乎“外在于”经济系统，因此将地理因素作为外生变量纳入贸易似乎并不困难。但是真实的世界是更加错综复杂的，地理上的差异可能是贸易的结果而非其原因，至少有以下几个方面说明了地理与贸易间的关系并非如经典的国际贸易范式所假设的那么简单：首先，全球化与区域化的趋势同时存在，区域经济一体化组织塑造了更多的边界，使得传统的边界和距离变得更加复杂，世界并没有以经济学者想象的方式通过贸易自由化而连接到一起；其次，贸易自由化并非如经典模型预测的那样，总是使得双边福利提升，其引发的区域经济不平等问题日益受到关注，例如，贸易自由化在不同规模的城市、不同要素密集程度的地区可能存在不同的效应，从而导致区域发展水平进一步分化，这在发展中国家（地区）尤为明显。本书认为，地理尺度的概念对于贸易研究的重要性日益提升，关注不同尺度、跨尺度影响的地理学可以对国际贸易研究做出贡献。

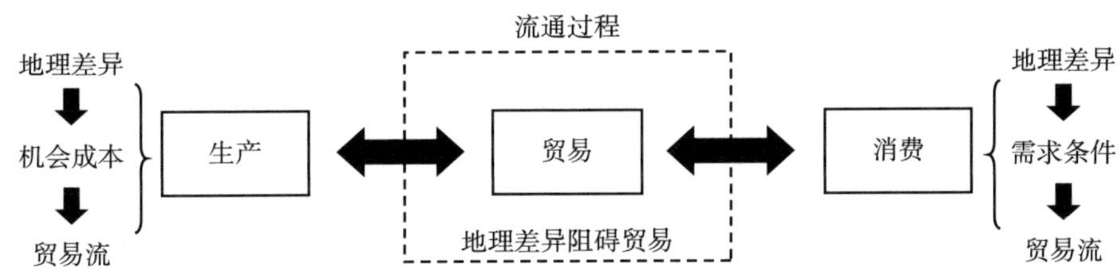

图2－1　经济学视角下的地理与贸易关系

资料来源：笔者整理。

三、经济地理学的贸易研究

（一）传统贸易地理

传统贸易地理研究以世界各国生产力布局和经济发展为基础，通过对世界主要国家自然资源、经济结构和技术水平、工农业部门的生产和分布特点的分析，研究国际贸易商品流通的区域结构和区域差异。

国际贸易与地理因素有着千丝万缕的联系。国际贸易历史可以追溯到奴隶社会兴起之初。由于生产力进步，社会出现了阶级和私有制，并且随着商品经济的发展以及货币和商人的出现、国家的形成，最初的物品交换逐渐发展成了国家、地区之间的贸易。在国际贸易萌芽阶段，以奴隶和奢侈品为主要商品的贸易模式使得军事、科技和交通优势主导了贸易格局，而这些优势在很大程度上依赖地理上的先天优势，平原和临海地区成为贸易的中心。

运输费用在国际贸易成本结构中一直占据相当大的比重。海洋运输相对于陆路、航空等其他运输方式而言，具有运量大、运费低的优势，因而临海成为发展贸易，尤其是国际贸易的最主要自然条件。近代以来，海洋资源和海运条件成为主导世界经济走向的重要自然禀赋。位于美洲大陆的美国具有得天独厚的地理优势，濒临大西洋和太平洋，狭长的海岸线带来了巨大的贸易优势。同时，美国2/3的土地属于平原和丘陵，为农业快速发展创造了条件。且长期的和平与稳定也保证了经济顺利发展。日本也具有优越的地理位置，丰富的海洋资源和便利的海运条件弥补了陆地资源的匮乏，使其能够迅速崛起成为世界经济强国。从国家（地区）内部看，经济中心和城市群的形成也与通达的地理位置和稳定的地理环境有关，如位于长江入海口的上海、处于墨累—达令河冲积平原的澳大利亚悉尼、地处哈德逊河出海口的美国纽约、位于莱茵河三角洲地区的阿姆斯特丹等城市，它们都具备优良的国际航运基础、平坦的地形及广阔的腹地（于志达，2010）。

随着生产力的提高和科学技术的进步，越来越多的内陆地区成为经济发展的“异常点”，如美国硅谷、德国法兰克福，这些地区虽然地处内陆，但在互联网和信息产业、航空产业等行业的带动下成为新的经济和贸易中心。不仅如此，第三次产业革命使得亚太各国经济快速崛起，国际贸易格局也不再以欧美地区为中心，而是呈现出了多极化的发展趋势。

在这样的背景下，各国在国际贸易中所处的地位和发挥的作用因为其不同的自然禀赋和社会文化背景而各有差异。研究这种差异的形成、发展和变化是贸易地理最根本的学科任务，即以国际贸易中重要的原材料及加工产品的产销联系为对象，研究如粮食、主要经济作物、石油、煤炭、重要矿产及尖端技术、高加工度商品的生产、运输、贸易和消费形成的空间流动。由于运输是国际贸易的媒介，对世界航线、港口、商船、铁路干线、航空运输的研究是国际贸易地理研究的组成部分之一。自由港、自由贸易区、出口工业加工区、自由边境区、过境区和保税仓库区等各种形式的经济特区是促进国际贸易的特殊形式，研究其作用、产生的条件、类型及布局，亦为国际贸易地理的重要内容（黄森才，2012）。

（二）地理与贸易

无论是自然地理还是人文地理特征，都在很大程度上影响了全球范围内的产业结构、国际贸易和直接投资，进而决定世界贸易格局变化（Bagchi-Sen and Wheeler，1989；贺灿飞、梁进社，1999；Overman et al.，2001）。19 世纪末 20 世纪初，关注国际贸易和商品交易的商业地理学，成为红极一时的贸易理论经典（Chisholm，1889；Smith，1913）。尽管自此之后地理学者对贸易研究的兴趣不复往日（Thrift，1985；Grant，1994），但关注贸易区位、跨国企业、政府行为、边界效应、区域一体化等主题的经济地理研究却从未停止（Dicken，2004；Venables，2005；Martin，2010；Rodriguez-Pose，2012；Baldwin et al.，2012；Sheppard，2012；Dunford et al.，2014；Berndt，2017；Kashiha et al.，2017）。

20 世纪 80 年代以来，麦康奈尔（McConnell，1986）和格兰特（1994）等尝试对贸易地理的研究范围和理论框架进行概括，倡导地理学者参与全球贸易和区域发展讨论。同时，国际贸易学者将区位选择纳入一般贸易模型（Krugman，1991），并试图通过引入地理因素，如邻近性和连续性来解释国际贸易（Frankel，1991；Schott，1991；Poon，1997）。这为学科之间的对话提供了机会，也进一步明确了地理学者参与国际贸易讨论的独特视角和其理论体系的作用。

基于经济地理学的贸易地理研究在其发展过程中与时俱进、兼容并包，形成了独具特色的理论框架（McConnell，1986；Grant，1994；Martin，2010）。麦康奈尔（McConnell，1986）提出，贸易地理应该是涵盖贸易流向、区位特征、文化传播、交通运输、政策制定、商业活动等元素的复杂科学。格兰特（1994）着重从政府和制度、产业和跨国企业两个视角来构建贸易地理研究框架。马丁（Martin，2010）则主要分析了经济学者和地理学者共同关注的贸易理论、边界和区域等问题，并提出地理学对于了解国际关系仍然重要。总体而言，贸易地理同时强调地理和贸易关系，主流研究方向包括贸易格局、全球化、地方发展、关系和网络等。

1. 国际贸易格局

贸易格局是贸易地理在国际贸易研究中一个十分重要的贡献。这些研究描述国际贸易模式变化和贸易流变迁，讨论影响国际贸易演变的决定因素，诸如地理距离、制度、文化和语言差异等因素的相对重要性。国际贸易关系形成于充满国际谈判、制度结构和政治联盟等复杂政治元素的舞台，因而不可避免地与制度变化产生相互影响（North，1990）。地理位置邻近的地区往往共享类似的语言和文化，沟通成本较低，利于创造人际关系和商业信任，便于发展国际贸易（Grant，1994）。基于时间序列数据探索国际贸易流的结构变化有助于分析国际环境中特定事件对国际贸易的影响（McConnell，1986）。一些学者研究了贸易格局变化对地区发展的影响，包括对对外贸易和吸引投资的影响（Loeve et al.，1985）。

对国际贸易流的分析是贸易地理研究的一个重要主题。这些研究通常聚焦国际贸易中的商品流动，旨在描绘全球贸易分布，分析贸易流向和流量的影响因素（McConnell，1986）。佩舍尔和埃梅里（Peschel & Emery，1981）研究了德国与其贸易国（地区）之间的实际距离对贸易流的作用，发现除地理距离外，政治和历史关系以及文化和语言认同也会影响贸易流的空间结构。赖芬斯坦等（Reiffenstein et al.，2002）将贸易概念化为经济、政治和文化的复合进程，研究了加拿大的不列颠哥伦比亚省与日本之间的预制房屋贸易，发现出口不仅与市场需求相关，文化交流也起到了决定性作用。潘图路（Pantulu et al.，2003）分析了1996～1999年日本和美国对其他国家（地区）的对外投资情况，发现对外投资推动了国际贸易。

在更宏观尺度，快速发展的区域间贸易也在很大程度上改变了当今世界的贸易格局（Helpman，1999）。区域贸易集团通过规模经济和高生产率提高竞争优势，通过不断加深区域政治与经济合作，最终形成更高程度的一体化。区域贸易集团通过贸易转移影响了国际贸易格局，成员方从其他成员方进口商品，提高了区域内贸易水平。区域间贸易研究证实了空间邻近度、距离与国际贸易联系的高度相关性（Poon，1997）。区域集团的区域内贸易非常活跃，其中一些著名集团包括欧盟（European Union，EU）、南方共同市场（Mercado Común del Sur，MERCOSUR）、东南亚国家联盟（东盟）自由贸易区，以及北美自由贸易协定（North American Free Trade Agreement，NAFTA）等。事实上，区域内贸易增长通常高于全球国际贸易增长（Frankel et al.，1997）。蓬（Poon，1997）还发现跨国公司等促进了全球联系深化，带来了国际贸易的飞速发展，与此同时，国际贸易流更加地理集中。阿查亚等（Acharya et al.，2011）研究了全球19个区域一体化组织内贸易，发现加勒比共同体（Carbbean Community，CARICOM）、东非和南非共同市场（Common Market for Eastern and Southern Africa，COMESA）、南部非洲发展共同体（Southern African Development Community，SADC）及中欧自由贸易区（Central European Free Trade Agreement，CEFTA）存在明显的贸易转移效应。迪克蒂斯和塔约利（Benedictis & Tajoli，2011）研究了世界贸易网络，发现区域内部贸易流密度高于世界均值，同一区域国家间贸易比其同其他大洲国家的贸易更多。

2. 全球—地方联系

交通与通信技术的快速发展降低了不同主体空间联系的时间成本，拓展了空间联系范围（Harvey，1990），重塑了全球生产、国际关系、文化交流、知识传播等过程的空间结构（MacLeod，2001）。同时，这些参与主体呈现出鲜明的多元化特征（Kettl，2000；Sassen，2003）。以跨国公司为代表的全球化力量成为国际贸易中不可或缺的参与者。跨国公司独特的部门和业务结构设计可以结合地域多样性，灵活考虑生产和销售的范围，以减少诸如贸易政策变更等不利事件的影响；同时，基于产业内贸易和地区专业化布局的跨国公司对国际贸易模式产生了深远的影响，因而对跨国公司的理解也是国际贸易地理研究的核心（Evans，1997；Kettl，2000；Sassen，2003；Mathews，2006）。

在这种全球化的背景之下，贸易地理研究对象被置身于一个更为广阔的空间与更为复杂的联系之中。汉密尔顿（Hamilton，1981）总结了影响全球贸易结构的三大力量：日益国际化的工业生产；运输、通信和制造技术创新；世界政治经济结构的变化。林格和汉密尔顿（Linge & Hamilton，1981）进一步强调了全球工业生产格局调整和传统国际分工的颠覆对商品和资本的国际流动产生的重大影响。地理学者鲜明反对"地理终结"的论调（O'Brien，1992；Graham，1998），指出全球化不仅代表跨国联系的强化，同时还推动代表异质性的地方力量崛起和国家力量变革。

自20世纪70年代开始，地理学者开始关注在区域发展过程中来自区域外部的力量，包括外资和外贸等（Dicken，1976）。对外贸易是国内经济和产业格局变化的重要推动力。通过对外贸易实现经济增长是近现代许多国家走向强盛的主要途径。从地理大发现时期的西班牙和葡萄牙，到工业革命时期的英国，再到第二次世界大战后依靠出口导向经济崛起的日本和韩国，都是依靠国际贸易创造经济奇迹的典范。对于发展中国家而言，国际贸易不仅能够快速积累财富，创造工作机会；同时，"干中学"和知识溢出等机制也能够帮助国家和地区提升生产效率、改进科技水平，对提升国际地位和实现长远发展有着重要作用。在国际贸易成为一国经济增长的驱动力的同时，其对国内的经济地理也产生了深刻且复杂的影响。汉森（Hanson，1998）发现美国和墨西哥的贸易削弱了墨西哥城的经济中心地位，而使得边界地区的城镇获得了长足发展。国际贸易不仅影响国内产业的空间分布，还会对国内地区间收入差距造成影响，甚至会作用到国内的政策和政治格局（孙哲、刘建华，2007）。

20世纪80年代以来，国际贸易格局所呈现的全球范围内流量增加和区域贸易集团快速增长使得关注地方联系和区位特征的经济地理学愈发凸显其重要性。随着全球化进程的不断推进，以跨国公司为载体的要素流动更多表现为地方之间的直接联系（Murray & Overton，2014）。在这种背景之下，贸易地理研究呈现出了鲜明的地方化特色，形成了"全球—地方"联系的理论研究范式，对于理解在全球贸易中的地方发展以及区域差异和不均衡现象具有重要意义（Yeung，2009；Wei，1996）。

3. 全球贸易网络

贸易地理研究经常将国际贸易分解成由节点、链接和流等元素构成的空间结构。一个基本的范式是，国际贸易中卖方和买方被定义为起点和终点，中间节点则为中间买卖方，链接和流代表了节点之间的传输，第三组要素是被交易的商品或服务，第四组要素是时间和空间层面的国家（地区）和全球环境。这四组要素共同描述了全球贸易体系的基本结构。地理学者眼中的贸易地理意味着交易主体间的互动，意味着贸易分布和产业区位，甚至知识、文化、管理和价值观等的传播（McConnell，1986）。地理学者以重要的地方为节点、以关系为纽带，构建网络化的尺度体系，提供了理解全球经济发展的全新网络视角（Kelly，1999；Marston，2000；Yeung，2000；Amin，2002；Jessop et al.，2008）。

基于网络方法是贸易地理研究的热点方向。南北国家（地区）甚至南南国家（地区）间贸易的兴起强化了政治、制度、文化、关系等要素对于理解贸易格局的重要性。贸易不再仅仅是经济活动，而是一个包含经济、政治和文化的复合过程（Reiffenstein et al.，2002）。网络成为地理学者对制度、关系、国家等要素进行整合分析的重要手段（Hughes et al.，2000）。洛维特等（Lovett et al.，1999）在20世纪90年代就提出，“关系”网络对未来我国在世界的经济活动至关重要。在“流空间”的视角下，许多研究采用网络方法描述国际贸易网络结构（Serrano & Boguñá，2003；Bhattacharya et al.，2008；Fagiolo et al.，2010；Benedictis & Tajoli，2011；Ward et al.，2013；Akerman & Seim，2014；Yang et al.，2015；Yang et al.，2017）。这些研究既有针对国际贸易全局性描述，也有针对特定产品的国际贸易网络的分析。例如，布鲁克斯（Brooks，2013）运用网络化方法，分析了企业、个体、慈善团体之间的不同权力关系，揭示了低价值商品如何通过“北—南”国家之间的出口贸易逐步增值。休斯等（Hughes et al.，2000）针对肯尼亚鲜花生产商和英国零售商的研究亦指出，网络方法能够有效地将跨国贸易过程中相互独立的关系进行有机联系，从而较好地揭示英国零售商在国际贸易过程中影响肯尼亚鲜花市场能力的来源。同时，部分研究对国际贸易空间网络的形成过程进行数学建模，模拟出口市场的动态扩展（Chaney，2014）。

跨国公司全球组织生产的进程和区域贸易集团的涌现使得新型国际劳动分工理论等传统全球生产组织理论难以满足现实需求。一些学者将产业经济、经济地理、社会学等相关学科的概念和框架与国际劳动分工的演变形态和组织机制整合，衍生出了价值链、全球价值链（global value chains，GVCs）和全球商品链（global commodity chains，GCCs）等概念。以亨德森等（Henderson et al.，2002）、迪肯（Dicken，2003）、科等（Coe et al.，2004）、洋（Yeung，2009）为代表的经济地理学者在批判吸收全球价值链和全球商品链概念的基础上，提出了全球生产网络（global production netword，GPN）的分析范式，成为经济地理领域适用于全球化、国际贸易和区域发展问题的代表性分析框架。GPN关注价值如何被创造、提高和捕获，以及行动者如何嵌入地方并与地方耦合，明确体现了其对制度背景和政策行动的重视，强调了地区之间的相互依赖性。“全球—地方”联系以及地方与生产网络的再耦合和退耦合是地方与全球经济建立联系的重要机制（Kelly，2009；Mackinnon，2012）。学者们对GPN理论框架的不断丰富和拓展，使之更加适用于剖析多层次、多尺度、多样化和复杂化的全球经济景观（Dicken，2005；Brunner，2009；Krapohl & Fink，2013；Sen，2014）。

与传统国际贸易研究不同，地理学更善于探索世界贸易的空间分布和空间结构。经济学往往致力于探究国际贸易流动，包括跨国贸易、区域贸易集团、区域贸易协定及多个贸易集团之间的决定因素（Frankel，1997），而地理学则关注国际贸易中的地理格局。地理学者长于理解贸易流的空间分异，并在全球化和区域一体化的经济背景下强调地方在国际贸易中的重要性（Dicken，2004）。但同时迪肯（Dicken，2004）也提出，与社会科学等其他学科相比，地理学对全球化的探究相对较少。他认为全球化包括国际贸易的空间分布，这本应是地理学者一直以来的关注视角，但实际上地理学却很少参与全球化的讨论。

4. 贸易地理研究中的尺度

国际经济学研究常常在国家（地区）尺度进行，不论是李嘉图模型，还是特定要素模型，抑或是克鲁格曼的规模报酬递增模型均如此。近年来，国际贸易的研究对象发生了尺度跳跃，在经验研究领域受到关注的企业异质性理论直接把国际贸易理论推向微观企业层面（Melitz，2003），而多产品企业理论甚至将国际贸易的研究推向更加微观的企业—产品维度（Bernard et al.，2011），国际经济学研究从国家（地区）尺度直接转向微观企业、企业—产品尺度。在这样的背景下，介于国家（地区）尺度与企业尺度之间的区域、城市尺度受到的关注较少。直到近年来，区域/城市层面的贸易才逐渐受到学者关注，这至少有三个原因：首先，部分研究认为，区域/城市在某些情况下与贸易理论中常见的“小国开放经济”假设类似，因而同样适用于国际贸易的标准模型，保证了在区域/城市层面研究贸易的可行性（Márquez-Ramos，2015）；其次，在经济全球化的背景下，区域/城市之间的联系变得日益紧密和复杂，愈发容易受到外部冲击的异质性影响；最后，许多国家（地区）出现了分权化趋势，使得区域层面具有更大的自主权以对贸易进行调控，因而在区域/城市尺度上研究贸易的重要性日益提升（Brodzicki & Uminski，2018）。

部分地理学和经济学对贸易的研究逐渐地凸显了尺度的重要性。考虑尺度因素可能会：使贸易理论所预测的贸易流向偏离预测或发生反转；使边界效应变得更加复杂、相互嵌套；有助于探索贸易与区域发展不平等、集聚和城市化之间的相互影响；有利于探索贸易对创新和内生增长的影响。需要指出的是，这几个方面的内部有一定的重叠和交互，例如集聚本身就是不平等的一种反映；作为贸易成本的边界也会对集聚产生影响等。因此，本书尽可能对这几个方面的研究单独进行回顾，暂不考虑交叉效应，以解释地理尺度对理解贸易现象以及贸易的各种效应之重要性。

（1）贸易理论的尺度探讨。

实际上，在贸易理论中，也有关于跨尺度效应的一些探索性研究。克鲁格曼的核心边缘模型便是一例。除此之外，在赫克歇尔—俄林模型的基础上兴起的另一支关于国家内部生产要素分布不均（lumpiness of factors）的理论研究也对单一尺度的贸易理论提出了质疑，此处重点介绍这一理论。最初的赫克歇尔—俄林模型强调国家（地区）之间内部的同质性，这一理论放松了该假设，运用埃奇沃斯盒状图分析，发现如果国家（地区）内部的生产要素分布过于不均衡，那么在国家（地区）内部则会形成专业化分工，不同区域生产不同产品，从而由于国家（地区）内部的贸易代替国际贸易而使得贸易流量偏离传统的赫克歇尔—俄林模型的预测，甚至使国际贸易流向出现反转（Courant & Deardorff，1992）。基于这一理论判断，戴贝尔（Debaere，2004）运用英国、日本和印度的样本对该假设进行了检验，却并未发现支持上述判断的证据，因此认为，基于要素分布不均的专业化现象并不会作用在区域尺度，仅在国家（地区）尺度发生作用。布雷克曼和马勒惠克（Brakman & Marrewijk，2013）则提出，由于区域常常是由于行政原因而非市场原因形成的，区域之下还有更小的行政单元，其内部可能也具有要素禀赋的差异，因而区域并不是检验生产要素分布不均理论的最佳尺度。与此同时，城市则是生产要素分布不均的一个更自然的体现（World Bank，2009），因而笔者认为城市尺度是检验这一理论的最佳尺度。运用 6 个欧洲国家的数据，发现国家内部生产要素分布不均确实会影响贸易流。因而，从贸易理论内部以及对贸易理论的实证检验折射出地理尺度的重要性。

（2）多维的边界。

前面提及国家（地区）间的距离和边界能够显著地抑制贸易地发生，那么背后的原因究竟是什么呢？早期对边界效应的解释是，行政边界两侧具有不同的制度和文化特征，因而导致了陡然上升的贸易成本。与国境线相伴而生的还有许多文化因素与制度因素，文化因素包括语言（Rauch，1999；Melitz，2008）、民族网络（Rauch & Trindade，2002）、共同的殖民历史（Rauch，1999）、基因距离（Giuliano et al.，2014）等，制度因素包括共同的货币（Frankel & Rose，2002）、司法系统（Turrini & Ypersele，2010）、同属一个自由贸易协定（Baier & Bergstrand，2004）等，这些均有可能构成边界效应发挥作用的因素。

对于文化因素而言，其常常是通过影响交易成本或交易的不确定性而影响国际贸易的水平。以民族的边界为例，许多研究认为移民网络的延伸可以促进国际贸易的发生（Rauch & Trindade，2002；杨汝岱、李艳，2016；Pennerstorfer，2016），因为在国际贸易过程中，民族网络有利于提供市场信息、提供相应的服务，有利于契约的稳定性，降低违约的风险。由此可见，制度文化因素通常作用于贸易成本，降低需求和供给的不确定性，因而跨越这些不同的制度文化边界可能带来更大的风险和不确定性，从而阻碍贸易的发生。这与地理学强调的多维邻近性（Boschma，2005）异曲同工。文化的边界常常不完全与国境线重合，因而在语言的边界、文化的边界等其他的边界亦可能发生明显的边界效应，使得研究尺度的选择变得重要，例如一国（地区）边境线两侧常常使用相同的语言，这使得跨境交易成本小于国内交易成本在局部地区可能成立。

四、贸易的空间效应

（一）贸易与区域制度变迁

地理和文化的边界影响贸易流量，而区域经济一体化塑造的新边界成了研究关注的焦点。签署自由贸易协定等区域一体化措施对成员方而言是一种边界的打破，而对非成员方而言，区域一体化形成了新的贸易壁垒，成为全球化时代的新边界（陈航航等，2018）。这种排他性的自由贸易协定似乎天然地能够提升成员方的双边贸易。但是实证研究结论却存在分歧，一些研究发现这一结论值得商榷（Frankel et al.，1995）或作用较弱且不稳健（Ghosh & Yamarik，2004），抑或仅存在于部分区域一体化组织内部（Frankel，1997）。甚至有研究发现，连世界贸易组织（World Trade Organization，WTO）这一世界性的促进多边贸易的组织，其成员方与非成员方之间的贸易模式竟无显著区别（Rose，2004）。

区域贸易一体化不能显著地促进区域内部国际贸易，引起了学者的不断反思。有研究认为，这可能是因为区域一体化的制度可能具有一定的内生性。经济地理学已经发现国际贸易日渐在地理上集中为少数团块（Poon，1997），而克鲁格曼（1994）从理论上说明基于地理邻近的区域经济一体化才能提高福利。这意味着区域一体化协议本身就具有某些地理动因，是贸易的区域化趋势导致了区域一体化协议，而不是区域一体化协议促进了贸易的区域化。拜尔和贝格施特兰德（Baier & Bergstrand，2004）发现，能够解释双边贸易流的变量常常也能解释经济一体化协议的形成。因此，拜尔和贝格施特兰德（2007）认为，不能将关税和区域一体化等政策变量直接纳入引力模型，因为关税并不是外生的（Trefler，1993；Lee & Swagel，1997）。他们采用各种方法调整内生性偏误后，发现自由贸易协定的效应比用 OLS 估计扩大了 5 倍，说明了在考虑区域贸易协定的影响时，需要尤其关注内生性问题。上述研究表明，制度边界本身在一定程度上受到了贸易的影响，贸易的集群化在一定程度上促进了区域一体化边界的形成。

对于更广义的制度变迁而言，国际贸易同样对其具有反作用。一些研究认为，制度也是比较优势的来源之一，能够对国际贸易产生深刻的影响（Nunn & Trefler，2014）。但是，国际贸易同样能够导致制度的变迁。在正式制度方面，普加和柴夫勒（Puga & Trefler，2014）研究了中世纪时期维纳斯的制度变迁，发现由于长途国际贸易利润丰厚，使贸易商的经济力量逐渐强大，推动了制度变革以支持国际贸易的发展。他们以股份公司制度雏形的形成为例，说明了长距离贸易的繁荣如何促进商业制度创新和变迁，但同时引起了社会阶层的分化，并最终导致政治权力掌握在少数紧密联结的富有贵族手中。纳瑞塔米等（Naritomi et al.，2012）发现为殖民国生产糖料的巴西城市在今天具有更高的不平等水平、更差的政府治理水平和更糟糕的财产权制度。在非正式制度方面，杰哈（Jha，2013）发现了中世纪印度的远洋贸易能够影响国内的制度演化，即贸易能够促进印度教徒和穆斯林教徒之间形成相互协作的良好制度，降低了发生宗教冲突的可能性。同样地，纳恩和万塔契科（Nunn & Wantchekon，2011）发现罪恶的“三角贸易”导致当时非洲地区亲人之间、朋友之间互相欺瞒，将对方卖身为奴，因而降低了社会信任水平，这一影响时至今日仍然显著。上述研究说明，贸易与制度变迁存在复杂的互动关系，制度影响贸易形式，也会受到贸易的影响，一些看似外生的制度在很多情况下可能是内生选择的。

（二）贸易与产业集聚

在贸易理论中，贸易与城市的关系可以用克鲁格曼提出的核心边缘模型来解释，也可以看作是区域生产要素分布不均理论（lumpiness of production factors）的自然延伸。这两个贸易理论虽然已经具有一定的尺度思维，但是在更为广阔的现实世界中，各种尺度往往相互嵌套，具有复杂的联系，使贸易与城市或集聚的因果关系变得十分复杂和模糊，受到地理尺度的影响。

如果我们不考虑贸易带来的创新、技术进步等与内生增长相关的效应，使用赫克歇尔—俄林模型进行推论，贸易自由化会使专业化生产具有比较优势的产品的城镇数量增多。由于专业化生产资本密集型产品的部门均衡规模较大，因此贸易自由化有利于资本密集国家的大城市发展，以及资本稀缺国家的小城市发展（Henderson，1982）。由此可见，若考虑宏观国家（地区）尺度的贸易对中观城市尺度的影响，贸易模型的空间含义会立即变得复杂，表现在贸易自由化对不同规模的城市影响并不一致。而在克鲁格曼的规模报酬递增模型视角下，一个比较自然的推论就是国家的贸易自由化有利于小城市的发展。这是因为小城市缺乏足够的本地需求支撑，若要发挥规模经济的优势，会比大城市更加依赖国际市场的需求。克鲁格曼和埃利松多（Krugman & Elizondo，1996）基于这一推论，认为发展中国家出现大量“巨型城市”的原因在于这些地区采取的进口替代政策。在国际贸易受到阻碍的情况下，国内市场的重要性增强，本地的需求和前后向联系会使得企业和人口向发展中国家（地区）的大城市集聚，呈现出核心边缘模型所预测的经典情况。同时，一些国家（地区）层面的宏观研究也发现，贸易降低了大城市的重要性（Ades & Glaeser，1995；Henderson，2003）。但是，这些研究往往具有一定程度的内生性问题，可能遗漏了其他影响城市规模的关键解释变量，例如城市之间制度和要素禀赋等的不同。为了将市场可达性的影响与制度、要素禀赋的影响区分开，雷丁和施图恩（Redding & Sturn，2008）利用德国二战后的分裂以及柏林墙倒塌这两个事件作为自然实验，巧妙地分离了市场可达性和其他方面的影响因素，对德国城市的人口增长进行研究。研究发现，战后德国的分裂使得西德东部边境地区的城市失去了原有的贸易伙伴和市场，引起人口在空间上的重新配置，使部分人口转移到了本国其他地区，这可以认为是较为纯粹地由于市场可达性消失而导致的；同时，也发现了这种市场可达性消失的效应存在空间异质性，具体来说，市场可达性的消失对小城市的影响更明显，因为小城市更加依靠与外部市场的联系。布鲁哈特等（Brülhart et al.，2018）以奥地利区域就业为因变量，也发现了市场可达性对小城市的就业有更强的提升作用，但是对工资提升作用较弱。这也说明了贸易的影响在尺度上具有异质性。

贸易自由化对于小城镇有利，这是基于规模经济贸易理论的视角以及国家（地区）内部的对外开放程度相同等假设之上的，常常仅适用于市场机制完备的发达国家（地区）。但是对于发展中国家（地区）而言，其市场并非同时对外开放，以我国为例，我国的改革开放进程即存在从沿海向内陆渐进开放的过程，那些先对外开放的城市得到了额外的市场空间，城市的规模可能会显著提升。事实上，若将贸易与城市化的关系追溯到更长的时间维度上，发达国家（地区）也曾经历对外开放不完备的阶段，这时占据了有利的地理位置便可以使城市更可能发展成贸易枢纽，通过拓展市场而扩大城市规模，形成集聚。亨德森等（Henderson et al.，2018）运用夜间灯光数据，发现不同类别的地理变量在解释经济活动的集聚的效力上因城市化时间的不同而不同。在城市化较早的国家（地区）中，与农业相关的地理变量，例如气温、降雨量等，能够更好地解释经济活动的集聚；而在城市化较晚、发展较晚的国家（地区）中，那些与贸易相关联的地理变量，例如是否靠近港口、运河等，能够更好地解释经济活动的集聚。从这一逻辑，贸易经由地理的区位，对发展中国家（地区）的经济活动集聚产生影响，导致发展中国家（地区）内部经济活动分布不均衡。

上述分析均是在确定性世界的假设下进行的，并未考虑风险和不确定性的影响。如果从确定性世界转向不确定性世界，则集聚与贸易之间的关系可能可以从市场可达性、本地前后向联系以外的其他方面进行解释。一方面，由于出口对于发展中国家

（地区）的企业而言并非易事，因而从其他企业获取相应的出口信息有助于降低成本和不确定性，产业集聚有助于这种信息溢出的发生，在需求层面降低企业出口的不确定性以及进入特定外部市场的固定成本（Koenig et al.，2010；张国峰等，2014；刘慧、綦建红，2018）；另一方面，集聚在供给层面，也可以促进知识溢出，提高出口产品的质量（苏丹妮等，2018）和技术复杂度（周沂、贺灿飞，2018）。由此可见，地理上的集聚与贸易之间可能存在双向因果关系，且这一因果关系并未如克鲁格曼的核心边缘模型预测的那样，简单地通过循环累积因果效应发挥作用，宏观层面的贸易自由化政策和微观层面的企业不确定性均会对这一关系产生影响，这也体现了地理学多尺度交互影响视角的重要性。

（三）贸易与不平衡发展

无论是传统贸易理论、新贸易理论，还是新新贸易理论，都认为国家（地区）的对外开放能够提升消费者总福利水平。通过对外开放，各地区的比较优势得以发挥，落后地区得以实现索洛模型预测的超额增长率，最终实现全球国家间区域经济的收敛。但是，若考虑不同尺度的影响，贸易对不同尺度经济的收敛并无明确影响。一方面，总的福利水平提升并不意味着福利分配更加平等；另一方面，贸易理论在生产端并未论证所有生产者均会获利，相反的是，贸易常常伴随着区域内部生产的重构。这两方面的原因均有可能导致当考虑不同尺度时，贸易在国家（地区）尺度上带来了发展和实际收入的上升，而在区域或城市尺度上，却可能导致更显著的空间差异。

地理学常常从区域内外部联系的视角研究区域的发展。在不考虑外部联系的情况下，随着经济不断发展，区域内部的不平等会呈现出先上升，后下降的过程（Rodríguez-Pose，2012）。但是如果考虑区域与外部的联系，那么结论就会变得模糊且复杂（Milanovic，2005）。而贸易作为区域与外部联系的一个重要渠道，对区域内部不平等的影响也同样复杂，呈现出明显的空间异质性（Silva & Leichenko，2004）。许多研究认为，贸易对发展中国家（地区）的发展、集聚和不平等有很强的解释力（Rodríguez-Pose，2012；Henderson et al.，2018）。在这些文献中，有两个发展中国家受到特别的关注，即中国和墨西哥（Rodríguez-Pose，2012）。改革开放后，中国的区域不平等现象受到研究者的广泛关注（Wei，1999），许多研究运用对外开放程度来解释省际不平等现象（Yang，2002；Zhang & Zhang，2003；Kanbur & Zhang，2005）。在这些研究中，对外开放程度常常以贸易依存度、FDI 占 GDP 的比重等方式来衡量。上述大多数研究均发现了以贸易依存度或 FDI 密集程度代理的对外开放程度的不同确实导致了中国省际经济发展的不平衡。对墨西哥的研究多以北美自由贸易区的建立为背景，考察北美自由贸易区建立之后，贸易的增加对区域经济发展不平衡的影响，且许多研究同样得出了对外贸易联系确实能够提高边境地区的工资、促使企业转移（Chiquiar，2008），因而加剧收入不平等的情况（Sánchez-Reaza & Rodríguez-Pose，2002）。总而言之，对于发展中国家（地区）的研究大多认为，接入国际贸易网络能够使发展中国家（地区）获得发展机遇。但是另一方面，较高的贸易依存度同样意味着更多的外部风险，也更容易受到世界市场金融波动的冲击（Krugman，1995；Bernard & Jensen，1998；王智勇，2010）；另外，价值链的低端锁定也是过度依赖国际市场的另一个潜在弊端（卢福财、胡平波，2008）。

对于发达国家（地区）而言，研究更加关注发展中国家（地区）带来的低成本进口品对收入不平等的影响。发达国家（地区）多为资本密集型国家（地区），根据赫克歇尔—俄林模型的预测，开放贸易会使资本密集部门的工资提高，而劳动密集部门的工资降低。由此可见，开放贸易将给发达国家（地区）的劳动密集型行业带来冲击，影响就业的稳定。许多研究因循这一思路，对贸易与区域收入不平等之间的关系进行了研究（Karoly & Klerman，1994；Bernard & Jensen，2000），发现贸易虽然带来了价格更加低廉的商品，导致消费者福利提升，但随之而来的是更明显的区域收入不平等现象，低技能劳动力密集的农村地区尤其容易受到贸易带来的冲击（Silva & Leichenko，2004）。

上述关于发达国家（地区）和发展中国家（地区）中贸易对不平等的研究均显示，宏观尺度上的贸易利得在更加微观的尺度上并不是均等分配的，而且经常伴随着更加明显的空间不平等现象。参与国际贸易可能会导致索洛模型预测的国家（地区）间收入的收敛，但是如果考虑不同的微观尺度，例如考虑区域间贸易（Nelson & Zolnik，2013），那么这一结论并不清晰。因此，选择合适的地理尺度对探讨贸易究竟是带来了发展还是更加剧烈的收入不平等这一问题而言十分重要。

（四）贸易与创新和内生增长

经济学理论认为，贸易促进社会分工的深化，使得国家（地区）间比较优势得以发挥，促进福利的提升。大量研究发现参与全球化或贸易自由化能够促进区域经济增长，并提供了理论模型和经验证据（Edwards，1992；Dollar，1993；Sachs & Warner，1995；Frankel & Romer，1999；Wacziarg & Welch，2008）。经济地理学一方面关注发展不平衡问题；另一方面则关心贸易带来的外部知识如何与本地互动，认为传统的“贸易利得”理论需要补充动态和演化视角（Storper，2009），需要探讨贸易如何导致区域的技术进步和制度变迁，从而引发区域内生增长。

在国际贸易研究中，格罗斯曼和埃尔普曼（Grossman & Helpman，1991）提出了一个参与贸易促进企业创新的经典模型，认为参与国际贸易能够扩展市场，企业能够获得更高的“创新租金”。在发展中国家（地区）中，现有研究遵循这一思路，探讨贸易自由化如何提高企业更新自身生产技术的动机，从而促进企业进行创新（Bustos，2011），发现出口能够经由企业创新提高产品成本加成（黄先海等，2018）。然而对于发达国家（地区）而言，贸易自由化也带来了发展中国家（地区）的廉价产品，导致更严峻的国内市场竞争，而企业若想在这一环境下生存，就需要不断创新改善自身的经营绩效。现有研究强调发展中国家的低价产品进口加剧本地市场的竞争，从而倒逼本地企业创新、提高生产率。例如，减少针对中国出口产品的贸易壁垒能够通过竞争效应提高欧洲企业的平均生产率（Hsieh & Ossa，2010）；来自中国的低价产品竞争能够直接促进存活企业的创新，而且会降低技术水平较低的企业的就业和存活概率（Bloom et al.，2016）。除了倒逼企业创新以外，这种“进口渗透”还可能造成一种“创造性破坏”，导致新产业的衍生。研究发现，进口竞争程度的空间异质性会导致美国不同区域新产业衍生的异质性，而且新产业常常在与本地产业具有关联的产业领域进行衍生（Liang，2017）。

与此同时，地理学者认为，贸易不仅是买与卖的纯经济过程，随着贸易流传播的还有知识、技术和信息（Reiffenstein，2002）。这种知识溢出效应和学习效应具有较丰富的空间含义，受到地理学者的长期关注。贸易能够为区域带来外生的新知识来源，这些全新的知识对于区域或产业集群的发展起着独特作用（Bathelt et al.，2004），它可以促进区域内部知识的创造和再组合，通过促进本地学习和创新，导致区域长期发展（Storper，2009），使之避免陷入技术锁定的陷阱（Owen-Smith & Powell，2004）。相比于贸易联系，地理学更加关注各种正式和非正式制度联系下的“全球通道”，例如专家共同体（Moodysson，2008）、国际人际关系网络（Fitjar & Huber，2014）、企业间的战略合作伙伴关系（Owen-Smith & Powell，2004）等。对贸易联系带来的全球通道效应的研究十分罕见。博西玛和亚马里诺（Boschma & Iammarino，2009）发现，区域进口产品的相关多样化由于提供了具有适度认知邻近性的知识来源，因而可以起到全球通道的效应，有利于区域就业增长。

发达国家（地区）学者不关心贸易联系这一“全球通道”，可能是因为发达国家（地区）的出口产品技术水平较高，对外部产品蕴含的知识较不敏感。然而对发展中国家（地区）而言，其生产产品技术水平较低，高技术进口产品带来的知识溢出对本地生产能力的构建可能起到相对更强的作用。以我国为例，研究发现进口贸易能够发生技术外溢效应，促进我国的技术进步（谢建国、周露昭，2009）。进口商品的种类对我国全要素生产率的作用存在异质性，上游行业进口种类的增加能够显著地提升行业全要素生产率，而行业自身的进口则无显著效应（钱学锋等，2011），甚至有研究发现进口对全要素生产率和行业技术效率都有“负溢出效应”（高凌云、王洛林，2010），对中间品进口的研究结果同样不稳健（张翊等，2015）。一方面，地理邻近性对于企业间的互动学习十分重要。经济学研究的不稳健结果可能由于其采用了过于宏观的研究尺度，并不能捕获贸易引发的高度本地化的学习效应。另一方面，区域是否能够利用这一外生知识来源还取决于区域对外生知识来源的“吸收能力”（Bathelt et al.，2004），研究发现“全球通道”并非必然带来知识溢出，这种知识溢出可能仅当本地产业集群具有高质量的“本地蜂鸣”，或知识基础十分薄弱的前提条件下才能发生（Morrison et al.，2013），同时外部输入的知识与本地产业基础之间需要存在适度认知邻近性（Boschma，2005；Boschma & Iamarino，2009）。因此，地理学视角的重要贡献在于，贸易对创新的促进作用很可能是有条件的。

五、小结

无论是理论研究还是实证研究，地理学对于国际贸易的研究十分零散，不能形成完整的体系和理解框架。而在国际经济学的研究中，无论是生产的地理、流通的地理还是消费的地理均受到了一定程度的关注，具有成体系的理论研究和实证研究。在国际经济学视角下，就生产的地理而言，生产要素和生产率在地理上的差异促进贸易；就流通的地理而言，地理、制度、文化的距离和边界抑制贸易；就消费的地理而言，需求总量的空间差异抑制贸易，而需求结构的互补性可能能够促进贸易。即使在经济学的简单假设之下，地理对于生产、流通和消费方面的作用也不尽相同，综合考察地理的作用也存在一定的困难。然而，现实世界比经济学家假设的更加复杂，因此，考虑多尺度、跨尺度影响的地理学，能够为国际贸易的研究提供具有本学科特色的独特研究视角。本书说明，至少从贸易理论、贸易与边界、贸易与集聚、贸易与不平等和贸易与创新这几个方面的研究均说明了在国际贸易研究中考虑地理尺度的必要性。

地理尺度的概念挑战了传统贸易理论关于“地理在贸易过程中的作用”的理论建构，而目前的尺度概念已经拓展到复杂的全球—地方联系视角（贺灿飞、毛熙彦，2015）。在“全球地方化”的理论建构下，地理如何影响贸易？贸易如何反作用于地理？在全新的尺度概念建构下，地理学可能在如下几个方面填补国际经济学研究的空缺。第一，地理学可基于其综合性思维，从宏观、中观和微观及多主体相互作用的角度，以全球生产网络理论为参照，尝试建构理解地理与国际贸易相互作用的理论框架。第二，尽管国际经济学也逐渐开始了跨尺度的模型建构（Dix-Carneiro & Kovak，2017），但是其对跨尺度影响的分析仍然十分依赖过度简化的理论假设。地理学可以基于多尺度和跨尺度的研究视角，研究在不同的尺度下地理与贸易的相互作用，尝试从多尺度、多主体互动的视角，打开贸易成本的黑箱，分析现实的地理究竟如何作用于贸易成本，从而深入理解贸易与地理的关系，及其对发展、集聚、不平等的异质性影响。第三，由于经济学的因果推论存在诸多困难，国际经济学难以分析一些互为因果的动态过程，地理学一方面可以提供更丰富的异质性研究，从企业和区域尺度探讨贸易与地理的相互作用，例如地理因素如何影响企业进出口产品在空间上扩张，如何导致区域产业集群嵌入全球生产网络中或从全球生产网络中“脱嵌”。另一方面，地理学可以重点关注国际经济学较少涉及的“贸易的反作用”相关研究，关注贸易如何消弭或是强化空间上的差异，塑造具有多样性和地方性的独特地理景观。

参考文献

［1］陈航航，贺灿飞，毛熙彦.2018. 区域一体化研究综述：尺度、联系与边界. 热带地理，38（1）：1－12.

［2］高凌云，王洛林.2010. 进口贸易与工业行业全要素生产率. 经济学（季刊），9（2）：391－414.

［3］贺灿飞，梁进社.1999. 中国外商直接投资的区域分异及其变化. 地理学报，（2）：97－105.

［4］贺灿飞，毛熙彦.2015. 尺度重构视角下的经济全球化研究. 地理科学进展，34（9）：1073－1083.

［5］黄森才.2012. 国际贸易地理（第2版）. 广州：暨南大学出版社.

［6］黄先海，金泽成，余林徽.2018. 出口、创新与企业加成率：基于要素密集度的考量. 世界经济，41（5）：125－146.

［7］林发勤，唐宜红.2010. 比较优势、本地市场效应与中国制成品出口. 国际贸易问题，（1）：18－24.

［8］刘慧，綦建红.2018. “邻居”对中国企业出口生存的影响有多大——基于信息溢出的视角. 财贸经济，39（8）：96－109＋125.

［9］卢福财，胡平波.2008. 全球价值网络下中国企业低端锁定的博弈分析. 中国工业经济，（10）：23－32.

［10］毛艳华，李敬子.2015. 中国服务业出口的本地市场效应研究. 经济研究，50（8）：98－113.

［11］钱学锋，陈六傅.2007. 中美双边贸易中本地市场效应估计——兼论中国的贸易政策取向. 世界经济研究，（12）：49－54＋87.

［12］钱学锋，王胜，黄云湖，王菊蓉.2011. 进口种类与中国制造业全要素生产率. 世界经济，34（5）：3－25.

［13］孙哲，刘建华.2007. 产业地理与结盟游说——考察美国对华贸易政策的新视角. 世界经

济与政治，(6)：28－36.

[14] 王智勇.2010. 贸易风险经济影响与区域分布的实证研究——以广东省为例. 地理科学进展，29 (4)：445－453.

[15] 谢建国，周露昭.2009. 进口贸易、吸收能力与国际 R&D 技术溢出：中国省区面板数据的研究. 世界经济，32 (9)：68－81.

[16] 颜银根.2010. 中国全行业本地市场效应实证研究——从新经济地理角度诠释扩大内需. 上海财经大学学报，12 (3)：58－64.

[17] 杨汝岱，李艳.2016. 移民网络与企业出口边界动态演变. 经济研究，51 (3)：163－175.

[18] 于志达.2010. 国际贸易地理 (第 2 版). 北京：清华大学出版社.

[19] 张国峰，王永进，李坤望.2016. 产业集聚与企业出口：基于社交与沟通外溢效应的考察. 世界经济，39 (2)：48－74.

[20] 张翊，陈雯，骆时雨.2015. 中间品进口对中国制造业全要素生产率的影响. 世界经济，38 (9)：107－129.

[21] 赵永亮，徐勇.2007. 国内贸易与区际边界效应：保护与偏好. 管理世界，(9)：37－47.

[22] 周沂，贺灿飞.2018. 集聚类型与中国出口产品演化——基于产品技术复杂度的研究. 财贸经济，39 (6)：115－129.

[23] Acharya R. 2011. Multilateralisation of regional trade agreements. In Baldwin R., Kawai M. and Wignaraja G. (eds.) The Future of the World Trading System: Asian Perspectives. London, U. K.: Centre for Economic Policy Research, 157－162.

[24] Ades A. F. and Glaeser E. L. 1995. Trade and circuses: explaining urban giants. The Quarterly Journal of Economics, 110 (1): 195－227.

[25] Akerman A. and Seim A. L. 2014. The global arms trade network 1950－2007. Journal of Comparative Economics, 42 (3): 535－551.

[26] Amin A. 2002. Spatialities of globalisation. Environment and Planning A., 34 (3): 385－399.

[27] Anderson M. and Smith S. 1999. Do national borders really matter? Canada-US regional trade reconsidered. Review of international Economics, 7 (2): 219－227.

[28] Andresen M. A. 2010a. Geographies of international trade: Theory, borders, and regions. Geography Compass, 4 (2): 94－105.

[29] Andresen M. A. 2010b. The geography of the Canada-United States border effect. Regional Studies, 44 (5): 579－594.

[30] Arribas I., Pérez F. and Tortosa-Ausina E. 2011. A new interpretation of the distance puzzle based on geographic neutrality. Economic Geography, 87 (3): 335－362.

[31] Bagchi-Sen S. and Wheeler J. O. 1989. A Spatial and Temporal Model of Foreign Direct Investment in the United States. Economic Geography, 65 (2): 113.

[32] Baier S. L. and Bergstrand J. H. 2001. The growth of world trade: tariffs, transport costs, and income similarity. Journal of International Economics, 53 (1): 1－27.

[33] Baier S. L. and Bergstrand J. H. 2004. Economic determinants of free trade agreements. Journal of

International Economics, 64 (1): 29 - 63.

[34] Baier S. L. and Bergstrand J. H. 2007. Do Free Trade Agreements Actually Increase Members' International Trade? . Journal of International Economics, 71 (1): 72 - 95.

[35] Baldwin J. R. , Brown W. M. and Gu W. 2012. Geographic market access and the effects of trade on length of production run, product diversity and plant scale of Canadian manufacturing plants, 1974 - 1999. Journal of Economic Geography, 12 (2): 455 - 484.

[36] Bathelt H. , Malmberg A. and Maskell P. 2004. Clusters and knowledge: local buzz, global pipelines and the process of knowledge creation. Progress in Human Geography, 28 (1): 31 - 56.

[37] Benedictis L. D. and Tajoli L. 2011. The World Trade Network. World Economy, 34 (8): 1417 - 1454.

[38] Bernard A. B. , Redding S. J. and Schott P. K. 2011. Multiproduct firms and trade liberalization. The Quarterly Journal of Economics, 126: 1271 - 1318.

[39] Bernard A. B. and Jensen J. B. 1998. Understanding the U. S. Export Boom. NBER Working Papers No. 6438. National Bureau of Economic Research, Inc.

[40] Bernard A. B. and Jensen J. B. 2000. Understanding increasing and decreasing wage inequality. In Feenstra R. C. (ed.) The impact of international trade on wages. Chicago: University of Chicago Press, 227 - 268.

[41] Berndt C. 2017. Assembling Export Markets: The Making and Unmaking of Global Food Connections in West Africa. Economic Geography, 93 (2): 202 - 208.

[42] Beugelsdijk S. and Mudambi R. 2013. Editorial: MNEs as border-crossing multi-location enterprises: the role of discontinuities in geographic space. Journal of International Business Studies, 44 (5): 413 - 426.

[43] Bhattacharya K. , Mukherjee G. , Saramäki J. , Kaski K. and Manna S. S. 2008. The international trade network: weighted network analysis and modelling. Journal of Statistical Mechanics: Theory and Experiment, 2008 (2): P02002.

[44] Bloom N. , Draca M. and Van Reenen J. 2016. Trade induced technical change? The impact of Chinese imports on innovation, IT and productivity. The Review of Economic Studies, 83 (1): 87 - 117.

[45] Boschma R. 2005. Proximity and innovation: a critical assessment. Regional Studies, 39 (1): 61 - 74.

[46] Boschma R. and Iammarino S. 2009. Related variety, trade linkages, and regional growth in Italy. Economic Geography, 85 (3): 289 - 311.

[47] Brakman S. and Van Marrewijk C. 2013. Lumpy countries, urbanization, and trade. Journal of International Economics, 89 (1): 252 - 261.

[48] Brecher R. A. and Choudhri E. U. 1982. The factor content of international trade without factor-price equalization. Journal of International Economics, 12 (3 - 4): 277 - 283.

[49] Brülhart M. , Carrère C. and Robert-Nicoud F. 2018. Trade and towns: Heterogeneous adjustment to a border shock. Journal of Urban Economics, 105: 162 - 175.

[50] Brodzicki T. and Uminski S. 2018. A gravity panel data analysis of foreign trade by regions: the role of metropolises and history. Regional Studies, 52 (2): 261 – 273.

[51] Brooks A. 2013. Stretching global production networks: The international second-hand clothing trade. Geoforum, 44: 10 – 22.

[52] Brown W. M. 2003. Overcoming distance, overcoming borders: Comparing North American regional trade. Statistics Canada Working Paper No. 008.

[53] Brunner H. P. W. 2009. South Asia Regional Integration in Global Production Networks as Effective Response to the Economic Crisis. SSRN Electronic Journal No. 1506682.

[54] Bustos P. 2011. Trade liberalization, exports, and technology upgrading: Evidence on the impact of MERCOSUR on Argentinian firms. American Economic Review, 101 (1): 304 – 340.

[55] Chaney T. 2014. The network structure of international trade. American Economic Review, 104 (11): 3600 – 3634.

[56] Chen N. 2004. Intra-national versus international trade in the European Union: why do national borders matter? . Journal of International Economics, 63 (1): 93 – 118.

[57] Chiquiar D. 2008. Globalization, regional wage differentials and the Stolper-Samuelson Theorem: Evidence from Mexico. Journal of International Economics, 74 (1): 70 – 93.

[58] Chisholm G. G. 1889. Handbook of commercial geography. London, UK: Longman, Green and Co.

[59] Coe N. M. , Hess M. , Yeung H. W. C. , et al. 2004. 'Globalizing' Regional Development: A Global Production Networks Perspective. Transactions of the Institute of British Geographers, 29 (4): 468 – 484.

[60] Courant P. N. and Deardorff A. V. 1992. International trade with lumpy countries. Journal of Political Economy, 100 (1): 198 – 210.

[61] Davis D. R. and Weinstein D. E. 1996. Does economic geography matter for international specialization? . NBER Working Paper No. 5706. National Bureau of Economic Research, Inc.

[62] Davis D. R. and Weinstein D. E. 1999. Economic geography and regional production structure: an empirical investigation. European Economic Review, 43 (2): 379 – 407.

[63] Davis D. R. and Weinstein D. E. 2003. Market access, economic geography and comparative advantage: an empirical test. Journal of International Economics, 59 (1): 1 – 23.

[64] Debaere P. 2004. Does lumpiness matter in an open economy?: Studying international economics with regional data. Journal of International Economics, 64 (2): 485 – 501.

[65] Dicken P. 1976. The multiplant business enterprise and geographical space: Someissues in the study of external control and regional development. Regional Studies, 10 (4): 401 – 412.

[66] Dicken P. 2003. Global shift: reshaping the global economic map in the 21st century (4th Edition). London, U. K. : SAGE Publications.

[67] Dicken P. 2004. Geographers and 'Globalization': (Yet) Another Missed Boat? Transactions of the Institute of British Geographers, 29 (1): 5 – 26.

[68] Dicken P. 2005. Tangled Webs: Transnational Production Networks and Regional Integration. In

Harald B. and Strambach S. (eds.) SPACES: Spatial Aspects Concerning Economic Structures. Marburg: Faculty of Geography, Philipps-University of Marburg, 1-27.

[69] Disdier A. C. and Head K. 2008. The puzzling persistence of the distance effect on bilateral trade. The Review of Economics and Statistics, 90 (1): 37-48.

[70] Dix-Carneiro R. and Kovak B. K. 2017. Trade liberalization and regional dynamics. American Economic Review, 107 (10): 2908-2946.

[71] Dollar D. 1993. Technological Differences as a Source of Comparative Advantage. The American Economic Review, 83 (2): 431-435.

[72] Domeque N., Fillat C. and Sanz F. 2005. The Home Market Effect in Spanish Industry: An Empirical Analysis, 1965-1995. The Annals of Regional Science, 46 (2): 379-396.

[73] Dunford M., Liu W. Z. and Yeung G. 2014. Geography, trade and regional development: the role of wage costs, exchange rates and currency/capital movements. Journal of Economic Geography, 14 (6): 1175-1197.

[74] Edwards S. 1992. Trade orientation, distortions and growth in developing countries. Journal of Development Economics, 39 (1): 31-57.

[75] Evans P. 1997. The Eclipse of the State? Reflections on Stateness in an Era of Globalization. World Politics, 50 (1): 62-87.

[76] Fagiolo G., Reyes J. and Schiavo S. 2010. The evolution of the world trade web: a weighted-network analysis. Journal of Evolutionary Economics, 20 (4): 479-514.

[77] Feenstra R. C. 1998. Integration of trade and disintegration of production in the global economy. Journal of Economic Perspectives, 12 (4): 31-50.

[78] Fitjar R. D. and Huber F. 2014. Global pipelines for innovation: insights from the case of Norway. Journal of Economic Geography, 15 (3): 561-583.

[79] Frankel J., Stein E. and Wei S. J. 1995. Trading blocs and the Americas: The natural, the unnatural, and the super-natural. Journal of Development Economics, 47 (1): 61-95.

[80] Frankel J. A., Stein E. and Wei S. J. 1997. Regional trading blocs in the world economic system. Washington, D. C.: Peterson Institute.

[81] Frankel J. A. 1991. Is a yen bloc forming in Pacific Asia? Finance and the International Economy, 5: 5-20.

[82] Frankel J. A. 1997. Regional Trading Blocs. Washington, DC: Institute for International Economics.

[83] Frankel J. A. and Romer D. H. 1999. Does trade cause growth? . American Economic Review, 89 (3): 379-399.

[84] Frankel J. and Rose A. 2002. An estimate of the effect of common currencies on trade and income. The Quarterly Journal of Economics, 117 (2): 437-466.

[85] Fujita M., Krugman P. R. and Venables A. J. 1999. The spatial economy: Cities, regions, and international trade. Cambridge MA: MIT Press.

[86] Ghosh S. and Yamarik S. 2004. Are regional trading arrangements trade creating?: An application

of extreme bounds analysis. Journal of International Economics, 63 (2): 369 - 395.

[87] Gil-Pareja S., Llorca-Vivero R. and Martínez-Serrano J. A. 2006. The border effect in Spain: the Basque Country case. Regional Studies, 40 (4): 335 - 345.

[88] Giuliano P., Spilimbergo A. and Tonon G. 2014. Genetic distance, transportation costs, and trade. Journal of Economic Geography, 14 (1): 179 - 198.

[89] Gopinath G., Gourinchas P. O., Hsieh C. T. and Li N. 2009. Estimating the border effect: Some new evidence. NBER Working Papers No. 14938. National Bureau of Economic Research, Inc.

[90] Graham S. 1998. The End of Geography or the Explosion of Place? Conceptualizing Space, Place, and Information Technology. Progress in Human Geography, 22 (2): 336 - 349.

[91] Grant R. 1994. The Geography of International-Trade. Progress in Human Geography, 18 (3): 298 - 312.

[92] Grossman G. M. and Helpman E. 1991. Trade, knowledge spillovers, and growth. European Economic Review, 35 (2 - 3): 517 - 526.

[93] Hamilton K. 1981. A note on the observed diurnal and semidiurnal rainfall variations. Journal of Geophysical Research: Oceans, 86 (C12): 12122 - 12126.

[94] Hanson G. H. 1998. North American economic integration and industry location. Oxford Review of Economic Policy, 14 (2): 30 - 44.

[95] Harvey D. 1990. The condition of postmodernity: An enquiry into the conditions of cultural change. Oxford, England, U. K.: Blackwell.

[96] Head K., Mayer T. and Ries J. 2002. On the pervasiveness of home market effects. Economica, 69 (275): 371 - 390.

[97] Head K. and Mayer T. 2004. The Empirics of Agglomeration and Trade. Handbook of Regional and Urban Economics, 4: 2609 - 2669.

[98] Head K. and Ries J. 2001. Increasing returns versus national product differentiation as an explanation for the pattern of US-Canada trade. American Economic Review, 91 (4): 858 - 876.

[99] Helliwell J. F. 1998. How Much Do National Borders Matter? . Washington (D. C.): Brookings Institution Press.

[100] Helpman E. 1987. Imperfect competition and international trade: evidence from fourteen industrial countries. Journal of the Japanese and International Economies, 1 (1): 62 - 81.

[101] Helpman E. 1999. The structure of foreign trade. Journal of Economic Perspectives, 13 (2): 121 - 144.

[102] Helpman E. and Krugman P. R. 1985. Market structure and foreign trade: Increasing returns, imperfect competition, and the international economy. Cambridge MA: MIT Press.

[103] Henderson J., Dicken P., Hess M., Coe N. and Yeung H. W. C. 2002. Global production networks and the analysis of economic development. Review of International Political Economy, 9 (3): 436 - 464.

[104] Henderson J. V., Squires T., Storeygard A. and Weil D. 2018. The global distribution of economic activity: Nature, history, and the role of trade. The Quarterly Journal of Economics, 133

(1): 357 - 406.

[105] Henderson J. V. 1982. Systems of cities in closed and open economies. Regional Science and Urban Economics, 12 (3): 325 - 350.

[106] Henderson V. 2003. The urbanization process and economic growth: The so-what question. Journal of Economic growth, 8 (1): 47 - 71.

[107] Hsieh C. and Ossa R. 2010. A Global View of Productivity Growth in China. Journal of International Economics, 102: 209 - 224.

[108] Hughes A., Henry N. and Pollard J. 2000. Retailers, knowledges and changing commodity networks: the case of the cut flower trade. Geoforum, 31 (2): 175 - 190.

[109] Hummels D. and Levinsohn J. 1995. Monopolistic competition and international trade: reconsidering the evidence. The Quarterly Journal of Economics, 110 (3): 799 - 836.

[110] Jessop B., Brenner N. and Jones M. 2008. Theorizing sociospatial relations. Environment and Planning D. Society and Space, 26 (3): 389 - 401.

[111] Jha S. 2013. Trade, institutions, and ethnic tolerance: Evidence from South Asia. American Political Science Review, 107 (4): 806 - 832.

[112] Kanbur R. and Zhang X. 2005. Fifty years of regional inequality in China: a journey through central planning, reform, and openness. Review of Development Economics, 9 (1): 87 - 106.

[113] Karoly L. A. and Klerman J. A. 1994. Using regional data to reexamine the contribution of demographic and sectoral changes to increasing US wage inequality. In Bergstrand J. H., Cosimano T. F., Houck J. W. and Sheehan R. G. (eds.) The Changing Distribution of Income in an Open U. S. Economy. Amsterdam, Netherlands: Elsevier, 183 - 216.

[114] Kashiha M., Depken C. and Thill J. 2017. Border effects in a free-trade zone: Evidence from European wine shipments. Journal of Economic Geography, 17 (2): 411 - 433.

[115] Kelly P. F. 1999. The geographies and politics of globalization. Progress in Human Geography, 23 (3): 359 - 400.

[116] Kelly P. F. 2009. From global production networks to global reproduction networks: households, migration, and regional development in Cavite, the Philippines. Regional Studies, 43 (3): 449 - 461.

[117] Kettl D. F. 2000. The transformation of governance: Globalization, devolution, and the role of government. Public Administration Review, 60 (6): 488 - 497.

[118] Kim J. 2015. Testing for the home market effect in inter-regional trade in Korea. Advances in Management & Applied Economics, 5 (1): 51 - 67.

[119] Koenig P., Mayneris F. and Poncet S. 2010. Local export spillovers in France. European Economic Review, 54 (4): 622 - 641.

[120] Krapohl S. and Fink S. 2013. Different Paths of Regional Integration: Trade Networks and Regional Institution-Building in Europe, Southeast Asia and Southern Africa. JCMS: Journal of Common Market Studies, 51 (3): 472 - 488.

[121] Krugman P. 1980. Scale economies, product differentiation, and the pattern of trade. The Amer-

ican Economic Review, 70 (5): 950 -959.

[122] Krugman P. 1991. Increasing Returns and Economic Geography. The Journal of Political Economy, 99 (3): 483 -499.

[123] Krugman P. 1995. Increasing returns, imperfect competition and the positive theory of international trade. Handbook of International Economics, 3: 1243 - 1277.

[124] Krugman P. and Elizondo R. L. 1996. Trade policy and the third world metropolis. Journal of Development Economics, 49 (1): 137 - 150.

[125] Krugman P. R. 1994. Rethinking international trade. Cambridge MA: MIT Press.

[126] Leamer E. E. and Levinsohn J. 1995. International trade theory: the evidence. Handbook of International Economics, 3: 1339 - 1394.

[127] Lee J. W. and Swagel P. 1997. Trade barriers and trade flows across countries and industries. Review of Economics and Statistics, 79 (3): 372 -382.

[128] Liang J. 2017. Trade shocks, new industry entry and industry relatedness. Regional Studies, 51 (12): 1749 - 1760.

[129] Linge G. J. R. and Ian Hamilton F. E. 1981. Spatial Analysis, Industry and the Industrial Environment: Progress in Research and Applications (Vol. 2). Chichester, England, U. K. : Wiley.

[130] Llano-Verduras C. , Minondo A. and Requena-Silvente F. 2011. Is the border effect an artefact of geographical aggregation? . The World Economy, 34 (10): 1771 - 1787.

[131] Loeve A. , Vries J. D. and Smidt M. D. 1985. Japanese firms and the gateway to Europe: the Netherlands as a location for Japanese subsidiaries. Tijdschrift Voor Economische en Sociale Geografie, 76 (1): 2 -8.

[132] Lovett S. , Lee C. , Simmons L. C. and Kali R. 1999. Guanxi Versus the Market: Ethics and Efficiency. Journal of International Business Studies, 30 (2): 231 -247.

[133] Mackinnon D. 2012. Beyond strategic coupling: reassessing the firm-region nexus in global production networks. Journal of Economic Geography, 12 (1): 227 -245.

[134] Macleod G. 2001. New Regionalism Reconsidered: Globalization and the Remaking of Political Economic Space. International Journal of Urban and Regional Research, 25 (4): 804 -829.

[135] Markusen J. R. and Venables A. J. 1988. Trade policy with increasing returns and imperfect competition: Contradictory results from competing assumptions. Journal of International Economics, 24 (3 -4): 299 -316.

[136] Marston S. A. 2000. The Social Construction of Scale. Progress in Human Geography, 24 (2): 219 -242.

[137] Martin A. A. 2010. Geographies of International Trade: Theory, Borders, and Regions. Geography Compass, 4 (2): 94 - 105.

[138] Maskus K. E. 1985. A test of the Heckscher-Ohlin-Vanek theorem: the Leontief commonplace. Journal of International Economics, 19 (3 -4): 201 -212.

[139] Mathews J. A. 2006. Dragon multinationals: New players in 21st century globalization. Asia Pacific Journal of Management, 23 (1): 5 -27.

[140] McCallum J. 1995. National borders matter: Canada-US regional trade patterns. The American Economic Review, 85 (3): 615-623.

[141] McConnell J. E. 1986. Geography of international trade. Progress in Human Geography, 10 (4): 471-483.

[142] Melitz J. 2008. Language and foreign trade. European Economic Review, 52 (4): 667-699.

[143] Melitz M. J. 2003. The Impact of Trade on Intra-Industry Reallocations and Aggregate Industry Productivity. Econometrica, 71 (6): 1695-1725.

[144] Milanovic B. 2005. Worlds apart: Measuring international and global inequality. Princeton: Princeton University Press.

[145] Moodysson J. 2008. Principles and practices of knowledge creation: On the organization of "buzz" and "pipelines" in life science communities. Economic Geography, 84 (4): 449-469.

[146] Morrison A., Rabellotti R. and Zirulia L. 2013. When Do Global Pipelines Enhance the Diffusion of Knowledge in Clusters? . Economic Geography, 89 (1): 77-96.

[147] Márquez-Ramos L. 2015. The relationship between trade and sustainable transport: A quantitative assessment with indicators of the importance of environmental performance and agglomeration externalities. Ecological Indicators, 52: 170-183.

[148] Murray W. E. and Overton J. 2014. Geographies of globalization. London, U. K.: Routledge.

[149] Naritomi J., Soares R. R. and Assunção J. J. 2012. Institutional development and colonial heritage within Brazil. The Journal of Economic History, 72 (2): 393-422.

[150] Nelson A. J. and Zolnik E. J. 2013. Regional Effects of Trade on Income. Regional Studies, 47 (5): 740-755.

[151] North M. 1990. The public as sculpture: from heavenly city to mass ornament. Critical Inquiry, 16 (4): 860-879.

[152] Nunn N. and Trefler D. 2014. Domestic institutions as a source of comparative advantage. In Gopinath G., Helpman E. and Rogoff K. (eds.) Handbook of International Economics (Vol. 4). Amsterdam, Netherlands: Elsevier, 263-315.

[153] Nunn N. and Wantchekon L. 2011. The slave trade and the origins of mistrust in Africa. American Economic Review, 101 (7): 3221-3252.

[154] O'Brien R. 1992. Global Financial Integration: The End of Geography. International Affairs, 68 (3): 225-243.

[155] Okubo T. 2004. The border effect in the Japanese market: A gravity model analysis. Journal of the Japanese and International Economies, 18 (1): 1-11.

[156] Overman H. G., Redding S. J. and Venables A. J. 2001. The economic geography of trade, production, and income: a survey of empirics. In Choi E. K. and Harrigan J. (eds.) Handbook of International Trade. Oxford, England, U. K.: Blackwell, 350-387.

[157] Owen-Smith J. and Powell W. W. 2004. Knowledge networks as channels and conduits: The effects of spillovers in the Boston biotechnology community. Organization Science, 15 (1): 5-21.

[158] Pantulu J. and Poon J. P. 2003. Foreign direct investment and international trade: evidence from the US and Japan. Journal of Economic Geography, 3 (3): 241 -259.

[159] Pennerstorfer D. 2016. Export, migration and costs of trade: Evidence from Central European firms. Regional Studies, 50 (5): 848 -863.

[160] Peschel I. and Emery V. J. 1981. Calculation of spin correlations in two-dimensional Ising systems from one-dimensional kinetic models. Zeitschrift für Physik B. Condensed Matter, 43 (3): 241 -249.

[161] Poon J. P. 1997. The cosmopolitanization of trade regions: global trends and implications, 1965 - 1990. Economic Geography, 73 (4): 390 -404.

[162] Puga D. and Trefler D. 2014. International trade and institutional change: Medieval Venice's response to globalization. The Quarterly Journal of Economics, 129 (2): 753 -821.

[163] Rauch J. E. 1999. Networks versus markets in international trade. Journal of International Economics, 48 (1): 7 -35.

[164] Rauch J. E. and Trindade V. 2002. Ethnic Chinese networks in international trade. Review of Economics and Statistics, 84 (1): 116 -130.

[165] Redding S. J. and Sturm D. M. 2008. The costs of remoteness: Evidence from German division and reunification. American Economic Review, 98 (5): 1766 -1797.

[166] Reiffenstein T., Hayter R. and Edgington D. W. 2002. Crossing Cultures, Learning to Export: Making Houses in British Columbia for Consumption in Japan. Economic Geography, 78 (2): 195 -219.

[167] Rodríguez-Pose A. 2012. Trade and regional inequality. Economic Geography, 88 (2): 109 -136.

[168] Rose A. K. 2000. One money, one market: the effect of common currencies on trade. Economic Policy, 15 (30): 8 -45.

[169] Rose A. K. 2004. Do we really know that the WTO increases trade? . American Economic Review, 94 (1): 98 -114.

[170] Sachs J. D. and Warner A. 1995. Economic reform and the process of global integration, Brookings Papers on Economic Activity, 1995 (1): 1 -118.

[171] Sassen S. 2003. Globalization or denationalization? . Review of International Political Economic, 10 (1): 1 -22.

[172] Schott J. J. 1991. Trading blocs and the world trading system. World Economy, 14 (1): 1 -18.

[173] Sen K. 2014. Global Production Networks and Economic Corridors: Can They Be Drivers for South Asia's Growth and Regional Integration? . Mandaluyong, Metro Manila, Philippines: Asian Development Bank.

[174] Serrano M. A. and Boguñá M. 2003. Topology of the world trade web. Physical Review E., 68: 015101 (R).

[175] Sheppard E. 2012. Trade, globalization and uneven development: Entanglements of geographical political economy. Progress in Human Geography, 36 (1): 44 -71.

[176] Silva J. A. and Leichenko R. M. 2004. Regional income inequality and international trade. Economic Geography, 80 (3): 261 -286.

[177] Smith J. R. 1913. Industrial and Commercial Geography. New York: Henry Holt and Company.

[178] Sάnchez-Reaza J. and Rodrίguez-Pose A. 2002. The Impact of Trade Liberalization on Regional Disparities in Mexico. Growth and Change, 33 (1): 72 – 90.

[179] Staiger R. W. 1988. A specification test of the Heckscher-Ohlin theory. Journal of International Economics, 25 (1 – 2): 129 – 141.

[180] Storper M. 2009. Roepke lecture in economic geography—Regional context and global trade. Economic Geography, 85 (1): 1 – 21.

[181] Trefler D. 1993. Trade Liberalization and the Theory of Endogenous Protection: An Econometric Study of U. S. Import Policy. Journal of Political Economy, 101 (1): 138 – 160.

[182] Trefler D. 1995. The case of the missing trade and other mysteries. The American Economic Review, 85 (5): 1029 – 1046.

[183] Turrini A. and van Ypersele T. 2010. Traders, courts, and the border effect puzzle. Regional Science and Urban Economics, 40 (2 – 3): 81 – 91.

[184] Venables A. J. , Knarvik K. H. M. , Overman H. G. , et al. 2000. The location of European industry. Economic Papers, 142: 1 – 76.

[185] Venables A. J. 2005. Spatial disparities in developing countries: cities, regions, and international trade. Journal of Economic Geography, 5 (1): 3 – 21.

[186] Venables A. J. 2016. Regional Integration Agreements: A Force for Convergence or Divergence? . Social Science Electronic Publishing, 113 (490): 747 – 761.

[187] Wacziarg R. and Welch K. H. 2008. Trade liberalization and growth: New evidence. The World Bank Economic Review, 22 (2): 187 – 231.

[188] Ward M. D. , Ahlquist J. S. and Rozenas A. 2013. Gravity's rainbow: A dynamic latent space model for the world trade network. Network Science, 1 (1): 95 – 118.

[189] Weder R. 2003. Comparative Home-Market Advantage: An Empirical Analysis of British and American Exports. Review of World Economics, 139 (2): 220 – 247.

[190] Wei S. J. 1996. Intra-National versus International Trade: How Stubborn are Nations in Global Integration? . NBER Working Papers No. 5531. National Bureau of Economic Research, Inc.

[191] Wei Y. D. 1999. Regional inequality in China. Progress in Human Geography, 23 (1): 49 – 59.

[192] World Bank. 2009. World Development Report 2009: Reshaping economic geography. Washington, D. C. : World Bank Group.

[193] Yang D. T. 2002. What has caused regional inequality in China? . China Economic Review, 13 (4): 331 – 334.

[194] Yang Y. , Poon J. P. , Liu Y. and Bagchi-Sen S. 2015. Small and flat worlds: A complex network analysis of international trade in crude oil. Energy, 93: 534 – 543.

[195] Yang Y. , Poon J. P. and Dong W. 2017. East Asia and solar energy trade network patterns. Geographical Review, 107 (2): 276 – 295.

[196] Yeung H. W. 2009. Regional Development and the Competitive Dynamics of Global Production

Networks: An East Asian Perspective. Regional Studies, 43 (3): 325 - 351.

[197] Yeung W. C. 2000. The dynamics of Asian business systems in a globalizing era. Review of International Political Economy, 7 (7): 399 - 443.

[198] Zhang X. and Zhang K. H. 2003. How Does Globalisation Affect Regional Inequality within A Developing Country? Evidence from China. The Journal of Development Studies, 39 (4): 47 - 67.

第三章
中国对外贸易研究

一、引言

改革开放以来，在一系列贸易政策和贸易体制改革的推动下，我国逐渐融入国际市场和全球价值链，出口贸易额迅速上升，目前已为名副其实的国际贸易大国。在国际贸易日益增长的同时，与国际贸易相关的研究也蓬勃发展，数量不断增多，质量也不断提升。本书从如下几个大方面对中国的国际贸易研究进行回顾：（1）国际贸易的增长；（2）国际贸易的结构；（3）国际贸易的效应；（4）我国的贸易政策；（5）国际贸易的地理学研究。由于文献浩繁，本书按照如下标准筛选研究：（1）各主题下的代表性研究；（2）综合考虑文献的质量和原创性；（3）优先考虑与国际贸易模型直接含义对应的实证研究，弱化因果关系过于模糊的研究。

二、国际贸易增长

改革开放以来，尤其是加入世界贸易组织以来，我国实现了进出口贸易额的高速增长，实现了“出口奇迹”。一方面，许多研究对我国进出口增长的特征事实进行描述；另一方面，许多研究也尝试依据国际贸易理论和我国的特殊性对我国贸易额高速增长提出解释。

（一）国际贸易增长态势

有大量研究详细描述了我国进出口增长的态势（裴长洪，2008）。在拓展的国际贸易理论中，贸易额的增长经常被分解为扩展边界和集约边界。以出口为例，出口集约边界经常指在位出口关系的增长，即旧产品—旧市场的出口增长；而出口扩展边界常指旧市场—新产品、旧产品—新市场和新产品—新市场的出口增长。钱学锋和熊平（2010）基于企业异质性理论框架，研究了1995~2005年我国出口增长二元边际的特征事实，发现该时段内我国的出口增长主要体现在出口集约边际。钱学锋（2008）

运用企业异质性贸易模型分析框架模拟可变贸易成本与出口固定成本对出口二元边际的影响，发现2003～2006年我国贸易增长主要源自集约的贸易边际，而贸易成本的变动对我国出口量增长的影响主要通过影响扩展边际而实现。杨汝岱和李艳（2016）也发现我国企业出口在企业—产品—目的地维度的出口存活率极低，存在尝试性出口的特征，说明其出口面对的不确定性较强。

除了出口二元边界以外，研究关注我国出口贸易持续期和稳定性。邵军（2011）研究了我国出口贸易联系持续期，发现出口贸易联系持续期偏短，持续期的均值和中位数分别只有2.84年和2年，初始贸易额、目的地市场规模、商品类型、商品单位价值、汇率稳定性对贸易联系持续期存在显著影响。吴小康和于津平（2018）也发现我国新产品出口占总出口的比例有限，但在企业层面新产品的重要性逐渐提高，而这种新产品出口极其不稳定，大部分新产品仅出口1年就停止出口。持续出口关系随年数增加逐渐下降，且下降速度递减，企业出口稳定性随出口年数增加而提高。

总之，我国出口增长主要来自集约边际的贡献，扩展边界极不稳定，有明显的尝试性出口特征，因此后来的研究也根据这一特征扩展异质性企业贸易模型，认为出口不确定性在出口过程中发挥重要作用。

（二）国际贸易增长原因

许多研究尝试解释我国的出口增长奇迹或影响我国出口的因素。早期研究仍以相对综合的视角对我国贸易增长的影响因素进行分析，例如钟昌标（2007）分析我国电子行业出口的决定因素，并侧重分析FDI的作用，发现FDI和规模经济对出口存在正向作用，国有资本份额与出口负相关。资本密集度、研发投资和人力资本并不是重要影响因素。刘志彪和张杰（2009）基于问卷数据，探讨我国本土企业出口的决定因素，发现产品供应链关系和产业集聚是出口的重要影响因素，而技术创新、人力资本、资本密集度并未成为我国企业出口的重要影响因素。在2010年之后，国际贸易研究逐渐开始聚焦于某一个关键因素，分析该因素对国际贸易增长的影响。此处将这些因素区分为确定性世界的经济过程和不确定性因素两个方面。确定性世界的经济过程包括经济模型中常分析的供给、交易及需求因素。与此同时，越来越多的研究认为不确定性在国际贸易中发挥重要作用。

1. 确定性世界的经济过程

（1）供给侧因素。

自从梅里兹的异质性企业模型提出以来，对这一模型加入各种变式的实证研究不断涌现。由于 Melitz 模型是“供给侧模型”，意在说明供给侧的生产率异质性如何影响出口参与和贸易自由化的效应，因此，现有研究在 Melitz 模型的基础上进行改进，必然导致其倾向于关注供给侧因素。

①企业生产率。基于经典的 Melitz 模型，出口的增长可能是企业生产率增长的结果。邱斌和闫志俊（2015）在 Melitz 模型的基础上，探讨异质性企业出口固定成本和生产率对企业出口决策的影响，发现固定成本抑制出口，而生产率促进出口。他们还研究了生产率与固定成本之间的替代关系。另外，出口的过程也可能导致企业生产率提升，因为企业可以学习国际市场的先进管理经验和经营经验，这常被称为“出口学习效应”。因此，出口与生产率可能互为因果或具有门槛效应，关于出口学习效应的研究，本书将在“贸易效应”部分进行回顾。

②中间品进口。一些研究注意到，中国出口奇迹是我国融入全球价值链的结果，这一思路启发了一系列关于中间投入品进口对出口影响的研究。我国一系列改革意在率先引入加工贸易企业，促进经济发展。加工贸易的特征便是进口中间品，进行加工而出口。进口的中间品可能技术含量较高，通过知识溢出效应和投入品多样化效应促进一般贸易企业生产率的提升，从而促进出口。巫强和刘志彪（2009）尝试解释我国沿海地区的出口奇迹，认为我国沿海地区以消费品为主的重大出口增长可以用“进口引致出口”来解释，是沿海地区企业在出口导向战略的驱动下，面对国际市场严苛的质量标准，而国内装备制造业并不能提供良好机器设备的反映。张杰等（2014）用“进口引致出口”来解释我国出口增长的奇迹，认为进口通过促进生产率的提升进而促进出口，中间品进口引致出口的效应强度大于资本品进口，而且本土企业更加依赖进口引致出口的机制。田巍和余淼杰（2013）发现中间品关税下降显著提高了企业的出口强度，因为更低的关税使得企业可以使用更多种类的进口中间品，并构建了模型解释这一现象。冯等（Feng et al.，2016）发现增加中间品进口的企业同时也增加出口量、扩大出口范围。与此同时，进口中间品的收益受到初始贸易状态、进口来源地、出口目的地、企业所有制和产业研发密度的调节。

③融资约束。2008 年全球金融危机以来，融资约束或信贷约束对出口的影响受到广泛关注。第一，金融危机提供了融资约束的背景，促进了西方相应研究；第二，我国特殊的融资分配不均问题可能对出口存在显著的异质性影响；第三，我国在资本市场不发达的情况下取得出口增长的奇迹，这似乎很难解释。黄玖立和冼国明（2010）认为我国的银行体系压制了非国有经济的发展，同时也给 FDI 进入留下了空间，因为 FDI 也能有效缓解融资约束。他们的实证研究阐释了 FDI 与银行信贷的相互替代作用。于洪霞等（2011）发现我国企业出口固定成本受到融资约束的影响，制约了企业的出口能力。李志远和余淼杰（2013）将信贷约束引入 Melitz 模型，从理论上和实证上说明了项目成功率越高的企业越容易获得融资支持而进入出口市场，外商

投资企业更容易获得外部融资。罗伟和吕越（2015）发现金融市场分割阻碍了出口，而信贷配置失衡能促使大量受信贷支持的低效率企业出口，造成少数信贷约束的高效率企业退出市场，因而可能促进总出口。刘晴等（2017）提出了一个企业出口面临融资约束的垄断竞争模型，显示融资约束可能提高企业出口密集度，但与此同时可能降低出口企业的利润和平均生产率，抑制外贸转型升级。周定根和杨晶晶（2016）利用世界银行企业调查数据，发现企业在交易中获得预先支付将提高出口参与度，且这种效应在低生产率的企业中强度更大。马述忠和张洪胜（2017）发现集群商业信用缓解了企业出口的融资约束，提高企业的进入概率和出口额，这一作用对东部地区、私营企业更加显著，对我国在资本市场不发达的情况下取得出口奇迹的悖论做出了部分解释。

④其他影响生产率的因素。孙浦阳等（2015）发现上游外资自由化程度能够提高下游企业的出口倾向和出口额，这一促进效应依赖于技术距离，更接近国际技术前沿的行业和企业更容易受到这种效应的影响。李坤望等（2015）将信息基础设施因素引入异质性企业模型，发现信息基础设施对我国企业出口绩效具有显著的影响。余长林（2016）发现知识产权保护与行业特征的相互匹配效应显著促进了我国总体制造业行业出口的增长，且显著促进低研发密度和低专利密度行业的出口。孙浦阳等（2018）在企业贸易理论的基础上引入服务投入和企业管理效率差异，实证研究发现服务业外资参股开放政策的推行对制造业企业出口二元边际存在一定促进作用，而且这种促进作用随着时间的演进有下降趋势，且主要被管理效率较高的企业吸收。文东伟和冼国明（2014）发现我国制造业空间集聚显著地推动了企业出口，同时他们也解释了我国的“出口—生产率悖论”。

（2）交易过程。

除了供给侧异质性以外，交易过程发生的成本也影响国际贸易强度。交易过程中发生的成本由距离、关税等各种壁垒以及汇率等来反映。

①汇率对贸易的影响。梁琦和徐原（2006）认为我国出口贸易的最大威胁不是人民币升值，而是未来国际外汇市场汇率变动引起的汇率风险。张会清和唐海燕（2012）发现人民币升值从出口扩展边界和出口集约边界两方面对企业出口产生了显著的负面影响，人民币升值驱使我国出口行业结构高级化，但其中外商投资企业的贡献较大，本土企业则受到一定抑制。赵仲匡等（2016）研究了我国的“出口汇率不相关之谜”，具体而言，自2005年汇率改革以来，人民币升值幅度较大，而我国出口却保持快速增长，为了解释这一悖论，通过使用结构方程的方法，测度了企业的出口汇率弹性，发现金融约束显著地提高了企业的出口—汇率弹性，而企业的对冲行为（例如在国内市场销售）降低了出口的汇率弹性。韩剑等（2017）在多产品企业模型的框架下，研究了汇率变动对企业出口的影响，发现我国出口企业受汇率波动风险影响最小的产品是市场份额较大、产品质量较高的产品，而非销售额大、在国际分工中

处于低端生产环节的低质量产品。法图姆等（Fatum et al.，2018）发现汇率变化能够显著地影响贸易流量，这一效应所发挥的作用取决于企业参与加工贸易的程度，参与加工贸易的程度越高，企业出口受到汇率变化的影响越不显著。

②其他交易成本对贸易的影响。方慧和赵甜（2017）分析了各种距离对“一带一路”沿线国家出口贸易的影响，发现文化距离、经济距离和技术距离提高了出口倾向，而地理距离和制度距离则提高了投资倾向。王孝松等（2014）研究了反倾销壁垒对我国的出口增长二元边际的影响，发现反倾销壁垒显著抑制了出口二元边际。安等（Ahn et al.，2011）发现贸易中间商能够促进国际贸易，这一促进作用在进入难度更大、更遥远的市场更加明显。

（3）需求侧因素。

由于大量国际贸易模型在需求侧均采用CES效用假设，需求侧异质性对国际贸易的影响在主流模型中难以体现出来，基于主流国际贸易模型的需求侧实证研究因此也数量较少。田巍等（2013）研究了人口结构对国际贸易的影响，在扩展引力模型的基础上，认为高劳动人口比例会使出口地产出增加从而增加出口，与此同时，高劳动人口比例也会给进口地带来更多劳动收入而增加进口，这一结论对于理解人口较多的国家（地区）的贸易具有重要意义。蒋冠宏和蒋殿春（2014）运用匹配法和倍差法，研究了我国企业对外投资的“出口效应”，认为区分对外投资的目的和类型十分重要，并将我国对外投资的类型分为商贸服务、当地生产和销售、技术研发和资源开发，发现我国对外直接投资促进了企业出口，而且商贸服务类投资显著促进了企业出口，且投资高收入国家的出口效应最明显。

2. 不确定性

Melitz模型假设企业一旦支付了出口固定成本，则这一出口关系即能稳定存在，企业退出仅由外生的生产率冲击导致。然而对我国出口增长的描述却并不完全支持这一结论。现有研究发现我国企业—产品—市场层面的进入退出极其频繁，出口稳定性低，有大量产品仅存活一年，有“尝试性出口”的特征。现有研究一般认为，这是由于出口除了需要支付固定成本以外，还需要克服国际市场存在的各种不确定性，企业的频繁进入退出是对这种不确定性的回应。在这一思路下，研究关注各种不确定性对出口贸易的影响，例如克罗利等（Crowley et al.，2018）发现关税政策不确定性越高，我国企业越可能退出出口市场或者选择不进入出口市场。同时，他们也运用反事实估计的方法测度了WTO提供的关税政策确定性对我国企业进入出口市场的影响。鲁晓东和刘京军（2017）使用我国对59个主要贸易伙伴的出口数据以及出口目的地的宏观经济变量，分析外部不确定性与出口波动的因果关系，并利用灾难数据作为工具变量，说明了不确定性对我国的出口具有显著的抑制作用。

研究也关注了削减不确定性的因素对国际贸易的影响：

①产业集群降低不确定性。费尔南德斯和唐（Fernandes & Tang，2014）研究了本地其他企业的信息溢出对我国企业出口的影响，发现本地其他企业出口额增长率提升能够降低外部需求不确定性，从而促进企业进入出口市场和扩大出口规模。叶迪和朱林可（2017）研究了地区质量声誉对企业出口表现的影响，发现在质量信息不对称的情况下，地区质量声誉能够显著地促进企业出口额增长和出口价格的提升。

②移民、文化和历史事件对不确定性的影响。姜鸿（2008）发现在日华人华侨[①]的进口创造效应大于出口创造效应。杨汝岱和李艳（2016）发现移民网络能够显著地提高在位出口额增长率，并增加新进入出口关系的存活率。蒙英华等（2015）发现移民网络主要对我国企业的出口扩展边界起作用，而对我国企业的集约边际影响并不显著。切等（Che et al.，2015）研究了日本侵华战争对中日之间的贸易和投资的长期影响，发现日本企业更不倾向于在曾经受到侵华战争严重影响的地区进行直接投资，同时这些地区与日本的贸易显著低于其他地区，说明历史事件对国际经济关系可能具有长期显著的影响。

3. 其他因素

王文甫和王子成（2012）发现我国的财政政策对净出口具有挤入效应，即政府支出增加会引起净出口增加。李小平等（2015）利用阿拉和肖特（Hallak & Schott，2011）的产品质量测度方法，发现出口产品质量提升能够促进出口量的扩张。

三、国际贸易结构变迁

（一）国际贸易结构变迁

毋庸置疑，我国已是贸易大国，然而却难称为贸易强国，因为我国出口产品仍具有低质量、低附加值等特征，处于全球价值链的低端生产环节。除了国际贸易的增长以外，越来越多的文献关注贸易结构的升级和改善。我们关注如下主题的研究：刻画出口产品区域结构、产品结构、出口目的地结构等的研究；刻画出口产品竞争优势的部分变量，如出口产品质量、出口技术复杂度、出口竞争力、出口产品技术含量、附

① 原文标题和正文均表述为日本华人，据其文意实际为在日本取得居留资格的华人。

加值、利润率等。

1. 产品结构、区域结构与目的国结构

文东伟等（2009）描述了 1980～2007 年我国出口行业结构的变迁，认为样本年份内我国出口行业特征有以下特点：其一，劳动力密集型行业占全国出口比重逐渐下降；其二，我国出口行业集中度不断提高；其三，我国主要出口行业从劳动密集型行业逐渐向资本及技术密集型行业转变。樊纲等（2006）描述了我国对外贸易结构，发现中国已经从以低技术附加值出口为主转变为以中等技术附加值为主的出口模式，但是进口仍以高技术产品为主。虽然高技术产品有所增加，但是高技术产品还没有成为我国出口的最重要组成部分。陈勇兵等（2014）测算了我国进口需求弹性，并进一步从产业和生产上分析了进口需求弹性的分布。裴长洪和刘洪愧（2017）尝试分析了贸易强国的共性指标，然后依据规模、结构、外汇等方面描述我国贸易结构，并与世界其他国家和地区进行对比，认为应该客观认识我国与贸易强国的差距。黄先海和周俊子（2011）研究了我国出口“广化”中的地理广化和产品广化，发现地理广化占据了我国 1996～2009 年出口广化的绝大部分，但是产品广化创造出口的能力十分强劲，具有显著的长期意义。高凌云等（2012）采用广义可加模型的方法，描述了我国出口产品结构的专业化趋势，认为我国出口实际上是一条非线性的、超越所处发展阶段的渐进专业化道路，在人均收入达到一定水平后，还可能出现加速专业化趋势，可能对我国经济增长产生显著不利影响。

2. 产品竞争力相关指标

（1）技术复杂度、技术含量与产品竞争力。姚洋和张晔（2008）对豪斯曼等（Hausmann et al.，2007）的方法加以改进，提出了“产品国内技术含量”的概念，并对全国及广东省、江苏省的产品国内技术含量进行了测算，以分析加入全球分工究竟是否有利于国内技术的提升。倪红福（2017）构建了基于生产工序的新的技术含量测度方法，发现自 1995 年以来，我国出口出现了自身技术水平的升级，技术含量向发达国家（地区）平均水平弱收敛，但仍然锁定在世界的最底端，远低于美国、日本等发达国家。魏浩和李晓庆（2015）测算了 2011～2013 年我国进口商品技术含量和技术结构，发现我国进口最多的产品仍然是高技术产品，而且双边贸易成本、出口地在中国的直接投资规模、出口地技术水平等是重要影响因素。肖特（Schott，2008）指出虽然我国的出口产品结构逐渐接近 OECD 国家，且已经能够出口技术复杂度较高的产品，但是在人力资本密集型的高技术产品出口中，我国与 OECD 国家仍有明显差距。黄先海等（2010）测度了 1993～2006 年我国金属制品出口的产品复杂度，认为与高复杂度经济体相比，我国金属制品出口复杂度绝对额变化不大，且提升

速度缓慢。文东伟等（2009）用出口竞争力指数、贸易竞争力指数和显性比较优势指数描述了我国出口的竞争力，认为中国出口劳动密集型行业虽然具有很强的国际竞争力，但竞争力逐渐下降；而资本及技术密集型行业的出口竞争力逐渐提高，但目前竞争力仍然较弱。

（2）产品价格与产品质量。玛纳瓦和张（Manova & Zhang，2012）提炼了我国出口产品价格在不同企业、不同出口目的地分布的典型事实。由于高出口价格往往代表高出口质量，因此该研究也可以看作是出口产品质量的典型事实描述。研究认为应该构建模型以包含如下事实：成功的出口商使用高质量的中间产品，以此生产更高质量的产品进行出口；企业分别通过使用不同质量的中间品，对不同国家出口不同质量的产品。张杰等（2014）采用工具变量和结构模型的方法有效地缓解了内生性问题，并测度了我国2000～2006年出口产品质量的变化，发现我国出口产品质量呈现先下降后上升的趋势，大量低质量私营企业样本短暂进入和退出出口市场是导致这种U型变化趋势的核心原因。劳斯特拉和罗马利斯（Feenstra & Romalis，2014）结合供给侧和需求侧异质性，测度了世界各国家（地区）出口产品质量，发现我国出口产品质量在样本中位列最后一位。施炳展和曾祥菲（2015）测度了我国的进口产品质量，发现我国企业进口产品质量呈现上升趋势，且进口产品质量越高，进口贸易关系持续时间越长。进一步分析发现，质量指标不同于单位价值、出口技术复杂度。余淼杰和张睿（2017）结合了我国企业生产率数据与芬斯特拉和罗马利斯（Feenstra & Romalis，2014）的方法，测度了我国出口产品质量。

（3）附加值与成本加成。张杰等（2013）对我国出口的国内附加值率（DVAR）进行了测算，发现我国出口的内附加值率从2000年的0.49上升到2006年的0.57，一般贸易DVAR高于加工贸易，且FDI进入是导致加工贸易与外资企业DVAR上升的重要因素。苏振东和洪玉娟（2013）研究我国出口企业是否存在利润率溢价，发现我国的出口企业比非出口企业利润率更高，而且出口密集度越高，企业的利润率越低，这一现象与贸易理论不符。这一现象可能可以从加工贸易和全球价值链低端锁定的角度来解释。盛丹和王永进（2012）研究了“中国企业低价出口之谜”，首先测算了我国各行业的出口与非出口企业的成本加成率，发现在各个省份、各个行业出口企业成本加成普遍低于非出口企业。他们认为出口退税、补贴政策以及出口行业内部的过度竞争是导致出口加成率过低的原因。

（二）国际贸易结构变迁原因

早期研究通常以综合性的视角对贸易结构的影响因素进行考察。江小涓（2007）

发现比较优势、国内产业基础和市场结构、参与全球分工程度是我国贸易结构的主要影响因素。施炳展和邵文波（2014）运用科汉德沃等（Khandelwal et al.，2013）的方法测度了我国出口产品质量，发现我国企业出口产品质量呈现上升趋势，但本土企业与外资企业产品质量的差距扩大。研究同时分析了产品质量的决定因素，发现生产效率、研发效率、广告效率、政府补贴、融资约束、市场竞争均可能提升产品质量，但外资对本土企业的产品质量具有不利影响。除了上述综合性因素考察之外，本研究更倾向于关注聚焦于某一个因素的研究。

1. 供给侧因素

（1）生产率。易靖韬和蒙双（2017）基于多产品企业模型，探讨企业出口生产率与企业出口范围的关系，发现了企业出口范围与企业生产率呈现倒 U 型关系。樊海潮和郭光远（2015）刻画了生产率与出口产品质量的关系，发现企业生产率与出口产品质量呈显著且稳健的正相关关系。

（2）中间品进口与进口自由化。王雅琦等（2018）发现金融危机后我国出口产品质量经历下滑，原因在于中间品进口带来的负面冲击。同时，中间品进口的下降会通过高质量产品的进入减少和退出增加，而影响到出口产品质量的变动。殷德生等（2011）构建了国际贸易、企业异质性与产品质量升级的理论框架，发现贸易开放不仅能通过贸易成本的下降促进产品质量的升级，而且进口中间产品带来显著的技术溢出和规模经济效应也能激励发展中国家（地区）模仿发达国家的创新活动。勃兰特和莫罗（Brandt & Morrow，2017）发现进口关税削减能够影响中国企业的出口模式选择，即进口关税自由化削弱了加工贸易的中间品进口成本优势，导致一般贸易的出口集约边际、扩展边际不断提升。盛斌和毛其淋（2017）发现进口贸易自由化显著提高了企业出口技术复杂度，而且中间品贸易自由化的效应强于最终品贸易自由化。最终品贸易自由化和中间品贸易自由化分别通过“竞争效应”与“种类效应”提高企业出口技术复杂度。法恩等（Fan et al.，2018）发现贸易自由化对于产品质量的促进作用集中于产品质量差异化较高的行业的低生产率企业，因为这些企业倾向于提升自己的产品质量以适应高收入国家（地区）的需求。

（3）融资约束。冉光和等（2011）运用 VECM 模型研究了金融成长与出口结构优化之间的关系，发现金融成长促进了出口结构的优化，而出口结构的优化也促进了金融成长。这里的出口结构优化是以高新技术产品出口和工业制成品出口来表示的。黄先海等（2016）研究了我国中间品进口企业“低加成率之谜”，发现我国中间品进口企业加成率低于非进口企业，这一结果违背了异质性企业理论。较低的全球价值链地位是造成我国中间品进口企业加成率过低的原因，而融资约束是企业内生选择较低的全球价值链地位的重要原因。

2. 交易因素

交易因素包括汇率、地理距离等计入冰山成本的因素。需要注意的是，由于我国贸易存在大量先进口再出口的过程，因此进口中间品贸易自由化经由生产过程而影响出口，故未在该部分进行分析。沈国兵（2015）研究了美元弱势调整对中美双边贸易的影响，发现美国的量化宽松政策可能使美国对华贸易的同质性产品贸易差额显著改善、差异化产品贸易差额显著恶化。毛日昇等（2017）研究了实际汇率对企业出口转化的影响，发现实际汇率对出口扩张率和转换率具有显著的影响。余淼杰和张睿（2017）研究了人民币升值对出口产品质量提升的影响，结合芬斯特拉和罗马利斯（Feenstra & Romalis，2014）的方法，准确地测度了我国出口产品的质量，并发现人民币升值能够提升出口质量，这是因为人民币升值提高了行业竞争程度，倒逼企业提高产品质量。许家云等（2015）研究了人民币汇率对多产品出口企业的影响，发现人民币汇率升值会使企业出口价格下降、出口数量减少，且这一效应受到企业生产率和产品在多产品出口企业出口额中的排序的影响。人民币实际汇率升值还缩小了企业的出口范围，提高了企业出口集中度。杨汝岱和李艳（2013）从区域地理的角度来考察企业出口产品价格差异，发现城市内价格差异远远小于城市间的价格差异，说明区域地理比目的地特征更能解释出口价格差异。他们构建区域偏远度指标作为关键解释变量，说明区域地理因素对出口产品价格具有显著影响。

3. 需求因素

易先忠等（2014）研究了国内市场规模与出口产品结构多元化的关系，认为制度环境决定了国内市场规模对出口产品结构的作用方向，当制度环境高于门槛值时，国内市场规模扩张能促进出口产品结构多样化，而当制度环境低于门槛值时则相反。李俊青和韩其恒（2011）认为金融市场完备的国家（地区）具有较少的预防性储蓄，促进其居民消费，从而导致容易出现贸易赤字；而金融市场不完备的国家（地区）容易出现预防性储蓄，导致资金可能以债券的形式从金融市场不发达的国家（地区）流向金融市场发达的国家（地区）。这一研究可以很好地解释中美之间的贸易平衡关系。钱学锋等（2016）研究了进口竞争对我国制造业企业成本加成的影响，发现进口竞争对我国制造业企业的成本加成有显著的负向影响，但是长期来看，进口竞争的负面影响会逐渐消失，且其对加工贸易企业的影响相对较小。黑德等（Head et al.，2017）研究了我国城市的进口分包过程，发现仅考虑供给侧异质性不能很好地解释中国城市进口分包现象，他们进而在模型中引入需求侧异质性，结构方程估计显示，需求侧异质性解释了50%以上的进口分包情况。

四、国际贸易效应

（一）经济增长效应

出口可能通过以下渠道促进经济增长：其一，出口可能通过出口学习效应促进经济增长，即企业学习国外的先进知识和管理方法，提高自身的生产率；其二，出口可能通过竞争效应，倒逼企业提高生产率，从而促进经济增长；其三，出口可能通过专业化效应，提高专业化水平，带动关联产业发展而促进经济增长；其四，出口获取的外汇收入可能可以促进本国资本形成，加速资本积累，从而提高生产率。

1. 对外开放与经济增长

黄玖立和李坤望（2006）发现出口开放程度显著影响1970～2000年各省区人均收入增长速度，影响了地区经济发展的差距，并认为国内市场和国际市场存在替代关系。黄新飞和舒元（2010）运用“异方差识别法”和动态面板GMM估计解决内生性问题，研究了贸易开放对经济增长的影响，说明贸易开放通过影响要素使用效率促进省级经济增长，且东部地区这一效应最强。

2. 出口结构与经济增长

刘修岩和吴燕（2013）研究了出口专业化、出口多样化与地区经济增长的关系，发现出口产品的多样化对我国区域经济增长具有显著的促进作用，而且垂直多样化的效应高于水平多样化。雅罗和庞赛特（Jarreau & Poncet，2012）研究中国的出口复杂度对经济增长的影响，发现出口复杂度确实对经济增长具有显著的影响，但是这一影响仅局限在我国的本土企业，若考虑加工贸易与外商投资企业，则这一效应不稳健。

（二）就业、工资与福利效应

贸易以及伴随贸易产生的国际分工对就业、工人工资等均具有显著影响。由于在贸易模型中，贸易所得或者消费者福利也常用实际工资来表示，因此本研究并不严格地区分工资与福利。

1. 贸易对中国的工资与福利影响

（1）出口企业工资溢价。出口企业往往需要克服大量沉没成本，因此对于国内企业而言，出口企业往往需要比非出口企业生产效率更高，从而能够为员工支付更高的工资，这被称为出口企业的“工资溢价”现象。许多研究发现了出口能够提高劳动力的工资水平（于洪霞、陈玉宇，2010）。但是，对出口与劳动力工资增长率的研究却发现出口与劳动力工资增长率呈现负相关关系，出现“低工资增长、高劳动生产率增长”的模式，这可能与我国广泛存在的加工贸易出口方式有关（包群、邵敏，2010）。于洪霞和陈玉宇（2010）刻画了出口与工资水平的相互关系，发现出口能够促进生产率的提高，因而出口企业能够支付更高工资；另外，雇用了较高技能水平的劳动者的企业也更可能成为出口企业，因此出口与工资之间存在双向因果关系。

（2）出口—工资差距之谜。根据赫克歇尔—俄林模型推论之一的斯托尔珀—萨缪尔森定理，若假设我国的高技能劳动力是稀缺要素，则开放贸易会使我国高技能劳动力收入和低技能劳动力收入差距下降，但是事实显示并非如此，这被称为“出口与工资差距之谜”。出口使我国技术工人与非技术工人的工资差距不断上升（Xu & Li，2008）。潘士远（2007）提出了学习效应可能是“有偏的”，以此来解释发展中国家（地区）的工资差异之谜。技术知识的生产是熟练劳动力密集型的，学习效应会导致熟练劳动力的需求增加，从而扩大工资差异，这种有偏的学习效应还会使技术进步更偏向于技能密集型，进一步扩大工资差异。陈波和贺超群（2013）在 Melitz 模型的基础上引入了技术工人和非技术工人的不同角色，模型结果说明贸易自由化可能导致出口企业利润上升，导致技术工人获得更高的绩效工资，从而拉大工资差距。陈等（Chen et al.，2017）发现进口投入品的贸易自由化会导致我国技术工人和非技术工人之间的工资差距加大，而且这一效应在一般贸易企业中更显著。另外，他们还发现进口品贸易自由化还能提高增加值和利润。

（3）贸易与就业、劳动力技能。刘晴和徐蕾（2013）在异质性企业贸易模型的基础上，建立了一个以我国经济特征为依据的异质性企业分类模型。模型结论表明，加工贸易尽管会降低行业的生产率水平，但是仍能通过吸收二元经济结构中的剩余劳动力而改善社会福利水平，这对我国的“出口生产率悖论”和“劳动需求悖论”提供了一种解释。陈维涛等（2014）使用 2007 年我国居民家庭收入调查（CHIP）数据，探讨了出口产品技术复杂度对我国人力资本投资的影响，并发现出口技术复杂度的提高有利于我国城市、农村劳动者人力资本投资的增加，并有利于劳动者人力资本投资未来预期报酬的提高，并促进劳动者子女教育投入和长期人力资本投资的增加。唐东波（2012）研究了垂直专业化对我国就业结构的影响，发现来自 OECD 等发达国家的中间品进口份额上升有利于提高中国制造业高技能劳动力就业的比例；而从亚非拉部分低收入国家（地区）进口中间品份额的提高可能降低劳动力技能水平。

（4）贸易与福利。汉等（Han et al.，2016）在研究关税传导机制的基础上分析了贸易自由化的效应，研究贸易自由化对家庭福利的影响，发现贸易自由化对家户福利的影响取决于我国城市私有部门的比重，私有部门占比越高，市场竞争越激烈，关税的传导率越高，消费者越能获得贸易自由化带来的福利。罗知和郭熙保（2010）发现进口商品价格对国内消费品存在显著的价格传递效应，且对食品消费价格的传递效应尤其明显。陈勇兵等（2011）估算了进口种类增长带来的福利效应，发现传统价格指数造成向上偏误，我国消费者由于进口种类增长而获得的福利相当于GDP的0.84%。科汉德沃等（Khandelwal et al.，2013）以取消纺织品配额为背景，研究了贸易自由化对我国纺织贸易企业的影响，发现在国内市场本来就存在扭曲，而且贸易自由化有利于缓解这一扭曲的情况下，贸易自由化带来的福利效应将比预期更大。我国在这段时间内的出口额快速增长、出口价格快速下降是由于企业的净进入导致的。

2. 中国贸易对其他国家的就业与福利效应

（1）就业效应。阿斯奎思等（Asquith et al.，2019）考察了中国进口冲击对美国就业流动的影响，发现中国的进口竞争主要通过直接导致企业死亡而影响美国就业，而且会导致美国就业从受冲击的部门转移到未受冲击的部门而发生重构。布洛姆等（Bloom et al.，2016）发现中国的进口竞争使欧洲的劳动力转移到创新和技术密集型的企业。进口竞争也降低了企业的就业、利润与产品价格等。

（2）福利效应。乔瓦尼等（Di Giovanni et al.，2014）在伊顿和科图姆（Eaton & Kortum，2002）贸易模型的框架下，采用结构方程方法测度了中国部门生产率提升对全球的福利效应，他们采用两种反事实模拟方法，第一种是假设中国各部门的劳动生产率仍以相同的速度增长，即中国仍保持现有比较优势；第二种是中国各部门的劳动生产率为世界劳动生产率的一个常比例，即中国那些不具有比较优势的部门加速增长。反事实估计显示，在第二种框架下，中国对全球带来的福利效应更大。谢和奥萨（Hsieh & Ossa，2016）研究了中国的生产率增长如何经由国际贸易影响世界各国的实际收入水平。结构方程估计结果显示，中国的生产率增长经由国际贸易对其他国家实际收入的溢出效应并不明显，仅在 -0.2% ~0.2% 之间波动。

（三）选择效应和创新效应

1. 选择效应

除了我国之外，其他许多国家的研究均发现了高生产率的企业更可能参与出口，这也是梅里兹（2003）的异质性企业贸易模型的基本结论。甚至Melitz模型也是基于20世纪90年代至21世纪初一系列实证研究而衍生出来的模型。但是出口企业生产率更高的判断在我国却不成立，反而出现低生产率的企业进行出口的现象，这被称为“出口—生产率之谜”（李春顶、尹翔硕，2009）。现有研究从以下几个方面对我国的出口—生产率之谜进行解释。

（1）存在大量加工贸易企业。例如戴等（Dai et al.，2016）发现我国的加工贸易企业生产率显著低于其他企业；与此同时，盈利能力、工资、研发密度和技能密度均低于其他企业，去除加工贸易企业之后，我国的样本能够很好地符合Melitz模型的预测。因此，研究建议在发展中国家需要考虑加工贸易的影响。

（2）外商投资企业。盛丹（2013）发现外商投资出口企业生产率显著低于非出口企业，而内资企业能符合异质性企业模型的结论。

（3）出口密度。范剑勇和冯猛（2013）运用LP方法估计生产率，发现出口企业的TFP（total factor productivity，全要素生产率）高于内销企业，因此否认了出口企业生产率悖论。同时，他们按照出口密度对企业进行分组，发现在高出口密度的企业中存在“出口—生产率悖论”的现象，而在低出口密度的企业中，出口学习效应的强度大，持续时间长。刘晴等（2014）将出口密集度与固定成本的权衡关系引入异质性企业模型，发现低效率企业会通过低固定成本—高出口密度的方式参与贸易，而高效率企业会通过高固定成本—低出口密度的方式参与贸易。

（4）国内市场分割。朱希伟等（2005）反向构造了Melitz模型，证明了国内市场分割导致不同生产率的企业首选进入国际市场，这似乎可以解释我国出口贸易的快速增长其实可能是市场分割导致企业无法依托国内需求而造成的扭曲现象。张杰等（2010）认为中国的市场分割模式可能会导致企业进入国内其他地区的成本高于出口到国外市场的成本，从而导致本地企业将本地的比较优势转变为出口。同时，这一效应可能对于不同所有制企业存在不同影响。市场分割主要作用于私营企业，而外商投资企业由于具有超国民待遇，可能并不会受到市场分割的严重影响。

此外，易靖韬（2009）、范剑勇和冯猛（2013）的研究发现我国的出口情况符合Melitz模型的解释。

2. 学习与创新效应

（1）出口学习效应。许多研究认为，在出口过程的“干中学”能够促进企业创新和学习。张杰等（2009）使用PSM方法研究了我国企业是否存在“出口中学习”效应，即出口是否导致企业生产率提高，发现出口显著地促进我国制造业企业全要素生产率的提高，但并未促进我国制造业企业劳动生产率的提高。同时，出口促进企业全要素生产率提高的作用仅在3年内显著。易靖韬和傅佳莎（2011）发现一旦企业选择进入出口市场，将从出口市场中积累出口学习经验，从而降低企业生产成本，提高企业最优出口供应量。彭国华（2007）用弗兰克尔和罗默（Frankel & Romer，1999）的方法，用地理工具变量解决贸易的内生性问题，发现国际贸易能够提高地区劳动生产率。苏志庆和陈银娥（2014）构建了一个知识贸易模型，模型结果显示贸易是技术进步和经济增长的原因，但是它并不能使后发国家（地区）实现对技术出口地的反超。同时，贸易保护政策阻碍技术进步。白等（Bai et al.，2017）提出并估计了一个允许出口中学习的动态离散选择模型，企业可以在出口过程中学习出口固定成本以及外部市场需求水平。结构参数估计结果显示，尽管需要面对更高的固定成本，企业更倾向于利用通过直接出口习得的各种学习效应。反事实估计显示，如果我国没有加入WTO，其出口额和出口参与将分别下降30%和37%。总而言之，研究显示我国企业大多具有显著的出口学习效应。

（2）进口的创新效应。除了出口之外，研究越来越关注全球价值链背景下的中间品进口对企业创新的影响。一方面，进口可能通过提供更高质量的中间品而促进创新；另一方面，最终品进口带来的竞争也可以起到优胜劣汰和倒逼的作用，促进企业生产率的提升。张杰和郑文平（2017）研究了全球价值链下我国本土企业的创新效应，运用工具变量法有效地缓解了内生性问题，发现进口促进了一般贸易企业的创新活动。余淼杰和李晋（2015）利用2002～2006年的数据，通过关税指数构建工具变量，分析了进口对于差异化行业的企业生产率的作用，发现中间投入品进口与最终产品进口对于企业的生产率均具有促进作用，且竞争效应对同质性行业的企业生产率影响较显著，而知识溢出效应则对差异化行业较为显著。沈琪和周世民（2014）发现进口关税减免对全要素生产率存在促进作用，而且进口中间品关税减免带来的效应更大。简泽等（2014）以中国加入WTO作为自然实验，发现进口竞争促进了高生产率企业全要素生产率的增长，而降低了低生产率企业全要素生产率的增长。余淼杰和智琨（2016）发现，从短期来看，最终品贸易自由化可能导致我国国内企业面对的竞争加剧，进而导致企业利润率下降；而从长期来看，由于企业能够充分进入退出，均衡时存活的企业利润率升高。钱学锋和王备（2017）研究了中间投入品进口与产品转换对企业要素密集度变动的影响，并认为二者均能提升企业资本密度，因而可能改善我国企业的要素禀赋结构，进一步推动我国贸易发展的转型升级。刘和邱（Liu & Qiu，2016）认为中间品进口自由化可能带来两种截然相反的效应，其一是中间品进口可能降低企业创新成本而促进创新；其二，也可能由于获取国外技术的成本下降而抑制创新。他们以我国加入WTO作为自然实验，发现中间品贸易自由化显著地抑制了我国企业的创新。林伯强和刘泓迅（2015）发现进口产品技术溢出提高了我国工业行业的能源效率。

与此同时，除了进口自由化以外，进口多元化、服务贸易进口可能也存在类似效应。魏浩等（2017）发现中间品进口国的多元化能提升企业全要素生产率。戴翔和金碚（2013）发现服务贸易进口技术含量对我国工业经济发展方式的转变具有显著的促进作用。与此同时，具有更强技术含量的服务贸易进口（如信息服务）的促进作用强于传统服务贸易进口。

研究也考虑我国出口对其他国家的创新效应。布洛姆等（Bloom et al.，2016）运用我国加入 WTO 之后的配额取消作为自然实验，研究了我国出口竞争对欧洲企业创新的影响，发现我国出口竞争促进企业增加研发强度、专利数量、全要素生产率以及信息技术强度，而来自其他发达国家的出口产品竞争并不能影响创新。

（四）其他效应

其他效应包括在国际宏观经济学框架下的国际贸易对经济周期、政府支出的影响、贸易对企业盈利能力的影响等。高凌云和毛日昇（2011）研究了贸易开放对我国地方政府实际支出的影响，发现贸易开放促进了我国投资性、转移性支付支出效率的提高。梅冬州等（2012）研究了商品贸易对国际经济周期联动性的影响，发现不同类别的商品贸易对经济周期联动性的影响不同，消费品贸易规模越大，消费品替代弹性越大，两国经济周期联动性越低；而生产品贸易则会提高两国经济周期的联动性。潘文卿等（2015）基于世界投入—产出表数据，考察国家间经济周期的联动性，发现价值链贸易影响双边经济周期的联动性，且经济距离、产业内贸易是影响价值链贸易发挥作用的两个重要因素。张杰等（2013）研究了出口对中国企业增加值率的影响，发现出口抑制了中国企业的增加值率，认为可以从全球价值链的低端锁定来解释这一问题。与此同时，他们发现国有企业和外资企业具有更高的增加值率，但它们的出口收益能力并没有显著高于民营企业。政府干预和税收优惠也抑制了出口增加值率的提升。因此，政府干预加剧了这一种扭曲。

五、国际贸易政策研究

一些理论研究和实证研究对中国的贸易政策进行评估。本小节主要回顾中国出口退税政策、中国战略性补贴政策和空间政策的相关研究。

（一）出口退税政策的评估

由于出口退税政策是WTO框架下允许各国使用的政策工具，许多研究在理论上对出口退税政策的各种效应进行评估。陈平和黄健梅（2003）研究了出口退税对我国出口的影响，发现出口退税在短期和长期均可能促进我国出口增长。赵书博（2008）用简单的图示模型分析了出口退税的静态福利效应和动态福利效应。马捷和李飞（2008）构建了一个国际多市场寡头模型，发现如果本国政府目标是最大化国家福利，则出口退税并不是一项稳健的贸易政策；而如果政府的目标是关注本国企业利润，则出口退税是一项稳健的贸易政策。王孝松和谢申祥（2010）用政治经济学的视角，在构建了“国家利益模型”“利益集团模型”以及混合模型的基础上，通过经验研究说明我国的出口退税政策是兼顾国家利益和国内各利益相关群体的折中结果。童锦治等（2012）构建了一个大国开放经济一般均衡模型，探讨了出口退税对长期均衡的外汇储备的影响，发现出口退税率降低对减少贸易盈余和控制外汇储备增量具有一定的作用；但是长期而言，外汇储备则与产品价格弹性密切相关，只有降低价格弹性较大产品的出口退税率，才能减少外汇储备。

（二）创新补贴和战略性贸易政策

部分研究关注了创新补贴和出口关税的影响。陈林和朱卫平（2008）构建了一个南北间静态古诺模型以研究创新激励政策的有效性，发现发展中国家（地区）的出口退税和创新补贴政策能够有效激励创新产出，提高本国企业利润，增加社会福利。邢斐等（2016）在纵向关联市场框架下构建理论模型，发现在进口中间产品的贸易格局下，研发补贴和出口补贴政策能够实现贸易质和量增长的平衡。苏振东等（2012）研究了生产性补贴对我国企业出口的影响，发现生产性补贴与出口行为存在显著的正相关关系，而且还存在显著的单向因果关系，既能促进潜在出口企业进入出口市场，也能促进在位企业提升出口密集度。谢申祥等（2018）用模型分析了当企业进行价格竞争时，一国的战略性贸易政策如何最大化贸易利益和社会福利。加利特（Garred，2018）研究了我国加入WTO后的贸易政策前后一致性，发现一方面我国按照加入WTO的承诺对进口关税进行调整，但另一方面，我国仍在使用例如出口关税等政策工具干预出口行为。出口关税施加的对象往往是上游的原材料，这种税收造成的扭曲导致了这些原材料下游行业的出口取得了成本优势。

（三）贸易相关的空间政策

贸易相关的空间政策的贸易效应和福利效应也受到了学者们的关注。陈钊和熊瑞祥（2015）使用DID方法，探讨了出口加工区政策是否对设立之初选择的主导产业具有扶持作用。研究发现，出口加工区政策使受扶持产业的出口额显著提高约11%，而且对于原先具有比较优势的产业而言，这一效应更加明显。周曙东等（2006）研究了中国—东盟自由贸易区对区域农产品贸易的动态影响，认为中国—东盟自由贸易区协定实施之后，我国对东盟各国进出口农产品数量将大幅增加，而且各国的比较优势将发生变化，使区域内各国农业部门按比较优势调整的同时，农业部门的生产资源逐渐向非农部门转移。仇焕广等（2007）研究了中国—东盟自由贸易区对中国农产品贸易和区域农业发展的影响，发现自由贸易区的建立将提高中国和东盟的贸易增长以及资源配置效率，提高双方福利。与此同时，这一协定对我国不同地区、不同农产品的效应存在差异。麻昌港（2015）研究了中国—东盟双边关系与贸易一体化之间的关系，发现中国—东盟双边关系对贸易一体化存在滞后影响，且双边关系越紧密，双边贸易总额或区域贸易份额也越大。李春顶等（2018）通过构建一个29个国家和地区的全球一般均衡大型数值模拟系统，基于反事实方法研究我国大型区域贸易协定谈判的潜在影响，发现协定都会提高我国的福利、产出、就业和贸易，同时其他协定成员也会获利。

六、国际贸易的地理学研究

国际经济学研究缺乏对各种要素空间差异性的分析，贸易联系本身包含丰富的空间内涵。首先，贸易本身就需要跨越一定空间，直接受到地理邻近性和空间差异性的影响；其次，贸易是生产端和消费端的衔接过程，世界各地的生产端和消费端显然具有一定的空间异质性，所以贸易也会因此产生一定的空间异质性。长期以来，由于经济学数理模型的局限性，地理要素常常是外生于经济学对贸易的分析。这种静止的、“外生”的空间观点使得很多真相隐没在大样本数据之后，地理和空间发挥作用的真实机制分析发生一定偏差，地理空间对贸易影响强度的估计可能存在一定误差。经济学贸易研究的局限性恰恰彰显了地理学贸易研究的重要性。改革开放以来，我国地理学界也对国际贸易研究贡献了本学科的智慧。地理学结合本学科专长，重点研究国际贸易的地理结构、国际贸易与其他地理要素的联动关系、国际贸易影响因素的地理差异、国际贸易效应的空间差异等方面的内容，为国际贸易研究做出了独特的贡献。

（一）国际贸易的地理结构

地理学研究的一大特点在于全局性的空间差异描述。地理学的贸易研究很大程度上集中于对国际贸易的地理格局、区域结构的描述，展示国际贸易的宏观形势。与此同时，地理学研究的一大特点是结合世界重大时事、国家重要方针政策、重要社会热点问题等进行选题，研究具有强烈的时代色彩，也对国家当下的发展问题和部分重大决策的论证做出了一定贡献。其中，既有对所有产品的总体贸易空间格局的描述，如于良等（2006）研究了国际贸易的空间格局特征和驱动因素，发现美国、欧盟是当时贸易组团的一级核心，而中国和日本是二级中心，俄罗斯、韩国、印度、巴西、新加坡等为三级核心，贸易组团的形成反映了地理、文化、经济、政治等诸多因素的影响；也有研究对部分产品贸易空间格局进行描述（Yang et al.，2015；Yang et al.，2017）；同时还有聚焦于国内不同产品出口格局变迁的研究，如李伟和贺灿飞（2017）研究了我国出口产业空间格局的演变，发现我国出口企业空间集聚程度较高，主要集中于东部沿海地区，并且原材料类产业、技术密集型产业、劳动密集型产业具有不同的分布趋势和转移趋势。

其一，相比于地理学，经济学研究将国家、区域假设为没有面积的几何意义上的“点”，并以这种抽象的方法来研究贸易。虽然这种方法使得国际贸易模型易于理解且易于数学处理，但是这种过度简化也造成了国际贸易研究对国内地理的关注较为缺乏，因此也往往忽视国内贸易的研究。地理学对国内贸易及其引发的国内空间分工结构给予了更多的关注。刘卫东等（2012）关注国内贸易，介绍了地区间贸易流量的产业—空间模型构建与应用的相关步骤，一方面，通过关注空间依赖性，发现空间统计模型的应用可以显著提高区域间贸易流量估计的可靠性，因此在估计贸易时应当考虑相应的空间溢出效应；另一方面，发现不同行业有不同的同业影响机制和贸易特征，农业输出地以中部地区为主，目的地以沿海地区为主，具有一定的同业竞争关系，而化工、通信行业的产业流动主要发生在东部地区内部，存在很强的同业合作关系。石忆邵和张雪伍（2008）研究了我国亿元商品交易市场的集中化和专业化的空间态势，发现其空间集中度与城市化水平、恩格尔系数和市场化水平有关。还有研究认为我国的国内地理甚至影响国际贸易可达性，如杨忠振和郭利泉（2016）以地级市为单位，分析外贸货物运输的路径选择行为，并根据不同出口目的地的实际情况，评价各城市到海外地区的海运可达性。

其二，地理学的国际贸易结构研究结合时事热点和重大的国家政策。在贸易网络结构研究与中国—东盟自由贸易区的构建结合方面，唐志鹏等（2018）研究了云南出口东盟的特征，发现云南与东盟之间的贸易依赖关系显著增强，但是与东盟联系强度的空间分布不均匀，同时云南对东盟的出口产品出现升级特征，由矿产品、化工产品为主的出口转向了以农产品、电子制造产品为主的出口。在贸易网络研究与西部大开发战略结合方面，郑蕾等（2015）研究了我国西部地区的贸易格局与贸易结构，研究发现西部地区形成以重庆、四川为核心，广西、云南、新疆三大边疆省份为高地的对外开放格局。外贸规模最大的是美国等传统贸易大国和哈萨克斯坦、澳大利亚等资源型出口国，外贸依存关系最密切的是周边国家和非洲部分经济欠发达国家。在贸易网络研究与特殊国际事件相结合方面，刘等（Liu et al.，2009）研究了金融危机期间中国同世界各国的进出口和贸易盈余情况，并判断贸易依赖度的变化。还有研究专门探讨我国与非洲的贸易结构（尹海伟等，2005），我国部分省区与世界部分地区的贸易情况（梁育填等，2015）等。

其三，近年来一大批贸易网络研究探讨了与“一带一路”倡议有关的内容。邹嘉龄和刘卫东（2016）研究了 2001～2013 年我国与“一带一路”沿线国家的贸易网络的基本特征、贸易网络组团的结构变化以及贸易网络的核心边缘结构，发现我国在“一带一路”沿线国家贸易网络中的核心度逐渐提高，逐渐成为贸易网络的核心国家。宋周莺等（2017）基于社区发现法和拓扑网络可视化方法，探究“一带一路”贸易网络与全球贸易网络的拓扑关系，发现全球贸易网络可以分为 5 个组团，而“一带一路”沿线国家可以识别为 3 个主组团和 2 个次组团。在全球贸易网络中，大部分沿线国家仍被中国、俄罗斯和印度—阿联酋等核心节点吸引。公丕萍等（2015）研究了我国与俄罗斯及中亚地区的贸易格局，发现在 1992～2002 年，双边贸易强度不断提升，而且贸易互补性不断增强。俄罗斯及中亚地区的出口产品结构以资源类初级产品为绝对主导，我国则以机械设备及纺织服装等为主；与此同时，该研究还发现我国对其出口贸易格局是边境贸易与地区产业专业化格局叠加的结果，进口贸易格局则受边境贸易及能源需求格局的影响。

其四，地理学研究不仅关注当下的热点问题，部分地理学研究还具有广阔的历史视野。王哲和吴松弟（2010）基于中国 1877～1947 年海关统计数据，考察了我国近代 12 个主要港口城市的国际贸易网络、46 个港口城市埠际贸易的网络空间结构。研究发现，国际贸易空间结构赫芬达尔指数较高，其集中度和垄断性很强，后期愈发明显。相反埠际贸易的指数一直低位运行，处于多极发展的态势。

其五，地理学除了关注贸易的空间结构，还关注贸易空间结构背后蕴含的组织结构、市场结构和全球生产网络结构，基于定性方法考察贸易网络究竟是如何构建起来的。高菠阳等（2011）认为传统全球生产网络重点关注生产企业和销售企业的供应链关系，但这已经难以完全解释国际贸易的现实。其研究以中国和加拿大之间的自行车贸易为例，深入分析了自行车产业集群的构成特点，并归纳贸易壁垒环境下全球生产网络的组织模式和空间特点。他们将自行车贸易网络的特征概括为制造商、销售商和第三方机构三足鼎立、相互关联的网络模式。第三方机构由始至终地贯穿贸易过程中的各个环节，为生产者和销售者提供了信息传递、信誉担保、产品质量检测等重要服务。

（二）国际贸易与其他地理要素的联动关系

地理学除了研究国际贸易空间结构、地理结构以外，还考虑了地理要素与贸易之间的互动。地理学将贸易看作一种“流”，对“商品流”与“人流”“物流”和“资金流”的共变关系进行分析。这类研究通常仅考虑“相关”“耦合”关系，而并不考虑具体的因果关系，因而其结论大多为双向因果。

其中，贸易这一“商品流”与“人流”之间的关系受到了旅游研究的广泛关注，马丽君等（2010）使用1992～2007年的数据，分析我国与日本出入境旅游对双边贸易的促进作用，结果发现出入境客流量与进出口贸易之间具有显著的“推拉关系”。高楠等（2012）研究了1993～2010年我国入境旅游与进口贸易耦合关系的时空分异，发现入境旅游与进口贸易之间存在显著的相互影响的耦合关系，而且这种耦合关系的强度存在显著的地理差异，东部地区的耦合协调度整体水平高于中部地区和西部地区。相似研究还有刘玉萍和郭郡郡（2011）、孙根年和周露（2012）以及赵多平等（2011）。也有相似研究针对特定的贸易类型，如章锦河等（2012）研究出境旅游与国际服务贸易的关系。

一些研究也探讨了“商品流”和资金流的关系。张红霞等（2007）研究了山东省制造业FDI与贸易结构优化之间的互动作用，发现FDI对贸易结构优化具有促进作用，而贸易结构优化同时也促进了制造业引入FDI。还有研究加入了交通要素，分析“贸易—交通—旅游”三种地理要素的互动关系，即“商品流”“物流”和“人流”的交互关系，认为三者之间有非常强的相关关系，但是因果关系仍有待探讨（杜美龄、孙根年，2015）。

（三）国际贸易的地理影响因素及其作用的地理差异

经济学常常基于要素禀赋、市场规模、地理距离、企业生产率等静态变量来解释贸易的发生与升级，缺乏了动态演化视角。地理学指出，贸易的发生和升级很有可能还具有很多“动态”的原因，例如知识溢出、信息溢出等，这些溢出效应有助于降低创新或贸易过程中的不确定性，从而促进贸易的发生和结构升级。与此同时，溢出效应受到邻近性的约束，地理邻近性、认知邻近性、社会邻近性等均会影响溢出效应作用的强度，因此这也成为地理学关注的经典话题。

在供给侧邻近性与出口产品演化和升级方面，贺灿飞等（2017）研究了多维邻近性对我国出口产品空间演化的影响，研究发现认知邻近性、组织邻近性、社会邻近性、制度邻近性、地理邻近性均对出口产品空间演化具有显著的促进作用。周等（Zhou et al.，2019）研究了企业内知识溢出和本地企业间知识溢出对企业出口产品升级的影响，发现这两种溢出效应均能够促进高复杂度产品的进入，即“企业升级”，但企业内知识溢出的强度更大。同时，这一效应的强度也依赖于区域的制度情境。周沂和贺灿飞（2018）发现不同类型的集聚经济改善了城市出口产品结构，显著提高了高技术复杂度产品进入的概率，并降低其退出的风险，促进了出口产品结构升级，且这一效应具有明显的区域差异。

在需求侧邻近性与出口产品演化和升级方面，郭琪和朱晟君（2018）研究了我国制造业出口市场空间演化路径，发现与过去出口市场相似度越高的国家，被城市和企业扩展为新市场的概率越大，证实了我国出口市场的空间演化是遵循路径依赖的。城市与企业之间相互影响、协同演化是我国出口市场空间演化的重要机制。

全球化时代的贸易联系往往受到全球—地方互动的复杂影响，不能仅仅关注供给或者需求侧因素，而需要综合性的理解框架。毛等（Mao et al.，2018）从全球—地方互动的视角，研究了出口专业化的综合性影响因素框架，这一框架考虑了区域层面的本地供给因素、内部市场竞争以及国际层面的市场需求和市场扩张的影响，综合地总结了出口专业化的诱因，并基于2001～2013年的海关数据验证了这一理解框架的合理性。贺灿飞和陈航航（2017）研究了参与全球生产网络对出口产品质量升级的影响，发现参与全球生产网络直接促进我国出口产品的质量升级。朱等（Zhu et al.，2017）考虑了区域外部联系和内部创新投入对区域打破出口比较优势路径依赖式发展的影响，发现区域外部联系越多，区域政府的创新投入越大，则越能够促进区域出口产品结构路径突破式发展。与此同时，这一效应的强度也具有空间差异性。

（四）国际贸易效应的地理差异

国际贸易地方效应的地理差异也受到了地理学的关注。经济学一般认为，国际贸易一方面可能使得不同区域的比较优势得以发挥从而促进经济增长，另一方面还可能改变不同地区不同要素的收入和收入差距，经济学已对这些方面的内容进行了大量的研究，但是经济学研究往往不看重区域差异。这些效应也是存在强烈的空间差异的。刘卫东等（2010）研究了出口贸易对我国区域经济增长和产业结构转型的影响，发现对欧、美、日的出口在我国区域经济增长和产业结构转型中起着越来越重要的角色，出口对我国经济增长和结构转型的影响集中体现在长三角和珠三角地区。李方一等（2017）研究了出口增加值对我国区域产业结构高度化的影响，发现区域间出口增加值结构差异是拉大区域间产业结构差异的因素之一，导致了区域产业结构的“马太效应”。姜彩楼等（2012）研究了我国高新区绩效的时空演化和贸易溢出效应，发现高新技术产品产业内贸易活跃无法显著地提升高新区的绩效。

除了上述增长与收入效应的区域差异以外，还有研究关注贸易对地缘政治的影响。孟德友等（2015）从国家对外经济联系中不同产业和产品结构的进出口贸易视角，考察我国地缘经济格局的特征与影响，发现我国资源产品进口高度依赖于富含能源国家，工业制成品净出口对国际市场存在强需求，在空间上则表现出国别、地区和方式较为单一且相对稳定，这可能导致我国地缘经济与其他国家关联强度有一定的倾向性，从而影响我国的地缘经济格局。

地理学重点关注国际贸易的环境效应。国际贸易带来的区域专业化分工可能导致污染转移到发展中国家，很多研究对这一效应是否存在、强度如何及其区域差异进行了详细的研究。张晓平（2009）使用2000～2006年的中国海关货物进出口数据，利用投入产出方法，分析了我国货物进出口贸易产生的二氧化碳排放区位向中国的转移效应，并发现中国出口商品内涵的二氧化碳排放量从2000年的9.6亿吨增长到2006年的19.1亿吨，货物进出口贸易使净转移到我国的二氧化碳排放量大幅增长。蓬等（Poon et al.，2006）发现贸易开放度与我国区域二氧化硫和煤烟排放量呈负相关，说明贸易开放可能会提升环境质量。资本密集型行业相对于劳动密集型产业往往污染更高，而贸易开放使得我国发挥了劳动力成本比较优势，从而促进了劳动密集型产业的发展，而资本密集型产业发展仍然缓慢。刘红光等（2011）的研究深入考虑了区域间相互贸易中隐含的复杂碳排放关系，应用非竞争性投入产出模型，将直接排放分解为消费、投资、出口三大最终需求的完全排放，发现我国出口加工导向型经济结构和基础原材料工业比例偏高的产业结构特征是我国碳排放迅速增加的主要原因。

总之，我国地理学的贸易研究呈现如下几个特点。其一，描述性研究丰富且完善。相对于经济学的贸易研究而言，地理学的贸易研究更加关注对国际贸易的空间结构的描述，并更加注重结合时事热点、重大方针政策，空间描述手段更加精细和全面。其二，解释性研究零散且不足。虽然地理学关注各个地理变量的交互作用，然而这类研究仅展示出了“现象”，但是从未解释展示出这种相关关系的原因是什么。当然，也有少部分研究开始逐渐关注对贸易地理现象的解释，如部分研究从地理学关注的邻近性、知识溢出视角来解释贸易，但未来仍有很大的拓展空间。其三，贸易空间效应的相关研究集中于少部分议题，例如大量研究探讨贸易的环境效应，其研究方法和结论也都比较类似。展望未来，我们认为地理学的描述性研究可能会仍然与国家大事相结合，为国家的决策和战略建言献策，这类研究可能具有较强的实际意义，而理论意义较弱。另外，考虑国际经济学研究已经逐渐开始放宽过度严苛的地理解释，关注地理结构对贸易的影响，以及贸易影响的地理差异，且目前已有研究将空间贸易模型拓展到了非常一般化的程度，使之能够包含各种产品上下游关联、地区关联、溢出效应、拥挤效应等，因此地理学若再局限于对贸易的“溢出”和“演化”进行分析，那么由于其并不具备理论的微观基础，很难有创造性的理论贡献。地理学关于贸易的解释性研究可能会出现宏观和微观的两极分化。地理学的解释性定量研究可能更加宏观化，关注国际经济学研究较少关注的宏大、综合性问题，强调政府、社会文化等非经济因素对“普遍性经济规律”作用的差异性影响；而地理学的微观研究可能更加深入微观层面，基于更加细致的定性研究、案例研究等，讨论不同情境下国际贸易的组织方式，解释国际贸易发生、升级和消失的原因。

七、中国贸易经济地理研究思路

我国深度参与国际贸易吸引了众多经济学者从理论上和实证上探讨我国贸易的发生机制及其效应。这些研究通常关注国家（地区）间的贸易，聚焦经济要素，将国际贸易看成纯粹的经济过程。然而，经济学的贸易理论没能揭示国际贸易的地理格局，忽视了地理距离以及贸易双方地理属性的重要性。古典与新古典理论模型割裂地分析两个国家（地区）之间的商品贸易，没能透视国际贸易的网络化特性。新贸易理论和新新贸易理论强调企业在贸易中的角色，但是忽视了企业与贸易双方制度环境的互动关系。国际贸易理论是以国家（地区）作为基本分析空间单元，没能探究其内部区位的地方性和差异性，尤其是大国内部，地方异质性甚至可能更大。贸易主体是发生在贸易双方国家（地区）内部的位于特定地区的企业，企业都是嵌入在本地社会经济制度环境中的行为主体，贸易行为无疑受到企业所在地区因素的影响。在经济全球化时代，地方通过资本、知识、服务、商品等与全球市场紧密联系，从而实现全球—地方互动，然而这种互动不完全由经济因素决定，文化、政治、外交、制度等因素都会发挥其独特作用。

经济地理学的综合性空间思维强调超越经济视角来审视经济现象和经济过程，认为国际贸易嵌入在贸易双方的社会、经济、文化、政治、制度环境中，以多维度、多尺度变量解释国际贸易格局；经济地理学将国家和地区间贸易作为全球市场相互依赖性的重要支撑，是全球联系中最重要的网络，并以网络方法和网络思维探究国际贸易。经济地理学重视多样化贸易主体与地方异质性的互动与演化关系，不仅仅探究企业为什么出口，更要探究企业如何进入某个特定市场，如何拓展哪些市场，探讨市场进入与退出动态问题等。经济地理学强调经济活动的空间性、空间相关性与依赖性，强调地理尺度转换与联系以及有形边界和无形边界的影响；当然，经济地理学也关心国际贸易的地方社会经济与环境效应。因此，将地理与贸易联系起来，引入综合思维、空间思维、尺度思维、网络思维，强调多主体、多尺度和地方异质性的分析范式，是国际贸易研究中不可或缺的理论力量，对于提高对贸易理论与实践的普遍认识具有重要作用。

从经济地理学视角研究中国贸易，我们应认真考虑中国特殊性，进而提出问题，解决问题，最终建构理论分析框架。

（1）威权性中央政府。自改革开放以来，中央政府积极改革对外贸易体制，推进贸易自由化，设立出口加工区、保税区、自由贸易区等，鼓励企业“走出去”，积极争取进入 WTO 谈判，积极参与区域一体化组织，积极与有关国家开展自由贸易双边谈判，等等。近年来，我国通过“一带一路”倡议维护多边主义全球贸易体制，主动融入全球化进程，积极参与全球治理，提出构建人类命运共同体理念。中央政府在推动和强化中国与其他国家和地区的经贸关系方面发挥了不可替代的作用，因为中央政府具有独特的社会、政治、经济、文化、外交等资源，能够兼顾短期和长期利益，兼顾经济利益与政治利益，战略性地推动国家（地区）之间的经贸关系。威权性的中央政府，还可以要求地方政府和国有企业配合其国际化战略。中央政府的这种作用意味着贸易地理研究需要超越传统的国际贸易研究，将贸易看成政治—经济过程，国际地缘政治经济文化外交关系将影响我国贸易的地理格局及其动态演化趋势。

（2）异质性地方。在中央政府的引导和指导下，我国从被动全球化转变为主动全球化。一方面，地方政府出于政治激励和经济激励参与经济全球化，鼓励区域内企业走出去，积极参与贸易，从而出现了为“贸易”而竞争的新局面。换言之，贸易地理格局的形成与演化可以基于地理政治经济学视角来理解。另一方面，参与国际贸易的企业位于各个区域，各区域在资源禀赋、知识积累、区位条件、发展阶段、制度组织等方面存在显著差异。这种地方能力差异将影响企业对外贸易行为，形成不同的企业—环境互动模式，揭示我国贸易地理格局的形成与演化需要考虑地方异质性，包括地方政府和地方能力的差异性。

（3）嵌入式参与主体。改革开放以来，参与贸易的企业不断多元化，包括贸易公司、国有企业、外商投资企业、私营企业、混合所有制企业等。不同类型企业的生存制度环境存在显著差异性，其贸易行为也不同，将形成不同的贸易地理格局。我国政策鼓励外商投资企业出口，外商投资企业经常参与加工贸易，接受订单后进行生产，直接出口，对中国贸易扩张发挥了重要的作用。国有企业参与贸易兼有政治目标和经济激励，其贸易格局不仅受制于经济因素，同时也受到地缘关系影响。因此，基于中国的贸易地理研究需要重视企业—环境视角来揭示贸易的微观机制。

（4）超级规模经济、范围经济与集聚效应。我国人口规模世界第一，经济规模世界第二，两者结合的规模是独一无二的，可以支撑任何产业的发展，并形成规模效应，降低成本，形成国际竞争力。在产业发展过程中，我国建立了完整的产业结构体系和有效的产业配套体系，形成了广泛的范围经济；同时在地方上形成了众多产业集群和产业集聚区，进一步降低了生产成本、信息交换成本，乃至创新成本，形成了显著的集聚效应，提升了中国产品国际竞争力。

（5）多尺度力量。贸易能否在两个地方发生取决于参与贸易的企业能力、企业所在地方环境、政策制度以及目的地地理及社会经济文化条件等一系列要素。这些影响因素从微观到宏观，从地方到国家到国际，协同促成国际贸易的发生。贸易地理研究要综合考虑影响贸易发生的多尺度力量，才能揭示贸易地理格局形成演化的动力机制。

（6）网络思维和方法。国际贸易是基于商品和服务的跨国界交易联系地方和国际市场的网络，参与国际贸易的企业嵌入在网络中。这个网络不仅仅是经济网络，还包含社会文化政治网络过程。一方面，我们需要剖析中国及其区域的贸易网络的拓扑结构及其演化，基于网络的隐喻来揭示贸易的社会政治过程；另一方面，我们也需要探讨企业网络、社会网络等对中国企业参与贸易的影响。

八、小结

改革开放推动中国积极融入经济全球化并成为全球重要的贸易和投资参与者。我国自加入 WTO 以来，出口和进口贸易大幅度提升，与全球几乎所有国家和地区发展了经贸往来。国际贸易也成为经济学、管理学等学科的重要研究领域，产生了一批重要成果，相关文献汗牛充栋。本章基于文献重要性和原创性等系统梳理了贸易增长、结构变迁、贸易效应以及贸易政策影响的文献。作为一种空间相互作用现象，国际贸易理应是地理学者尤为关注的对象，但是我国地理学者对国际贸易的研究仍显不够。可喜的是，随着“一带一路”建设的不断推进，国际贸易的地理学研究逐渐增多。但是，这些研究仍然只聚焦在宏观层面的国家间贸易格局描述和网络特性的分析，缺乏微观机制探讨以及全球—地方互动视角下的贸易研究。

在总结现有研究基础上，我们需要关注我国贸易的经验事实是否能被国际贸易理论很好地解释，是否存在一些我国特殊性对国际贸易具有独特影响。我国的贸易事实基本上符合国际贸易理论的大框架，但是对我国贸易事实的分析仍有助于澄清国际贸易模型的一些局部特例。在国际贸易研究中，中国的特殊性在于以下几点：第一，政府特殊性。我国政府对经济的干预程度比西方国家更强，政府干预措施对贸易具有显著影响（苏振东等，2012）。与此同时，地方竞争、晋升锦标赛和地方保护、市场分割形成的高国内贸易成本对国际贸易也具有显著影响（张杰等，2010）。第二，企业特殊性。我国拥有大量国有企业，其出口面对的信贷约束较低，可以较好地面对国内市场扭曲、更好地出口和对外直接投资。而我国的私营企业面对前所未有的国内市场扭曲，其遭受不公平待遇导致“走出去”，形成天生国际化企业。第三，贸易方式特殊性。我国存在大量的加工贸易企业，位于全球价值链低端生产环节。加工贸易企业“两头在外”的特征使其具有很多特殊性，被认为导致了中国出口—生产率之谜。我国的全球价值链地位被认为是出口低加成率之谜、出口工资之谜等众多谜团的重要推手。第四，要素市场特殊性。由于特殊的户口制度和土地政策等，我国要素价格存在扭曲，已有研究发现要素市场扭曲促进了出口（施炳展和冼国明，2012）。另外，我国金融压抑严重，资本市场不发达导致信贷约束严重，已有研究关注产业集群商业信用对出口的促进作用，部分地解释了信贷约束与出口的不相关之谜。第五，文化特质的特殊性。我国社会的差序格局可能导致移民网络对出口的促进作用更强。集体主义文化特征也可能对贸易造成影响（刘岩，2017）。

在文献梳理基础上，本书提出中国贸易地理研究需要从政治、经济与地理三个维度综合考虑。政治上，强势中央政府的引导和地方政府在政治和经济激励下的竞争相结合是理解中国贸易地理的制度视角。经济上，我国巨型规模效应、范围经济以及广泛的集聚效应赋予中国超越传统的比较优势的贸易格局，甚至可以克服地理上的劣势，走向更广阔的国际市场。经济上还存在贸易主体的异质性，不同类型企业与其经营环境互动模式存在差异，导致其贸易能力和贸易行为不同。地理上，我国贸易源地的社会经济文化制度环境存在巨大差异，甚至超过国家之间的差异性，而贸易企业是嵌入在这种差异化的环境中。中国贸易能否产生一定程度上取决于企业所在地方能力。同时，贸易目的地也并非同质，各个国家和地区与我国的地缘关系、经济发展水平、全球价值链位置、社会与政治稳定性、文化制度与消费习惯等存在显著差异。贸易企业能否进入某个市场还取决于贸易目的地的地理特征。从地理视角来看，国际贸易是企业通过商品和服务连接出口源地和出口目的地的网络关系。因此，基于企业贸易行为，结合企业能力、源地和目的地特性，揭示国际贸易的微观机制是贸易地理研究的独特贡献。

参考文献

[1] 包群，邵敏．2010. 出口贸易与我国的工资增长：一个经验分析．管理世界，(9)：55－66.

[2] 陈波，贺超群．2013. 出口与工资差距：基于我国工业企业的理论与实证分析．管理世界，(8)：6－15.

[3] 陈林，朱卫平．2008. 出口退税和创新补贴政策效应研究．经济研究，(11)：74－87.

[4] 陈平，黄健梅．2003. 我国出口退税效应分析：理论与实证．管理世界，(12)：25－31.

[5] 陈维涛，王永进，毛劲松．2014. 出口技术复杂度、劳动力市场分割与中国的人力资本投资．管理世界，(2)：6－20.

[6] 陈勇兵，陈小鸿，曹亮，等．2014. 中国进口需求弹性的估算．世界经济，(2)：28－49.

[7] 陈勇兵，李伟，钱学锋．2011. 中国进口种类增长的福利效应估算．世界经济，(12)：76－95.

[8] 陈钊，熊瑞祥．2015. 比较优势与产业政策效果——来自出口加工区准实验的证据．管理世界，(8)：67－80.

[9] 仇焕广，杨军，黄季焜．2007. 建立中国—东盟自由贸易区对我国农产品贸易和区域农业发展的影响．管理世界，(9)：56－61＋75＋171－172.

[10] 戴翔，金碚．2013. 服务贸易进口技术含量与中国工业经济发展方式转变．管理世界，(9)：21－31.

[11] 杜美龄，孙根年．2015. 30 年来国际“贸易—交通—旅游”（3T）互动的统计分析．人文地理，(2)：155－160.

[12] 樊纲，关志雄，姚枝仲．2006. 国际贸易结构分析：贸易品的技术分布．经济研究，(8)：70－80.

[13] 樊海潮，郭光远．2015. 出口价格、出口质量与生产率间的关系：中国的证据．世界经济，38（2)：58－85.

[14] 范剑勇，冯猛．2013. 中国制造业出口企业生产率悖论之谜：基于出口密度差别上的检验．管理世界，(8)：16－29.

[15] 方慧，赵甜．2017. 中国企业对“一带一路”国家国际化经营方式研究——基于国家距离视角的考察．管理世界，(7)：17－23.

[16] 高菠阳，刘卫东，Norcliffe G，等．2011. 国际贸易壁垒对全球生产网络的影响——以中加自行车贸易为例．地理学报，66（4)：477－486.

[17] 高凌云，毛日昇．2011. 贸易开放、引致性就业调整与我国地方政府实际支出规模变动．经济研究，(1)：42－56.

[18] 高凌云，王洛林，苏庆义．2012. 中国出口的专业化之路及其增长效应．经济研究，(5)：83－95.

[19] 高楠，马耀峰，李天顺，等．2012. 1993—2010 年中国入境旅游与进口贸易耦合关系时空分异研究．经济地理，32（11)：143－148＋161.

[20] 公丕萍，宋周莺，刘卫东．2015. 中国与俄罗斯及中亚地区的贸易格局分析．地理研究，

34 (5): 812 - 824.

[21] 郭琪，朱晟君 . 2018. 市场相似性与中国制造业出口市场的空间演化路径 . 地理研究，37 (7): 129 - 142.

[22] 韩剑，郑秋玲，邵军 . 2017. 多产品企业、汇率变动与出口价格传递 . 管理世界，(8): 14 - 26.

[23] 贺灿飞，陈航航 . 2017. 参与全球生产网络与中国出口产品升级 . 地理学报，72 (8): 1331 - 1346.

[24] 贺灿飞，金璐璐，刘颖 . 2017. 多维邻近性对中国出口产品空间演化的影响 . 地理研究，(9): 15 - 28.

[25] 黄玖立，李坤望 . 2006. 出口开放、地区市场规模和经济增长 . 经济研究，(6): 27 - 38.

[26] 黄玖立，冼国明 . 2010. 金融发展、FDI 与中国地区的制造业出口 . 管理世界，(7): 8 - 17.

[27] 黄先海，陈晓华，吕品 . 2010. 产业出口复杂度的测度及其动态演进机理分析——基于 52 个经济体 1993—2006 年金属制品出口的实证研究 . 管理世界，(3): 44 - 55.

[28] 黄先海，周俊子 . 2011. 中国出口广化中的地理广化、产品广化及其结构优化 . 管理世界，(10): 20 - 31.

[29] 黄先海，诸竹君，宋学印 . 2016. 中国中间品进口企业“低加成率之谜” . 管理世界，(7): 23 - 35.

[30] 黄新飞，舒元 . 2010. 中国省际贸易开放与经济增长的内生性研究 . 管理世界，(7): 56 - 65.

[31] 简泽，张涛，伏玉林 . 2014. 进口自由化、竞争与本土企业的全要素生产率——基于中国加入 WTO 的一个自然实验 . 经济研究，(8): 120 - 132.

[32] 江小涓 . 2007. 我国出口商品结构的决定因素和变化趋势 . 经济研究，(5): 4 - 16.

[33] 姜彩楼，徐康宁，朱琴 . 2012. 中国高新区绩效的时空演化及贸易溢出效应研究 . 经济地理，32 (2): 14 - 19.

[34] 姜鸿 . 2008. 日本华人的贸易创造效应测定 . 管理世界，(7): 170 - 171.

[35] 蒋冠宏，蒋殿春 . 2014. 中国企业对外直接投资的“出口效应” . 经济研究，(5): 160 - 173.

[36] 李春顶，郭志芳，何传添 . 2018. 中国大型区域贸易协定谈判的潜在经济影响 . 经济研究，53 (5): 132 - 145.

[37] 李春顶，尹翔硕 . 2009. 我国出口企业的“生产率悖论”及其解释 . 财贸经济，(11): 84 - 90.

[38] 李方一，刘思佳，程莹，等 . 2017. 出口增加值对中国区域产业结构高度化的影响 . 地理科学，37 (1): 37 - 45.

[39] 李俊青，韩其恒 . 2011. 不完全金融市场、海外资产结构与国际贸易 . 经济研究，(2): 31 - 43.

[40] 李坤望，蔡宏波，黄建忠 . 2015. 信息化密度、信息基础设施与企业出口绩效——基于企业异质性的理论与实证分析 . 管理世界，(4): 52 - 65.

[41] 李伟，贺灿飞 . 2017. 中国出口产业的空间格局演变 . 经济地理，(3): 98 - 107.

[42] 李小平，周记顺，卢现祥，等 . 2015. 出口的“质”影响了出口的“量”吗？. 经济研究，(8)：114 - 129.

[43] 李志远，余淼杰 . 2013. 生产率、信贷约束与企业出口：基于中国企业层面的分析 . 经济研究，(6)：85 - 99.

[44] 梁琦，徐原 . 2006. 汇率对中国进出口贸易的影响——兼论 2005 年人民币汇率机制改革 . 管理世界，(1)：48 - 56.

[45] 梁育填，刘鲁论，柳林，等 . 2015. 广东省与“一带一路”沿线国家（地区）出口贸易格局的时空变化 . 热带地理，35 (5)：664 - 670.

[46] 林伯强，刘泓汛 . 2015. 对外贸易是否有利于提高能源环境效率——以中国工业行业为例 . 经济研究，(9)：127 - 141.

[47] 刘红光，刘卫东，范晓梅，等 . 2011. 贸易对中国产业能源活动碳排放的影响 . 地理研究，30 (4)：590 - 600.

[48] 刘晴，程玲，邵智，等 . 2017. 融资约束、出口模式与外贸转型升级 . 经济研究，(5)：77 - 90.

[49] 刘晴，徐蕾 . 2013. 对加工贸易福利效应和转型升级的反思——基于异质性企业贸易理论的视角 . 经济研究，(9)：137 - 148.

[50] 刘晴，张燕，张先锋 . 2014. 为何高出口密集度企业的生产率更低？——基于固定成本异质性视角的解释 . 管理世界，(10)：47 - 56.

[51] 刘卫东，刘红光，范晓梅，等 . 2012. 地区间贸易流量的产业——空间模型构建与应用 . 地理学报，67 (2)：147 - 156.

[52] 刘卫东，刘红光，唐志鹏，等 . 2010. 出口对中国区域经济增长和产业结构转型的影响分析 . 地理学报，65 (4)：407 - 415.

[53] 刘修岩，吴燕 . 2013. 出口专业化、出口多样化与地区经济增长——来自中国省级面板数据的实证研究 . 管理世界，(8)：30 - 40.

[54] 刘岩 . 2017. 文化与出口产品创新 . 国际贸易问题，(2)：109 - 120.

[55] 刘玉萍，郭郡郡 . 2011. 入境旅游与对外贸易的关系——基于中国 2001—2008 年月度数据的实证分析 . 经济地理，31 (4)：696 - 700.

[56] 刘志彪，张杰 . 2009. 我国本土制造业企业出口决定因素的实证分析 . 经济研究，(8)：99 - 112.

[57] 鲁晓东，刘京军 . 2017. 不确定性与中国出口增长 . 经济研究，(9)：41 - 56.

[58] 罗伟，吕越 . 2015. 金融市场分割、信贷失衡与中国制造业出口——基于效率和融资能力双重异质性视角的研究 . 经济研究，2015 (10)：49 - 63.

[59] 罗知，郭熙保 . 2010. 进口商品价格波动对城镇居民消费支出的影响 . 经济研究，(12)：111 - 124.

[60] 麻昌港 . 2015. 中国—东盟双边关系和贸易一体化：理论模型与计量实证研究 . 管理世界，(6)：168 - 169.

[61] 马捷，李飞 . 2008. 出口退税是一项稳健的贸易政策吗？. 经济研究，(4)：78 - 87.

［62］马丽君，孙根年，王洁洁，等.2010.15年来中日出入境旅游对双边贸易的影响.经济地理，30（4）：672－677.

［63］马述忠，张洪胜.2017.集群商业信用与企业出口——对中国出口扩张奇迹的一种解释.经济研究，（1）：15－29.

［64］毛日昇，高凌云，郑建明.2017.人民币实际汇率变化对出口转换的影响研究.管理世界，（3）：9－28.

［65］梅冬州，赵晓军，张梦云.2012.贸易品类别与国际经济周期协动性.经济研究，47（S2）：144－155.

［66］蒙英华，蔡宏波，黄建忠.2015.移民网络对中国企业出口绩效的影响研究.管理世界，（10）：54－64.

［67］孟德友，马颖忆，王晗，等.2015.中国商品贸易结构不均衡性对地缘经济格局的影响.地理科学，35（10）：1238－1246.

［68］倪红福.2017.中国出口技术含量动态变迁及国际比较.经济研究，（1）：46－59.

［69］潘士远.2007.贸易自由化、有偏的学习效应与发展中国家的工资差异.经济研究，（6）：98－105.

［70］潘文卿，娄莹，李宏彬.2015.价值链贸易与经济周期的联动：国际规律及中国经验.经济研究，（11）：20－33.

［71］裴长洪，刘洪愧.2017.中国怎样迈向贸易强国：一个新的分析思路.经济研究，（5）：28－45.

［72］裴长洪.2008.2008年我国对外贸易形势分析与趋势判断.中国经贸导刊，（20）：9－11.

［73］彭国华.2007.双边国际贸易引力模型中地区生产率的经验研究.经济研究，（8）：123－132.

［74］钱学锋，范冬梅，黄汉民.2016.进口竞争与中国制造业企业的成本加成.世界经济，39（3）：71－94.

［75］钱学锋，王备.2017.中间投入品进口、产品转换与企业要素禀赋结构升级.经济研究，（1）：60－73.

［76］钱学锋，熊平.2010.中国出口增长的二元边际及其因素决定.经济研究，（1）：65－79.

［77］钱学锋.2008.企业异质性、贸易成本与中国出口增长的二元边际.管理世界，（9）：48－56.

［78］邱斌，闫志俊.2015.异质性出口固定成本、生产率与企业出口决策.经济研究，（9）：142－155.

［79］冉光和，吴昊，于丹.2011.中国金融成长与出口结构优化关系及变化趋势研究.管理世界，（4）：167－168.

［80］邵军.2011.中国出口贸易联系持续期及影响因素分析——出口贸易稳定发展的新视角.管理世界，（6）：24－33.

［81］沈国兵.2015.美元弱势调整对中美双边贸易的影响.经济研究，（4）：77－91.

［82］沈琪，周世民.2014.进口关税减免与企业全要素生产率：来自中国的微观证据.管理世界，（9）：174－175.

[83] 盛斌，毛其淋.2017. 进口贸易自由化是否影响了中国制造业出口技术复杂度. 世界经济，(12)：54 - 77.

[84] 盛丹，王永进.2012. 中国企业低价出口之谜——基于企业加成率的视角. 管理世界，(5)：8 - 23.

[85] 盛丹.2013. 地区行政垄断与我国企业出口的“生产率悖论”. 产业经济研究，(4)：70 - 80.

[86] 施炳展，邵文波.2014. 中国企业出口产品质量测算及其决定因素——培育出口竞争新优势的微观视角. 管理世界，(9)：90 - 106.

[87] 施炳展，冼国明.2012. 要素价格扭曲与中国工业企业出口行为. 中国工业经济，(2)：47 - 56.

[88] 施炳展，曾祥菲.2015. 中国企业进口产品质量测算与事实. 世界经济，(3)：57 - 77.

[89] 石忆邵，张雪伍.2008. 中国亿元商品交易市场的集中化与专业化空间态势. 地理学报，63 (4)：386 - 394.

[90] 宋周莺，车姝韵，杨宇.2017. “一带一路”贸易网络与全球贸易网络的拓扑关系. 地理科学进展，(11)：22 - 30.

[91] 苏振东，洪玉娟，刘璐瑶.2012. 政府生产性补贴是否促进了中国企业出口？——基于制造业企业面板数据的微观计量分析. 管理世界，(5)：24 - 42.

[92] 苏振东，洪玉娟.2013. 中国出口企业是否存在“利润率溢价”？——基于随机占优和广义倾向指数匹配方法的经验研究. 管理世界，(5)：12 - 34.

[93] 苏志庆，陈银娥.2014. 知识贸易、技术进步与经济增长. 经济研究，(8)：133 - 145.

[94] 孙根年，周露.2012. 日韩东盟 8 国入境我国旅游与进出口贸易关系的研究. 人文地理，(6)：87 - 94.

[95] 孙浦阳，侯欣裕，盛斌.2018. 服务业开放、管理效率与企业出口. 经济研究，(7)：138 - 153.

[96] 孙浦阳，蒋为，陈惟.2015. 外资自由化、技术距离与中国企业出口——基于上下游产业关联视角. 管理世界，(11)：53 - 69.

[97] 唐东波.2012. 垂直专业化贸易如何影响了中国的就业结构？. 经济研究，(8)：118 - 131.

[98] 唐志鹏，邹嘉龄，孙威.2018. 云南省出口东盟的特征及其经济和就业贡献率分析. 地理科学，38 (2)：242 - 248.

[99] 田巍，姚洋，余淼杰，等.2013. 人口结构与国际贸易. 经济研究，(11)：87 - 99.

[100] 田巍，余淼杰.2013. 企业出口强度与进口中间品贸易自由化：来自中国企业的实证研究. 管理世界，(1)：28 - 44.

[101] 童锦治，赵川，孙健.2012. 出口退税、贸易盈余和外汇储备的一般均衡分析与中国的实证. 经济研究，(4)：124 - 136.

[102] 王文甫，王子成.2012. 积极财政政策与净出口：挤入还是挤出？——基于中国的经验与解释. 管理世界，(10)：31 - 45.

[103] 王孝松，施炳展，谢申祥，等.2014. 贸易壁垒如何影响了中国的出口边际？——以反

倾销为例的经验研究．经济研究，（11）：58－71.

［104］王孝松，谢申祥．2010. 中国出口退税政策的决策和形成机制——基于产品层面的政治经济学分析．经济研究，45（10）：101－114.

［105］王雅琦，张文魁，洪圣杰．2018. 出口产品质量与中间品供给．管理世界，（8）：30－40.

［106］王哲，吴松弟．2010. 中国近代港口贸易网络的空间结构——基于旧海关对外—埠际贸易数据的分析（1877－1947）. 地理学报，65（10）：1299－1310.

［107］魏浩，李翀，赵春明．2017. 中间品进口的来源地结构与中国企业生产率．世界经济，（6）：50－73.

［108］魏浩，李晓庆．2015. 中国进口贸易的技术结构及其影响因素研究．世界经济，（8）：56－79.

［109］文东伟，冼国明，马静．2009. FDI、产业结构变迁与中国的出口竞争力．管理世界，（4）：96－107.

［110］文东伟，冼国明．2014. 中国制造业的空间集聚与出口：基于企业层面的研究．管理世界，（10）：57－74.

［111］巫强，刘志彪．2009. 中国沿海地区出口奇迹的发生机制分析．经济研究，（6）：83－93.

［112］吴小康，于津平．2018. 产品关联密度与企业新产品出口稳定性．世界经济，479（7）：124－149.

［113］谢申祥，刘培德，王孝松．2018. 价格竞争、战略性贸易政策调整与企业出口模式选择．经济研究，53（10）：129－143.

［114］邢斐，王书颖，何欢浪．2016. 从出口扩张到对外贸易“换挡”：基于贸易结构转型的贸易与研发政策选择．经济研究，（4）：89－101.

［115］许家云，佟家栋，毛其淋．2015. 人民币汇率变动、产品排序与多产品企业的出口行为——以中国制造业企业为例．管理世界，（2）：17－31.

［116］杨汝岱，李艳．2013. 区位地理与企业出口产品价格差异研究．管理世界，（7）：21－30.

［117］杨汝岱，李艳．2016. 移民网络与企业出口边界动态演变．经济研究，（3）：163－175.

［118］杨忠振，郭利泉．2016. 中国对外贸易的海运可达性评价．经济地理，36（1）：97－104.

［119］姚洋，张晔．2008. 中国出口品国内技术含量升级的动态研究——来自全国及江苏省、广东省的证据．中国社会科学，（2）：67－82.

［120］叶迪，朱林可．2017. 地区质量声誉与企业出口表现．经济研究，（6）：107－121.

［121］易靖韬，傅佳莎．2011. 企业生产率与出口：浙江省企业层面的证据．世界经济，34（5）：74－92.

［122］易靖韬，蒙双．2017. 多产品出口企业、生产率与产品范围研究．管理世界，（5）：41－50.

［123］易靖韬．2009. 企业异质性，市场进入成本，技术溢出效应与出口参与决定．经济研究，（9）：106－115.

［124］易先忠，欧阳峣，傅晓岚．2014. 国内市场规模与出口产品结构多元化：制度环境的门槛效应．经济研究，（6）：18－29.

[125] 殷德生，唐海燕，黄腾飞.2011. 国际贸易、企业异质性与产品质量升级. 经济研究，46（S2）：136－146.

[126] 尹海伟，徐建刚，曾尊固，等.2005. 中国对非贸易时空分异研究. 经济地理，25（1）：44－48.

[127] 于洪霞，陈玉宇.2010. 外贸出口影响工资水平的机制探析. 管理世界，(10)：47－58.

[128] 于洪霞，龚六堂，陈玉宇.2011. 出口固定成本融资约束与企业出口行为. 经济研究，(4)：55－67.

[129] 于良，金凤君，王成金.2006. 国际贸易空间格局特征及其驱动因素. 地理科学进展，25（5）：112－119.

[130] 余长林.2016. 知识产权保护与中国出口比较优势. 管理世界，(6)：51－66.

[131] 余淼杰，李晋.2015. 进口类型、行业差异化程度与企业生产率提升. 经济研究，(8)：85－97.

[132] 余淼杰，张睿.2017. 人民币升值对出口质量的提升效应：来自中国的微观证据. 管理世界，(5)：28－40.

[133] 余淼杰，张睿.2017. 中国制造业出口质量的准确衡量：挑战与解决方法. 经济学（季刊)，(2)：27－48.

[134] 余淼杰，智琨.2016. 进口自由化与企业利润率. 经济研究，(8)：57－71.

[135] 张红霞，刘继生，马廷玉.2007. 山东省制造业 FDI 流入与贸易结构优化的互动作用. 经济地理，27（5）：35－38.

[136] 张会清，唐海燕.2012. 人民币升值、企业行为与出口贸易——基于大样本企业数据的实证研究：2005～2009. 管理世界，(12)：23－34＋45＋187.

[137] 张杰，陈志远，刘元春.2013. 中国出口国内附加值的测算与变化机制. 经济研究，(10)：124－137.

[138] 张杰，李勇，刘志彪.2009. 出口促进中国企业生产率提高吗？——来自中国本土制造业企业的经验证据：1999～2003. 管理世界，(12)：11－26.

[139] 张杰，张培丽，黄泰岩.2010. 市场分割推动了中国企业出口吗？. 经济研究，(8)：29－41.

[140] 张杰，郑文平，陈志远，等.2014. 进口是否引致了出口：中国出口奇迹的微观解读. 世界经济，(6)：3－26.

[141] 张杰，郑文平，翟福昕.2014. 中国出口产品质量得到提升了么？. 经济研究，(10)：46－59.

[142] 张杰，郑文平.2017. 全球价值链下中国本土企业的创新效应. 经济研究，52（3)：151－165.

[143] 张晓平.2009. 中国对外贸易产生的 CO_2 排放区位转移分析. 地理学报，64（2)：234－242.

[144] 章锦河，刘珍珍，陈静，等.2012. 中国出境旅游与国际服务贸易关系分析. 地理科学，32（10)：1161－1167.

［145］赵多平，孙根年，马丽君，等.2011. 中国对俄口岸城市出入境旅游与进出口贸易互动关系的研究——1993—2009 年满洲里市的实证分析. 经济地理，31（10）：1733-1739.

［146］赵书博.2008. 出口退税福利效应研究. 管理世界，（5）：166-167.

［147］赵仲匡，李殊琦，杨汝岱.2016. 金融约束、对冲与出口汇率弹性. 管理世界，（6）：40-50.

［148］郑蕾，宋周莺，刘卫东，等.2015. 中国西部地区贸易格局与贸易结构分析. 地理研究，34（10）：1933-1942.

［149］钟昌标.2007. 影响中国电子行业出口决定因素的经验分析. 经济研究，（9）：62-70.

［150］周定根，杨晶晶.2016. 商业信用、质量信息传递与企业出口参与. 管理世界，（7）：36-50.

［151］周曙东，胡冰川，吴强，等.2006. 中国—东盟自由贸易区的建立对区域农产品贸易的动态影响分析. 管理世界，（10）：14-21.

［152］周沂，贺灿飞.2018. 集聚类型与中国出口产品演化——基于产品技术复杂度的研究. 财贸经济，39（6）：117-131.

［153］朱希伟，金祥荣，罗德明.2005. 国内市场分割与中国的出口贸易扩张. 经济研究，（12）：68-76.

［154］邹嘉龄，刘卫东.2016. 2001～2013 年中国与“一带一路”沿线国家贸易网络分析. 地理科学，36（11）：1629-1636.

［155］Ahn J. B.，Khandelwal A. K. and Wei S. J. 2011. The role of intermediaries in facilitating trade. Journal of International Economics，84（1）：73-85.

［156］Asquith B.，Goswami S.，Neumark D.，et al. 2019. Us job flows and the China shock. Journal of International Economics，118：123-137.

［157］Bai X.，Krishna K. and Ma H. 2017. How you export matters：Export mode，learning and productivity in China. Journal of International Economics，104：122-137.

［158］Bloom N.，Draca M. and Van Reenen J. 2016. Trade induced technical change? The impact of Chinese imports on innovation，IT and productivity. The Review of Economic Studies，83（1）：87-117.

［159］Brandt L. and Morrow P. M. 2017. Tariffs and the organization of trade in China. Journal of International Economics，104：85-103.

［160］Chen B.，Yu M. and Yu Z. 2017. Measured skill premia and input trade liberalization：Evidence from Chinese firms. Journal of International Economics，109：31-42.

［161］Che Y.，Du J.，Lu Y.，et al. 2015. Once an enemy，forever an enemy? The long-run impact of the Japanese invasion of China from 1937 to 1945 on trade and investment. Journal of International Economics，96（1）：182-198.

［162］Crowley M.，Meng N. and Song H. 2018. Tariff scares：Trade policy uncertainty and foreign market entry by Chinese firms. Journal of International Economics，114：96-115.

［163］Dai M.，Maitra M. and Yu M. 2016. Unexceptional exporter performance in China? The role of processing trade. Journal of Development Economics，121：177-189.

[164] Di Giovanni J., Levchenko A. A. and Zhang J. 2014. The global welfare impact of China: Trade integration and technological change. American Economic Journal: Macroeconomics, 6 (3): 153 - 83.

[165] Eaton J. and Kortum S. 2002. Technology, Geography, and Trade. Econometrica, 70 (5): 1741 - 1779.

[166] Fan H., Li Y. A. and Yeaple S. R. 2018. Trade liberalization, quality, and export prices. The Review of Economics and Statistics, 97 (5): 1033 - 1051.

[167] Fatum R., Liu R., Tong J., et al. 2018. Beggar thy neighbor or beggar thy domestic firms? Evidence from 2000 to 2011 Chinese customs data. Journal of International Economics, 115: 16 - 29.

[168] Feenstra R. C. and Romalis J. 2014. International prices and endogenous quality. The Quarterly Journal of Economics, 129 (2): 477 - 527.

[169] Feng L., Li Z. and Swenson D. L. 2016. The connection between imported intermediate inputs and exports: Evidence from Chinese firms. Journal of International Economics, 101: 86 - 101.

[170] Fernandes A. P. and Tang H. 2014. Learning to export from neighbors. Journal of International Economics, 94 (1): 67 - 84.

[171] Frankel J. A. and Romer D. H. 1999. Does trade cause growth? The American Economic Review, 89 (3): 379 - 399.

[172] Garred J. 2018. The persistence of trade policy in China after WTO accession. Journal of International Economics, 114: 130 - 142.

[173] Hallak J. C. and Schott P. K. 2011. Estimating cross-country differences in product quality. The Quarterly Journal of Economics, 126 (1): 417 - 474.

[174] Han J., Liu R., Marchand B. U., et al. 2016. Market structure, imperfect tariff pass-through, and household welfare in urban china. Journal of International Economics, 100: 220 - 232.

[175] Hausmann R., Hwang J. and Rodrik D. 2007. What you export matters. Journal of Economic Growth, 12 (1): 1 - 25.

[176] Head K., Jing R. and Ries J. 2017. Import sourcing of Chinese cities: Order versus randomness. Journal of International Economics, 105: 119 - 129.

[177] Hsieh C. T. and Ossa R. 2016. A global view of productivity growth in China. Journal of International Economics, 102: 209 - 224.

[178] Jarreau J. and Poncet S. 2012. Export sophistication and economic growth: Evidence from China. Journal of Development Economics, 97 (2): 281 - 292.

[179] Khandelwal A. K., Schott P. K. and Wei S. J. 2013. Trade liberalization and embedded institutional reform: Evidence from Chinese exporters. The American Economic Review, 103 (6): 2169 - 2195.

[180] Liu Q. and Qiu L. D. 2016. Intermediate input imports and innovations: Evidence from Chinese firms' patent filings. Journal of International Economics, 103: 166 - 183.

[181] Liu W., Pannell C. W. and Liu H. 2009. The global economic crisis and China's foreign trade. Eurasian Geography and Economics, 50 (5): 497 - 512.

[182] Manova K. and Zhang Z. 2012. Export Prices Across Firms and Destinations. The Quarterly Jour-

nal of Economics, 127 (1): 379 – 436.

[183] Mao X. and He C. 2018. Product relatedness and export specialisation in China's regions: A perspective of global-local interactions. Cambridge Journal of Regions, Economy and Society, 12 (1): 105 – 126.

[184] Melitz M. J. 2003. The impact of trade on intra-industry reallocations and aggregate industry productivity. Econometrica, 71 (6): 1695 – 1725.

[185] Poon J. P. H., Casas I. and He C. 2006. The impact of energy, transport, and trade on air pollution in China. Eurasian Geography and Economics, 47 (5): 568 – 584.

[186] Schott P. K. 2008. The relative sophistication of Chinese exports. Economic Policy, 23 (53): 5 – 49.

[187] Xu B. and Li W. 2008. Trade, technology, and China's rising skill demand. Economics of Transition, 16 (1): 59 – 84.

[188] Yang Y., Poon J. P. and Dong W. 2017. East Asia and solar energy trade network patterns. Geographical Review, 107 (2): 276 – 295.

[189] Yang Y., Poon J. P. H., Liu Y., et al. 2015. Small and flat worlds: A complex network analysis of international trade in crude oil. Energy, 93: 534 – 543.

[190] Zhou Y., Zhu S. and He C. 2019. Learning from yourself or learning from neighbours: Knowledge spillovers, institutional context and firm upgrading. Regional Studies, DOI: 10.1080/00343404.2019.1566705.

[191] Zhu S., He C. and Zhou Y. 2017. How to jump further and catch up? Path-breaking in an uneven industry space. Journal of Economic Geography, 17 (3): 521 – 545.

第四章
中国对外贸易政策体制演变

一、引言

改革开放以来，为了积极融入经济全球化，我国系统性地改革了对外贸易体制，构建了自由化的贸易政策体制，显著地提高了对外开放程度、深度和广度，推动了国际贸易的扩张，使我国成为国际上维护多边主义的中坚力量。具体而言，我国在贸易体制、关税政策、外汇政策与汇率制度、出口退税制度、加工贸易政策进行了有利于对外贸易的改革。我国还通过设立开发开放区、保税区、出口加工区和自由贸易区，积极参与区域一体化进程，鼓励出口贸易。近年来的“一带一路”倡议更是全方位“一揽子”方案推进贸易拓展与转型。

纵观改革开放以来的贸易政策体制改革过程，推动我国不断融入经济全球化是其不可置疑的主旨。贸易政策在金融危机时期的特殊调整以及对于特定的资源型和环境污染型产品的特殊政策也体现了贸易政策不仅意在扩大开放，同时也在谋求经济稳定和国家长远的战略发展。在新时期，我国经济存在很多结构性问题，同时外部环境不确定性提升，国际贸易保护主义不断抬头。我国贸易政策需要进一步扩大对外开放，促进经济的转型和高质量发展。复杂的国内国际背景也决定了未来我国贸易政策目标会更加复杂和多样。

二、贸易政策改革背景

（一）改革开放前的贸易政策

在中华人民共和国成立到改革开放的三十余年间，我国的贸易政策表现出明显的保护贸易的特征，并采用高度集中的外贸体制。在中华人民共和国成立初期，面对资本主义国家对中国实行的经济封锁措施，我国实行的是保护贸易政策。在 1949 年 9 月通过的《中国人民政治协商会议共同纲领》中便规定了我国“实行对外贸易的管制，并采用保护贸易政策”。这一时期我国实行计划经济体制，行政计划成为资源配置的手段，与这种高度集中的计划经济相配合，政府对外汇和进出口采取统一管理的措施，呈现出高度集中的特征。出于保障新生国家安全的考虑，我国集中国内资源促进重工业的发展。为了保护国内工业的发展，建立完备的工业体系，政府对于外汇、进出口行为统一进行管理，执行严格的指令性计划，并以此取代关税、配额和许可证制度。在这种背景下，仅有的少量对外贸易也是为了换取外汇，用于进口工业生产所急需的原材料和机器设备以及少部分生活必需品；同时，这一时期内外贸企业、生产供货单位和进口物资的使用单位都不用自负盈亏，因而也没有提升自身经营效率的动机。

虽然这种传统的进口替代战略和近乎极端的保护贸易政策曾经在政治上为保护新生政权、维护国家安全起到了一定作用，同时也在经济上也促进了国民经济的恢复，积累了一定的重工业基础，具有一定的积极意义。但是，这一政策的弊端也十分明显，从微观层面来说，这种政策方针导致外贸部门出现了产销脱钩、权责不清、盈亏统包的不良现象，外贸部门的积极性受到严重打击，无经济效率可言；从宏观层面上来说，这种封闭经济的措施使得我国失去了参与国际分工的机会，使得我国无法发挥出自身的比较优势，也无法通过贸易提高人民的福利水平，经济和技术的发展处在停滞状态。

（二）改革开放以来的贸易政策演变

改革开放以前的高度集中的外贸体制和强调保护的贸易政策使得我国在外贸上并不具有国际竞争力，国际收支常年有逆差，几乎没有外汇储备。改革开放以来，为了不断推进我国对外开放，在全球分工中发挥比较优势，随着不同时期外贸主要矛盾的转变，我国的贸易政策也经历了一定的变革和演变，为如今我国成为贸易大国提供了有力的支撑。以下按照贸易政策改革或影响中国贸易形势的一些关键节点来回顾我国的贸易政策。由于广义的贸易政策包含一切对贸易具有直接影响的政策如关税政策、汇率和外汇政策、外资政策、出口鼓励政策等，而这些政策的重要沿革之时间点不尽相同，因此这种阶段划分也有一定的局限性，此部分暂时将改革开放以来的贸易政策沿革划分为以下几个阶段，以简要勾勒出政策沿革的过程。

第一阶段（1978～1987年）为以财政与外汇政策为主的贸易促进政策。在外贸体制上，我国调整了国家外贸管理机构，打破外贸独家经营的局面，将经营权逐渐下放到企业，开展工贸结合试点，推行出口代理制等；在贸易政策改革方面，主要包括外汇留成制度的改变、关税政策的恢复和调整、出口退税政策的实施等；在其他方面，还包括成立专业的贸易公司、调整口岸分工、放宽生产企业办外贸的权限等。

第二阶段（1988～1993年）为围绕外贸承包责任制展开的贸易政策改革阶段。

主要的政策演变包括如下几点：其一，外贸承包责任制开始全面铺开，对承包经营责任制、承包经营合同及双方的权利和义务、承包经营企业的管理等方面做出了具体的规定，逐步将外贸企业向自主经营、自负盈亏、工贸结合的方向引导；其二，在这一时期，外汇分成制度得到了进一步的改革，形成了汇率双轨，关税进一步降低，人民币继续贬值；其三，出口退税政策和其他财政支持政策也得到进一步的调整完善。

第三阶段（1994～2001年）为加入世界贸易组织前的贸易政策调整阶段。这一阶段也是社会主义市场经济体制逐步确立的阶段，贸易政策的变化有以下关键点：其一，围绕着市场化改革的方向，在这一时期官方汇率与外汇调剂市场汇率实现并轨，同时也从原来的固定汇率制度调整为浮动汇率制度；其二，在税制改革的背景下，我国基本取消了出口补贴政策，出口退税政策进一步调整；其三，为了恢复关贸总协定缔约国谈判的需要，满足加入世界贸易组织的要求，我国进一步下调关税；其四，开始重视对出口企业的金融支持，如设立专项经贸发展促进基金、引导商业银行支持扩大出口等。

第四阶段（2002～2007年）为加入世界贸易组织后的贸易政策调整阶段。加入世界贸易组织之后，我国贸易政策也日趋与世界贸易组织制定的规则相符，因而这一时期的贸易政策改变主要体现在以下几个方面：其一，进一步大幅削减关税，同时为了鼓励先进技术设备、能源及部分消费品的进口，对这些产品进一步降低关税，同时取消了大部分产品的进口配额；其二，人民币汇率不再盯住单一美元，而是选择若干种主要货币篮子为参考，以此实行汇率管理，人民币汇率进入升值通道；其三，出口退税制度进一步改革，中央和地方分担比例改变，退税税率多次调整，并简化了出口退税的申报办理程序。

第五阶段（2008年至今）为金融危机以来的贸易政策调整阶段。这一时期的贸易政策主要强调应对外部不确定性与国内经济结构性问题，因而这一时期的贸易政策主要包括以下几个主题：一是针对金融危机的冲击，通过放松关税政策、出口退税政策以促进出口平稳推进；二是为应对国内产能过剩、消费动力不足等问题，鼓励过剩产能的消化与部分消费品的进口；三是为促进我国产业信息化与高端化，为某些高科技产品、必需的原材料和机器设备的进口创造条件。

三、改革开放前期的贸易体制改革

我国经历过长时间的计划经济阶段，对市场在激励企业竞争、推动经济发展、优化资源配置的促进作用认识不足，因此它在计划经济时期甚至是不合法的“资本主义小苗”。为了走向开放，拥抱全球化，我国首先需要在思想和体制方面进行改革，才能进一步实施其他促进贸易的政策措施。由于我国历史的特殊性，本小节首先回顾改革开放初期采取的一些外贸体制改革措施，讨论在当时的历史背景下这些体制改革所发挥的作用。20 世纪 90 年代中后期以后的一些改革措施并入其他部分介绍。

（一）改革开放初期的贸易体制改革

在改革开放初期，我国的贸易体制发生了重大改变，具体包括调整国家外贸管理机构、下放外贸经营权、改革指令性计划管理、探索工贸结合的途径等。

首先，我国在 1978 ~ 1980 年调整了国家外贸管理机构的组成。根据 1979 年第五届全国人大常委会第十次会议的决议，成立了中华人民共和国进出口管理委员会和外国投资管理委员会。1980 年，我国又将对外贸易部直属的海关管理局改为中华人民共和国海关总署，将对外贸易部直属的进出口商品检验局改为中华人民共和国进出口商品检验局。1982 年，我国又将对外经济联络部、国家进出口管理委员会、国家外国投资管理委员会组合成立对外经济贸易部。这些措施基本理顺了政府部门对外贸的管理关系（裴长洪，2009）。

其次，我国改革了原有高度集中的外贸经营管理体制，下放了外贸经营权。在改革开放之前，仅有的具有对外贸易成交权的公司主要是原对外贸易部直属的进出口公司以及沿海口岸的一些分公司，其他地区的公司并无成交权，造成了独家经营的局面。因此，这一阶段采用如下措施进行改革（傅自应，2008）：下放外贸进出口公司经营权，扩大地方外贸经营权；对广东、福建省实行特殊政策，批准由省级外贸公司自主经营出口，扩大地方的审批权；决定各个地方经过批准可以成立地方外贸公司；批准 19 个中央有关部委成立进出口公司；批准了一些经营本企业产品的进出口业务。

再其次，我国放松了指令性计划管理，将市场调节尝试纳入外贸管理中。改革开放之后，我国逐渐改变了外贸计划由外贸专业公司全部承担的局面，调整为所有批准经营的外贸企业都需要承担国家计划任务。1985 年之后，我国不再编制外贸收购计划和外贸调拨计划，缩小指令性计划范围，扩大指导性计划的范围。在出口计划上，仅下达出口总额指标和主要商品出口数量指标，其余出口商品由外贸企业自行确定。同样，在进口调拨方面，放开了关系到国计民生的重大商品、机器设备以外的指令性计划。

最后，我国针对计划经济时期长期存在的产销脱节情况，积极探索工贸结合试点。首先倡议生产企业和外贸企业专业对口，在考察国际市场、对外谈判、生产和办公方面实现联动；后来又探索成立部分工贸联合公司、允许外贸企业向生产企业投资参股等联营的方式，虽然这一探索在实际操作中困难重重，并未解决产销脱节的问题，但是也是改革开放以来转变高度集中的外贸体制的一种有益探索。

（二）外贸承包责任制的实施

党的十三大提出："为了更好地扩大对外贸易，必须按照有利于促进外贸企业自负盈亏、放开经营、工贸结合、推行代理制的方向，坚决地、有步骤地改革外贸体制。"这一时期内最重要的外贸体制改革便是外贸承包责任制的推广实施，它是我国在企业和地方自负盈亏方面做出的一项重大改革。

外贸承包经营责任制规定，对于外贸公司，"出口总额、出口商品换汇成本、出口盈亏总额这三项指标，实行超亏不补，减亏留用，增盈对半分成，并按三项指标完成情况兑现出口奖励"。国务院在1988年颁布《关于加快和深化对外贸易体制改革若干问题的规定》，确立了全面实施对外贸易承包责任制的要求。这一要求的主要规定如下："主要由各省、自治区、直辖市、计划单列市人民政府向国家承包出口收汇基数、上缴外汇额度基数、出口收汇基数内人民币补贴基数、外汇额度挂账数额，超过出口收汇基数的外汇收入实行分成，自负盈亏；少数商品由外贸和工贸进出口总公司承包并统一经营，不下放的部分工贸总公司仍由其承包经营。各外贸进出口总公司和部分工贸进出口总公司的地方分支机构（经营国家统一经营出口商品的有关企业除外）与总公司脱钩，作为企业法人，下放地方管理，财务上与地方财政挂钩。"从上述规定中可以看出，在这种承包责任制模式下，出口指标的承包落实到了地方企业，由承包单位自负盈亏，所得指标内外汇收入大部分上缴国家，指标以外的超额外汇收入基本由地方和企业所有。

（三）逐渐取消财政补贴

1988年实行的外贸承包经营责任制已经在一定程度上打破了由中央财政承担盈亏的体制，但是当时承包经营的企业是可以直接接受中央财政补贴的，出口补贴和外汇流程水平的分配不均不利于公平竞争。因而，为了持续、稳定、协调地发展对外贸易，国务院颁布了《关于进一步改革和完善对外贸易体制若干问题的决定》。该决定规定了："自一九九一年一月一日起，取消国家对外贸出口的财政补贴，从建立自负盈亏机制入手，使外贸逐步走上统一政策，平等竞争，自主经营，自负盈亏，工贸结合，推行代理制，联合统一对外的轨道。”这一改革进一步使得外贸企业必须自负盈亏，具有更强的动机改善自身经营效率。

四、关税政策演变

（一）重新恢复关税政策（1980～1984 年）

在中华人民共和国成立初期，我国虽然受到西方资本主义国家的经济封锁，对外贸易往来较少，但实际上仍有关税制度。1951 年公布的《中华人民共和国海关进出口税则暂行条例》是以国际联盟编制的海关商品分类目录为参考，学习苏联的海关税则进行编制的。在“文化大革命”时期，社会生产陷入停滞状态，我国海关关税也随之停征。由于改革开放的需要，国务院于 1980 年决定恢复由海关对进出口货物计征关税。本小节从进口关税和出口关税两方面来回顾重新恢复关税这一重大制度改变。

在进口关税方面，改革开放恢复计征进口关税之后，在 1980～1982 年期间调整进口关税共计 4 次。这几次关税调整的主要目的是：（1）对于国内不能生产和供应的原材料，尤其是橡胶、木材等产品，适当降低税率；（2）对于有利于国内机械加工工业发展的零部件，如机械设备、仪器、运输工具等的零部件，降低税率以促进发展；（3）对于国内希望大力发展的“短线部门”，如能源物资、化工原料、轻纺工业机械设备等部门，国内存在大量需求但当时进口价格偏高，因此采取调低关税措施；（4）对于国内已经能生产的部分机械，如农业机械、采矿机械、石油机械、冶金工业机械、一般通用机械、普通机床等，适当调高税率以实现保护本国幼稚工业发展的目的；（5）部分纺织原料和普通钢铁材料由于科技和生产的发展，税率高低极度不平衡，因此对这一问题进行了调整。

对于出口关税而言，改革开放以前我国仅对花生油、带壳花生等 7 种产品征收出口关税。1982 年 6 月，我国决定开始对 34 种商品计征出口关税，税率为 10%～60%。主要针对的产品是：（1）在出口市场上市场占有率较高，有大量盈利且出口形势较为稳定的大宗出口产品，因为当时贸易外汇按照美元兑人民币 1:2.8 的内部汇率结算，然而国家官方的汇率则是 1:1.5 左右，因而导致出口商品利润大量增加，许多地方大量出口商品，导致对内抬价、对外降价的竞争措施，不利于国家计划调拨和物价稳定；（2）国际市场空间十分有限的产品，若过度出口容易形成价格战，不利于本国企业盈利的商品；（3）国内供不应求，需要大量进口的商品，例如砂糖等，计征出口关税鼓励放弃出口转而在国内销售，减少港口装卸的负担；（4）一些国家控制出口的商品，这些商品为我国重要的战略性资源，大量出口不利于我国长期经济发展。

重新开征关税在改革开放初期发挥了一定的积极作用。通过对进出口商品重新开征关税，用税收杠杆调节进出口行为，国内幼稚工业得到了一定的保护，国内开展工业生产急需的原材料供应得到了保障，同时也保证了国家计划的稳定执行和国内物价的稳定。

（二）持续关税减让政策（1985～2001年）

1985年，《中华人民共和国海关进出口关税条例》发布，公布了新的关税税则。这一规则按照国际通用的海关合作理事会商品分类目录的标准，对不同商品进行分类征税。不同类别商品的税率主要根据以下原则来确定：（1）对于国内难以供应的肥料、饲料、药剂、动植物良种、精密仪器仪表、机械设备和粮食免除进口关税；（2）对进口原材料给予相对于半成品和制成品更低的税率，尤其对于国内不能生产且对工业生产十分重要的原料更是如此；（3）对国内已经能够生产的、国计民生必需品的产品，制定较高的进口关税税率，对于国内已能生产，而且尤其需要培育的商品，规定更高的进口关税税率；（4）为了鼓励出口，对大多数出口产品不征收关税，但对需要限制出口的战略性原材料和半制成品征收一定的关税。经过这次调整，我国降低了1 151个税目的进口关税，加权平均关税下降了10%左右。

同时，为了鼓励外商投资，发展加工贸易，促进技术提升，关税的优惠也向外商投资企业和经济特区倾斜，并倾向于支持企业技术改进和加工贸易。具体表现于：其一，对外商投资企业，进口机器设备、原材料、辅料、零部件、元器件和包装物料面免除进口关税；其二，对于经济特区和开放城市而言，城市内企业生产的产品用于出口可以免征出口关税，经济特区内行政机关、企业和事业单位进口机器设备、零部件和原材料等亦免关税；其三，对于企业引进国家鼓励发展的新技术，用于出口新产品的，免征进口关税；其四，对于加工贸易进口物料进行保税监管，对加工生产过程中所必需的机器设备、质检仪器等免征进口关税。

随着我国工业生产能力的增强，为符合加入世贸组织的要求，同时进一步推动对外开放进程，增强企业面对国际竞争的能力，在1991年后，中国开始大幅下调进口关税水平，取消了进口调节税，将原有小汽车和摄像机的进口调节税并入关税。从

1992 年开始，我国开始以世界海关组织编写的《商品名称及编码协调制度》为基础设置征税税目，将税则税目设为 8 位编码。1992 年 3 月，我国提出在 3～5 年内将进口关税降低 50%，并主动降低 3 371 个税号的关税税率，关税总水平从 43.2% 下跌到 39.9%。1993 年 12 月，国家再次采取减税措施，调整了 2 898 个税号的进口关税税率，关税总水平进一步下降到 36.4%。从关税下调的产品来看，这次关税下调仍然重点降低国内不能生产的原材料（如国内相对短缺的某些木材和纸）的关税税率。另外，发展中国家（地区）生产的部分产品（如各种药材）的税率也得到降低，而对于国内正在进行技术引进的汽车引擎则予以提升关税处理。之后的 1996 年、1997 年、1999 年、2000 年、2001 年，为了符合加入世界贸易组织的要求，中国 5 次降低关税，逐渐将总体税率水平从 35.6% 降低到了 15.3%。

（三）加入世界贸易组织：进一步关税减让与结构调整（2002～2007 年）

我国于 2001 年加入世界贸易组织，为了履行加入世贸组织的承诺，我国仍在按照关税减让表的要求继续降低关税水平，总体关税税率从 2001 年的 15.2% 降低到 2007 年的 9.8%，自 2007 年之后，我国的平均关税水平便一直稳定在 9.8%。同样地，在整体关税降低的同时，我国对于一部分原材料、先进机器设备、重要能源和部分消费品采用暂定税率进一步降低关税税率。另外，在 2003 年，我国新增对 36 种商品征收出口关税，包括鳗鱼苗、部分有色金属矿砂等产品，可以看出中国开始通过关税杠杆，减少一些对环境具有高污染的产品的出口。这一倾向在 2006 年之后更加明显，2006 年、2007 年我国又对煤炭、焦炭、金属矿、铜、电解铝、铁合金、钢坯、稀土化合物、木地板、一次性筷子、煤焦油等产品增加出口关税，2008 年上半年又陆续增加黏土、木浆、钢铁焊管、镁等产品的出口关税，对铁合金、生铁、钢坯、稀土金属、铝合金、部分化肥等产品增加出口关税税率。

（四）2008 年金融危机以来：稳定关税、优化结构（2008 年至今）

在 2008 年世界金融危机的冲击下，我国为了鼓励出口，在 2008 年底取消了部分产品的出口关税，包括冷热轧钢板、带材、钢丝、大型型钢、合金钢材等钢制品，以及硝酸铵等化工用品。同时，化肥、铝材、小麦等的出口关税税率也明显降低。2009 年则采取了更大的关税政策力度，进一步取消小麦、大米、大豆、硫酸、钢丝出口的暂定关税，并且取消了部分化肥的暂定出口关税。另外同年还降低了滑石粉、中小型型钢、氟化工品、钨、钼等产品的出口暂定关税税率，同时降低鲜草莓等消费品的进口关税税率。

经济危机的第一波冲击过后，我国又恢复了对尿素、磷酸二氢钾等化肥征收出口特别关税，并且限制化肥出口的方针在之后几年内未发生改变。同时，国家对环境问题愈加重视，表现在对煤炭类产品进口的限制。我国在2013年取消了褐煤进口的零暂定税率，恢复到3%的最惠国税率；在2014年进一步取消无烟煤、炼焦煤、煤球的进口零关税，同样以最惠国税率取代之。在2015年，我国重复投资、产能过剩的弊端开始受到广泛关注，我国在这一阶段取消了钢铁粉末颗粒、稀土、钨、钼等产品的出口关税，并对铝加工材料的出口实行零税率；在2016年，国家又降低了高纯生铁等产品的出口关税，协助消化过剩产能。同时，为了培育我国经济的消费驱动力，保障民生，同年我国降低了护肤品、西装、纸尿裤等生活必需品的进口关税税率，2018年又进一步降低大量日用消费品和部分抗癌药品的进口关税税率。另外，近年来的关税调整也体现出国家进一步推动信息技术产业发展的意图，如2016年我国降低了部分信息技术产品的最惠国税率，产品包括半导体、多晶硅、单晶硅、印刷电路板、打印机零件等。

总而言之，我国的关税政策改革可以归纳为如下三个阶段：1978～1990年的恢复关税探索阶段；1991～2001年的加入世界贸易组织前关税减让阶段；2002年至今的进出口结构优化阶段。总体而言，我国的关税平均水平在逐步降低（见图4－1）。在第一阶段，在改革开放之初重新恢复、在实践中调整的关税政策使得新生的我国企业不仅免去了进口原材料、机器设备的高额关税成本，同时也受到了我国关税政策一定的保护；其次，鼓励出口的政策方针也决定了在改革开放之初，中国征收出口关税的产品较少。在第二阶段，为了符合加入世界贸易组织的要求，关税政策的主要目标是大幅度的关税减让。在第三阶段，我国开始重点通过关税政策优化产品结构。在2008年金融危机之前，关税政策主要用于调整国内高污染、高耗能以及部分加工贸易产品的生产和出口。在金融危机之后，关税政策重点结合国内经济形势和暴露出的一些问题进行配合调整，例如通过降低钢铁产品的出口关税来缓解近年来逐渐严重的产能过剩问题，通过降低日常生活用品的进口关税来缓解国内消费供需错配的问题等。但是纵观改革开放四十年以来的关税政策，有两个原则是贯穿始终的，其一是对进口稀缺原材料、工业生产所需的机器设备等的支持；其二是对进口国内必需的一些消费品的鼓励。这两个原则一方面保障了工业生产，另一方面保障了人民生活，在外部政策愈发不确定的今天，关税政策仍应对这两方面问题进行重新思考和评估。

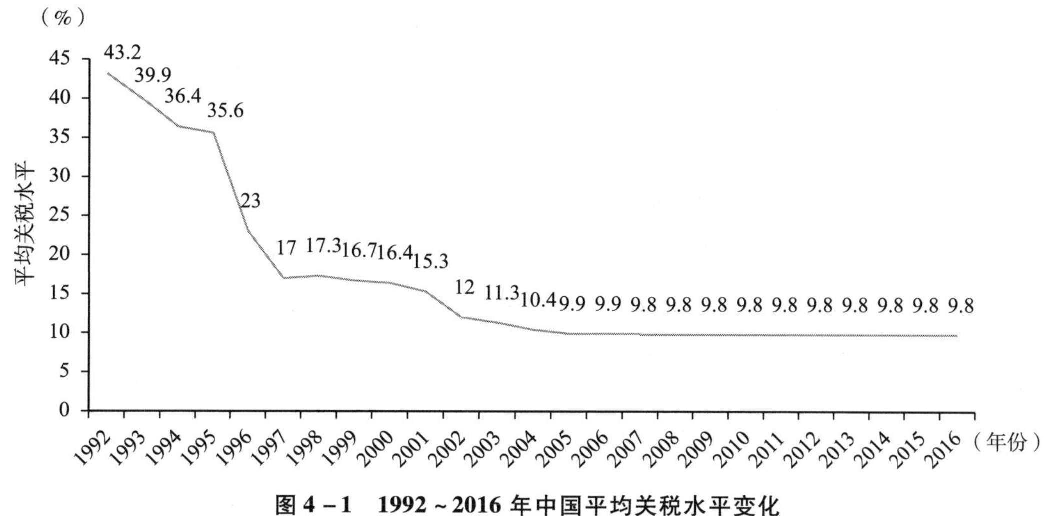

图 4-1 1992～2016 年中国平均关税水平变化

资料来源：1998 年前的数据由傅自应（2008）、郭苏文（2013）的数据综合整理得来，其余数据来源于历年《中国财政年鉴》。

五、外汇政策和汇率制度改革

（一）改革开放之初外汇留成制度的改革（1978～1986 年）

在改革开放之前，我国对外汇收支实行高度集中的指令性计划管理，外汇管理工作由国家计划委员会、财政部、对外贸易部和中国人民银行共同承担。高度集中的外汇管理体制要求所有出口获得的外汇需要交付国家统一处理，按国家计划分配，这严重打击了地方和外贸企业发展对外贸易的积极性。

1979 年 8 月，国务院颁布了《关于大力发展对外贸易增加外汇收入若干问题的规定》，规定外汇由国家集中管理，统一平衡。在保证国家建设的同时，实行外汇留成制度，按不同的情况，对不同地区、不同行业、不同产品适当留给地方、部门和企业一定比例的外汇收入，以充分调动经济主体的积极性。具体的规定如下：在保证国家调拨任务的前提下，供应出口的商品以上年外贸实际收入为基数，增长部分的外汇收入中央部管商品留成 20%，分给主管部、地方和企业各三分之一；地方管理的商品留成 40%，这一部分也要适当分给地、县和企业各一部分。同时，外汇留成的比例在不同地方也有所不同，如在少数民族自治区出口收汇地方可以留成 50%，经济特区外贸出口收汇可以留成 100%；同时，国家于 1985 年进一步修订了外汇留成办法，进一步增加了企业留成的比例，而且还规定了超计划出口的部分，由地方自负盈亏。外汇留成制度激发了地方和企业出口的积极性，而且使得有留成额度的企业可以自由支配这部分额度，为企业用汇提供了方便。

在实施外汇留成制度之后，这些额度的使用情况在各个企业中不尽相同。有的企业有闲置的外汇留成额度，而另外一些企业则缺乏必需的外汇留成额度，无法进口必需的原材料和技术。为了调节这种外汇留成额度供需不匹配的状况，1980 年 10 月，中国银行和国家外汇管理局出台了《调剂外汇暂行办法》，允许一定程度的外汇额度交易，这一调剂制度的实行弥补了外汇计划分配导致的供需不匹配问题，使得外汇计划的分配与企业需求日趋合理。

（二）外汇调剂制度与汇率双轨制（1987～1993 年）

但是，实行了外汇留成与外汇调剂制度之后，随之而来的是汇率双轨制度的确立。实际上，汇率双轨的雏形在 1981 年便已有呈现，由于改革开放之初国内物价由国家计划调控，出现了国内外商品价差明显、外贸企业大量亏损的局面，因此，人民币汇率需要同时照顾贸易和非贸易两个方面，1981 年我国便决定对贸易外汇内部单独结算汇率价格，同时仍保留官方汇率价格。在外汇调剂制度进一步改革之后，1985 年我国取消了针对出口贸易的汇率内部结算价，后续逐渐放开调剂市场汇率，形成了官方汇率和调剂市场汇率并存的局面，其中官方汇率是由国家确定的固定汇率制度，而调剂市场的汇率则是由市场供求决定的汇率。这种汇率双轨并存的情况导致了官方倒卖外汇的情况出现，在一定程度上扰乱了当时的金融秩序和市场秩序。

1991 年起，我国进一步改革了外汇分成制度，取消了按地区实行不同外汇留成比例的方法，转而按商品大类决定留成比例，实现了全国的统一。不同商品分类的外汇留成额度规定如下：其一，对于特殊产品如原油、成品油等，留给企业的留成额度非常小，仅提供少量企业经营所必需的外汇留成额度；其二，对于需要较多零配件和进口原料的机电产品，留给生产企业 10%、地方政府 5%，其余的外汇留成全部归外贸企业所有；其三，对于其余的一般商品而言，企业需要按外汇牌价上缴国家 20%，地方政府留成 10%，生产企业留成 10%，其余留给外贸企业。与此同时，外汇留成的调剂市场也进一步完善和放开，允许跨省调剂，并规定地方政府不得采用行政手段干预外汇留成调剂的资金流向。

另外，改革开放以来人民币币值一直处于高估状态，因此需要贬值以符合市场价值。但人民币短时大幅贬值不利于国内正在进行的对外开放进程，与其他出口鼓励政策的目标也背向而行，因此我国采取了人民币逐步贬值的方法。1978～1987 年，美元兑人民币汇率从 1 美元兑 1.7 元人民币贬值到 1 美元兑 3.72 元人民币；1987～1993 年，又从 1 美元兑 3.72 元人民币贬值到了 1 美元兑 5.8 元人民币，这使得出口成本不断上升。

（三）汇率并轨及市场化进程（1994 年至今）

由于市场化改革的需要和汇率双轨造成的一些弊端，1994 年 1 月起我国实现汇率并轨，并且对人民币实行了一次性贬值。参考汇率双轨的平均水平（官方汇率为 1 美元兑 5.8 美元人民币，外汇调剂市场汇率为 1 美元兑 12 元人民币），定为 1 美元兑 8.7 元人民币。同时，这一阶段改变了固定汇率制度，转而采用以市场供求为基础的、单一的、有管理的浮动汇率制度。这一汇率并轨的措施是我国汇率市场化改革的重要标志。另外，这一年内还有其他一些外汇体制改革，如取消各类外汇留成、上缴和额度管理制度，实行外汇收入结汇制度、银行售汇制度。在 1996 年 12 月，我国按照国际货币基金组织协定条款的要求，实现了人民币经常项目可兑换。这些汇率政策和外汇体制的调整使得 1994～1997 年中国国际收支顺差不断增加，人民币币值保持基本平稳并有一定的升值趋势。

1997 年亚洲金融危机来袭，泰国、菲律宾、马来西亚等国的货币大幅贬值，人民币面临巨大的贬值压力。虽然我国公开承诺人民币不贬值，但是由于外界贬值预期过于强大，因此导致了严重的资金流出。在这一非常时期，中国的外汇政策也主要针对外汇流出、稳定币值来展开，包括对经常性项目购汇强化审核，严处逃套外汇企业等，此处不一一展开。由于公开承诺人民币不贬值，因此在危机之后，中国的汇率制度变成了盯住美元的汇率制度。这一盯住美元的汇率制度使得人民币兑美元汇率在 1998～2005 年波动不大，这并不是市场作用的结果，因而也造成了一定的名义汇率扭曲，汇率的市场化改革出现一定的反复。

在我国加入世界贸易组织之后，这种僵化的、低度市场化的汇率制度已不适应我国进一步对外开放的需要，因此在 2005 年，中国人民银行执行了汇率制度的改革。2005 年 7 月，《关于完善人民币汇率形成机制改革的公告》的颁布标志着中国决定改革原有盯住美元的汇率制度，转而使用以市场供求为基础，参考一篮子货币进行调节的有管理的浮动汇率制度。同年，人民币一次性升值 2%。这一汇率制度一直延续至今。

纵观我国改革开放以来的外汇政策和汇率制度改革，有两条线索起着关键作用，其一为“放权”，其二为“市场化”。改革开放之初，为改变高度集中的外汇管理体制，提高地方和企业出口的积极性，采取了外汇留成改革，使得地方和企业也能从出口中获益。同时，由于这种对外汇管理的放权是在我国渐进式市场化改革背景之下的，因而放权过程中形成了汇率双轨，汇率并轨也便成为我国汇率市场化改革的第一步。由于亚洲金融危机的影响，汇率市场化改革有所反复，最终在 2005 年确定了“以市场供求为基础，参考一篮子货币进行调节的有管理的浮动汇率制度”，标志着我国汇率市场化水平进一步提高。改革开放以来外汇政策和汇率制度的改变不仅保证了我国企业能从出口中获利，激发了企业生产的积极性和经营的稳定性，同时是我国进一步市场化改革的重要支点，促进了我国汇率体制与国际接轨。另外，汇率改革的过程也保证了人民币币值的相对平稳和我国宏观经济的稳定性，为我国对外贸易保驾护航。

六、出口贸易鼓励政策

（一）出口退税政策

1. 改革开放初期出口退税政策

实际上，在中华人民共和国成立之初，便进行了出口退税制度的实践，在《货物暂行条例》以及相应的实施细则中，规定了出口商“货物输出至国外后，经公告准许退税者，可向税务机关申请退还货物税税款”，但是受到中华人民共和国成立初期的国际国内背景约束，实际上出口退税的产品十分稀少。改革开放之后，为了使出口产品能够更好地参与国际竞争，按照国际惯例，国务院从 1983 年开始对钟表、自行车、缝纫机等 17 种机电产品及其零部件实行出口退税、进口征税的制度。最初出口退税制度的规定是：对于出口上述产品的外贸企业，在商品出口之后，可以将最后一个生产环节所缴纳的工商税税款退回给出口企业；对于缝纫机、自行车等已经实行增值税的产品，将增值税退还给原有企业；属于中央外贸企业和中央主管部门进出口公司经营的部分，这一退税款由中央预算收入退回给原有企业；属于地方外贸企业和地方主管部门的出口产品，则退税款由地方预算收入退回给原有企业。1985 年，国务院批准了《关于对进出口产品征、退产品税或增值税的规定》，标志着我国出口退税制度的正式确立，同年，除了原油和成品油以外的其他出口产品均已实行退还最后一个生产环节缴纳的产品税和增值税的政策。在 1986 年，我国又试行对 10 类出口产品退还中间环节的产品税和增值税。但是总体来看，这一时期的出口退税总额还比较有限。1987 年，我国加大了出口退税政策的力度，对出口产品实行退还生产的各个环节的累计间接税和增值税的方法。

2. 税制改革时期：促进出口与财政负担间的平衡

1994 年，我国实行了税制改革，出口退税制度也随之调整，实现了出口货物零税负。具体而言，出口退税的税种改为增值税和消费税，取消其他税种的出口退税。在这两种退税税种中，消费税退税额按法定征税率确定，而增值税则按照 13% 和 17% 两个梯度进行全额退税。由于这一做法，我国的出口退税规模从 1993 年的 301 亿元上升到 1995 年的 550 亿元，我国商品在国际市场上的价格竞争力明显提升。但是这种过快上升的出口退税也不断加重国家财政负担，导致了拖欠出口退税的现象大量出现，因此国家在 1995 年和 1996 年又两次降低出口退税税率，分别将农产品/以农产品为原料的产品/工业制成品的出口退税率调整为 3%/10%/14% 和 3%/6%/9%。这一调整也很快地解决了政府拖欠出口退税的问题，但是同时也使得中国出口遭到重创，出口产品竞争力大不如前。

1997 年亚洲金融危机爆发，我国为了保持国民经济的平稳快速发展，采取一系列措施千方百计地扩大出口。相应地，中央在 1998 年 7 月和 1999 年 1 月再次提高出口退税率，调整之后，退税率分为四个梯度。最高档税率退为 17%，产品包括机械设备、电子产品、运输工具、仪器仪表、服装、棉制品等，在这一税率梯度内再次实现出口零赋税。第二个档次出口退税率为 15%，包括除了最高档的产品以外的工业制成品。第三个档次为 13% 的退税率，包括以农产品为原料的制成品。最低档为农产品，实行 5% 的出口退税率。为了尽量缓解提高退税率带来的财政负担，政府采取了以下方法来优化配置出口退税指标：其一，出口退税指标向中西部倾斜；其二，出口退税指标向信誉较好的大企业倾斜，对于退税信誉差的企业采取严格的审核制度防止骗税的发生；其三，对生产企业出口实行“免抵退”税的制度，即企业出口自产产品免征销售环节增值税、自产出口耗费的原材料发生的应退税款可以用于抵消内销货物的税额、同时应退税款未抵消完的部分可以予以退税。可以看出，这一时期的出口退税制度不仅更加注重引导资源在不同地区、不同企业和不同产品之间重新配置，是优化出口产品、地区结构的一项尝试，而且也在一定程度上降低了财政负担。

3. 加入世贸组织后：调整中央地方分担比例，促进产品升级

然而，随着加入世贸组织之后我国对外贸易的高速增长，我国中央财政的出口退税负担也开始越来越沉重，大量拖欠出口退税的情况又开始出现，严重影响企业的生产经营活动。因此，从 2004 年开始，中央开始构建出口退税中央和地方共同分担的机制，对超过 2003 年出口退税指标的部分，在中央和地方按照 75∶25 的比例进行共同分担，这虽然缓解了中央财政负担过大的问题，但却加大了地方的财政负担，有的地

方甚至出现了“出口增长越快，地方负担越重”的现象，部分地区还出现了运用行政手段限制出口的极端情况。因而中央在2005年又将该分担比例调整为92.5∶7.5，同时提出不能采取限制外贸的措施、不能将税收负担分解到乡镇和企业的规定。

除了对出口退税中央地方分担机制的调整以外，这一阶段还大幅调整了不同产品的出口退税率，旨在优化我国出口产品结构，提升高科技、高附加值产品的出口竞争力，降低“两高一资”产品的出口比重。例如，为了进一步增强我国机电、光电产业出口产品的市场竞争力，我国在2004年11月对集成电路、路由器、液晶显示器、硬盘驱动器、数控机床等产品将退税率由13%提高到17%；又如在2006年9月国家对重大技术装备、部分IT产品、生物医药产品以及其他国家政策鼓励出口的高科技产品将出口退税率由13%提高到17%。另外，从2006年开始，我国开始调低和取消部分“两高一资”产品的出口退税率，如陶瓷、水泥、部分有色金属材料、塑料等的出口退税率。为了促进出口产品向高附加值升级，2007年7月国家在“调投资、促消费、减顺差”的方针指导下，进一步对部分化学品、纸制品、服装鞋帽、家具、玩具等产品降低出口退税率。

4. 金融危机以来：缓解内部结构性问题，缓解外部冲击影响

随着2008年经济危机的来临，世界主要发达经济体陷入经济衰退泥潭，外需市场严重萎缩。因而在2008~2009年，为了应对金融危机的冲击，我国开始上调多种产品的出口退税率，如纺织服装、塑料制品、家具、竹制品、部分机电产品、部分钢铁产品和部分水产品。在2010年，我国又取消了部分钢材、有色金属加工材、银粉、酒精、玉米淀粉、部分农药、医药化工产品、部分塑料、橡胶及玻璃制品的出口退税。2014年继续以出口退税引导产品结构调整，提高高附加值产品、玉米加工产品、纺织服装的出口退税率，取消含硼钢的出口退税、降低档发的出口退税率。面对经济的“新常态”，为了兼顾经济增长的速度和质量，在2016年我国又对出口退税政策进行了部分调整，具体体现在：部分原有停止出口退税的产品重新恢复出口退税，如玉米淀粉、酒精等玉米深加工产品；同时，为了促进出口产品的质量提升，我国将照相机、摄影机、内燃发动机等产品的出口退税率提高至17%。

2018年，受中美贸易战的影响，我国为了应对美国关税制裁，先后两次主动提高了多种产品的出口退税率。第一次税率提高包含多元件集成电路、非电磁干扰滤波器、书籍、报纸、竹刻、木扇、玄武岩纤维及其制品、安全别针等产品；第二次税率提高包括了相纸胶卷、塑料制品、竹地板、草藤编织品、钢化安全玻璃、灯具、润滑剂、航空器用轮胎、碳纤维、部分金属制品、农产品、砖、瓦、玻璃纤维等产品，除此之外降低了豆粕的出口退税率。不仅如此，国家还上调了所有产品的整体出口退税率，除了上述产品以外，原出口退税率为15%的，出口退税率提高至16%；原出口

退税率为9%的，出口退税率提高至10%；原出口退税率为5%的，出口退税率提高至6%。

总而言之，改革开放四十年以来，我国采用了世界贸易组织规则允许的出口退税政策，有效地提高了我国产品的价格竞争力，促进了我国企业的出口增长，为我国成为贸易大国奠定了基础。当然，出口退税政策也不仅是促进出口、提升经济增长速度的工具，同时也是促进国内产业结构向高附加值、高科技方向转型的重要政策杠杆，我国改革开放以来的出口退税政策在一定程度上（尤其在加入世界贸易组织之后）也起到了这样的引导作用。但是，就我国改革开放以来的出口退税政策调整可以看出，出口退税政策受到国内市场化改革以及国际经济形势的重大影响，因而政策目标在“保增长”与“调结构”之间有一定的反复。从长远来看，我国的出口退税政策需要以产品质量提升和科技水平提升为导向，然而由于国际经济形势的影响，在1997年亚洲金融危机、2008年世界金融危机的影响下，中国又上调了部分“两高一资”或加工贸易制品的出口退税率，虽然这也为稳定中国经济增长做出了贡献，但是也为后续的结构调整增加了难度，因而对于出口退税政策的作用还需要辩证地看待。

（二）出口加工贸易政策

1. 改革开放伊始的加工贸易政策

我国在1957年便有加工贸易的模式，在当时，这种被称为“以进养出”的贸易方式是由外贸部门专门经营的。虽然这种模式曾经有一定的发展，但是在“文化大革命”时期，这种模式被迫中断。1978年8月，第一家以来料加工费补偿外商投资设备的加工贸易企业在珠海动工，成为我国加工贸易发展的起点。在改革开放前期，加工贸易的主要模式是“三来一补”，即来料加工、来件加工、来样加工和补偿贸易。

1978年，我国政府颁布了《开展对外加工装配业试行办法》。1979年，国务院批准了《以进养出试行办法》和《开展对外加工装配和中小型补偿贸易办法》，标志着国家开始有计划、有条理地发展加工贸易。其中，《以进养出试行办法》中涵盖的发展模式有：进料加工，包括全部原材料或主要原材料的进口，加工成品出口；进口主件或配件，加工装配产品出口；进口饲料、肥料、种子等，养殖或种植农副产品出口等。上述模式概括了改革开放之初国家计划发展的加工贸易类型。同时，《开展对外加工装配和中小型补偿贸易办法》对加工贸易的概念进行了明确的界定：加工贸易指的是“由外商提供一定的原材料、零部件、元器件，必要时提供某些设备，由我国工厂按对方的要求进行加工或者装配，成品交付给对方销售，我方收取工缴费。外商提供设备的价款，我方用工缴费偿还。也可以采取灵活的做法，运进的原料和运出的成品，各作各价，分别订立合同，我方赚取差价，用差价即工缴费偿还设备价款。或者由外贸部门同外商签订合同，承担加工装配业务，然后组织工厂生产，外贸部门同工厂之间按购销关系办理。中小型补偿贸易，主要指国家重点的大型补偿贸易项目以外的一般轻纺产品、机电产品、地方中小型矿产品和某些农副产品，由外商提供技术、设备和必要的材料，我方进行生产，然后用生产的产品偿还”。

其中，《开展对外加工装配和中小型补偿贸易办法》（以下简称为《办法》）规定了从事加工贸易可以享受如下优惠政策：如《办法》第十一条规定，“加工装配和中小型补偿贸易所需原材料（包括辅料和包装物料）、零部件、设备的进口，一律免征关税和工商税”；第十二条规定，“承担加工装配的企业，其加工装配所得纯收入，在3年内，国营企业免征工商税、免缴利润，集体企业免缴工商税和所得税。中小型补偿贸易项目，在偿还设备价款期间，免缴税金和利润”；除了税收优惠以外，《办法》还规定了加工贸易企业可以享受优惠汇率、可以享受地方政府的补贴、在资金和运输等方面政府也应予以配合等。

在明确了加工贸易的定义和鼓励方针后，加工贸易在我国尤其是广东省开始蓬勃发展起来，大量吸纳了香港地区转移的服装、鞋帽、玩具等传统轻工业产品的来料加工业务。

2. 明确优惠政策，大力促进加工贸易发展

在经过了改革开放之初小范围的试点之后，1986～1988年，政府又出台了一系列政策，明确了发展加工贸易、吸引外资进入的方针（见表4－1）。这些政策包括：《关于加强综合管理促进对外加工装配业务发展的通知》《国务院关于沿海地区发展外向型经济的若干补充规定》《关于抓住有利时机进一步发展来料加工装配业等业务的请示》，它们确立“两头在外，大进大出”的加工贸易发展战略以及新阶段对于加工贸易的鼓励措施。同时，在全国范围内率先承接加工贸易订单的广东省也出台了《广东省鼓励开展对外加工装配、补偿贸易办法》。在这些新政策的规范引导下，加工贸易逐渐进入大发展时期（傅自应，2008）。

这一时期的加工贸易优惠政策延续了上一阶段的一些优惠政策，主要包括原材料、零部件的零进口关税、加工产品出口的零出口关税、免除三年的营业税和所得税、可以设立保税工厂和保税仓库、下放外贸企业审批权、提高广东福建以外其他地区来料加工业务外汇留成比例、一定程度的进口许可证和通关便利措施等。这些措施简化了出口所需的行政审批流程，为加工贸易的迅速发展创造了必要条件。

表 4-1　　1986~1988 年部分针对加工贸易的优惠政策

优惠政策	政策出处	具体内容
保税工厂制度	《中华人民共和国海关对加工贸易保税工厂的管理办法》	保税工厂为外商加工、装配成品和为制造出口产品而进口的原料、材料、元器件、零部件、配套件、辅料、包装物料和加工过程中直接消耗的数量合理的化学物品（以下简称料、件），准予缓办进口纳税手续，按实际加工出口成品所耗用的进口料、件免征关税及产品（增值）税或工商统一税
关税优惠	《国务院关于沿海地区发展外向型经济的若干补充规定》	沿海地区企业进料加工出口所用的原材料、零部件等，按实际加工出口的数量免征进口关税和进口环节的产品税或增值税。加工的产品出口，免征出口关税
下放审批权	《国务院关于沿海地区发展外向型经济的若干补充规定》	沿海地区企业为发展进料加工出口，进口的原材料、零部件等，包括属于国家限制进口产品的成套散件，由省辖市一级政府的对外经贸主管部门审批，海关凭批准文件和合同验放。其中属于国家实行许可证管理的商品，免领进口许可证；属于国家规定统一代理订货的九种进口商品，各地在订货时，应与负责统一的进出口总公司协调价格
提升外汇留成比例	《关于抓住有利时机进一步发展来料加工装配等业务请示》	……建议来料加工装配所得工缴费外汇留成，广东、福建仍按原规定执行；其他省、自治区、直辖市及计划单列市统一改为10%上缴国家，90%留企业和地方，其中承接加工的企业留50%，企业所在省市留40%，适当分给地、县一部分。如系中央部门直属企业加工，地方留30%，主管部门留10%

资料来源：笔者整理。

1994 年，我国实行税制改革，加工贸易的免税、退税政策也因此改变。我国对出口企业进料加工货物开始实行出口退税政策，出库企业在向当地税务机关核销之后，可以不用缴纳加工环节的增值税和消费税。然而，对于外商投资企业而言，其按加工贸易模式生产的货物销售给非外商投资企业出口的，需先缴纳相应增值税和消费税，出口后再按规办理退税手续。

3. 有所为亦有所不为：调整结构，确定加工贸易禁止目录

随着我国对外贸易的不断发展，我国政府开始认识到需要对加工贸易进行一定的结构调整，以使得其符合我国经济发展、结构转型、产业升级和环境保护等方面的需要。1999 年，我国公布了《确定第一批加工贸易禁止类和进口限制类商品目录》，确定了第一批加工贸易禁止类商品和限制类商品，其中，禁止类商品包括旧服装等我国禁止进口的产品、废旧汽车、废旧摩托车及其部件、为种植养殖等出口产品而进口的种苗、化肥、饲料等。第一批限制类产品包括塑料原料、化纤原料、棉花棉纱、钢材

等；随后在2001年又重新修订了加工贸易禁止类产品清单，包括与保护动物或野生动物相关的产品、毒品、某些药材、某些濒危植物相关的产品、钢铁容器、锅炉、一些医用设备、某些游戏机、某些工业废料等；2002年又进一步将动物皮毛、废电池等列入禁止清单；2004年又进一步在禁止清单中增加了部分木炭、冷冻动物产品、鱼翅、燕窝等产品；2005年开始将部分金属产品及金属废渣纳入禁止产品行列，如铁矿砂、生铁、铸铁废料、稀土金属矿、部分金属或非金属（铝、锰、镍、钨、铬、钛、硅、钼、铜、铅、锌）矿砂或精矿等，以及新增了农药、农药原料、部分染料、部分纸张或纸板、部分生皮等产品；2006年新增乙醇、煤气、沥青、氧化镁、部分放射性金属等；2007年新增了部分皮革。

4. 经济稳定与结构优化的平衡：外部冲击影响下的加工贸易政策

2008年金融危机来临，我国采取了一系列政策应对外部冲击，鼓励出口，因而在该年，国家也将部分不属于高耗能、高污染，或者具有较高技术的产品从加工贸易禁止清单剔除，具体包括部分精炼铜阴极、非合金镍、铝合金、钴粉等。另外，国家也放宽了原有加工贸易限制清单，如剔除了部分塑料、塑料制品、木制品、纺织品；在2009年之后，加工贸易禁止商品目录中所包含的产品大类再无重大改变，一些细节的调整包括：2010年进一步增加某些金属废料、多晶硅废料、钢坯。2015年放开了某些产品的禁令，例如银矿、甲基环氧乙烷、氨基酸酚等。

截至2015年，加工贸易禁止类产品目录大致包括1 800余种产品，其中部分产品仅限制进口或出口，部分产品同时限制进出口。同时禁止加工贸易进出口的产品大类包括大部分农药产品、大部分濒危野生动植物及相关产品、部分煤炭相关产品、部分钢铁废料等；单独禁止加工贸易出口的产品大类包括部分金属产品、旧机电产品；单独禁止加工贸易进口的产品大类包括部分非金属产品、染料、漆类、保护植物板材、纸板、铁合金、煤油、柴油、某些气体、放射性元素、部分金属粉末和废料。

截至2015年，加工贸易限制类产品目录大致包括450种产品，大致的产品类别包括部分树脂、纤维素、塑料、部分纱线、玻璃管、某些金属型材禁止出口；部分花生油、砂糖、羊毛、纱、布、丝、钢板材、电子游戏机限制进口。

总体而言，改革开放以来我国的加工贸易政策也呈现出发展目标从量到质的变迁过程。改革开放初期，我国推行一系列加工贸易鼓励政策，旨在快速扩大外汇收入，获得进一步发展的启动资金，因而在这一阶段，并不存在产品结构的问题，什么产品能够更好更快地引进加工贸易订单，就发展什么产品。然而，在改革开放与中国对外贸易发展到一定程度之后，我国的加工贸易政策开始强调一些结构性问题，如将高污染、高耗能、资源依赖型产业的部分产品列入加工贸易禁止清单，将处在价值链底端环节的产品（例如纺织服装、初级原材料加工产品等）列入加工贸易限制类清单。对比关税政策和出口退税政策，这一清单一直较为稳定，受到外部需求条件和经济危机的影响相对较小。通过鼓励加工贸易的发展，中国不仅能够利用劳动力比较优势，参与全球分工、积累外汇收入；同时也为我国落后的制造业输入了全新的知识、技术和行业标准，促进了自主研发能力的提高；最后也带来了大量的就业岗位，影响了我国人口迁移和城市化的进程。

七、贸易促进型空间政策

（一）区域导向型开放策略

1978 年我国政府正式宣布将进行对外开放，进行经济改革，随即于 1979 年通过了《中华人民共和国中外合资经营企业法》，并在广东、福建设立了四个经济特区，包括广东的深圳、珠海、汕头以及福建的厦门，以发展对外经济合作和技术交流，扩大出口贸易，促进社会主义现代化建设。在经济特区中鼓励私人投资和引进外资，鼓励引进先进技术和管理技能，并开展对外贸易，发展外向型经济。我国政府在经济特区中实行了一些与其他地区不同的经济政策：利用外资优化经济结构；依赖市场，而不是政府计划来配置资源；在经济事务中，经济特区拥有相对更大的决策权；优惠的财政政策；免除建设用原料进口关税等。为了吸引外商投资，经济特区还出台了一系列灵活的、针对外资企业的优惠政策，包括进口原料免关税、降低税率、降低土地使用费等。对外资企业也给予了较低的收入税率、免除出口增值税、免除用于生产出口产品的原料进口关税等。各种优惠政策显著降低了外资企业的生产经营成本和交易成本，经济特区中的各种制度安排和制度环境也有利于外资企业的经营。在 20 世纪 80 年代初期，中国吸引的外资主要来自港澳地区，集中在经济特区中，主要采取合作方式，以出口加工为主。

经济特区的成功增强了我国政府进一步深化改革开放的信心。1984 年我国又继续开放了沿海 14 个港口城市，分别为大连、秦皇岛、天津、烟台（威海）、青岛、连云港、南通、上海、宁波、温州、福州、广州、湛江以及北海。这些开放城市在对外经济贸易活动中拥有较大的自主权，同时中央政府鼓励它们对外资企业提供优惠政策，创造良好投资环境吸引外商投资。位于开放城市中的外资企业享有较低的收入税率，也可以免除用于生产活动的进口设备和原材料的关税以及出口增值税等。为了更好地引进外商投资、引进国外先进技术，国务院决定在沿海开放城市兴办经济技术开发区，1984～1992年在全国总共设立了32个国家级经济技术开发区。1985年我国决定进一步开放长江三角洲、珠江三角洲和闽南的厦门、漳州、泉州三角地带，1988年决定建立山东半岛经济开放区和辽东半岛经济开放区，并成立海南省，建立海南经济特区。为了将上海建成国际经济、商贸、金融和购物中心，1990年我国决定开发上海浦东新区，同年决定在福建设立台商投资区。为了发展高新技术产业，提升中国产业竞争力，中央政府从1988年开始，在主要城市设立了50多个国家级高新技术产业开发区，为外资企业提供了更多可供选择的区位。截至20世纪90年代初，我国的沿海省区已经全部实现对外开放，外向型经济取得了显著成效。

"沿海开发战略"的成功实行使得沿海省区拥有更大的经济决策权，在获取国外资本、技术和市场方面都处于优势地位。改革开放伴随着区域差异的扩大，部分原因是政府创造的沿海与内地的不公平竞争。外商直接投资高度集聚在沿海重要城市也是中国区域经济差异扩大的直接原因之一。沿海地区从快速扩展的出口贸易中获得了经济增长和收入增长。为了缩小区域差异，减少政策性竞争不平衡，创造全方位的开放格局，我国政府在1992年决定对外商开放所有内地省会和6个沿长江城市，包括安徽的芜湖、湖北的黄石和武汉、湖南的岳阳、江西的九江以及重庆市。为大力发展边境贸易和与周边国家的经济技术合作，在西南和北部开放了13个沿边城市，对内陆周边国家的开放格局也逐步形成。这些新的开放城市取得沿海开放城市的地位，享有相同的经济决策权和各项优惠政策，同时沿边开放城市也被允许设立经济合作区，加强与周边国家的经济技术合作和贸易往来。面临着日益拉大的区域差异，在20世纪90年代末我国又提出了"西部大开发"战略，进一步开放西部地区，给予优惠政策，吸引更多投资。这样从20世纪70年代末到21世纪初，中国实现了从局部开放到全方位对外开放的格局。

（二）对外开放的国内空间政策

1. 保税区政策

我国于1987年在深圳福田开始试行"保税工业区"政策，但是由国家正式批准的保税区是在20世纪90年代左右才正式成立。1990年，国务院正式批准设立上海外高桥保税区，同年，海关总署颁布《中华人民共和国海关对进出上海外高桥保税区货物、运输工具和个人随带物品的管理办法》，我国保税区正式开始运作。1992年之后，我国开始大量设立保税区，在大连、广州、厦门、张家港、海口、福州、宁波和青岛设立了8个保税区。

1994年，我国在天津召开全国保税区工作会议，明确了保税区的三个基本功能是：出口加工；国际贸易；保税仓储。并且确定了在这三大功能中，需要优先发展保税区的出口加工功能。1997年之后，规定保税区外的企业进口设备不免税，这进一步促进了保税区的发展。1997年之后，我国不断完善配套的法律法规和优惠政策的文件。同时，在亚洲金融危机的冲击之下，保税区的功能开始多元化，从以出口加工为主转向出口加工、商贸物流等多元功能并存的状况。2002年，全国保税区工作会议将保税区发展的目的归结为“推动区域开放型经济发展”，同年，我国保税区发展高层论坛指出在有条件的情况下，应当促进保税区向自由贸易区转型。2003年，我国第一个保税物流园在上海外高桥成立。2005年，我国第一个保税港区成立。2006年，中国第一个“综合保税区”在苏州设立。在2012年国务院颁布的《关于促进海关特殊监管区域科学发展的指导意见》中，提出继续整合优化特殊监管区域，新成立的特殊监管区域尽量命名为综合保税区；在基本不突破原规划面积的前提下，逐步将现有出口加工区、保税物流园区、跨境工业区、保税港区及符合条件的保税区整合为综合保税区。

2. 出口加工区政策

自改革开放以来，我国加工贸易得到了长足发展。1996年，加工贸易进出口额占我国进出口额的比重首次突破50%，涉及我国已有的绝大多数产业。加工贸易在我国进出口的地位不断提高，在促进我国对外开放和利用外资方面有重要意义，但是加工贸易的发展存在分散和粗放的特征，由于运作程序较为复杂，管理不便，在部分地区引发了渠道走私等问题。因此，为了对加工贸易进行集中管理，提高加工贸易管理的规范性，2000年4月27日，国务院正式批准设立出口加工区。首批批准的出口加工区有：辽宁大连出口加工区、天津出口加工区、北京天竺出口加工区、山东烟台出口加工区、山东威海出口加工区、江苏昆山出口加工区、江苏苏州工业园出口加工区、上海松江出口加工区、浙江杭州出口加工区、福建厦门出口加工区、广东深圳出口加上区、广东广州出口加工区、湖北武汉出口加工区、四川成都出口加工区、吉林珲春出口加工区。

关于出口加工区我国最初有如下规定：首先，在功能上，出口加工区具有单一功能的特征，主要发展出口加工业务，加工区内生产的产品均应是出口导向型的。加工区内可以设置加工型企业、仓储型企业和运输型企业，后两者须是专门为加工贸易进出口服务的。然而，出口加工区内不得经营商业零售、一般贸易、转口贸易等与出口加工无关的业务。其次，在税收优惠上，出口加工区内部实行免征进口关税和进口环节税的优惠政策。加工区内企业为开展生产而入境的机器设备、零配件、厂房、基础物资、办公用品等均免除税收。加工区内企业为加工出口产品所需的原材料、零部件、元器件、包装物等实行全额保税优惠。生产过程中产生的废品、残次品、边角料等的出口免征出口关税。另外，从境内进入出口加工区的机器设备、原材料、零部件、元器件等可以按照相关规定享受出口退税政策。

3. 自由贸易试验区政策

自由贸易试验区指一个国家或地区设立的在货物监管、税收政策、外汇管理、企业设立、金融服务等方面实行特殊经济管理体制和特殊政策的区域。我国自由贸易试验区的设立有如下国际背景：第一，WTO 多哈回合谈判陷入僵局，以美国为首的西方国家试图跨越 WTO，建立新的区域贸易协定，如跨大西洋贸易和投资协议（TTIP）和跨太平洋伙伴关系协议（TPP），中国受到了前所未有的排斥；第二，受金融危机影响，全球贸易竞争不断加剧。为了面对贸易竞争加剧的新形势，我国尝试设立自由贸易试验区以增强我国在贸易和投资方面的国际竞争力。与此同时，设立自由贸易区有如下国内背景：第一，我国随着对外开放的不断深化，对体制改革的要求也不断增加，目前我国贸易便利化仍有待改进，具体表现为通关程序复杂、贸易成本高昂、关税结构不合理等，自由贸易区作为一个试点，意在促进更高水平的对外开放；第二，我国在多年高速增长后，面临产能过剩、供需错配、金融风险提高等复杂问题，自由贸易区是深化改革的一项战略性举措；第三，我国的贸易结构逐渐变化，在服务贸易领域国际竞争力较弱，且服务贸易收支不断恶化、现代服务贸易占比较低，因此，自由贸易区是一项扩大服务业开放、深化服务业创新的重要举措。由于上述国际国内背景，党的十七大把自由贸易区建设上升为国家战略，党的十八大提出要加快实施自由贸易区战略。党的十八届三中全会提出要以周边为基础加快实施自由贸易区战略，形成面向全球的高标准自由贸易区网络。

2013 年，上海自由贸易试验区成立，成为我国第一个自由贸易试验区。自由贸易区的重要改革包括改进负面清单管理模式，创新事中事后监管制度，进一步推动服务业对外开放和金融创新，进一步优化营商环境等，这些举措极大提升了贸易自由化和投资便利化。上海自由贸易区的成功经验又推动了其他自由贸易试验区的建立，其中包括广东、天津、福建、浙江、辽宁、河南、湖北、重庆、四川、陕西和海南。这些自由贸易区的设立时间、布局和发展定位如表 4 - 2 所示。在自由贸易试验区的基础上，我国进一步提出应探索建立自由贸易港，以进一步推动更高层次的对外开放。2017 年 3 月，国务院发布《全面深化中国（上海）自由贸易试验区改革方案》，提出“对标国际最高水平，在洋山保税港区和上海浦东机场综合保税区等海关特殊监管区域内，设立自由贸易港区”。

表 4－2　　　　　　　　我国目前的自由贸易试验区基本情况

自由贸易区	设立年份	布局情况	发展定位
上海自由贸易试验区	2013	外高桥保税区、外高桥保税物流园区、洋山保税港区和上海浦东机场综合保税区	对标国际最高标准；与国际金融中心和科创中心建设联动
广东自由贸易试验区	2015	深圳前海蛇口片区、广州南沙新区片区、珠海横琴片区	实现粤港澳深度合作；21 世纪海上丝绸之路重要枢纽
天津自由贸易试验区	2015	天津机场片区、天津港片区、滨海新区中心商务片区	对“一带一路”沿线国家提供贸易服务；中蒙俄贸易走廊重要节点；推动京津冀协同发展
福建自由贸易试验区	2015	厦门片区、福州片区、平潭片区	海上丝绸之路重要节点；推动海峡两岸合作
辽宁自由贸易试验区	2017	沈阳片区、大连片区、营口片区	向东北亚开放节点；提高东北老工业基地竞争力
浙江自由贸易试验区	2017	舟山岛北部片区、舟山岛离岛片区、舟山岛南部片区	海上开放门户示范区；国际大宗商品贸易自由化先导区
河南自由贸易试验区	2017	郑州片区、开封片区、洛阳片区	内陆开放型经济示范区；“一带一路”建设的现代综合交通枢纽
湖北自由贸易试验区	2017	襄阳片区、武汉片区、宜昌片区	在推进长江经济带建设和中部崛起战略中的带头作用
重庆自由贸易试验区	2017	西永片区、两江片区、果园港片区	“西部大开发”战略的重要支点；长江经济带和“一带一路”倡议的重要枢纽
四川自由贸易试验区	2017	成都青白江铁路港片区、成都天府新区、川南临港片区	内陆开放战略支撑带先导区；西部门户城市开放引领区；内陆沿海沿边沿江协同开放示范区；国际开放通道枢纽区
陕西自由贸易试验区	2017	西安国际港务区、中心片区、杨凌示范片区	加大西部地区门户城市开放力度，建设城内陆型改革开放高地、“一带一路”经济合作和人文交流重要支点
海南自由贸易试验区	2018	海南岛全岛	建设中国特色自由贸易港，把全岛打造成改革开放的实验平台

资料来源：笔者整理。

（三）中国参与区域经济一体化

改革开放前期，我国在事实上并未参与区域经济一体化的进程。20 世纪 80 年代末，随着东欧剧变和冷战结束，区域经济合作成为世界潮流。我国从 20 世纪 90 年代初也开始逐步参与区域经济一体化。1991 年，中国以主权国家的身份参与亚洲太平洋经济合作组织（Asia-Pacific Economic Cooperation，APEC），并且在 2001 年和 2014 年分别于上海和北京主办 APEC 峰会。中国加入 APEC 积极推动了亚太地区贸易及投资的自由化和便利化，推动了经济技术合作与发展，为促进 WTO 谈判起到积极的推动作用（Yang & Huang，1999；Adams et al.，2000；Shen，1999）。但是，APEC 作为一个区域性的合作论坛，其对成员方的约束性并不强，缺少正式的规则约束。

1996 年，我国与俄罗斯、哈萨克斯坦、吉尔吉斯斯坦和塔吉克斯坦开始就边界问题展开多方协调，并于 2001 年共同建立了上海合作组织，颁布《上海合作组织成立宣言》和《上海合作组织宪章》，规定了合作组织的宗旨和责任。这一组织作为一个地区性安全组织，更多的是解决边疆地区的一些安全问题，其实在促进经济合作方面相对乏力。

2000 年，时任国务院总理朱镕基在第四次中国—东盟领导人会议中提出建设中国—东盟自由贸易区的构想。2001 年 5 月 23 日，我国正式加入《亚太贸易协定》，并于 2002 年 11 月与东盟签订《中国与东盟全面经济合作框架协议》，标志着我国正式参与区域经济一体化进程，这是我国的自由贸易区政策的首次实践。经过几年的积极磋商过后，2010 年中国—东盟自由贸易区正式建立（见表 4 - 3）。2005 年 11 月 18 日，我国和智利签署《中华人民共和国政府和智利共和国政府自由贸易协定》，是我国与拉美国家的第一个自由贸易安排。2006 年 11 月，我国与巴基斯坦签署《中华人民共和国政府和巴基斯坦伊斯兰共和国政府自由贸易协定》，已于 2007 年 7 月起开始实施。中国—东盟自由贸易区显著地扩大了成员国之间的贸易流量（郎永峰、尹翔硕，2009），提升了我国对东盟的对外直接投资（刘再起、谢润德，2014），对中国进出口和经济发展带来了全面的福利提升（Park，2007）。

表 4 - 3　　中国—东盟自由贸易区发展历程

年份	事件或协定
1991	在第 24 届东盟外长会议上，中国与东盟开启合作进程
1997	受亚洲金融危机影响，中国承诺人民币不贬值，并对有关国家进行援助
2000	中国提出构建中国—东盟自由贸易区的构想
2002	签署《中国与东盟全面经济合作框架协议》
2003	中国加入《东南亚友好合作条约》，并签署《中华人民共和国与东盟国家领导人联合宣言》，与东盟建立了“面向和平与繁荣的战略伙伴关系”
2004	签署了《中国与东盟全面经济合作框架协议货物贸易协议》《中国与东盟全面经济合作框架协议争端解决机制协议》，标志着自由贸易区建设进入实操阶段

续表

年份	事件或协定
2005	中国—东盟自由贸易区《货物贸易协议》正式实施
2007	中国—东盟自由贸易区《服务贸易协议》正式签署
2009	《中国—东盟自由贸易区投资协议》正式签署
2010	中国—东盟自由贸易区正式建立

资料来源：笔者整理。

2007 年，党的十七大报告明确指出，要“实施自由贸易区战略，加强双边多边经贸合作”。自此，我国区域经济合作上升为国家战略，开始谋划布局自由贸易区建设。2008 年 4 月 7 日，我国与新西兰签署《中华人民共和国政府和新西兰政府自由贸易协定》，这是我国与发达国家达成的第一个自由贸易协定，也是与其他国家签署的第一个涵盖货物贸易、服务贸易、投资等多个领域的自由贸易协定。2006 年 9 月，中智自贸区服务贸易谈判启动，历时 1 年半，经过 6 轮谈判，双方最终于 2008 年 4 月 13 日签署《中智自由贸易协定关于服务贸易的补充协定》，是我国与拉美国家签署的第一个自由贸易区服务贸易协定。2008 年 10 月 23 日，我国和新加坡签署《中华人民共和国政府和新加坡共和国政府自由贸易协定》和《中华人民共和国政府和新加坡共和国政府关于双边劳务合作的谅解备忘录》，涵盖了货物贸易、服务贸易、人员流动、海关程序等诸多领域，是中新双方在中国—东盟自由贸易区的基础上进一步加快贸易自由化进程，拓展双边自由贸易关系与经贸合作的深度与广度的结果。

2008 年 10 月 15 日，我国和巴基斯坦签署《中国—巴基斯坦自由贸易协定补充议定书》；2009 年 2 月 21 日，我国与巴基斯坦签署《中国—巴基斯坦自由贸易区服务贸易协定》，这是迄今两国各自对外国开放程度最高、内容最为全面的自由贸易区服务贸易协定。2009 年 4 月 28 日，我国和秘鲁签署《中国—秘鲁自由贸易协定》，该协定不仅涵盖了货物贸易、服务贸易和投资领域，还在知识产权、贸易救济、原产地规则、海关程序、技术性贸易壁垒、卫生和植物卫生措施等众多领域达成广泛共识。2009 年 8 月 15 日，中国—东盟自由贸易区的《投资协议》正式签署，标志着双方已成功完成自由贸易协定的主要谈判。2010 年，中国—东盟自由贸易区如期全面建成。2010 年 4 月 8 日，我国与哥斯达黎加签署《中国—哥斯达黎加自由贸易协定》，是我国与中美洲国家签署的第一个“一揽子”自由贸易协定。2013 年 4 月 15 日，我国与冰岛在北京签署了《中华人民共和国政府和冰岛政府自由贸易协定》，是我国与欧洲国家签署的第一个自由贸易协定，涵盖货物贸易、服务贸易、投资等诸多领域。2015 年 6 月 1 日，我国和韩国正式签署《中华人民共和国政府和大韩民国政府自由贸易协定》，是我国迄今为止对外签署的覆盖议题范围最广、涉及国别贸易额最大的自贸协定。如表 4－4 所示，至 2015 年，我国已和智利、巴基斯坦、新西兰、新加坡、秘鲁、哥斯达黎加、冰岛和韩国签署了自由贸易协定。可以看出，虽然与我国签订自由贸易协定的国家既有与我国在地理上比较邻近的国家如韩国和巴基斯坦，也有地理上十分遥远的南美洲、中美洲国家，协定内容也包含了货物贸易、服务贸易与对外投资等多个领域。但是，与我国签订自由贸易协定的国家多为发展中国家或者经济体量较小的国家，经济体量较大的国家如美国、欧盟国家均有自成体系的自由贸易区，与我国签订自由贸易协定的难度较大，因而我国的自由贸易区发展未来仍然有不小的挑战。

表 4－4　　　　中国签订的自由贸易协定

年份	国家	具体协定
2005	智利	《中华人民共和国政府和智利共和国政府自由贸易协定》
2006	巴基斯坦	《中华人民共和国政府和巴基斯坦伊斯兰共和国政府自由贸易协定》
2008	新西兰	《中华人民共和国政府和新西兰政府自由贸易协定》
2008	新加坡	《中华人民共和国政府和新加坡共和国政府自由贸易协定》《中华人民共和国政府和新加坡共和国政府关于双边劳务合作的谅解备忘录》
2008	智利	《中智自由贸易协定关于服务贸易的补充协定》
2008	巴基斯坦	《中国—巴基斯坦自由贸易区服务贸易协定》《中国—巴基斯坦自由贸易协定补充议定书》
2009	秘鲁	《中国—秘鲁自由贸易协定》
2010	哥斯达黎加	《中国—哥斯达黎加自由贸易协定》
2013	冰岛	《中华人民共和国政府和冰岛政府自由贸易协定》
2015	韩国	《中华人民共和国政府和大韩民国政府自由贸易协定》
2015	澳大利亚	《中华人民共和国和澳大利亚政府自由贸易协定》
2017	格鲁吉亚	《中华人民共和国政府和格鲁吉亚政府自由贸易协定》
2017	马尔代夫	《中华人民共和国政府和马尔代夫共和国政府自由贸易协定》

资料来源：笔者整理。

在经济进入新常态之后，我国出现了一定的经济结构性问题，在产品供需结构上，表现为产能过剩和供需不匹配，在区域结构上，体现为经济发展在空间上极其不平衡，发达地区和欠发达地区的发展差距不断扩大。在这样的背景下，为了缓解产能过剩问题，缓解对外开放水平空间分布不均衡的现状，给予西部地区更多参与全球化的机会，并推动亚洲区域经济合作和文化交流，2013 年我国正式提出“一带一路”倡议。“一带一路”倡议是我国最新的区域经济合作倡议，需要指出的是它不仅包括陆上丝绸之路、海上丝绸之路的沿线国家，任何想加入这一倡议的国家都能加入进来，因此它是开放性、包容性区域合作倡议，而不是封闭、排他的区域经济合作协议。2013 年 9 月，习近平在出访中亚国家期间，首次提出共建“丝绸之路经济带”。同年 10 月，他又提出共同建设 21 世纪“海上丝绸之路”，二者共同构成了“一带一路”重大倡议。这一倡议旨在结合古代丝绸之路的历史背景，积极与沿线国家构建区域经济合作关系，据此共同铸造政治互信、经济融合、文化包容的利益共同体、命运共同体和责任共同体。我国与“一带一路”沿线国家经济互补性较强，有较为广阔的合作空间。具体表现为部分“一带一路”沿线国家存在缺乏基础设施建设的资金、产业基础薄弱、就业岗位不足、资源开发效率低下等问题，解决了这些问题之后，这些国家有望实现经济社会的长足发展。因此，“一带一路”倡议尝试利用中国充裕的要素与一带一路沿线国家实现对接，在基础设施互联互通、产业投资、资源开发、经贸合作、金融合作、人文交流等领域，重点推动一些合作项目，以促进区域经济共同进步，推动全球均衡发展。

目前，已有 70 多个国家和组织对“一带一路”倡议表达了支持和参与意愿，形成了具有广泛影响的国际合作框架。据商务部统计，2018 年末，我国在“一带一路”沿线国家设立境外企业超过 1 万家，当年实现直接投资 178.9 亿美元，流向制造业最多，达 58.8 亿美元。从国别构成看，主要流向新加坡、印度尼西亚、马来西亚、俄罗斯、孟加拉国等。2013 年至 2018 年，中国对沿线国家累计直接投资 986.2 亿美元。亚洲基础设施投资银行（Asian Infrastructure Investment Bank，AIIB）是一个政府间性质的亚洲区域多边开发机构。亚投行和“一带一路”倡议是孪生兄弟，基础设施建设需要大量资金投入，单个国家很难完成，设立亚投行可以推动“一带一路”倡议的落地实施。亚投行重点支持成员国的基础设施建设，成立宗旨是促进亚洲区域的建设互联互通化和经济一体化进程，并且加强中国及其他亚洲国家和地区的合作，是首个由我国倡议设立的多边金融机构，其总部设在北京，法定资本 1 000 亿美元。截至 2020 年 3 月，亚投行有 78 个正式成员。亚洲基础设施投资银行是继提出建立金砖国家开发银行（New Development Bank，NDB）、上合组织开发银行之后，我国试图主导国际金融体系的又一举措，体现了中国尝试在外交战略中发挥资本在国际金融中的力量。更值得期待的是，亚洲基础设施投资银行将可能成为人民币国际化的制度保障，方便人民币“出海”。

总而言之，近四十年改革开放的曲折道路与经验表明，融入经济全球化、实施国际经贸合作是实现经济崛起的重要途径。基于现有的区域合作协议，并以此为发展支点，寻求更大范围和更深层次的区域一体化发展是我国经济和社会实现发展的必经之路。我国需要制定自己的区域经济合作战略，推进中国区域经济合作的发展，尤其是推进亚洲地区的区域经济合作和一体化，构建起以自由贸易区为起点的立体、多元、深度的区域一体化网络。

八、小结

本章回顾了改革开放以来我国贸易政策的演变，重点关注贸易体制改革、关税政策、外汇政策和汇率制度、出口贸易鼓励政策以及贸易促进型空间导向政策。在贸易体制改革方面，主要回顾了改革开放初期改变高度集中外贸管理体制、提高外贸经营自主权的一些努力。在关税政策方面，主要回顾改革开放以来关税政策的恢复以及中国为融入 WTO 而不断削减关税的过程。在外汇政策和汇率制度改革方面，主要回顾了外汇留成制度、外汇调剂制度、汇率双轨的形成和汇率并轨的过程。在出口贸易鼓励政策方面，主要回顾了出口退税制度和加工贸易政策的演变。在贸易促进型空间导向政策方面，回顾了促进贸易的国内空间政策，包括空间次序开放战略、保税区政策、出口加工区政策和自由贸易区政策等，同时回顾了促进贸易的国际空间政策，重点是我国参与区域一体化的进程。

改革开放以来，我国主动融入全球化进程，对外开放发挥了我国的比较优势，造就了高速经济增长和进出口贸易增长。其中，贸易政策改革释放了经济增长动能，促成了出口贸易奇迹。改革开放以来我国贸易政策的改革可以概括为“一个主旨，多重目标”。纵观改革开放以来的贸易政策改革过程，不断融入全球化，提高对外开放的深度和广度是其不可置疑的主旨。但是，不断深化对外开放也不是贸易政策的唯一目标，贸易政策在金融危机时期的特殊调整以及对于特定的资源型和环境污染型产品的特殊政策也体现了贸易政策不仅意在扩大开放，同时也在谋求经济稳定和国家长远的战略发展。在新时期，我国经济存在很多结构性问题，恰逢外部环境不确定性增加，国际贸易保护主义抬头。在这样的国内和国际背景下，一方面，我国贸易政策需要进一步扩大对外开放，以更高质量的对外开放促进经济转型和高质量发展；另一方面，复杂的国内国际背景也决定了未来我国贸易政策目标会更加复杂和多样，除了需要考虑经济增长、就业和物价稳定这些传统政策目标以外，也需要综合考虑产业升级、结构优化、区域协调、收入与消费不平等、环境保护等方面的内容。

参考文献

［1］傅自应 . 2008. 站在历史新起点提高对外开放水平 . 国际商务财会，（7）：5 – 10.

［2］郭苏文 . 2013. 中国贸易政策的稳定性与出口效应的互动研究 . 现代财经（天津财经大学学报），33（12）：27 – 37.

［3］郎永峰，尹翔硕．2009．中国—东盟 FTA 贸易效应实证研究．世界经济研究，（9）：76 – 80.

［4］刘再起，谢润德．2014．中国对东盟 OFDI 的国别贸易效应实证分析．世界经济研究，（6）：80 – 86.

［5］裴长洪．2009．共和国对外贸易 60 年．北京：人民出版社．

［6］Adams P. D.，Horridge M.，Parmenter B. R. and Zhang X. G. 2000. Long-run Effects on China of APEC Trade Liberalization. Pacific Economic

［7］Park D. 2007. The prospects of the ASEAN-China Free Trade Area（ACFTA）：A qualitative overview. Journal of the Asia Pacific Economy，12（4）：485 – 503.

［8］Shen H. 1999. Economic Integration in APEC and the Role of China. Montreal，Québec，Canada：McGill University.

［9］Yang Y. and Huang Y. 1999. How Important is APEC to China？. Australian Economic Papers，38（3）：328 – 342.

第五章
中国对外贸易格局演变

一、引言

改革开放以来我国对外贸易随着经济转型进入高速发展阶段，贸易规模迅速增长，贸易产品结构不断优化和多元化，贸易市场不断拓展。1978～2017 年我国货物贸易出口额从 97. 5 亿美元增长至 22 635. 2 亿美元，年均增长率为 15. 7%。同期我国货物贸易进出口总额从 206. 4 亿美元增长至 41 045. 0 亿美元，年均增长率为 15. 3%。我国在世界贸易中的地位不断提高，1981 年我国货物贸易出口额和进出口总额的世界位次分别为第 19 位和第 22 位，2009 年出口额首次位居世界第一，2013 年进出口总额首次位列世界第一。

我国对外贸易规模高速增长的同时伴随着进出口产品结构、市场结构、国内区域格局的重构。渐进式开放路径使得贸易地理格局演变具有鲜明的阶段性和空间梯度特征。改革开放以来，我国出口产品结构中初级产品占比大幅下降，工业制成品特别是机械电子及运输设备成为出口支柱。贸易伙伴显著增多，与我国存在贸易往来的国家和地区数量从改革开放初期的 60 多个增长至当今的 200 余个，进出口市场集中度不断下降，出口多元化发展战略取得成效。对外贸易内部区域差异明显，东部地区在全国进口及出口总额占比均在 80% 以上，且呈现“倒 U 型”变化趋势。

已有学者对我国对外贸易规模、商品结构、模式结构、主体结构进行广泛研究（傅自应，2008；张群，2015；郑桂环，2010）。本章从国际、国家和省区等尺度系统分析改革开放以来我国对外贸易地理格局的演变，探讨对外贸易来源地—目的地网络结构及各省区外贸结构相似性。

二、世界国际贸易格局

（一）国际贸易发展趋势

第二次世界大战后，国际分工不断深化，世界贸易迅速增长（李坤望、刘重力，2000；裴长洪等，2009）。20 世纪 50～70 年代初，主要资本主义国家经济飞速发展，世界贸易随之迅速增长。据关税及贸易总协定（general agreement on tariffs and trade，GATT）数据，20世纪50年代世界贸易量年均增长率为6.4%，1960～1973年世界出口量年均增长率为8%。1979～1980年，世界货物贸易年均增长率高达24.2%。随着发达经济体经济“滞胀”，1981～1983年世界货物贸易陷入衰退，年均增长率降至－3.1%。

20世纪80年代中后期以来，随着新技术革命的深入发展，以美国为首的发达国家走出经济滞胀，以信息技术产业为中心的高新技术产业逐渐占据了世界经济的主导地位，世界经济呈现出明显的信息化和知识化趋势。1983～1990年，世界货物贸易额年均增长率为8.2%。在国际产业转移背景下，亚洲四小龙通过出口导向型战略实现经济腾飞。

20世纪90年代初期，发达国家经济进入衰退周期，原社会主义阵营国家在政治剧变后经济快速下滑。由于世界经济普遍不景气，国际贸易发展的速度趋缓。1992年2月欧洲经济共同体签署《欧洲联盟条约》。1992年12月美国、加拿大和墨西哥三国签署《北美自由贸易协定》。东盟地区、湄公河流域经济圈、南锥体共同市场、经济合作组织等区域集团促进地区经济联系。全球贸易在集团化和全球化之间徘徊。1993年12月关税和贸易总协定乌拉圭回合多边谈判终于落地。在经历20世纪80年代末～90年代初的区域集团化趋势之后，世界经济终于随着多边贸易体制的巩固而走上快速全球化进程。1994年关税及贸易总协定乌拉圭回合谈判顺利结束，占世界贸易90%以上的国家都接受自由贸易原则，这不仅将大幅削减关税和其他非关税壁垒，扩大商品贸易自由化，而且将减少服务贸易和投资的限制。1995年世界贸易组织（WTO）成立，更标志着多边贸易体制的巩固以及自由贸易新时期的开始。世界贸易自由化趋势空前高涨，世界贸易自由化进程日益加快。

2001年“9·11”恐怖事件之后美国战略眼光移向中东，与我国关系逐渐缓和。同年我国正式加入世界贸易组织，国际贸易进入持续多年的繁荣期。由图5－1所示，2002～2008年世界货物出口额保持多年高速增长，年均增长率14.6%，是同期世界GDP年均增长率的3倍。这一阶段国际资本活跃，2003～2006年国际直接投资年均增长率29.1%。

然而2008年金融危机重创世界经济及贸易（张亚斌、范子杰，2015），各国出现流动性短缺、股市汇市震荡。世界货物贸易额在2009年下滑22.59%，全球外商投资额在2008～2009年下降39%。在后金融危机时期，世界经济增长前景长期黯淡，世界经济增长重心向新兴经济体转移，经济发展不稳定因素增加。各国极右翼政党活跃，民族主义盛行，在国际经贸规则控制之下的贸易保护主义渐成趋势，多边贸易体系及全球化前景堪忧。

纵览1978～2017年世界货物贸易额及增长率，可观察到贸易发展的典型特征有：

(1) 世界货物贸易额基本呈周期性波动上涨，波动性与全球经济形势、多边贸易合作形势有一定关系；(2) 后金融危机时期，世界货物贸易长期增长乏力，多年出现负增长；(3) 我国货物贸易出口额增长率在绝大多数年份中高于世界水平，仅在2008金融危机以来的部分年份低于世界水平。

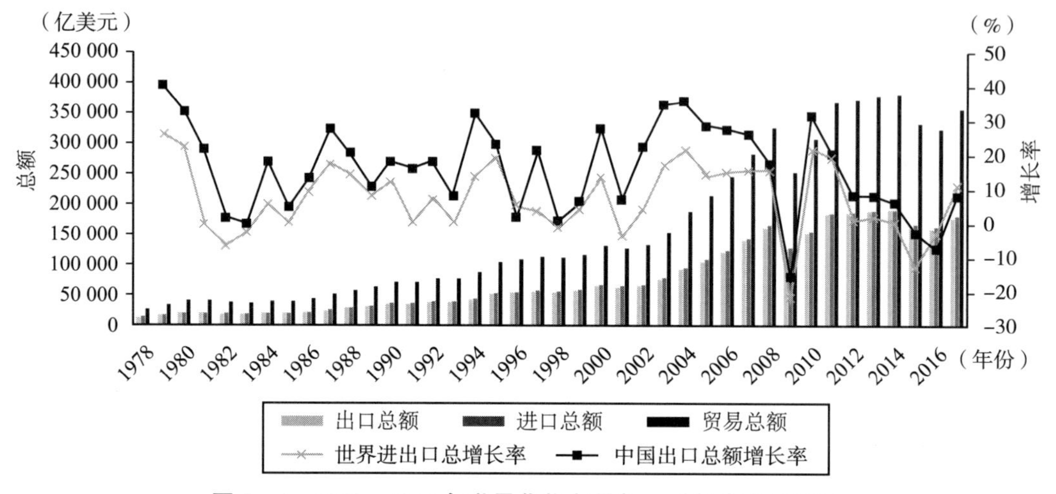

图 5－1　1978～2017 年世界货物贸易额及增长率变化情况

资料来源：WTO（stat. wto. org）。

（二）国际贸易地理结构

国际贸易主要由发达国家和新兴经济体与发展中经济体承担（见图 5－2）。1978～1990 年，新兴经济体及发展中经济体出口占比从 24. 20% 下降至 18. 77%，出口额年均增长率为 6. 99%。同时期发达经济体出口额年均增长率为 10. 54%。1990 年以后，新兴经济体和发展中经济体出口比重开始上升，从 1991 年的 19. 32% 上升至 2017 年的 37. 45%。年均增长率为 9. 86%。同期发达经济体出口额年均增长率为 5. 80%。

采用国际货币基金组织（IMF）的分类，本书将所有国家分为发达经济体、新兴和发展中亚洲国家、新兴和发展中欧洲国家、独立国家联合体、中东北非和巴基斯坦、撒哈拉以南非洲和西半球。为方便观察，将发达经济体占比放在右侧轴，新兴和发展中经济体占比放在左侧轴（见图 5－3），可以看出大多数新兴和发展中经济区域出口占比变化不大，仅有新兴和发展中亚洲国家取得显著增长，从 1978 年的 3. 80% 上升至 2017 年的 18. 11%。亚洲国家在 1997 年金融危机前后受到重创，占比下滑，1998 年后恢复增长态势。其他五类新兴和发展中经济区域出口额占比之和变化不大，1978 年为 21. 41%，2017 年为 19. 05%。

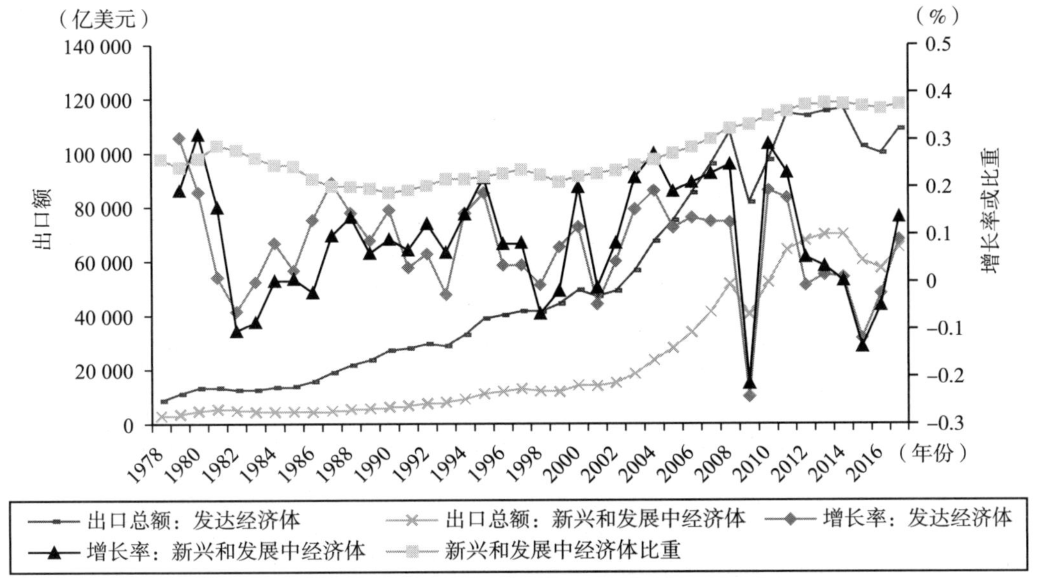

图 5－2　1978～2017 年发达经济体及发展中经济体出口情况

资料来源：IMF。

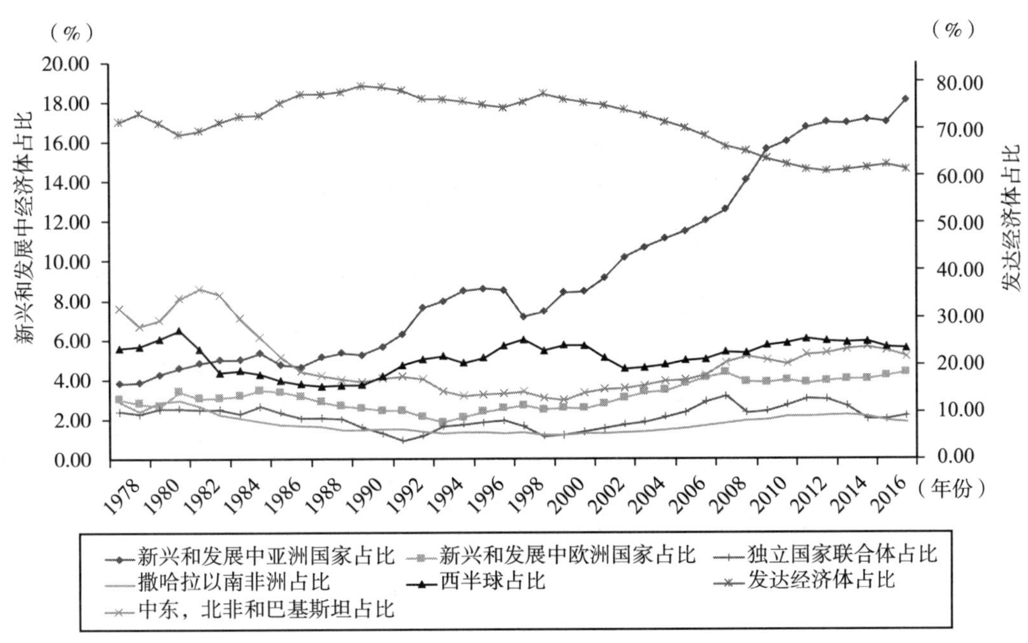

图 5－3　1978～2017 年七大区域经济体出口额占世界比重变化

资料来源：IMF。

由于 20 世纪 90 年代以前国际政治格局变化剧烈，取 1992 年及 2017 年作为典型年绘制各经济区域经济体出口额树状图（见图 5－4 和图 5－5）。可看出发达经济体出口额占世界比重整体下降，仅韩国等少数经济体占比有所上升。在新兴和发展中经济体中，增长最明显的是亚洲的中国、印度、泰国、马来西亚，欧洲的波兰、土耳其以及俄罗斯。

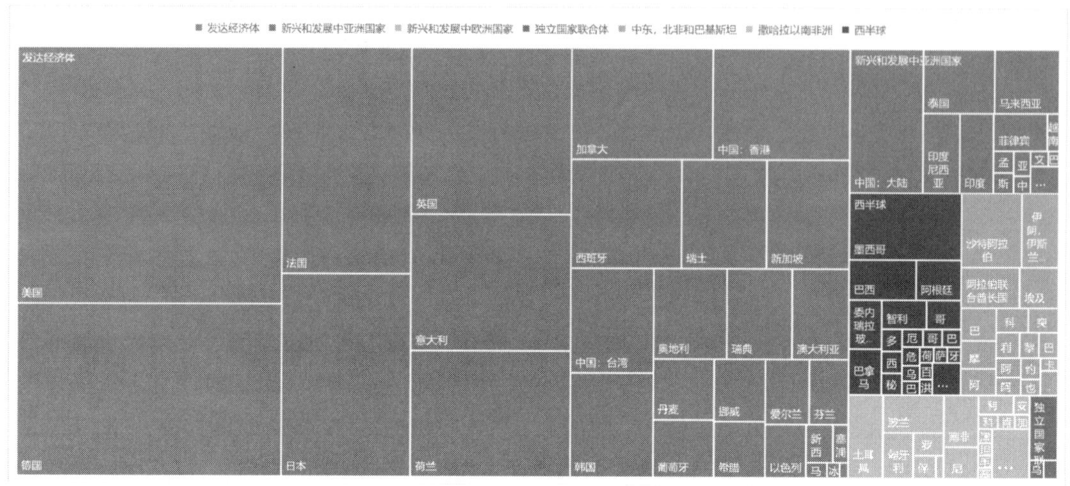

图 5－4　1992 年各经济体出口额树状

资料来源：IMF。

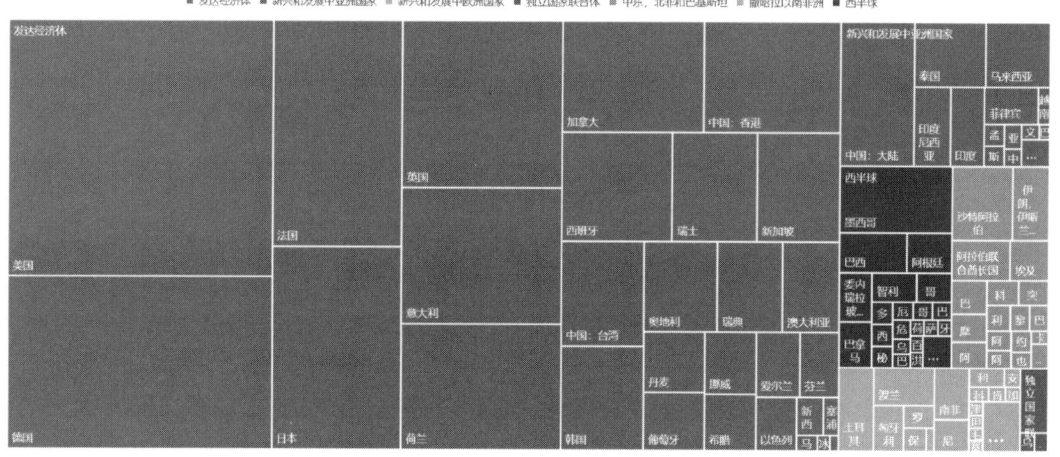

图 5－5　2017 年各经济体出口额

资料来源：IMF。

表 5－1 选取 1978～2017 年中代表年份，对各经济体进口额及出口额进行排序，展示前十名国家或地区的变化。美国在 1978 年、1994 年和 2001 年三个代表年份中，出口额和进口额均位列第一，且首位度有上升趋势。在 2007 年美国出口额被德国超过，2017 年被我国超过。排序前列的经济体基本都为传统资本主义强国，其中美国、

德国、日本、法国地位最为稳固。

表5－1　1978年、1994年、2001年、2007年、2017年贸易规模前十大经济体

年份	出口规模前十的国家（地区）	出口额（亿美元）	出口额占比（%）	进口规模前十的国家（地区）	进口额（亿美元）	进口额占比（%）
1978	美国	1 436.63	10.99	美国	1 830.93	13.48
	德意志联邦共和国	1 424.16	10.90	德意志联邦共和国	1 213.09	8.93
	日本	975.43	7.46	法国	820.12	6.04
	法国	766.16	5.86	日本	793.43	5.84
	英国	716.14	5.48	英国	784.31	5.77
	意大利	560.53	4.29	意大利	564.44	4.16
	荷兰	501.49	3.84	荷兰	530.41	3.90
	比利时－卢森堡	448.76	3.43	比利时－卢森堡	483.88	3.56
	加拿大	443.96	3.40	加拿大	418.84	3.08
	沙特阿拉伯	407.16	3.12	瑞士	238.04	1.75
1994	美国	5 123.37	11.84	美国	6 890.30	15.56
	德国	4 271.00	9.87	德国	3 815.39	8.62
	日本	3 956.00	9.14	日本	2 747.42	6.20
	法国	2 333.07	5.39	法国	2 282.82	5.15
	英国	1 987.97	4.59	英国	2 239.55	5.06
	意大利	1 900.05	4.39	意大利	1 679.75	3.79
	加拿大	1 662.55	3.84	中国香港	1 658.78	3.75
	中国香港	1 514.65	3.50	加拿大	1 481.85	3.35
	荷兰	1 458.25	3.37	荷兰	1 305.12	2.95
	中国	1 210.06	2.80	中国	1 156.14	2.61
2001	美国	7 290.80	11.77	美国	11 409.00	17.60
	德国	5 714.27	9.23	德国	4 860.22	7.50
	日本	4 033.44	6.51	英国	3 587.03	5.53
	法国	2 895.99	4.68	日本	3 492.92	5.39
	英国	2 794.25	4.51	法国	2 938.66	4.53
	中国	2 660.98	4.30	中国	2 435.53	3.76
	加拿大	2 610.59	4.22	意大利	2 361.27	3.64
	意大利	2 442.52	3.94	加拿大	2 216.24	3.42
	荷兰	2 161.58	3.49	中国香港	2 020.09	3.12
	中国香港	1 910.67	3.09	荷兰	1 955.62	3.02

续表

年份	出口规模前十的国家（地区）	出口额（亿美元）	出口额占比（%）	进口规模前十的国家（地区）	进口额（亿美元）	进口额占比（%）
2007	德国	13 288.41	9.47	美国	20 171.21	14.08
	中国	12 200.60	8.70	德国	10 593.08	7.39
	美国	11 625.38	8.29	中国	9 561.15	6.67
	日本	7 143.27	5.09	英国	6 799.18	4.74
	法国	5 397.31	3.85	日本	6 222.43	4.34
	意大利	5 002.03	3.57	法国	6 113.64	4.27
	荷兰	4 776.41	3.41	意大利	5 118.23	3.57
	英国	4 540.05	3.24	荷兰	4 213.68	2.94
	比利时	4 317.44	3.08	比利时	4 130.36	2.88
	加拿大	4 198.82	2.99	西班牙	3 912.37	2.73
2017	中国	22 633.71	12.78	美国	24 073.90	13.33
	美国	15 456.09	8.73	中国	18 437.93	10.21
	德国	14 466.42	8.17	德国	11 677.53	6.46
	日本	6 980.97	3.94	日本	6 714.74	3.72
	韩国	5 736.27	3.24	英国	6 413.32	3.55
	中国香港	5 498.61	3.11	法国	6 131.33	3.39
	法国	5 233.85	2.96	中国香港	5 893.17	3.26
	荷兰	5 059.41	2.86	韩国	4 784.69	2.65
	意大利	5 030.54	2.84	意大利	4 514.16	2.50
	英国	4 420.66	2.50	荷兰	4 500.76	2.49

资料来源：UN Comtrade。

由前面及图5-3所示，20世纪70~80年代以来，国际贸易空间格局的最显著变化便是新兴和发展中亚洲国家的增长。其中最突出的是我国的国际贸易地位的提升。改革开放以来我国对外贸易规模取得了令人瞩目的成就，主要体现在增长率长期高于世界，进出口总额及出口总额占比位居全球第一，进口总额位居全球第二。考察上表所示5个代表年中出口额最高国家占世界的比重，2017年我国占比12.78%，已突破1994年美国创下的11.84%。

图5-6考察了1979~2017年世界贸易总额与我国贸易总额增长率变化，因出口对稳增长保就业具有重要意义，所以同时比较我国出口总额增长率。由图所示中国出口总额增长率常年高于世界平均值，1978~2017年我国出口总额增长率平均值为15.73%，进出口总额增长率总额平均值为15.30%，而同期世界进出口总额增长率平均值为7.40%（世界进口贸易额、出口贸易额与进出口总额三者增长率相同）。世

界进出口总额由 1978 年的 26 653.4 亿美元增长至 2017 年的 357 718.5 亿美元，增长 12.4 倍；而我国进出口总额由 1978 年的 206.4 亿美元增长至 2017 年的 41 045.0 亿美元，增长 197.9 倍。

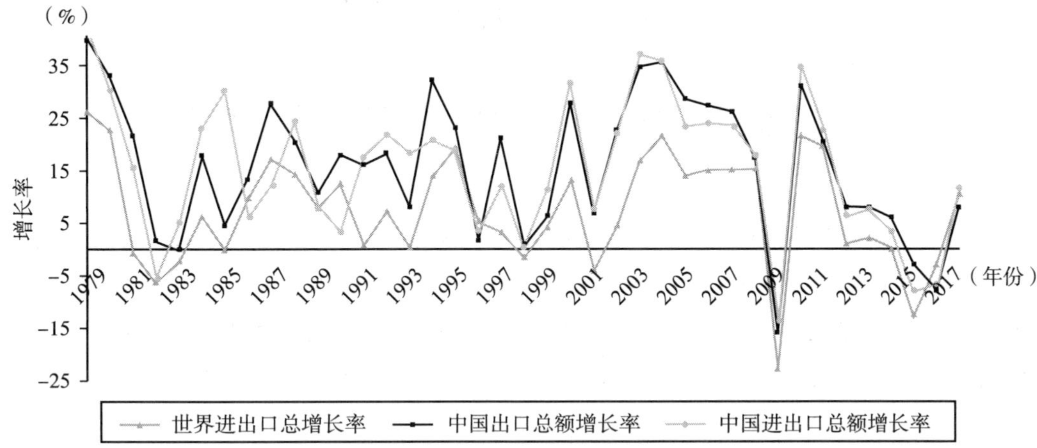

图 5-6　1979～2017 年世界及中国外贸增长率

资料来源：UNcomtrade、中国贸易外经统计年鉴。

如图 5-7 所示，我国货物贸易的进出口总额、出口总额占世界份额比重显著增长。1978～2001 年为稳步攀升阶段，进出口总额占比由 0.77% 上升至 4.02%。2001～2015 年为快速增长阶段，进出口总额占比上升至 11.86%。我国货物贸易出口额的世界排名在 1996 年进入前十，2002 年进入前五，2009 年以来位居第一。相较之下我国进出口总额的世界排名略有波动，2013 年以来基本保持第一。

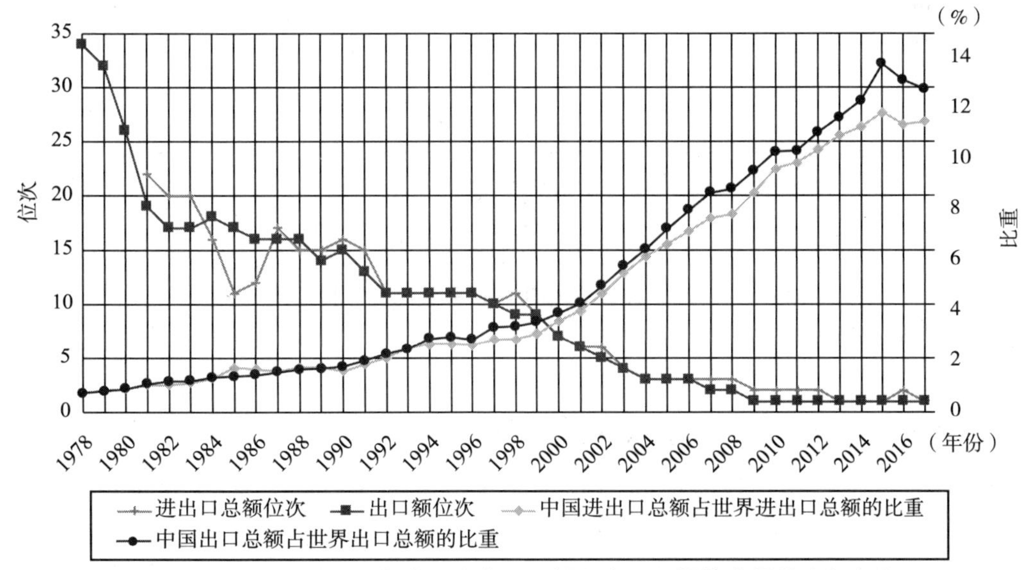

图 5-7　1978～2017 年中国进出口总额及出口总额的世界排序和占比

资料来源：UNcomtrade、中国贸易外经统计年鉴。

三、中国对外贸易格局演化

（一）改革开放以来中国对外贸易发展阶段

改革开放以来我国对外贸易不断面临新形势和新挑战（洪俊杰、商辉，2018；石广生，2013），取得瞩目发展（裴长洪、刘洪愧，2017；徐复，2017），外贸空间格局不断演变（贺灿飞，2017）。通过分析我国经济转型的全球化过程，本小节将改革开放四十年我国对外贸易格局演化划分为四个阶段：1978～1991 年为起步与探索阶段，标志是设立经济特区、开发上海浦东新区；1992～2000 年为市场经济建立与冲刺 WTO 阶段，标志是邓小平视察南方发表重要谈话；2001～2008 年为加入 WTO，经济全球化阶段，标志是加入 WTO；2009～2017 年为后金融危机阶段，标志是 2008 年金融危机后世界贸易长期低迷（见图 5－8）。

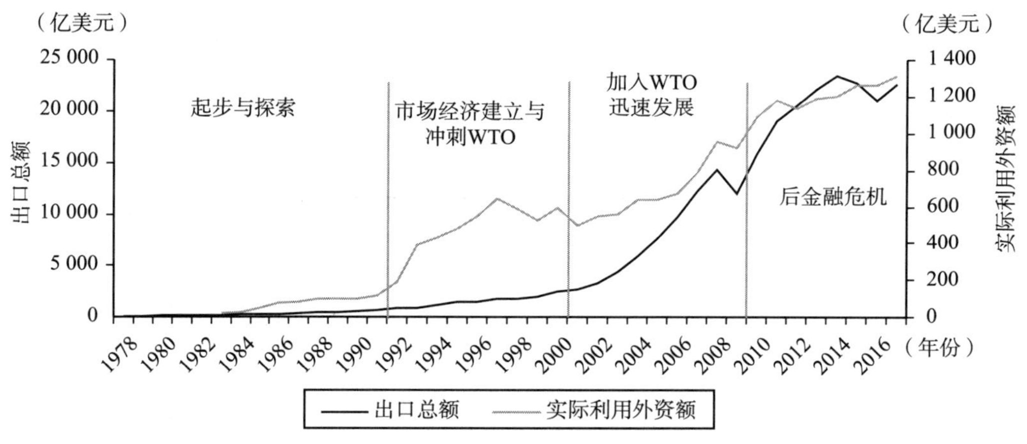

图 5－8　1978～2017 年中国出口总额与实际利用外资额

资料来源：国家统计局。

1. 1978～1991 年：起步与探索阶段

在起步和探索阶段，我国对外贸易体制开始发生重大变革。我国主要采取三方面措施发展外贸：（1）试办经济特区、保税区等点状开放区域，并在国内梯度开放；（2）探索贸易方式创新，在沿海（特别是珠三角地区）施行加工装配等“三来一补”业务，推动加工贸易发展，使我国开始融入国际分工体系；（3）对高度集中的外贸计划体制进行改革，推进外贸承包经营责任制。我国与大多数国家和地区的贸易关系向正常化发展。

改革开放之前，我国货物贸易发展较为落后。1978 年我国对外贸易进出口总额 206.4 亿美元，其中出口 97.5 亿美元，进口 108.9 亿美元，而世界货物贸易总额为 26 573 亿美元。我国货物出口额只占全球货物总出口额的 0.75%，列世界第 34 位。我国出口贸易依存度仅为 5.6%，由此看出我国在改革开放初期的贸易起点是非常低的。1980～1985 年的“六五”计划期间货物出口额年平均增长率为 12.9%，1986～1991 年期间的年平均增长率为 17.6%，都高于世界贸易的平均增长水平，也高于国民经济的增长水平。到 1991 年，我国的对外贸易规模达到 1 357 亿美元，出口额 719.1 亿美元，出口额占世界总出口额比重达到 2.04%，位居第 13 位（见图 5－9）。

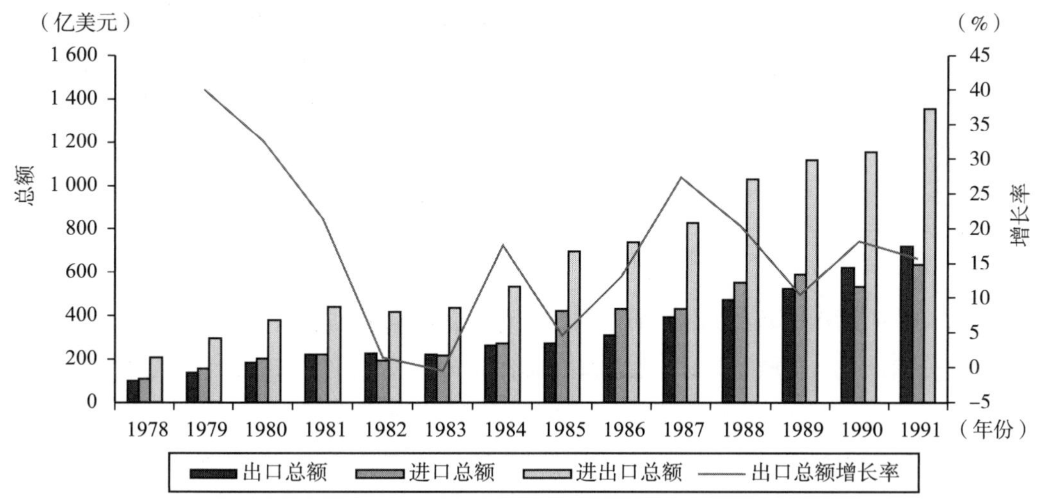

图 5－9　1978～1991 年中国进出口总额及出口增长率

资料来源：国家统计局。

2. 1992～2000 年：市场经济建立与冲刺 WTO 阶段

1991 年以后我国提出逐步建立与完善社会主义市场经济体制，1992 年邓小平南方谈话确立了社会主义市场经济体制的改革方向，我国的对外开放和货物贸易进入全面加速推进阶段。在开放目标上，主要是把握发达国家先进制造业转移的历史机遇。在开放区域上，由经济特区到沿海、沿江、沿边，再到内陆，基本形成全方位对外开放的地理格局。这一时期对外开放的最大成就是成功建设了承接国际资本和国际产业转移的平台；在长三角、珠三角地区形成了国际制造业加工中心，我国制造开始走向世界市场。

在“九五”初期，我国对外贸易依旧维持前阶段的增长速度。1997 年亚洲金融危机席卷日本、韩国、我国港澳台地区及东盟国家，市场需求萎缩，严重影响我国对外贸易的发展。1998 年我国出口额增长率仅为 0.5% 创下多年最低值。但对外贸易恢复很快，在 2000 年出口额便实现了 27.8% 的高速度增长，对外贸易依存度也创造了 43.9%

的最高指标，我国出口额占世界总出口额的比重上升到3.92%，货物贸易排名也由第9位提升到第7位，其中出口排名世界第7位，进口排名世界第8位（见图5－10）。

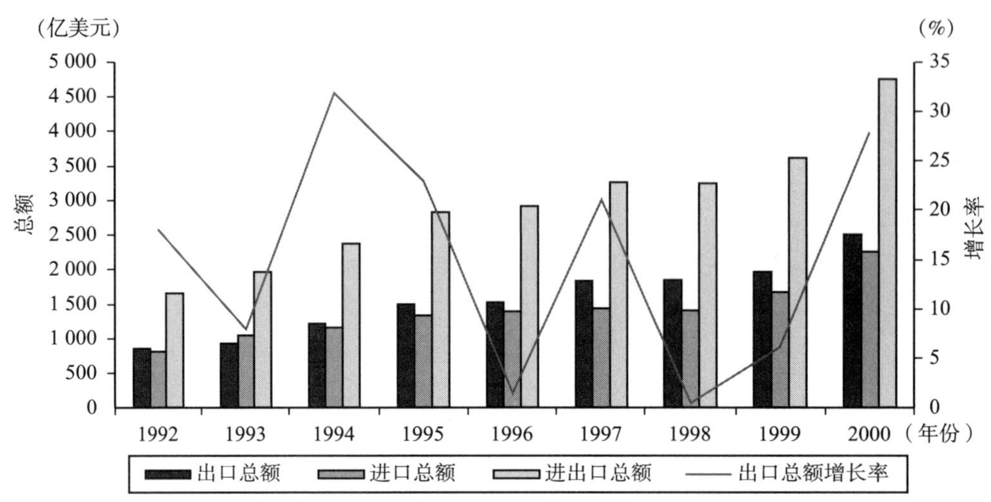

图5－10　1992～2000年中国进出口总额及出口增长率

资料来源：国家统计局。

3. 2001～2008年：加入WTO，经济全球化阶段

经过长期谈判，2001年11月我国政府在多哈签署文件，正式加入WTO。我国对外开放进入了“经济全球化”阶段。我国对外开放有三个重要转变：（1）由有限范围和有限领域的开放转变为全方位开放；（2）由以试点为特征的政策主导下的开放转变为法律框架下可预见的开放；（3）由单方面为主的自我开放转变为与WTO成员之间的相互开放。同时各世贸组织成员方也对我国产品进一步开放市场，为我国货物出口创造了良好的条件。我国利用外资进度加快，跨国企业在华出口迅速增长。2001年“9·11”事件后美国战略重心移向中东，与我国关系出现缓和。以信息技术产业为代表的新一轮产业升级和产业转移背景下，全球产业链不断延长并全球化。我国经过数十年的发展，人力资本、基础设施、国内市场都具备承接国际产业转移的优势。

我国外贸进入高速发展的新阶段。2001年我国出口额2 661亿美元，实际利用外资额496.7亿美元；2008年出口额14 306.93亿美元，实际利用外资额952.53亿美元。该阶段我国出口额年均增长率高达24.7%，同期世界货物贸易总额年均增长率为12.3%（见图5－11）。

4. 2009～2017年：后金融危机阶段

2008年美国严重的次贷危机引起世界性金融危机和经济危机。世界范围内市场需求严重萎缩，贸易和投资出现下降。我国是一个开放型经济体，在这场大危机中自

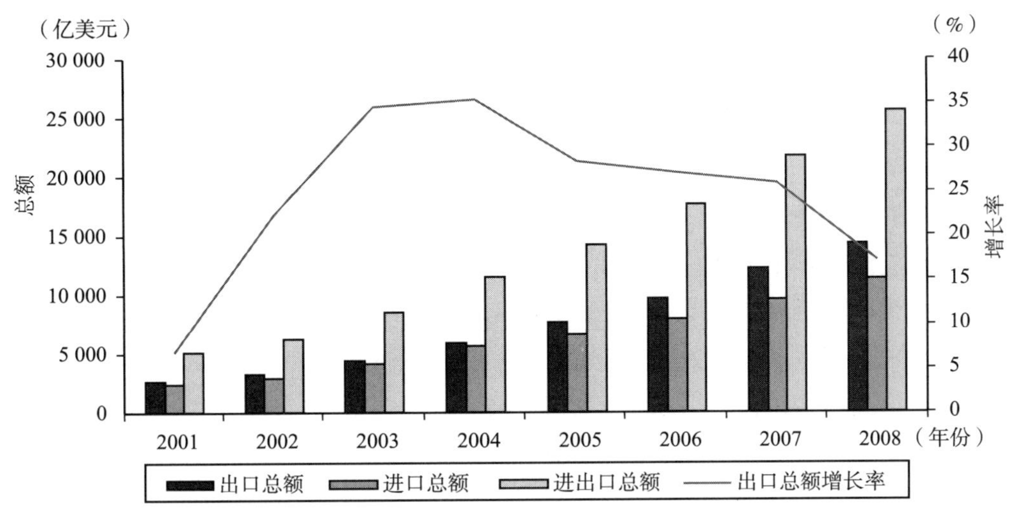

图 5－11　2001～2008 年中国进出口总额及出口增长率

资料来源：国家统计局。

然也不能独善其身，对外贸易也进入萧条和调整阶段。我国出口总额增长率出现多年的负增长，众多出口行业面临严重困境。2009 年的对外贸易总额由 2008 年的 2.56 万亿美元下降到 2.20 万亿美元，下降幅度为 13.9%。出口总额由 1.43 万亿美元下降到 1.20 万亿美元，下降幅度为 16.0%。由于西方发达国家衰退更严重，我国的出口贸易在 2009 年仍旧超过了美国和德国，居世界第一位。后金融危机时代，仍出现多个年份出口总额负增长。2009～2017 年中国出口总额年均增长率为 6.1%，同期世界货物贸易额年均增长率为 1.9%（见图 5－12）。后金融危机阶段是我国外贸发展历程中非常独特的阶段，危机中蕴含着机遇。在这一阶段，我国正逐步从全球化的被动接受者转变为全球竞争的积极参与者，"一带一路"倡议标志着我国正在走向主动推动经济全球化的时代。

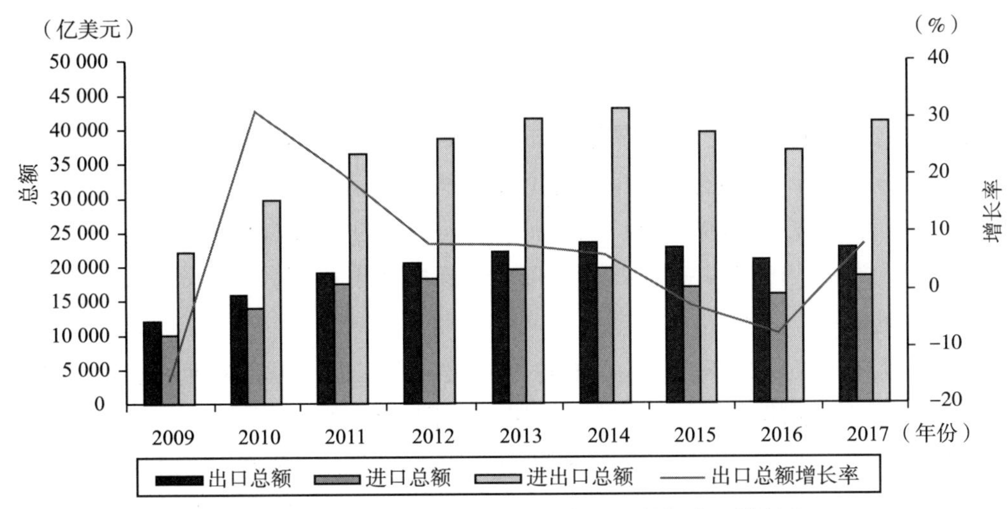

图 5－12　2009～2017 年中国进出口总额及出口增长率

资料来源：国家统计局。

（二）中国出口产品结构变化

1. 出口初级产品与工业制成品结构

改革开放四十年中，我国货物出口贸易的产品结构随着经济发展和产业结构的调整发生了重大变化（傅自应，2008；郑桂环，2010；张群，2015）。对外出口贸易的初级产品与工业制成品结构演变大致可分为三个时期（见图5－13）。受限于数据可得性，出口产品结构阶段划分从1980年开始。

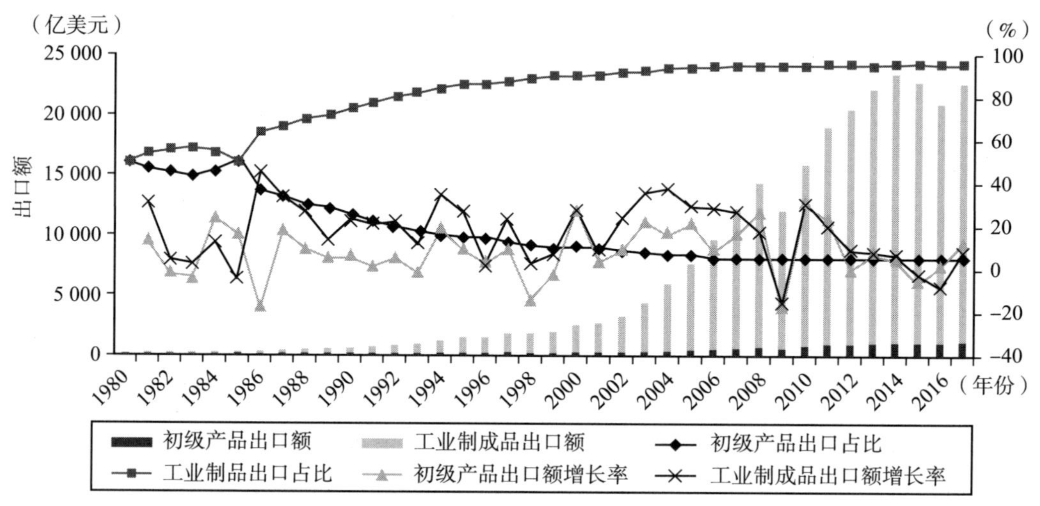

图5－13　1980～2017年中国初级产品及工业制成品出口额及比重

资料来源：国家统计局。

第一阶段（1980～1985年）：在这一阶段，初级产品出口比重占货物出口总额50%以上。改革开放之初，出口产品中初级产品与工业制成品基本各占一半。随后初级产品所占份额缓慢下降然后上升，而工业制成品所占比重变化相反。至1985年，二者再次各占半壁江山。1978年，初级产品和工业制成品出口额分别是52.16亿美元和45.29亿美元。1985年，初级产品和工业制成品出口额分别是138.28亿美元和135.22亿美元。

第二阶段（1986～2008年）：在本阶段，初级产品出口额比重迅速下降，初级产品出口额增长率大幅落后于工业制成品。随着我国外贸出口导向战略，工业制成品出口占比逐年上升，出口商品结构不断优化。1986年，初级产品出口额及比重为112.72亿美元和36%，至2005年，达到490.37亿美元和6%。1986年，工业制成品出口额及比重为196.70亿美元和64%，至2005年，达到7 129.16亿美元和94%。

经过改革开放四十年的发展，我国出口贸易结构实现了由初级产品为主到工业制成品为主的根本性转变，反映了我国产业结构的变化、工业体系的逐渐完善，也顺应20世纪70年代以来国际产业转移的趋势。

第三阶段（2008～2017年）：在此阶段，初级产品和工业制成品出口额增长幅度相近，各自在货物出口总额占比保持稳定。在此期间，初级产品和工业制成品出口额稳步增长，所占比例保持不变，工业制成品出口额占出口总额比重维持在95%左右。在2008年，初级产品和工业制成品出口额分别为779.57亿美元和13 527.36亿美元；在2017年，出口额分别为1 177.09亿美元和21 458.13亿美元。在这一阶段，初级产品出口额年均增长率为7.7%，工业制成品为7.2%。

2. 出口初级产品及工业制成品内部结构变化

1980～1985年，我国出口初级产品中占比最高的分别为矿物燃料润滑油及有关原料、食品及主要供食用的活动物、非食用原料、饮料及烟类、动植物油脂及蜡。1986～1994年，矿物燃料润滑油及有关原料、食品及主要供食用的活动物变化波动较大。1995年至今，5种产品占比排序保持不变（见图5－14）。

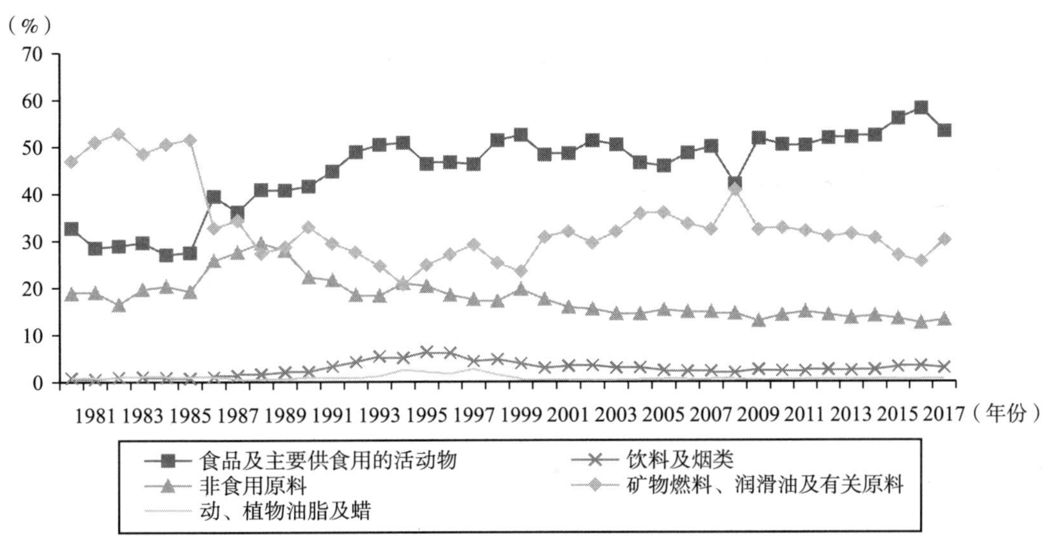

图5－14 1980～2017年中国初级产品内部出口额比重变化

资料来源：国家统计局。

在工业制品出口中，1980～1992年，杂项制品、未分类的其他商品占比波动较大。1993年以后，杂项制品占比持续下降，从51.7%降至2017年的25.5%。机械及运输设备从20.4%迅速攀升至2017年的50.4%。轻纺橡胶矿冶制品下降幅度不大，从1993年的21.8%下降至2017年的17.2%。化学有关制品及未分类的其他商品在1993年至2017年占比基本不变（见图5－15）。

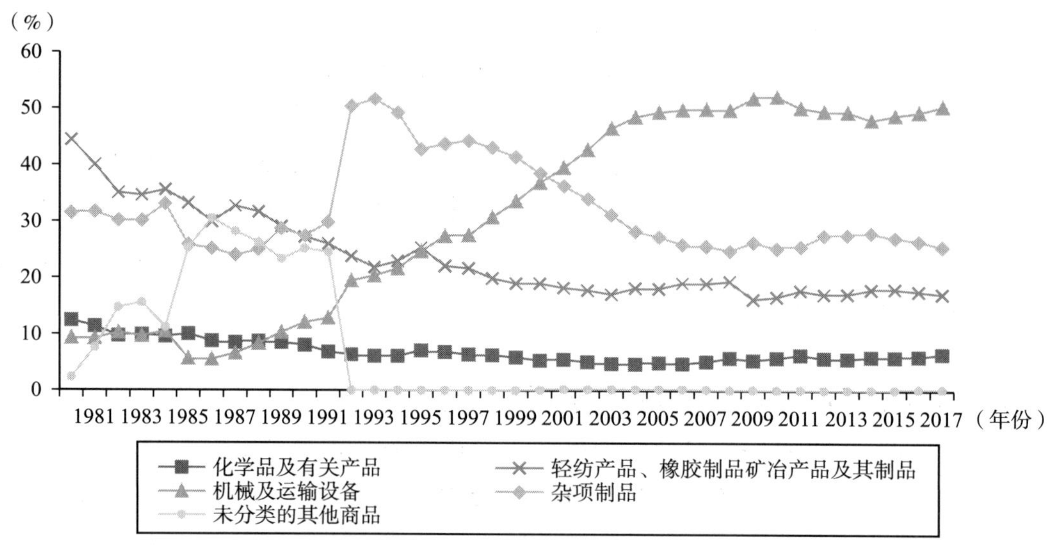

图5－15 1980～2017年中国工业制成品内部出口额比重变化

资料来源：国家统计局。

（三）中国进口产品结构变化

1. 进口初级产品与工业制成品结构

我国初级产品进口额和工业制成品进口额分别由1980年的69.59亿美元和130.58亿美元增长到2017年的5 796.38亿美元和12 641.55亿美元，年平均增长率分别为15.3%和14.3%。与出口结构的显著变化不同，进口初级产品和工业制成品的占比变化不大。1980～1985年，工业制成品进口占比先下降后增长，于1985年达到峰值87.5%；初级产品进口占比先增长后下降，于1985年降至最小值12.5%。1986年后工业制成品占比波动下降，至2017年占比为68.6%，初级产品占比波动上升，至2017年占比为31.4%（见图5－16）。

2. 进口初级产品及工业制成品内部结构变化

改革开放以来进口初级产品结构变化最大的是矿物燃料润滑油及有关原料，以及食品及主要供食用的活动物，分别从2.9%上升至43.1%，42.1%下降至9.4%。其余三种产品占比变化幅度不大。2001年以来进口产品结构集中度较高，矿物燃料、非食用原料占比都在40%～50%之间波动，两者之和在90%左右（见图5－17）。

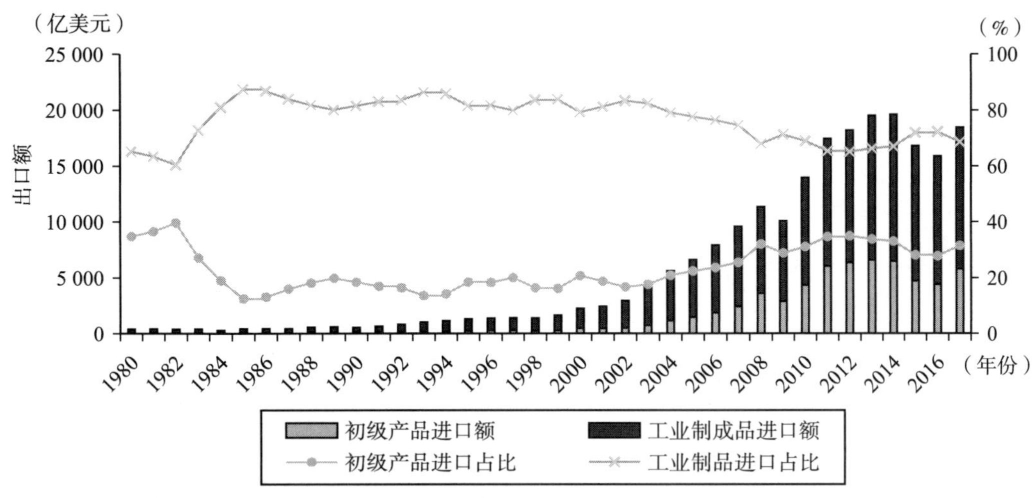

图 5－16　1980～2017 年中国初级产品及工业制成品进口额及比重

资料来源：国家统计局。

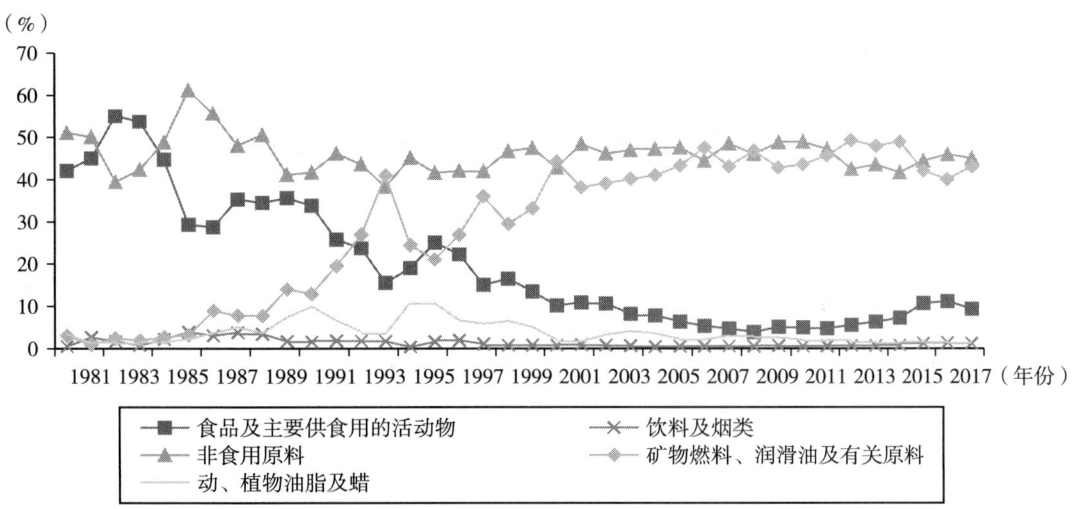

图 5－17　1980～2017 年中国初级产品内部进口额比重变化

资料来源：国家统计局。

在工业制品进口中，1980～2017 年，结构变化最大的是机械及运输设备、轻纺橡胶矿冶产品，分别从 39.2% 上升至 58.1%，31.8% 下降至 10.7%。杂项制品从 1980 年的 4.2% 上升至 2017 年的 10.6%。其余两种工业制成品变化幅度不大（见图 5－18）。

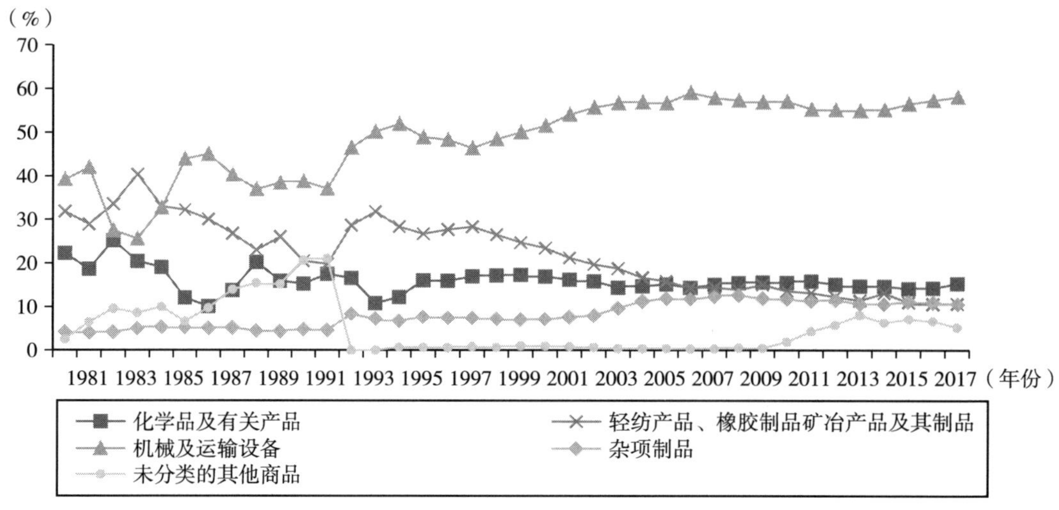

图 5－18　1980～2017 年中国工业制成品内部进口额比重变化

资料来源：国家统计局。

四、中国对外贸易市场格局变化

中华人民共和国成立初期，贸易伙伴主要为苏联和东欧等社会主义国家。随着改革开放的深入，我国与世界各国和地区的贸易关系有了突飞猛进的发展，进出口市场逐渐多元化，贸易伙伴由 1978 年的几十个国家和地区发展到 2017 年的 231 个，基本覆盖世界所有国家和地区。欧盟、美国、东盟、日韩、“金砖国家” 等成为中国主要贸易伙伴。

（一）中国对外贸易的洲际结构

1. 出口贸易洲际结构

改革开放以来，我国面向各大洲的出口额走势相近，呈现 1983 年后稳步增长，2001 年后快速增长，2008 年衰退后重振，2014～2017 年调整的趋势（见图 5－19 和图 5－20）。亚洲、欧洲和北美洲是我国的主要贸易伙伴，其中亚洲集中度较高，1983～1992 年我国对其出口占比在 70% 左右，1992～2008 年呈持续下降状态，从 1992 年的 71.97% 下降至 2008 年的 46.42%。金融危机后，出口至亚洲占比出现上升迹象，至2013年攀升至51.34%，随后继续下降至2017年的48.44%。亚洲占比下降标志着我国出口市场集中度下降，出口市场从亚洲向非洲、拉丁美洲、大洋洲扩散，显示出我国在对外贸易的初期区域性较强，随着我国国际化程度的提高，销售渠道逐渐拓宽，出口市场日趋多元化。

我国出口至北美洲占比的变化趋势与亚洲几乎完全相反。1983～1992年我国对其出口占比徘徊在10%左右。1993年迅速攀升至19.79%，随后多年徘徊在20%左右。在2013年创下18.01%的最低值，继而出现回升，至2017年的20.38%。对欧洲的出口占比与北美洲相差不大，出口额变化趋势相似。

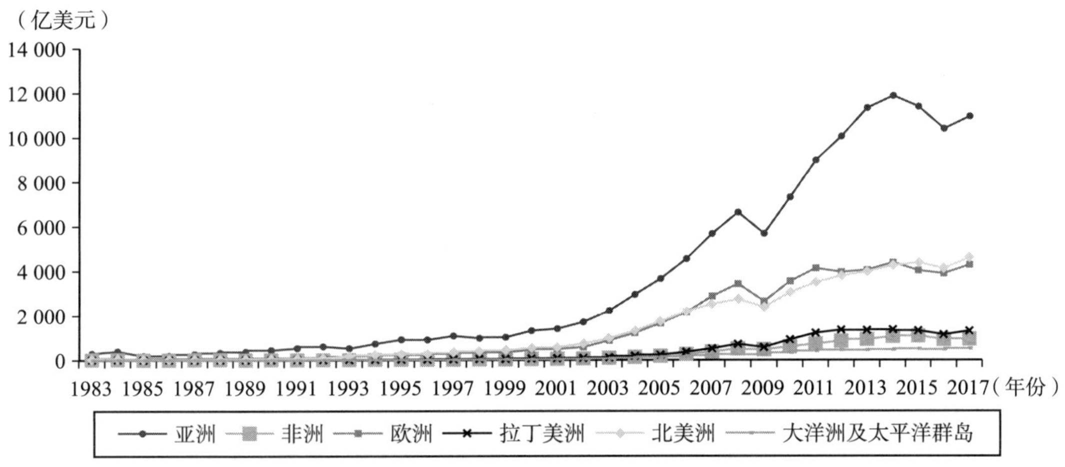

图5－19　1983～2017年中国向各大洲出口额

资料来源：中国统计年鉴。

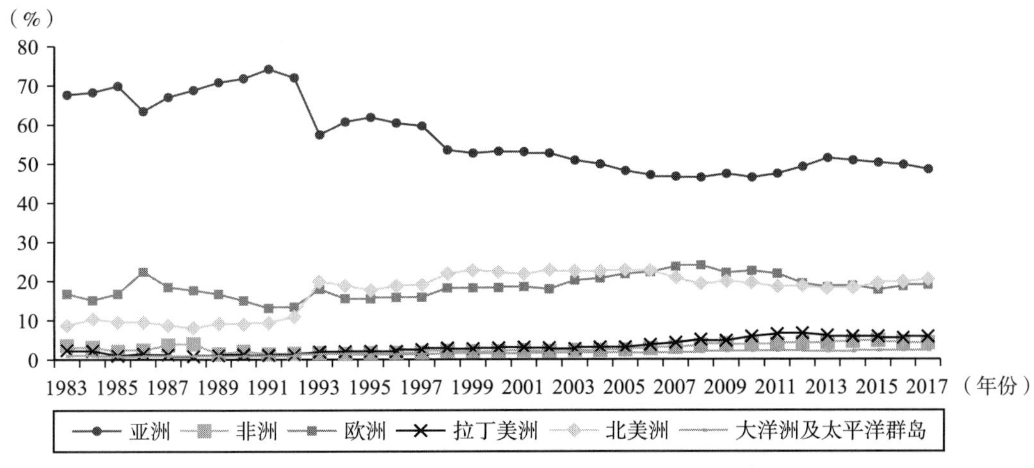

图5－20　1983～2017年我国出口至各大洲的规模比重

资料来源：中国统计年鉴。

我国对非洲、拉丁美洲、大洋洲及太平洋群岛的出口占比相对较低（见图5－21）。总体来看，以1991年为分水岭，1983～1991年，我国对非洲、拉丁美洲出口占比波动较大，呈下降趋势。这可能是因为我国在1949年至改革开放初期与第三世界贸易往来较多。1991年后出口至非洲、拉丁美洲占比不断攀升，其相对变化幅度大于亚洲、欧洲、北美洲。1991年，对非洲、拉丁美洲、大洋洲及太平洋群岛出口占比分别为1.39%、1.10%和0.90%。2017年，对三大洲出口占比分别为4.18%、5.78%和2.26%。这一巨大的变化幅度表现了我国的外贸出口市场多元化策略。特别是在与传统出口市场贸易摩擦频繁的阶段，出口市场多元化有利于分散贸易摩擦带来的风险。

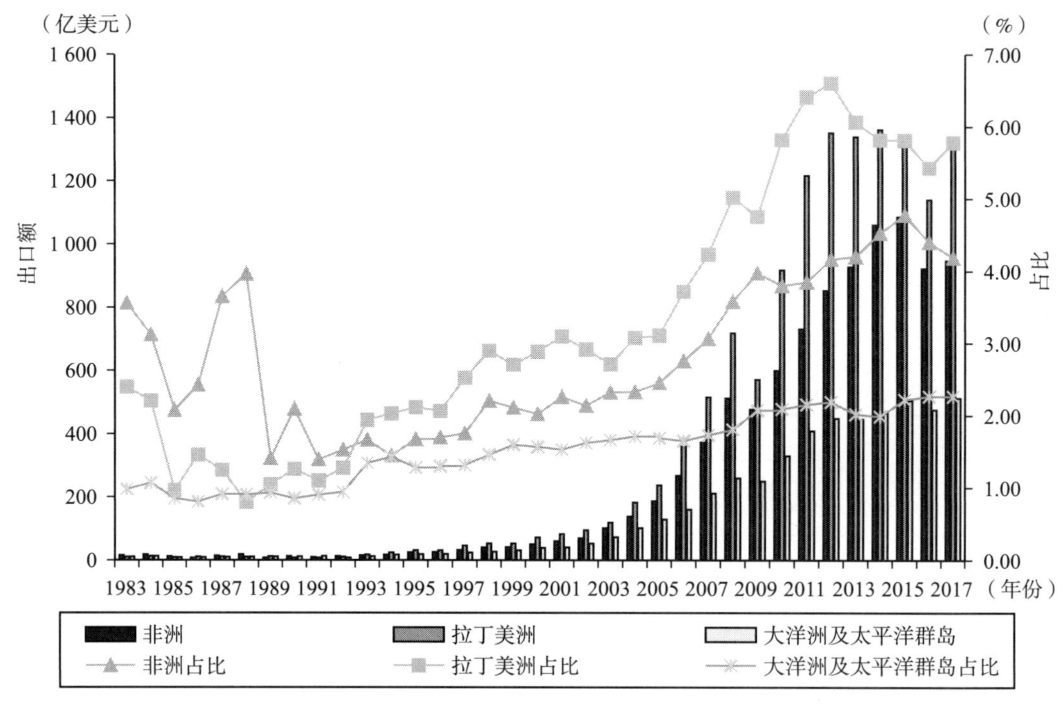

图5－21　1983～2017年我国出口至非洲、拉丁美洲、大洋洲趋势

资料来源：中国统计年鉴。

2. 中国进口洲际结构演变

我国从各大洲进口趋势相近，出口额走势与进口额走势基本一致，均为1983年后稳步增长，2001年后快速增长，2008年衰退后重振，2014～2017年调整的趋势（见图5－22和图5－23）。我国主要进口市场是亚洲，集中度相较出口市场更高。自亚洲进口占比从1983年的41.11%逐年攀升至2005年的66.90%，同时期自北美洲、欧洲的进口占比逐年下降，分别从1983年的20.63%、25.37%下降至2005年的8.51%、14.61%。2006～2017年自亚洲进口占比呈较快的下降趋势，从66.38%下降至55.88%，同期欧洲自14.51%上涨至17.75%，北美洲8.46%上涨至9.47%，呈缓慢上涨态势。

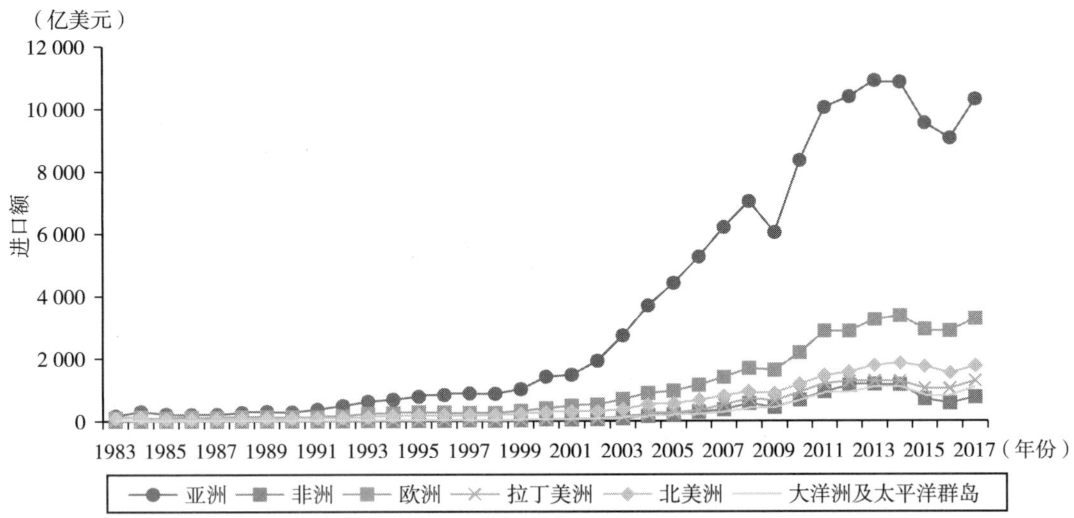

图5－22　1983～2017年我国自各大洲进口额

资料来源：中国统计年鉴。

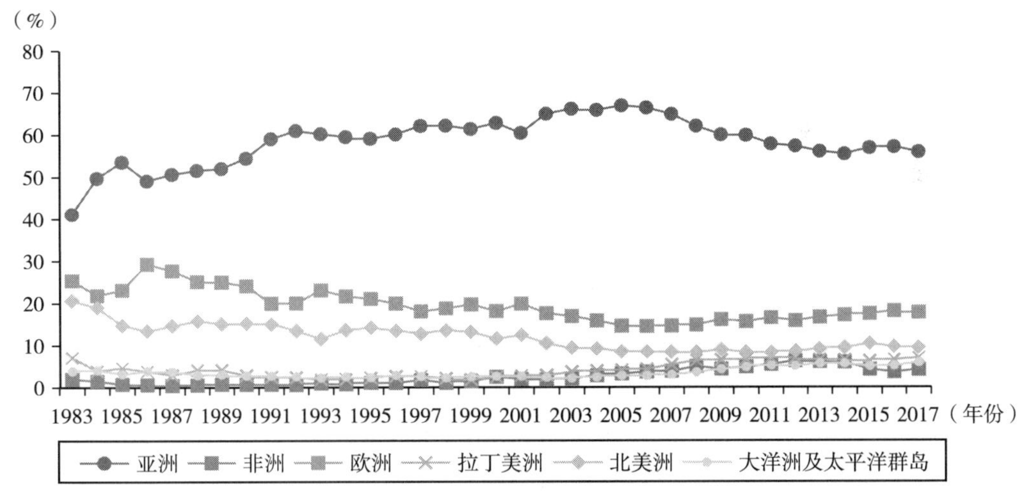

图5－23　1983～2017年我国自各大洲进口比重

资料来源：中国统计年鉴。

由图5－24可看出，我国自拉丁美洲、大洋洲进口比重变化可以划分为三个阶段，1983～1991年快速下降，1992～2001年波动调整，2002年至今波动上升。自非洲进口比重从1983年的1.96%下降至1987年的0.42%，随后快速增长，至2012年的6.25%，随后进入调整期，这反映我国大力发展对非经济贸易合作成效显著。

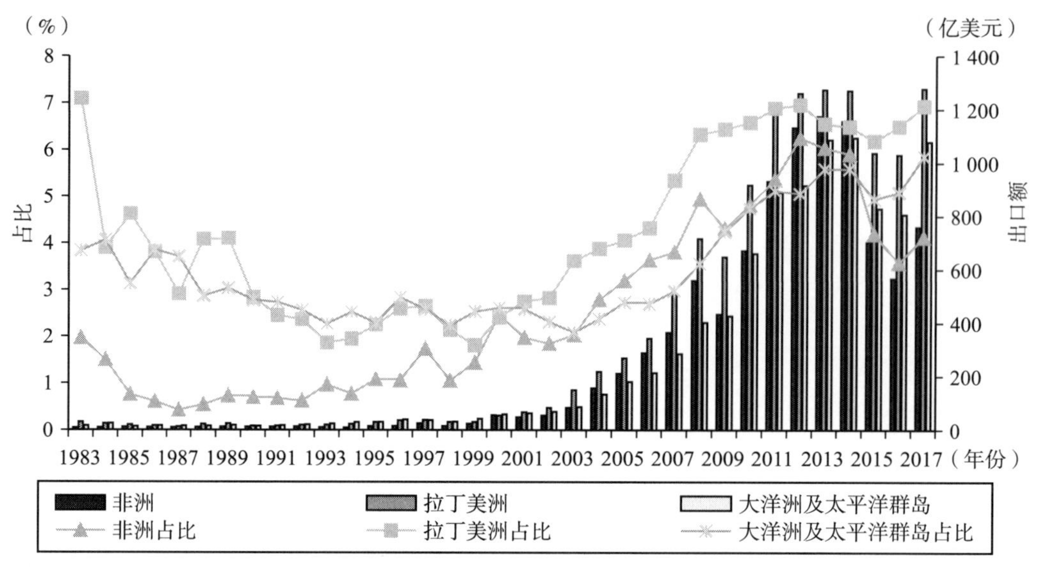

图 5-24　1983~2017 年我国自各大洲进口占比

资料来源：中国统计年鉴。

（二）中国贸易国别和地区结构演变

图 5-25 展示了我国进口及出口市场集中度，显示我国进出口集中度较高，且出口集中度高于进口集中度。考察历年进口额或出口额最高国家（地区）的占比，均呈现逐年下降态势。前三（及前十）的进口额（及出口额）占比于 1994 年后不断下降。1990 年以来我国逐渐采取市场多元化战略。背景是我国对发达国家和地区的贸易额、出口额达到 70% 左右，市场过于集中。东欧剧变、苏联解体后，我国发展空间受到资本主义阵营打压。此时期国际上区域集团化趋势明显，贸易保护抬头。贸易集中度水平过高会对国民经济发展带来风险。我国进出口市场也逐渐多元化，有利于避免贸易摩擦带来的冲击，反映我国市场多元化发展战略取得的积极成效。

在出口市场方面，我国出口市场逐渐增多，主要出口市场为西欧、北美等发达经济体以及印度、日韩等邻近经济体。结合表 5-2 可见，中国香港、日本始终排在出口额前三的位置。1978 年罗马尼亚位列第三，随后被美国取代。1994 年、2001 年、2007 年、2017 年出口额前三的国家及地区均为美国、日本、中国香港。我国出口市场高度依赖发达国家，美国、欧盟、日韩始终处于前列。除美国、欧盟国家以外，其余主要出口伙伴皆位于亚洲国家和地区。

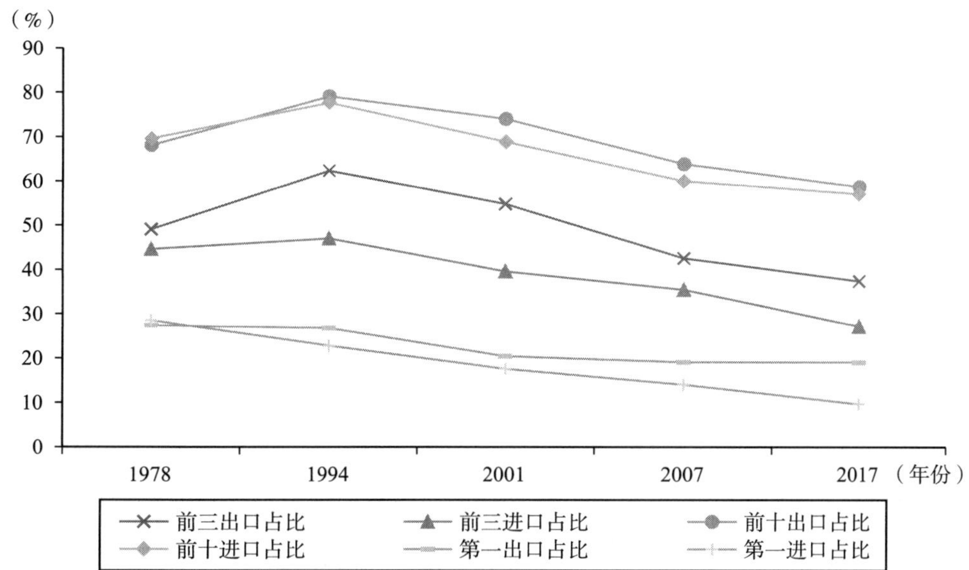

图 5－25 1978 年、1994 年、2001 年、2007 年、2017 年中国进出口市场集中度

资料来源：中国统计年鉴。

表 5－2 1978 年、1994 年、2001 年、2007 年、2017 年中国进口及出口十大贸易伙伴

年份	国家（地区）	出口额（亿美元）	占比（%）	国家（地区）	进口额（亿美元）	占比（%）
1978	中国香港、澳门	26.68	27.36	日本	31.05	28.51
	日本	17.19	17.63	德意志联邦共和国	10.30	9.46
	罗马尼亚	3.96	4.06	美国	7.21	6.62
	英国	3.70	3.80	澳大利亚	7.15	6.57
	德意志联邦共和国	3.26	3.34	加拿大	5.74	5.27
	美国	2.71	2.78	罗马尼亚	3.69	3.39
	新加坡	2.48	2.54	瑞士	2.99	2.75
	朝鲜	2.31	2.37	英国	2.96	2.72
	苏联	2.30	2.36	法国	2.47	2.27
	法国	1.78	1.83	朝鲜	2.24	2.05

续表

年份	国家（地区）	出口额（亿美元）	占比（%）	国家（地区）	进口额（亿美元）	占比（%）
1994	中国香港	323.61	26.74	日本	263.27	22.77
	日本	215.79	17.83	中国台湾	140.86	12.18
	美国	214.61	17.73	美国	138.94	12.02
	德国	47.61	3.93	中国香港	94.42	8.17
	韩国	44.02	3.64	韩国	73.18	6.33
	新加坡	25.58	2.11	德国	71.37	6.17
	英国	24.14	1.99	俄罗斯	34.95	3.02
	荷兰	22.67	1.87	意大利	30.69	2.65
	中国台湾	22.42	1.85	新加坡	24.92	2.16
	意大利	15.91	1.31	澳大利亚	24.52	2.12
2001	美国	542.83	20.40	日本	427.97	17.57
	中国香港	465.47	17.49	中国台湾	273.39	11.23
	日本	449.58	16.89	美国	262.02	10.76
	韩国	125.21	4.71	韩国	233.89	9.60
	德国	97.54	3.67	德国	137.72	5.65
	荷兰	72.82	2.74	中国香港	94.23	3.87
	英国	67.80	2.55	俄罗斯	79.59	3.27
	新加坡	57.92	2.18	马来西亚	62.05	2.55
	中国台湾	50.00	1.88	澳大利亚	54.26	2.23
	意大利	39.93	1.50	新加坡	51.43	2.11
2007	美国	2 326.77	19.06	日本	1 339.42	14.01
	中国香港	1 844.36	15.11	韩国	1 037.52	10.85
	日本	1 020.09	8.36	中国台湾	1 010.27	10.57
	韩国	560.99	4.60	美国	693.91	7.26
	德国	487.14	3.99	德国	453.83	4.75
	荷兰	414.18	3.39	马来西亚	286.97	3.00
	英国	316.56	2.59	澳大利亚	258.40	2.70
	新加坡	296.20	2.43	菲律宾	231.18	2.42
	俄罗斯	284.66	2.33	泰国	226.65	2.37
	印度	240.11	1.97	俄罗斯	196.89	2.06

续表

年份	国家（地区）	出口额（亿美元）	占比（%）	国家（地区）	进口额（亿美元）	占比（%）
2017	美国	4 297. 30	18. 99	韩国	1 775. 53	9. 64
	中国香港	2 792. 11	12. 34	日本	1 657. 94	9. 01
	日本	1 372. 59	6. 06	中国台湾	1 559. 61	8. 47
	韩国	1 027. 04	4. 54	美国	1 539. 46	8. 36
	越南	716. 17	3. 16	德国	969. 40	5. 27
	德国	711. 34	3. 14	澳大利亚	950. 09	5. 16
	印度	680. 42	3. 01	巴西	588. 57	3. 20
	荷兰	671. 32	2. 97	马来西亚	544. 26	2. 96
	英国	567. 14	2. 51	越南	503. 75	2. 74
	新加坡	450. 19	1. 99	泰国	415. 96	2. 26

资料来源：中国统计年鉴。

在进口市场方面，我国由于对高新技术产品及资源产品需求大，进口来源地因此集中于技术领先的日本、德国、美国、韩国，以及自然资源丰富的俄罗斯、巴西、泰国等。对比出口和进口市场分布，可看出 1978 ~ 2017 年中国重要的进口和出口贸易伙伴基本一致。日本、德国、美国、韩国、中国台湾多年位居进口额前五。其中，日本在 1978 年、1994 年、2001 年、2007 年位居第一，2017 年被韩国取代。对比表 5 – 2 中我国进出口主要贸易伙伴，可看出我国进口和出口流向中最前列的国家存在较大不一致，这增大了贸易摩擦的发生风险。

五、中国对外贸易的国内地理格局变化

改革开放以来，我国对外贸易发展迅速，但是内部区域结构发展不平衡。从水平方向看，东、中、西部三大区域贸易差异明显，在地域空间上呈现从东向西递减的梯度特征。区域渐进性特征反映了我国对外开放历程的阶段性和渐进性。

（一）对外贸易区域结构

东部地区是我国对外出口的主要地区，作为改革开放的前沿地带，率先融入经济全球化进程，至今仍然占据对外开放的领先地位。东部地区对外开放的优势主要有：海运便利，具有面向国际市场的区位优势；作为改革开放先行区，享受国家政策扶持，加工贸易发展迅速，受外商投资青睐。1993 年，东部地区出口占全国出口总额的 79.01%，2005 年上升到 89.22% 的最高点，此后缓慢下降至 2017 年的 82.02%。东部地区出口占比的显著下滑始于金融危机前后。以金融危机为分水岭，四大区域占比结构产生明显变化，东部占比下降，东北占比延续下降趋势，中西部占比迅速上升（见图 5－26）。

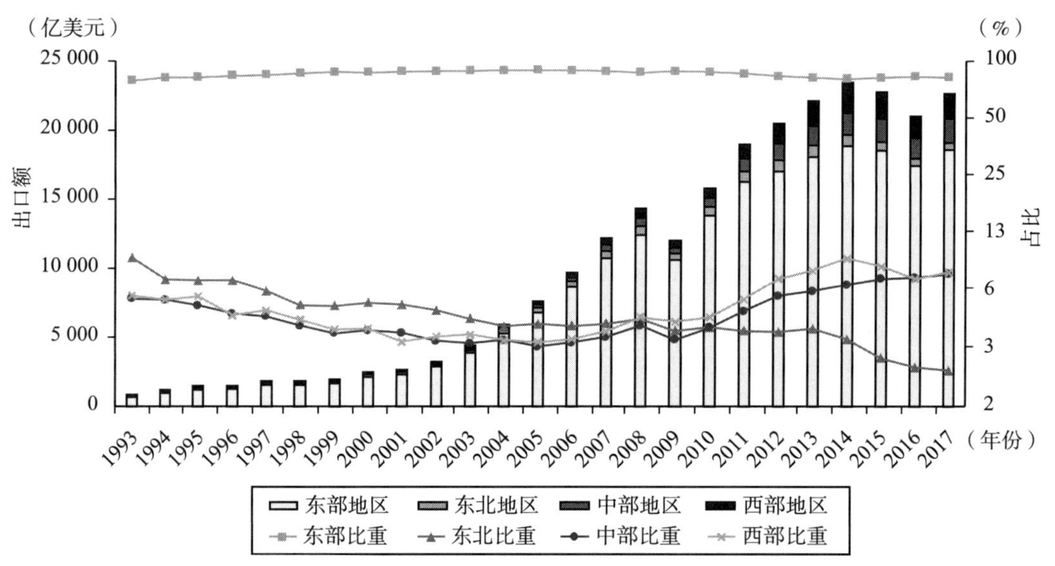

图 5－26　四大区域出口额及其在全国总出口额中的占比

资料来源：国家统计局，数据不包括香港特别行政区、澳门特别行政区、台湾地区。

四大区域进口规模及占比情况与出口相似（见图 5－27）。1993 年，东部地区进口额占全国进口总额的 83.22%，2005 年上升至 90.67% 的最高点，此后持续下降，降至 2017 年的 82.88%。2008 年金融危机前后，四大区域占比结构发生变化，中部、西部、东北地区占比均表现为上升趋势。比较东北地区的进口和出口占比，可观察出相反的变化趋势。

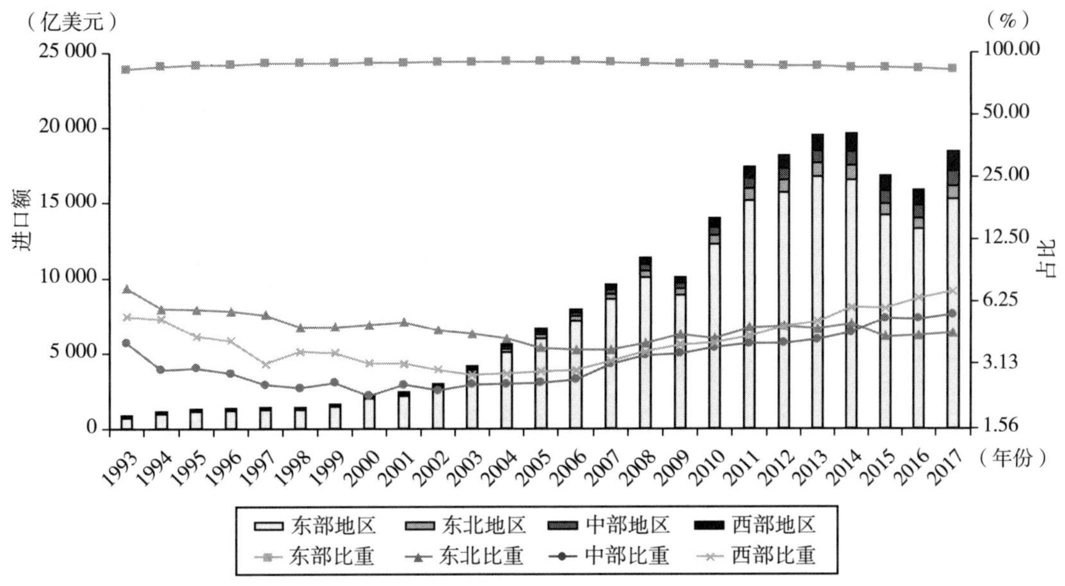

图5－27　四大区域进口额及其在全国总进口额中的占比

资料来源：国家统计局，数据不包括香港特别行政区、澳门特别行政区、台湾地区。

（二）对外贸易省份结构

1. 出口贸易省份结构

在省份分布中，东部区域在出口贸易的领先地位，同时反映出我国出口额在东部地区的高度集中特征。1993年东部以外区域的东北省份、四川、湖南、湖北均有较高的出口额。2017年，出口额的东中西梯度递减已经十分明显，地图中按颜色深浅展示的五类区域之间数额差距明显。广东省出口额远远高于其他省份，其次为江苏、浙江、山东、福建。中部大多数省份及西部部分省份的出口额落在231.71亿～585.66亿美元区间，与东部省区差距较大。

我国对外贸易中十强省份占比较高，经历了由低到高，再逐渐降低的过程。（此处“十强省份”为2017年出口额前十省。历史数据变化趋势即考察这十个省份历史数据演变。受限于数据可得性，本部分数据来自国家统计局，年限范围为1993～2017年）。1993年十强省份出口额为713.99亿美元，占全国比重为77.82%。2005年十强省份出口额6 963.82亿美元，占比达到91.39%的最高值（见图5－28）。

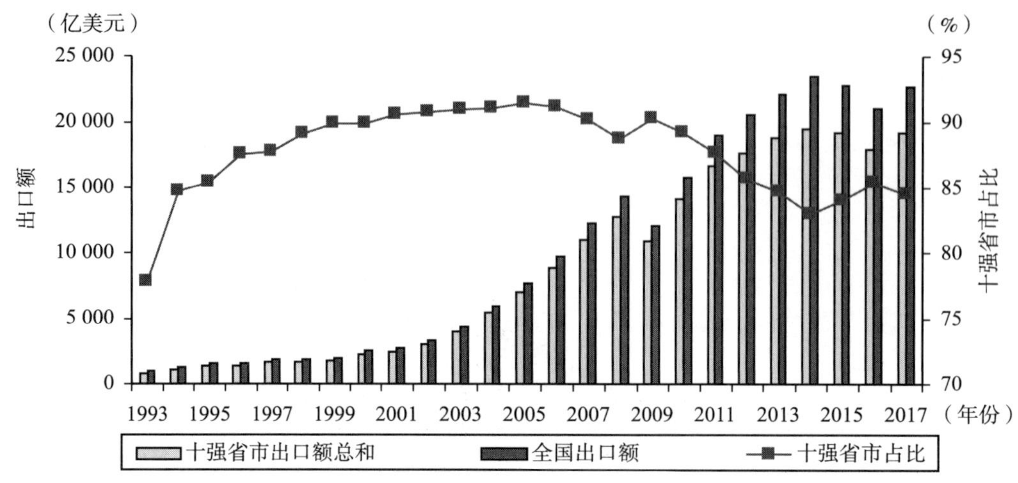

图 5－28　十强省份出口额总和及其占比

资料来源：国家统计局，数据不包括香港特别行政区、澳门特别行政区、台湾地区。

表 5－3 为各省份历年出口额排序，灰度由浅到深分别表示东部、中部、西部、东北四个区域。可看出东部省份占重要地位，前十省份中东部省份始终占八个以上。1997 年以来出口总额最高的前六省份均为东部省份，包括广东、江苏、浙江、上海、山东和福建。六个省份相对位次变化不大，仅上海位次下降以及浙江位次上升。这显示出我国出口货源地集中度较高，珠江三角洲和长江三角洲地区是我国出口货源的重要基地。中西部部分省份出口位次增长明显。其中，西部地区以重庆为代表，其在 1997～2007 年排在第 22～24 位，2013 年后上升至西部第一的位次。中部地区以河南为代表，其在 1997～2007 年排在第 14～16 位，2013 年上升至中部地区第一的位次。东北三省的排序整体后移，辽宁 1993 年位居第三，1997～2017 年在第七至第九之间波动；黑龙江、吉林降至十五名以外。

表 5－3　1993 年、1997 年、2001 年、2007 年、2013 年、2017 年出口额前十五省份排序（灰度由浅到深表示东、中、西、东北四大区域）

排序	1993 年	1997 年	2001 年	2007 年	2013 年	2017 年
1	广东	广东	广东	广东	广东	广东
2	上海	上海	江苏	江苏	江苏	江苏
3	辽宁	江苏	上海	上海	浙江	浙江
4	福建	山东	浙江	浙江	上海	上海
5	江苏	福建	山东	山东	山东	山东
6	浙江	浙江	福建	福建	福建	福建
7	山东	北京	北京	北京	辽宁	北京

续表

排序	1993 年	1997 年	2001 年	2007 年	2013 年	2017 年
8	天津	辽宁	辽宁	天津	北京	河南
9	黑龙江	天津	天津	辽宁	天津	辽宁
10	河北	河北	河北	河北	重庆	天津
11	湖北	广西	安徽	黑龙江	四川	重庆
12	吉林	湖北	湖北	新疆	河南	四川
13	四川	安徽	湖南	安徽	河北	江西
14	北京	湖南	河南	四川	安徽	河北
15	湖南	黑龙江	黑龙江	河南	江西	湖北

资料来源：国家统计局，数据不包括香港特别行政区、澳门特别行政区、台湾地区。

以重庆市为案例城市作如下分析。重庆于 2008～2009 年大力发展笔记本电脑相关产业，目前已成为全球最大的笔记本电脑制造基地，2017 年重庆笔记本电脑产量占全球 40% 左右。由图 5－29 可看出重庆出口额的迅猛增长始于 2010 年，机电产品、高新技术产品、自动数据处理设备、便携式电脑稳居主要出口产品，该四类高技术产品的出口额远高于其他产品，并保持相对高速增长。图 5－30 为重庆市出口各类商品比重，可看出机器机械商品占比持续扩大，2016 年该产品占比达 70.75%，而车辆运输设备占比明显缩小，2016 年其占比仅为 6.83%。两类优势产品占比之和接近 80%，可见重庆市出口优势产品集中度较高。

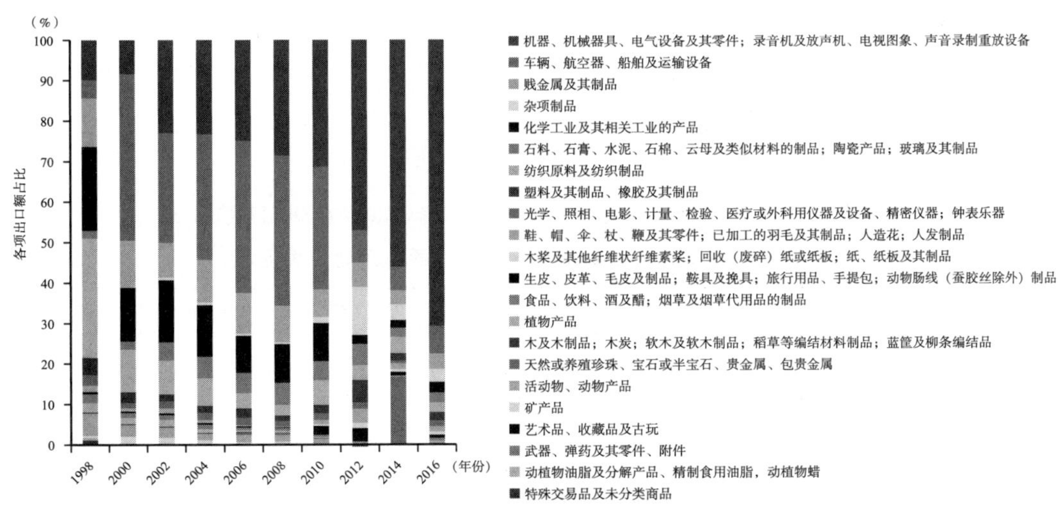

图 5－29　2007～2015 年重庆市主要产品出口额占比变化情况

资料来源：重庆市统计局。

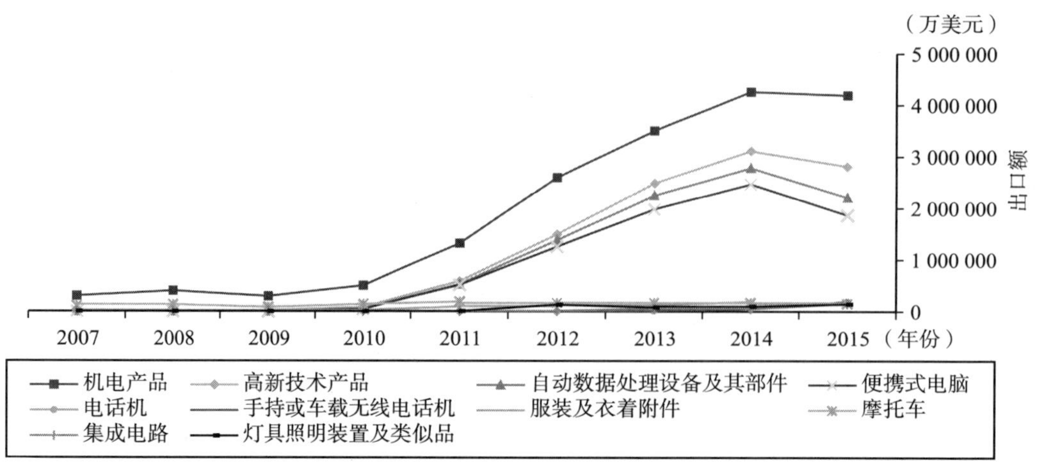

图 5－30　2007～2015 年重庆市主要产品出口额

资料来源：重庆市统计局。

2. 进口贸易省份结构

中国进口省份结构变化显著。第一，东中西梯度递减特征相比出口情况有所弱化，北京、四川、河南、辽宁等省份进口额显著领先于同区域其他省份；第二，广东进口首位度不及出口首位度，2017 年广东与上海、北京、江苏的进口额差距不大，同时处于 2 277.52亿～3 838.10 亿美元区间。

表 5－4 展示 1993～2017 年六个代表年份中进口额前十五省份排序，灰度由浅到深分别表示东部、中部、西部、东北四个区域。东部地区依然占据优势地位，但与出口额排序不同的是，东部各省份进口额排序变动明显，除广东稳居第一以外，其余省份没有固定位次。东北三省位次呈现稳定下降趋势。中部地区省份中，湖北下降明显，河南进步显著，多年位居第十。西部地区省份中四川、重庆、广西位居前列，四川、重庆近十年位次上升趋势明显。

表 5－4　1993 年、1997 年、2001 年、2007 年、2013 年、2017 年进口额前十五省份排序（灰度由浅到深表示东、中、西、东北四大区域）

排序	1993 年	1997 年	2001 年	2007 年	2013 年	2017 年
1	广东	广东	广东	广东	广东	广东
2	上海	北京	北京	江苏	北京	上海
3	福建	上海	上海	北京	上海	北京
4	江苏	江苏	江苏	上海	江苏	江苏
5	辽宁	福建	山东	浙江	山东	山东
6	山东	山东	浙江	山东	浙江	浙江

续表

排序	1993 年	1997 年	2001 年	2007 年	2013 年	2017 年
7	北京	辽宁	辽宁	天津	天津	天津
8	浙江	天津	福建	福建	福建	福建
9	天津	浙江	天津	辽宁	辽宁	辽宁
10	黑龙江	湖北	河北	河北	河南	河南
11	海南	黑龙江	湖北	安徽	河北	四川
12	吉林	海南	黑龙江	湖北	黑龙江	广西
13	广西	吉林	吉林	吉林	四川	重庆
14	四川	重庆	四川	四川	重庆	安徽
15	湖北	河北	内蒙古	山西	吉林	河北

资料来源：国家统计局，数据不包括香港特别行政区、澳门特别行政区、台湾地区。

六、中国对外贸易来源地—目的地网络演化

（一）数据与方法

1. 数据来源和处理

数据来源为 2000～2013 年中国海关贸易数据库。根据我国对外贸易发展阶段，我们选取 2002 年、2006 年、2008 年、2013 年四个代表年作为主要分析年份。为保证数据分析结果连贯性、准确性，我们对样本进行了如下处理：选取公司编码前两位作为省份代码；剔除缺失年份、缺失贸易额；剔除中间贸易公司贸易额；按照进口或出口、年份、省份、目的地（或目的地所在地理区划）合并贸易额。为研究我国省区市进出口贸易格局演变，在多样化水平分析和聚类分析等部分，我们以中国 31 个省区市（不包括香港特别行政区、澳门特别行政区和台湾地区）和世界 227 个国家和地区的贸易额建立贸易网络。其中，我国 31 个省、自治区、直辖市及世界 227 个国家和地区为节点，我国省份与不同国家或地区间的贸易额为边。

2. 研究方法

主要方法包括社会网络分析和聚类分析方法。根据我国省级单位的贸易来源地和出口目的地数量，分别计算进口和出口度数（degree）以衡量贸易伙伴多样化水平，

同时计算熵指数展示进口来源地多样性和出口目的地多样性。依据各省份与不同地区的贸易额占比进行聚类分析，探讨不同省份在对外贸易伙伴选择的相似性，并分析2002～2013年的演化趋势。

测算方法如下：

（1）度数。在贸易网络中，某节点的度数是指与该节点有贸易联系的节点数目，即某年某省级单位进口来源地或出口目的地的贸易伙伴数量。

（2）熵。熵是衡量多样化常用方法，其公式为：

$$Entropy_i = \sum_{i=1}^{R} \frac{p_i}{P}\log\left(\frac{1}{p_i/P}\right)$$

其中，p_i/P 是某省份与第 i 个贸易伙伴出口（或进口）贸易额占该省份总出口额（或总进口额）的比重。

（3）聚类分析。参考联合国地理区划及聚类结果，将海关库中的227个国家和地区划分为十个地理大区，分别为：东亚、东南亚、中亚西亚和南亚、东欧、北欧和西欧、南欧、北美、拉丁美洲和加勒比地区、大洋洲、非洲。使用IBM SPSS Statistics 24软件的K均值聚类分析，数据为我国各省份与不同地理区划的贸易额占比。

（二）中国贸易伙伴多样化

从进口来源地、出口目的地两个角度分别计算进口、出口的度数和熵，考察我国各省区的贸易伙伴数量及其历年变化，衡量贸易伙伴多样化水平及其变化。

1. 进口来源国（地区）多样化

计算各省份进口来源贸易伙伴数量，根据代表年进行排序。根据表5－5，第一，从地理分布上来看，东部省区进口连接度大于中、西部省份，说明相比于中西部地区，东部地区从更多的国家进口产品，进口来源地更加多样化；第二，从时间趋势上来看，2002～2013年各省份进口连接度大多有一定的提升，说明随着我国对外开放的深化，各省的进口贸易伙伴日趋多样；第三，从省份次序上来看，各省份进口连接度的排序随时间变化不大，广东、上海、山东、江苏、北京、浙江、天津、福建、辽宁、河北占据进口连接度的前十名，贵州、宁夏、西藏、青海居全国进口连接度后四位，这一结构在2002～2013年内未发生改变；第四，部分省份在2006～2008年连接度下降，包括北京、广西、河南、江苏、吉林、山东、新疆、西藏、浙江，显示金融危机对进口的冲击。

表 5－5　　2002 年、2006 年、2008 年、2013 年各省区进口连接度

排序	2002 年		2006 年		2008 年		2013 年	
	省份	连接度	省份	连接度	省份	连接度	省份	连接度
1	广东	169	江苏	176	广东	183	广东	196
2	上海	148	广东	173	上海	174	江苏	185
3	山东	136	上海	167	江苏	173	上海	185
4	江苏	131	北京	157	浙江	156	北京	174
5	北京	128	浙江	157	北京	153	浙江	171
6	浙江	126	山东	151	山东	150	山东	168
7	天津	114	福建	141	福建	148	福建	160
8	福建	110	天津	139	天津	147	天津	155
9	辽宁	107	辽宁	124	辽宁	131	河北	139
10	河北	89	河北	109	河北	110	辽宁	133
11	安徽	71	四川	97	安徽	102	安徽	121
12	湖北	63	河南	96	四川	99	四川	110
13	四川	62	广西	86	河南	88	湖北	109
14	云南	61	吉林	83	湖北	86	重庆	108
15	河南	60	安徽	79	湖南	78	江西	107
16	吉林	59	湖北	78	山西	78	河南	103
17	重庆	57	江西	76	广西	77	广西	100
18	广西	57	湖南	70	吉林	77	湖南	97
19	海南	57	陕西	69	江西	75	陕西	91
20	湖南	57	云南	67	云南	72	吉林	88
21	陕西	55	黑龙江	66	陕西	71	黑龙江	84
22	新疆	53	重庆	63	黑龙江	67	山西	82
23	黑龙江	52	山西	61	重庆	65	海南	80
24	江西	52	新疆	61	海南	60	云南	76
25	内蒙古	44	海南	58	新疆	60	甘肃	73
26	山西	43	甘肃	53	甘肃	59	新疆	67
27	甘肃	41	内蒙古	51	内蒙古	58	内蒙古	64
28	贵州	32	贵州	39	贵州	48	贵州	62
29	宁夏	31	宁夏	34	宁夏	38	宁夏	51
30	西藏	16	青海	28	青海	31	青海	32
31	青海	14	西藏	18	西藏	12	西藏	14

资料来源：笔者根据中国海关数据库计算而得。数据不包括香港特别行政区、澳门特别行政区、台湾地区。

类似地，计算各省份进口结构熵，根据代表年进行排序。表 5－6 为我国各省进口结构熵的分布。我国进口结构熵的地理分布并未呈现出明显的规律，大多数情况下，东部地区进口结构熵较高，西部地区进口结构熵较低，但亦有特例，如具有较高连接度的广东、江苏、天津等地在部分年份进口结构熵位居全国中游，而具有较低连接度的云南、贵州、广西在部分年份具有相对较高的结构熵。这可能是因为广东、江苏、天津等地虽然从更多的国家进口产品，但是其进口集中度较高，对少部分国家的依赖性较强；而云南、贵州、广西等地虽然从更少的国家进口产品，但是其从不同市场进口的份额相对平均，导致了更高的结构熵。对比 2002 年和 2013 年进口结构熵，2013 年较多省区实现了进口结构熵增加，其中山东增长幅度最高。然而也有部分省份进口结构熵下降，如广东、河北、陕西、河南、黑龙江，说明了我国各省的进口多样化程度总体上呈现上升趋势，但其在地理上的分布并不均衡。

表 5－6　　2002 年、2006 年、2008 年、2013 年各省区进口结构熵

排序	2002 年		2006 年		2008 年		2013 年	
	省份	结构熵	省份	结构熵	省份	结构熵	省份	结构熵
1	北京	3.46	北京	3.46	北京	3.39	北京	3.45
2	云南	3.12	浙江	3.11	山西	3.14	浙江	3.27
3	湖北	2.98	江西	3.05	河南	3.11	广西	3.23
4	广西	2.93	云南	3.05	浙江	3.10	山东	3.19
5	河北	2.88	河南	3.04	云南	3.08	上海	3.11
6	浙江	2.83	山西	2.95	山东	3.04	福建	3.07
7	广东	2.81	上海	2.93	辽宁	3.02	湖北	3.05
8	安徽	2.80	广西	2.92	广西	3.00	贵州	3.02
9	重庆	2.72	湖南	2.91	江西	3.00	湖南	3.01
10	江西	2.72	福建	2.88	上海	3.00	安徽	2.99
11	上海	2.72	辽宁	2.85	湖南	2.93	辽宁	2.97
12	河南	2.70	山东	2.83	福建	2.91	云南	2.96
13	福建	2.67	贵州	2.79	湖北	2.86	山西	2.90
14	陕西	2.67	河北	2.78	陕西	2.83	重庆	2.86
15	江苏	2.62	广东	2.74	广东	2.79	江西	2.84
16	湖南	2.62	陕西	2.73	重庆	2.75	江苏	2.79

续表

排序	2002 年		2006 年		2008 年		2013 年	
	省份	结构熵	省份	结构熵	省份	结构熵	省份	结构熵
17	黑龙江	2.58	湖北	2.72	安徽	2.74	海南	2.77
18	山东	2.54	安徽	2.64	天津	2.69	广东	2.76
19	四川	2.54	重庆	2.59	甘肃	2.65	天津	2.75
20	山西	2.53	江苏	2.54	河北	2.64	四川	2.75
21	辽宁	2.48	四川	2.53	江苏	2.64	甘肃	2.75
22	宁夏	2.44	海南	2.48	四川	2.64	内蒙古	2.71
23	天津	2.38	黑龙江	2.47	黑龙江	2.62	宁夏	2.68
24	内蒙古	2.02	天津	2.44	海南	2.14	陕西	2.60
25	贵州	1.72	甘肃	2.35	贵州	2.13	河北	2.58
26	甘肃	1.60	新疆	2.12	宁夏	2.00	河南	2.52
27	青海	1.54	宁夏	2.10	内蒙古	1.99	吉林	2.02
28	海南	1.54	内蒙古	1.93	新疆	1.88	青海	2.01
29	新疆	1.42	吉林	1.83	吉林	1.73	黑龙江	1.64
30	西藏	1.35	青海	1.55	青海	1.31	新疆	1.63
31	吉林	1.30	西藏	0.73	西藏	0.99	西藏	1.44

资料来源：笔者根据中国海关数据库（2000～2013 年）计算而得。数据不包括香港特别行政区、澳门特别行政区、台湾地区。

象限图可以综合进口连接度和结构熵展示各省份的进口多样化水平，可将各省份划分为四类（见图 5－31）。在 2002 年，北京、广东、浙江、上海、江苏等省份位于第一象限，说明这些地区从更多的来源国进口产品，而且进口结构熵高，说明从不同国家进口产品的进口额分布较平均；西藏、青海、甘肃、贵州等省份位于第三象限，说明这些地区从更少的地区进口产品，且进口集中度较高；云南、重庆、江西、湖北等省份位于第二象限，说明这些省份从较少国家进口产品，但进口结构熵较高，进口额分布较为平均。对比 2002 年及 2013 年进口象限图，2013 年图中省份分布整体向右上方移动，第一象限省份数量显著增多，说明大多数省份的进口贸易伙伴数量增多且分布更加均匀。其中北京、浙江、山东、上海的进口多样化程度最高。

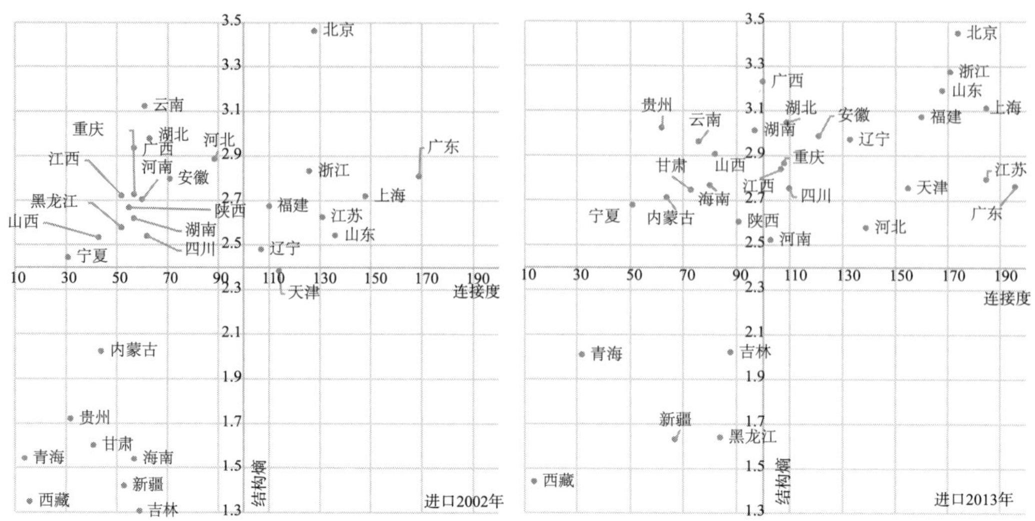

图 5－31　2002 年和 2013 年进口结构熵与连接度象限

2. 出口目的国（地区）多样化

类似地，我们计算各省份出口目的国（地区）数量，以代表年进行排序。从表 5－7 中可见，我国各省出口连接度的地理分布情况与进口连接度类似，均呈现东部地区明显高于中西部地区的格局。其中，广东、江苏、上海、浙江和山东占据出口连接度的前 5 位，这一格局在 2002～2013 年未发生变化。而西藏、青海等西部省区出口连接度相对较低，说明其出口目的国数量较少。从时间趋势上来看，2002～2013 年，我国各省份出口连接度大多呈现上升趋势，其中，东部地区的上升趋势较弱，而中西部地区的上升趋势较为明显，说明随着对外开放的深化，中西部地区也开始开拓国际市场，并呈现明显的增长形势。部分省区在 2006～2008 年连接度下降，包括福建、广东、河北、河南、江西、吉林、辽宁、山东、上海、山西、浙江 11 个省份。总体而言，出口连接度下降省份个数多于进口情况。

表 5－7　　2002 年、2006 年、2008 年、2013 年各省区出口目的地连接度

排序	2002 年		2006 年		2008 年		2013 年	
	省份	连接度	省份	连接度	省份	连接度	省份	连接度
1	广东	214	广东	217	广东	212	浙江	213
2	江苏	206	浙江	217	浙江	211	江苏	210
3	上海	203	江苏	214	江苏	209	广东	209
4	浙江	203	山东	214	山东	207	山东	207
5	山东	199	上海	213	上海	205	上海	205

续表

排序	2002 年		2006 年		2008 年		2013 年	
	省份	连接度	省份	连接度	省份	连接度	省份	连接度
6	北京	195	福建	208	福建	203	福建	204
7	福建	187	河北	202	河北	201	北京	202
8	天津	177	北京	195	北京	198	天津	200
9	河北	169	天津	190	天津	197	河北	199
10	辽宁	167	安徽	188	安徽	193	四川	196
11	安徽	164	辽宁	188	湖北	185	安徽	193
12	四川	160	河南	182	辽宁	185	湖北	192
13	河南	156	湖北	177	河南	181	重庆	190
14	湖北	148	四川	172	黑龙江	180	辽宁	190
15	湖南	146	江西	171	四川	180	河南	189
16	陕西	146	湖南	170	湖南	173	江西	184
17	重庆	138	广西	168	重庆	169	湖南	184
18	广西	135	重庆	166	江西	169	广西	177
19	江西	128	山西	155	广西	168	陕西	168
20	吉林	125	黑龙江	153	陕西	154	新疆	167
21	黑龙江	117	陕西	146	山西	146	山西	162
22	海南	108	吉林	144	吉林	138	黑龙江	154
23	山西	107	新疆	127	内蒙古	137	贵州	153
24	云南	104	云南	125	新疆	136	云南	148
25	内蒙古	97	内蒙古	123	云南	135	青海	139
26	新疆	97	甘肃	112	海南	128	吉林	139
27	宁夏	95	宁夏	107	甘肃	117	内蒙古	138
28	甘肃	86	海南	106	贵州	112	海南	135
29	贵州	67	贵州	104	宁夏	112	宁夏	131
30	西藏	54	青海	57	西藏	72	甘肃	130
31	青海	53	西藏	37	青海	66	西藏	90

资料来源：笔者根据中国海关数据库（2000～2013 年）计算而得。数据不包括香港特别行政区、澳门特别行政区、台湾地区。

表 5－8 为我国各省份出口结构熵的分布，可以看出，我国出口结构熵的空间分布没有明显规律，且部分地区的出口结构熵随时间波动较大，2002 年安徽、重庆、陕西、浙江、北京居前五位；甘肃、广东、青海、西藏、海南居后五位。2013 年北京、安徽、浙江、河北、贵州居前五位；海南、西藏、黑龙江、广东、云南居后五位。其中，北京、贵州、青海、内蒙古等地结构熵在 2002～2013 年内明显上升，而云南、黑龙江、上海、陕西等地出现了结构熵明显下降。对比 2002 年和 2013 年出口结构熵，2013 年较多省份实现了出口结构熵增加，特别是山东、湖北、贵州、宁夏增长幅

度最高。然而有部分省份出口结构熵出现了下降，如重庆、云南、湖南、河南，说明了我国各省份的出口多样化程度总体上呈现上升趋势，但其在地理上的分布并不均衡。

表 5-8　　2002 年、2006 年、2008 年、2013 年各省份出口结构熵

排序	2002 年		2006 年		2008 年		2013 年	
	省份	结构熵	省份	结构熵	省份	结构熵	省份	结构熵
1	安徽	3.49	重庆	3.67	北京	3.88	北京	3.74
2	重庆	3.38	北京	3.64	安徽	3.83	安徽	3.67
3	陕西	3.35	安徽	3.61	重庆	3.81	浙江	3.65
4	浙江	3.34	河北	3.54	河南	3.72	河北	3.63
5	北京	3.32	湖北	3.47	浙江	3.67	贵州	3.59
6	河北	3.22	四川	3.42	河北	3.63	湖北	3.51
7	河南	3.16	浙江	3.40	湖北	3.61	山东	3.42
8	山西	3.15	广西	3.37	湖南	3.48	宁夏	3.42
9	湖南	3.13	河南	3.36	四川	3.38	内蒙古	3.31
10	广西	3.12	江西	3.32	广西	3.36	青海	3.27
11	湖北	3.03	陕西	3.28	江西	3.34	甘肃	3.26
12	江西	2.95	湖南	3.26	山东	3.34	福建	3.25
13	云南	2.92	山西	3.25	天津	3.33	天津	3.24
14	江苏	2.91	吉林	3.20	内蒙古	3.30	广西	3.24
15	宁夏	2.87	内蒙古	3.18	江苏	3.30	山西	3.23
16	山东	2.84	贵州	3.18	云南	3.28	江西	3.23
17	贵州	2.79	山东	3.17	吉林	3.28	江苏	3.18
18	上海	2.75	江苏	3.09	黑龙江	3.28	吉林	3.17
19	福建	2.72	宁夏	3.03	福建	3.28	新疆	3.06
20	内蒙古	2.72	福建	3.01	贵州	3.27	河南	3.05
21	新疆	2.70	云南	3.01	陕西	3.20	湖南	3.03
22	四川	2.66	上海	2.99	上海	3.19	重庆	3.02
23	吉林	2.65	辽宁	2.92	宁夏	3.17	辽宁	3.02
24	黑龙江	2.61	天津	2.91	山西	3.13	陕西	2.92
25	天津	2.57	黑龙江	2.77	辽宁	3.05	上海	2.91
26	辽宁	2.38	广东	2.51	甘肃	2.95	四川	2.89
27	甘肃	2.36	海南	2.40	广东	2.79	海南	2.78
28	广东	2.35	甘肃	2.39	海南	2.75	西藏	2.77
29	青海	2.31	青海	1.87	西藏	2.67	黑龙江	2.73
30	西藏	1.84	新疆	1.85	新疆	2.07	广东	2.65
31	海南	1.75	西藏	0.99	青海	2.01	云南	2.46

资料来源：笔者根据中国海关数据库（2000～2013 年）计算而得。数据不包括香港特别行政区、澳门特别行政区、台湾地区。

本研究进一步结合出口结构熵和出口连接度两个维度考察各省出口多样化（见图5－32）。在2002年，浙江、北京、河北、江苏等省份位于象限图第一象限，说明这些省份具有多样化的出口市场，且在不同目的地之间的出口额分布较为均衡；西藏、海南、甘肃、青海位于象限图左下角，说明其出口市场少而集中；辽宁、广东位于象限图右下角，说明这两个省份出口目的地多，但对个别市场的出口额占比较大，如广东出口中国香港占比较高；贵州、宁夏、甘肃、内蒙古、青海、吉林位于象限图左上角，说明其出口目的地少，出口额在不同目的地的分布更平均。对比2002年和2013年出口象限图，各省份分布整体向右上方移动，说明我国整体出口目的国增多，出口市场多样化，且出口额分布更平均，其中北京、浙江、河北、安徽、湖北出口多样化程度最高。

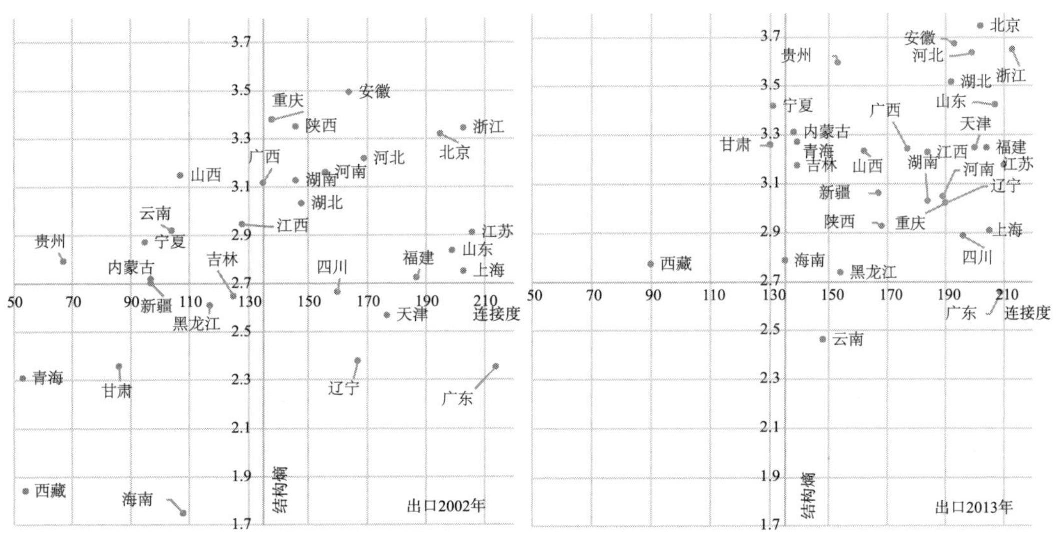

图5－32　2002年和2013年出口结构熵与连接度象限

（三）中国贸易地理结构聚类分析

1. 进口来源地结构聚类分析

本研究运用平均值的K均值聚类分析方法以及计算所得的各省份不同来源区划进口额占比进行聚类分析，分别将2002年和2013年各省份分为7类。按照2002年和2013年不同类别进口来源地结构的相似性重新命名，两年中结构相似的命名为同一组，若无相似种类，则单独命名为一类，共得到8个类型（A—H），如表5－9以及图5－33、图5－34所示。

表 5-9　　　　2002 年及 2013 年进口来源地结构聚类结果

类别	主要进口结构特征	2002 年该类别省份	2013 年该类别省份
A	各区域进口占比均衡	安徽、北京、重庆、广西、河北、河南、湖北、江西、宁夏、山西、云南	重庆、福建、湖北、辽宁、内蒙古、宁夏、陕西、山东、上海、四川、天津、云南、浙江
B	东亚占比最高，均值达 60%	福建、广东、贵州、湖南、江苏、辽宁、山东、上海、四川、天津、西藏、浙江	广东、河南、江苏
C	大洋洲占比、拉丁美洲占比均属 8 类中最高	甘肃	安徽、甘肃、广西、河北、湖南、江西、山西
D	北欧和西欧占比最高，均值超过 60%	吉林、陕西	吉林、西藏
E	东欧占比最高	黑龙江、内蒙古	黑龙江
F	中亚、西亚和南亚占比最高，超过 70%	新疆	新疆
G	各区域占比均衡，中亚西亚和南亚占比在 8 类中排第二，非洲占比属 8 类中最高	—	北京、贵州、海南、青海
H	北美占比最高，均值达 48%	海南、青海	—

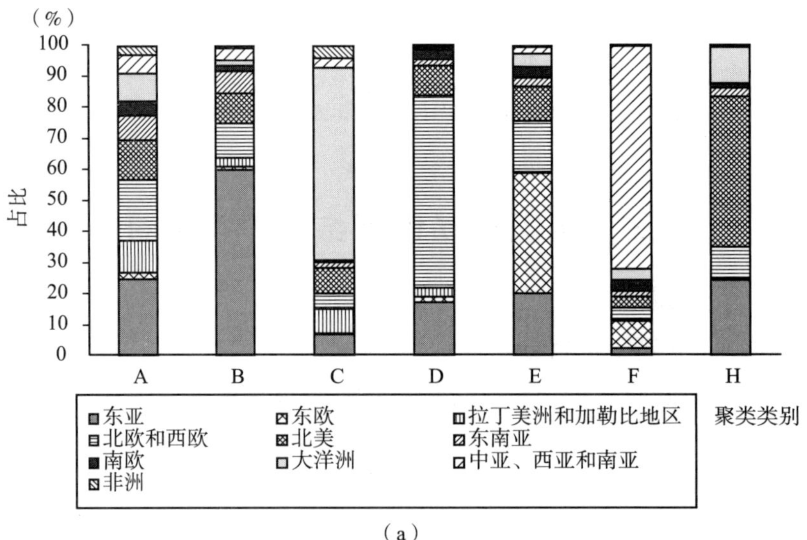

(a)

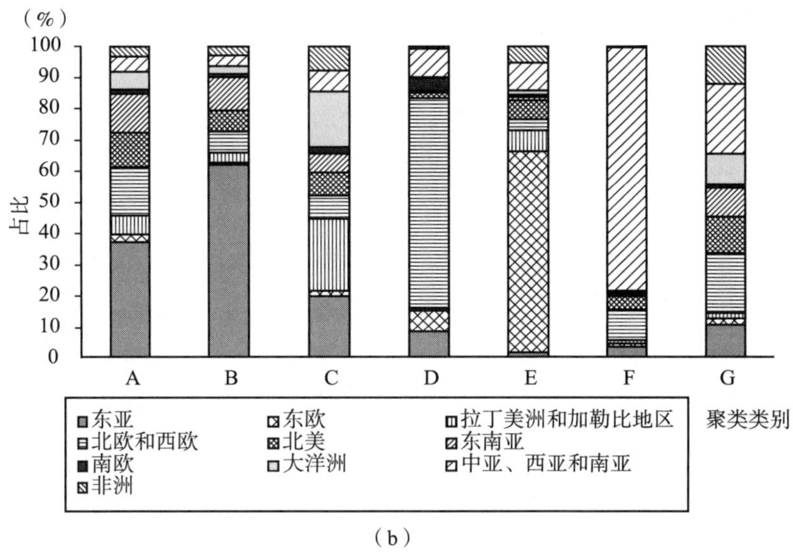

(b)

图5－33　各聚类类别的进口来源地结构（a为2002年，b为2013年）

资料来源：笔者根据中国海关贸易数据库（2000～2013年）计算而得。数据不包括香港特别行政区、澳门特别行政区、台湾地区。

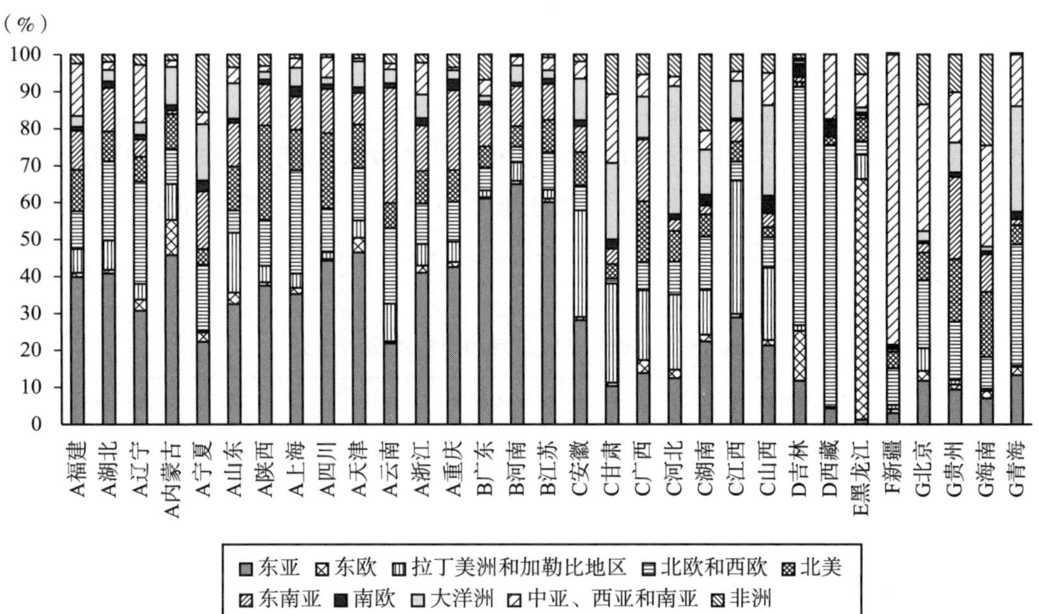

图5－34　2013年各省份进口来源地结构按聚类类别排序

资料来源：笔者根据中国海关贸易数据库（2000～2013年）计算而得。数据不包括香港特别行政区、澳门特别行政区、台湾地区。

2002年的进口聚类结果分为2个大类和5个小类。A类省份主要为中部地区以及西部地区的云南和广西，由图5－33左侧的类别A可看出，其进口结构特征为各来源地市场占比最为平均，代表省份（根据 K 均值聚类最终聚类中心得出）为河北和河南。B 类有 12 个省份，数量最多，主要为华东地区及西南地区。其进口结构特征为东亚占比最高，平均占比59.72%，代表省份为山东和福建。E 类为内蒙古和黑龙江，其特征为东欧占比最高，平均占比 38.69%。

2013 年聚类结果分为 4 个大类和 3 个小类。A 类有 13 个省份，数量最多，地理分布较为分散。A 类进口结构较为均匀，东亚地区占比较高，代表省份（根据 K 均值聚类最终聚类中心得出）为浙江和湖北。B 类包括广东、江苏、河南，其进口结构特征为东亚地区占比最高，平均占比 61.97%。C 类有 7 个省份，主要为中部地区。其进口结构特征为大洋洲、拉丁美洲和加勒比地区占比最高，平均占比分别为 17.81%、23.28%，代表省份为山西和安徽。

2002～2013 年，中国进口地理结构聚类结果变化较大，且 2013 年各类型省份的国内区域分布特征不如 2002 年明显（见图 5－34）。B 类省份数量大幅度减小，说明 2013 年东亚地区进口集中度较高的省份减少。C 类省份数量大幅增加，由 2002 年的 1 个增加到 2013 年的 7 个。A 类和 G 类皆属各区域占比均衡，这两类省份数量均发生显著增长，可见各省份进口多样化水平有所提高。

2. 出口目的地结构聚类分析

相似地，对出口目的地结构进行聚类分析，得到结果如表 5－10 以及图 5－35、图 5－36。结果中可以分别将 2002 年和 2013 年各省区分为 7 类。按照 2002 年和 2013 年不同类别出口目的地结构的相似性重新命名，两年中结构相似的命名为同一组，若无相似种类，则单独命名为一类，共得到 8 个类型（A—H）。

表 5－10　　2002 年及 2013 年出口目的地结构聚类结果

类别	主要出口结构特征	2002 年该类别省份	2013 年该类别省份
A	北美、北欧、西欧占比在 8 种类型中最高，各区域较均衡	福建、江苏、上海、四川、天津	安徽、北京、重庆、福建、甘肃、广西、河北、河南、湖北、江苏、宁夏、山东、上海、山西、四川、天津、浙江
B	东亚占比高，其他区域较平均	广东、湖北、湖南、江西、吉林、辽宁、内蒙古、青海、山东	广东、湖南、江西、吉林、辽宁、内蒙古、青海、陕西
C	各大区域占比十分均衡，没有突出区域	安徽、北京、重庆、广西、贵州、河北、河南、宁夏、陕西、山西、浙江	贵州
D	东亚、东南亚占比之和超过 70%	甘肃、云南	海南、云南
E	东欧占比在 8 种类型中最高	黑龙江	黑龙江

续表

类别	主要出口结构特征	2002 年该类别省份	2013 年该类别省份
F	中亚、西亚、南亚占比过半	新疆、西藏	新疆
G	东南亚占比均值为 50%，其他区域均衡	—	西藏
H	东亚占比极高，超过 75%，其他区域均衡	海南	—

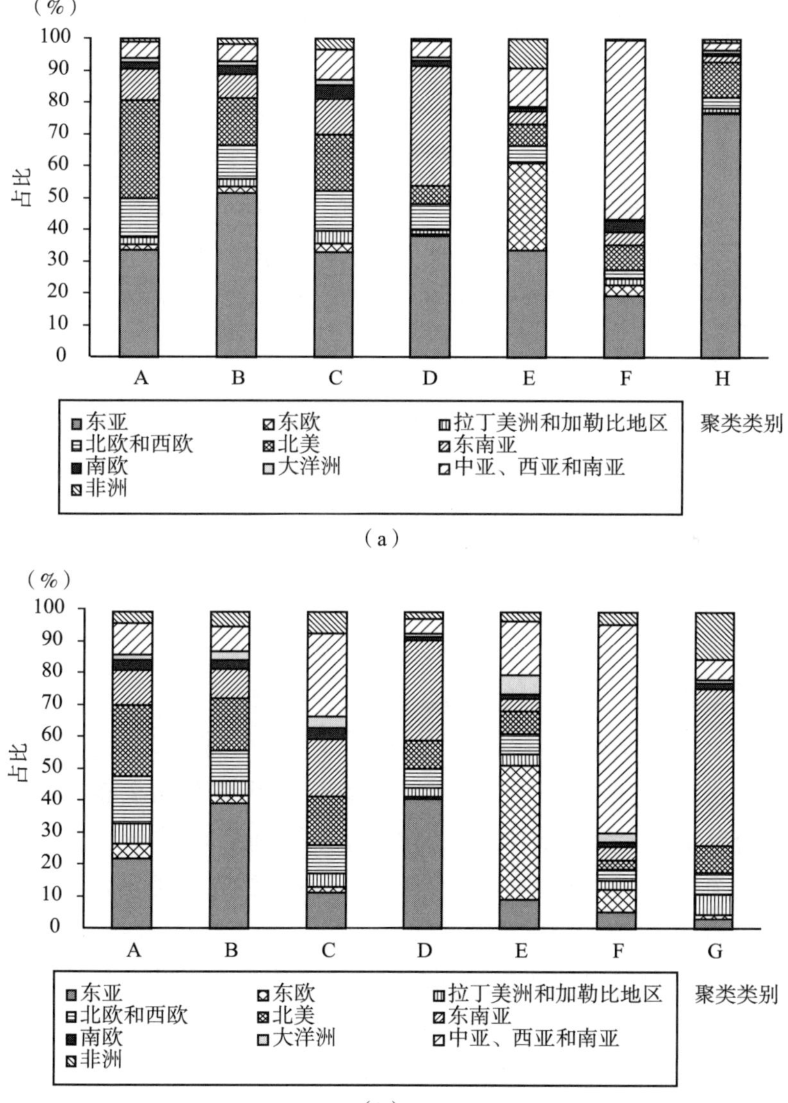

图 5-35 各聚类类别的出口目的地结构（a 为 2002 年，b 为 2013 年）

资料来源：笔者根据中国海关贸易数据库（2000～2013 年）计算而得。数据不包括香港特别行政区、澳门特别行政区、台湾地区。

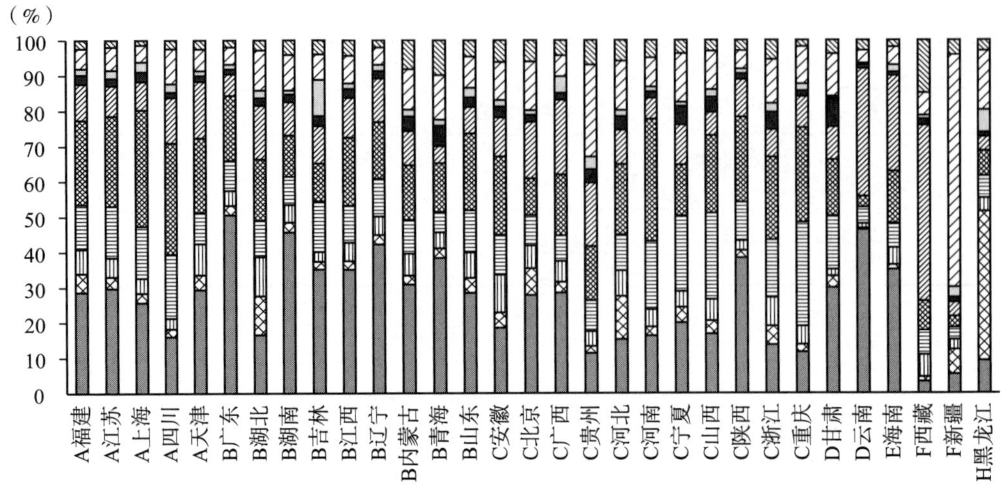

图 5－36　2013 年各省份出口目的地结构按聚类类别排序

资料来源：笔者根据中国海关贸易数据库（2000～2013 年）计算而得。数据不包括香港特别行政区、澳门特别行政区、台湾地区。

2002 年出口目的地结构聚类将所有省份为 3 大类和 4 小类。A 类为东部地区的天津、江苏、上海、福建和西部地区的四川省。由图 5－35 左侧的类别 1 可看出，这 5 个省份出口至北美、北欧、西欧占比最高，出口至北美平均占比为 31.01%，出口至北欧和西欧平均占比为 15.50%。B 类包含 9 个省份，地理分布较为分散，代表省份（根据 K 均值聚类最终聚类中心得出）为江西和辽宁。其出口结构特征为各目的地比重较为均匀，东亚地区占比均值为 51.38%。C 类包含 11 个省份，数量最多，代表省份为安徽、宁夏和北京，其出口特征为各目的地占比最为平均。

2013 年出口目的地结构聚类结果分为 2 大类和 5 小类。A 类主要是华东、华中地区及西部少数省份，包含 17 个省份，数量最多，代表省份为安徽、山东和福建。B 类包含 8 个省份，主要为南部的广东、湖南、江西和北部的陕西、内蒙古、辽宁等省份，地理分布较为分散。其出口特征为东亚地区占比较高，平均占比为 39.52%，各目的地占比较为均匀。

2002～2013 年，出口目的地聚类分析的省份分类变化较小。B 类数量由 9 个变为 8 个，且东亚地区平均占比由 51.38% 降至 39.52%。根据出口目的地结构柱状图（见图 5－36），各类型出口结构普遍更加均衡，出口至东亚地区所占比例普遍下降，出口至中亚、西亚和南亚地区占比普遍上升。

七、小结

改革开放以来，世界经济贸易经历了多轮发展和衰退的周期性调整，世界货物贸易基本呈现波动上涨的趋势。其中，在西方发达经济体经济滞胀的20世纪80年初期、亚洲金融危机的20世纪90年代末期、2008年金融危机这三个时间段内，世界货物贸易陷入明显衰退。而在20世纪80年代中期、伴随我国加入WTO的21世纪第一个十年这两个时间段内，世界货物贸易蓬勃发展。

新兴和发展中国家货物贸易出口占世界比重经历了1978～1990年的下降阶段和1990年之后的上升阶段，其中大多数区域出口额占世界比重变化幅度不大，仅新兴和发展中亚洲国家占世界比重增长幅度较大，其中最明显的是中国、印度、泰国、马来西亚。同期发达国家出口占比整体下降，仅韩国等少数国家有所上升。排在世界货物贸易额前列的基本都为传统资本主义强国，特别是美国、德国、日本、法国地位最稳固，只有新兴的中国和韩国在近年来挑战了其地位。中国对外贸易的发展是20世纪80年代以来国际贸易格局的重要变化。

改革开放以来国际国内形势错综复杂，对外贸易发展呈现鲜明的阶段性特征。我国货物出口贸易的产品结构发生重大变化，初级产品出口额比重迅速下降，工业制成品成为我国的支柱出口产品。我国货物进口贸易的产品结构变动相对较小，工业制成品常年在60%至80%之间波动。

改革开放以来，我国与世界各国和地区逐渐建立了广泛的贸易联系，对外贸易进出口市场逐渐多样化，主要出口市场为亚洲、欧洲、北美洲，非洲、拉丁美洲、大洋洲及太平洋群岛的占比显著提高。我国与各大洲的进口情况与出口情况相似，主要进口市场为亚洲。我国重要出口市场基本为美国、欧盟及亚洲国家和地区。日本、德国、美国、韩国、中国台湾是我国主要进口目的地。

改革开放以来我国各区域间对外贸易规模呈现由东向西梯次递减的特征，区域间差异经历了先扩大后缩小的过程。东部地区作为我国对外开放的前沿阵地，具有对外贸易的政策和区位优势。金融危机以来，中西部出口和进口贸易占全国的比重上升，东北地区占比持续下降。而且出口和进口的市场多样化水平不断提升，但是不同省份的出口和进口市场存在一定的差异性。

随着中国经济发展进入新常态，经济发展模式转向高质量发展。在国际贸易保护主义抬头的背景下，以及“一带一路”倡议推动下，我国的国际贸易也将走向内涵式发展，进出口产品结构将不断优化，贸易市场也将继续多元化，我国在国际贸易网络中将发挥更大的组织作用。

参考文献

［1］傅自应. 2008. 中国对外贸易三十年. 中国财经出版社.

［2］贺灿飞. 2017. 转型经济地理研究. 经济科学出版社.

［3］洪俊杰，商辉. 2018. 中国开放型经济发展四十年回顾与展望. 管理世界，34（10）：33－42.

［4］李坤望，刘重力. 2000. 经济全球化：过程，趋势与对策. 经济科学出版社.

［5］刘军. 2004. 社会网络分析导论. 社会科学文献出版社.

［6］刘卫东. 2015. “一带一路”战略的科学内涵与科学问题. 地理科学进展，34（5）：538－544.

［7］裴长洪，刘洪愧. 2017. 中国怎样迈向贸易强国：一个新的分析思路. 经济研究，52（05）：26－43.

［8］裴长洪，王万山. 2009. 共和国对外贸易 60 年. 人民出版社.

［9］石广生. 2013. 中国对外经济贸易改革和发展史. 人民出版社.

［10］徐复. 2018. 中国对外贸易（第 3 版）. 清华大学出版社.

［11］张群. 2015. 中国货物贸易结构演进研究. 东北师范大学.

［12］张亚斌，范子杰. 2015. 国际贸易格局分化与国际贸易秩序演变. 世界经济与政治，（3）：30－46.

［13］郑桂环. 2010. 中国进出口贸易分析与预测. 科学出版社.

第六章
地缘关系与出口贸易增长

一、引言

20 世纪 80 年代以来，在跨国公司推动下，经济全球化快速推进。在全球范围内，商品、知识、技术和资本流动性不断增强。21 世纪初我国成功“入世”进一步拉动全球直接投资和贸易的快速扩张。与此同时，出口成为带动我国经济增长和产业发展的“三驾马车”之一。

传统贸易理论从宏观层面解释国家和区域之间的贸易格局，新贸易理论为出口增长提供了微观解释。新贸易理论强调出口企业在本地知识溢出和技术扩散的外部性作用下，为实现规模经济，进入国际市场并扩大出口贸易规模（Krugman，1979；Ottaviano et al. ，2002）。新新贸易理论细化到企业层面，指出企业必须支付固定沉没成本才能顺利进入出口市场并扩大市场规模（Melitz，2003；Baldwin et al. ，2007）。然而，随着全球经济形势下滑和政治经济形势变化，一些国家极尽所能采用关税和非关税手段保护本国产业，单边主义和新贸易保护主义抬头。在这种背景下，包括地缘关系在内的非经济因素对企业出口决策和国家出口增长将具有重要影响。

现有研究指出，地缘关系影响贸易流向和贸易规模，对于全球贸易格局重构具有显著作用（蓝庆新、韩羽来，2016；Gawarkiewicz & Tang，2017）。地缘关系的影响在早期主要体现为政治和军事冲突或合作（Dixon & Moon，1993；Simmons，2005）。随着和平与发展成为新世纪的主旋律，经济、文化、生态等因素逐渐进入地缘关系的内涵之中（杨吾扬，1992；胡志丁等，2013）。基于地理学空间视角，一般认为地缘关系是以地理要素为基础形成的国家之间的联系，是地缘政治关系、地缘经济关系、地缘文化关系的总和（王士君、陈才，2003；胡志丁等，2013；秦奇等，2018）。国际贸易是国家（地区）之间经济联系的主要形式，一直都是地缘关系研究关注的领域（Lim，2010；Wong，2013），然而目前学者对地缘关系的研究大多数集中于定性描述或案例分析，缺乏系统的定量研究地缘关系对经济活动的作用机制的分析和探讨（杨文龙等，2016）。本章将构建多维地缘关系指标体系，并定量探讨地缘关系对我国出口的影响。

二、地缘关系与出口贸易增长

（一）从地缘政治到多维地缘关系

关于“地缘”较为正式的研究最早起始于19世纪，在这一时期，旧世界基本被各大资本主义国家瓜分为殖民地。一方面，以殖民扩张掠夺原材料和市场的资本主义发展方式已经达到顶峰，需要为近四百年的资本主义扩张史提供一个理论总结；另一方面，资本主义发展方式悄然转型，各大资本主义强国各自掠夺殖民地的发展方式已不再可行，向帝国主义转型和直接政治、经济、武装冲突已不可避免，如何在这种竞争形势中获取优势和胜利，也亟须相应的理论作为参考。因此，以探讨地缘关系为导向的地缘政治学应运而生。

早期对地缘关系的探讨，即是地缘政治学围绕国家如何争夺生存空间展开的研究。马汉（Mahan，1890）发现制海权是国家能够发展、繁荣的关键所在，控制海洋的国家能够成为世界强国，而控制海洋的关键在于控制世界主要的海上通道，如重要航线和海峡等。随后，麦金德（Mackinder，1902）提出“陆权论”，将世界划分为三大地带，即心脏地带、内新月形地带、新月形地带，认为“谁统治东欧，谁就能主宰心脏地带；谁统治心脏地带，谁就能主宰世界岛；谁统治了世界岛，谁就能主宰全世界”。在早期的重要理论提出约10年之后，世界就连续爆发了两次为争夺生存空间而展开的世界大战，其间世界最强大的国家德国、美国的学者如豪斯霍费尔（Haushofer）、斯派克曼（Spykman）等也分别从各自国家的视角对早期地缘政治理论进行了补充和发展，但都没有跳出帝国主义国家争夺生存空间的思维方式，从政治和军事的视角讨论地缘关系发挥的作用。

冷战结束开启了地缘关系研究的新篇章，一超多强的世界格局和经济全球化的深入发展提供了丰富的想象空间（O'Loughlin & Anselin，1996）。总结第二次世界大战结束至冷战结束初期的地缘政治学理论可以发现，新理论的主要变化是实现了从国家中心论到世界多极论的转变，对于地缘关系的探讨不再局限于地理视角下的政治层面，制度、文化和经济等多元因素逐渐成为这一话题下的新热点（Huntington，1993；Brzezinski，1997），地缘政治学也融入了更多经济、文化、生态方面的理论，乃至形成新的分支学科。

从国际地缘政治学的发展历程来看，研究者对地缘因素考虑日趋多元化，综合纳入了政治、经济、文化、生态等因素。以国家（地区）间地缘距离、地缘流量等地缘要素为基础的国家（地区）之间的地缘政治、地缘经济、地缘文化等关系构成的地缘关系体系成为地缘政治学研究的底层内容（王惠文等，2018）。

（二）地缘关系影响下的出口贸易

尽管国际贸易作为国家间经济联系的主要纽带之一，近年来受到诸多来自不同领域学者的关注和研究，但是基于地缘关系视角的探讨并不多见。樊华等（2013）利用出口贸易结合度指数和地理集中度指数刻画了中国出口贸易格局，发现了中国贸易流向受到地缘因素的影响。孟德友等（2015）提出资源产品和工业制成品在中国地缘经济格局中扮演着极其关键的作用。这类研究中对于地缘因素的分析探讨一般只停留在表层，缺少对于地缘因素内涵的进一步讨论，也缺乏直接的实证支持（杨文龙等，2016）。

从地缘关系的内涵出发，现有文献中对地缘关系和出口贸易的研究可以分为两类。

其一，一些研究基于特定历史事件，探讨地缘政治因素对出口贸易的影响。切等（Che et al.，2015）基于双重差分估计法，利用中国对外贸易和“二战”期间中国损失的省份数据，研究日本侵华对中国不同省份与日本贸易的影响，结果发现在1937～1945年间死亡率越高的省区与日本的贸易越少。海尔曼（Heilmann，2016）发现2003年美国与伊拉克战争、2005～2006年穆罕默德漫画危机、2012年钓鱼岛冲突以及2014年加沙冲突四个冲突事件，分别对涉事国家间的出口贸易产生了显著的抑制作用。国家间政治关系波动对于出口贸易的影响同样体现在产业内部，查维斯和莱斯利（Chavis & Leslie，2009）发现美法冲突对法国葡萄酒在美国的销售有显著影响。富卡和沃斯（Fouka & Voth，2013）则发现德国与希腊之间的政治冲突导致当年和翌年德国汽车在希腊的出口份额减少。这种政治事件对短期双边贸易带来的影响具有普遍性。福克斯和克兰（Fuchs & Klann，2013）研究了1991～2008年159个国家对我国的出口数据，发现若国外政要接待达赖喇嘛的访问，则该国对我国的出口总额在当年会显著减少。在“一带一路”倡议提出后，中国贸易研究也涉及地缘关系问题。这些研究也针对政治因素对贸易结构（李丹、崔日明，2015；邹嘉龄、刘卫东，2016；种照辉、覃成林，2017）以及贸易增长（谢孟军，2016；刘洪铎等，2016；綦建红、孟珊珊，2016；许家云等，2017）等方面的影响进行了探讨。

其二，包括演化地理学在内的诸多研究从多元邻近性视角分析地理、文化、制度距离等涉及更广泛意义的地缘关系在双边贸易的增长中发挥的作用（Boschma et al.，2012；贺灿飞等，2017）。从地理视角来看，出口目的地与出口地在社会、经济、文化、制度方面的相似程度或相对距离在一定程度上会影响企业出口市场选择。如周（Zhou，

2011）发现地理距离、社会因素、制度差距等都对进出口贸易有显著影响。由于地理邻近能够产生知识技术溢出并降低交易成本，因此学者们断言国家（地区）间的地理邻近有利于出口活动（Brun et al.，2005；何本芳、张祥，2009；Wang & Wei，2010）。如安德森等（Anderson et al.，2003）发现无共同边界会使国家（地区）间双边贸易额减少20%～50%。在制度方面，许多学者指出相近的经济和法律制度环境会通过削弱“外来者劣势”、降低交易成本等方式促进出口（Zaheer，1995；Miura & Takechi，2014；谢孟军，2014）。罗代（Rodet，2017）将制度差异视为比较优势的重要来源，认为其为企业提供了利用制度差异从事不法活动的机会，从而对出口贸易产生激励作用。在文化方面，研究认为文化差异引起的信息不对称提高了贸易成本（Combes et al.，2005；Cyrus，2015）。戈卡曼（Gokmen，2017）使用179个国家（地区）的数据证实了文化差异对贸易的阻碍作用。

总体而言，从地缘关系的内涵出发，现有研究一方面从政治关系与政治事件切入，分析双边或多边政治关系波动对出口贸易的影响；另一方面则从多元邻近性视角出发，不局限于政治因素，更多地从地理、文化、社会、制度等方面剖析贸易双方的差异性对贸易产生的调节作用。前者关注反映政府关系波动对出口贸易带来的短期冲击，而后者则倾向于刻画两国家（地区）具有的自然地理、社会文化、制度等方面的差距，对双边贸易带来的长期效果。这正体现了地缘关系在短期和长期维度上对国家（地区）出口贸易带来的多重影响。

三、地缘关系指标体系

为了进一步探究地缘关系对中国出口贸易增长的影响，在参考现有文献的基础上，本书构建了地缘关系指标体系，定量刻画国家（地区）间地缘关系。涉及的时间范围为2001～2016年。如表6－1所示，本书构建了4个一级指标和8个二级指标来刻画地缘关系。

表6－1　　地缘关系指标体系

一级指标	二级指标	数据来源	数据描述	指标构建	排除的指标
政治关系	交往频度	GDELT	全球媒体报道中同时涉及两国（地区）的新闻数，新闻类别众多，其中与政府有关的以GOV表示	frequency	—
	亲密程度	GDELT	GDELT Project对每条新闻进行打分，分值为（－10）－10	intimacy	

续表

一级指标	二级指标	数据来源	数据描述	指标构建	排除的指标
地理关系	地理距离	CEPII	两国（地区）最大城市间的距离	distance	—
	邻接关系	CEPII	两国（地区）是否相邻	neighbor	
制度关系	经济制度距离	The Heritage Foundation	对各国（地区）的商业自由化、货币自由化、贸易自由化、投资自由化、金融自由化程度进行打分	$eco\_dist = \frac{1}{N}\sum_{g=1}^{N}((I_{g,j,t} - I_{g,c,t})^2 / Var_g)$	
	法律制度距离	The Heritage Foundation	对各国（地区）的私有产权保护程度、政府清廉程度、税收负担程度、政府支出水平进行打分	$law\_dist = \frac{1}{N}\sum_{g=1}^{N}((I_{g,j,t} - I_{g,c,t})^2 / Var_g)$	
文化关系	文化距离	Hofstede	对各国（地区）的文化特征打分，包括个人主义/集体主义、对权威的服从性、风险厌恶/偏好、男女平等程度四项数据，分值为 0 - 100	$cul\_dist = \frac{1}{N}\sum_{g=1}^{N}((I_{g,j,t} - I_{g,c,t})^2 / Var_g)$	文献中常用的共同语言、共同宗教、殖民关系等指标因中国同沿线国家基本不存在上述关系而排除
	文化影响	孔子学院	各国（地区）孔子学院的数目	con_ins	

构建的 4 个一级指标分别为刻画政府关系短期波动的政治关系与反映自然地理、制度、文化等因素差异的地理关系、制度关系和文化关系。其中，政治关系包含交往频度和亲密程度 2 个二级指标；地理关系指标包括地理距离和邻接关系 2 个二级指标；制度关系包括经济制度距离和法律制度距离 2 个二级指标；文化关系包括文化距离和文化影响 2 个二级指标。

（一）政治关系

政治关系是指中国政府和其他国家（地区）间的关系，由于在国际关系中各国（地区）正式领域的合作、竞争、冲突等主要由政府来担纲，因此这里的政治关系使用政府关系来代表。刻画政治关系的数据来自 Google 的 GDELT 项目（Global Database of Events，Language and Tone Project），该项目记录了自 1979 年以来全球各语言媒体报道的全部新闻的主要信息，包括事件涉及的国家（地区）、领域、媒体等，其中 1979 ~ 2005 年的信息以年为单位提供，2006 ~ 2013 年 3 月的信息以月为单位提供，2013 年 4 月开始的信息以天为单位提供。2015 年 4 月后该项目推出了 2.0 版本的数据，以 15 分钟为单位提供数据。GDELT 1.0 事件数据中的每条数据涉及两个行动者及其性质和所在国家（地区），并且对每一条新闻给予一个评分，范围为 -10 ~ 10 分。在参考于集轩（2017）方法的基础上，本研究重新建立筛选方法，筛选出两个行动者中有一方所在国家为中国（CHN）且性质为政府（GOV）的记录，并删除两个行动者双方所在国家都为中国的记录，共得到 986 330 条记录。

交往频度（*frequency*）。两国（地区）交往频度指标可以代表两国（地区）相互联系的情况，具体到本部分使用的数据而言，如果当年中国和任一国家（地区）之间的报道数较多，则认为中国与该国（地区）有较多互动，意味着中国可能和该国（地区）发生较多贸易。

亲密程度（*intimacy*）。中国与任一国家（地区）政府的报道的平均得分可以表征中国与该国（地区）的亲密程度指标，平均得分较高则证明中国与该国家（地区）政治关系良好，反之则代表中国与该国家（地区）政治关系较差。两国（地区）亲密程度越高，中国越倾向于向该国（地区）出口。

（二）地理关系

地理关系指标用于刻画实体空间因素影响下的地缘关系。刻画地理关系使用的数据来自 CEPII（国际信息和展望研究中心，Research and Expertise on the World Economy），其开发的全球地理信息（*geo*）和距离信息（*dist*）指标体系被全球学者所广泛采用。

地理距离（*distance*）。地理距离是中国最大城市上海与各国（地区）最大城市间的距离，单位为千米。之所以采用各国（地区）最大城市间的距离是因为本研究对象是出口贸易，各国（地区）最大城市通常在本国（地区）经济中拥有最重要的地位，因此以最大城市间的距离代表中国和各国（地区）间的距离更有针对性。一般而言，随着地理距离的上升，受制于运输成本、时间成本等因素，贸易机会下降。

邻接关系（*neighbor*）。指标采用各国家（地区）与中国是否具有地理上的相邻关系，在 CEPII 体系中，与中国有邻接关系的国家包括越南、老挝、缅甸、印度、尼泊尔、不丹、巴基斯坦、阿富汗、塔吉克斯坦、吉尔吉斯斯坦、哈萨克斯坦、俄罗斯、蒙古和朝鲜共 14 个国家，以及中国香港、中国澳门和中国台北。本文构造 0 ~ 1 虚拟变量，以 1 代表中国与这 17 个经济主体的邻接关系，与其余主体间则以 0 代表非邻接关系。

（三）制度关系

制度关系指中国与各国（地区）制度的相似性。一般认为，出口贸易更易于发生在制度相似程度更高的国家（地区）之间（Wei & Shleifer，2000；魏浩等，2010；Angkinand & Chiu，2011）。刻画制度关系的原始数据来自美国传统基金会（The Heritage Foundation），构造的经济自由度指标每年年初更新一次，对各国（地区）的经济自由度情况进行评分，共包括 12 个子评分项目和 1 个总评分。该基金会属于较右翼的阵营，因此该机构的评分实际上并不能真正地反映各国（地区）经济自由度的实际情况，不过由于评分标准统一，使用该指标的子评分构建距离指标则具有应用价值。本研究参考许家云等（2017）的做法，对指标体系进行了重新调整，构建了制度关系一级指标下的 2 个二级指标。

经济制度距离（*eco_dist*）。经济制度距离指标用于刻画中国与任一国家（地区）的经济制度相似性，用每个国家（地区）的每项指标与中国每项指标之差的平方与每项指标的方差的比值的均值来表示，即：

$$eco\_dist = \frac{1}{N}\sum_{g=1}^{N}((I_{g,j,t} - I_{g,c,t})^2/Var_g)$$

其中，I 代表所使用的指标，g、j、t 分别为指标、国家、时间的计数符号，c 代表中国。本书使用了经济自由度指标中的 5 项子项，分别为商业自由化、货币自由化、贸易自由化、投资自由化以及金融自由化程度。本研究认为，如果中国与某一个国家（地区）的经济制度距离较小，则更倾向于向该国出口，反之则不然。

法律制度距离（*law_dist*）。法律制度距离指标用于刻画中国与任一国家（地区）的法律制度相似性，用每个国家（地区）的每项指标与中国每项指标之差的平方与每项指标的方差的比值的均值的来表示，即：

$$law\_dist = \frac{1}{N}\sum_{g=1}^{N}((I_{g,j,t} - I_{g,c,t})^2/Var_g)$$

上式中符号的含义与经济制度距离构造使用的符号相同。本研究为构建该变量使用了经济自由度指标中的 4 项子评分，分别为私有产权保护程度、政府清廉程度、税收负担程度、投资自由化以及政府支出水平。本研究假设，如果中国与任一国家（地区）的法律制度距离较小，则更倾向于向该国出口，反之则不然。

（四）文化关系

文化关系指中国与任一国家（地区）在文化上的相似性以及中国文化对该国的影响力。为了刻画文化关系，本书引入了文化距离和文化影响 2 个二级指标。

文化距离（*cul_dist*）。参考许家云（2017）的做法，使用文化距离指标刻画中国与任一国家（地区）的文化相似性。数据来自 Hofstede Insights，该指标体系对全球各国（地区）的文化特征进行评估打分，指标包括个人主义/集体主义、对权威的服从性、风险厌恶/偏好、男女平等程度、长期取向与短期取向以及放纵与约束。其中前4项指标是最早采用和较为常用的指标，也是本研究用于计算文化距离的指标（Hofstede & Bond，1988；Hofstede & Minkov，2010）。计算方法为每个国家（地区）的每项指标与中国每项指标之差的平方与每项指标的方差的比值的均值，即：

$$cul\_dist = \frac{1}{N}\sum_{g=1}^{N}((I_{g,j,t} - I_{g,c,t})^2/Var_g)$$

上式中符号的含义与经济制度距离和法律制度距离构造使用的符号相同。基于与上文相同的原因，可以认为该指标排除了意识形态因素的不利影响。本研究假设，如果中国与任一国家（地区）的文化距离较小，则更倾向于向该国（地区）出口。

文化影响（*con_ins*）。改革开放以来，随着我国经济实力和国际影响力的提升，世界各国对中国文化的兴趣越来越大，我国也开始更加重视向全球推介中国文化，中国的文化影响力日益增强。因此，本研究构建文化影响指标，作为文化关系刻画的另一个维度。与谢孟军（2016）的做法相似，本研究使用来自孔子学院总部网站的孔子学院数据（不同之处是采用了历年存量数据代替最新存量的数据），并剔除了孔子课堂的数据——主要原因是后者缺少成立日期，且一般设置于中学，与主要设置于大学的孔子学院相比影响范围过小。孔子学院网站显示，最早的孔子学院于2002年成立于泰国，但孔子学院项目正式启动后最早的孔子学院于2004年成立于韩国，截至2017年末全球138个国家（地区）共成立了525所孔子学院，中国的文化影响力随着孔子学院的设立不断提升。本研究的文化影响指标使用万人均孔子学院的数量。本研究认为随着中国对各国文化影响力的增强，中国对相应国家的出口也会随之增长。

四、中国出口贸易增长格局

（一）21世纪以来中国出口贸易格局

2001年12月11日，我国正式加入世界贸易组织，成为该组织第143个成员。中国入世之后，贸易遭受大幅冲击的预期并没有发生。相反，我国对外贸易和经济都实现了多年的快速增长，出口贸易与投资、消费共同成为拉动中国经济增长的“三驾马车”。

2001年，我国对外出口总额为3 254.64亿美元，到2014年，增长为23 421.23亿美元，之后连续2年下滑至2016年的20 963.25亿美元，15年间平均增长率达15.86%。在经历了最初几年的快速增长后，除2009年受到全球经济危机的冲击出现大幅负增长外，大部分年份我国出口增长率呈现缓慢下降态势（见图6－1）。在出口增长放缓的背景下，我国出口地理布局呈现出明显的分散化过程。2001 年，前五及前十出口目的地的出口额占我国总出口比例分别达 63.21% 和 74.05%；到 2016 年，该比重分别降至 45.85% 和 59.07%。从反映出口目的地集中度的赫芬达尔—赫希曼指数（Herfindahl-Hirschman Index，HHI）看，我国出口 HHI 从 2001 年的 0.109 降至 2016 年的 0.067，出口集中度在下降。我国在传统的欧美市场和东亚出口市场的出口一直保持较高比重，同时对非洲、南美洲等国（地区）的出口出现了较为明显的增长。这些变化表明，21 世纪以来，我国对外出口在经历高速增长到降速增长的过程中，正不断寻求新的出口市场，构建结构更加合理、多元分散的出口地理新格局。

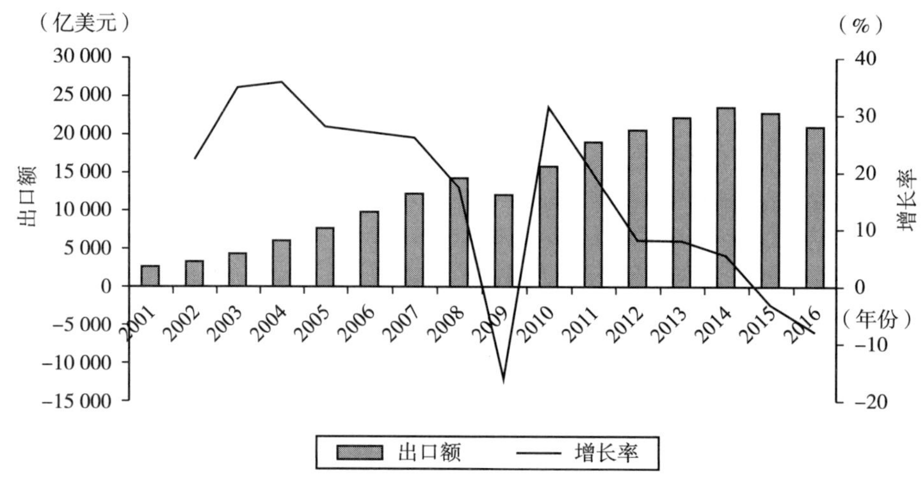

图 6－1　2001～2016 年中国出口额和增长率（现价）

资料来源：International Trade Centre，笔者整理而得。

对比世界各国（地区）需求的变化可以发现市场经济因素对中国出口的影响似乎有所下降。本书使用一国的 GDP 近似表征一个国家的经济发展水平和对进口的实际需求。2001～2016 年，与中国出口类似，世界 GDP 的集中程度也呈现出较为明显的下降趋势。2001 年，GDP 前五和前十国家占世界（不含中国）GDP 的比例分别为 63.09% 和 75.17%，与中国对出口规模前五和前十出口目的地出口占中国总出口的比例相仿；到 2016 年，上述数值下降为 51.02% 和 65.07%，与同期中国出口的集中情况出现较大差异。在加入世界贸易组织并面临更多样化贸易对象国选择的 15 年中，与纯经济因素相关的需求对中国出口的影响力逐渐下降，其他非经济因素的作用正在变得更为重要。

（二）政治关系与中国出口贸易相关性

随着全球化深入发展和全球竞争日趋激烈，政治关系越来越嵌入到国际经济和贸易竞争之中。政治关系对国际贸易的影响表现为两方面。一方面，稳定的政治关系有助于加深贸易双方的互信和理解，降低市场不确定性，为贸易创造条件；另一方面，国家（地区）间的政治合作与冲突本身可以刺激或抑制贸易，如贸易协定或贸易壁垒的设定。因此，本研究也从两个方面考察政治关系对中国出口贸易增长的影响。

国家（地区）间交往频度是考察政治关系的重要维度。国家（地区）之间交往频度越高，意味着国家（地区）间有更多的机会相互了解，信息交流能够为出口方提供更多的市场信息，从而降低出口成本。较高政府间交往频度也意味着两国频繁发生政治事件，政治因素可能在双方贸易中存在更强影响，政治关系可能存在更多的起伏和不确定性，不利于企业出口和贸易规模的平稳增长。从 2001 ~ 2016 年中国出口与交往频度的散点图来看（见图 6 - 2），出口规模和交往频度可能存在正相关关系，较高的交往频度有利于中国企业出口该国（地区）。

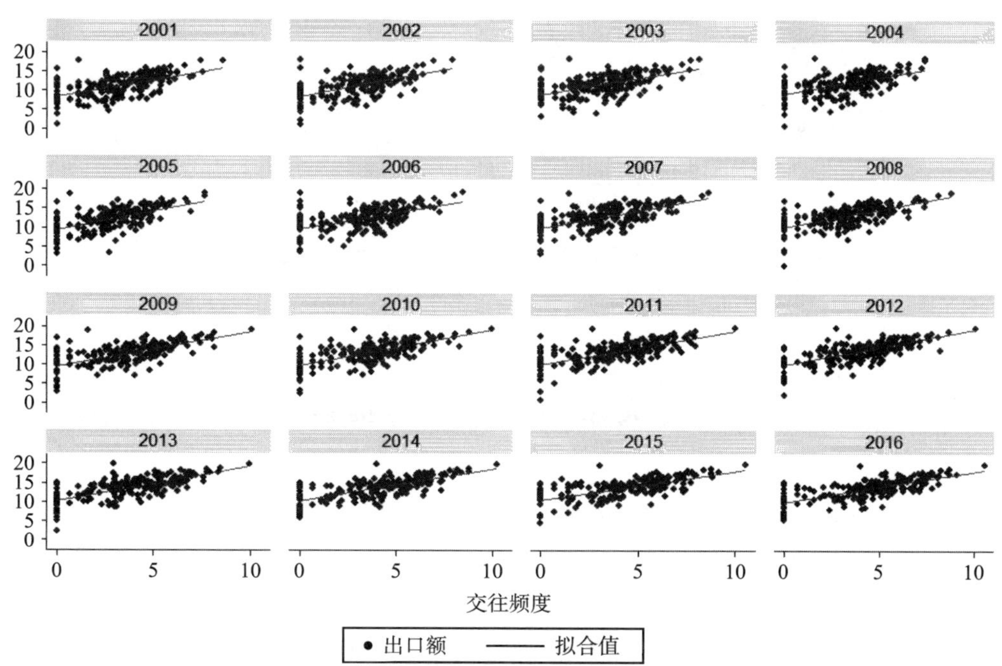

图 6 - 2　2001 ~ 2016 年中国出口与交往频度之关系（对数处理）

资料来源：GDELT，International Trade Center，笔者整理而得。

国家（地区）间亲密程度是对政治关系更加直接的刻画。在政治关系中，两国（地区）亲密程度越高，越可能促进双边贸易，反之则可能阻碍贸易。但是从2001～2016年中国出口与亲密程度之间的散点图来看（见图6－3），两者的关系并不稳定，没有显著的相关关系，这意味着贸易双方的政治亲密程度与出口增长可能存在更复杂的关系。因此，在未控制其他可能影响因素的情况下，无法确认亲密关系变化对中国出口的影响。

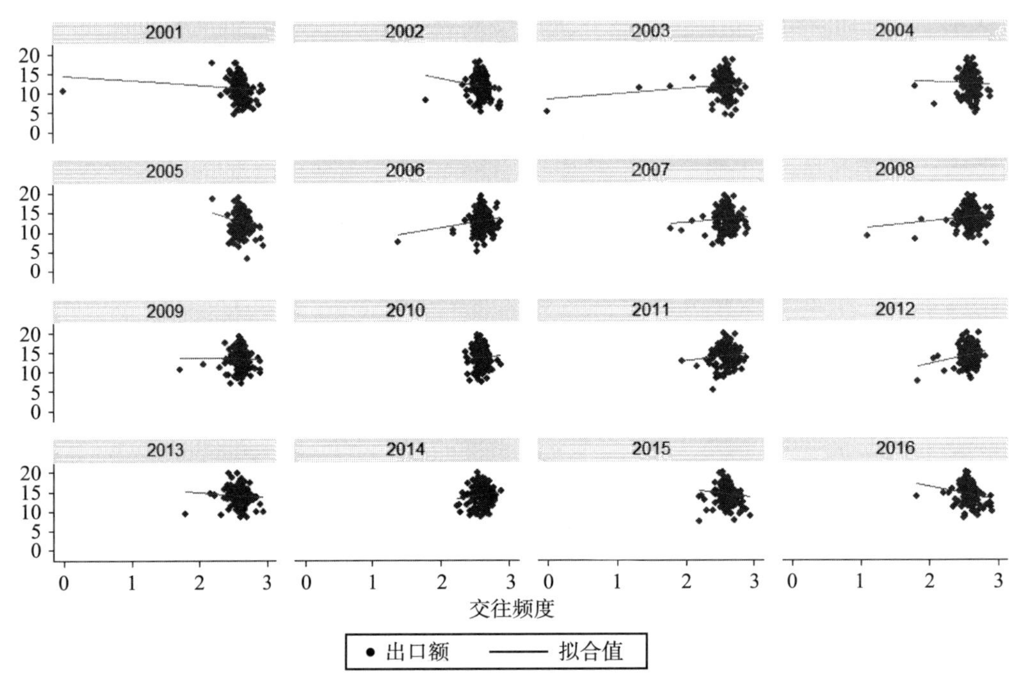

图6－3　2001～2016年中国出口与亲密程度之关系（对数处理）

资料来源：GDELT，International Trade Center，笔者整理而得。

（三）地理关系与中国出口贸易相关性

地理关系反映了最直接的国家间地缘关系。经济活动联系强度一般随着距离的增加而减弱，其原因包括交通、通信成本的上升、人们相互了解程度的下降等。对于中国的出口，随着距离上升，运费等成本提升会显著削弱产品竞争力，而了解程度下降和产品功能的不匹配也会导致需求减少。图6－4为2001～2016年中国出口与地理距离的关系，显示随着距离的增加，中国对各国（地区）出口呈现显著减少的趋势。

国家（地区）间邻接关系是非常特殊的地理关系。一方面，地理邻接意味着两国（地区）距离很近，在经济联系随地理距离增加衰减的前提下，两国（地区）的经济联系应该尤为紧密；另一方面，邻近国家（地区）的关系远比简单的地理距离复杂得多，邻接区域之间可能存在各种历史和现实的渊源，彼此了解程度更高，可能的冲突、合作契机都会更多。从 2001～2016 年中国出口与邻接关系的散点图可以看出（见图 6－5），邻接关系对中国出口的影响主要是正向的，但考虑到邻接关系以 0～1 虚拟变量表示，且邻接国家经济发展水平在国际上基本都在中等以上，邻接关系的影响有待进一步验证。

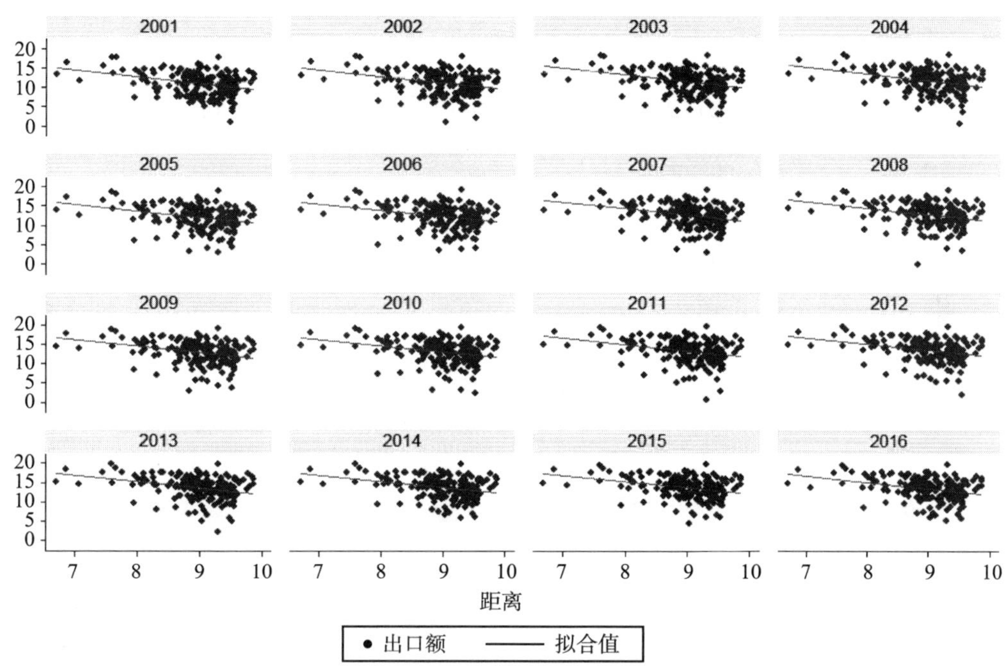

图 6－4　2001～2016 年中国出口与地理关系的相关性（对数处理）

资料来源：CEPII，International Trade Center，笔者整理而得。

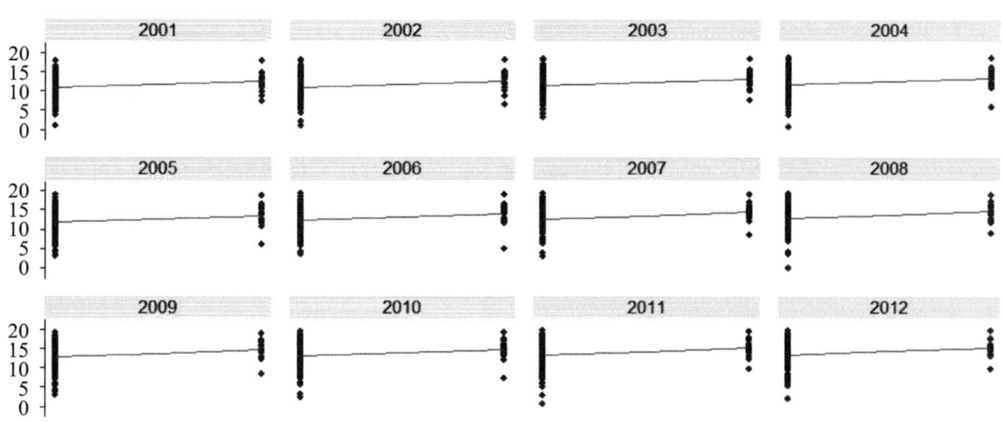

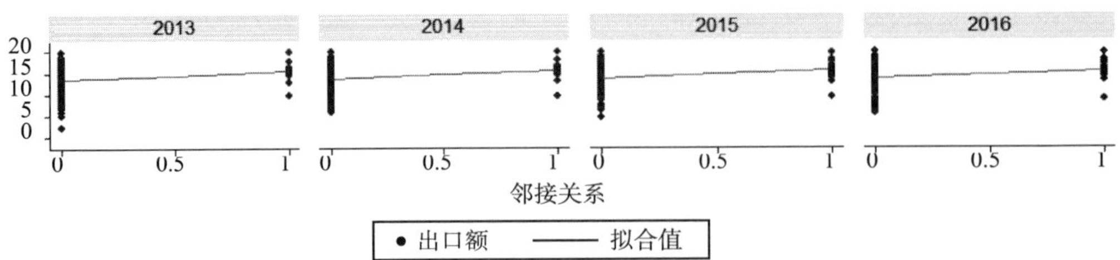

图 6－5　2001～2016 年中国出口与邻接关系的相关性（对数处理）

资料来源：CEPII，International Trade Center，笔者整理而得。

（四）制度关系与中国出口贸易相关性

制度因素可能构成出口的动因或障碍。两国间较小的制度差异为商品交易带来稳定性，减少出口方的“外来者劣势”，从而降低贸易双方沟通成本，有利于出口增长。图 6－6 和图 6－7 为 2001～2016 年中国出口与经济制度距离和法律制度距离的散点图，如图所示，中国出口与经济制度距离和法律制度距离均正相关。

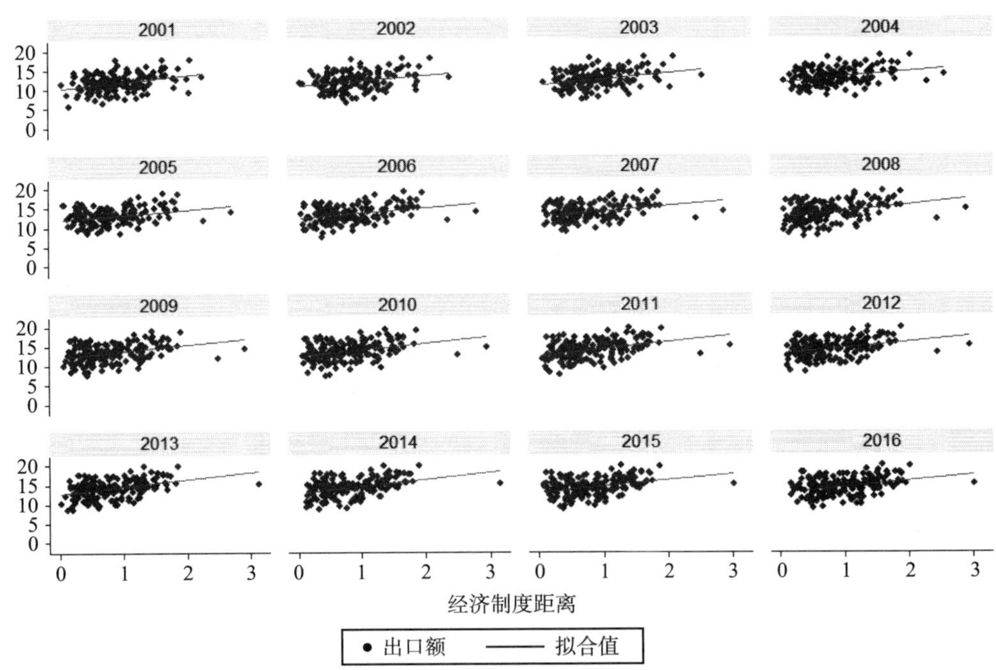

图 6－6　2001～2016 年中国出口与经济制度距离之关系（对数处理）

资料来源：The Heritage Foundation，International Trade Center，笔者整理而得。

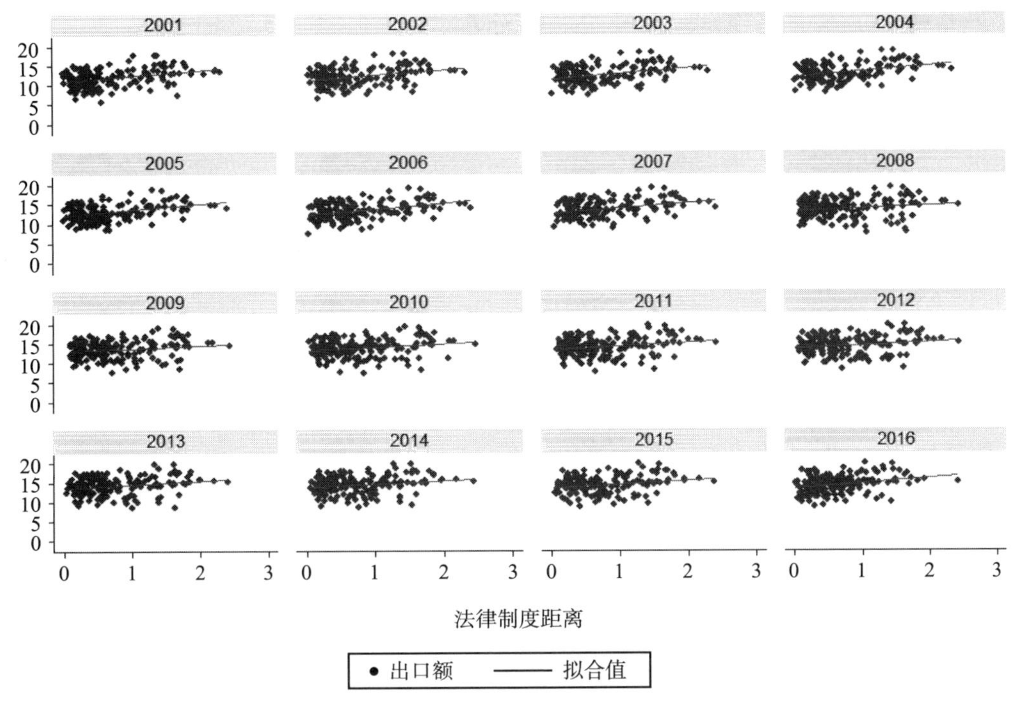

图 6－7 2001～2016 年中国出口与法律制度距离之关系（对数处理）

资料来源：The Heritage Foundation，International Trade Center，笔者整理而得。

（五）文化关系与中国出口贸易相关性

在经济全球化时代，全球经济竞争的主要表现之一就是贸易竞争，文化因素在这一过程中扮演了重要的角色。各种区域一体化组织和经济合作协议都有其共同文化的基础。文化距离可以较好地刻画不同国家间文化上的差异性。各国家在个人主义/集体主义、对权威的服从性、风险厌恶/偏好、男女平等程度等方面存在差异，由此决定了消费习惯、交易习惯等方面的差异，因此会相应地促进或阻碍两国间开展国际贸易。图 6－8 为 2001～2016 年文化距离与中国出口关系的散点图，可以发现两者呈负相关关系，与中国文化距离较大的国家（地区）从中国进口较少。尽管与中国文化距离最大的国家（地区）都是经济发达国家（地区），并且是中国最重要的出口目的地，但散点图呈现出的趋势线依然为负，表明较大的文化距离可能是影响中国出口增长的重要因素。

在全球经济竞争中，文化软实力和文化影响力同样是反映地缘关系的重要维度。随着孔子学院落户全球很多国家（地区），汉语和中华文化开始被越来越多地了解、接受和认同。图 6－9 为 2001～2016 年中国出口与各国万人均孔子学院数量的散点图，万人均孔子学院数量在大部分年份都与中国出口存在一定的正相关关系，但是这一关系并不稳定，有待进一步分析。

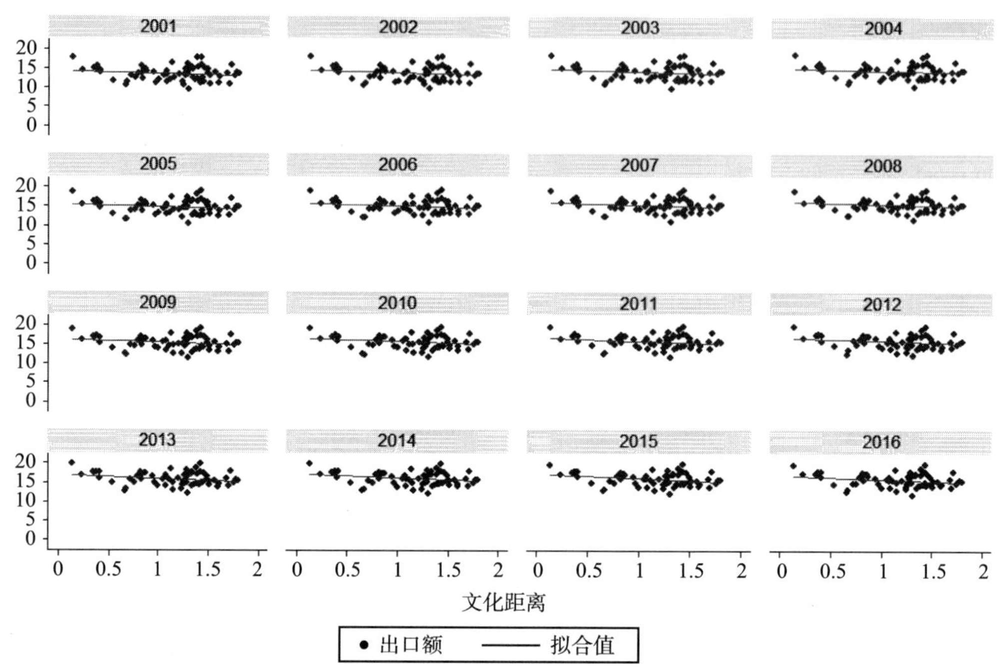

图 6－8　2001～2016 年中国出口与文化距离之关系（对数处理）

资料来源：Hofstede Insights，International Trade Center，笔者整理而得。

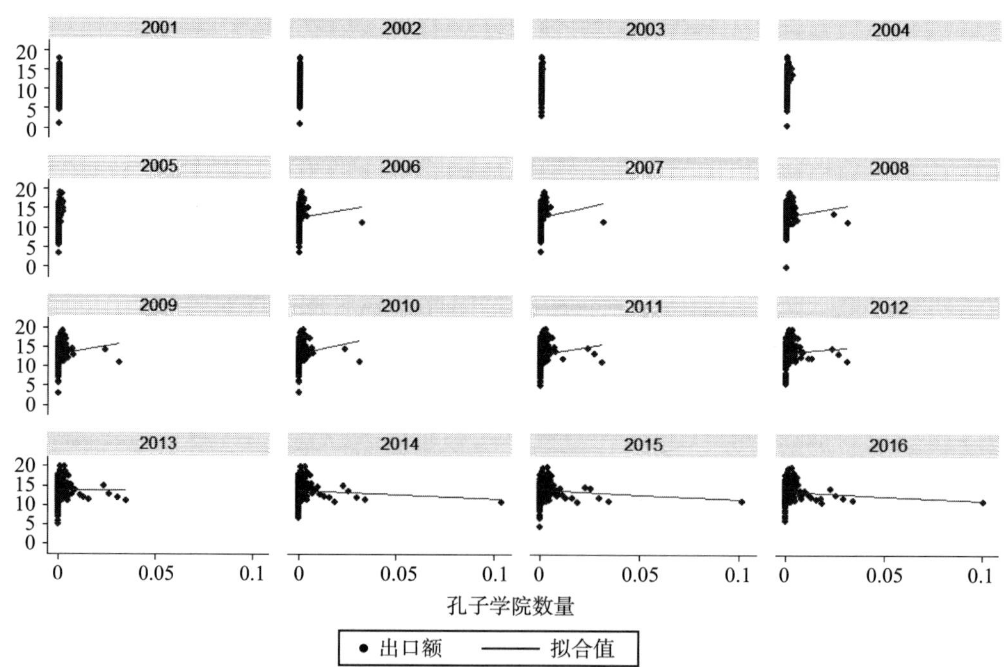

图 6－9　2001～2016 年中国出口与万人均孔子学院数量之关系（对数处理）

资料来源：孔子学院，International Trade Center，笔者整理而得。

五、地缘关系对中国出口贸易增长的影响

（一）模型设定

本研究基于地缘关系变量解释中国在2001～2016年对世界各国的出口增长，模型如下：

$$\begin{aligned}\ln export_{j,t} = {} & \alpha + \beta_1 \ln freqeuncy_{j,t} + \beta_2 \ln intimacy_{j,t} + \beta_3 \ln distance_j + \beta_4 neighbor_j \\ & + \beta_5 \ln eco\_dist_{j,t} + \beta_6 \ln law\_dist_{j,t} + \beta_7 \ln cul\_dist_j + \beta_8 \ln mper\_con\_ins_{j,t} \\ & + \beta_9 \ln export_{j,t-1} + \beta_{10} \ln gdp_{j,t} + \beta_{11} \ln per\_gdp_{j,t} + \mu_i + \varepsilon_{j,t}\end{aligned}$$

其中，$\ln export_{j,t}$为当期中国对各国（地区）出口额的对数，解释变量分别为当期中国与各国（地区）交往频度对数（$\ln frequncy_{j,t}$）、当期中国与各国（地区）政治关系亲密程度对数（$\ln intimacy_{j,t}$）、上海与各国（地区）最大城市间距离对数（$\ln distance_j$）、中国与各国（地区）邻接关系（$neighbor_j$）、当期中国与各国（地区）经济制度距离对数（$\ln eco\_dist_{j,t}$）、当期中国与各国（地区）法律制度距离对数（$\ln law\_dist_{j,t}$）、当期中国与各国（地区）文化距离对数（$\ln cul\_dist_j$）、当期中国在各国（地区）万人均孔子学院数量对数（$\ln mper\_con\_ins_{j,t}$）。考虑到出口惯性和模型中未涉及因素的影响，模型引入上年中国对各国（地区）的出口额的对数（$\ln export_{j,t-1}$）作为控制变量，同时引入了当期各国（地区）GDP对数（$\ln gdp_{j,t}$）和当期各国（地区）人均GDP（$\ln per\_gdp_{j,t}$）作为各国（地区）进口需求方面的控制变量。为了避免部分变量分布差异太大带来的回归偏误，本研究对原有指标进行对数化处理。

本研究使用的各变量对数化处理前描述性统计情况如表6－2所示。可以看出，原始数据的极小值、极大值、平均值间的差距和标准差均较大，因此对数化处理措施具有合理性。本研究预期各变量回归系数的符号总结如表6－3所示。

表6－2　变量描述性统计

变量	单位	样本量	平均值	标准差	最小值	最大值
export	千美元	3 312	6.537e+06	2.740e+07	0	4.100e+08
gdp	美元	3 034	2.800e+11	1.200e+12	1.320e+07	1.860e+13
per_gdp	美元	3 034	12 177	17 951	111.4	119 225

续表

变量	单位	样本量	平均值	标准差	最小值	最大值
neighbor	—	3 312	0.0773	0.267	0	1
distance	千米	3 312	9 065	3 802	809.5	19 297
frequency	次	3 312	290.6	1 498	0	37 635
intimacy	—	2 804	2.587	1.457	-10	8
eco_dist	—	2 622	1.692	1.821	0.0133	22.55
law_dist	—	2 624	1.472	1.661	0.00281	10.75
cul_dist	—	1 104	2.355	1.226	0.143	5.039
per_con_ins	个/万人	3 211	0.00104	0.00456	0	0.109

表 6-3　　总体模型预期回归系数符号

变量	预期符号	变量	预期符号
lnfrequency	+	lneco_dist	-
lnintimacy	+	lnlaw_dist	-
neighbor	+	lncul_dist	-
lndistance	-	lnper_con_ins	+

由于模型引入了被解释变量的一阶滞后项作为控制变量，形成动态面板数据。因此模型无法使用静态面板数据常用的 LSDV 方法（最小二乘虚拟变量模拟法）或 FGLS（可行广义最小二乘法）方法进行估计，因为两种方法在短面板数据下会形成较大的动态面板偏差，导致估计量的不一致（Nickell，1981）。

动态面板常用的估计方法包括 2SLS 方法（二阶段最小二乘法）和 GMM 方法（广义矩估计法）。两者的主要区别在于，在球形扰动假定满足的条件下，2SLS 更有效率，但存在异方差时 GMM 更有效率（陈强，2014）。由于本研究数据来源复杂，并且各国（地区）之间情况不同，国家（地区）内不同年份数据相差较大，对数处理等操作可能只能减少异方差的影响而并不能真正地排除异方差的干扰。利用 Stata13.0软件分别使用 2SLS 和两步系统 GMM 方法对总体模型进行回归，并都采用异方差稳健标准误进行检验。可以发现，两种方法估计系数的符号均相同，但大小存在细微差异；考虑到样本数据存在异方差问题，GMM 方法对模型的适用性高于 2SLS 方法。

对 GMM 方法下模型的设定合理性进行检验。从 Arellano-Bond 检验结果可知，一阶序列相关检验的 p 值为 0，可以拒绝不存在序列相关的原假设，二阶序列相关检验的 p 值为 0.112，在任何显著性水平下都无法拒绝不存在序列相关的原假设，因此在模型中仅纳入被解释变量的一阶滞后项是合理的。由于两步系统 GMM 方法下，

Sargen检验的结果不稳健，故采用 Hansen 检验（陈强，2014）。过度识别检验的 p 值为 0.912，无法拒绝所有工具变量均有效的原假设，可以认为不存在工具变量过度识别的问题。因此，可以认为本研究所设置的模型和采用的回归方法均是合理的。

（二）总体模型回归结果分析

从出口目的地维度出发，本研究首先分析多种地缘关系对中国出口规模的影响。其中，表 6－4 中（1）和（2）分别对应 2SLS 方法与 GMM 方法的回归结果，两种结果在系数符号、大小和显著性方面都十分相似，表明回归结果具有一定稳健性。整体而言，多种地缘关系因素对中国出口规模均具有显著影响，说明不同地缘关系是塑造出口增长的重要因素。

表 6－4　　总体模型回归结果

变量	2SLS 估计	GMM 估计
	（1）	（2）
lnfrequency	－0.0524**	－0.0520*
lnintimacy	0.214**	0.216*
lndistance	－0.158***	－0.158**
neighbor	0.319**	0.308**
lneco_dist	－0.0209	－0.0274
lnlaw_dist	－0.269***	－0.261**
lncul_dist	－0.332***	－0.324***
lnper_con_ins	25.56**	25.43**
L. lnexport	0.708***	0.709***
lngdp	0.316***	0.315***
lnper_gdp	0.184**	0.182**
常数项	－3.687***	－3.668**
样本数	967	967

注：*** $p<0.01$，** $p<0.05$，* $p<0.1$。

实证结果表明，政治关系对中国出口规模具有显著影响。其中 ln*frequency* 变量的回归系数为负，且在 10% 的显著性水平上拒绝原假设，但符号与本研究预期相左。本研究预期两国（地区）之间政府层面互动越频繁，则贸易越容易发生，然而实证的结果恰恰相反。这可能是由于在现代媒体中，两国（地区）政府间动作被频繁报道，反映的并不一定是交流密切的积极信号，与之相反，更可能体现两国（地区）政治关系存在较多波动，是政治关系不确定性和复杂性的表现。因此，政府交流频度还反映了两国（地区）政治关系的稳定性，高的交流频度反映出的政治关系不确定性增加了出口的贸易风险和出口成本，从而有可能影响对该国（地区）出口规模的增长。另外，ln*intimacy* 变量的回归系数为正，且在10%的显著性水平上拒绝原假设，与预期一致。政府间较亲密的关系对两国间的贸易往来有显著的促进作用。由于我国在国际贸易领域仍然面临较多的贸易壁垒，如近年频繁出现的对中国贸易产品的“两反一保”的调查和制裁措施，这些都会影响到出口（王孝松等，2014；何有良，2018）。这些贸易措施尽管一般由民间提议，但最终都是由政府确定和实施。此外，较为亲密的政府关系也是政府间展开积极经贸合作的前提，其释放的积极信号将降低出口企业风险（Miura & Takechi，2014），促进民间开展更多其他领域的交流，影响企业出口目的国选择的偏好。

地理关系则是影响中国出口的另一重要地缘因素。由表6－4可知，ln*distance* 变量的回归系数为负，且在5%的显著性水平上可以拒绝原假设，与预期一致。这表明两国（地区）间较小的地理距离有助于中国企业出口。从交易成本视角来看，地理距离提升运输成本、增加运输时间将增加企业交易成本，因而在产品效用相近的情形下企业倾向于向距离更近的国家和地区出口（Seggie，2012）。另外，从国际营销的视角出发，地理距离的增加往往意味着企业决策者对潜在出口目的地的心理距离较远，企业往往倾向于心理距离较小的市场（Johanson & Vahlne，1977），这也是阻碍中国对地理距离较远的国家出口的原因（Cantwell et al.，2010）。类似地，*neighbor* 变量的回归系数同样显著为正，意味着市场与中国的相邻关系有利于出口规模扩大。尽管相邻关系是中国与出口目的地距离较近的表现，中国企业对这些国家（地区）出口承担的运输成本和时间成本较低，一般而言会有更高的出口倾向；但是相邻关系并不只意味着地理邻近，也可能存在历史文化等复杂影响。从回归结果来看，尽管邻接关系的影响具有复杂性，但地理邻近的作用更加强大，相邻关系总体上呈现出显著的促进出口作用。

制度关系同样也对中国出口规模增长存在显著影响。其中，经济制度距离 ln*eco_dist* 变量的回归系数为负，但影响并不显著这可能是由于中国的经济制度得分处于中等水平，经济制度距离大的出口目的地既有可能是经济制度十分完善的市场，也可能是经济制度很不完善的市场。在面对这两种市场时，对于中国出口商而言，出口目的地的经济制度的完善程度比两国（地区）的经济制度差距更为重要。因此，出口目的地的商业自由化、货币自由化、贸易自由化、投资自由化、金融自由化程度越高，越有利于中国出口的增长。另外，ln*law_dist* 变量的回归系数显著为负，与前面预期一致。与经济制度距离不同，法律制度距离对中国企业对各国（地区）出口的负向效应非常明显。尽管国际贸易作为一种联系一般是非接触式的，但双方在贸易本身中的纠纷是常见并且极易引起争议的。制度差异较大的国家（地区），出口商在贸易规则、交易惯例以及政策导向上均可能存在更大的差异，必将增加出口商的风险和成本（谢孟军，2014；Rodet，2017）。此外，出口商在对法律制度距离较大的市场进行出口时，制度体系和社会惯例的差异还将给其带来较大的“制度同构压力”，不利于出口商达到当地市场的合法性要求，限制出口规模扩大（Brouthers，2003；2013）。

最后，文化关系也是影响中国出口增长的重要地缘关系。ln*cul_dist* 变量的回归系数为负，且在1%的显著性水平上可以拒绝原假设，与预期一致。较大的文化距离会对中国出口产生负面影响。各地文化存在差异，导致了不同国家（地区）对产品的需求不同，如美国和中国消费者偏好大尺寸的汽车，欧洲消费者则无此偏好；另外文化差异也能反映贸易双方在更广泛的社会风俗上的差异，如部分较落后国家契约观念较差，契约观念较强的一方可能会避免与这些国家的贸易对象进行交易。因此，总体而言，中国倾向于向文化距离更小的国家（地区）出口。此外，ln*per_con_ins* 回归系数同样显著为正，表明中国对那些受自身文化影响较大的市场出口更多。随着孔子学院在各国（地区）的建立，中国文化影响力日渐提升，而文化影响和文化认同都是促进贸易的重要凭借，如英、美等国依靠英语文化优势向全球输出商品和服务。孔子学院变量较好地代表中国文化对各国（地区）人民影响的广度和力度，本研究回归结果证实了文化影响在促进中国对外出口方面卓有裨益。

（三）地缘关系对中国代表性行业出口影响

以上回归结果可以从总体层面反映地缘关系对中国出口的影响，但不同产业间往往存在较大的差异，总体回归结果可能不能反映每一类产品出口受地缘关系影响的差异性。因此，本研究选取三类产品探究地缘关系对不同行业出口的影响。

1. 代表性行业选择

本研究选取三类代表性行业，分别是服装类、机械设备类和交通工具类。其中，机械设备类即 HS 编码的第 16 类，具体为核反应堆、锅炉、机器、机械器具及其零件，电机、电气设备及其零件，录音机及放声机、电视图像、声音的录制和重放设备及其零件和附件。2016 年我国出口的机械设备类产品数额占我国出口额和世界该类产品进口/出口总额的比重分别达到 42. 78% 和 20. 31%，对我国出口具有极高的重要性；机械设备类产品是中国制造的典型代表，是我国产品在国际价值链分工中的一面镜子，可以被认为是我国出口产品中具有中等技术、中等价值量、混合密集型特征的代表性产品；尽管此类产品的技术含量中等，但许多国家都没有生产该类产品的企业，或生产能力和产品的性价比无法与中国企业相比。

服装类包括 HS 编码二位数行业中的第 61、62、64、65 类，具体包括针织或钩编的服装及衣着附件，非针织或非钩编的服装及衣着附件，鞋靴、护腿和类似品及其零件，帽类及其零件。服装类行业是我国改革开放以来最为代表性的出口产品，2016 年占我国出口和世界该类产品进口/出口总额的比重分别达到 9.44% 和 37.73%；我国出口的该类产品在国际价值链分工中处于较低端层次，一般都是缺乏设计的简单加工品，单位价值量都很低，因此此类产品可以被认为是我国出口产品中低技术、低价值量、劳动密集型产品的代表性产品；此外，出口企业中中小企业比重高，且出口目的国一般都有生产同类产品的企业。

交通工具类即 HS 编码的第 17 类，包括二位数行业分类中的第 86、87、88 和 89 类，具体为铁道及电车道机车、车辆及其零件，铁道及电车道轨道固定装置及其零件、附件，铁道及电车道各种机械（包括电动机械）交通信号设备，车辆及其零件、附件，但铁道及电车道车辆除外，航空器、航天器及其零件，船舶及浮动结构体。交通工具类产品出口数额占我国出口数额和世界该类产品进口/出口总额的比重不高，2016 年分别为 4.43% 和 5.43%，但增长势头较好，其中占世界该类产品进口/出口总额的比重在 2001 年仅为 1.33%，2016 年的市场份额是 2001 年的 4 倍多；该类产品是我国近年来着力发展并取得了跨越性进步的商品，自主品牌汽车、高速铁路、国产大飞机产品力和声誉都迅速提升，是中国制造迈向高端的代表，可以被认为是我国出口产品中高技术、高价值量、资本技术密集型的代表。由于此类产品价值量高，在全球范围内面临国际寡头高强度的竞争，以及部分产品涉及技术保密等问题，此类商品对我国而言实际上是战略型产品，政府层面的合作是此类产品推广的重要途径。另外，考虑到许多国家（地区）属于内陆国家，对船舶及浮动结构体的需求较小，纳入该类产品可能放大数据结构的异质性，因此在模型回归时并没有纳入第 89 类产品。

2. 地缘关系对中国出口影响的产业异质性

为了保证结论的可比性，本部分回归模型仅使用前述三类行业产品的出口数额对数代替总体模型中中国出口数额对数，即仅替换被解释变量和作为控制变量的被解释变量的一阶滞后项，其他控制变量、解释变量、回归参数设置均保持不变。使用 GMM 方法对上述模型进行回归，报告的检验结果如表 6－5 所示。

表 6 –5　　Arellano – Bond 检验与 Hansen 检验结果（代表性行业回归）

检验方法	clothes		machine		transportation	
Arellano – Bond 检验	z	p	z	p	z	p
Arellano – Bond test for AR（1）	–2. 84	0. 004	–4. 99	0. 000	–3. 26	0. 001
Arellano – Bond test for AR（2）	–0. 29	0. 772	–1. 97	0. 048	–1. 76	0. 079
Hansen 检验	chi2	p	chi2	p	chi2	p
Hansen test of overid. restrictions	64. 92	0. 929	64. 67	0. 932	63. 68	0. 943

从 Arellano – Bond 检验结果可知，服装类的模型一阶和二阶序列相关检验情况均与总体模型一致，机械设备类和交通工具类的模型二阶序列相关检验分别在 1% 的显著性水平和 5% 的显著性水平下可以接受原假设，但在 10% 的显著性水平下无法接受原假设。在后两个模型中加入被解释变量的二阶滞后项并相应调整工具变量滞后阶数，发现被解释变量的二阶滞后的回归系数在两个模型中均不显著，因此不予采用。综合以上情况，从 Arellano – Bond 检验的角度，在分行业模型中保持总体模型的设定是合理的。而 Hansen 检验的结果也表明三个模型都具有合理性。代表性行业模型回归结果如表 6 –6 所示。

表 6 –6　　分行业模型回归结果

变量	(3) lnmachine	(4) lnclothes	(5) lntransportation
lnfrequency	–0. 0466	0. 0134	–0. 0882 **
lnintimacy	0. 246 *	0. 446 **	0. 492 **
lndistance	–0. 229 ***	–0. 0648	–0. 0209
neighbor	0. 456 **	0. 359 *	0. 322
lneco_dist	–0. 0136	0. 0744	–0. 0106
lnlaw_dist	–0. 370 ***	–0. 0945	–0. 611 ***
lncul_dist	–0. 468 ***	–0. 159	–0. 231
lnper_con_ins	6. 986	16. 90	23. 87
L. lnexport	0. 654 ***	0. 661 ***	0. 660 ***
lngdp	0. 352 ***	0. 271 ***	0. 508 ***
lnper_gdp	0. 336 ***	0. 142	0. 204 *
常数项	–4. 822 **	–4. 459 **	–10. 90 ***
样本数	967	967	967

注：*** $p<0.01$，** $p<0.05$，* $p<0.1$。

与总体模型相比，分行业各模型中地缘关系变量的估计系数中，大多数估计系数的符号和显著性都与总体模型保持一致，这在一定程度上表明地缘关系对我国出口贸易增长的影响在不同行业中是普遍存在的。

（1）机械制造类。具体而言，机械设备类模型的回归结果与总体模型的回归结果高度相似，这可能是由于本类产品是我国出口数额占比最高的产品，因此其数据受到各种偶然性因素的影响程度较小，数据质量上较另外两类产品为高，也更贴近总体产品的数据结构；同时本类产品也是中国制造最为代表性的产品，整体技术水平、价值量等方面最贴近中国出口产品的平均水平，因此本模型的回归结果最为接近总体模型的回归结果属于预期中的情况。尽管如此，与总体模型相比，机械设备类的回归结果仍在地缘关系的特定维度上体现出自身的特异性。

首先，在政治关系方面，尽管亲密程度变量的估计系数仍显著为正，不过交往频度变量的估计系数不再显著。这可能是由于，虽然大量报道两国（地区）政府的新闻往往意味着政治关系的复杂性和不确定性，但由于本类产品普遍战略意义较低，需求相对稳定，因此对短期的政治波动响应相对不敏感。其次，在文化关系方面，文化距离变量的估计系数的符号和显著性水平与总体模型回归结果一致，但文化影响变量的估计系数变得不再显著。这说明对于出口机械设备类产品的企业而言，我国在特定国家（地区）的文化影响可能是一个较少考虑的因素。一种可能的解释是，这些产品往往具有大规模标准化制造的特征，因此很少受到生产地文化特征的影响（Hollensen，2011）；而对于本类产品的购买者而言，出口目的地的文化影响相对于其他因素也并不重要。考虑到本类产品中等价值的属性和部分本类产品的生产资料特性，成本因素或质量因素对产品购买者往往更为重要。

（2）服装类。不同于机械设备类产品，服装类产品模型与总体模型的回归结果大相径庭。许多地缘关系变量均变得不显著。这一回归结果可能与本类产品的中国出口商多为加工贸易商并具有被动出口的特性有关。

结果显示，刻画地理关系的地理距离的估计系数不显著。在总体模型的回归结果中，随着两国距离的上升，由于成本上升等因素导致企业出口规模下降。服装类产品出现这种结果的一个可能的解释是，我国在开放政策和人口红利的作用下，迅速成为以劳动密集型商品为主的出口大国，出现了大量进行加工贸易的服装类产品出口商。这类出口商往往由于本地激烈竞争、制度环境苛刻（贺灿飞，2009）或偶然的国外订单（Hollensen，2011）被动进入国际市场，因此缺少主动的国际出口战略，也就更少受到地理距离的影响。在政治关系层面，交往频度变量的估计系数同样不再显著。其原因可能与机械设备类产品的原因类似，由于产品的需求相对稳定，且缺少战略意义，因此受到政治关系变化的波及不大。此外，制度关系和文化关系变量的估计系数均不显著，这一点与总体模型和机械设备行业模型的回归结果都存在很大差异。这种结果可能同样与中国该类产品的出口商多为加工贸易商有关。参与加工贸易的中国制造商往往只进行价值链中的制造环节，而产品的分销往往由外国的跨国公司负责（赵玲等，2018），因此服装类出口商往往不需要考虑诸多地缘关系带来的影响。

（3）交通工具类。本类产品模型的回归结果与总体模型也存在较大差异。反映地理关系的两个变量地理距离和邻接关系的估计系数都不显著，这可能是由以下两个因素的决定的。首先，本类产品的单位价值量较高，可制造国家（地区）的数量较少，因此对因距离等造成的成本等因素并不十分敏感；其次，由于本类产品的战略产品属性，地理距离和邻接关系很难在本类产品的出口中发挥较大的作用。

与前两类产品不同的是，政治关系对于该类产品出口的影响与总体模型一致。由于该类产品本身具有战略产品的属性，以及我国本类产品在国际上较低的市场份额和较大的成长空间，近年来本类产品特别是高铁和大飞机很多是由政府合作的形式进行推广的，而自主品牌汽车依靠政府推广的例子也屡见不鲜，如比亚迪在巴西的合作项目就是由两国政府共同推动的。因此，本类产品相比全部出口产品的平均状况更加依赖中国与特定国家（地区）间较为亲密的关系。另外，文化关系两个变量的估计系数均不显著，与总体模型的回归结果不一致。其主要原因可能是本类产品作为高单位价值量产品和战略产品，其出口主要受到经济、政治关系等因素的影响，而文化关系的重要性相对而言过于次要，不在作为出口主体的企业和作为出口实现的重要影响者的国家（地区）所考虑的范围内，而且实际上本类产品本身的文化属性也较低。

结合上文分析，可以发现地缘关系对于各个行业的出口增长普遍存在影响，但是对不同产品来说，由于其行业特征和产品属性，这种影响又存在明显的异质性。

六、小结

本章拓展了传统的国际贸易研究，关注地缘关系对中国出口贸易增长的影响。地缘关系在短期和长期维度上对国家（地区）出口贸易带来涉及政治、地理、制度和文化等方面的多重影响。政治关系反映了短期政府间关系的波动，对中国出口的影响十分明显。其中交往频度对中国出口的影响是消极的，这可能表明过多涉及两方政府的事件的发生，反映了两方更为复杂和不确定的政府关系，不利于出口规模扩大；亲密程度对中国出口的影响则是积极的，中国与出口目的地亲密程度越高，则越有向该地出口的倾向。地理关系中较大的地理距离会减小中国对目的地出口的倾向，而邻接关系会增大中国对目的国出口的倾向。这与经典的引力模型的假设和众多研究结果相一致；不同制度关系对中国出口的影响存在差别，在考虑了经济因素的影响后，没有证据表明经济制度距离对中国出口有显著影响，但法律制度距离的增大则会降低中国向特定国家（地区）出口的倾向；文化关系同样对中国出口有重大影响，其中较大的文化距离会抑制中国对特定国家（地区）的出口倾向，而如果中国对该国（地区）文化影响力较大，中国对其出口则更加容易。

各类产品由于其单位价值量、技术含量、生产要素密集类型、生产主体类型和所处市场结构的差异，导致不同行业的出口商受到地缘关系带来的异质性影响，处于不同行业、生产不同产品的企业的出口对于地缘关系的响应不同。机械设备类产品是中国制造的典型代表，中国出口的本类产品具有中等价值量、中等技术水平、混合密集型的特点，由于本类产品普遍战略意义较低，需求相对稳定，因此对短期的政治波动响应相对不敏感。这些产品往往具有大规模标准化制造的特征，因此也较少受到生产地文化特征的影响。中国出口的纺织服装类产品具有低价值量、低技术、劳动密集型的特征，同样使得此类产品需求相对稳定且缺少战略价值，因此更少地受到短期政治关系波动的影响。而在过去的二十年间开放政策和人口红利的作用下，本类产品的中国出口商形成了以加工贸易为主兼具被动出口的特性，导致这类出口商更少受到地理距离的影响。交通工具类产品具有高价值量、中高技术、资本技术密集型的特点，作为中国出口量和竞争力快速提升的产品和有战略产品属性的产品，其生产企业对附加经济成本不敏感，但对交易能否达成十分敏感。因此本类产品出口对地缘关系的响应呈现出两个主要特点：一是其出口高度依赖于中国与出口目的地的政治关系，在回归结果中本类产品对政治关系两个指标的响应最为敏感；二是法律制度距离对本类产品的影响很大，这可能决定着一笔交易能否达成。

出口贸易作为拉动我国经济增长的“三驾马车”之一，对我国经济做出了巨大的贡献。在我国综合国力进一步增强、竞争形势相对恶化和出口遭遇瓶颈，以及发展进入新常态的大背景下，维持出口规模的平稳上升和调整出口结构都是我国出口所面临的重要任务。地缘关系的确对我国出口有着明显的影响。因此在全球贸易保护主义抬头、非经济因素越来越成为影响全球贸易的重要因素的背景下，有必要更加重视地缘关系在中国出口贸易发展过程中产生的影响。

首先，需要注意到政治关系对我国出口贸易增长的重要价值。政治稳定性和政治亲密程度对我国全行业和代表性行业的出口都具有重要影响，特别是较高的亲密程度对我国对特定国家（地区）的出口具有重要的正向作用。因此基于政治关系的角度，我国应该注重与更多的国家（地区）建立良好的关系，这对于未来我国出口竞争力的保持尤为重要。尽管政治关系受到多方面因素的影响，但我国政府还是可以通过加强国际合作、开展国际人道主义活动、促进民间交流等多种方式改善和维持政治关系，并在维护国家利益的前提下，避免恶化的政治关系对出口带来的消极影响。

其次，制度关系对我国出口的影响存在差异性，没有证据表明经济距离对我国出口存在影响，但法律制度距离对我国出口存在重要影响，特别是对于具有较高技术和单位价值量的产品出口而言。因此从制度关系的角度，我国政府一方面应该在有关货币、投资、贸易自由化等制度方面坚持独立自主、实事求是的原则，可以借鉴西方的学说和做法，但最终的相关政策应该切实可行、符合国情；另一方面则应该努力提高社会主义法制和法治水平，提升行政、司法的合法性和合理性，维护司法权威，坚持反腐倡廉不动摇，维护社会公平正义，在维护法制主权和独立的基础上不断缩小与法制更为完善的国家的差距。

再其次，尽管在全球化和交通通信技术进步的大背景下，世界“变平”了，但地理关系对我国出口特别是中国制造典型产品的出口仍有重要作用。因此从地理关系的角度，一方面应注意保持与邻近国家（地区）的睦邻友好关系，坚持与邻为善、以邻为伴的思路，以保证中国维持邻近市场的基本盘；另一方面，应大力鼓励和帮助中国企业特别是机械设备类产品生产企业走出去，建立海外生产基地，以规避距离带来的成本上升。

最后，文化关系相对于其他三类地缘关系对我国出口的影响较弱，但其影响亦不可忽视。因此从文化关系的角度，一方面，考虑到我国文化的内敛含蓄、重视社会关系、风险厌恶等特征，我国政府应该引导更加自信、开放的文化观的形成，以适应我国未来在国际舞台包括贸易领域发挥更重要作用的趋势；另一方面，我国政府应该支持大力发展符合人类社会进步趋势和人民群众需求的先进文化，注重保持传统文化的精华，积极吸收西方文化的长处，大力鼓励文化创新，支持中国文化走出去，着力扩大中华文化的影响力，以有效利用文化影响对出口的拉动作用。

参考文献

［1］陈强 . 2014. 高级计量经济学及 Stata 应用（第二版）. 北京：高等教育出版社，289 – 298.

［2］樊华，王肇钧，孙博 . 2013. 中国对周边国家商品出口空间格局探析 . 地理科学，33（12）：1428 – 1433.

［3］何本芳，张祥 . 2009. 中国企业对外直接投资区位选择模型探索 . 财贸经济，（2）：96 – 101.

［4］何有良 . 2018. 贸易壁垒会加剧中国出口企业生存风险吗——以中国企业遭遇反倾销为例 . 国际贸易问题，（1）：145 – 153.

［5］贺灿飞，金璐璐，刘颖 . 2017. 多维邻近性对中国出口产品空间演化的影响 . 地理研究，36（9）：1613 – 1626.

［6］贺灿飞 . 2009. 中国制造业地理集中与集聚 . 北京：科学出版社 .

［7］胡志丁，曹原，刘玉立，葛岳静 . 2013. 我国政治地理学研究的新发展：地缘环境探索 . 人文地理，28（5）：123 – 128.

［8］蓝庆新，韩羽来．2016．“一带一路”战略与我国对外经贸格局重构．现代管理科学，（11）：9－11．

［9］李丹，崔日明．2015．“一带一路”战略与全球经贸格局重构．经济学家，（8）：62－70．

［10］刘洪铎，蔡晓珊．2016．中国与“一带一路”沿线国家的双边贸易成本研究．经济学家，（7）：92－100．

［11］孟德友，马颖忆，王晗，柯文前．2015．中国商品贸易结构不均衡性对地缘经济格局的影响．地理科学，35（10）：1238－1246．

［12］綦建红，孟珊珊．2016．要素禀赋、贸易成本与中国出口产品多元化的目标国差异——以“一带一路”沿线国家为例．南方经济，（8）：42－59．

［13］秦奇，吴良，李飞，成升魁，张丹，陈晓鹏．2018．基于社会网络分析的东南亚地缘关系研究．地理学报，73（10）：2014－2030．

［14］王惠文，葛岳静，马腾．2018．地缘位势与中国——中亚地缘关系初探．经济地理，38（9）：10－21．

［15］王士君，陈才．2003．论中国东北地缘关系及因应对策．人文地理，（6）：16－19．

［16］王孝松，施炳展，谢申祥，赵春明．2014．贸易壁垒如何影响了中国的出口边际？——以反倾销为例的经验研究．经济研究，49（11）：58－71．

［17］魏浩，何晓琳，赵春明．2010．制度水平、制度差距与发展中国家的对外贸易发展——来自全球31个发展中国家的国际经验．南开经济研究，（5）：18－34．

［18］谢孟军．2014．目的国制度对中国出口和对外投资区位选择影响研究．山东大学博士学位论文．

［19］谢孟军．2016．文化能否引致出口：“一带一路”的经验数据．国际贸易问题，（1）：3－13．

［20］许家云，周绍杰，胡鞍钢．2017．制度距离、相邻效应与双边贸易——基于“一带一路”国家空间面板模型的实证分析．财经研究，43（1）：75－83．

［21］杨文龙，杜德斌，刘承良，马亚华．2016．中国地缘经济联系的时空演化特征及其内部机制．地理学报，71（6）：956－969．

［22］杨吾扬．1992．经济地理学、空间经济学与区域科学．地理学报，（6）：561－569．

［23］于集轩．2017．中国与“一带一路”沿线国政治和贸易相互关系研究．广西大学博士学位论文．

［24］赵玲，高翔，黄建忠．2018．成本加成与企业出口国内附加值的决定：来自中国企业层面数据的经验研究．国际贸易问题，（11）：17－30．

［25］种照辉，覃成林．2017．“一带一路”贸易网络结构及其影响因素——基于网络分析方法的研究．国际经贸探索，33（5）：16－28．

［26］邹嘉龄，刘卫东．2016．2001～2013年中国与“一带一路”沿线国家贸易网络分析．地理科学，36（11）：1629－1636．

［27］Anderson J. E. and Van Wincoop E. 2003. Gravity with gravitas：A solution to the border puzzle. The American Economic Review，93（1）：170－192．

［28］Angkinand A. P. and Chiu E. M. P. 2011. Will institutional reform enhance bilateral trade flows?

Analyses from different reform aspects. Journal of Economic Policy Reform, 14 (3): 243 – 258.

[29] Baldwin R. and Harrigan J. 2011. Zeros, quality, and space: Trade theory and trade evidence. American Economic Journal: Microeconomics, 3 (2): 60 – 88.

[30] Boschma R., Minondo A. and Navarro M. 2012. Related variety and regional growth in Spain. Papers in Regional Science, 91 (2): 241 – 256.

[31] Brouthers K. D., Brouthers L. E. and Werner S. 2003. Transaction cost-enhanced entry mode choices and firm performance. Strategic Management Journal, 24 (12): 1239 – 1248.

[32] Brouthers K. D. 2013. Institutional, cultural and transaction cost influences on entry mode choice and performance. Journal of International Business Studies, 44 (1): 1 – 13.

[33] Brun J. F., Carrère C., Guillaumont P., et al. 2005. Has distance died? Evidence from a panel gravity model. The World Bank Economic Review, 19 (1): 99 – 120.

[34] Brzezinski Z. 1997. The grand chessboard. New York: Basic Books.

[35] Cantwell J., Dunning J. H. and Lundan S. M. 2010. An evolutionary approach to understanding international business activity: The co-evolution of MNEs and the institutional environment. Journal of International Business Studies, 41 (4): 567 – 586.

[36] Chavis L. and Leslie P. 2009. Consumer boycotts: the impact of the Iraq war on French wine sales in the US. Quantitative Marketing and Economics, 7 (1): 37 – 67.

[37] Che Y., Du J., Lu Y., et al. 2015. Once an enemy, forever an enemy? The long-run impact of the Japanese invasion of China from 1937 to 1945 on trade and investment. Journal of International Economics, 96 (1): 182 – 198.

[38] Combes P. P., Lafourcade M. and Mayer T. 2005. The trade-creating effects of business and social networks: Evidence from France. Journal of International Economics, 66 (1): 1 – 29.

[39] Cyrus T. L. 2015. Culture and trade in the european union. Journal of Economic Integration, 30 (2): 206 – 239.

[40] Dixon W. J. and Moon B. E. 1993. Political similarity and American foreign trade patterns. Political Research Quarterly, 46 (1): 5 – 25.

[41] Fouka V. and Voth H. J. 2013. Reprisals remembered: German-Greek conflict and car sales during the Euro crisis. Working Papers No. 726, Barcelona Graduate School of Economics.

[42] Fuchs A. and Klann N. H. 2013. Paying a visit: The Dalai Lama effect on international trade. Journal of International Economics, 91 (1): 164 – 177.

[43] Gawarkiewicz T. and Tang Y. 2017. The Relationship between Political Tensions, Trade and Capital Flows in ASEAN Plus Three. The World Economy, 40 (9): 1958 – 1988.

[44] Gokmen G. 2017. Clash of civilizations and the impact of cultural differences on trade. Journal of Development Economics, 127: 449 – 458.

[45] Heilmann K. 2016. Does political conflict hurt trade? Evidence from consumer boycotts. Journal of International Economics, 99: 179 – 191.

[46] Hofstede G. and Bond M. H. 1988. The confucius connection: From cultural roots to economic

growth. Organizational Dynamics, 16 (4): 5 -21.

[47] Hofstede G. and Minkov M. 2010. Long-versus short-term orientation: New perspectives. Asia Pacific Business Review, 16 (4): 493 -504.

[48] Hollensen S., Boyd B., Ulrich A. M. D. 2011. The choice of foreign entry modes in a control perspective. The IUP Journal of Business Strategy, 8 (4): 7 -31.

[49] Huntington S. P. 1993. The clash of civilizations? . Foreign Affairs, 72 (3): 22 -49.

[50] Johanson J. and Vahlne J. E. 1977. The internationalization process of the firm—a model of knowledge development and increasing foreign market commitments. Journal of International Business Studies, 8 (1): 23 -32.

[51] Krugman P. R. 1979. Increasing returns, monopolistic competition, and international trade. Journal of International Economics, 9 (4): 469 -479.

[52] Lim K. F. 2010. On China's growing geo-economic influence and the evolution of variegated capitalism. Geoforum, 41 (5): 677 -688.

[53] Mackinder H. J. 1902. Britain and the British seas. London: William Heineman.

[54] Mahan A. T. 1890. The United States Looking Outward. Atlantic Monthly, 66 (398): 816 -824.

[55] Melitz M. J. 2003. The impact of trade on intra-industry reallocations and aggregate industry productivity. Econometrica, 71 (6): 1695 -1725.

[56] Miura K. and Takechi K. 2014. Institutional quality and homogeneity, and types of international transactions. Journal of International Economic Studies, 28: 3 -15.

[57] Nickell S. 1981. Biases in dynamic models with fixed effects. econometrica, 49 (6): 1417 -1426.

[58] O'loughlin J. and Anselin L. 1996. Geo-economic competition and trade bloc formation: United States, German, and Japanese exports, 1968 -1992. Economic geography, 72 (2): 131 -160.

[59] Ottaviano G., Tabuchi T. and Thisse J. F. 2002. Agglomeration and trade revisited. International Economic Review, 43 (2): 409 -435.

[60] Rodet C. S. 2017. Poor institutions as a comparative advantage. Constitutional Political Economy, 28 (2): 167 -192.

[61] Seggie S. H. 2012. Transaction cost economics in international marketing: A review and suggestions for the future. Journal of International Marketing, 20 (2): 49 -71.

[62] Simmons B. A. 2005. Rules over real estate: Trade, territorial conflict, and international borders as institution. Journal of Conflict Resolution, 49 (6): 823 -848.

[63] Wang Z. and Wei S. 2010. What accounts for the rising sophistication of China's exports? . In Robert C. and Wei S. (eds.) China's Growing Role in World Trade. Chicago: University of Chicago Press, 63 -104.

[64] Wei S. and Shleifer A. 2000. Local corruption and global capital flows. brookings Papers on Economic Activity, (2): 303 -354.

[65] Wong J. 2013. A China-centric economic order in East Asia. Asia Pacific Business Review, 19

(2)：286 - 296.

[66] Zaheer S. 1995. Overcoming the liability of foreignness. Academy of Management journal，38 (2)：341 - 363.

[67] Zhou M. 2011. Intensification of geo-cultural homophily in global trade：Evidence from the gravity model. Social Science Research，40 (1)：193 - 209.

第七章
多维邻近性与企业出口市场扩张

一、引言

企业出口市场的地理扩张是近年来经济地理学研究的热点问题，而新新贸易理论激励越来越多的学者从企业层面展开贸易研究。根据梅里兹（2003）等开创的企业异质性贸易模型，一国（地区）的出口增长主要是沿着企业集约贸易边际和扩展贸易边际而实现的（Melitz，2003；Bernard，2000）。如果一国（地区）出口增长主要来源于企业贸易的集约边际，那将极易遭受外部冲击从而导致增长大幅波动，并进一步引发较高的收入不稳定，同时还可能因为出口数量扩张而导致该国贸易条件恶化，从而出现贫困化增长现象。以中国为例，近十年来的出口产品主要集中于机电、影像设备及其零附件，出口目的地主要集中在美国、中国香港、日本和韩国等，2011 年对这 4 个市场的出口总值占全国出口总值的 47.3%。然而，2008 年全球金融危机和 2011 年欧洲国家主权债务危机证明了这种高度集中的出口模式容易受到外部经济的冲击。因此，稳定出口不仅需要各国继续巩固和深化既有贸易伙伴和产品出口规模，更要勇于突破贸易矩阵中的零贸易点，以实现企业出口在地理和产品两个维度上的扩展（钱学锋等，2013）。本章主要聚焦于地理拓展，探究中国在位出口企业出口目的地扩张及其影响因素。

丁伯根（Tinbergen，1962）最先引入引力模型研究双边贸易流，指出两国（地区）双边贸易流量的规模与国家（地区）经济总量成正比，而与其距离成反比。其中，出口地的经济总量反映了潜在供给能力，进口地的经济总量反映了潜在需求能力，双方距离则构成了两国（地区）之间贸易的成本因素或阻力因素。随后，安德森和温库蓬（Anderson & Wincoop，2004）考虑了第三方国家（地区）的影响，在方程中引入多边阻力，认为企业出口市场动态一方面依赖于目的国（地区）与东道国（地区）的相似程度；另一方面还依赖于目的国（地区）与企业之前的出口目的国（地区）之间的相似程度。奥鲍那等（Albornoz et al.，2010）提供了不断进入出口市场的一般空间模式的理论框架：假定企业只有在进入出口市场后，才能了解其出口的盈利能力。企业可以成功进入一些与其已出口目的地相似的市场。在这基础上，莫拉莱斯等（Morales et al.，2014）提出了扩展引力模型，认为新市场的扩展路径依赖于企业原有出口市场在地理和文化上的邻近程度。查内（Chaney，2014）提出了贸易网络模型，认为出口企业在选择新市场时更有可能考虑那些与原有出口目的地相比贸易网络流量更高的国家（地区）。后续研究基于这些最新的贸易理论模型分别对智利、西班牙、阿根廷、新西兰等国家进行了实证研究（Albornoz et al.，2010；Morales et al.，2014；Lawless，2011）。然而鲜有学者关注中国的企业出口市场扩张驱动机制。在现有少量的文献中，大多研究采用省份—产品—目的地数据（Mayneris & Poncet，2011；陈勇兵等，2015；黄玖立、徐曼鸿，2012；黄先海、周俊子，2011），一方面缺乏对微观企业个体和全行业的考察，另一方面多关注出口溢出效应的作用。本章基于出口地扩张的最新理论模型，采用2002～2011年中国海关数据库的总体大样本，探讨中国企业的出口市场拓展及其影响因素。在国际贸易形势日趋严峻的形势下，探索促进企业出口扩张的机制和渠道能为当前宏观贸易政策的调整提供微观基础。

二、文献综述与理论假设

企业出口面临的最大障碍之一是贸易成本。贸易成本分为沉没成本与可变成本，而沉没成本占企业新进入出口市场所付总成本的很大比重（Roberts & Tybout，1997）。可变成本是指随着距离及货物重量的增加而增加的运输成本；沉没成本是指企业欲进入出口目的地而不可避免地获取海外需求信息、建立分销渠道、服务网络、推广新产品等环节的成本，这些成本一旦投入便很难收回，如何最大限度地减少沉没成本便成为企业家扩张出口目的地时所考虑的关键因素。因此，学者们多从降低贸易成本的视角来研究企业出口市场地理扩张的机制，提出了不同的理论模型。

丁伯根（Tinbergen，1962）首先提出了国家（地区）间贸易引力模型，认为两国（地区）的双边贸易流量的规模与各自的经济总量成正比，而与其距离成反比。一方面，经济总量反映了一国的潜在需求水平，总量越高则需求越多；另一方面，距离邻近则可以降低可变成本。林纳曼（Linnemann，1966）将人口变量加入引力模型，为了检验政策、历史、文化等因素对贸易流量的影响，又逐步将优惠贸易协定、贸易限制措施、殖民关系、共同语言等指标引入引力模型，认为文化、政策等因素的邻近性可以使得出口企业更快地掌握目的地消费者偏好等需求信息，降低沉没成本。梅里兹等学者提出的异质性企业国际贸易模型进一步从企业、市场两个层面探讨了企业特征与市场特征对于企业出口目的地扩张的影响机制（Eaton & Kortum，2002；Melitz，2008）。一方面，生产率越高的企业更有能力负担更高的沉没成本，从而进入更多目的地市场，这是企业自选择效应；另一方面，对于已有出口企业而言，存在一个目的地收入水平临界值。企业出口市场范围由该临界值决定，目的地收入水平上升，沉没成本下降，跨过收入水平临界值，一些潜在目的地变为新目的地，已有出口企业市场范围扩大。然而，企业异质性模型缺乏空间维度，没有解释出口市场在空间上是如何进行地理扩张的。在已有理论模型的基础上，本研究提出假说1：在位出口企业会根据目的地需求特征及其与出口市场的直接邻近性（包括地理邻近、文化邻近、经济邻近）搜寻新的贸易伙伴。

研究发现，当企业已经从事出口活动，企业通过对自身出口经验的学习效应以及周边出口企业的示范效应可减少开拓新市场所需支付的沉没成本。具体而言，出口经验丰富的企业不仅可以通过学习以往的进出口经验减少不完全合约带来的影响（Evenett & Venables，2002），也可以利用现有的关于国（境）外消费者的需求偏好信息来推测产品对新市场的吸引力。因此，企业更倾向于进入与过去出口市场相似的目的地以降低适应性成本（Albornoz et al.，2010），这里的“相似”即“邻近”的概念，包括地理邻近性、文化邻近性、经济邻近性等，而适应性成本则包括了解当地需求偏好及法规条例、寻找分销商的时间成本以及对出口产品进行适应性改良的费用。实证研究表明，企业出口市场选择具有一定路径依赖性。如莫拉莱斯等（Morales et al.，2014）提出扩展引力模型，并通过对智利出口企业的实证研究发现，企业出口市场动态一方面依赖于目的国（地区）与东道国（地区）相似程度，另一方面依赖于新目的国（地区）与企业已出口目的国（地区）之间的相似程度。奥鲍那等（Albornoz et al.，2010）、劳利斯（Lawless，2011）以及法布令等（Fabling et al.，2009）分别对阿根廷、爱尔兰、新西兰的研究也得到了类似结论。因此，本研究提出研究假说2：在位出口企业更倾向于进入与已有出口市场邻近的目的地市场，相比于直接搜索新贸易伙伴，这种间接搜索方式是在位出口企业进行出口目的地扩张的主要途径。

经济活动往往是在一个大的制度环境中所进行的，并且受其影响。对于两国（地区）之间的贸易活动来说，国家间的外交关系作为政治邻近性的衡量标准无疑会对国家（地区）间的经济往来产生重要影响。经贸往来与外交关系之间的相互联系是国际关系研究领域一个被长期讨论的重要课题。早在战后初期，一些学者通过对欧洲国家（地区）经贸和外交数据的观察，就曾指出，存在贸易互赖关系的国家（地区），往往外交频繁且在外交政策方面也保持高度一致。20世纪50年代，岸信介政府看到与日本经济快速增长相伴随的资源与市场的需求不断扩大，便形成了经济外交的理念。“经济外交”是指由一国（地区）政府或代表本国（地区）政府的机构或官员以本国（地区）经济利益为目的而进行的对外交往活动。秉承该理念，日本政府通过提供对外援助和帮助一些国家提高它们的基础设施和投资环境，试图不断打开日本在东南亚国家的出口市场。在当今全球化的背景下，经济利益已成为外交活动的一个重要组成部分。国家（地区）之间为了促进贸易往来，往往会外交先行，因为与出口目的地稳定的外交关系可以大大降低出口国企业的出口风险，同时出口目的地通常也会给予一定的优惠政策帮助出口企业降低沉没成本。中华人民共和国成立之初，外交政策主要为政治服务，党的十一届三中全会后，外交的工作重点开始由政治转向为国内经济发展服务。我国加入 WTO、APEC、中国—东盟自由贸易区等都是为了促进国际经贸合作而进行的一系列外交活动，因此，本书提出研究假说 3：中国与其他国家（地区）的政治邻近性（即外交关系）会对出口企业进入新目的地产生影响，尤其是代表国家意志的国有企业会受到显著影响。

根据以上文献分析与理论假设，提出研究框架，如图 7－1 所示。

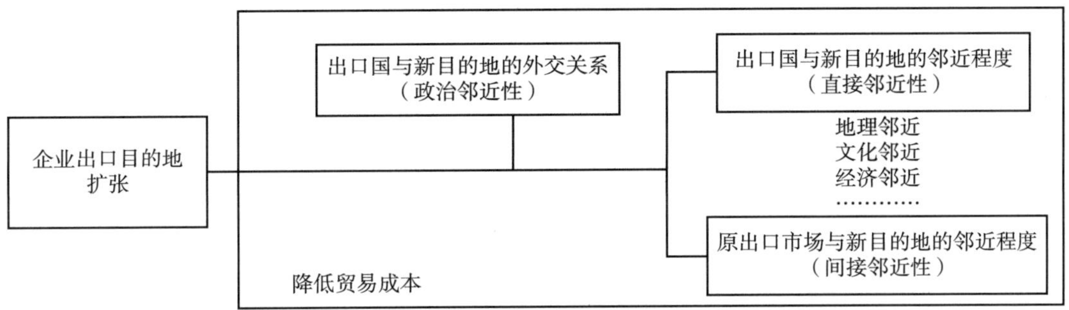

图 7－1　邻近性与中国企业出口市场扩张分析框架

资料来源：笔者整理。

三、中国企业出口市场扩张特征

研究数据来源于 2002～2011 年中国海关数据库，库中所含变量包括出口企业编码、出口年份、企业所在地区编码、出口目的国 iso3 码、企业所有制等。研究对象是 2002～2011 年中国制造业从事出口的在位企业，剔除贸易中介公司和新进入出口活动的企业。具有同一企业代码但位于不同城市的子公司被视为不同的企业。

中国出口市场一直较为集中，2002～2011 年集中度略有下降。2002 年对美国、中国香港、日本、德国、韩国这几个排名前五的市场的出口量占比就达到了 66.5%，2006 年和 2011 年该比重分别下降到 59.3% 和 51.3%，显示中国出口正在逐渐朝多样化方向转变。本书分别对所有出口企业、国有出口企业和外商及港澳台投资出口企业出口市场数量进行统计分析，如表 7－1 所示。金融危机对中国企业尤其是外商及港澳台投资企业的出口活动影响较大：2002～2006 年进行开拓市场活动的在位企业从 35 049 家上升到 76 986 家，但金融危机之后数量开始下降，在位企业的出口市场也开始急剧萎缩，2007 年和 2008 年平均出口市场仅为 2～3 个，且萎缩效应持续时间较长。国有企业受影响较小且恢复较快；相对于外商及港澳台投资企业，国有企业出口目的国更加多样化（见表 7－1、图 7－2），外商及港澳台投资企业出口市场数量的平均值和最大值均相对较少，并且进行出口市场扩张行为的国有企业占比高于外商及港澳台投资企业。一方面，是因为中国往往是外商及港澳台投资企业全球生产链中的一环，外商及港澳台投资企业往往利用中国廉价劳动力进行产品中间环节的生产，然后把成品销往母国或者第三国，因此，外商及港澳台投资企业的目标出口市场往往较少；另一方面，玛那瓦和张（Manova & Zhang，2009）研究发现外商及港澳台投资企业生产的产品更个性化，仅仅面向个别国家消费者的需求，而国有企业主要生产标准化、价值低廉的中间产品或最终产品，需求国更广。

表 7－1　中国出口企业出口市场数量统计

年份	出口目的地数量平均值			出口目的地数量最大值	
	全部企业	国企	外商及港澳台投资	国企	外商及港澳台投资
2002	4.735	4.749	4.743	144	94
2003	4.846	4.756	4.993	144	110
2004	5.027	5.049	5.347	150	122
2005	5.366	5.283	5.74	150	143
2006	5.346	5.396	5.835	159	149
2007	2.12	3.232	2.018	144	99
2008	2.801	3.164	2.751	119	100
2009	4.165	6.617	4.018	164	155
2010	3.185	4.798	2.884	156	147
2011	2.564	4.235	2.475	165	119

资料来源：中国海关数据库，笔者整理。

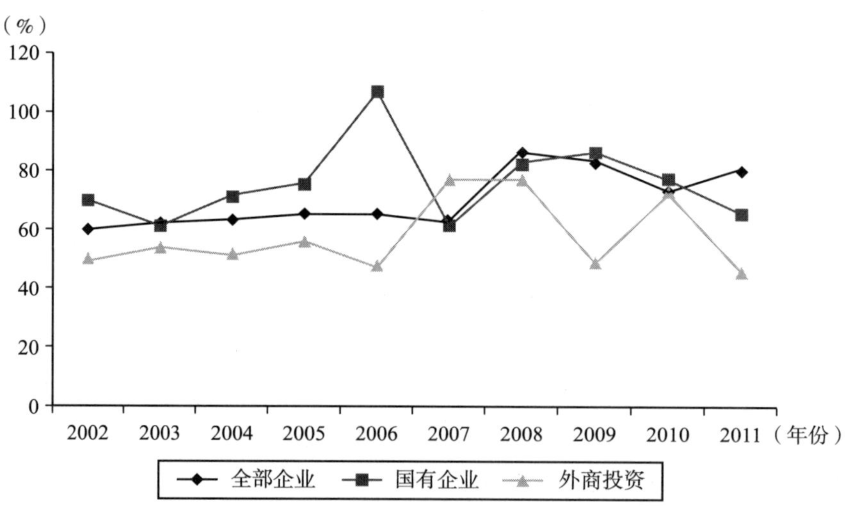

图 7－2　2002～2011 年进行新出口市场开拓的企业占在位出口企业的比重

资料来源：中国海关数据库，笔者整理。

从出口目的地空间分布上来看，2002 年中国企业的主要出口市场分布于北美、西欧、大洋洲、东南亚、南亚、俄罗斯等地，而 2003 ~ 2006 年中国向东欧、南美洲南部、非洲及中亚等地区扩张的在位出口企业数量有较高幅度的增长，对应较高该增长率的出口目的国几乎都与 2002 年中国企业的主要出口地相邻；而 2006 ~ 2011 年，受金融危机影响，进行市场扩张的中国在位出口企业数量的增长率普遍下降，在位出口企业的新增目的地主要分布于非洲大陆、不丹、玻利维亚等地。在位出口企业出口目的地跨边界扩张的规律，可见与原有出口市场地理邻近的国家（地区）更容易成为在位出口企业新的出口目的地，部分印证了假设。

四、邻近性对中国企业出口市场扩张的影响

（一）模型设定

麦克法登（McFadden，1974）的条件逻辑模型是企业投资、出口区位选择研究中广泛应用的分析模型。为了解释企业如何进行出口市场扩张，建立如下条件逻辑模型：

$$P(Y_i = j \mid x_{ij}) = \frac{\exp(x_{ij}'\beta)}{\sum_{k=1}^{J}\exp(x_{ik}'\beta)} \tag{7.1}$$

其中，i 和 j 分别表示企业和出口目的国（地区），P 是企业 i 出口到 j 国（地区）的概率。x_{ij}是影响企业 i 是否选择 j 国（地区）的解释变量集合。由于企业在 t 期进入各个新目的国（地区）的概率是相互独立的，因此符合条件逻辑模型中区位选择独立性的约束前提。

（二）变量解释与数据描述

本研究选取遍布世界各大洲的 164 个研究目的（地区）组合作为企业潜在的出口目的国（地区）选择，其他国家（地区）对中国的进口量较小可忽略不计。然后进行各期前后的比较，若第 $t-1$ 期企业 i 未出口至目的国（地区）j，而第 t 期出口至目的国（地区）j，则 j 为企业的新出口目的国（地区），取值为 1；目的国（地区）矩阵中，企业 i 在 t 期并未出口的国家（地区）取值为 0。

在解释变量中，引力模型变量包括新出口目的国（地区）的人均收入水平，新目

的国（地区）与中国的距离，数据来源于 CEPII 数据库的 GeoDist 数据。邻近性变量采用莫拉莱斯等（Morales et al.，2014）在扩展引力模型中引入的四个变量——是否同大陆、是否同边界、是否同官方语言以及是否具有相似的人均 GDP——来分别衡量新目的国（地区）与中国的邻近性以及与原出口市场邻近性。新目的国（地区）与中国的邻近性采用四个虚拟变量，若是则取 1，否则为 0。新目的国（地区）与原出口市场的邻近性的具体衡量指标是，$t-1$ 期出口目的国中与 t 期新出口目的国同边界、同大陆、同语言、同人均 GDP 的国家数量占 $t-1$ 期总目的国数量的比例。其中，是否具有相似的人均 GDP 的判断标准参照世界银行公布的划分标准，将各个国家按照人均 GDP 水平划分为高收入国家、中等偏上收入国家、中等偏下收入国家、低收入国家四个大类，若两个国家处于同一发展水平，则定义为具有相似的人均 GDP。中国与本章研究的 164 个目的国（地区）的官方语言、所属大陆、2002～2011 年的人均 GDP 以及国家（地区）间的地理距离、是否同边界的数据分别来源于 CEPII 数据库的 GeoDist 数据。需要注意的是，为了识别出间接邻近性变量的重要性，需要排除直接邻近性变量的干扰，因此在判断新目的国（地区）与原出口市场是否邻近时，若新出口目的国（地区）与原出口目的国（地区）在某项指标上邻近的同时与中国也邻近，则该国（地区）与中国该项指标的邻近性取值 1，与原出口目的国（地区）的邻近性取值 0。举例而言：若企业 i 在 t 期有新出口目的国（地区）j，$t-1$ 期出口至国家（地区）$j1'$和国家（地区）$j2'$，若 j 分别与 $j1'$、$j2'$以及中国均具有相似的官方语言，则新目的国（地区）j 与原目的国（地区）j'的语言邻近程度为 $(0+0)/2=0$。以此类推，分别得到直接邻近性和间接邻近性的四个变量。

本研究将采用国家（地区）间的双边关系来指代政治邻近性，如何科学地将国家（地区）间的双边关系定量化一直是国际关系学里的一个学术难题。不同学者采用不同指标刻画双边关系，本研究参考阎学通和周方银（2004）采用的双边关系的定量衡量方法中的国家（地区）双边关系事件分值基准表，汇总每年各个国家（地区）的外交事件，诸如建立外交关系、签订经济一体化合约等正面事件或者建立以对方为敌的军事同盟实行经济禁运、以政府声明的形式表示极大愤慨和严厉谴责等负面事件，并对这些事件赋予一定的分值，分值越高则表明国家（地区）间的外交关系越好，政治邻近性越高。各个贸易国家（地区）之间的外交事件的资料均来源于中华人民共和国外交部网站。① 此外，在估计模型时控制了中国企业所在城市的虚拟变量。解释变量归纳在表 7－2 中。

① 中华人民共和国外交部网站：http：//www. fmprc. gov. cn/web/。

表 7-2　　变量与指标选择

变量分类	变量名	变量定义	预期符号
引力模型变量（直接邻近性变量）	simipopgdp	新目的地是否与中国具有相似的人均 GDP	+
	contig	新目的地是否与中国同边界	+
	samlang	新目的地是否与中国具有共同的官方语言	+
	comconti	新目的地是否与中国同大陆	+
	ln dist	中国与其他国家（地区）的距离，并取自然对数	-
	ln salary_pop	出口目的地 t 期的年人均收入，并取自然对数	+
扩展引力模型变量（间接邻近性变量）	SimipopGDP_t-1	与 t 期新出口目的地具有相似人均 GDP 的 t-1 期原目的地数量占比	+
	Contig_t-1	与 t 期新出口目的地同边界的 t-1 期原目的地数量占比	+
	Samlang_t-1	与 t 期新出口目的地同官方语言的 t-1 期原目的地数量占比	+
	Comconti_t-1	与 t 期新出口目的地同大陆的 t-1 期原目的地数量占比	+
政治邻近性	Diplo_t-1	中国在 t-1 期与其他国家（地区）间外交事件的分值	+

（三）回归结果分析

表 7-3 给出了条件逻辑回归模型的结果，方程整体回归效果较好。模型 1 首先对引力模型中出口目的国（地区）与中国的距离、目的国（地区）人均 GDP 两个变量以及扩展引力模型的四个间接邻近性变量进行了实证检验，回归系数均通过 0.001 显著性水平的检验，且除了距离变量外，其他变量符号为正，验证假设 1 和 2。企业进行新出口目的地选择时，一方面会考虑该国（地区）的需求水平以及交通成本，该国（地区）人均收入越高，表明需求越多，地理距离越短则交通运输成本越少，因此企业更偏向进入人均收入高、地理距离近的国家（地区），这与德费维尔等（Defever et al.，2015）对中国以及劳利斯等（Lawless et al.，2011）对爱尔兰的研究结论一致。

表 7-3　　模型回归结果

变量	模型 1	模型 2	模型 3	模型 4（国有企业）	模型 5（外商投资企业）
SimipopGDP_t-1	0.780***	0.977***	0.764***	0.893***	0.830***
Contig_t-1	1.119***	1.031***	1.030***	1.198***	1.112***
Samlang_t-1	0.166***	0.241***	0.099***	0.089***	0.104***
Comconti_t-1	0.201***	0.387***	0.237***	0.260***	0.233***

续表

变量	模型 1	模型 2	模型 3	模型 4（国有企业）	模型 5（外商投资企业）
simipopgdp		0.310 ***			
contig		0.029 ***			
samlang		0.527 ***			
comconti		0.372 ***			
Diplo_t − 1			0.360 ***	0.458 ***	0.132 ***
ln dist	−0.774 ***	−0.037 ***	−0.384 ***	−0.471 ***	−0.383 ***
ln gdp_pop	2.096 ***	2.045 ***	1.894 ***	1.575 ***	1.723
城市虚拟变量	是	是	是	是	是
样本量	94 262 280	94 262 280	94 262 280	923 231 068	37 626 848
Log likelihood	−8 542 006.7	−6 647 197.6	−8 360 047.6	−791 793.16	−3 314 628.2
LRchi2	1 293 899.80	1 126 291.68	1 657 818.06	158 246.27	657 562.35
Prob > chi^2	0.0000	0.0000	0.0000	0.0000	0.0000
PseudoR^2	0.0704	0.0781	0.0902	0.0909	0.0901

注：*** $p<0.001$。

另一方面，由于企业已经从事出口活动，更偏向进入与上一期目的地邻近度更高的国家以减少沉没成本。地理邻近比文化邻近变量的回归系数更高，表明中国企业出口地扩张路径更易沿着原有出口目的地进行跨边界扩张或在同一大陆扩张，相对而言在同官方语言的国家（地区）间扩张的概率较低。这与法布令等（Fabling et al.，2009）对新西兰的实证检验结果一致。然而与莫拉莱斯等（Morales et al.，2014）对智利的研究结论有一定出入，对智利出口企业而言，新出口目的地与原目的地的文化邻近性对其出口目的地扩张的决策较为重要，而地理邻近性变量却并不显著，即智利企业鲜少向企业已有出口地同边界或同大陆的其他国家（地区）扩张，说明四个间接邻近性变量对于不同国家（地区）的重要性程度不同，而我国出口企业的出口地更易跨边界扩张。具有相似人均 GDP 变量的回归系数也相对较高，表明我国出口企业更容易进入与已有出口市场处于同一经济发展水平的国家（地区），或者说各企业短期内出口的国家（地区）的经济发展水平基本相似，这一结果与莫拉莱斯等（Morales et al.，2014）对智利的实证研究一致。

模型 2 进一步比较了间接搜索方式与直接搜索方式的相对重要性，即在模型 1 的基础上加入了引力模型中衡量新目的地与中国直接邻近性的四个变量，回归系数均通过 0.001 显著性水平下的检验。除了文化邻近性变量，扩展引力模型其他三个间接邻近性变量的回归系数均大于直接邻近性的相应变量，再一次验证假设2。对于在位出口企业而言，更偏好以间接搜索方式寻找下一个出口地，即进入与上一期出口目的地而非中国经济水平邻近、地理邻近的国家；仅在文化邻近性层面，与中国具有相同官方语言的国家（地区）更容易成为企业的出口目标。

模型3、模型4和模型5在模型1的基础上加入了代表政治邻近性的外交关系变量，三个模型中该变量均通过0.001显著性水平下的检验，且符号为正，表明外交关系的确影响中国企业的出口市场拓展，中国国家领导人在$t-1$期对某国（地区）访问次数越多，与该国（地区）领导人会晤等外交事件发生越频繁，则中国企业更愿意向那个国家（地区）进行出口。模型4和模型5分别对国有企业和外商投资企业进行了回归，发现其他变量回归系数相差无几，但国有企业外交关系变量的回归系数为0.458，明显高于外商投资企业的回归系数0.132，可以看出国有企业更代表了国家意志和国家利益，假设3得到验证。

五、小结

我国企业的出口市场正由集中向多样化转变，国有企业的出口市场相较于外商投资企业多样化程度更高。对于在位出口企业而言，出口的邻近程度是其进行出口市场扩张所考虑的重要因素，地理、文化、经济和政治上的邻近可以降低企业开拓新市场的成本、风险及不确定性。而企业根据邻近程度搜索新贸易伙伴时主要通过两种方式：其一，基于引力模型，根据目的地需求特征以及目的地与中国的邻近性，直接搜寻新的贸易伙伴；其二，企业一旦进行出口贸易活动，则更倾向于进入与过去出口市场邻近的目的地市场。研究发现，第二种间接搜索的方式是在位出口企业进行市场扩张的主要途径。同时，国家（地区）间的政治邻近性也在我国企业的新出口市场选择决策中发挥了重要作用。在当今全球化的背景下，政治外交的实质很大程度上都是为了实现经济利益最大化，与我国往来频繁、外交关系密切的如亚太地区、非洲等国家会通过一些优惠政策吸引出口企业进入，而国有企业作为国家利益的代表者，其出口行为更是深受国家（地区）间外交关系的影响。由此可推测，我国与“一带一路”沿线国家日益密切的外交关系以及共同建立的互联互通项目将会吸引更多中国企业的出口市场转移到这些地区。

本章的研究为当前宏观贸易政策的微观效应提供了依据。企业出口拓展包括了开拓新产品和开拓新市场，而本章研究只关注了市场维度，并没纳入出口产品拓展。在未来研究中，可以结合产品和市场两个维度对企业出口扩张的微观机制进行更加深入的研究与探讨。

参考文献

[1] 陈勇兵，李梦珊，李冬阳.2015. 出口经验、沉没成本与企业出口广化——来自中国微观企业的证据. 财经论丛，(2)：3－10.

[2] 黄玖立，徐曼鸿.2012. 境内运输成本与中国的地区出口模式. 世界经济，(1)：58－77.

[3] 黄先海，周俊子.2011. 中国出口广化中的地理广化、产品广化及其结构优化. 管理世界，(10)：20－31.

[4] 钱学锋，王胜，陈勇兵.2013. 中国的多产品出口企业及其产品范围：事实与解释. 管理世界，(1)：9－27.

[5] 阎学通，周方银.2004. 国家双边关系的定量衡量. 中国社会科学，(6)：90－103.

[6] Albornoz-Crespo F.，Calvo Pardo H. F.，Corcos G.，et al. 2010. Sequential Exporting. CEPR Discussion Papers，88 (1)：17－31.

[7] Anderson J. E. and Van Wincoop E. 2004. Trade costs. Journal of Economic Literature，42 (3)：691－751.

[8] Bernard A. B.，Eaton J.，Jensen J. B.，et al. 2000. Plants and productivity in international trade. Boston University-Institute for Economic Development，93 (4)：1268－1290.

[9] Chaney T. 2014. The network structure of international trade. American Economic Review，104 (11)：3600－3634.

[10] Defever F.，Heid B. and Larch M. 2015. Spatial exporters. Journal of International Economics，95 (1)：145－156.

[11] Eaton J. and Kortum S. 2002. Technology，Geography，and Trade. Econometrica，70 (5)：1741－1779.

[12] Evenett S. J. and Venables A. J. 2002. Export Growth in Developing Countries：Market Entry and Bilateral Trade Flows. University of Bern. Working Paper，mimeo.

[13] Fabling R.，Grimes A. and Sanderson L. 2009. Whatever next? Export market choices of New Zealand firms. Reserve Bank of New Zealand Discussion Paper，91 (1)：137－159.

[14] IMF. 2002. World Economic Outlook：Trade and Finance. Washington，D. C.：IMF.

[15] Lawless M. 2011. Marginal distance：Does export experience reduce firm trade costs? . Open Economies Review，24 (5)：819－841.

[16] Linnemann H. 1966. An econometric study in international trade flows. Amsterdam：Elsevier.

[17] Manova K. and Zhang Z. 2009. China's exporters and importers：Firms，products and trade partners. NBER Working Paper No. 15249.

[18] Mayneris F. and Poncet S. 2011. Entry on difficult export markets by chinese domestic firms：The role of foreign export spillovers. Université catholique de Louvain，Institut de Recherches Economiques et Sociales (IRES) Discussion PapersNo. 2011041.

[19] Mcfadden D. 1974. Conditional logit analysis of qualitative choice behavior. Frontiers in Econometrics, 105 – 142.

[20] Melitz M. J. 2003. The impact of trade on intra-industry re-allocation and aggregate industrial productivity. Econometrica, 71 (6): 1695 – 1725.

[21] Melitz M. J. 2008. Market size, trade, and productivity. Review of Economic Studies, 75 (1): 295 – 316.

[22] Morales E. , Sheu G. and Zahler A. 2014. Gravity and extended gravity: Using moment inequalities to estimate a model of export entry. NBER Working Paper No. 19916.

[23] Roberts M. J. and Tybout J. R. 1997. The decision to export in Colombia: An empirical model of entry with sunk costs. The American Economic Review, 87 (4): 545 – 564.

[24] Tinbergen J. 1962. Shaping the world economy: Suggestions for an international economic policy. New York: The Twentieth Century Fund.

第八章
移民网络与企业出口边界动态

一、引言

现代贸易理论引入企业异质性，研究产品和企业层面的贸易活动（Eaton & Kortum，2002；Melitz，2003）。梅里兹（2003）假设在没有生产率冲击的情况下，如果企业在初期能支付足够沉没成本，企业将稳定出口。然而，这一假设并不符合现实中的国际贸易。现实中的企业—产品—市场对出口进入退出变动频繁，只有小部分企业出口关系能稳定存在。企业在实际出口中，倾向于第一年支付一小笔成本，后期再根据市场表现决定是退出市场还是扩大规模，存在一个“试错”过程。企业一旦发现不适应国际市场，则可能逐步退出该市场。中国海关数据显示，大部分出口企业在第一年选择出口较少数量的产品，并有很大部分企业出口关系在第二年被淘汰，企业—产品—市场的存活率低。

“试错”机制会降低企业出口关系的存活年限，企业—产品—市场存活率低，信息可获得性在决定“关系”是否能够存活的过程中起重要作用（Rauch & Trindade，2002）。研究进一步指出，移民网络能够显著降低企业出口不确定性，对企业出口行为产生显著影响。格雷夫（Greif，1993）和劳奇和卡塞拉（Rauch & Casella，2003）建立理论模型发现移民网络能够在集约边界上促进企业出口规模扩张。劳奇和特林达德（Rauch & Trindade，2002）基于1980年和1990年中国在世界各地的移民数据研究，发现移民网络能提高两国之间的贸易，移民网络能帮助国际贸易中的卖家和买家找到合适的商品，降低不确定性和“试错”行为。扩展边界的研究主要从出口关系存活率的角度展开，如伊顿等（Eaton et al.，2007）对哥伦比亚的研究，奥鲍那（Albornoz et al.，2012）对阿根廷的研究，弗罗因德和巴塞罗那（Freund & Pierola，2010）关于秘鲁的研究。这些研究提出了企业“试错”机制和目的地市场不确定性，但没有分析哪些因素能向企业提供市场信息，降低不确定性。最新文献进一步对影响机制做了一定的探讨。如费尔南德斯和唐（Fernandes & Tang，2014）发现同一城市的出口企业存在信息溢出效应，能为新进入企业提供出口市场需求信息，提高出口关系存活率。卡多等（Cadot et al.，2013）发现现有企业出口关系能使得新进入企业获得目的地的市场信息。这些文献主要从供给角度研究企业出口的低存活率。

本研究希望从国际移民网络的角度研究我国企业出口边界动态演变。第一，文献验证了现代国际贸易理论“确定性世界”假设的不足，发现了诸多企业出口动态的经验事实，但对这些现象背后的机制的研究不足。第二，企业出口动态演变同时受需求因素和供给因素的影响，而从需求角度研究还极为少见。本研究认为移民网络能够降低出口市场不确定性，是一个值得研究的方向。第三，我国已经成为世界第一大贸易国，世界第四大移民输出国，却几乎没有关于我国企业出口动态演变及其影响机制的研究成果，更缺乏从移民网络角度研究企业出口边界动态演变的文献。

本章首先展示我国企业出口边界动态演变的典型事实，其次再检验移民网络对企业出口边界演变的影响，最后从不同角度进行异质性和稳健性分析。基于 2000 ~ 2011 年中国海关企业层面进出口数据，发现如下几个经验事实。第一，平均而言，我国企业出口边界非常稳定。每个企业出口产品数量、每个企业出口市场数量中位数一直稳定在 3 ~4 个，企业—市场出口产品数量中位数为 2 个，企业—产品对的出口市场数量中位数为 1 个，这些指标的均值变化也非常小。第二，企业出口边界动态演变现象非常明显。这与现代贸易理论“确定性世界”推断存在差异。本章从企业、企业—市场、企业—产品—市场维度定义出口关系，每年新进入关系的比例分别约为 25%、45% 和 68%，这些新进入的出口关系中，分别有 18%、45% 和 70% 的比例在第二年被淘汰，扩展边界“优胜劣汰”现象非常突出，而企业—产品—市场层面约 1/3 的持续在位关系出口占总额的 80%，集约边界主导绝大部分出口和出口增长。

基于这些事实，本章从移民网络角度研究企业出口边界动态演变问题，得到两点主要结论。第一，移民网络能够显著降低出口市场的不确定性，服务于企业的出口“试错”机制，从而显著提高在位出口关系出口额的增长率（集约边界），提高新进入出口关系的存活率（扩展边界）。第二，相对于同质产品，移民网络对差异产品影响更大；相对于国有企业，移民网络对民营企业影响更大；相对于非贸易公司，移民网络对贸易公司的影响更大；相对于其他地区，移民网络对华南地区影响更大。这些结论均符合预期，且对于不同的计量检验方法和变量定义方式均稳健。本研究讨论“不确定性”条件下的企业出口动态演变问题，是对现代国际贸易理论“确定性世界”这一基本假设的补充。而我国作为贸易和移民大国，对我国移民网络与企业出口边界动态演变问题的讨论有利于更为深入理解我国出口态势。

二、企业出口边界特征

本研究使用的数据主要包括：2000 ~ 2011 年中国海关企业层面进出口数据、世界银行和国际移民组织国别移民数据、CEPII 的国别地理数据、Penn World Table 6.3 的国别宏观数据，以及世界银行的 WDI 数据。本章将海关数据、与移民网络数据、

Penn World Table 6. 3 和 CEPII Distance 等出口市场地理与宏观数据对接。在实证检验部分，删除了一些无法获得宏观数据的出口市场数据记录，最终保留 184 个出口目的市场。

（一）企业出口关系动态演变态势

本章重点关注企业、产品和市场的出口动态，表 8－1 为基本统计数据。归纳起来有如下几个结论。第一，2000～2011 年出口关系数量在大幅度增加，而相应的平均每个出口关系的出口额增长较慢。第二，平均而言，企业出口关系动态演变较为稳定。每个企业出口产品数量均值由 14. 4 略升到 16. 3，中位数在 3～4 个之间；每个企业出口市场个数由 6. 8 上升到 9. 2，中位数同样在 3～4 个之间；每个企业—市场对的出口产品数量均值和中位数几乎没有变化；每个企业—产品对的出口市场数量均值由 2. 1 略升到 2. 5，中位数一直为 1。由此可以看到，2000 年以来，我国出口虽然在总量上迅速发展，但平均而言，企业在产品和市场的数量边界基本处于稳定状态，企业—产品—市场配对关系动态变化基本维持稳定。

表 8－1　　企业出口动态描述

年份	出口关系数量			出口产品	出口市场	每个企业出口产品		每个企业出口市场		企业—市场对出口产品		企业—产品对出口市场	
	企业	企业—市场	企业—产品—市场			均值	中值	均值	中值	均值	中值	均值	中值
2000	62 771	427 532	1 882 433	6 740	223	14. 40	3	6. 81	2	4. 40	2	2. 08	1
2004	120 590	930 362	4 029 770	7 017	223	15. 18	3	7. 72	3	4. 33	2	2. 20	1
2008	206 529	1 869 649	7 811 273	7 213	216	15. 71	4	9. 05	4	4. 18	2	2. 41	1
2011	254 618	2 351 345	10 475 647	7 404	218	16. 31	4	9. 23	4	4. 46	2	2. 52	1

资料来源：根据《中国海关企业层面进出口数据库》计算而得。

为更直观地展示企业出口动态，图 8－1 左图是历年新进入出口关系占总出口关系的比例，右图是以 2000 年为基准，2001 年新进入出口关系在后续年份的存活率。从图中可以看到，基于企业、企业—市场、企业—产品—市场维度定义的出口关系，每年新进入关系的比例分别约为 25%、45% 和 65%。以 2001 年为例，这些新进入关系中，分别有 18%、45% 和 70% 的比例在第二年（2002 年）被淘汰，在接续年份还将继续不断被淘汰，扩展边界“优胜劣汰”现象非常突出。与发达国家比较，我国的企业—市场配对流动性更高，博诺和法丁格（Buono & Fadinger，2012）发现法国企业—市场配对新形成和消失的比例分别约为25%和20%。

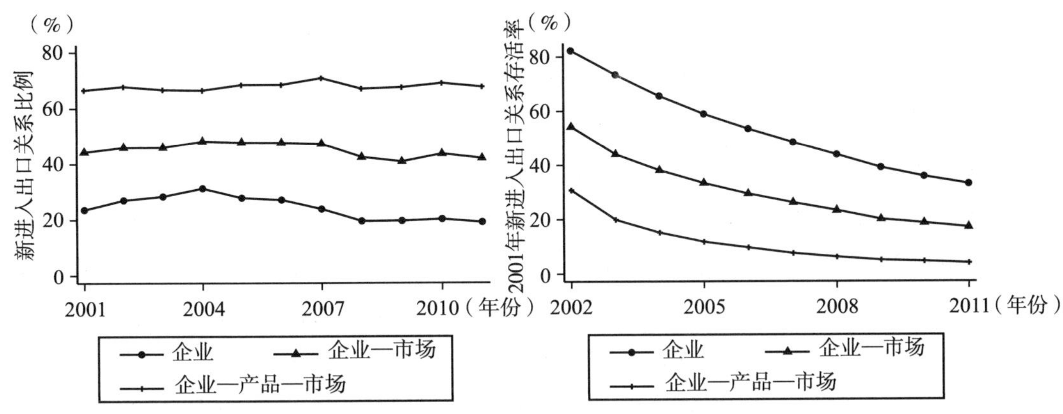

图8－1　中国企业出口关系的动态变化

资料来源：根据《中国海关企业层面进出口数据库》计算而得。

初步研究表明，平均而言，企业出口市场数量和出口产品数量边界基本保持稳定，而企业出口集中程度却在快速上升。这说明，企业—产品—市场配对关系存在激烈的动态变化，扩展边界保持稳定的同时，持续存在的配对关系出口规模越来越大，大部分出口都集中于多产品、多市场的扩展边界较广的出口企业，这与现有文献研究结论类似（Bernard et al.，2009）。这种宏观上出口模式的变化根本上还是依赖于企业—产品—市场关系的动态演变。从文献角度来看，理论方面还很少深入到企业贸易模式的动态演变，经验研究多集中于截面和国别（地区）研究。

（二）企业出口边界演变

企业出口市场数量和出口产品数量基本保持稳定，企业进入率和退出率也基本稳定，但企业出口集中度迅速上升。这就表明，配对关系在年度之间的存活率虽然基本相同，但内部存在异质性。本章从移民网络的角度研究这种异质性，首先对这种出口配对关系的异质性从集约边界和扩展边界的角度做简单的描述。参考现有相关研究（Cadot et al.，2013），对企业—产品—市场配对关系做更详细分类，并考察其异质性。

以f表示企业，p表示产品，d表示出口市场，t表示年份，定义$v_{f,t-1}$代表企业f在第$t-1$期出口总额；$v_{fp,t-1}$代表企业f在第$t-1$期产品p的出口额；$v_{fd,t-1}$表示企业f

在第 $t-1$ 期到市场 d 目的出口额；$v_{fpd,t-1}$ 代表企业 f 在第 $t-1$ 期 p 产品到 d 市场的出口额。

定义在位出口关系，$CDP=\{(f,\ p,\ d,\ t)s.t.\ v_{fpdt}>0 \text{ and } v_{fpd,t-1}>0\}$；

新企业，$NF=\{(f,\ p,\ d,\ t)s.t.\ v_{fpdt}>0 \text{ and } v_{fpd,t-1}=0\}$；

在位企业新产品，$NP=\{(f,\ p,\ d,\ t)s.t.\ v_{fpdt}>0,\ v_{f,t-1}>0 \text{ and } v_{fp,t-1}=0\}$；

在位企业新市场，$ND=\{(f,\ p,\ d,\ t)s.t.\ v_{fpdt}>0,\ v_{f,t-1}>0 \text{ and } v_{fd,t-1}=0\}$；

企业退出，$EF=\{(f,\ p,\ d,\ t)s.t.\ v_{fpdt-1}>0 \text{ and } v_{f,t}=0\}$；

在位企业产品退出，$EP=\{(f,\ p,\ d,\ t)s.t.\ v_{fpdt-1}>0,\ v_{ft}>0 \text{ and } v_{fp,t}=0\}$；

在位企业市场退出，$ED=\{(f,\ p,\ d,\ t)s.t.\ v_{fpdt-1}>0,\ v_{ft}>0 \text{ and } v_{fd,t}=0\}$。

在位出口关系 CDP 变化属于集约边界变化，新企业、在位企业新产品和在位企业新市场在第 $t-1$ 期的出口额为 0，在第 t 期才存在出口，属于扩展边界延伸；企业退出、在位企业产品退出和在位企业市场退出表示在第 $t-1$ 期存在出口，但是在第 t 期的出口为 0，表现为扩展边际变小；当某在位企业的新出口关系既是新产品又是新目的地时，将其看成在位企业新市场，同样的操作适用于退出分类。表 8-2 是集约边界与扩展边界动态变化的基本描述。

表 8-2　　集约边界、扩展边界和企业出口动态

年份	份额	(1) CDP	(2) NF	(3) NP	(4) ND	(5) EF	(6) EP	(7) ED
2001	数量占比	0.34	0.11	0.20	0.15	0.05	0.22	0.15
	出口额占比	0.79	0.06	0.06	0.05	0.03	0.06	0.05
2006	数量占比	0.32	0.22	0.15	0.15	0.06	0.19	0.17
	出口额占比	0.80	0.06	0.05	0.06	0.02	0.03	0.04
2011	数量占比	0.32	0.16	0.15	0.19	0.12	0.16	0.18
	出口额占比	0.79	0.06	0.04	0.07	0.03	0.04	0.06

注：CDP、NF、NP、ND 的占比相对于 t 期；EF、EP、ED 的占比相对于 t-1 期。

从表 8-2 可以发现，我国出口增长主要来源于集约边界。2001～2011 年在位出口关系数量占比只有 1/3，但是出口额所占比重却达到 80%，少数在位企业占了大部分出口份额。这一事实与现有文献一致（Iacovone & Javorcik，2010；Cadot et al.，2013）。此外，每年进入的新企业数量在增加，而所占出口份额没有很大变化，说明出口市场进入门槛在下降，大量小企业同样可以进入国际市场，但其出口额较小。在位企业产品退出和市场退出相对于企业退出更为频繁，每年大约 20% 的产品退出，15% 左右的市场退出。相对而言，企业退出率很低，每年只有 4% 左右的企业退出。

这说明大部分企业的出口关系存在“试错”的行为，企业在选择市场和产品存在风险。综上所述，出口增长主要来自集约边界；国际贸易门槛降低，大量新企业进入市场；企业在选择出口市场和出口产品时存在风险，一部分出口关系得到成长，另一部分出口关系却退出市场。

本章继续基于三年数据来研究企业出口关系的存活率。企业出口关系是否存活的定义如下：如果满足 $v_{fpdt}>0$，$v_{fpd,t-1}=0$ 和 $v_{fpd,t+1}>0$，则定义 s_{fpdt} 为 1（存活）；如果满足 $v_{fpdt}>0$，$v_{fpd,t-1}=0$ 和 $v_{fpd,t+1}=0$，则定义 s_{fpdt} 为 0（没有存活）。$s_{fpdt}=1$ 表示在第 t 年进入的企业 f 连续两年出口产品 p 到目的地 d；如果一个企业连续将一种产品出口到一个目的地，定义这种企业出口关系存活下来；反之，如果企业这种产品到这个目的地只出口一年，则定义为没有成功进入，即 $s_{fpdt}=0$。由此可以从扩展边界的角度挖掘企业能否成功进入出口市场的基本事实。研究已经发现，只有 30% 左右的企业出口关系能存活两年，但是 30% 左右的出口关系的出口额占比却有 70%，表明企业出口关系存在异质性，出口在集约边界呈现集聚。在扩展边界方面也发现了同样的结论：73% 左右的在位企业新产品出口关系、70% 左右的新企业出口关系和在位企业新市场出口关系没有成功进入，仅出口一年，退出率很高。然而，成功进入出口关系的出口额比没成功进入的出口额高，新产品存活下来的出口关系的出口额占总出口额的 70%，新企业存活下来的出口关系的出口额占总出口额的 80% 左右，新市场存活下来的出口关系的出口额占总出口额的 60% 左右，出口呈集聚状态。

综合所述，出口企业的存活率较高，每年有 70% 左右的企业在新一年继续出口，然而企业—产品—市场对的存活率却很低。由此，本章研究对于企业出口动态的判断是，企业进入出口市场，可能需要支付一个固定成本，一旦进入国际市场，退出概率就较小。2000 年以来，企业为进入国际市场所要支付的固定成本在下降，每年新进入企业占比在上升；企业进入国际市场后，要选择产品和出口市场，这存在试错过程，企业在产品和市场选择上存在很大的风险，很多产品—市场配对关系消亡。因此本章认为，企业产品选择试错成本较高，企业对于市场的试错选择是决定配对关系存活概率的关键因素，而移民网络正是影响企业出口市场选择和产品—市场配对关系存活概率的重要因素。

三、移民网络与企业出口边界

通过上面的分析，发现小部分出口关系在出口过程中逐渐成长并扩大出口规模，大部分的出口关系会很快退出市场，企业出口关系的存活率存在很大差异。造成这种差异的原因是什么呢？是选择产品组合更重要还是选择出口市场更重要？描述统计结果显示，企业出口关系存活率与市场平均存活率差均值为0.05，而在75分位上的企业出口存活率差为0.31，是平均值的6倍；在95分位上的出口关系存活率差为0.64，为平均值的12倍，数据离散程度大。如果控制市场固定效应，企业出口关系存活率差的平均值下降为0.03，下降幅度为40%；如果控制产品固定效应，出口关系存活率差均值为0.04，下降20%。分位数比较和中位数比较均表明，可以初步判断市场选择更能解释企业间出口关系存活率的差异，调整市场比调整产品种类更为灵活，即市场选择对出口关系存活的影响大于产品选择带来的影响。而移民网络对于企业市场选择存在重要意义。

（一）理论机制

本小节探讨移民网络影响企业出口市场选择的理论基础，从集约边界和扩展边界两个角度分析移民网络对出口边界的影响。在集约边界上，移民网络通过两种不同机制对企业出口贸易产生影响：增强合同的执行力（Greif，1993）和提供目的地市场需求信息，降低运营成本（Rauch & Trindade，2002；Rauch & Casella，2003）。两种机制都促进了双边贸易。第一，在国际法律相对弱的环境下，移民网络通过提高合同的执行力，从而提升两国（地区）之间的贸易（Greif，1993）。如果买方没有执行合同，那么他的“声誉”在整个移民网络的圈子内会变差，以后就没有或者很少有人愿意和他交易。买方为了防止这样的事情发生，一般不会轻易违约。这提高了双方贸易的合同执行力，促进出口贸易提升。第二，移民网络通过提供目的地的市场需求信息，降低交易成本，促进双边贸易（Rauch & Casella，2003）。如移民网络给企业提供市场信息，使出口企业更容易了解到哪些市场的需求大于供给，从而提高出口规模。移民网络还可以向企业提供目的地市场消费者的价格弹性，从而使得企业可以通过差别定价提高出口额。根据上面的两个机制，移民网络能在集约边界上促进企业的出口贸易。

在扩展边界上，跨国移民网络通过向企业提供目的地市场的需求偏好信息、降低企业固定成本和运营成本、增强合同执行力等途径，降低新进入企业面临的不确定性，从而提高企业出口关系的存活率。第一，移民网络可以向出口企业提供目的地市场的需求信息，这有利于企业充分了解市场供求情况，合理预期收益成本，降低盲目进入预期亏损市场的可能性，提高企业存活率（Jansen & Piermartini，2009）。第二，移民网络能向企业提供目的地市场成本信息，帮助企业降低在目的地市场的经营成本，从而提高企业存活率。一方面，移民网络通过向企业提供更加准确的目的地市场的成本信息，防止企业盲目进入高成本的出口市场，帮助企业实现资源配置效率提升，提高整体企业的存活率；另一方面，移民网络能降低企业固定成本和运营成本（Peri & Requena-Silvente，2010）。如企业通过移民网络找到便宜的广告机构和厂房等，从而降低前期投入和固定成本，提高企业出口关系的存活率。再者，由于移民对目的地市场的法律和语言等都比较熟悉，移民能给企业提供法律咨询的服务，并能帮助企业熟悉语言，能极大地降低企业的运营成本，促进企业出口关系的存活率。第三，与移民网络对企业集约边界的作用类似，移民网络的存在增强了合同的执行力，从而能够提高企业出口关系的存活率。

本研究在费尔南德斯和唐（Fernandes & Tang，2014）、弗罗因德和巴塞罗那（Freund & Pierola，2010）的基础上将上述机制简单模型化。在异质性企业框架中（Melitz，2003），企业生产率为ρ，生产率的累积分布函数为$G(\rho)$，企业在外国（地区）销售的运营成本C，由于不确定性的存在，在进入外国（地区）市场之前，每个国家（地区）都存在高成本C_H和低成本C_L两种可能，企业无法观察外国（地区）市场是高成本还是低成本。假设D代表企业面临的市场需求，σ表示市场中两种商品的替代弹性，$E(C)$表示市场的预期成本，以q的概率取低成本C_L，以$1-q$的概率是高成本C_H，企业在每期都要支付固定成本F。

零利润条件为：$D^{\sigma}\underline{\rho}^{\sigma-1}-[qC_L+(1-q)C_H]=F$。

由此可以求出确定性情况下进入高成本或低成本国家（地区）的最低生产率要求。企业出口的第二年，企业才知道目的国（地区）市场是高成本还是低成本。如果是高成本，那么所需要的最低生产率高于预期的生产率，企业在第二年停止出口；如果是低成本，企业在第二年继续出口。

给定$\underline{\rho}<\rho_H$，第二年出口企业退出市场的比例是：

$$\theta=(G(\rho_H)-G(\rho))/(1-G(\underline{\rho}))$$

假设移民网络能给出口企业提供信息，降低“试错”的盲目性，以概率$\omega(x)$确定一国成本形式，其中x表示一国的移民占外国（地区）总人口（或总移民）比例。

所以对于一个高成本的外国（地区）市场，企业的预期利润为：

$$D^{\sigma}\rho^{\sigma-1}-[\omega(x)C_H+(1-w(x))(qC_L+(1-q)C_H)]$$

对于一个低成本的外国（地区）市场，企业的预期利润为：

$$D^{\sigma}\rho^{\sigma-1}-[\omega(x)C_L+(1-w(x))(qC_L+(1-q)C_H)]$$

由此，企业在高成本市场的退出率为：

$$\theta_H(x)=(G(\rho_H)-G(\rho_{-H}(x)))/(1-G(\rho_{-H}(x)))$$

低成本市场退出率为0。对于整个市场，企业的退出率为$\theta(x)=(1-q)\theta_H(x)$。

由于有新进入企业在出口市场的成功进入率（$1-\theta(x)$）随着该国（地区）移民比例的上升而增加，即 $d(1-\theta(x))/dx>0$。由此可以得到，移民网络能提升企业出口关系的存活率，表现为移民占比越大，新进入企业出口关系的存活率越高。

（二）中国移民输出现状

根据澳大利亚统计局公布的数据，2012 年移民澳大利亚的外国人中，中国是第二大移民来源国。美国移民署的数据同样显示，2010 年中国成为第二大新移民原籍国，华裔新移民达到 220 万，成为美国第二大新移民群体，占新移民总数的比例达到 17%。中国与全球化智库（CCG）及中国社会科学院发布的《国际人才蓝皮书》指出，截至 2013 年，中国海外移民存量已达到 934.3 万人，23 年间增长了 128.6%，成为第四大移民输出国。据《2008 年世界华商发展报告》统计，截至 2008 年，我国总的华侨人数有 4 800 万。从华侨华人的祖籍看，广东籍占 54%，福建籍占 25%，海南籍占 6%，其他省份共占 15%（其中以中国台湾、广西、山东、新疆、云南为主）。

根据前文讨论，移民网络能为企业出口关系提供目的地市场信息，获得目的地市场的成本函数以及需求偏好等，提高企业—产品—市场对的存活率。但是，从实证来看，这一机制可能存在反向因果关系。双边经贸关系密切的两个国家（地区），可能移民数量也较多。本章采用两个策略来识别这种关系。第一，在检验中控制国别（地区）经济发展水平。从数据观察可以看到，移民方向多为发展中国家（地区）向发达国家（地区）移民或发达国家（地区）之间的移民。这就表明，双边贸易的体量并不一定会使得两国（地区）移民数量增加。第二，如果能够从我国找出若干个其他条件类似而移民网络差异较大的地区，则可以较好地识别这种因果关系。我国华南和华东地区都属沿海地区，经济发展水平相当，但是移民人数却有很大不同。华南地区移民人数占全国总移民人数的 90% 左右。移民数量存在巨大差异，这也将使得移民网络对不同地区企业的存活率的影响存在差异。因此需要验证移民网络对华南地区的企业出口关系的影响更大。

本研究使用 1960～2000 年来自世界银行的移民数据，该移民数据是现阶段最完整的跨国（地区）动态移民数据，统计了 1960 年、1970 年、1980 年、1990 年和 2000 年的 226 个国家（地区）两两之间的移民存量，统计范围包括世界上每一个国家和地区。该移民数据的统计信息来自移民目的地的人口普查数据，收集了来自 230 个国家（地区）的 3 500 份普查数据。移民的统计标准是该人是否是外国（地区）出生或者成为外国（地区）公民，当目的地统计上述两种信息时，优先以是否外国（地区）出生为标准，即一个人在外国（地区）出生则将其视为移民。关于移民数据更详细的信息可参考奥兹登等（Ozden et al.，2011）的研究。

（三）移民网络与新企业、新产品和新市场成功进入概率

本小节继续分析移民网络对企业选择新市场的作用和对企业能否成功进入的影响。定义每个市场出口关系的存活率 S_RATIO_d。如式（8.1）所示，n 表示一个国家（地区）成功进入的企业—产品—市场对，N 表示一个国家（地区）的所有企业—产品—市场对。定义我国移民人数占目的地总移民比例 $CHINSHARE_d$。如式（8.2）所示，$Migration_{cd}$表示我国 c 到 d 国（地区）的移民人数，$Migration_d$ 表示 d 国（地区）移民总数，$CHINSHARE_d$ 表示我国移民到 d 国（地区）的人数占 d 国（地区）总移民的比重。

$$S\_RATIO_d = n(s_{fpd} = 1)/N \tag{8.1}$$

$$CHINSHARE_d = Migration_{cd}/Migration_d \tag{8.2}$$

图 8－2 左图是移民网络和目的地 2001 年的总出口额的关系，移民人数越多的国家（地区），我国对该国（地区）的出口额也越大，这与劳奇和特林达德（Rauch & Trindade，2002）和埃拉尔等（Ehrhart et al.，2012）的结论一致。右图是出口关系存活率和移民份额的相关图，从图上可以发现两者同样正相关，我国移民所占份额越大，我国在该市场的出口关系的存活率越高，即移民网络能给企业提供目的国市场信息，降低不确定性。

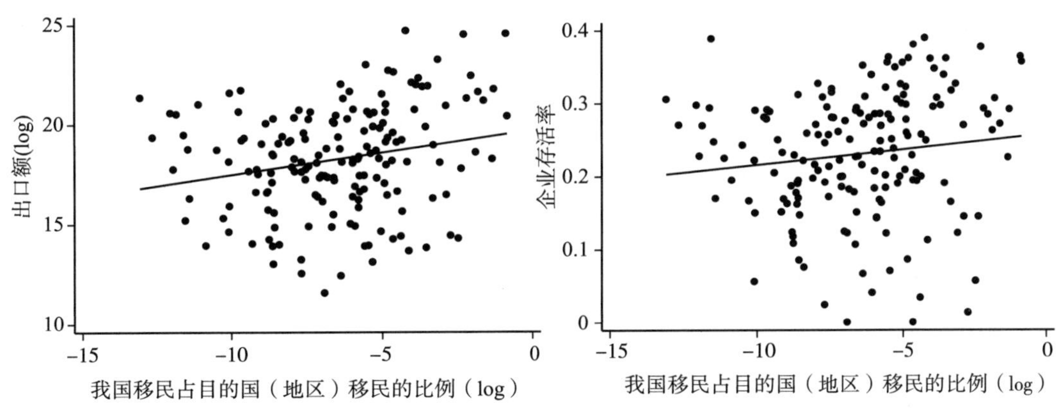

图 8－2　移民与出口额及企业存活率的关系

图 8－3 分别从集约边界和扩展边界的角度研究跨国移民份额与出口关系存活率之间的关系，横轴为我国移民占目的国（地区）总移民的比例，纵轴分别为集约边界增长速度、企业扩展边界存活率（考察产品扩展边界存活率、目的地扩展边界存活

率也可以得到类似的图）。左图中，纵轴表示在位出口关系 2000～2001 年出口额的增加比例。该图表明移民网络能增加在位出口关系的出口额，移民份额占比越高的国家（地区），出口额增加越快。右图表明扩展边界存活率均与移民网络存在正相关。初步来看，移民网络能促进出口集约边界增长，提高企业、产品、市场维度扩展边界的存活率，促进贸易发展。

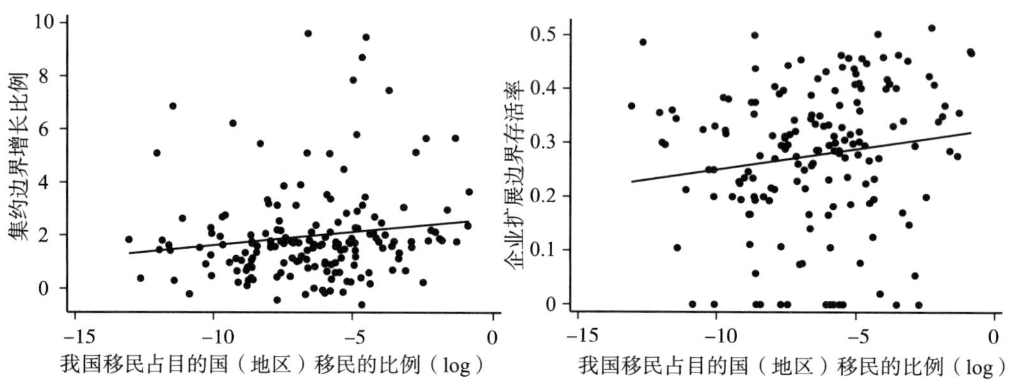

图 8－3 移民网络与出口集约边界与扩展边界

四、移民网络对企业出口的影响

本小节首先以引力模型为基础分析移民网络对于整体贸易的影响。检验方程如（8.3）式所示，$\ln EXP_d$ 为被解释变量，分别表示我国向 d 国（地区）的总出口额对数。$CHINSHARE_d$ 表示我国移民占 d 国（地区）总移民的份额，为核心解释变量，X_d 表示其他控制变量。根据现有文献（Bastos & Silva，2010），X_d 包括我国与目的地的距离（$\ln Dist$）、目的地经济总量（$\ln GDP$）、目的地人均经济发展水平（$\ln pgdp$）以及目的地是否内陆国家（地区）（*Landlocked*）。检验方程如下：

$$\ln EXP_d = \alpha + \gamma CHINSHARE_d + \beta X_d + \mu_d \tag{8.3}$$

表 8－3 列出了 OLS 回归结果。本小节研究衡量的是 2000 年移民人数对 2001 年总出口额的影响，第（1）列的结果表明，移民份额系数显著为正，移民网络与出口额正相关，和文献研究结论一致（Rauch & Trindade，2002；Ehrhart et al.，2012）。其他变量的回归系数也基本符合预期，与文献一致（Bastos & Silva，2010）。移民网络对于不同类型产品出口存在差异化影响。参考 Rauch（1999）的研究，将所有产品分为标准产品、类似产品和差异产品，分组回归结果见第（2）～（4）列。根据现有

理论，产品同质程度越高，企业出口该种产品面临不确定性越小，移民网络作用相对越小，从而对差异产品的影响就越大。然而，表 8－3 的回归结果不支持上述理论，这可能是因为该检验完全是总量检验，忽略了企业和产品的特征对出口贸易的影响，需要进一步分析。

表 8－3　　移民网络与总出口规模

变量	(1) 全样本	(2) 标准产品	(3) 类似产品	(4) 差异产品
CHINSHARE	7.054 *** (1.687)	9.758 *** (1.667)	6.659 *** (1.623)	7.265 *** (1.845)
样本数	184	164	182	184
R^2	0.792	0.691	0.755	0.778

注：*** 表示 1% 的显著性水平，括号里是标准差。

（一）集约边界检验

国别（地区）层面的集约边界检验方程如式（8.4）所示，$\ln Net_d$ 表示我国企业向目的国（地区）d 连续两年出口额的增长率的对数值，其他的变量与前面一致。第（1）列运用全样本研究移民网络对出口额增长率的影响，第（2）~（4）列分别对不同类型产品进行估计，统计结果列于表 8－4 中。全样本回归系数表明，跨国移民网络能够促进集约边界发展，在移民份额越高的国家（地区），我国对该国（地区）的出口增长越快。不同产品分类样本回归中，标准产品的系数不再显著，符合预期。

$$\ln NeT_d = \alpha + \gamma CHINSHARE_d + \beta X_d + \mu_d \tag{8.4}$$

表 8－4　　移民网络与集约边界拓展的国别（地区）层面检验

变量	(1) 全样本	(2) 标准产品	(3) 类似产品	(4) 差异产品
CHINSHARE	5.976 ** (2.383)	3.530 (2.785)	5.662 *** (1.778)	4.579 * (2.439)
Observations	184	134	173	180
R－squared	0.357	0.154	0.250	0.343

注：***、**、* 分别表示 1%、5%、10% 的显著性水平，括号里为标准差。

国别检验是基于加总数据，损失了大量的微观信息。本小节将控制产品效应，分析企业—市场对出口额增长率与移民网络之间的关系，回归方程如式（8.5）所示，结果列于表8-5中。和式（8.4）的区别在于，式（8.5）的被解释变量 ln*Net* 为企业—国别（地区）层面，解释变量中增加了企业固定效应。作为对比，第（1）列是没有控制企业固定效应的回归结果，发现移民份额的系数不显著，这说明当控制其他因素时，移民网络对企业间出口额的增长率影响不显著，即移民网络并没有平均意义上的企业偏向性。在控制企业固定效应后，第（2）列的结果显示，移民网络的影响显著为正。这一结论符合直觉，移民网络对企业之间的出口额增长率影响不大，但对同一企业在不同目的地出口额增长率有很大差别，移民网络影响企业内部出口关系的发展。A 企业出口产品到 B 国（地区）和 C 国（地区），如果我国在 B 国（地区）的移民人数占比大于在 C 国（地区）的移民人数占比，那么 A 企业的产品在 B 国（地区）的出口额的增长率大于在 C 国（地区）的增长率。第（3）~（5）列分别在不同的样本下进行回归，标准产品和类似产品对移民网络不敏感，差异产品对移民网络敏感，这说明了移民网络主要是通过提供目的地市场需求信息，影响出口集约边界，同样符合预期。

表8-5　　移民网络与集约边界拓展（企业层面检验）

变量	(1)	(2)	(3)	(4)	(5)	(6)	(7)
CHINSHARE	-0.087 (0.290)	0.686** (0.343)	-0.226 (0.899)	0.259 (0.362)	0.756* (0.388)	-0.804*** (0.306)	-0.783** (0.306)
CHIN_REGION						1.313*** (0.195)	1.245*** (0.201)
REGION						-0.280*** (0.035)	0.532 (0.583)
lnGDP_REGION							-0.046 (0.028)
lnpgdp_REGION							0.010 (0.027)
Landlocked_REGION							0.207** (0.086)
Firm FE	N	Y	Y	Y	Y	N	N
Observations	231 480	231 480	4 260	30 441	181 387	184 143	184 143
R-squared	0.001	0.294	0.524	0.397	0.295	0.002	0.002

注：***、**、*分别表示1%、5%、10%的显著性水平，括号里为标准差。

为进一步进行稳健性检验，构建华南地区和华东地区子样本，两个地区的出口占了我国绝大部分出口份额，影响企业出口决策的其他条件非常类似，但两个地区在移民输出方面有很大的差异，这为研究提供了一个非常好的检验移民网络影响的样本。第（6）列是回归结果，*REGION* 变量表示是否是华南地区，*CHIN_REGION* 表示 *CHINSHARE* 和 *REGION* 的交叉项。按照前文的描述统计，华南地区的移民明显多于华东地区，华南地区受移民网络的影响应该更大。第（6）列交叉项系数显著为正，华南地区的出口集约边界增长对移民网络更敏感。第（7）列进一步控制其他几个重要变量与 *REGION* 的交叉项，非常重要的发现是，*CHIN_REGION* 的回归系数仍然显著为正，而其他变量与 *REGION* 的交叉项系数基本都不显著，进一步表明华南华东子样本在本小节研究问题框架内的可比性，也非常好地说明移民网络的重要影响。

$$\ln Net_{fd} = \alpha + \gamma CHINSHARE_d + \beta X_d + \delta_f + \mu_{fd} \tag{8.5}$$

（二）扩展边界检验

扩展边界研究是新进入出口关系存活概率的研究。移民网络能够降低市场不确定性，提高进入该市场的出口关系的存活率。对于企业出口存活率的检验，Probit 将作为基准检验模型，LPM 作为补充检验模型。关于出口关系存活的定义，以 2000 年为基准，如果 2001 年新进入出口关系，在 2002 年继续存在，则认为是存活的出口关系。式（8.6）是线性概率模型（LPM）检验结果，式（8.7）是 Probit 模型检验结果。式（8.6）中，被解释变量分为四组：整体企业—产品—市场出口关系存活率、企业边界存活率、产品边界存活率以及市场边界存活率。参考劳奇（Rauch，1999）的分类，将整体样本分为三个子样本：标准产品、类似产品以及差异产品。

检验结果列于表 8－6 中。按照类似的处理方式，式（8.7）的回归结果也列于表 8－6 中。可以看到，移民网络的回归系数在线性概率模型和 Probit 模型中非常接近，移民网络均能提高企业存活率。第（1）列是总样本回归结果，移民网络系数显著为正，移民能够提高出口关系的存活率，有利于出口扩展边界的拓展。第（2）～（4）列区分标准产品、类似产品和差异产品进行检验，移民网络对差异产品的影响最大，对其他产品没有显著影响，这和劳奇和特林达德（Rauch & Trindade，2002）的结论相同。同时，这也说明在扩展边界上，移民网络也是通过提供目的地市场需求信息，降低不确定性，促进出口关系的存活率。第（5）～（7）列分别在新企业存活率、新产品存活率和新目的地存活率的扩展边界上回归，回归结果均显著为正，完全符合预期。

$$Y_{fpd} = \alpha + \gamma CHINSHARE_d + \beta X_d + \lambda \{ FEs \} + \mu_{fpd} \tag{8.6}$$

$$Pr(s_{fpd}=1)=\phi(\gamma CHINSHARE_d+\beta X_d+\lambda\{FEs\}+\mu_{fpd})\qquad(8.7)$$

表 8－6　　移民网络与出口关系存活率

变量	(1) 总样本	(2) 标准产品	(3) 类似产品	(4) 差异产品	(5) 企业边界	(6) 产品边界	(7) 市场边界
线性概率模型（LPM）							
CHINSHARE	0.110*** (0.004)	－0.007 (0.036)	0.014 (0.012)	0.125*** (0.005)	0.146*** (0.010)	0.159*** (0.006)	0.122*** (0.011)
Observations	1 321 327	14 107	140 205	1 089 453	225 654	408 728	296 114
R－squared	0.011	0.005	0.006	0.013	0.024	0.011	0.016
Probit 模型							
CHINSHARE	0.110*** (0.004)	－0.006 (0.036)	0.016 (0.012)	0.124*** (0.005)	0.147*** (0.010)	0.161*** (0.006)	0.120*** (0.011)
Observations	1 321 327	14 107	140 205	1 089 453	225 654	408 728	296 114

注：*** 表示 1% 的显著性水平，括号里为标准差。

然后以式（7）的 Probit 模型作为基准检验模型，讨论当控制不同层次和类型的固定效应时，移民网络对于扩展边界的影响以及异质性。表 8－7 列出了基于式（8.7）的扩展模型检验结果。Panel A、B 和 C 是分别控制产品固定效应、企业固定效应、企业—产品固定效应检验结果。为简便起见，表中只列出了移民网络（*CHINSHARE*）的回归系数。从这三组回归同样可以看到，移民网络回归系数显著为正，移民能够提高出口关系的存活率，有利于出口扩展边界的拓展；相对于标准产品和类似产品，移民网络对差异产品的影响最大；移民网络能显著提高新企业存活率、新产品存活率和新目的地存活率。这三组检验分别对产品异质性、企业异质性、企业—产品配对关系异质性进行了控制，得到的基本结论仍然和基准模型一致，应该说，移民网络对于企业扩展边界的影响是非常稳健的。从三组回归系数的比较，也可以验证前文关于市场选择和产品选择的初步判断。以总样本为例，在控制产品固定效应后，移民网络回归系数为 0.139，而控制企业固定效应后，回归系数为 0.205，上升 47%。进一步控制企业—产品固定效应，回归系数则上升到 0.394。这表明，移民网络对于企业的市场选择影响更大。

为了进一步考察结论的一致性，本小节做四组稳健性和异质性检验。第一，采用工具变量处理内生性。总体而言，移民与贸易关系可能存在内生性问题。洛佩斯和希夫（Lopez & Schiff，1998）发现人们通过贸易能更了解外国（地区）的生活环境，提高人们移民的愿望，促进移民。而马库森和扎尼塞尔（Markusen & Zahniser，1999）发现贸易能提高当地的经济和就业机会，减少移民。从本小节检验结果来看，因为使用移民份额而不是移民数量作为主要解释变量，且移民与出口关系完全不是一个层面的变量。此外，对不同类型的固定效应也进行了控制，移民网络和出口关系存活率检验中应该不会存在显著内生性问题。当然，也不能完全排除存在同时影响出口扩展边界和移民网络的不可观测因素，导致内生性问题。根据现有文献，发现贸易和移民网络的研究很少使用工具变量，布赖恩特等（Briant et al.，2014）和库姆斯等（Combes et al.，2005）使用滞后移民人数作为工具变量，但是滞后移民人数既能影响现在的移民决策，也能影响现在的贸易，所以不是最好的工具变量，而且本小节本就是研究 2000 年的移民网络对于后续年份出口关系的影响。博尔哈斯（Borjas，1999）发现一国（地区）的环境和福利是移民重点考虑的因素，而一国（地区）的环境和福利既能影响贸易也能影响移民。在此基础上，使用预期寿命作为移民网络的工具变量，预期寿命会影响到移民决策，但不会直接影响双边贸易关系。工具变量选择能够通过如弱工具变量等相关检验。IV Probit 回归结果列于表 8－7 Panel D 中。结果基本符合预期，移民份额系数较之前的回归结果都有增加，符合一般的工具变量回归结果。

第二，采用差异化样本处理内生性问题。前面已经对华南华东地区的出口类似性和移民网络差异性做了对比分析，将华东地区视作对照组，华南地区视为实验组。由于是按照企业所在地属性进行分组，在检验中只能控制产品固定效应。用华南华东地区子样本检验结果列于表 8－7 Panel E 中，表中列出的是移民网络和华南地区交叉项 *CHIN_REGION* 的回归系数。结果仍然符合预期，移民网络对华南地区影响更大。类似于表 8－5 的集约边界检验，还可引入 *REGION* 与其他主要控制变量的交叉项，这些交叉项系数同样不显著，更好地验证了移民网络对于出口关系扩展边界的重要影响。

第三，移民网络对不同所有制企业出口动态的差异化影响。一般认为，民营企业和国有企业的出口决策模式是存在差异的。相对而言，民营企业的决策更为灵活，利润最大化目标也更为单纯，国有企业的出口决策则相对复杂。国有出口企业从规模上要远远大于民营企业，有更强的资金实力去营建商品销售和服务网络。由此，本小节预期民营企业对于移民网络的依赖程度要更大一些。表 8－7 Panel F 的结果也验证了这个判断，移民网络与民营企业（Private）的交叉项 *CHIN_Private* 在总样本检验中显著为正，在差异产品中的系数要远远大于标准产品和类似产品的回归系数。此外，交叉项在企业边界、产品边界、市场边界存活率检验中同样显著为正，结论稳健且符合预期。

第四，移民网络对贸易公司和非贸易公司出口动态也存在差异化影响。贸易公司是我国出口贸易中的一个重要组成部分，2000～2006 年贸易公司出口占总出口的比重在 22%～35%之间（杨汝岱、李艳，2013）。一般而言，和非贸易公司比较，贸易公司面临的产品和市场选择范围都会更大一些，企业出口决策也更灵活一些。贸易公司可以根据收集的产品和市场信息，更灵活地调整出口模式。表 8 - 7 Panel G 是控制产品固定效应后，移民网络与贸易公司（Inter）交叉项 *CHIN_Inter* 的回归系数。在总样本中，交叉项仍然显著为正，移民网络对贸易公司影响更显著。同样，移民网络在差异产品组中，对贸易公司出口动态影响更大，其他两组的影响差异不显著；在产品边界存活率中，对贸易公司影响更大，在企业边界和市场边界存活率的影响上没有差异。

表 8 - 7　　移民网络出与口关系存活率（扩展模型检验）

项目	(1) 总样本	(2) 标准产品	(3) 类似产品	(4) 差异产品	(5) 企业边界	(6) 产品边界	(7) 市场边界
Panel A 产品 FE	0. 139 *** (0. 004)	0. 015 (0. 039)	0. 068 *** (0. 012)	0. 151 *** (0. 005)	0. 184 *** (0. 010)	0. 178 *** (0. 007)	0. 202 *** (0. 011)
Panel B 企业 FE	0. 205 *** (0. 005)	0. 027 (0. 042)	0. 048 *** (0. 014)	0. 229 *** (0. 005)	0. 414 *** (0. 011)	0. 161 *** (0. 008)	0. 344 *** (0. 010)
Panel C 企业—产品 FE	0. 394 *** (0. 006)	0. 171 *** (0. 063)	0. 173 *** (0. 019)	0. 422 *** (0. 007)	0. 746 *** (0. 015)	0. 450 *** (0. 012)	0. 297 *** (0. 013)
Panel D IVprobit, 企业—产品 FE	24. 355 *** (0. 916)	12. 174 (8. 317)	13. 652 *** (2. 979)	24. 850 *** (0. 945)	25. 766 *** (1. 753)	79. 050 *** (6. 849)	965. 462 (1, 367. 298)
Panel E 华南华东 样本，产品 FE	0. 237 *** (0. 008)	0. 091 (0. 086)	0. 076 *** (0. 026)	0. 259 *** (0. 009)	0. 305 *** (0. 021)	0. 263 *** (0. 014)	0. 298 *** (0. 021)
Panel F 区分民企国企 样本，产品 FE	0. 170 *** (0. 008)	0. 025 (0. 074)	0. 060 ** (0. 025)	0. 176 *** (0. 008)	0. 253 *** (0. 016)	0. 049 *** (0. 013)	0. 054 ** (0. 024)
Panel G 区分是否贸易 公司，产品 FE	0. 076 *** (0. 006)	-0. 013 (0. 058)	0. 022 (0. 020)	0. 091 *** (0. 007)	0. 011 (0. 016)	0. 116 *** (0. 009)	-0. 011 (0. 020)

注：***、** 分别表示 1%、5% 的显著性水平，括号里为标准差。Panel A ~ C 均为 Probit 模型移民网络（CHINSHARE）回归系数，A 控制产品固定效应，B 控制企业固定效应，C 控制企业—产品固定效应。Panel D 为 IVprobit 模型中控制企业—产品固定效应移民网络回归系数。Panel E 为华南华东子样本 Probit 模型中控制产品固定效应后，移民网络与华南地区虚拟变量交叉项 CHIN_REGION 回归系数。Panel F 为民营企业国有企业子样本 Probit 模型中控制产品固定效应后，移民网络与民营企业虚拟变量交叉项 CHIN_Private 回归系数。Panel G 为 Probit 模型中控制产品固定效应后，移民网络与贸易公司虚拟变量交叉项 CHIN_Inter 回归系数。

五、小结

本章基于我国企业出口边界动态演变的典型事实，系统探讨了移民网络对企业出口边界演变的影响，并进一步做了稳健性和异质性分析。结论如下：第一，移民网络能够明显降低出口目的市场的不确定性，服务于企业的出口“试错”机制，从而显著提高在位出口关系出口额的增长率（集约边界），提高新进入出口关系的存活率（扩展边界）。第二，相对于同质产品，移民网络对差异化产品影响更大；相对于国有企业，移民网络对民营企业影响更大；相对于其他地区，移民网络对华南地区影响更大；相对于非贸易公司，移民网络对贸易公司的影响更大。这些均符合理论预期，且对于不同的计量方法和变量定义方式均稳健。

本章研究价值主要体现有如下几个方面：第一，讨论现实“不确定性”条件下的企业出口动态演变问题，在一定程度上扩展了现代国际贸易理论“确定性世界”这一基本假设。研究发现虽然集约边界在很大程度上主导了我国出口和出口增长，但同时也发现企业的扩展边界动态变化非常大，“不确定性”在出口贸易中影响非常大。第二，我国是贸易大国，也是移民输出大国，基于海关交易数据的研究中国移民网络对于企业出口边界动态演变问题，有利于加深对中国贸易问题的深入理解。

当然，本研究还只是一个初步的尝试，还可以从多个方面进行拓展。第一，移民网络能够降低不确定性，这只是一个整体的判断和检验，后续需要从作用机制方面做更为深入的探讨。第二，本研究讨论的动态演变，本质上还是一个比较静态分析，如果能用网络分析方法从移民网络（信息）角度对错综复杂的中国出口边界动态演变问题进行详细的讨论，将具有非常重要的文献价值。第三，本研究使用的数据对“移民”的定义是，在 A 国（地区）出生，然后迁移到 B 国（地区），这种定义方式没有考虑到移民后代，从降低市场不确定性的角度来看，华侨网络也许是比移民网络更合适的核心解释变量。由于数据的限制，无法解决这一问题，希望后续研究能够进行更为深入的讨论。

参考文献

［1］杨汝岱，李艳．2013．区位地理与企业出口产品价格差异研究．管理世界，（7）：21－30.

［2］Albornoz F.，Pardo H.，Corcos G. and Ornelas E. 2012. Sequential exporting. Journal of International Economics，88（1）：17－31.

[3] Bastos P. and Silva J. 2010. The quality of a firm's exports: Where you export to matters. Journal of International Economics, 82 (2): 99 - 111.

[4] Bernard A., Jensen J. and Schott P. 2009. Importers, exporters and multinationals: A portrait of firms in the US that trade goods. In Dunne T., Jensen J. B. and Roberts M. J. (eds.) Producer Dynamics: New Evidence from Micro Data. Chicago: University of Chicago Press, 513 - 552.

[5] Borjas G. 1999. Immigration and welfare magnets. Journal of Labor Economics, 17 (4): 607 - 637.

[6] Briant A., Combes P. and Lafourcade M. 2014. Product complexity, quality of institutions and the protrade effect of immigrants. World Economy, 37 (1): 63 - 85.

[7] Buono I. and Fadinger H. 2012. The micro dynamics of exporting: Evidence from french firms. Bank of Italy Temi di Discussione (Working Paper) No. 880.

[8] Cadot O., Iacovone L., Pierola M. and Rauch F. 2013. Success and failure of african exporters. Journal of Development Economics, 101: 284 - 296.

[9] Combes P., Lafourcade M. and Mayer T. 2005. The trade creating effects of business and social networks: Evidence from France. Journal of International Economics, 66 (1): 1 - 29.

[10] Eaton J., Eslava M., Kugler M. and Tybout J. 2007. Export dynamics in Colombia: firm-level evidence. NBER Working Paper No. 13531.

[11] Eaton J. and Kortum S. 2002. Technology, geography, and trade. Econometrica, 70 (5): 1741 - 1779.

[12] Ehrhart H., Maelan L., Emmanuel R. and Raju J. 2012. Does migration foster exports? An African perspective. CEPII Working Paper No. 2012 - 38.

[13] Fernandes A. and Tang H. 2014. Learning to export from neighbors. Journal of International Economics, 94 (1): 67 - 84.

[14] Freund C. and Pierola M. 2010. Export entrepreneurs evidence from Peru. World Bank Policy Research Working Paper No. 5407.

[15] Greif A. 1993. Contract enforceability and economic institutions in early trade: The Maghribi traders' coalition. The American Economic Review, 83 (3): 525 - 548.

[16] Iacovone L. and Javorcik B. 2010. Multi-product exporters: Product churning, Uncertainty and Export Discoveries. Economic Journal, 120 (544): 481 - 499.

[17] Jansen M. and Piermartini R. 2009. Temporary migration and bilateral trade flows. World Economy, 32 (5): 735 - 753.

[18] Lopez R. and Schiff M. 1998. Migration and the skill composition of the labor force: the impact of trade liberalization in LDCs. Canadian Journal of Economics, 31 (2): 318 - 336.

[19] Markusen J. R. and Zahniser S. 1999. Liberalization and incentives for labor migration: Theory with applications to NAFTA. In De Melo J., Faini R. and Zimmerman K. (eds.) Trade and Factor Mobility. London: Cambridge University Press, 263 - 294.

[20] Melitz M. 2003. The impact of trade on intra-industry reallocation and aggregate industry productivity. Econometrica, 71 (6): 1695 - 1725.

[21] Ozden C., Parsons C., Schiff M. and Walmsley T. 2011. Where on earth is everybody? The evolution of global bilateral migration 1960 – 2000. World Bank Economic Review, 25 (1): 12 – 56.

[22] Peri G. and Requena-Silvente F. 2010. The trade creation effect of immigrants: Evidence from the remarkable case of Spain. Canadian Journal of Economics, 43 (4): 1433 – 1459.

[23] Rauch J. 1999. Networks versus markets in international trade. Journal of International Economics, 48: 7 – 35.

[24] Rauch J. and Casella A. 2003. Overcoming informational barriers to international resource allocation: Prices and ties. Economic Journal, 113: 21 – 42.

[25] Rauch J. and Trindade V. 2002. Ethnic Chinese networks in international trade. Review of Economics and Statistics, 84 (1): 116 – 130.

第九章
集聚效应、全要素生产率与企业出口决策

一、引言

现代贸易理论认为，每个出口市场都有特定的市场进入固定成本，即出口企业需要支付额外沉没成本（Melitz，2003；Bernard et al.，2003）。因此，只有生产率水平达到一定程度的企业才能进入出口市场（Bernard & Jensen，2004；Eaton et al.，2007；Eaton et al.，2011）。在此基础上，很多文献开始从市场排序、出口中学习等角度探讨出口企业为什么生产率更高（Bernard & Jensen，2004；Clerides et al.，1998；De Loecker，2007；Lawless，2009）。

让人迷惑的是，基于我国数据的经验研究却没有得到一致的结论。一些研究发现高生产率的企业才会选择出口（唐宜红、林发勤，2009；易靖韬，2009），但更多文献并不支持这一结论（Lu et al.，2010；Lu，2010；张杰等，2009；戴觅等，2014；李春顶，2010）。卢等（Lu et al.，2010）发现外商投资企业中存在出口的"生产率之谜"，出口企业比非出口企业的生产率低。他们认为，原因是我国的外商投资企业有两种战略：成本导向和市场导向，成本导向型以我国为加工基地，生产率较低；市场导向型瞄准我国的市场潜力，有更为长远的规划，生产率较高。卢（Lu，2010）发现劳动密集型产业中出口企业比非出口企业生产率更低，也存在"生产率之谜"。她的解释是，丰裕要素密集型产品在国内市场会面临更大的竞争，从而服务国内市场的企业比出口企业要面临更高的进入成本，使得出口企业比非出口企业生产率更低。戴觅等（2014）发现加工贸易企业的生产率要低于一般贸易企业，也低于非出口企业，认为加工贸易可以很好地解释出口企业的"生产率之谜"。李春顶（2010）从纯出口企业（加工贸易）的角度对此进行解释。于春海和张胜满（2013）认为外商投资企业和加工贸易企业在国际上有良好的网络联系，从而在国际市场有更低的进入成本，低效率企业也可以进入。

现有研究从不同的角度对我国出口企业生产率问题做了较为深入的探讨。然而，文献虽然都提到了出口的"生产率之谜"，但对这一问题完整的典型事实描述却都非常模糊。成本导向型外商投资企业（Lu et al.，2010）和加工贸易（戴觅等，2014）的解释非常好地描述了我国出口企业中结构性特点，但这很难理解成一种"因果关系"。加工贸易企业自成立起就是做代工和出口的，出口对企业是一种"自选择"，不涉及出口决策。本章将会更深入分析某地某企业为什么要去做加工贸易出口。成本导向型外资企业和加工贸易高度相关。卢（Lu，2010）基于禀赋解释"生产率之谜"面临两个困惑，她用的生产率指标是劳动生产率，与现有文献存在可比性问题；马等（Ma et al.，2014）发现我国企业出口以后会变得更加“劳动密集型”，企业要素密集度存在内生性。

基于以下几点经验观察，本章研究认为城市区域差异在我国企业出口中有重要作用。第一，从1998年到现在，出口企业与非出口企业的生产率差异不断缩小，低生产率企业的出口概率越来越高。第二，我国出口企业的区域集聚现象非常显著，大部分出口集中于少数城市，出口规模排名前10、前20、前30的城市占全国出口的份额分别达到50%、70%、80%。第三，城市出口有很强的锁定性，在本章研究1998～2007年的十年样本期内，我国对外贸易格局发生了非常大的变化，出口额由1 800亿美元上升到12 000亿美元，但城市出口规模的相对排序却变化非常小。与成熟的、基本处于稳态运行的市场经济体比较，我国经济处于激烈转型过程中，且经济总量庞大，区域发展模式各有不同，对于企业的研究，有必要考虑到地理区位差异对企业的异质性约束。沿袭这一判断，本章将从出口企业城市地理区位差异的角度重新阐释企业出口决策与生产率的关系。

本研究探讨集聚溢出效应对于企业出口决策的影响。马歇尔（Marshall，1920）最早提出集聚经济效应，并将集聚溢出的作用机制归纳为三条主要途径，即技术溢出或知识溢出、专业技能集聚以及前后向联系。经典理论研究将企业空间集聚行为归因于资源禀赋优势、运输成本优势、知识外溢性等方面（Dixit & Stiglitz，1977；Krugman，1991）。集聚效应也可能部分来源于某种技术地区性的扩散效应和外部性（Fujita et al.，1999）。集聚有利于企业成长，已经在很大程度上被验证。但集聚效应是否有利于企业出口，在实证研究中却存在一定的争议。如戈尔格和格里纳韦（Görg & Greenaway，2004）发现区域大型跨国公司能促进本地企业出口，埃特金和哈里森（Aitken & Harrison，1999）也得到类似结论，同时发现一般出口企业集聚则没有这个效应。阿米蒂和加瓦迪克（Amiti & Javorcik，2008）基于中国省级产业数据的实证研究表明，外资会优先选择靠近产品销售市场或原材料供应市场、能够共享企业信息优势的区域，促进企业出口。伯纳德和叶先（Bernard & Jesen，2004）区分了行业特定的溢出效应、地区特定的溢出效应和行业地区特定的溢出效应，来研究溢出效应与企业出口的关系，但并没有发现很强的集聚出口溢出效应。

沿袭勃兰特等（Brandt et al.，2012），本章对1998～2007年中国工业企业数据进行了全面的整理，估算了企业全要素生产率。以卢等（Lu et al.，2010）为基础，从产业集聚角度研究生产率对企业出口决策的影响。参考伯纳德和叶先（Bernard & Jensen，2004），本章构建了城市经济集聚、城市—行业经济集聚、城市出口集聚、城市—行业出口集聚四个反映集聚效应的指标，研究集聚、生产率与企业出口决策的关系。研究发现，城市集聚溢出和城市—行业集聚溢出均能促进企业出口，而城市集聚溢出效应更能降低企业出口的生产率阈值要求，使得生产率较低的企业同样可以出口。这种城市集聚溢出对于规模报酬递减行业和外资企业影响更为明显。进一步控制进入 WTO 的影响、控制出口中学习效应、改变变量定义方式等角度进行检验，结论均稳健。本章继续从两个角度讨论了作用机制。第一，集聚可以使本地企业获得更多的国际市场信息，降低首次进入成本，降低企业出口的生产率阈值；第二，当不同市场存在进入成本差异时，集聚有利于出口企业获得其他市场成本信息，进而更有效地扩大市场规模。本研究从城市集聚效应角度解释中国企业出口决策与生产率的关系，补充了现有研究，这既有助于从更深的层面理解中国的出口模式，也具有一定的文献价值。

二、数据来源与研究方法

（一）数据来源

本研究的数据来源于国家统计局维护的中国工业企业数据库。本章以 1998 ~ 2007[①] 年全部国有及规模以上非国有工业企业作为主要分析样本，共包括 2 224 380 个观测值，合计 576 143 家企业，为典型的非平衡面板数据。最近几年，中国工业企业数据库在学术界有非常广泛的应用，产生了一大批关于中国经济研究的高质量成果。这个数据库的优点是样本大、指标多、时间长。但是，它在很多方面还不太符合学术研究的严格要求，其缺陷包括样本匹配混乱、指标存在缺失、指标大小异常、测度误差明显和变量定义模糊等严重问题（聂辉华等，2012）。针对这些问题，勃兰特等（Brandt et al. , 2012）对该数据库做了较为详细的整理，他们的研究也成为处理该数据库的代表性成果。本章参考勃兰特等（Brandt et al. , 2012）、杨汝岱（2015），从构建面板数据、处理投资和资本等变量、构建投入和产出价格指数、统一行业分类标准等方面对中国工业企业数据库做了详细的处理，在此基础上估算企业层面的全要素生产率（TFP）。

（二）企业全要素生产率估计

自索罗提出经济增长核算以来，全要素生产率（*TFP*）在学术界引起了广泛关

① 现有数据库已经更新到 2013 年，但由于国家统计局从 2008 年开始不再要求企业上报工业增加值信息，从而无法计算企业全要素生产率，故本章分析样本时间跨度为 1998 ~ 2007 年。

注。本章对企业层面全要素生产率计算方法作简要讨论，重点分析 OLS、FE、OP 和 LP 等几种常见估计方法的优劣。假设资本和劳动两种生产要素，并有 C—D 生产函数，取对数形式后，y 表示增加值，k 和 l 分别表示资本和劳动投入，β_k、β_l 分别表示资本和劳动弹性，引入随机项 u，估计方程式如式（9.1）所示。文献中将增加值中不能被资本和劳动解释的部分全部归结为全要素生产率（TFP）的贡献。研究重点就是如何以式（9.1）为基础估算资本和劳动弹性，从而估计出 TFP，如式（9.2）所示。

$$y_{it} = \beta_0 + \beta_l l_{it} + \beta_k k_{it} + u_{it} \tag{9.1}$$

$$TFP_{it} = y_{it} - \hat{\beta}_l l_{it} - \hat{\beta}_k k_{it} \tag{9.2}$$

全要素生产率同时应用在宏观和微观经济研究领域，本章限定为企业层面，即在给定企业工业增加值、资本和劳动投入的前提下，估计企业全要素生产率。对于采用式（9.1）估计企业 TFP，一直都存在很多的争论，争论的焦点就是在估计资本和劳动弹性时，如何处理内生性问题。内生性来源主要有两个：联立性和选择性偏误。企业选择资本和劳动投入来决定产量的同时，也会根据生产率和市场等情况来选择产量，从而影响资本和劳动投入，这就是式（9.1）中联立性带来的内生性问题。另一方面，选择性偏误来源于企业会根据 TFP 水平决定是否留在这个市场，而本研究的数据库中不会有被淘汰企业的样本。

TFP 不同估计方法几乎都是围绕如何解决由联立性和选择性偏误带来的内生性问题。OLS 方法无法解决内生性问题。假设劳动是比资本更容易调整的投入要素，当企业预期到生产率变化时，会优先调整劳动投入，那么 OLS 方法会导致劳动的弹性系数被高估，资本的弹性系数被低估（Yasar et al.，2008）。如果假设式（9.1）的残差项 u_{it} 可分解为 w_i 和 v_{it}，v_{it} 表示完全独立的残差项，则可以用固定效应模型来估计 β_k 和 β_l。但巴维尼克（Pavcnik，2002）认为这种方法假设企业层面的生产率冲击 w_i 跨期不变是很不合理的，而且固定效应模型在计量上也没有充分利用数据信息。此外，工具变量方法也可以在一定程度解决内生性问题，但很难找到合适的企业层面工具变量。

奥利和帕克斯（Olley & Pakes，1996）为企业 TFP 的估算提供了一个很好的方法，以下称为 OP 方法。他们通过建立一个企业利润最大化的结构方程模型，为企业投资与退出市场决策建立行为方程，在第一步估计中使用企业可观测的投资作为企业不可观察的生产率冲击的代理变量来解决联立性问题，在第二步和第三步估计中考虑了企业的退出决策并借助 Heckman 两步法来修正选择性偏差问题。OP 方法相对于以前的方法有两个最为重要的改进。第一，对于残差项中企业知道而观察者不知道的因素，不再假设为跨期不变的 w_i，而是可以随时间变化的 w_{it}，且与可以观察到的企业投资行为存在单调关系。第二，引入企业退出决策。只有当企业未来期望的贴现利润大于清算价值时，企业才选择继续生产；反之，则退出市场。只有当企业的生产率大于某一门槛值时，企业才继续生产。这个门槛值取决于企业的资本存量与年龄。OP方法最为重要的假设条件是，企业知道 w_{it}，而观察者却不知道，但观察者能观察到企业投资 i_{it}。本研究假设 i_{it}是 w_{it}的单调函数，从而解决联立性问题。这一假设在企业投资非负时才能成立。实际上，对智利、土耳其、哥伦比亚和墨西哥等国的研究中，都发现企业层面数据中会有大量的零投资和负投资观测值（Levinsoh & Petrin，2003）。1998～2007 年中国制造业企业数据库中有 24% 的观测值为零投资或负投资。

莱文森和彼得林（Levinsoh & Petrin，2003）认为，由于调整成本的存在，企业不能完全及时对生产率冲击做出反应，OP 方法中对联立性的处理虽然有积极意义但还不能彻底解决问题。莱文森和彼得林（Levinsoh & Petrin，2003）认为中间投入是比投资更好的观测变量，中间投入的变化能够更为敏感地刻画企业对生产率冲击的反应，能更好地解决联立性问题，也避免了因零投资和负投资导致的数据截断问题。本研究将他们的方法称为 LP 方法。不过，他们用平衡面板数据解决样本选择问题，也造成了另外一种样本截断，对于企业进入退出行为较为频繁的发展中国家的研究尤为不适应。此外，从纯计量方法的角度，GMM 方法是一种比较常见的估计企业全要素生产率的方法，这和工具变量解决内生性问题的思路一致，但滞后期变量作为工具变量无法像 OP 方法一样较好地解决选择性偏误，这个缺陷对于中国企业生产率估计尤其值得注意。缺乏严谨的理论基础则是 GMM 方法备受质疑的软肋。关于全要素生产率计算方法，详细讨论可以参考贝弗伦（Van Beveren，2012）。

根据以上分析，本研究认为用 OLS 和 FE 的方法计算企业全要素生产率存在较大缺陷，不足以解决内生性问题，且会损失有效信息量。而通过对 OP 方法和 LP、GMM 方法的对比，参考现有文献（余淼杰，2010；Hsieh & Klenow，2009），并方便与现有文献研究结果比较，本研究以 OP 方法计算结果为基准进行分析，以 LP 和 GMM 方法计算结果作适当的稳健性讨论。

三、中国制造业企业全要素生产率

（一）企业生产率与企业出口

现代国际贸易理论（Melitz，2003）认为企业需要支付一个固定成本才能进入国际市场。本研究进一步假设每个市场的进入成本是有差异的，企业首先进入成本较低的市场，再进入成本较高的市场。以企业生产率和市场进入临界生产率的关系为基础，出口企业首先进入受欢迎程度很高的“好”市场，再进入次优市场，直到企业生产率水平与市场进入临界生产率水平相等，实现均衡。本研究认为，企业首先会进入最容易进入的市场，然后不断“搜寻”下一步需要进入的市场，而产业集聚将使得本地企业更容易获得相关出口市场信息，能更有效率地扩张市场和扩大出口规模。根据这一理论机制，进入市场数量较少的企业所覆盖的市场范围应该是进入市场较多的企业所覆盖的市场范围的子集。为验证这一推断，以 2006 年中国企业出口数据为基础，将所有企业按照出口市场数量分为五组，再计算每组进入各个市场的企业数量占组内企业总数的百分比，如图 9 – 1 所示。图中五组曲线基本没有交集，多市场组的进入市场企业占比要显著高于少市场组相应的进入企业占比。这一结论与劳利斯（Lawless，2009）对爱尔兰的研究结论一致，对梅里兹（2003）关于市场进入固定成本的理论假设提供了很好支撑。

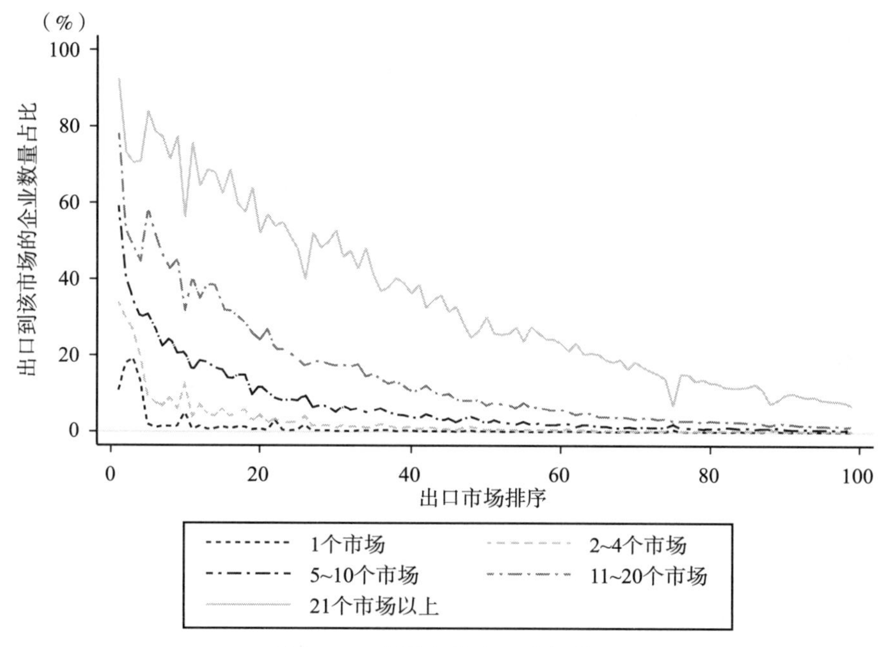

图 9 – 1　中国企业出口市场排序

注：根据 2006 年数据计算。1 个市场、2 ~ 4 个市场、5 ~ 10 个市场、11 ~ 20 个市场、21 个市场以上的分组对应的企业数量分别为：46 830、49 382、34 107、21 648、18 639。

资料来源：中国海关企业层面进出口数据库。

本研究进一步分析企业出口与生产率的关系。很多研究发现出口企业比非出口企业的生产率要高，如伯纳德和延森（Bernard & Jensen，1999；2004）对美国企业的研究、克莱里季斯等（Clerides et al.，1998）对哥伦比亚企业的研究，洛克尔（De Loecker，2007）对斯洛文尼亚企业的研究等都得到了同样的结论。梅里兹（2003）等从出口市场进入成本的角度来解释这一现象。这一结论应用到我国，却引起了较大的争议（李春顶，2015）。本研究以出口企业和非出口企业的生产率均值差（$TFP_{exp} - TFP_{noexp}$）与非出口企业生产率均值（TFP_{noexp}）的比值，即（$TFP_{exp} - TFP_{noexp}$）/TFP_{noexp}表示两类企业的生产率差异。图 9 -2 展示了历年企业全要素生产率的简单平均，同时列出了 OP、LP 和 GMM 三种方法计算企业 TFP 的结果。严格而言，因为行业之间的技术水平不可比等原因，企业层面的全要素生产率是不能够加总比较。不过，按照现有一些文献的做法（Hsieh & Klenow，2009），本研究对加总全要素生产率作简单比较。从图 9 -2 来看，出口企业的生产率高于非出口企业，但两类企业的生产率差异在不断缩小，2005 年以来差异已经非常小，GMM 估算的结果已经出现非出口企业生产率更高的现象。整体而言，其实并不存在所谓“生产率之谜”，这与现有很多文献研究（Lu，2010；Lu et al.，2010）不一致。需要特别说明的是，图 9 -2 只是一个简单的示意，没有控制学习效应等重要因素，企业出口与生产率的关系非常复杂，尤其中国不同地区企业面临的市场环境和制度背景均有较大的差异，二者之间的关系还需要进一步探讨。

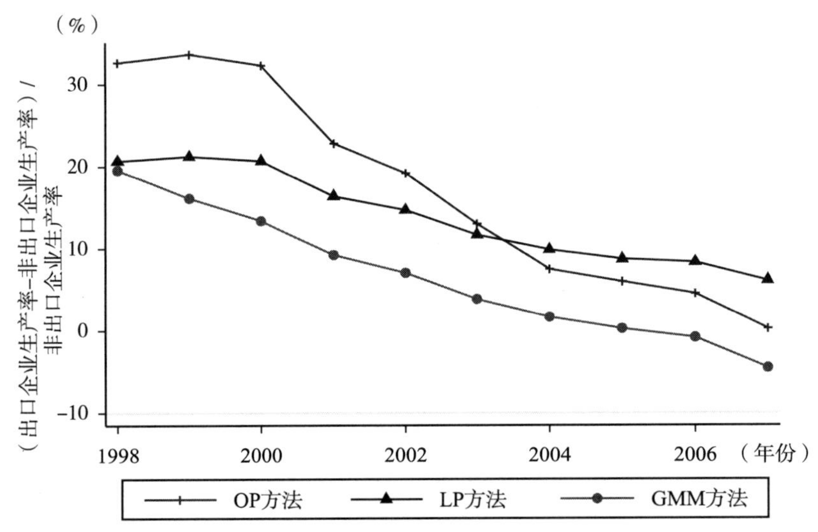

图 9 -2　出口企业与非出口企业的生产率差异

资料来源：依据中国工业企业数据库计算。

（二）城市出口集聚与企业生产率

自 1998 年以来，我国出口企业生产率水平高于非出口企业生产率水平的幅度在迅速下降，也使得最近几年出现了很多关于中国出口企业“生产率之谜”的研究。

现有文献从外资企业（Lu et al.，2010）、要素密集度（Lu，2010）、加工贸易（Dai et al.，2016）等角度对这一现象做了很好的解释，但这些还只是一个局部均衡的解释，有必要做更进一步的拓展。本研究认为地理集聚因素在我国企业出口中有重要的作用，集聚溢出效应对我国企业出口与生产率的关系可能存在显著影响。

本研究首先看我国出口在城市层面的集中度。第一，我国出口企业的区域集聚现象非常显著。图 9－3 左图显示 2007 年城市出口集聚程度，横轴将城市按照出口规模从大到小排序，纵轴为城市的累积出口份额。可以看到，我国大部分出口集中于少数城市，出口规模排名前 10、前 20、前 30 的城市占全国出口的份额分别达到 50%、70% 和 80%。其余年份也有相似集中程度。第二，城市出口集聚相当稳定。图 9－3 右图反映了城市出口集聚的动态演变，横轴表示城市在 1998 年的出口排序，纵轴表示城市在 2007 年的出口排序。可以看到，两者几乎可以拟合出一条沿 45 度方向的直线，尤其是排在前 80 名的城市，这些城市出口额占总出口的比例为 92% ~94%，相对名次变化非常小。1998 年出口规模排名前 10 位的城市，有 7 个城市在 2007 年仍然排名前 10 位，1998 年出口规模排名前 20 位的城市，有 15 个城市在 2007 年仍然排名前 20。1998 ~2007 年我国对外贸易格局发生了巨大变化，出口额由 1 800 亿美元上升到 12 000 亿美元，但城市出口规模的相对排序却几乎没有变化。我国城市出口集聚程度非常高，这种集聚有着惊人的路径依赖性，从 1998 年的城市出口情况可以很好地预测到 2007 年的城市相对出口规模，城市相对出口规模有很强的锁定性。由此，本研究猜测城市集聚溢出效应会提高企业出口概率，促进城市出口增长。

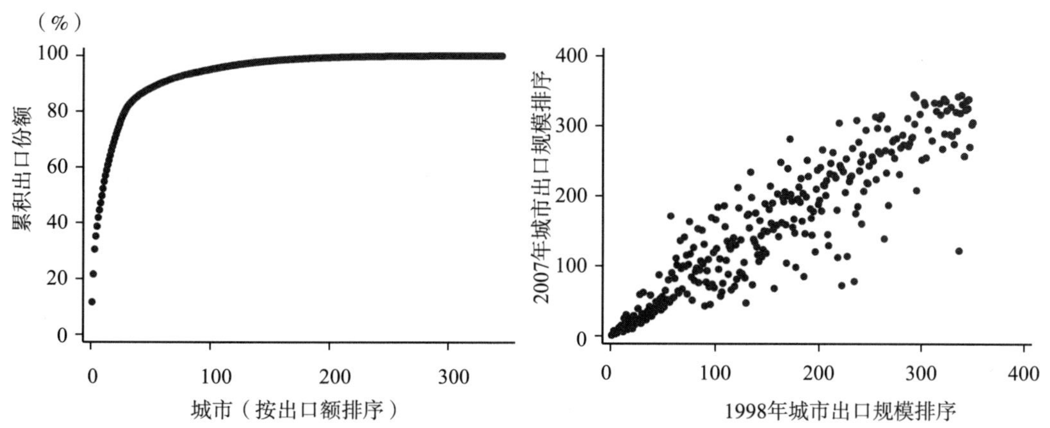

图 9－3　城市出口集中度与动态演变

资料来源：依据中国工业企业数据库和中国海关企业层面进出口数据库计算。

城市出口集聚会成比例导致出口规模扩张，带来出口进一步集聚，形成良性循环。城市出口规模差距非常大，这种成比例扩张在企业层面是否存在差异呢？现代国际贸易理论认为企业需要付出一定固定成本才能成为出口企业，这个固定成本在不同规模的城市之间是否存在差异呢？图 9－4 为 2000 年不同类型城市出口企业与非出口企业的生产率差异。本研究采用城市工业总产值和城市出口额占工业总产值的比例来刻画城市特点。图中显示，城市经济规模越大，出口密集度越高的城市，出口企业与非出口企业的生产率差异越小。在规模较大和出口集中的城市，集聚效应可能使得生产率水平较低的企业同样可以出口。出口企业“生产率之谜”虽然在整体上并不明显，但随着城市规模和出口密集度的上升，越来越多的城市会出现出口企业生产率水平低于非出口企业生产率水平的现象，“生产率之谜”越来越明显。由此提出第二个猜测：城市集聚溢出效应会降低企业出口的生产率阈值，使得生产率较低的企业同样可以出口。

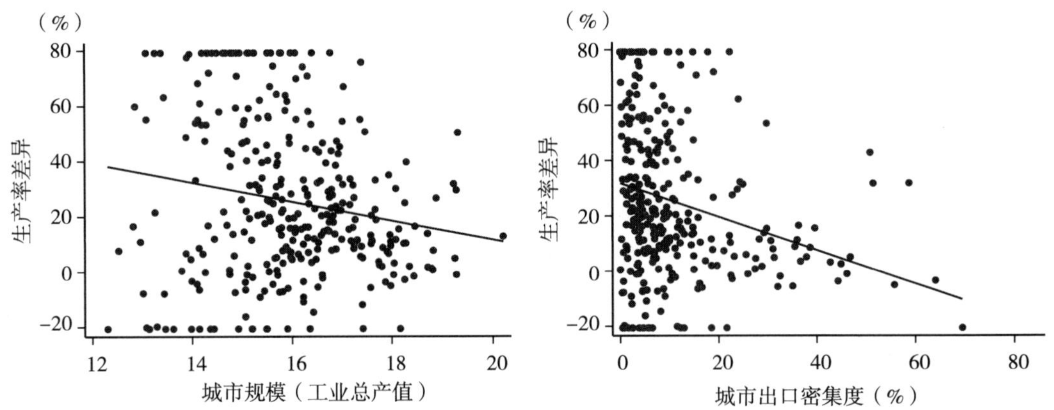

图 9－4　城市规模、企业生产率与企业出口

资料来源：依据中国工业企业数据库和中国海关企业层面进出口数据库计算。

总体而言，与成熟的市场经济比较，我国经济仍然处于激烈转型过程中，且经济总量庞大，区域发展模式各有不同。对于企业的研究，有必要考虑到企业地理区位差异对企业的异质性的约束。可以初步看到，城市规模和出口集聚对于企业出口影响显著。

四、集聚效应、企业生产率与企业出口决策

（一）模型设定与变量说明

参考企业出口决策研究（Bernard & Jensen，1999，2004），本研究重点讨论 *TFP*

对于企业出口的影响。基准模型设定如式（9.3）所示，i 表示企业，j 表示行业，c 表示城市，t 表示年份。被解释变量 *Export* 是企业出口虚拟变量，1 表示出口企业，0 表示非出口企业。*TFP* 是根据分行业计算的企业全要素生产率，X 表示其他影响出口的重要变量，主要包括企业年龄（*Age*）、企业所在城市距离最近大港口的距离（ln*dis*）以及企业规模（ln*L*）。*FEs* 表示行业、年份以及省区固定效应。如果 β 显著为正，则高生产率企业出口概率更高；如果 β 显著为负，则说明低生产率企业出口概率更高，存在出口“生产率之谜”。

$$Export_{ijct} = \alpha + \beta TFP_{ijct} + \delta X_{ijct} + \{FEs\} + \varepsilon_{ijct} \tag{9.3}$$

在基准模型基础上，进一步引入集聚效应变量，考察其对于企业出口的影响。参考相关文献（Bernard & Jensen，2004），将集聚效应分为三个部分：城市溢出效应、城市—行业溢出效应以及行业溢出效应。本研究在所有检验中均控制两位数行业固定效应，集中考虑与城市相关的集聚溢出效应。由此，定义 $\ln vcnj_{jct}$ 为城市 c 除行业 j 外的工业总产值规模对数值，定义 $\ln vcj_{jct}$ 为城市 c 行业 j 的工业总产值规模对数值，分别表示城市经济集聚和城市—行业经济集聚。同理，定义 $\ln evcnj_{jct}$ 为城市 c 除行业 j 外的出口总额对数值，定义 $\ln evcj_{jct}$ 为城市 c 行业 j 的出口总额对数值，分别表示城市出口集聚和城市—行业出口集聚。四个集聚变量构建的行业分类标准为三位数分类行业。式（9.4）和式（9.5）为集聚效应检验方程，式（9.4）引入经济集聚变量及其与企业 *TFP* 的交叉项，式（9.5）引入出口集聚变量及其与企业 *TFP* 的交叉项。根据文献分析和基本事实描述，待检验假设 H1 预期 β_3、β_4 的系数为正，集聚能促进企业出口；待检验假设 H2 预期 β_1、β_2 的系数至少有一个显著为负，集聚会降低企业出口的生产率阈值，使得低生产率企业同样可以出口。式（9.4）和式（9.5）中，分别是采用产值和出口额来表示经济集聚和出口集聚，文献中一般还会采用企业数量来定义相关变量，本研究将在稳健性检验中考虑。

$$\begin{aligned} Export_{ijct} = {} & \alpha + \beta TFP_{ijct} + \beta_1 TFP_{ijct} \times \ln vcnj_{jct} + \beta_2 TFP_{ijct} \times \ln vcj_{jct} \\ & + \beta_3 \ln vcnj_{jct} + \beta_4 \ln vcj_{jct} + \delta X_{ijct} + \{FEs\} + \varepsilon_{ijct} \end{aligned} \tag{9.4}$$

$$\begin{aligned} Export_{ijct} = {} & \alpha + \beta TFP_{ijct} + \beta_1 TFP_{ijct} \times \ln evcnj_{jct} + \beta_2 TFP_{ijct} \times \ln evcj_{jct} \\ & + \beta_3 \ln evcnj_{jct} + \beta_4 \ln evcj_{jct} + \delta X_{ijct} + \{FEs\} + \varepsilon_{ijct} \end{aligned} \tag{9.5}$$

模型中主要变量定义总结在表 9－1。*Export* 是表示企业是否出口的二元变量，在本研究的样本中，27%的企业是出口企业，73%是非出口企业。还需要注意的是，出口企业的出口密集度差别较大，尤其纯出口企业是我国出口中一个重要现象（戴觅等，2014），纯出口企业在所有出口企业中占比超过 25%。为体现企业在出口密集度上的差异，本研究定义企业出口密集度（*Export_share*）变量，采用企业出口额占总产值的比例表示。

表 9－1　　　　变量描述统计

变量名称	变量定义	观测值个数	均值	标准差
Export	企业出口虚拟变量（1 出口，0 非出口）	2 047 425	0. 27	0. 44
Export_share	企业出口密集度（出口额/总产值）	2 011 006	0. 17	0. 34
TFP(OP)	OP 方法计算全要素生产率	1 980 447	2. 62	1. 47
TFP(LP)	LP 方法计算全要素生产率	1 980 447	5. 59	1. 57
TFP(GMM)	GMM 方法计算全要素生产率	1 980 447	6. 72	3. 64
lnvcnj	本市非本行业总产值对数（城市经济集聚）	2 047 425	18. 34	1. 62
lnvcj	本市本行业总产值对数（城市—行业经济集聚）	2 047 425	13. 78	2. 22
lnevcnj	本市非本行业出口总额对数（城市出口集聚）	2 047 425	16. 27	2. 57
lnevcj	本市本行业出口额对数（城市—行业出口集聚）	2 047 425	9. 25	5. 80
lnncnj	本市非本行业企业个数对数（城市经济集聚）	2 047 425	7. 28	1. 31
lnncj	本市本行业企业个数对数（城市—行业经济集聚）	2 047 425	3. 33	1. 44
lnencnj	本市非本行业出口企业个数对数（城市出口集聚）	2 047 425	5. 72	1. 88
lnencj	本市本行业出口企业个数对数（城市—行业出口集聚）	2 047 425	1. 92	1. 67
Age	企业年龄	2 046 732	12. 29	12. 64
lnL	企业从业人数对数	2 023 211	4. 73	1. 17
lndis	本市距离大港口距离对数	1 990 519	5. 64	1. 69

资料来源：根据中国工业企业数据库和中国海关企业层面进出口数据库计算。

本研究采用最为常见的 OLS 方法对模型进行估计，主要是基于如下几点理由：第一，现有文献基本上都是采用 OLS 方法，从结论可比性的角度看，应该以 OLS 为主。第二，中国工业数据库为非平衡面板数据，面板数据回归方法同样在可选之列，但是，我们在检验为更好地识别出口与生产率的关系，需要剔除非首次出口的出口企业，以控制“出口中学习效应”，因此无法使用面板数据回归。当然，更为重要的是，本研究比较的是出口企业与非出口企业两个组别的差异，并不是考察企业由出口企业成为非出口企业（或者反之）的组内差异，不需要利用面板数据信息。

（二）模型估计结果

本研究首先对式（9. 3）进行估计，讨论企业出口决策与企业生产率的关系。表 9－2 第（1）列是全样本回归结果，*TFP* 回归系数为 0. 0099，显著为正，表示生产率高的企业出口概率更高。在全样本回归中，看到非出口企业和所有出口企业之间的生产率差异。根据现有文献（De Loecker，2007），企业存在“出口中学习”效应，出口时间越长的企业可能有更高的生产率水平。描述性分析表明，我国企业出口中很可能存在这种学习效应。从实证角度而言，这种学习效应的影响非常大，特别是样本时间跨度的选择影响回归系数。由此，本研究在出口企业中只保留 1998 ~ 2007 年成立的且在样本期内为首次出口的企业，与所有的非出口企业构成子样本，该子样本也是后文检验中的基准样本。子样本回归结果列于表 9 - 2 第（2）列。结果表明，一旦控制企业出口学习效应，企业出口的“生产率之谜”非常显著，低效率企业出口概率更高。如果以 *Export_share* 作为被解释变量，同样区分全样本和子样本，结果列于第（3）和第（4）列中，*TFP* 系数均显著为负，均存在“生产率之谜”现象。

表 9 - 2　　　　企业出口“生产率之谜”现象基准检验

变量	(1)	(2)	(3)	(4)
	Export		Export_share	
	全样本	子样本（控制学习效应）	全样本	子样本（控制学习效应）
TFP	0.0099***	-0.0052***	-0.0060***	-0.0061***
Age	-0.0015***	-0.0028***	-0.0027***	-0.0018***
lndis	-0.0320***	-0.0055***	-0.0213***	-0.0039***
lnL	0.1063***	0.0183***	0.0568***	0.0100***
常数项	-0.0829***	0.0100***	0.0530***	0.0237***
样本数	1 904 527	1 458 837	1 885 021	1 439 331
R^2	0.1910	0.0793	0.2038	0.0832

注：（1） *** 表示 1% 的显著性水平；括号内数值表示标准差。
（2）本表检验中控制了年度和两位数行业的固定效应。
（3）第（2）、（4）列回归子样本为非出口企业和 1998 ~ 2007 年成立的首次出口企业。

本研究进一步讨论集聚效应如何影响企业出口与生产率的关系。以表 9 - 2 第（2）列检验结果作为参照，表 9 - 3 是对方程（9.4）和方程（9.5）的估计结果。为简便起见，表中没有列出其他变量的回归系数。检验分为四组，第（1）和第（3）列检验城市规模集聚效应，第（2）和第（4）列检验城市出口集聚效应，第（1）和第（2）列采用工业总产值和出口额作为集聚代理变量，第（3）和第（4）列采用企业数量作为集聚的代理变量。本研究重点讨论第（1）和第（2）列结果，第（3）和第（4）列以企业数量作为代理变量的回归结果作为参考。本研究将集聚分为经济集聚和出口集聚，而经济集聚又分为城市经济集聚（ln*vcnj*）和城市—行业经济集聚（ln*vcj*），出口集聚同样分为城市出口集聚（ln*evcnj*）和城市—行业出口集聚（ln*evcj*）。

从估计结果来看，主要可以得到如下几点结论，这些结论支持了描述性分析中的两个猜测。

第一，集聚效应有助于解释“生产率之谜”现象，如果区分经济集聚和出口集聚，则出口集聚的影响更大。在模型中引入集聚效应后，TFP 回归系数由原来的显著为负逆转为显著为正，显示集聚效应降低了企业出口的生产率阈值，使得低效率企业同样能够出口。对比第（1）列经济集聚效应检验和第（2）列出口集聚效应检验，第（2）列的 *TFP* 回归系数0.0133要高于第（1）列0.0036的回归系数，出口集聚对于降低企业出口生产率阈值有更为重要的影响。

第二，集聚效应能够促进企业出口。ln*vcnj*、ln*vcj*、ln*evcnj* 和 ln*evcj* 四个变量的回归系数均为正，说明集聚溢出效应能够提高本地企业的出口概率。这与图9-3中展示的城市出口排序的路径依赖性相吻合。经济规模越大、出口规模越大的城市，企业更可能成为出口企业，使得本地出口规模进一步扩张，形成“强者恒强”的循环。

第三，城市集聚效应能够降低企业出口的生产率阈值，使得低生产率企业更容易出口；城市—行业集聚效应则可能带来更激烈的竞争，反而提高企业出口的生产率阈值。城市经济集聚（ln*vcnj*）和城市出口集聚（ln*evcnj*）与 *TFP* 的交叉项均显著为负，城市集聚对出口企业生产率有显著影响。城市—行业经济集聚（ln*vcj*）和城市—行业出口集聚（ln*evcj*）与 *TFP* 的交叉项则显著为正，反映同城市同行业内可能存在显著出口竞争效应。对第（3）和第（4）列的回归结果可以做类似的解读，除 *TFP* 本身的回归系数不显著之外，其余结果和第（1）和第（2）列基本相同，均说明集聚效应能够有助于解释出口企业的生产率水平，而这又尤其是因为城市集聚效应的存在，城市—行业集聚效应则存在相反的效果。

表9-3　城市集聚效应与“生产率之谜”

变量	(1)	(2)	(3)	(4)
	Export			
TFP	0.0036***	0.0133***	0.0003	-0.0000
lnvcnj	0.0063***			
lnvcj	0.0001			
TFP × lnvcnj	-0.0015***			
TFP × lnvcj	0.0013***			
lnevcnj		0.0053***		
lnevcj		0.0046***		
TFP × lnevcnj		-0.0025***		
TFP × lnevcj		0.0017***		

续表

变量	（1）	（2）	（3）	（4）
	Export			
lnncnj			0.0075 ***	
lnncj			0.0026 ***	
TFP × lnncnj			-0.0015 ***	
TFP × lnncj			0.0015 ***	
lnencnj				0.0022 ***
lnencj				0.0224 ***
TFP × lnencnj				-0.0018 ***
TFP × lnencj				0.0019 ***

注：*** 表示1%的显著性水平。本表检验中均控制了企业年龄（Age）、距离大港口距离（lndis）、企业规模（lnL）变量，且控制了年度固定效应和两位数行业固定效应。

本研究按照企业所有制结构和行业规模报酬情况对样本进行分组，进一步讨论集聚效应对于不同类型企业出口的影响。表 9－4 是按照企业所有制分组的回归结果。分组样本结果仍然表明，引入城市集聚变量，除第（1）列之外，*TFP* 系数均显著为正，“生产率之谜”消失。本研究将样本分为国有企业、外商和港澳台投资企业和民营企业三个组。结果表明，城市集聚溢出效应对于不同所有制结构的企业影响有较大的差异，溢出效应对于外商和港澳台投资企业的影响最大，对于民营企业的影响次之，对于国有企业影响最小。城市经济集聚（ln*vcnj*）和城市出口集聚（ln*evcnj*）系数均显著为正，城市集聚促进了企业出口，但国有企业组的回归系数显著小于外商和港澳台投资企业组和民营企业组。城市—行业经济集聚（ln*vcj*）和城市—行业出口集聚（ln*evcj*）回归系数的组间差异体现得尤其明显，同区域同行业的经济集聚和出口集聚都可能会对国有企业造成冲击，降低其出口概率，而这种集聚对外商和港澳台投资企业和民营企业出口却有显著的促进作用。此外，与表 9－3 的结果一致，ln*vcnj* 和 ln*evcnj* 与 *TFP* 的交叉项显著为负，城市集聚能够降低企业出口的生产率阈值，使得低生产率企业同样能够出口，但不同组别间影响程度差异较大，对于外商和港澳台投资企业的影响最大，城市集聚的溢出效应会使得生产率较低的外商和港澳台投资企业同样可以出口，这一结论与卢等（Lu et al.，2010）吻合。如果考虑到外商和港澳台投资企业出口中存在大量的加工贸易出口，这一结论也与戴等（Dai et al.，2016）的发现吻合。

表 9－4　　集聚效应与“生产率之谜”（按企业所有制分组）

变量	(1)	(2)	(3)	(4)	(5)	(6)
	国有企业		外商和港澳台投资企业		民营企业	
TFP	-0.0031 ***	0.0129 ***	0.0956 ***	0.0824 ***	0.0665 ***	0.0381 ***
lnvcnj	0.0009 ***		0.0139 ***		0.0242 ***	
lnvcj	-0.0003 ***		0.0074 ***		0.0011	
TFP × lnvcnj	0.0000		-0.0067 ***		-0.0049 ***	
TFP × lnvcj	0.0003 ***		0.0003		0.0004	
lnevcnj		0.0005 **		0.0173 ***		0.0114 ***
lnevcj		-0.0006 ***		0.0141 ***		0.0151 ***
TFP × lnevcnj		-0.0011 ***		-0.0069 ***		-0.0041 ***
TFP × lnevcj		0.0004 ***		0.0010 **		0.0009 *

注：***、**、*分别表示1%、5%、10%的显著性水平。本表检验中均控制了企业年龄（Age）、距离大港口距离（lndis）、企业规模（lnL）变量，且控制了年度固定效应和两位数行业固定效应。

表9－5是按照规模报酬分类企业样本的估计结果。同样可以看到，引入城市集聚变量，除第（1）列之外，*TFP* 系数均显著为正，“生产率之谜”消失。本研究将所有行业分为规模报酬递增、规模报酬不变、规模报酬递减三个组。可以看到，城市集聚溢出效用可以使得生产率较低的企业同样可以出口的结论对于规模报酬不变和规模报酬递减的行业更为适用，尤其是对于规模报酬递减行业影响程度较大。对于规模报酬递增的行业，企业有动力做大做强，使得强者恒强，小企业更难以在行业中生存，整体上会看到生产率更高的企业更容易出口。对于规模报酬不变甚至递减的行业，中小企业会有更大生存空间，更容易受溢出效应的影响，城市集聚溢出效应也会表现得更为明显，城市经济集聚（ln*vcnj*）变量回归系数分别为 0.0046、0.0057 和 0.0109，影响程度逐步扩大。城市经济集聚（ln*vcnj*）与 *TFP* 的交叉项系数分别为 0.0003、－0.0014 和－0.0031，经济集聚降低企业出口生产率阈值在规模报酬递减行业体现得尤为显著。

表 9－5　　集聚效应与“生产率之谜”（按规模报酬分组）

变量	(1)	(2)	(3)	(4)	(5)	(6)
	规模报酬递增		规模报酬不变		规模报酬递减	
TFP	-0.0027	0.0098 ***	0.0063 ***	0.0178 ***	0.0287 ***	0.0190 ***
lnvcnj	0.0046 ***		0.0057 ***		0.0109 ***	
lnvcj	-0.0024 ***		0.0010 ***		0.0025 ***	

续表

变量	(1)	(2)	(3)	(4)	(5)	(6)
	规模报酬递增		规模报酬不变		规模报酬递减	
TFP × lnvcnj	0.0003 *		-0.0014 ***		-0.0031 ***	
TFP × lnvcj	-0.0002 **		0.0011 ***		0.0012 ***	
lnevcnj		0.0021 ***		0.0036 ***		0.0067 ***
lnevcj		0.0003		0.0052 ***		0.0098 ***
TFP × lnevcnj		-0.0010 ***		-0.0022 ***		-0.0030 ***
TFP × lnevcj		0.0004 ***		0.0012 ***		0.0015 ***

注：***、**、*分别表示1%、5%、10%的显著性水平。本表检验中均控制了企业年龄（Age）、距离大港口距离（lndis）、企业规模（lnL）变量，且控制了年度固定效应和两位数行业固定效应。

总之，表9-3～表9-5的估计结果清楚地表明，城市集聚效应能够降低企业出口的生产率阈值，促使生产率较低企业出口。分组检验结果表明，这种集聚效应在促进出口和降低企业出口生产率阈值要求方面，对外商和港澳台投资企业影响最大，民营企业次之，对国有企业影响最小；对规模报酬递减行业影响最大，规模报酬不变行业次之，对规模报酬递增行业影响最小。

（三）稳健性检验

本研究进一步分析上述结论的稳健性，以表9-3第（1）和第（2）列回归结果为基准，从四个方面进行稳健性检验，结果列于表9-6中。第一，基准回归中被解释变量为企业是否出口的二元变量 *Export*，在稳健性讨论中，本研究采用出口密集度作为被解释变量，结果列于第（1）和第（2）列。第二，为控制经济集聚、经济波动等其他因素的影响，在回归模型中引入年度（i. year）和省份（i. province）的交叉项，控制每个省份每一年的特定固定效应，结果列于第（3）和第（4）列。第三，基准模型中，我们用1998～2007年成立的首次出口企业和所有的非出口企业作为样本，这可能存在样本非对称性问题，在第（5）和第（6）列的检验中，本研究只保留1998～2007年新成立的企业，考察集聚效应对于新企业出口决策的影响。第四，在样本期内，WTO对中国贸易发展影响巨大，这一情况是否会影响到企业出口与生产率的关系，本研究在第（7）、第（8）和第（9）列引入WTO虚拟变量，控制WTO影响后再检验集聚效应。第（7）列是对WTO影响效果的直接检验，可以看到，如果只引入WTO变量，并不能使得 *TFP* 的系数为正，即加入WTO并不能解释为什么低生产率企业越来越容易出口。

从表9－6的检验结果可以看到，集聚变量的回归系数非常稳健，TFP的回归系数也同样非常稳健，待假设检验H1和H2同样得到很好的验证。城市集聚效应能够促进企业出口，并使得低生产率企业同样可以出口。

表9－6　稳健性检验回归结果

变量	(1)	(2)	(3)	(4)	(5)	(6)	(7)	(8)	(9)
	Export_share		控制集群效应和经济波动		1998～2007年成立企业样本检验		控制WTO的影响		
			Export						
TFP	0.0077 ***	0.0043 ***	0.0003	0.0083 ***	0.2141 ***	0.1661 ***	－0.0069 ***	0.0075 ***	0.0141 ***
WTO							0.0246 ***	0.0131 ***	0.0244 ***
WTO × TFP							0.0025 ***	0.0032 ***	0.0020 ***
lnvcnj	0.0040 ***		0.0015 ***		0.0550 ***			0.0070 ***	
lnvcj	0.0008 ***		－0.0005 ***		0.0018 *			0.0003 *	
TFP × lnvcnj	－0.0014 ***		－0.0011 ***		－0.0128 ***			－0.0017 ***	
TFP × lnvcj	0.0008 ***		0.0010 ***		0.0025 ***			0.0012 ***	
lnevcnj		0.0036 ***		0.0016 ***		0.0346 ***			0.0056 ***
lnevcj		0.0062 ***		0.0038 ***		0.0120 ***			0.0047 ***
TFP × lnevcnj		－0.0015 ***		－0.0021 ***		－0.0111 ***			－0.0026 ***
TFP × lnevcj		0.0010 ***		0.0017 ***		0.0030 ***			0.0017 ***

注：（1）***、*分别表示1%、10%的显著性水平。本表检验中均控制了企业年龄（Age）、距离大港口距离（lndis）、企业规模（lnL）变量。

（2）第（3）和第（4）列控制了i. year × i. province固定效应和两位数行业固定效应，其余各列均控制了年度和两位数行业固定效应。

五、小结

本研究从城市集聚效应角度拓展了企业出口决策与全要素生产率的关系。本章通过构建城市经济集聚、城市—行业经济集聚、城市出口集聚、城市—行业出口集聚四个反映集聚效应的指标，研究集聚效应、生产率与企业出口的关系。研究发现，控制住城市集聚效应，“生产率之谜”将不复存在，而且结果非常稳健。分析表明，城市集聚溢出和城市—行业集聚溢出均能促进企业出口，但城市集聚溢出效应更能降低企业出口的生产率阈值要求，使得生产率较低的企业同样可以出口，是解释企业出口决策与生产率关系的关键因素。此外，相对于国有企业，集聚效应对外商和港澳台投资企业和民营企业的影响更大；相对于规模报酬递增行业，集聚效应对于规模报酬递减和规模报酬不变行业的影响更大。

本研究主要有如下几个方面的贡献。第一，为尽可能准确地度量企业全要素生产率水平，从构建面板数据、处理投资和资本等变量、构建投入和产出价格指数、统一行业分类标准等方面对 1998 ~ 2007 年中国工业企业数据库做了详细的数据处理，并估计了企业全要素生产率。第二，本研究从企业区位和城市集聚效应角度检验我国企业出口决策与生产率的关系，与现有理论和经验研究成果互为补充。第三，本研究对出口“生产率之谜”的文献提供了支撑和修正。现有文献讨论的要素密集度、外资企业、加工贸易对解释“生产率之谜”有重要意义，而这些解释可以在一定程度上统一到城市集聚效应这一框架中来，集聚溢出效应是解释低效率企业出口的更深层次原因。当然，作为一项基础性工作，本研究着力于对原始数据的处理和对典型事实的深入挖掘，对集聚溢出效应的作用机制检验还有待深入。本研究认为，区域制度异质性与发展绩效差异是中国区别于其他发达市场经济的一个重要特点，从经济地理视角研究国际贸易是国际贸易研究领域一个非常重要的研究方向。

参考文献

[1] 戴觅，余淼杰，Maitra M. 2014. 中国出口企业生产率之谜：加工贸易的作用. 经济学（季刊），13（2）：675 – 698.

[2] 李春顶. 2010. 中国出口企业是否存在“生产率悖论”：基于中国制造业企业数据的检验. 世界经济，（7）：64 – 81.

[3] 李春顶. 2015. 中国企业“出口—生产率悖论”研究综述. 世界经济，38（5）：148 – 175.

[4] 聂辉华，江艇，杨汝岱. 2012. 中国工业企业数据库的使用现状和潜在问题. 世界经济，35（5）：142 – 158.

[5] 唐宜红，林发勤. 2009. 异质性企业贸易模型对中国企业出口的适用性检验. 南开经济研究，（6）：88 – 99.

[6] 杨汝岱. 2015. 中国制造业企业全要素生产率研究. 经济研究，（2）：61 – 74.

[7] 易靖韬. 2009. 企业异质性、市场进入成本、技术溢出效应与出口参与决定. 经济研究，44（9）：106 – 115.

[8] 于春海，张胜满. 2013. 市场进入成本与我国出口企业生产率之谜. 中国人民大学学报，27（2）：53 – 61.

[9] 余淼杰. 2010. 中国的贸易自由化与制造业企业生产率. 经济研究，（12）：97 – 110.

[10] 张杰，李勇，刘志彪. 2009. 出口促进中国企业生产率提高吗？——来自中国本土制造业企业的经验证据：1999 – 2003. 管理世界，（12）：11 – 26.

[11] Aitken B. J. and Harrison A. E. 1999. Do Domestic Firms Benefit from Direct Foreign Investment? Evidence from Venezuela. American Economic Review，89：605 – 618.

[12] Amiti M. and Smarzynska Javorcik B. 2008. Trade costs and location of foreign firms in China. Journal of Development Economics, 85 (1-2): 129-149.

[13] Bernard A. B., Eaton J., Jensen J. B. and Kortum S. 2003. Plants and productivity in international trade. The American Economic Review, 93 (4): 1268-1290.

[14] Bernard A. B. and Jensen J. B. 1999. Exceptional exporter performance cause, effect, or both. Journal of International Economics, 47 (1): 1-25.

[15] Bernard A. B. and Jensen J. B. 2004. Why some firms export. Review of Economics and Statistics, 86 (2): 561-569.

[16] Brandt L., Van Biesebroeck J. and Zhang Y. 2012. Creative accounting or creative destruction? Firm-level productivity growth in Chinese manufacturing. Journal of Development Economics, 97 (2): 339-351.

[17] Clerides S. K., Lach S. and Tybout J. R. 1998. Is learning by exporting important? Micro-dynamic evidence from Colombia, Mexico, and Morocco. Quarterly Journal of Economics, 113 (3): 903-947.

[18] Dai M., Maitra M. and Yu M. 2016. Unexceptional exporter performance in China? The role of processing trade. Journal of Development Economics, 121: 177-189.

[19] De Loecker J. 2007. Do Exports generate higher productivity? Evidence from Slovenia. Journal of International Economics, 73 (1): 69-98.

[20] Dixit A. K. and Stiglitz J. E. 1977. Monopolistic competition and optimum product diversity. The American Economic Review, 67 (3): 297-308.

[21] Eaton J., Eslava M., Kugler M. and Tybout J. 2007. Export dynamics in Colombia: Firm-level evidence. NBER Working Paper No. 13531.

[22] Eaton J., Kortum S. and Kramarz F. 2011. An anatomy of international trade: Evidence from french firms. Econometrica, 79 (5): 1453-1498.

[23] Fujita M., Krugman P. and Venables A. J. 1999. The spatial economy: Cities, regions, and international trade. Cambridge: MIT Press.

[24] Görg H. and Greenaway D. 2004. Much ado about nothing? Do domestic firms really benefit from foreign direct investment? . World Bank Research Observer, 19 (2): 171-197.

[25] Hsieh C. T. and Klenow P. J. 2009. Misallocation and manufacturing TFP in China and India. Quarterly Journal of Economics, 124 (4): 1403-1448.

[26] Krugman P. R. 1991. Geography and trade. Cambridge: MIT Press.

[27] Lawless M. 2009. Firm export dynamics and the geography of trade. Journal of International Economics, 77 (2): 245-254.

[28] Levinsohn J. and Petrin A. 2003. Estimating production functions using inputs to control for unobservables. Review of Economic Studies, 70 (2): 317-341.

[29] Lu D. 2010. Exceptional exporter performance? Evidence from Chinese manufacturing firms. University of Chicago, Job Market Paper.

[30] Lu J., Lu Y. and Tao Z. 2010. Exporting behavior of foreign affiliates: Theory and evidence.

Journal of International Economics, 81 (2): 197 -205.

[31] Marshall A. 1920. Principles of economics (8th ed.). London: Macmillan.

[32] Ma Y. , Tang H. and Zhang Y. 2014. Factor intensity, product switching, and productivity evidence from Chinese exporters. Journal of International Economics, 92 (2): 349 -362.

[33] Melitz M. J. 2003. The impact of trade on intra-industry reallocations and aggregate industry productivity. Econometrica, 71 (6): 1695 -1725.

[34] Olley G. S. and Pakes A. 1996. The dynamics of productivity in the telecommunications equipment industry. Econometrica, 64 (6): 1263 -1297.

[35] Pavcnik N. 2002. Trade liberalization, exit, and productivity improvement evidence from Chilean plants. Review of Economic Studies, 69 (1): 245 -276.

[36] Van Beveren I. 2012. Total factor productivity estimation: A practical review. Journal of Economic Surveys, 26 (1): 98 -128.

[37] Yasar M. , Raciborski R. and Poi B. 2008. Production function estimation in stata using the Olley and Pakes Method. Stata Journal, 8 (2): 221 -231.

第十章
出口溢出效应、制度环境与企业出口动态

一、引言

很多国家出口的“爆炸性”增长都依靠少数产品或在少数市场上出口数量的持续增长来实现（陈勇兵等，2015）。根据中国海关统计数据，2001 年以来，我国出口目的地主要集中在美国、中国香港、日本和韩国，对这四个国家（地区）的出口总值占全国当年出口总值的 40% 以上。然而，2008 年全球金融危机和 2011 年欧洲国家主权债务危机都无一例外地证明，高度集中的出口模式使国家极易受到外部经济的冲击（黎明等，2018）。在此背景下，如何保持出口稳定增长，成为贸易发展的重中之重。诸多学者着眼于扩展边际对一国（地区）出口贸易的带动作用。萨莱尔（Zahler，2007）从产品种类层面将世界出口增长分解为新市场、新产品和原有种类产品量的增加，结果发现，发展中国家（地区）产品进入新市场对出口增长的贡献率为 37%，远远高于新产品的出口增长贡献率 7%。开拓新的出口市场，不仅有利于改善一国贸易条件，还可以提升一国（地区）应对外部冲击的能力，降低出口贸易的不稳定性（Herzer & Nowak-Lehnmann，2006；Albornoz et al.，2012）。舒麦瑟（Schmeiser，2012）亦发现，企业出口增长的很大一部分源于现有企业进入新市场，其出口价值巨大，且往往被低估。

然而，要使出口真正能够成为企业发展和经济增长的可靠拉力，推动更多新企业进入出口市场只是第一步。一些研究发现，许多企业虽然能快速进入新市场，但是其中很多也会较快地从出口市场退出。在哥伦比亚，每年都有近一半的企业成为新出口企业，但大部分新出口企业会在下一年就停止出口（Eaton et al.，2008）。类似的情形也发生在秘鲁（Martincus & Carballo，2008）、德国（Nitsch，2009）、阿根廷（Albornoz et al.，2016）等。由此可见，在关注企业如何进入新市场的同时，不应忽视企业从出口市场退出的行为。为了理解由企业出口决策和出口策略塑造的企业出口地理动态，从微观出发厘清企业为什么选择出口、以何种逻辑选择出口市场是重要前提。对于许多国家（地区），尤其是发展中国家（地区），经济发展目前仍须依赖外需，探索影响企业在出口市场上的动态及微观机制，能更好地理解企业的出口行为，也能为国家宏观贸易政策的调整提供微观基础。

我国自改革开放以来，出口贸易是驱动中国经济增长的重要力量。作为最大的新兴经济体，加入世界贸易组织（WTO）以来，我国出口贸易经历了出口数量和出口种类的双增长，也正在经历贸易市场结构的转变和空间演化，为研究企业出口动态提供了充足且良好的样本。我国仍在经历着市场改制和制度完善的过程，制度仍然是市场之外的影响区域经济发展和企业活动的强有力因素，这必然使得我国出口企业出口地理动态呈现出与发达国家经济体不同的特质。实证结果表明，企业出口活动和邻近企业溢出均对企业在出口市场上的进入和退出动态存在显著的双面性影响。一方面，企业出口活动不利于企业进入新市场，但有助于企业继续留在已有市场中；另一方面，邻近企业溢出为企业进入新市场创造了有利条件，但同时也加快了企业从已有市场退出。本研究进一步利用分组回归的形式，探索了上述“双面性”影响与企业所在地制度环境及环境塑造下的企业“成本敏感”特征的联系，并发现在市场化程度较低和政府干预程度较高的地区，企业出口活动和邻近企业溢出发挥的“双面性”影响显著且强烈。

二、文献综述

为了理解由出口企业活动塑造的企业出口地理动态，有必要先对企业参与出口的原因进行梳理。长期以来占据主流的一种观点是基于资源理论，强调企业的内部资源、独特的竞争优势形成的竞争力（Barney，1991）促使企业为了扩大规模经济或达到战略目的，自然而主动地参与出口，并有计划地实现出口市场扩张（Chen et al.，2016；Sousa et al.，2008）。这类研究主要以发达经济体为研究范围，认为企业的竞争力越强，企业越倾向于选择出口，并且出口表现越好（Majocchi et al.，2005；Pla-Barber & Alegre，2007）。然而，这些研究结论在被用来解释新兴经济体的现象时，往往会出现不一致或令人迷惑的结果。一些学者从制度的视角切入，尝试得到企业选择出口的另一种解释，将制度视作是影响企业出口决策和策略的重要因素（郭平，2015）。正如制度理论所指出的，在外部环境中的制度压力下，企业会采用新的实践方式（Zucker，1987），这些实践方式中自然也包括企业出口，而企业出口就是企业应对出口地不完善的制度环境的结果。

显然，不同地区、不同特点的出口企业，具有不尽相同的出口动机，至少可以分为以下两种类型：其一是扩张导向出口企业，这类企业为了充分利用自身内在竞争力，主动参与出口以扩大规模经济或实现其他战略目的（Wu et al.，2007）。这类企业往往同时保有同样或更为重要的国内市场，它们不会把精力全放在国际市场，因而它们的出口决策具体动机往往复杂而多样。其二是避害导向出口企业，这些企业往往不具有在国内市场生存的竞争力，无法在应对竞争对手的冲击之余，克服由不健全的制度环境造成的成本给他们带来的额外负担。对成本的敏感使得这些企业面对严苛的国内市场环境时不得不转向出口市场另觅良机（Wang & Ma，2018）。在很长一段时期内，研究者们普遍认为出口企业主要是“扩张导向”的，只有生产率高、竞争力强的企业才会进入国际市场（Bernard & Jensen，1999；Melitz，2003；范剑勇、冯猛，2013）。然而，在新兴经济体中，除了那些扩张导向的出口企业之外，还有大量出口企业（多为中小企业）是避害导向的（Wang & Ma，2018）。这些企业缺少资源和竞争力，但是它们仍会以自己的模式参与出口（Calof，1994），对于它们的出口决策，如何降低成本总是最优先的问题，然而它们在文献中往往被忽略（Gao et al.，2010）。根据国家发展和改革委员会披露的数据，在 2006 年，我国大约 60% 的贸易额由中小企业创造，而且在参与出口的企业中，有超过 80% 是中小企业，并且这两项数据还在不断提高。这表明中小企业才是塑造我国企业出口动态的主要力量。这也意味着对于包括我国在内的新兴经济体的企业出口动态研究应该更多地从中小企业的视角出发，而这些企业最突出的特点之一就是不足的竞争力和薄弱的财务状况。这使它们对于制度环境、不确定性带来的成本敏感。基于这一成本关联的视角，本研究从企业内部和外部两方面考虑可能影响企业出口地理动态的关键因素。

企业自身的出口行为影响其此后在国际市场的出口动态。不同于传统的研究强调企业可以学习以往的出口经验，实现内在竞争力的提升，从而帮助企业扩大出口规模和边际（Morales et al.，2014；Nguyen，2012），本研究从成本视角出发，将企业以往的出口行为视作企业沉没成本的体现。作为企业出口面临的一大障碍（Padmaja & Sasidharan，2017），企业出口沉没成本包括但不限于企业欲进入出口目的地而不可避免地获取需求信息、建立渠道、推广产品等环节的成本和企业面临的风险贴现。相较于进入新市场投入的固定成本，出口企业此后继续出口付出的边际成本并不多（Aeberhardt et al.，2014）。对于本就缺少竞争优势的避害导向企业，沉没成本的存在使得企业前期对同一目的地的出口行为对此后的企业出口决策的影响变得更加重要，也让企业出口在市场选择上显现出路径依赖的特点（Aeberhardt et al.，2014；Araujo et al.，2016）。对于出口进入，基于鲍尔温和克鲁格曼（Baldwin & Krugman，1989）和迪克西（Dixit，1989）的经典假设，罗伯茨和蒂伯特（Roberts & Tybout，1997）最早对沉没成本的作用进行了论证。随后，伯纳德和延森（Bernard & Jensen，2004）使用美国数据验证了沉没成本对于企业继续在现有市场出口的显著作用。布加梅利和因凡特（Bugamelli & Infante，2003）使用意大利制造业企业的数据研究沉没成本对出口参与的影响，结果表明如果一个企业在前一期已经出口，则其该期出口的概率会提升 70%。对于出口退出，克鲁格曼（Krugman，1989）的中心假设就是沉没成本减少了企业从国际市场的退出。坎帕（Campa，2004）也发现出口商往往不愿意退出沉没成本较高的市场。这些文献得出的一致结论是：已经出口的企业由于支付了沉没成本，更倾向于在当前市场继续出口，而不愿轻易退出（Reggiani & Shevtsova，2018）。另外，由于存在沉没成本，企业也不能自如地根据出口业务在各出口市场的盈亏灵活地优化再配置内部资源，甚至陷入成本陷阱（Lieberman et al.，2017），制约企业迈向新市场的步伐。不难想象，在存在大量避害导向的中小企业的中国情境下，企业出口市场选择将在企业以往出口行为的影响下，显现出更强的黏性。

诸多研究者指出，企业出口决策也受到其他出口企业的影响（Shaver et al.，1997；Blomstrom & Kokko，1998；Ma，2006；Koenig et al.，2010）。早期观点强调企业通过对其他出口企业的学习和模仿，包括学习后者的管理和技术等，提升出口能力，实现从国内市场迈向国际市场的跨越的同时，也提高了企业在出口市场的竞争力（Rhee et al.，1990）；抑或是企业出于战略目的，模仿其他企业进入特定的外国市场（Yu & Ito，1988）。但最近研究发现，上述影响往往只发生在同业竞争的企业间（Xu et al.，2018），并且本就缺乏竞争力的避害导向的出口企业，既难以在短时期内通过出口提升足够多的竞争力，也不太可能只是出于竞争策略的考虑就轻易决定进入一个新的市场。对于很多企业而言，它们甚至没有明确的出口战略。不同于相对大型的企业更加依靠内部的资源和联系进行出口决策，以中小企业为主的避害导向出口企业受到能力和资源限制，并没有足够的自信完全依赖自己的知识进行决策（Lieberman & Asaba，2006；Barber et al.，2009），而邻近企业的信息溢出就为它们提供了低成本的信息渠道，这使得这些企业更容易也更主动接受邻近企业的信息溢出（Gemayel & Preda，2018）。出口企业不可避免地会将海外市场信息溢出给当地其他企业，从而减少这些企业的出口不确定性，降低企业信息搜寻和匹配等环节的交易成本，促进后者出口（Aitken et al.，1997），企业从邻近企业的出口行为中吸取教训和经验，也会降低企业进出市场的沉没成本（Madsen & Desai，2010；Lieberman et al.，2017）。因此，邻近企业的信息溢出效应使得企业进入和退出出口市场的门槛降低，从而使得企业更加容易进入和退出国际市场（Albornoz et al.，2016）。

综上所述，本研究认为我国企业的出口动态主要是由避害导向的中小企业塑造，沉没成本将会是理解这一问题更加合适的视角。我国大量的出口企业往往不具有足够的出口竞争力，它们选择出口的动机是为了降低成本（Wang & Ma，2018），因此不论是企业自己的出口行为还是邻近企业的信息溢出改变的都是企业面临的成本门槛，这就使得两者对于企业出口动态的影响都是具有双面性的，前者通过增加沉没成本，提高企业对于已有出口市场的黏性；而后者则通过降低其他市场的门槛，相对地减小了企业对已有市场的黏性。与此同时，我国市场化改革的空间不平衡，也导致了地区制度环境的巨大差异（He et al.，2008）。在一些市场化进程较慢的地区，政府仍然在企业行为中扮演着重要的角色，缺乏透明和相对低效的制度安排和非市场化政商合作都会使得当地能力不足的企业，更有可能因无力应对由制度不完善带来的额外成本而转向出口市场，成为避害导向的出口企业。政府干预还会通过补贴和减税的形式促使本来竞争力不足的企业进入出口市场，但是这并不能帮助企业快速提升自身的内在竞争力，因此本研究认为这些政府干预强的地区，也会催生更多避害导向的出口企业。所以在这些避害导向的出口企业较多的地区，上述的双面性影响将会更加突出。

此外，本研究也对企业异质性和出口市场异质性进行分类探讨。相较于其他所有制，外商投资出口企业往往不太可能是避害导向的出口企业，这类企业的出口决策与母公司的战略联系密切，可能存在的公司内贸易和更广泛的国际联系（Lieberman & Asaba，2006），都使得这类企业不会同避害导向的出口企业一样“成本至上”。因此，受到企业自身的出口行为和邻近企业的信息溢出的影响更小（Stuart，1998）。如果企业参与出口是受到出口地的制度环境的影响，那么这些企业对出口市场的选择则受到出口目的地制度环境的影响，所以相较于市场化程度普遍较差、制度相对不健全的发展中国家（地区），高度市场化、制度安排明晰的发达国家（地区）市场将会是更佳的选择，因此企业对于发达国家（地区）市场的出口面临着相对更小的成本门槛。

基于此，本研究从成本视角探究企业出口经验和外部溢出效应对企业在出口市场上的进入退出动态的影响，并从企业所在地的制度环境异质性出发探究成本驱动下的企业在出口市场上的地理动态的作用机制是本章研究的主要内容。本研究主要创新体现在两个方面：（1）从企业—市场的微观维度研究我国企业在出口市场上的进入和退出的双向动态。以往对于企业出口动态的研究多在国家（地区）层面或地区—市场层面进行分析，部分从企业层面分析的研究则主要关注企业进入的动态，本研究的探讨更加系统和深入。（2）本研究关注企业自身和邻近企业以往出口活动对企业出口决策可能产生的“双面性”影响，并指出这种“双面性”影响在我国，尤其是制度环境较不完善的地区更为突出。以往研究则主要关注企业以往出口行为为企业出口带来的积极效应，忽略了对企业开拓新市场的动机的分析。

三、数据与描述性分析

本研究利用2002～2011年的海关数据库在企业—市场层面构建2003～2011共9年的中国企业进入和退出国际市场的面板数据。在市场维度上，以国家或地区为单元，共包含214个出口市场单元。此外，本研究使用的各国（地区）进口数据来源于 UN Comtrade Database，计算城市人均 GDP、出口多样性指标的数据来源于历年《中国城市统计年鉴》。

为了从出口地视角展现我国企业的出口动态，本研究计算了我国各地区企业出口进入率和退出率，其中进入率和退出率是所用时间段内各年数据的平均值。2003～2007 年许多地市的出口进入率在 30%～40%；2008～2011 年，整体上全国各城市的进入率出现下降，东部沿海地市均呈现较低进入率，中部和西部地区则存在相对较多的“高进入率”地区。整体上，呈现出西高东低的空间动态趋势。相较于企业出口进入率，我国企业出口退出率在两个阶段的变化较小，但整体上同样呈现出空间上从东至西逐级提升、时间上缓慢降低的趋势。综合企业的进入和退出动态，在时间维度上，多数地区的出口进入率和退出率均出现明显降低，企业出口动态区域稳定；在空间维度上，东部地区相较于中西部地区，呈现出更低水平的进入率和退出率。

出口进入率和退出率相对一致的空间特征预示，我国企业出口动态的空间差异可能与地方的制度环境和当地企业的出口动机（如避害导向和扩张导向）相联系。以中西部地区为主的一些地方企业在研究期间更频繁地进入和退出出口市场，这直接反映出这些地区的出口企业整体的企业竞争力不足。这些地区往往市场化程度较为滞后，制度的不完善带来的本地市场高成本和政府干预带来的出口价格扭曲，使得这些地区的企业更容易转向国际市场，从而表现出“低效率企业参与出口”的现象。以东部地区为主的地方的企业出口动态则表现出进入率和退出率“双低”的特点，这表明这些地方企业往往能够建立稳定的出口联系，在出口市场上有较高的竞争力；另一方面，这些地区一般都是经济较为发达、市场化程度较高的地区，没有不完善制度和强大政府干预对企业行为的扭曲，这些地区的企业更有可能遵循一条更加自然的发展路径，即从国内市场逐渐向国际市场扩张（Wang & Ma，2018）。

四、模型与变量设置

本研究希望探究我国出口企业进入退出国际市场的动态与企业自身及邻近企业出口活动的联系。因此主要考虑 t 年 i 企业对其他国家（地区）的出口情况和 i 企业所在的 c 城市的企业对 j 国出口的情况，对于 $t+1$ 年 i 企业是否会进入 j 国市场的虚拟变量的影响。据此，i 企业在 $t+1$ 年向 j 国开始出口的概率可以表示如下：

$$Prob(IN_{ij,t+1}) = Prob(\alpha_0 Exp_{ij,t} + \alpha_1 Spillover_{ij,t} + \alpha_2 Control_t + \sigma_{ij} + \mu_{t+1} + \epsilon_{ij,t+1} > 0) \tag{10.1}$$

$$Prob(OUT_{ij,t+1}) = Prob(\beta_0 Exp_{ij,t} + \beta_1 Spillover_{ij,t} + \beta_2 Control_t + \rho_{ij} + \vartheta_{t+1} + \varepsilon_{ij,t+1} > 0) \tag{10.2}$$

其中，“$Prob(\ )$”表示事件发生的概率，$IN_{ij,t+1}$（$OUT_{ij,t+1}$）代表 i 企业 $t+1$ 年是否向 j 国开始（不再）出口的虚拟变量，$Exp_{ij,t}$表示 i 企业 t 年向 j 国之外的市场的出口活动变量，$Spillover_{ij,t}$表示 i 企业所在城市其他企业 t 年对 j 国的出口活动，$Control_t$表示其他控制变量，α_k、β_k（$k \in [1, 2, 3]$）分别为企业自身出口经验变量、其他企业出口溢出变量和控制变量的系数的向量表示。结合数据特征并尽可能地应对可能出现的实证偏误，本研究采用 Conditional Logit 方法进行回归，所有的回归将包含企业—市场层面的固定效应 σ_{ij}、ρ_{ij}，同时添加时间固定效应 μ_{t+1}、ϑ_{t+1}以控制时间维度上对中国出口的冲击，控制变量将在下文中进一步介绍，其主要可以分为两部分，即需求侧控制变量和供给侧控制变量。

（一）被解释变量

本研究通过构建一对虚拟变量来刻画出口商进入和退出某个市场的过程。具体而言，当 i 企业在 $t+1$ 年开始向 j 国（地区）出口时，$IN_{ij,t+1}$取值为 1，否则为 0；当 i 企业在 $t+1$ 年不再向 j 国出口时，$OUT_{ij,t+1}$取值为 1，否则为 0。足够长的时间跨度使得一条出口联系（城市 i—产品 k—目的地 j）中也可能出现多个出口起始点或终止点。由于本研究关注的是内资企业对外出口从无到有的这一过程，因此如 Koenig 等人（2010）一样，暂不考虑企业连续出口或间断出口的情况。例如，对于企业 i—市场 j，其出口实际情况为“00110001111”（0 表示无出口流量，1 表示有出口流量），在本研究构建的数据中，$IN_{ij,t+1}$将被表示为“. 01 ...01 ...”，$OUT_{ij,t+1}$将被表示为“. . 01 ......”其中“. ”表示数据缺失。

（二）解释变量

企业出口活动是指上一年企业对国际市场的出口额。出口商通过扩大出口规模实现利润增加，从目的市场的角度看，出口商既可以选择开拓新市场，也可以选择继续增加对现有市场的出口。对于我国企业而言，本研究认为企业上一年的出口行为更应被视作是企业的沉没成本。出口商对上一年已有市场出口规模越大，越是意味着出口商在已有市场越多的沉没成本，且出口的产品在已有市场销售越好。因此出口商更会倾向在本年继续向已有市场扩大出口，而不是开辟新市场。所以企业以往的出口活动会强化出口商对已有市场的黏性，不利于企业开辟新市场，但同时也会促使企业向已有市场继续出口，甚至出现短期亏损，也不愿轻易退出。

邻近企业溢出是指上一年除了出口商自身外同城市其他出口商对同一市场的出口活动，使用这些出口商对特定出口市场的出口额作为代理变量。前文中提到，我国存在大量竞争力不足的企业进入国际市场成为出口商。相较于大型企业更加依靠内部的资源和联系进行出口决策，这些出口企业受到能力和资源限制，并没有足够的自信完全依赖自己的知识进行决策（Lieberman & Asaba，2006；Barber et al.，2009），因此更加依靠邻近企业的信息溢出（Gemayel & Preda，2018）。这种“便利”的信息渠道能够降低这些企业面临的国际市场门槛，降低企业的沉没成本，使得企业进入和退出那些市场更加“轻松”（前期沉没成本更低），从而相对地减弱了企业对已有出口市场的黏性，增加了它们选择其他市场的可能性。此外，本研究还设立了外商投资企业和发达国家（地区）市场两个虚拟变量，并将构建两者分别与企业出口经历变量和邻近企业出口溢出变量的交叉项，从另一个角度探究企业内部体制和出口市场制度环境异质性对企业进入和退出国际市场的调节性影响。

（三）控制变量

控制变量旨在控制其他可能影响出口商进入和退出出口市场的因素，主要从需求和供给两方面选取变量。在需求方面，主要选择了各国（地区）的进口额（*ctimp*）进行控制。不同国家（地区）的进口额的不同，在一定程度上反映了进口国（地区）当地市场的外需规模和市场竞争程度，这种需求市场的异质性可能会对回归结果产生难以预测的影响；在供给方面，为了确保企业开拓新出口联系的决策并非城市或国家（地区）尺度的其他因素导致的，本研究控制不同尺度下出口地的出口特征，包括出口城市的总出口额（*vcity*）、人均 GDP（*pgdp*）、出口多样性（*revar*、*unrevar*）和市场分散度（*Disp*）以及中国对国家（地区）*j* 的出口总额（*vcountry*）。

此外，还需要对各地区一些不随时间变化的因素予以考虑，对于这些因素的忽视也可能导致最终的回归结果出现偏误。首先，一个城市的基础设施、自然禀赋将直接影响该城市企业的出口成本，同时也会影响该城市对于邻近企业溢出效应的实际效果。其次，由于企业联系、企业家网络、企业从属关系等因素，特定出口商与特定出口国（地区）之间可能存在特殊联系，从而影响企业出口决策。为了消除这些隐性因素带来的不可预测的影响，本研究考虑了企业—市场的固定效应和时间固定效应。

五、模型结果分析

通过构建2003～2011年企业—市场尺度的平衡面板数据，采用条件逻辑模型估计方法，本研究实证分析了我国出口商进入退出国际市场的行为与企业自身之前的出口经历和当地其他企业出口情况的联系。为了一定程度上消除可能存在的反向因果关系带来的内生性问题，同时考虑溢出效应的传播和发挥作用需要时滞，本研究将被解释变量滞后一期。此外，莫尔顿（Moulton，1990）和伍尔德里奇（Wooldridge，2003）发现使用汇总变量对个体变量回归，在不做处理的情况下，回归的标准误会存在向下偏误，因此模型估计采用的标准误均在城市层面进行了聚类调整。

模型估计结果见表10－1。模型（1）和模型（2）是解释企业出口活动和邻近企业溢出对企业进入影响的模型；模型（3）和模型（4）是解释企业出口活动和邻近企业溢出对企业退出影响的模型。

从表10－1的第1列的回归结果可以发现，企业出口活动和邻近企业溢出都对企业出口的地理动态存在显著影响。具体而言，企业自身出口经验不利于其进入新的市场，而邻近企业的出口溢出则能够促进企业开发新的市场。这表明从整体而言，企业以往的出口活动，与其说是帮助企业提升竞争力的经验，不如说是企业已付的沉没成本。企业并没有因为以往的出口经验加快其开拓新市场的步伐，相反这些经验更可能成为难以忽略的前期投入。对于大多能力和资源有限的出口企业而言，这些前期投入越多，它们越不可能去考虑进入新的出口市场。与此相对，邻近企业溢出则帮助出口企业开拓新的市场。这表明企业确实能够从邻近企业的出口活动中获得积极影响，其原因可能是邻近企业对其持有的新市场信息和知识的溢出，降低了企业获取出口信息的搜寻匹配成本，从而使得企业进入新市场的门槛下降，增加了企业开拓新市场的可能性。然而，仅从出口进入的结果看，并不能排除企业从邻近企业的出口活动中获得了技术和能力，从而提高了自身在国际市场的竞争力这样的可能性，因此有必要将企业进入和退出两种动态结合起来进行分析。

表10－1第3列的回归结果表明，企业自身的出口活动能够显著降低企业从已有市场退出的可能性，而邻近企业的出口活动则对企业的出口退出存在显著的正向作用。这一结果符合预期，结合第1列的结果，可以发现企业自身的出口活动作为沉没成本，不利于企业进入新市场，这种沉没成本使得企业更难放弃对已有市场的出口，这进而也会促使企业持续对已有市场出口，形成相对稳固的长期出口联系。这种“双

面性”的影响，使得企业出口活动对企业出口地理动态具有类似“稳定剂”的特征。而邻近企业溢出则对企业出口地理动态发挥着“催化剂”的效果，其对于企业进入新市场和退出已有市场均具有显著的正向影响。这与部分传统的观点并不相符，如果邻近出口企业向企业溢出的是技术和能力，那么企业的出口能力将会得到提升，故而不仅有利于企业拓展新的市场，也有利于企业在已有市场上生存。这一理论与事实的相悖表明至少在整体上，企业从邻近企业中获得的主要不是技术和能力，而是能够降低企业进入出口市场所需固定成本的市场需求和渠道信息。前期沉没成本的下降使得企业进入和退出出口市场的门槛下降，降低了企业对已有出口市场的黏性，帮助大量能力不足、资源有限的企业能够相对自如地选择更加合适的出口市场，从而加速了整体的企业出口地理动态过程。

表 10 - 1 第 2 列和第 4 列分别展示了出口目的市场类型和出口企业类型与主要自变量的交叉项对企业进入和退出出口市场的影响。从出口市场的差异看，*Developed* × *Experience* 对于进入和退出都具有显著的正效应，表明当企业出口发达国家市场时，企业出口活动发挥的“双面性”影响都会被削弱，在相同情况下，企业出口对于发达国家（地区）市场的黏性小于发展中国家（地区）市场；*Developed* × *Spillover* 对于企业进入也存在正向影响，意味着企业对于发达国家（地区）市场的出口能够进一步放大邻近企业信息溢出带来的成本降低效应。换言之，对于发达国家（地区）市场出口，企业面临更低的沉没成本。回归结果说明企业，尤其是避害导向的企业，更可能选择发达国家（地区）市场进行出口。发达国家（地区）相对完善和透明的制度环境使得能力不足的出口企业更容易获取市场信息，也使得沉没成本决定的进入和退出门槛更低，让能力不足的企业更容易做出相对准确可靠的判断。从企业所有制的差异看，*Foreign* × *Experience* 在进入和退出模型中的回归系数均显著为正，而 *Foreign* × *Spillover* 对出口的影响显著为负，表明外商投资出口企业更少受到沉没成本带来的影响，符合本研究对外商投资出口商不是避害导向企业的判断，它们对于沉没成本相对不敏感，这使得它们的出口行为不会像避害导向的企业一样以降低成本为主要决策标准。此外，外商投资企业往往具有更广泛的外部联系，其出口决策还可能与母公司的国际市场战略相关联，具有出口目的多元性，因此其决策过程更加复杂。这些变量都没有在书中说明。

表 10 - 1　　　　基准模型回归结果

变量	进入		退出	
	模型 1	模型 2	模型 3	模型 4
Experience	-0.0775***	-0.0698***	-0.0357***	-0.0296***
Spillover	0.152***	0.135**	0.0233**	0.0183**

续表

变量	进入		退出	
	模型 1	模型 2	模型 3	模型 4
Developed × Experience		0.0025 ***		0.0026 *
Developed × Spillover		0.0035 ***		-0.0047
Foreign × Experience		0.0030 *		0.0091 *
Foreign × Spillover		0.0007		-0.0009 ***
City Exp	0.537	0.545	0.674	0.655
Country Exp	0.0298	0.0353	0.101 **	0.123 ***
pgdp	0.855	0.838	0.434	0.436
ctimp	-0.0522	-0.0473	-0.0465	-0.0437
Revar	0.229 ***	0.228 ***	0.251 *	0.245 *
Unrevar	0.109 **	0.108 **	-0.0289	-0.0297
Disp	-0.000856	-0.000221	-0.0162	-0.0160
企业—市场固定效应	√	√	√	√
时间固定效应	√	√	√	√
样本量	8 971 165	8 971 165	6 867 819	6 867 819

注：*** $p<0.01$，** $p<0.05$，* $p<0.1$。

考虑到我国市场化改革的空间不平衡导致的地区制度环境的巨大差异，以及表10-1和表10-2中展现出的地方企业出口进入和退出动态的特点差异，本研究预期在我国一些制度环境较差的地区，企业出口决策更可能与成本关联，成为避害导向的出口企业，从而使得企业出口活动和邻近企业溢出的“双面性”影响更为凸显。表10-2为按照市场化程度和政府干预程度将地区二分的分组回归。其中，以各年地区非国有企业人数与地方总就业人数的比值的平均数作为衡量市场化程度的指标，以各年地区政府补贴总额占地区总产值的比重的平均数作为衡量政府干预程度的指标，分别取这两项指标的中位数作为划分地区市场化程度和政府干预程度的标准。

在模型估计中，主要解释变量的符号和显著性与基准模型回归的结果基本保持一致，但是通过对两组回归变量对应的系数进行差异性检验可以发现，市场化程度较低的地区或是政府干预程度较高的地区，企业出口活动对企业进入新市场、退出已有市场都发挥着更强的负效应，邻近企业溢出则对企业进入和退出均存在更强的正效应。这与本研究的理论假设相符，制度环境较不完善的地区，企业往往需要支付更多的沉没成本参与本地市场竞争，这使得更多能力和资源不足的企业（以中小企业为主）为了降低成本而选择进入国际市场的可能性增加（Wang & Ma，2018）。这使得这些地区出现更大比重的避害导向出口企业，这些企业对于前期投入的已有出口市场的沉没成本敏感使得企业以往的出口活动对其之后的出口决策影响更大，表现出对已有出口市场更强的黏性；同时这些企业缺乏足够的能力获取国外市场的信息，从而表现出对邻近企业溢出更大的依赖，受到邻近企业出口活动的影响变大。因此，在制度环境相对薄弱的地区，企业出口活动和邻近出口溢出对于企业出口的地理动态存在更突出的“双面性”影响。

表 10－2　　　　　　　　　地方制度环境的异质性影响

变量	市场化程度				政府干预程度			
	低		高		低		高	
	进入	退出	进入	退出	进入	退出	进入	退出
Experience	－0. 166 ***	－0. 0377 ***	－0. 0637 **	－0. 0079	－0. 0612 **	－0. 0221 **	－0. 264 ***	－0. 0299 ***
Spillover	0. 137 **	0. 0214 ***	0. 0911 ***	0. 0151 **	0. 0720 **	0. 0043	0. 118 **	0. 0127 *
Developed × Experience	0. 0033 *	0. 0063 ***	0. 0002	0. 0059	0. 0007 *	0. 0014	0. 0028 ***	0. 0017 ***
Developed × Spillover	0. 0007 **	－0. 0069	0. 0011	－0. 0047	0. 0088	0. 0076	0. 0023 **	－0. 0009 *
Foreign × Experience	5. 81e－05 **	0. 0012	2. 65e－06	0. 0002	1. 95e－06	4. 32e－07	7. 08e－07	－1. 01e－06
Foreign × Spillover	4. 09e－06	－5. 05e－07 *	4. 52e－07	1. 11e－07	5. 10e－07	1. 41e－07	3. 89e－06	－3. 37e－07 *
控制变量	√	√	√	√	√	√	√	√
企业－市场固定效应	√	√	√	√	√	√	√	√
时间固定效应	√	√	√	√	√	√	√	√

注：*** p<0. 01，** p<0. 05，* p<0. 1。

在分组回归中，各交叉项系数的符号与基准模型回归保持一致，但其显著性发生变化，对比组间差异，可以发现这些交叉项在市场化程度较低和政府干预程度较高的地区普遍存在显著作用，且作用效果与基准模型基本相同。这表明在制度环境相对薄弱的地区，可能存在较多的避害导向的出口企业，它们往往难以负担本地不完善的制度环境带来的额外成本，因此为了降低成本而转向出口市场另觅机会。企业对于成本的敏感同样反映在了对不同类型市场出口时产生的异质性影响，对于制度环境较好的发达国家（地区）市场，企业出口面临的成本门槛将被降低。代表制度环境较差的分组模型回归结果与基准模型回归的结果在系数大小和符号上保持着很高的一致性，并且通过对各分组模型回归与基准模型回归进行的系数差异性检验，还可以发现代表制度环境较差的分组中，企业出口活动对企业进入和退出的负效应更强，而邻近企业溢出对企业进入和退出的正效应更强，这直接表明在这些地区，企业出口活动与邻近企业溢出发挥的“双面性”影响更为突出。分组模型回归结果印证了本研究提出的成本视角下关于“制度环境不完善—出现更多避害导向出口企业—‘双面性’影响”的假设机制。交叉项的回归系数在“高制度环境”的分组中基本都不显著，表明这些地区的出口企业对于前期投入带来的沉没成本较不敏感，这种程度的成本导向已经不足以使得企业在出口发达国家市场和发展中国家市场时存在显著的异质性影响。

六、小结

本研究关注的基本问题是成本视角下企业内外两股力量、企业出口经验和外部溢出效应对企业在出口市场上的进入和退出动态的影响，并从企业所在地的制度环境异质性出发，探究成本驱动下的企业在出口市场上进入和退出的地理动态的作用机制。在此基础上，也探讨了出口市场异质性和出口企业异质性在该过程中可能发挥的作用。

实证结果表明，企业出口活动和邻近企业溢出均对企业在出口市场上的进入和退出动态存在显著的双面性影响。一方面，企业出口活动不利于企业进入新市场，但有助于企业继续留在已有市场中；另一方面，邻近企业溢出为企业进入新市场创造了有利条件，但同时也加快了企业从已有市场退出。本研究认为这种“双面性”影响与我国出口企业中普遍存在的成本敏感特征相关联。数据表明中小企业是我国出口的主要力量，更是我国企业出口动态的主要塑造者，而这些企业往往不具有足够的能力和资源（Peng et al.，2008）。改革开放以来，我国虽然经历了卓有成效的市场化改革，制度体系不断健全，但也产生了明显的空间不平衡现象，导致了地区制度环境的巨大差异（He et al.，2008）。不少地区市场化改制相对滞后，非市场的政府干预仍然是主导市场动态的强力因素，从而塑造了独特的制度和市场环境。在这样的背景下，许多企业尤其是中小企业参与出口的主要动机并不是传统观点认为的是为了进一步创造规模经济而将国内市场拓展到国际市场；与之相反，这些企业普遍缺乏出口必要的资源和能力，选择出口往往是由于难以克服因不健全的制度环境造成的成本给它们带来的额外负担，这些企业对成本的敏感使得其面对严苛的国内市场环境时不得不转向出口市场另觅良机（Wang & Ma，2018）。对于企业所在地制度环境异质性的分组模型回归进一步印证了本研究的判断，在市场化程度较低和政府干预程度较高的地区，企业出口活动和邻近企业溢出发挥的“双面性”影响显著且强烈。这预示着本地制度环境不仅塑造了出口企业参与国际市场的基本动机，同时也影响了企业进入和退出出口市场的决策逻辑和策略。这样的决策逻辑同样还可以拓展到出口市场维度，发达国家（地区）市场更加完善透明的制度环境能够减少企业获取市场信息的成本，成为许多资源和能力不足的出口企业更加“青睐”的目标。

本研究希望通过“从地方制度环境到企业出口动机，再到企业出口地理动态”这样的“宏观—微观—宏观”的分析逻辑，结合我国的实际情况对以中国为代表的新兴经济体的企业出口动态问题进行更有针对性的探讨，实证结果也直接表明我国企业出口地理动态的塑造具有不同于发达国家经济体的特点。本研究希望通过对这些特点的总结与探讨能够为人们更深入和准确地理解中国企业出口动态演化提供理论和实证支持。

参考文献

[1] 陈勇兵，李梦珊，赵羊，李冬阳. 2015. 中国企业的出口市场选择：事实与解释. 数量经济技术经济研究，32（10）：20－37.

[2] 范剑勇，冯猛. 2013. 中国制造业出口企业生产率悖论之谜：基于出口密度差别上的检验. 管理世界，（8）：16－29.

[3] 郭平. 2015. 政治关系、制度环境与中国企业出口行为. 当代财经，（1）：98－108.

[4] 黎明，郭琪，贺灿飞. 2018. 邻近性与中国企业出口市场的地理扩张. 世界地理研究，27（1）：1－11.

[5] Aeberhardt R., Buono I. and Fadinger H. 2014. Learning, incomplete contracts and export dynamics: Theory and evidence from French firms. European Economic Review, 68: 219－249.

[6] Aitken B., Hanson G. H. and Harrison A. E. 1997. Spillovers, foreign investment, and export behavior. Journal of International Economics, 43（1－2）: 103－132.

[7] Albornoz F., Fanelli S. and Hallak J. C. 2016. Survival in export markets. Journal of International Economics, 102: 262－281.

[8] Albornoz F., Pardo H. F. C., Corcos G. and Ornelas E. 2012. Sequential exporting. Journal of International Economics, 88（1）: 17－31.

[9] Araujo L., Mion G. and Ornelas E. 2016. Institutions and export dynamics. Journal of International Economics, 98: 2－20.

[10] Baldwin R. and Krugman P. 1989. Persistent trade effects of large exchange rate shocks. The Quarterly Journal of Economics, 104（4）: 635－654.

[11] Barber B. M., Odean T. and Zhu N. 2009. Do retail trades move markets? Review of Financial Studies, 22（1）: 151－186.

[12] Barney J. 1991. Firm resources and sustained competitive advantage. Journal of Management, 17（1）: 99－120.

[13] Bernard A. B. and Jensen J. B. 1999. Exceptional exporter performance: cause, effect, or both?. Journal of International Economics, 47（1）: 1－25.

[14] Bernard A. B. and Jensen J. B. 2004. Why some firms export. Review of Economics and Statistics,

86 (2): 561 - 569.

[15] Blomstrom M. and Kokko A. 1998. Multinational Corporations and Spillovers. Journal of Economic Surveys, 12 (3): 247 - 277.

[16] Bugamelli M. and Infante L. 2003. Sunk Costs of Exports: A Role for Industrial Districts? . Bank of Italy Discussion Paper No. 469.

[17] Calof J. L. 1994. The relationship between firm size and export behavior revisited. Journal of International Business Studies, 25 (2): 367 - 387.

[18] Campa J. M. 2004. Exchange rates and trade: How important is hysteresis in trade? European Economic Review, 48 (3): 527 - 548.

[19] Chen H. L. , Hsu W. T. and Chang C. Y. 2016. Independent directors' human and social capital, firm internationalization and performance implications: An integrated agency-resource dependence view. International Business Review, 25 (4): 859 - 871.

[20] Dixit A. 1989. Entry and exit decisions under uncertainty. Journal of Political Economy, 97 (3): 620 - 638.

[21] Eaton J. , Eslava M. , Kugler M. and Tybout J. 2008. Export dynamics in colombia: Transactions level evidence. Borradores de Economía No. 522.

[22] Gao G. Y. , Murray J. Y. , Kotabe M. and Lu J. 2010. A "strategy tripod" perspective on export behaviors: Evidence from domestic and foreign firms based in an emerging economy. Journal of International Business Studies, 41 (3): 377 - 396.

[23] Gemayel R. and Preda A. 2018. Does a scopic regime produce conformism? Herding behavior among trade leaders on social trading platforms. The European Journal of Finance, 24 (14): 1144 - 1175.

[24] He C. , Wei Y. D. and Xie X. 2008. Globalization, Institutional Change, and Industrial Location: Economic Transition and Industrial Concentration in China. Regional Studies, 42 (7): 923 - 945.

[25] Herzer D. and Nowak-Lehnmann F. 2006. What does export diversification do for growth? An econometric analysis. Applied Economics, 38 (15): 1825 - 1838.

[26] Koenig P. , Mayneris F. and Poncet S. 2010. Local export spillovers in France. European Economic Review, 54 (4): 622 - 641.

[27] Krugman P. 1989. Exchange-rate Instability. Cambridge: MIT Press.

[28] Lieberman M. B. , Lee G. K. and Folta T. B. 2017. Entry, exit, and the potential for resource redeployment. Strategic Management Journal, 38 (3): 526 - 544.

[29] Lieberman M. B. and Asaba S. 2006. Why do firms imitate each other? Academy of Management Review, 31 (2): 366 - 385.

[30] Ma A. C. 2006. Export spillovers to Chinese firms: Evidence from provincial data. Journal of Chinese Economic and Business Studies, 4 (2): 127 - 149.

[31] Madsen P. M. and Desai V. 2010. Failing to learn? The effects of failure and success on organizational learning in the global orbital launch vehicle industry. Academy of Management Journal, 53 (3): 451 - 476.

[32] Majocchi A., Bacchiocchi E. and Mayrhofer U. 2005. Firm size, business experience and export intensity in SMEs: A longitudinal approach to complex relationships. International Business Review, 14 (6): 719 – 738.

[33] Martincus C. V. and Carballo J. 2008. Is export promotion effective in developing countries? Firm-level evidence on the intensive and the extensive margins of exports. Journal of International Economics, 76 (1): 89 – 106.

[34] Melitz M. J. 2003. The impact of trade on intra-industry reallocations and aggregate industry productivity. Econometrica, 71 (6): 1695 – 1725.

[35] Morales E., Sheu G. and Zahler A. 2014. Gravity and Extended Gravity: Using Moment Inequalities to Estimate a Model of Export Entry. NBER Working Paper No. 19916.

[36] Moulton B. R. 1990. An illustration of a pitfall in estimating the effects of aggregate variables on micro units. The Review of Economics and Statistics, 72 (2): 334 – 338.

[37] Nguyen P. 2012. The impact of foreign investors on the risk-taking of Japanese firms. Journal of the Japanese and International Economies, 26 (2): 233 – 248.

[38] Nitsch V. 2009. Die another day: Duration in German import trade. Review of World Economics, 145 (1): 133 – 154.

[39] Padmaja M. and Sasidharan S. 2017. Sunk Costs, Firm Heterogeneity, Export Market Entry and Exit: Evidence from India. Journal of Quantitative Economics, 15 (2): 367 – 393.

[40] Peng M. W., Wang D. Y. L. and Jiang Y. 2008. An institution-based view of international business strategy: a focus on emerging economies. Journal of International Business Studies, 39 (5): 920 – 936.

[41] Pla-Barber J. and Alegre J. 2007. Analysing the link between export intensity, innovation and firm size in a science-based industry. International Business Review, 16 (3): 275 – 293.

[42] Reggiani C. and Shevtsova Y. 2018. Trade and productivity in a transition economy: the role of industry and export destination. Journal of Industry Competition & Trade, (4): 1 – 34.

[43] Rhee Y. W., Katterbach K. and White J. 1990. Free trade zones in export strategies. Industry and Energy Department working paper. Industry series paper; No. 36. Washington, D. C.: The World Bank.

[44] Roberts M. J. and Tybout J. R. 1997. The decision to export in Colombia: an empirical model of entry with sunk costs. American Economic Review, 87 (4): 545 – 564.

[45] Schmeiser K. N. 2012. Learning to export: Export growth and the destination decision of firms. Journal of International Economics, 87 (1): 89 – 97.

[46] Shaver J., Mitchell W. and Yeung B. 1997. The Effect of Own-Firm and Other-Firm Experience on Foreign Direct Investment Survival in the United States, 1987 – 1992. Strategic Management Journal, 18 (10): 811 – 824.

[47] Sousa C. M., Martínez-López F. J. and Coelho F. 2008. The determinants of export performance: A review of the research in the literature between 1998 and 2005. International Journal of Management Reviews, 10 (4): 343 – 374.

[48] Stuart T. E. 1998. Network Positions and Propensities to Collaborate: An Investigation of Strategic

Alliance Formation in a High-Technology Industry. Administrative Science Quarterly, 43 (3): 668 - 698.

[49] Wang W. and Ma H. 2018. Export strategy, export intensity and learning: Integrating the resource perspective and institutional perspective. Journal of World Business, 53 (4): 581 - 592.

[50] Wooldridge J. M. 2003. Cluster-sample methods in applied econometrics. American Economic Review, 93 (2): 133 - 138.

[51] Wu F., Sinkovics R. R., Cavusgil S. T. and Roath A. S. 2007. Overcoming export manufacturers' dilemma in international expansion. Journal of International Business Studies, 38 (2): 283 - 302.

[52] Xu J., Hsu V. N. and Niu B. 2018. The Impacts of Markets and Tax on a Multinational Firm's Procurement Strategy in China. Production and Operations Management, 27 (2): 251 - 264.

[53] Yu C. M. J. and Ito K. 1988. Oligopolistic reaction and foreign direct investment: The case of the US tire and textiles industries. Journal of International Business Studies, 19 (3): 449 - 460.

[54] Zahler A. 2007. Decomposing world export growth and the relevance of new destinations. CID Graduate Student and Postdoctoral Fellow Working Papers No. 20.

[55] Zucker L. G. 1987. Institutional theories of organization. Annual Review of Sociology, 13 (1): 443 - 464.

第十一章
全球—地方出口溢出效应与新企业出口决策

一、引言

国际贸易是驱动中国经济增长的重要力量之一。改革开放以来，伴随着经济全球化不断推进，我国对外贸易迅速发展。企业是贸易活动的微观主体。贸易增长的背后存在着大量企业出口关系的建立和终止、新企业进入与退出国际市场等动态行为。伯纳德等（Bernard et al.，2004）研究发现美国70%的贸易增长是由进入出口市场的新企业带来的。因此，研究企业出口动态，特别是企业出口市场进入动态有利于解读对外贸易空间格局，更深刻地理解我国经济地理格局的时空演变。

国际贸易理论为企业出口行为及其空间分布规律提供了解释。新贸易理论强调在集聚外部性作用下，出口企业为获取本地知识溢出和技术扩散，进而实现规模报酬递增，倾向于在空间上集聚（Krugman，1979；Ottaviano et al.，2002）。新新贸易理论引入企业异质性，指出企业必须支付沉没成本，才能顺利进入出口市场，企业出口决策会由于各自属性特征的不同而存在差异（Melitz，2003；Baldwin & Rieder，2007）。有关企业异质性的研究将生产率作为区分企业异质性的关键指标。也有部分学者将产品质量、企业规模等因素纳入研究，但针对其他异质性的探讨相对较少（Baldwin & Rieder，2007）。

对于无出口经验的新出口企业来说，学习外界出口知识对其跨越出口市场进入门槛至关重要。在地方维度，出口企业之间空间邻近有利于出口信息的共享交流，使潜在出口企业更容易克服沉没成本，开始对外出口（Grabher，2002；郭琪，2016）。不少研究从这一视角验证了出口集聚对出口决策的正向作用（Aitken et al.，1997；Malmberg & Lundequist，2000；Koenig，2009）。除地方尺度外，区域与外界联系导入的知识和信息同样可以成为企业学习的来源。贸易活动将全球范围内的经济活动主体链接起来，并借助进出口关系推动知识流动（Borghini et al.，2006）。因此，新出口企业不仅要关注集群内知识溢出强度，也要关注集群对外贸易联系是否可以带来更多为自己所用的外部知识。但是，目前有关知识溢出与企业出口决策的文献，或从出口地维度出发，或从目的地维度出发，较少将两个维度结合起来，分析新企业进入出口市场与全球—地方出口溢出的关系。

演化经济地理理论为知识溢出的前提条件和具体内容给出了解释。在集聚外部性作用下，与所在集群存在适当“认知邻近性”的新企业能够以更高效率整合集群内知识，实现对外出口（Boschma & Wenting，2007）。因此，新出口企业出现的概率取决于与它具备特定认知邻近性的学习来源所在区位。出口地与目的地维度溢出的企业惯例和产品出口经验是新出口企业需要的重要贸易能力。首先，企业惯例是已有出口企业为适应市场竞争，通过长期出口活动积累得到的策略（Boschma & Frenken，2003）。成功的企业惯例可以通过集群内交流、生产和交易等途径传播。此外，如果潜在出口企业计划出口的产品与出口地或目的地已出口产品集合的知识基础重合度较高，则新出口企业可以利用关联产品知识来降低用于研发、改善产品的成本，提升进入出口市场的可能性（Dosi，1997）。

本研究一方面基于现实背景，探讨我国出口市场新企业进入的格局和机制，深化对我国出口市场的认知；另一方面基于国际贸易、演化经济地理和知识溢出等理论，研究全球—地方出口溢出效应对不同类型新出口企业的作用，以完善出口企业空间动态研究，拓展出口溢出对出口决策作用的空间维度，加深新新贸易理论对企业异质性的理解。

二、全球—地方溢出效应与企业出口

（一）地方维度：出口地溢出效应与新出口企业进入

1. 城市出口经验

同区域已有出口企业集聚可以激发出口经验溢出，从而赋予邻近的潜在出口企业巨大的信息优势，使之更方便地接触到成功的出口经验，降低搜寻出口信息的沉没成本，降低进入出口市场的难度。此外，区域出口经验越丰富，对外贸易传统越深厚，各区域主体越有动机主动调整制度，创造对出口行为更加友好包容的集群氛围，为新出口企业提供发展机会（Maskell，2007；Martin，2010）。

2. 城市产品技术关联

对于出口企业来说，出口产品所包含的技术是地方知识的重要承载。特定产品出口经验的溢出会直接影响到潜在出口企业在产品方面的沉没成本和创新风险。潜在出口企业计划出口的产品与区域内已出口产品之间的认知邻近性越高，新出口企业需要主动搜寻的产品技术和知识越少，在产品研发、市场拓展等方面付出的代价也越小，对应出口行为的成功率便会相应上升（Boschma et al.，2012）。庞赛特等（Poncet et al.，2013）利用技术关联作为解释变量，发现技术关联越大的产品对应的出口增长速度越快。贺灿飞等（2016）以我国对外出口产品为研究对象，得出同样的结论：在技术关联的作用下，我国出口产品演化呈现出路径依赖的特征。

（二）全球维度：目的地溢出与新出口企业进入

1. 目的地出口经验

企业从某出口地到目的地的出口行为不仅仅与本身相关，更牵涉着政府、消费者、中间商等利益主体，它们共同构成了全球尺度的生产网络。贸易行为在生产网络中的实现，推动产品技术、目的地制度、市场偏好等知识得以超越地理距离传递（Bathelt & Schuldt，2010）。目的地出口经验溢出对潜在出口企业的出口决策具有指导作用（Rinallo & Golfetto，2006）。如果潜在出口企业能够借助区域对外贸易联系获取到丰富的目的地出口经验，那么该企业就可以借助其中隐含的产品、市场、制度信息，掌握更多有助于向该目的地出口所需的知识技能，提升出口成功概率。

2. 目的地产品技术关联

目的地溢出的地理距离较远，而且与出口地在制度环境上差异较大。这令潜在出口企业在出口决策时面临更大的不确定性。为此，潜在出口企业在学习目的地知识溢出时会采取一定策略，吸取与自身在组织、关系、技术等方面存在认知邻近的目的地知识（Malecki，2010）。新出口企业计划向特定目的地出口的产品与我国出口到该目的地已有出口产品空间之间的技术关联是刻画认知距离的变量之一。目的地出口产品关联越高，潜在出口企业计划出口的产品与中国出口到目的地的已有产品共享越多知识和信息，越有利于新出口企业通过解读目的地知识溢出，提升向对应目的地出口对应产品的概率。

（三）企业异质性与溢出效果差异

新新贸易理论成功将贸易研究的对象落到企业，关注企业出口决策问题。企业生产率常被作为区分企业能否顺利进入出口市场的重要衡量指标（Melitz，2003），因而也成为用以界定企业异质性的关键变量。本研究试图对现有企业异质性的量化指标进行补充。

所有制是企业的固有属性。不同所有制企业的注册资本构成存在结构性差异，学习知识的能力也不同。外商投资企业有更先进的生产技术和管理经验，在对接国际市场方面也具有先天优势。国有集体企业受国家指令影响更大，其出口决策未必遵循城市既有出口路径。私营企业是市场化改革的产物，其出口活动受成本和利润约束程度更高（郭琪，2016）。

除所有制外，进入类型不同的企业受出口溢出影响也不同。对于未出口新产品也未进入新目的地的“跟随型企业”来说，出口地、目的地的成熟出口经验可能降低潜在出口企业面临的成本和风险，催生企业做出出口决策（Boschma et al.，2012）。而对于出口到新目的地或新产品的“突破型企业”来说，出口地、目的地溢出的信息是其整合形成新资源，进而实现出口路径突破，向认知邻近的新产品和新出口节点跳跃的基础（Chaney，2014）。

基于对理论基础、实证进展的综述，以及对出口地、目的地溢出对我国对外出口市场新企业进入作用的分析，构建本研究分析框架，如图 11－1 所示。

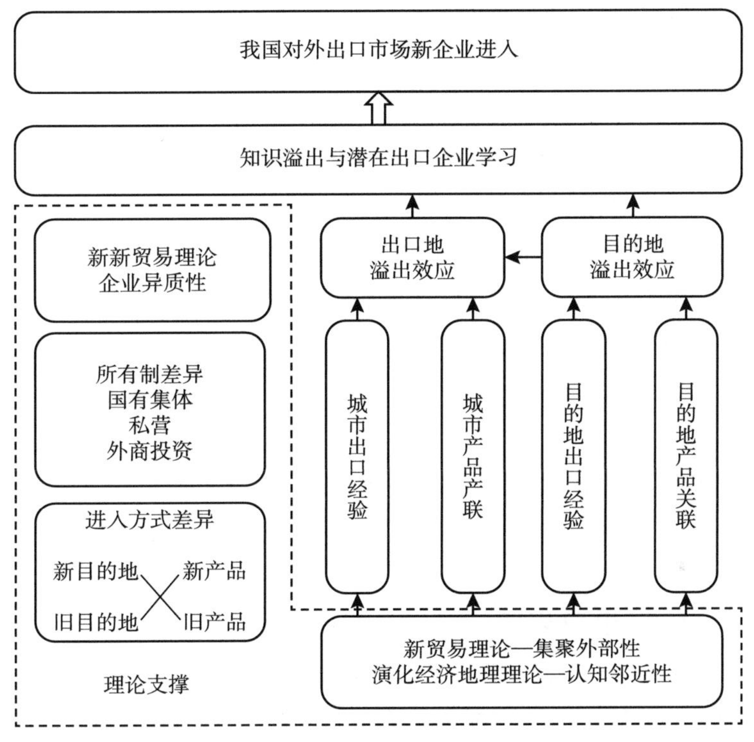

图 11－1　全球—地方出口溢出效应与企业出口

资料来源：笔者整理。

三、数据与方法

（一）数据来源与变量测度

本研究核心变量包括新出口企业进入、出口地与目的地的出口经验、产品技术关联等指标。原始数据来源为中国海关贸易数据库，从中选取2002～2011年时间跨度为10年的数据作为样本，同时剔除贸易公司数据，并把产品HS编码统一为2007年的版本。

1. 新出口企业识别

本研究利用中国海关数据库中企业编码的唯一识别性，识别进入出口市场的企业。如果特定编码出口企业在T年不存在于数据库中，而（$T+1$）年存在，则将该企业识别为T年进入出口市场的新企业。计算T年进入出口市场的企业数与已有出口企业数的比值，即为企业进入率。

$$ER_t = \frac{E_t}{Exp_t} \tag{11.1}$$

其中，ER_t为新出口企业进入率，E_t为新出口企业进入数，Exp_t为出口企业总数。

为防止出现已有出口企业在新出口地开设分支机构，或者已有出口企业退出某地出口市场的同时转而进入另一地出口市场，却被识别为新出口企业的情况。在识别出新出口企业之后，将新出口企业重新对应到出口地和目的地层面，计算各出口地、目的地的新出口企业进入率，公式如下。

$$ER_{cst} = \frac{E_{cst}}{Exp_{cst}} \tag{11.2}$$

其中，ER_{cst}为t年c城市向s目的地新出口企业进入率，E_{cst}为t年c城市向s目的地新出口企业进入数，Exp_{cst}为t年c城市向s目的地出口企业总数。

2. 城市—目的地出口经验

凯尼格等（Koenig et al.，2010）认为出口溢出效应的强度与已有出口企业的规模无关，与集聚企业的数量有关。据此计算t年c城市已有的出口企业数量Exp_{ct}表征出口地出口经验；计算t年s目的地已有的中国出口企业数量Exp_{st}表征目的地出口经验。

3. 城市—目的地产品技术关联

参考伊达尔戈等（Hidalgo et al.，2007）提出的方法，本研究通过计算产品共现概率的方法度量城市出口产品技术关联。首先，计算任意两种产品被同一城市同时出口的条件概率，如果两种产品经常同时被一个城市出口，则这两种产品在技术、劳动力、资本等方面对城市有相似的需求。

$$\varnothing_{p_1p_2} = \min\{P(V_{cp_1}>0 \mid V_{cp_2}>0),\ P(V_{cp_2}>0 \mid V_{cp_1}>0)\} \tag{11.3}$$

其中，c代表城市，p_1，p_2代表两种四位HS编码产品，V代表出口额。$\varnothing_{p_1p_2}$是两种产品同时被同一城市出口的条件概率最小值。$\varnothing_{p_1p_2}$越大，说明两种产品共现概率越大，技术关联越高。

在此基础上计算特定产品与城市出口产品空间的邻近度，公式如下。

$$Den_{cp} = \frac{\sum_{pi} x_{cpi} \emptyset_{ppi}}{\sum_{pi} \emptyset_{ppi}} \tag{11.4}$$

其中，x_{cpi}代表城市 c 的出口产品 p_i 是否为优势产品，是则取值为 1，否则取值为 0。优势产品通过计算区位商衡量，如果城市 c 的出口产品 p_i 的区位商 LQ_{cpi}大于 1，则将其看作优势产品，LQ_{cpi}计算公式如下。

$$LQ_{cpi} = \frac{V_{cpi} / \sum_{pi} V_{cpi}}{\sum_{c} V_{cpi} / \sum_{c,pi} V_{cpi}} \tag{11.5}$$

采取同样的方法计算我国出口到特定目的地的产品技术关联 Den_{sp}。

(二) 模型设定

为了在描述性分析的基础上，具体分析出口溢出对新企业进入出口市场的影响，本研究选取 2002 ~ 2011 年作为研究时段，构建年份—地级市—目的地—四位 HS 编码维度的回归模型，分别探讨有无新出口企业进入、新出口企业中有无跟随型企业进入、突破型企业中有无突破到新目的地的企业进入与出口地、目的地溢出的关系，并且在此基础上进一步将样本按照所有制进行划分，分析所有制差异是否会导致出口溢出的作用呈现进一步分异。

$$\begin{aligned} Entry_{cspt} = {} & \beta_0 + \beta_1 City\_Exp_{ct} + \beta_2 City\_Den_{cpt} + \beta_3 Country\_Exp_{st} \\ & + \beta_4 Country\_Den_{spt} + \beta_5 City\_PGDP_{ct} + \beta_6 Dis_s \\ & + \beta_7 Country\_Pop_{st} + \beta_8 Country\_Ins_{st} + \varepsilon_{cspt} \end{aligned} \tag{11.6}$$

其中，$Entry_{cspt}$为被解释变量，代表 t 年从 c 城市向 s 目的地出口 p 产品的市场中是否有新企业进入。$City_Exp_{ct}$和 $City_Den_{cpt}$分别为 t 年 c 城市的出口经验和 t 年 c 城市 p 产品的技术关联，代表出口地维度的知识溢出；$Country_Exp_{st}$和 $Country_Den_{spt}$分别为 t 年 s 目的地的出口经验和 t 年 s 目的地 p 产品的技术关联，代表目的地维度的知识溢出。控制变量中，$City_PGDP_{ct}$为 t 年 c 城市的人均 GDP，控制出口地经济发展水平对新企业进入的影响，数据来源为中国区域经济统计年鉴；Dis_s 为我国与目的地最大城市间距离，控制我国与目的地间地理距离对出口溢出效果的影响，数据来源为 CEPII 数据库；$Country_Pop_{st}$为目的地人口数量，控制目的地市场规模的影响，数据来源为 CEPII 数据库；$Country_Ins_{st}$为目的地社会稳定程度，控制目的地制度环境对新企业进入的影响，数据来源为 WGI 数据库。

四、中国出口市场中新企业进入的空间格局

在地级市层面统计2002~2010年新出口企业年均进入率，发现沿海地区贸易规模大，已有出口企业数量多，新出口企业所占比重较小。而伴随着我国对外开放向内陆拓展，中西部出口市场迅速扩张，出口企业动态活跃，进入率较高。然后观察跟随型企业（未进入新目的地且未进入新产品）和突破型企业（进入新目的地或进入新产品）所占比重的空间格局。跟随型企业主要分布在东部沿海地区，而突破型企业主要分布在中西部地区。跟随型企业选择城市既有的出口产品和目的地，表现为对已有出口路径的遵循。沿海地区出口产品多样，目的地众多，贸易规模庞大，延续已有路径可以充分利用出口经验，降低沉没成本。而突破型企业实现了出口路径创造。中西部地区全球化程度不高，出口经验薄弱，选择既有出口路径可节约的成本可能不足以弥补与已有出口企业竞争需要付出的代价。这时企业可能为了获取先发优势而选择新产品以及新目的地。

本研究计算了2002~2010年不同国家（地区）的新出口企业年均进入率，部分进入率较高的国家与中国在地理上相互邻近，如韩国、越南、蒙古国、印度等；另一部分进入率较高的国家是中国的主要贸易伙伴，如美国、澳大利亚等。跟随型企业所占比重较高的经济体包括日本、韩国、美国、澳大利亚、英国、法国等。这些国家（地区）与中国已有的贸易联系较强，不仅会引导新出口企业遵循已有的出口路径以降低学习成本，提升出口可能性，而且其本身留给新出口企业实现路径创造的空间相对较小。与跟随型企业的数量比重分布相反，突破型企业占比较高的经济体主要分布于非洲和大洋洲。这些区域与中国的贸易联系薄弱，出口产品和目的地也相对单一。因此，新出口企业延续历史出口路径可获取的信息较少，且一旦有新出口企业进入，便极有可能实现新目的地和新产品的突破。

本研究进一步分析新企业进入与城市出口经验的相关性。以某年某城市进入出口市场的新企业数量为纵坐标，该年该城市出口企业总数为横坐标，绘制散点图，并添加线性趋势线，得到图11－2（a）。线性趋势线的斜率为正，说明城市出口经验在一定程度上可以促进新出口企业出现。这与前文分析相符，城市内出口企业集聚引发的知识溢出使潜在出口企业可以通过面对面交流、学习和模仿等方式掌握出口经验，提升了新出口企业出口行为在当地出现的可能性。进而描述城市产品技术关联对出口市场新企业进入的作用。图11－2（b）对比了2002~2010年有无新企业进入的城市—产品组合对应产品技术关联的概率密度分布。可以发现，潜在出口企业计划出口的产品与城市出口产品空间邻近度越高，二者在产品研发、生产等方面共享的知识越丰

富，产品出口经验对潜在出口企业的溢出效果越明显。

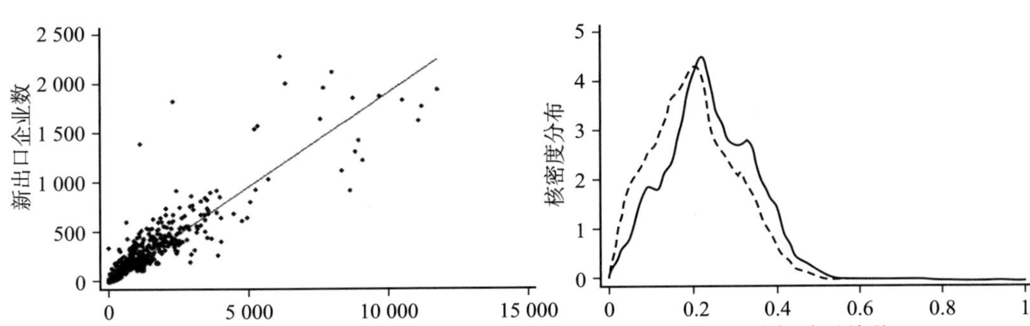

图 11-2　新企业进入与出口地溢出

资料来源：依据中国海关贸易数据库计算。

最后，分析目的地知识溢出对新出口企业进入的作用。图 11-3（a）展示了新出口企业进入与目的地出口经验之间的关系，发现目的地出口经验可以显著提升新出口企业出现的概率。目的地保有的以我国为出口来源地的企业经验越丰富，新出口企业可学习到的目的地知识和信息越多，进入出口市场的可能性越高。接下来分析目的地产品技术关联对出口市场新企业进入的作用。图 11-3（b）对比了有无新企业进入的目的地产品技术关联的核密度分布。不难发现，新出口企业更有可能进入产品技术关联更高的目的地。当新出口企业的出口产品与我国对目的地已有出口产品在认知上相互邻近时，新出口企业可能从目的地溢出的产品信息中搜集到对提升自身产品出口能力更有价值的部分，使之在获取目的地产品信息方面拥有其他潜在出口企业不具备的优势，因而进入出口市场的可能性也更大。

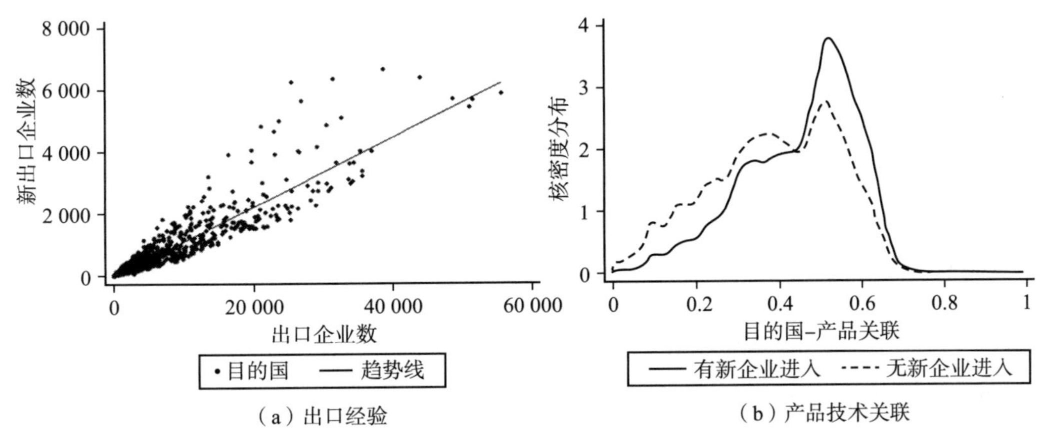

图 11-3　新企业进入与出口地溢出

资料来源：依据中国海关贸易数据库计算。

五、溢出效应对企业新进入出口市场的影响

（一）有无新出口企业进入与出口溢出效应

从城市—目的地—产品维度出发，分析出口溢出对新企业进入出口市场的作用，所得回归结果如表 11 - 1 所示。其中模型（1）不区分所有制，模型（2）~模型（4）区分所有制，识别潜在的国有集体企业、私营企业以及外商投资企业的出口决策对不同类型知识溢出的需求差异。

在模型（1）中，城市、目的地层面的出口经验和产品技术关联对应的回归系数均显著为正，说明出口溢出的确可以显著促进潜在出口企业进入。城市中已有出口企业数量越多，区域保有的出口经验（*City - Exp*）越丰富。潜在出口企业更有可能将出口经验中包含的信息转化为出口能力，参与出口活动。城市层面的产品技术关联（*City - Den*）表征了潜在出口企业出口产品与地方已有出口产品之间在生产技术、研发创新、消费者市场开拓等方面的知识重合度。出口企业理性的出口决策以成本最小化和利润最大化为目标，而选择技术关联更高的产品可以有效降低潜在出口企业的产品信息搜寻成本，提升潜在出口企业进入出口市场的概率。

类似地，目的地出口经验（*Country - Exp*）溢出也可以为潜在出口企业学习目的地知识创造便利，从而吸引潜在出口企业选择已有出口企业数量较多的目的地作为出口市场。而且潜在出口企业更倾向于进入产品技术关联更高的目的地（*Country - Den*）。当潜在出口企业所出口产品与目的地已有出口产品在认知上相互邻近时，一方面说明目的地溢出的产品信息与企业需要的产品经验更相近，企业更容易通过学习已有产品出口经验降低沉没成本；另一方面也说明目的地对类似产品的偏好更强，新出口企业将认知邻近的产品出口到对应目的地市场可以有效规避市场风险。

在此基础上，观察出口溢出效应对不同所有制企业的作用差异。除目的地出口经验外，私营企业对应的核心变量回归系数上均大于其余两种所有制企业，说明私营企业对出口溢出的依赖程度最大，与预期相符。国有集体企业在一定程度上是政府意志的代表，因而与地方政府间保有紧密的联系。外商投资企业是经济全球化和国际劳动分工的产物，因而在对外联系特别是与母国（地区）联系方面拥有天然的优势。与这两类企业相比，私营企业对外联系和获取信息的能力处于劣势水平，再加上新出口企业本身没有出口经验可以遵循，所以需要通过地方、全球层面获取更强的知识溢出

效益，才能不被排除在出口市场之外。外商投资企业对应的目的地出口经验系数显著大于本土企业，说明外商投资企业更倾向于进入出口企业集聚的目的地。目的地出口企业数量越多，知识溢出越强，但同时企业间竞争也会越激烈。外商投资企业的全球化程度更高，产品技术和管理经验更先进，相比于本土企业对国际市场的适应程度也更好。因而外商投资新出口企业进入受已有出口企业挤出效应的负面影响相对更小，受知识溢出的正面作用相对更强。

表 11－1　　有无新出口企业进入与出口溢出

变量	(1) 不区分所有制	(2) 国有集体	(3) 私营	(4) 外商投资
City_Exp	1. 380 ***	1. 623 ***	1. 770 ***	1. 417 ***
City_Den	1. 925 ***	3. 080 ***	4. 619 ***	1. 278 ***
Country_Exp	0. 214 ***	0. 00433	0. 192 ***	0. 252 ***
Country_Den	2. 376 ***	1. 530 ***	2. 876 ***	2. 362 ***
City_PGDP	－7. 280 ***	－16. 24 ***	－8. 188 ***	－6. 881 ***
Dis	－2. 106 ***	－5. 287 ***	－4. 670 ***	－0. 803 ***
Country_Pop	0. 162 ***	0. 531 ***	0. 627 ***	0. 0104
Country_Ins	0. 514 ***	0. 798 ***	3. 916 ***	－0. 445 ***
Constant	－4. 983 ***	－7. 105 ***	－7. 504 ***	－5. 523 ***
N	15 723 765	15 723 765	15 723 765	15 723 765

注：*** $p<0.01$。

（二）跟随型、突破型新企业进入与出口溢出

在明确出口溢出效应对新企业进入出口市场作用的基础上，按新出口企业是否创造新路径而将其划分为跟随型企业（未出口新产品且未出口到新目的地）和突破型企业（出口了新产品或出口到新目的地），探究出口溢出对两类企业的作用效果差异，得到结果如表 11－2 所示。其中模型（5）不区分企业所有制，模型（6）～模型（8）区分企业所有制。

在模型（5）中，城市—目的地层面的出口经验、产品技术关联（*City－Exp*、*City－Den*、*Country－Exp*、*Country－Den*）对应系数均显著为正。这说明有跟随型企业进入的出口市场中，出口地、目的地尺度的出口溢出强度均显著强于突破型企业。跟随型企业进入出口市场的特征表现为遵循已有出口路径。因此，对于潜在出口企业

来说，只有当城市内关于已有出口产品和出口目的地的相关知识经验较为丰富的时候，选择出口已有产品到已有目的地才能够显著降低学习成本和出口风险，继而有利于制定出“跟随型”的出口决策。在模型（6）~模型（8）中，城市出口经验、产品技术关联（*City - Exp*、*City - Den*、*Country - Exp*、*Country - Den*）均显著为正。这进一步验证了模型（5）中展示的结果，即城市—目的地层面出口集聚溢出效应越强，跟随型新出口企业进入出口市场的可能性越大。

观察出口溢出效应对不同所有制跟随型和突破型企业的影响，发现所有制的不同会导致两类新出口企业对出口溢出的需求差异进一步分异。出口溢出效应对本土企业做出跟随型出口决策的促进作用更强。如前文所述，本土企业相比于外商投资企业来说，出口经验和出口能力较为薄弱。因而本土潜在出口企业更需要学习出口地、目的地的出口经验和产品信息来降低沉没成本和市场风险。跟随型企业对应着区域已有出口产品和已有目的地。因此相比于突破型企业来说，本土跟随型企业更依赖区域和目的地的已有出口经验实现对外出口。

本土企业内部，国有集体跟随型企业更强调整体层面的出口地和目的地经验溢出。也就是说，国有集体跟随型企业更可能出现在不同类型出口企业集聚的出口地—目的地市场中。而不同于国有集体企业，私营跟随型企业进入出口市场更依赖城市和目的地层面的产品知识溢出，对应的产品技术关联系数大于国有集体企业。私营企业受成本最低和利润最高驱动更明显，其出口决策更看重地方生产禀赋和成本优势。城市产品技术关联可以反映该地区保有的生产禀赋和知识基础，城市产品技术关联越高，说明在该地区生产并出口该产品的成本越低，对私营新出口企业的吸引力越大。目的地产品技术关联可以反映目的地同类产品出口市场的发育程度，目的地产品关联越高，则潜在出口企业计划出口的产品与目的地出口产品市场邻近度越高，向该目的地出口需要克服的沉没成本越低，同样有利于私营跟随型企业进入。

表 11-2　　跟随型、突破型企业进入与出口溢出效应

变量	(5) 不区分所有制	(6) 国有集体	(7) 私营	(8) 外商投资
City_Exp	3.851***	5.925***	4.487***	4.312***
City_Den	11.32***	16.24***	19.15***	11.44***
Country_Exp	0.683***	1.087***	0.755***	0.736***
Country_Den	4.594***	6.773***	7.349***	4.549***
City_PGDP	17.01***	13.61***	33.95***	12.15***
Dis	-2.188***	-5.015***	-1.277***	-3.127***
Country_Pop	-0.0177	0.465***	0.502***	-0.0395

续表

变量	(5) 不区分所有制	(6) 国有集体	(7) 私营	(8) 外商投资
Country_Ins	2.896 ***	5.199 ***	5.370 ***	2.750 ***
Constant	-6.201 ***	-8.189 ***	-8.308 ***	-6.007 ***
N	896 222	75 795	283 355	617 915

注：*** $p < 0.01$。

（三）新企业是否突破到新目的地与出口溢出

本研究分析出口溢出效应对突破型新出口企业创造贸易路径类型的影响。根据“是否出口到所在城市未曾出口过的新目的地”这一标准，将突破型企业划分为两类。以突破型企业进入的城市—目的地—产品维度数据为样本，以是否有突破到新目的地的出口企业进入为被解释变量进行回归，探究对于不同类型突破型企业来说，出口溢出效应发挥了怎样的作用，得到回归结果如表 11-3 所示。其中，模型（9）不区分所有制，模型（10）~模型（12）识别了是否有所有制类型为国有集体、私营和外商投资的突破型企业向新目的地出口。

首先不区分企业所有制，分析出口溢出对两类突破型企业进入出口市场的影响。在模型（9）中，城市层面出口溢出效应（*City-Exp*、*City-Den*）的回归系数显著为正，说明与拓展到新产品相比，城市层面的出口集聚溢出对新出口企业拓展到新目的地更有利。分析原因可能在于，新目的地之前与出口地没有过贸易联系，因而目的地知识溢出也相对较弱。这导致突破到新目的地的潜在出口企业利用集群对外联系获取出口知识的难度更大，从而相比于其他类型新出口企业来说存在一定劣势。为弥补这一劣势，城市内部出口集聚溢出效应需要为潜在出口企业提供更多出口信息，帮助其克服外部知识匮乏引发的出口成本上升问题，才能保证突破到新目的地的潜在出口企业顺利进入出口市场。

与城市出口溢出效应相反，在模型（10）和模型（12）中，目的地层面出口溢出效应（*Country-Exp*、*Country-Den*）的回归系数均显著为负，说明目的地出口溢出效应会提升突破型企业选择出口新产品的概率。原因在于，出口新产品的企业对应的出口市场是已有目的地，因而能够获取到比目的地突破型企业更多、更有针对性的出口知识。这些知识对企业突破到新产品的促进作用要明显高于突破到新目的地。而且新目的地与城市之间没有既往贸易联系，外部知识向城市内部溢出的途径和效果不如已有目的地。因此，突破到新目的地的出口企业无法从目的地获取到与突破到新产品的企业相比的同等数量和质量的出口经验。

区分企业所有制对两种突破型企业受出口溢出的影响进行分析，发现国有集体、私营和外商投资企业出口路径突破方向受出口溢出的影响方向与总体回归结果基本相同。除城市出口经验外，私营企业对应的回归系数绝对值均大于国有集体企业和外商投资企业。这说明，无论是突破新目的地，还是突破新产品，私营突破型企业更需要城市与目的地层面的出口溢出效应提供必要的知识和信息。与上文分析类似，国有集体企业和外商投资企业可以凭借政府、母国联系获取出口路径突破必要的知识。相比之下，私营企业只能依靠全球、地方层面的知识溢出，在既有出口经验的基础上，创新出口路径，向新产品和新目的地突破，所以对应的回归系数最大。此外，目的地突破型本土企业更倾向于选择与城市已有出口产品空间邻近性更高的产品，产品突破型本土企业更倾向于选择出口经验更丰富的目的地作为目标市场，以便弥补在突破方向上知识匮乏引发的沉没成本上升问题。突破到新目的地的外商投资企业更容易出现在出口企业集聚的城市中。

表 11－3　　新出口企业是否突破到新目的地与出口溢出

变量	(9) 不区分所有制	(10) 国有集体	(11) 私营	(12) 外商投资
City_Exp	7. 554 ***	4. 686 ***	0. 232	9. 621 ***
City_Den	10. 04 ***	17. 12 ***	17. 90 ***	8. 332 ***
Country_Exp	－0. 126 ***	－0. 172 ***	－0. 378 ***	－0. 0695 ***
Country_Den	－1. 230 ***	－0. 552 ***	－1. 488 ***	－1. 308 ***
City_PGDP	7. 371 ***	2. 145	36. 57 ***	5. 109 ***
Dis	4. 981 ***	6. 895 ***	6. 230 ***	4. 126 ***
Country_Pop	－0. 277 ***	0. 0104	－0. 0429	－0. 327 ***
Country_Ins	－0. 260 ***	0. 579 **	0. 687 ***	－0. 369 ***
Constant	－0. 0840 ***	－1. 292 ***	－0. 865 ***	0. 116 ***
N	322 976	29 827	65 257	230 837

注：*** $p<0.01$，** $p<0.05$。

六、小结

出口贸易是驱动我国经济增长，重塑我国经济地理格局的重要力量。出口增长在微观层面体现为出口企业进入、增长、衰退、退出等空间动态。其中，新出口企业进入至关重要。国际贸易理论指出集聚引发的知识溢出是影响出口行为空间区位的关键因素，而且企业异质性的存在令不同类型出口企业面临不同的沉没成本和市场进入门槛。出口溢出包含地方和全球两个维度。地方层面的出口溢出有利于邻近的出口企业通过交流学习降低沉没成本。全球层面的出口溢出借助区域对外贸易联系，将外部知识引入区域内部，为出口企业所用。演化经济地理认为认知邻近性是出口企业获取到有效知识溢出的重要前提。出口地、目的地维度的企业出口经验、产品技术关联是出口企业学习的关键内容。

本研究利用2002～2011年中国海关贸易数据库识别中国对外出口市场的新企业进入，并从地方、全球两个维度出发，探究出口溢出对新企业进入出口市场的作用。得到结果如下：（1）在企业出口地维度，新出口企业进入率由内陆向沿海递减。跟随型企业集中于东部沿海地区，突破型企业集中于中西部地区。从企业出口目的地维度，新企业进入率较高的经济体中，部分与我国在地理上邻近，另一部分与我国有紧密的贸易联系。跟随型企业集中分布于我国的主要贸易伙伴国家（地区），突破型企业则相反。（2）出口地和目的地维度的出口溢出效应可以显著促进新出口企业进入，私营企业对出口溢出的需求程度最高，外商投资企业更可能出现在出口企业集聚的目的地。（3）在新企业内部，出口溢出对跟随型企业，特别是本土跟随型企业进入的促进作用更强。在本土企业中，国有集体企业更强调整体出口经验溢出。私营企业更强调产品知识溢出。（4）城市层面的出口溢出更有利于新出口企业拓展到新目的地。目的地层面出口溢出更有利于新出口企业拓展到新产品。私营企业更需要凭借出口溢出实现出口路径突破。

本研究在考虑出口地知识溢出的同时，增加目的地维度出口溢出，同时识别企业异质性的影响，有助于明确出口企业动态差异及其深层机制。研究结论有一定政策意义。首先，城市需要从地方内部和对外联系两个层面入手，改善贸易环境，提升新企业进入出口市场的可能性；其次，私营企业是推动我国出口市场发展的关键力量，地方政府应注重培育本地市场活力，激发知识交换和学习模仿，以充分发挥私营企业对出口贸易增长的带动作用；最后，突破型企业是推动城市出口产品和出口目的地多样化的微观主体。欲拓展出口市场的扩展边际，区域更需要加强企业集聚和产品多样化发展，激发企业创新活力，实现出口路径的创造。

参考文献

［1］郭琪．2016. 中国制造业出口多样化及其空间动态演化研究．北京大学博士学位论文．

［2］贺灿飞，董瑶，周沂．2016. 中国对外贸易产品空间路径演化．地理学报，71（6）：970－983.

[3] Aitken B. J., Hanson G. H. and Harrison A. E. 1997. Spillovers, foreign investment, and export behavior. Journal of International economics, 43 (1): 103 - 132.

[4] Baldwin R. E. and Rieder R. 2007. A Test of Endogenous Trade Bloc Formation Theory on EU Data. East Asian Economic Review, 11 (2): 77 - 110.

[5] Bathelt H. and Schuldt N. 2010. International trade fairs and global buzz, part I: ecology of global buzz. European Planning Studies, (18): 1957 - 1974.

[6] Bernard A. B. and Jensen J. B. 2004. Entry, expansion, and intensity in the US export boom, 1987 - 1992. Review of International Economics, 12 (4): 662 - 675.

[7] Borghini S., Golfetto F. and Rinallo D. 2006. Using anthropological methods to study industrial marketing and purchasing: An exploration of professional trade shows. Paper presented at the Industrial Marketing Purchasing Conference, Copenhagen.

[8] Boschma R. A., Minondo A. and Navarro M. 2012. Related variety and regional growth in Spain. Papers in Regional Science, 91 (2): 241 - 256.

[9] Boschma R. A. and Frenken K. 2003. Evolutionary economics and industry location. Jahrbuch für Regionalwissenschaft, (23): 183 - 200.

[10] Boschma R. A. and Wenting R. 2007. The spatial evolution of the British automobile industry: Does location matter? . Industrial and Corporate Change, (16): 213 - 238.

[11] Chaney T. 2014. The Network Structure of International Trade. American Economic Review, 104 (11): 3600 - 3634.

[12] Dosi G. 1997. Opportunities, incentives and the collective patterns of technological change. The Economic Journal, (107): 1530 - 1547.

[13] Grabher G. 2002. Cool projects, boring institutions: temporary collaboration in social context. Regional Studies, 36 (3): 205 - 214.

[14] Hidalgo C. A., Klinger B., Barabasi A. L., et al. 2007. The product space and its consequences for economic growth. Science, 317: 482 - 487.

[15] Koenig P., Mayneris F. and Poncet S. 2010. Local export spillovers in France. European Economic Review, 54 (4): 622 - 641.

[16] Koenig P. 2009. Agglomeration and the export decisions of French firms. Journal of Urban Economics, 66 (3): 186 - 195.

[17] Krugman P. 1979. Increasing returns, monopolistic competition and international trade. Journal of International Economics, (9): 469 - 479.

[18] Malecki E. J. 2010. Global Knowledge and Creativity: New Challenges for Firms and Regions. Regional Studies, 44 (8): 1033 - 1052.

[19] Malmberg A. and Lundequist P. 2000. Agglomeration and firm performance: economies of scale, localisation, and urbanisation among Swedish export firms. Environment and Planning A, 32 (2): 305 - 322.

[20] Martin R. 2010. Roepke Lecture in Economic Geography-rethinking regional path dependence:

Beyond lock-in to evolution. Economic Geography, 86: 1 – 27.

[21] Maskell P. and Malmberg A. 2007. Myopia, knowledge development and cluster evolution. Journal of Economic Geography, 7 (5): 603 – 618.

[22] Melitz M. J. 2003. The impact of trade on intra-industry reallocations and aggregate industry productivity. Econometrica, 71 (6): 1695 – 1725.

[23] Ottaviano G. , Tabuchi T. and Thisse J – F. 2002. Agglomeration and trade revisited. International Economic Review, 43 (2): 409 – 435.

[24] Poncet S. 2013. Export upgrading and growth: The prerequisite of domestic embeddedness. World Development, (51): 104 – 118.

[25] Rinallo D. and Golfetto F. 2006. Representing markets: The shaping of fashion trends by French and Italian fabric companies. Industrial Marketing Management, 35 (7): 856 – 869.

第十二章
外商投资企业出口溢出效应与内资企业出口市场拓展

一、引言

外商投资企业对于中国出口增长贡献巨大。据中国海关统计，中国外商投资企业出口总额从2001年的1 332亿美元增长到2011年的10 047亿美元，年均增长率达22.4%。进入21世纪，随着全球经济一体化的发展，全球产品和资本流动性增强，而中国的“入世”使得外商投资与国内的交流更为频繁。2001年后，外商投资企业出口份额突破50%，更是成为中国对外贸易中最不容忽视的一环。然而，也有研究表明外商投资企业的出口增长对于经济发展并无直接影响。徐和卢（Xu & Lu，2009）发现，对于增长方程的估计表明，内资企业才是我国出口收入增加的主要贡献者；阿米蒂和弗罗因德（Amiti & Freund，2008）则发现，一旦控制了内资企业的出口，外商投资企业在中国的出口活动对于中国各省份的经济增长并不重要。虽然，外商投资企业对于中国的出口并无直接影响，但是外商投资企业作为外商投资最主要的落地形式，往往意味着先进的知识和技术，能够为东道国的企业进步和经济发展带来重要的“溢出效应”。

关于外商投资对内资企业出口的溢出效应已经有大量实证研究（Blomström & Kokko，1998；Ma，2006；Swenson，2008；赵婷、赵伟，2012），其中多数研究证实外商投资对于内资企业出口存在正向溢出效应。这种溢出效应发生的渠道可以被总结为三种方式，即示范效应、出口信息溢出效应和竞争效应。示范效应即内资企业通过对外商投资企业的学习和模仿，包括学习后者的管理和技术等，实现从国内市场迈向国际市场的跨越（Rhee & Belot，1990）；出口信息溢出效应即外商投资企业不可避免地会将海外市场信息溢出给内资企业，从而减少内资企业的出口风险，降低交易成本，促进后者出口（Aitken et al.，1997）；竞争效应是内资企业为争夺国内外市场而会与外商投资企业产生激烈竞争，从而不利于内资企业进入出口市场（杨梦泓、刘振兴，2011），抑或是为了应对市场竞争，内资企业会加大创新力度，提升管理水平，从而提升企业的出口竞争力（Greenaway et al.，2004）。因此，外商投资企业是否能够促进内资企业的出口扩张，一直以来是一个备受关注的问题。

李等（Rhee et al.，1990）将外商投资企业对内资企业出口发挥的作用形象地概括为“出口催化剂”。内勒和皮苏（Kneller & Pisu，2007）和克梅等（Kemme et al.，2014）分别通过对英国和印度的实证检验，验证了外商投资企业作为“出口催化剂”的作用。不过，巴里奥斯等（Barrios et al.，2003）和鲁安和萨瑟兰（Ruane & Sutherland，2005）在对西班牙和爱尔兰的研究中却发现这种溢出效应并不显著。但是研究都发现中国存在外商投资企业的“出口催化剂”作用。马（Ma，2006）研究了中国省际两位数行业出口比重与该行业同期的外商投资出口活动集中度有关；斯文松（Swenson，2008）实证发现在 1997～2003 年上一年外商投资企业的出口额或出口货物量对同行业私营企业出口新产品的贸易额和贸易数量存在正向影响。文东伟、冼国民和马静（2009）通过对四位数行业数据的研究，发现外商直接投资显著增强了中国产业的出口能力；秦晓丽、张艳磊和方俊森（2014）基于 2004～2007 年的企业数据，发现外商投资企业出口对于行业内和行业间的内资企业出口具有积极的溢出效应。

这类研究基本上都是使用行业层面的数据，而非更加精细的产品级数据（Mayneris & Poncet，2015）。此外，现有的绝大多数对于企业出口溢出效应的研究往往只从出口地、行业或目的地中的一个维度切入，鲜有对多维度溢出效应的探究。近年，少数学者开始关注多维度的综合视角下的出口溢出效应。凯尼格等（Koenig et al.，2010）最早研究对特定产品和目的地的企业出口溢出效应，发现在考虑特定产品和特定出口目的情况下，企业的出口溢出效应会加强。在此基础上，梅内瑞斯和庞赛特（Mayneris & Poncet，2015）使用 1997～2007 年中国海关数据，检验了外商投资企业出口对于同省份内资企业出口的溢出效应，发现同类产品且同出口目的地的外商投资企业出口对于内资企业的积极溢出效应最明显，而未进行产品和目的地分类的外商投资企业出口总额则对同省的内资企业出口存在一定的挤出效应。

上述研究主要还存在两方面不足。其一，其分析单元均为省份，对于研究企业出口溢出效应而言，空间范围偏大。罗森塔尔和斯特兰奇（Rosenthal & Strange，2003）研究发现，出口企业溢出效应的空间范围较小；迪朗东和奥韦尔曼（Duranton & Overrman，2005）则通过实证发现，对于四位数 SITC 行业而言，地理溢出效应在 50km 内较为显著，而对于三位数 SITC 行业，有效的溢出范围也在 140km 以内。此外，地级市政府间不可忽视的“政治锦标赛”和地方保护主义，也会抑制溢出效应的扩散（杨汝岱、朱诗娥，2013）。其二，这些研究没有关注出口目的地异质性的影响。然而在考虑出口区位选择的影响因素时，目的地的经济、地理、政治和制度因素都不可忽视（Ramasamy & Yeung，2010；Kolstad & Wiig，2012）。从地理视角来看，出口目的地与出口地在这些方面的相似程度或相对距离在一定程度上会影响企业对外出口决策，周（Zhou，2011）研究发现地理距离、政治因素、制度差距等都对进出口贸易有积极影响。在地理距离方面，由于地理邻近能够产生知识技术溢出并降低交易成本，因此研究断言地理距离对出口活动存在负效应（Brun et al.，2005；何本芳、张祥，2009；Wang & Wei，2010）。安德森和温库蓬（Anderson & Van Wincoop，2003）则发现无共同边界会使双边贸易额减少 20%～50%；在政治距离方面，考虑到权益保护、政治风险等方面可能带来的影响，一些学者也对此进行了探索，綦建红和杨丽（2012）认为政治因素对贸易活动存在影响，但对我国而言这种影响有减弱的趋势；谢孟军（2014）发现政治距离差距越大越不利于企业的出口活动；在制度距离方面，许多学者指出相近的法律制度会通过削弱“外来者劣势”、降低交易成本等方式使得出口更加容易（Zaheer，1995；谢孟军，2014）。由此可见，经济、地理、政治和制度等目的地属性对双边贸易的影响需要得到更多重视（綦建红、杨丽，2012）。结合上述研究发现各个维度上的“邻近性”可以促进我国总体上的出口活动，因此对于企业，尤其是内资企业，对邻近国家（地区）出口会相对容易；从另一个角度而言，内资企业若希望开拓非邻近国家（地区）的市场，或许还需要借助其他的力量，在这种情况下，外商投资企业对这些国家（地区）出口的溢出效应对于内资出口商将显得尤为重要。

综上所述，现有研究还未在同时考虑特定产品和目的地情况下，对更合适的尺度下外商投资企业的出口溢出效应进行探索和讨论。因此，结合当前研究，本研究试图探究：（1）在地级市层面考虑产品种类和目的地分类后，外商投资企业出口对于内资企业的出口是否存在溢出效应？（2）如果存在溢出效应，中国与出口目的地之间的经济、地理、政治和制度距离的差异是否会对这种溢出效应产生异质性的影响？本研究有助于加深对于外商投资企业在中国出口的演化过程中所发挥的作用的理解，同时为外商投资企业出口溢出效应的研究提供来自中国的新证据。

二、数据与研究方法

（一）数据来源

主要数据来源是中国海关贸易数据库，其中包括 2001 ~ 2011 年按企业、年、产品和目的地汇总的中国企业出口信息。从数据的可用性和对于分析溢出效应更佳的尺度范围考虑，本研究将中国海关数据在地级市尺度和四位数 HS 产品层面进行了汇总，构建了地级市—产品—目的地尺度的平衡面板数据。

（二）模型设定

本研究目的是探究地级市层面内资企业建立的新的出口联系与当地外商投资企业

出口情况的关系。因此主要考虑 t 年 i 城市对 j 国（地区）出口 k 产品的情况对于 $t+1$ 年当地内资企业是否对相同国家（地区）出口同一产品的影响。据此，i 城市内资企业在 $t+1$ 年向 j 国（地区）开始出口 k 产品的概率可以表示如下：

$$Prob(Domstart_{ikj,\,t+1}) = Prob(\beta_0 For \times Exp_{ikj,\,t} + \beta_1 Control_t + \sigma_{ikj} + \mu_{t+1} + \epsilon_{ikj,\,t+1} > 0) \tag{12.1}$$

其中，“*Prob*（）”表示事件发生的概率，$Domstart_{ikj,t+1}$代表 i 城市 $t+1$ 年是否向 j 国（地区）出口 k 产品的虚拟变量；$For \times Exp_{ikj,t}$表示外商投资企业出口溢出变量，主要采用 t 年 i 城市外商投资企业对 j 国（地区）出口 k 产品的贸易出口总额进行刻画，$Control_t$ 表示其他控制变量，β_0 和 β_1 分别为外商投资企业出口溢出变量和控制变量的系数的向量表示。结合数据特征并尽可能地应对可能出现的实证偏误，本研究采用条件逻辑模型进行回归，所有的回归模型将包含城市—产品—目的地层面的固定效应 σ_{ikj}，同时添加时间固定效应 μ_t 以控制时间维度上对我国出口的冲击，控制变量将在下文中进一步介绍，其主要可以分为两部分，即需求侧控制变量和供给侧控制变量。

（三）自变量设定

本研究关注内资企业如何建立新的出口联系，因此构建一个虚拟变量——内资出口起始（*Domstart*）来刻画这一过程。具体而言，当城市 i 在 $t+1$ 年开始向国家（地区）j 出口产品 k 时，*Domstart* 取值为 1，否则为 0。足够长的时间跨度使得一个出口联系（城市 i—产品 k—目的地 j）中也可能出现多个内资出口起始点。由于本研究关注内资企业对外出口从无到有的这一过程，因此参考凯尼格等（Koenig et al.，2010），不考虑连续出口和停止出口的企业。例如，对于城市 i—产品 k—目的地 j，其出口实际情况为“00110001111”（0 表示无出口流量，1 表示有出口流量），在构建的数据中，其将被表示为“. 01…01…”，其中“. ”表示数据缺失。另外，由于外商投资企业的出口是溢出效应研究的起点，结合数据处理和计算的可行性，构建的数据库中，每个城市—产品—目的地细分下，2001 ~ 2011 年至少出现过一次外商投资企业出口记录。

（四）解释变量

按照凯尼格等（Koening et al.，2010）与梅内瑞斯和庞赛特（Mayneris & Poncet，2015）的方法，本研究考虑不同类型的企业出口溢出效应，解释变量归纳在表 12 - 1。

根据对出口进入新市场所需要的信息类型，出口溢出效应可能是针对特定目的地、特定产品或两者兼有的。本研究重点关注特定国家（地区）特定产品的出口（t 年 i 城市外商投资企业出口 k 产品到 j 国（地区）的出口额）。此外，本研究也考虑了对所有出口目的地特定产品的出口（t 年 i 城市外商投资企业出口 k 产品到所有目的地的出口额）、对特定出口目的地全部产品的出口（t 年 i 城市外商投资企业出口全部产品到 j 国（地区）的出口额）和对全部出口目的地全部产品的出口（t 年 i 城市外商投资企业出口全部产品到全部目的地的出口额）。在前文中提到，外商投资企业的出口溢出效应存在多种溢出路径，其中包含出口信息溢出、示范效应等正外部性，也包含由于激烈竞争带来的负外部性，因此估计参数实际上是多重效益叠合之后表现出的净效应。

表 12－1　模型解释变量定义

变量	变量类型	定义
Domstart	虚拟变量	中国内资企业新的出口联系的产生，当城市 i 在 t+1 年开始向国家（地区）j 出口产品 k 时，Domstart 取值为 1，否则为 0
lnci_exp	连续变量	中国城市外商投资企业对全部出口目的地全部产品的出口（t 年 i 城市外商投资企业出口全部产品到全部目的地的出口额）
lnci_hs4	连续变量	中国城市外商投资企业对所有出口目的地特定产品的出口（t 年 i 城市外商投资企业出口 k 产品到所有目的地的出口额）
lnci_country	连续变量	中国城市外商投资企业对特定出口目的地全部产品的出口（t 年 i 城市外商投资企业出口全部产品到 j 国（地区）的出口额）
lnfex	连续变量	中国城市外商投资企业对特定国家特定产品的出口（t 年 i 城市外商投资企业出口 k 产品到 j 国（地区）的出口额）
lctimp	连续变量	各国（地区）对 HS4 产品的进口额
let	连续变量	中国城市的总出口额
lech	连续变量	中国城市对某类产品（HS4）的出口额
lecc	连续变量	中国城市对某出口目的地的出口额
leh	连续变量	中国对某类产品（HS4）的出口额
lec	连续变量	中国对某出口目的地的出口额

（五）控制变量

控制变量旨在控制其他可能的影响因素对于外商投资企业出口溢出效应产生的影响，主要从需求和供给两方面选取控制变量。

在需求方面，主要选择了各国（地区）对 HS4 产品的进口额（*lctimp*），对于不同产品进口额的不同，在一定程度上意味着进口产品在当地市场的需求规模和当地同类产品市场的竞争程度，这种需求市场的异质性可能会对回归结果产生难以预测的影响；在供给方面，为了确保企业开拓新出口联系的决策并非城市或国家尺度的因素导致的，需要控制不同尺度下出口地的出口特征，包括出口城市的总出口额（*let*）、城市 *c* 对产品 *i* 的出口额（*lech*）、城市 *c* 对国家（地区）*j* 的出口额（*lecc*）、中国对产品 *i* 的出口总额（*leh*）以及中国对国家（地区）*j* 的出口总额（*lec*）。

此外，还需要考虑各地区一些不随时间变化的因素，忽视这些因素也可能导致回归结果出现偏误（Mayneris & Poncet，2015）。为了消除城市尺度的隐性因素带来的不可预测的影响，本研究引入对城市—产品—目的地的固定效应。

三、内资企业出口市场拓展

通过对于原始数据的处理和汇总，本研究构建了 2001 ~ 2011 年的平衡面板数据库，囊括 388 个地级单位，覆盖 176 个出口目的地和 1 231 个 HS4 产品。数据库中共包括了 12 193 027 条样本（城市/产品/目的地/年份），每年包含 1 108 457 条样本，其中大约 35% 的样本的内资企业出口贸易额大于零。表 12 – 2 呈现了样本中包含的内资企业出口起始的个数以及外商投资企业的出口状况。

表 12 – 2　　2001 ~ 2010 年内资企业出口起始与外商投资企业出口情况

年份（t）	当 $Domstart_{t+1}=1$ 时			
	For. $Exp_t>0$	For. $Exp_t=0$	Total For. Exp_t	For. $Exp_t>0$/Total For. Exp_t
2001	14 693	72 454	87 147	0. 169
2002	18 829	74 191	93 020	0. 202
2003	23 364	79 685	103 049	0. 227
2004	26 729	81 060	107 789	0. 248
2005	30 199	71 763	101 962	0. 296
2006	31 090	65 567	96 657	0. 322
2007	35 168	58 126	93 294	0. 377
2008	36 210	56 147	92 357	0. 392

续表

年份（t）	当 $Domstart_{t+1}=1$ 时			
	For. $Exp_t>0$	For. $Exp_t=0$	Total For. Exp_t	For. $Exp_t>0$/Total For. Exp_t
2009	39 836	59 121	98 957	0. 403
2010	39 201	50 932	90 133	0. 435
总计	295 319	669 046	964 365	0. 307

注：$Domstart_{t+1}=1$ 表示内资企业 t+1 年开始出口的状态；For. $Exp_t>0$（=0）表示当地外商投资企业 t 年对同一目的地同种产品存在出口（不存在出口）的企业个数。Total For. Exp_t 表示外商投资企业 t 年的总数（“For. $Exp_t>0$” + “For. $Exp_t=0$”）。

资料来源：中国海关数据库与笔者计算。

如表 12 -2 所示，在样本中，当内资企业在某年开始对某一国家（地区）出口某种产品时，当地有 30. 7% 的外商投资企业在上一年就存在对同一国家（地区）同种产品的出口。这一比重在统计上也可以被视为一种条件概率，即当内资企业开始对某国（地区）出口某产品时，上一年当地外商投资企业存在对同一国家（地区）同种产品的出口的概率。如此来看，这种条件概率在 2001 ~2010 年是不断增加的，从 2001 年的 16. 9% 增长到 2010 年的 43. 5% 。这在某种程度上暗示了内资企业新出口联系的开拓可能与当地外商投资企业的出口存在联系，并且这一联系正随着时间的推进而进一步增强。

表 12 -3 和表 12 -4 展示了 2001 ~2011 年中国内资企业建立的新出口联系的产品和地理分布。新的出口联系在产品层面中分布较为集中，在 90 余种 HS2 产品大类中，“核反应堆、锅炉、机器、机械器具及其零件”占据全部新出口联系中的 12. 1%，“电机、电气设备及其零件，录音机及放声机、电视图像、声音的录制和重放设备等”则占 9. 8%，如果将服装类产品统一来看，也占比高达 9. 4% 。从出口目的地的角度来看，2001 ~2011 年新建立的出口联系主要集中在发达国家（地区），其中美国不仅一直以来是中国的第一大出口国，从新建立的出口联系数量上来看，美国同样高居榜首，占比达 3. 8%，日本（3. 2%）与韩国（3. 1%）分列第二和第三位。这表明，当前中国的主要出口贸易伙伴仍以发达国家（地区）为主。从出口城市的角度来看，2001 ~2011 年的新出口联系的地理分布表现出明显的不均衡性，这种不均衡体现在两个层面，在城市层面表现为个别城市的集中，可以发现新出口联系中有 5. 1% 集中在上海，另有 4. 1% 和 3. 4% 集中在深圳与厦门，占比排名前八位的城市分享了全部 388 个城市产生的新出口联系的 25%；另外，在区域层面，这种不均衡则体现在这些城市的地理区位，从表 12 -4 中可以发现位居前八位的城市均为东部城市。

表 12－3　　2001～2011 年内资企业出口产品占比情况

部门（HS2）	比重（%）
核反应堆、锅炉、机器、机械器具及其零件	12.1
电机、电气设备及其零件；录音机及放声机、电视图像、声音的录制和重放设备等	9.8
塑料及其制品	5.6
针织或钩编的服装及衣着附件	5.0
钢铁制品	4.8
非针织或非钩编的服装及衣着附件	4.4
光学、照相、电影、计量、检验、医疗或外科用仪器及设备、精密仪器及设备等	3.9
家具；寝具、褥垫、弹簧床垫、软坐垫及类似的填充制品；活动房屋等	3.1
纸及纸板；纸浆、纸或纸板制品	2.6
有机化学品	2.6

资料来源：中国海关数据与笔者计算。

表 12－4　　2001～2011 年内资企业出口目的地与出口城市的出口规模占比

目的地	比重（%）	城市	比重（%）
美国	3.8	上海	5.1
日本	3.2	深圳	4.1
韩国	3.1	厦门	3.4
德国	2.7	天津	2.9
澳大利亚	2.3	宁波	2.8
英国	2.2	青岛	2.4
加拿大	2.1	北京	2.4
新加坡	2.1	苏州	2.3

资料来源：中国海关数据与笔者计算。

四、外商企业出口溢出效应与内资企业出口市场拓展

通过构建 2001～2011 年城市—产品—目的地尺度的平衡面板数据，采用条件逻辑模型方法，估计 2001～2011 年外商投资企业出口对当地内资企业出口的溢出效应。

为了一定程度上消除可能存在的反向因果关系带来的内生性问题，同时考虑溢出效应的传播和发挥作用需要时滞，本研究将被解释变量滞后一期。此外，莫尔顿（Moulton，1990）和伍尔德里奇（Wooldridge，2003）发现使用汇总变量对个体变量回归，在不做处理的情况下，回归的标准误会存在向下偏误，因此回归采用的标准误均在城市层面进行了聚类调整。

（一）条件逻辑模型回归结果

考虑到外商投资企业出口溢出效应的广度，本研究分别使用外商投资企业总出口（全产品—全目的地）、特定产品出口（同产品—全目的地）、特定目的地出口（全产品—同目的地）与特定产品—特定目的地出口（同产品—同目的地）四种范围的出口额对滞后一期的内资企业出口起始进行模型估计。

表 12-5 展示了不同范围的外商投资企业出口对第二年内资企业出口起始的回归结果。其中，第 1 列呈现了城市层面的外商投资企业总出口的影响，回归系数为负，并且不显著。这表明城市层面的外商投资企业出口对第二年内资企业的出口没有显著影响，可能是由于存在挤出效应。本研究控制了第一年城市的出口总额，一般而言，这些外贸企业的出口额越多，第二年国内企业进入国际市场的可能性就越小。第 2 列呈现了城市层面分 HS4 产品的外商投资企业出口对第二年内资企业出口起始的影响，回归系数显著（$p<0.01$）为正。这首先表明外商投资企业出口对内资企业出口存在溢出效应，同时也表明出口同种产品的溢出效应可以跨越不同的出口目的地进行扩散。第 3 列呈现了城市层面分出口目的地的外商投资企业出口对第二年内资企业出口起始的影响，回归系数同样显著（$p<0.01$）为正。与第 2 列结果相似，这表明存在外商投资企业对内资企业出口的溢出效应的同时，也表明溢出效应可以跨越不同的 HS4 产品种类在同一国家（地区）进行扩散。第 4 列则呈现了城市层面外商投资企业出口对第二年当地内资企业对同一目的地出口同种产品的出口决策的影响，回归结果在 1% 的显著性水平下通过检验，系数符号为正。这表明 i 城市外商投资企业对 j 国（地区）出口 k 产品的行为确实会提高第二年当地内资企业开始对相同国家（地区）出口同种产品的概率。

表 12－5　　外商投资企业出口对内资企业出口决策的影响

变量	$Domstart_{t+1}$				
	（1）	（2）	（3）	（4）	（5）
lnci_exp	－0.0145				
lnci_hs4		0.0053 ***			0.0374 ***
lnci_country			0.0103 ***		0.0657 **
lnfex				0.0028 ***	0.0841 ***
lctimp	0.0179 ***	0.0180 ***	0.0171 ***	0.0180 ***	0.0172 ***
let	0.1810 ***	0.1650 ***	0.1650 ***	0.1670 ***	0.164 ***
lech	－0.0031	－0.00697 ***	－0.00326	－0.00394 *	－0.00705 ***
lecc	－0.0064 ***	－0.00695 ***	－0.0174 ***	－0.00731 ***	－0.0174 ***
leh	0.1290 ***	0.1263 ***	0.1290 ***	0.1280 ***	0.125 ***
lec	0.1070 ***	0.1080 ***	0.1031 ***	0.1072 ***	0.103 ***
城市—产品—目的地固定效应	√	√	√	√	√
时间固定效应	√	√	√	√	√
R－squared（%）	10.62	10.65	10.66	10.94	11.03
样本数	1 807 444				

注：（1）　*** $p<0.01$，** $p<0.05$，* $p<0.1$。
（2）表中第 1～4 列的解释变量未进行标准化处理；第 5 列的结果为解释变量标准化后的回归结果。

本研究还尝试同时考虑上述三种显著的溢出效应变量以比较三种不同范围溢出的效应的大小。通过对标准化后的变量重新回归分析（见表 12－5 第 5 列），这三种溢出效应在城市层面都在可接受的显著性水平下显著。对同一产品同一国家（地区）的出口溢出效应相对最大，而对同一国家（地区）的溢出效应大于对同一产品的溢出效应。这似乎意味着外商投资企业的出口对内资企业同目的地的溢出易于内资企业同产品的溢出。这一结果显示，外商投资企业为内资企业开拓新的出口市场带来的帮助，主要在于促进企业进入新的出口目的地，而对于内资企业出口同种产品到不同出口市场上的帮助较小。这在一定程度上表明，外商投资企业能够为潜在内资出口企业带来更多进入新目的地市场的关键信息，通过信息溢出，帮助内资企业了解新市场的制度、文化和消费特点，并提供更丰富的渠道。

此外，本研究还对因变量进行滞后二期和滞后三期的处理，对表 12－5 中的回归进行检验（见表 12－9），溢出效应变量系数符号与滞后一期（表 12－5 第 5 列）结果一致，仅在显著性水平上有些许变化，这在一定程度上验证了回归结果在短期时间内的稳健性。

上述多个模型估计中，其他控制变量得到的结果在变量系数符号和显著性方面基本一致。其中，各国（地区）对于某种产品的总进口额（*lctimp*）对于内资企业第二年的出口决策存在显著的正效应，这意味着出口产品在目的地市场的需求规模越大或当地同类产品市场的竞争程度越小，越有利于内资企业对此类产品的对外出口。而中国地级单元的出口总额（*let*）、中国对于某种产品的出口总额（*leh*）和中国对于某目的地的出口总额（*lec*）都对第二年城市层面内资企业向某目的地出口某种产品存在显著的积极影响，这种影响可以被视为不同尺度的出口地的供给侧优势，这种大尺度的出口额反映了出口地的出口能力。而同一城市对于某种产品（*lech*）或某目的地的出口总额（*lecc*）则基本上对于内资企业第二年的出口决策存在负向影响，这说明在相同城市范围内，对于同一目的地或同一产品的总出口对内资企业的出口存在较为明显的挤出效应。

（二）出口目的地异质性

上述检验可以发现，对于城市出口特定的产品到特定的国家（地区），外商投资企业对内资企业存在显著的溢出效应，那么这种溢出效应是否会因中国与出口目的地之间的经济、地理、政治和制度距离的差异而产生异质性的结果呢？因此，本研究分别从经济距离、地理距离、政治距离、制度距离四个视角，对样本进行分组回归，以探索我国与出口目的地之间的“距离”对外商投资企业出口溢出可能产生的异质性影响。由于本部分主要关注外商投资企业出口溢出变量的变化，且控制变量得到的结果在变量系数符号和显著性方面基本与主回归（见表 12－5）相同，因此下文不再赘述对控制变量回归结果的讨论。

1. 经济距离

经济距离主要刻画我国与出口目的地的经济发展水平的差距。多数学者采用人均 GDP 衡量，故本研究采用 2001～2011 年各国（地区）的人均 GDP 均值来刻画各国（地区）的经济发展水平，使用目的地人均 GDP 与我国人均 GDP 之比的形式衡量两国（地区）的经济距离，以“人均 GDP 比值是否 <3”为分类标准，① 对样本进行分组回归（见表 12－6 第 1～2 列，第 1 列为“是”，第 2 列为“否”）。实证结果发现，第 1 列结果表明，对于经济发展水平低于我国或与我国相近的国家（地区），外商投资企业对特定国家（地区）出口特定产品产生的溢出效应并不显著。然而第 2 列结

① 本研究首先分别尝试了将样本分为三组（<0.33、>0.33 且 <3，>3），回归结果发现“比值 >3”的一组外商投资企业溢出效应显著（$p<0.01$）为正，而其他两组溢出效应为正，但不显著；考虑到“<0.33”和“>0.33 且 <3”的两组，样本量较少且结果均不显著，故确定以“人均 GDP 比值是否 <3”来分组。

果表明，对于经济发展水平明显高于我国的国家（地区），这种溢出效应则显著为正。这一差异性的结果表明，外商投资企业的出口活动对于内资企业进入高经济发展水平国家（地区）的市场帮助更大，因为经济发展水平较高的国家（地区）整体居民收入相对较高，收入决定消费，区域消费能力的不同，必然会在很大程度上造成区域市场需求的差异，这一差异使得我国企业在进入这些市场时，需要做出相对更多的调整和适应，进而需要外商投资企业的出口溢出效应的帮助，这一结论与谢孟军（2014）的研究结果相近。

表 12－6　　经济距离与地理距离的分组回归结果

变量	$Domstart_{t+1}$			
	(1)	(2)	(3)	(4)
	经济距离		地理距离	
lnfex	0.00033 (0.000771)	0.00289*** (0.000676)	0.00194*** (0.000678)	0.00380*** (0.000821)
lctimp	0.02810*** (0.00544)	0.00068 (0.00656)	0.0152*** (0.00523)	−0.0145 (0.0134)
let	0.139*** (0.0539)	0.183*** (0.0511)	0.171*** (0.0496)	0.140*** (0.0485)
lech	−0.00792* (0.00408)	−0.00520** (0.00227)	0.0290*** (0.00308)	−0.0216*** (0.00208)
lecc	−0.0144*** (0.00357)	−0.0104*** (0.00374)	−0.0122*** (0.00254)	0.00895 (0.00614)
leh	0.137*** (0.0111)	0.121*** (0.00983)	0.140*** (0.0109)	0.0937*** (0.00918)
lec	0.123*** (0.0199)	0.0969*** (0.0111)	0.0726*** (0.00910)	0.0881*** (0.0250)
城市—产品—目的地固定效应	√	√	√	√
时间固定效应	√	√	√	√
Observations	577 761	1 214 611	641 761	1 165 683

注：（1）　*** $p<0.01$，** $p<0.05$，* $p<0.1$。
（2）括号中表示的是稳健标准误。

2. 地理距离

地理距离主要刻画我国与出口目的地之间的运输可达性。结合安德森和温库蓬（Anderson & Van Wincoop，2003）等的研究，本研究以“中国发往出口目的地的民用航班频次/月”为分组指标，以“航班频次是否 >10 次/月”为分组标准，对样本进行分组回归（见表 12 –6 第 3 和第 4 列，第 3 列为“是”，第 4 列为“否”）。可以发现，对于对我国运输可达性高的国家（地区），外商投资企业的出口溢出效应显著（$p<0.01$）为正，而对其他运输可达性较低的国家（地区），溢出效应变量的系数仍然在相同显著性水平下显著为正，但变量回归系数大小约是前者的两倍。这一结果表明地理距离可能是影响外商投资企业出口发挥溢出效应的重要因素，随着地理距离的增加，外商投资企业出口对内资企业产生的溢出效应会增加，从而在地理距离较大的情况下帮助内资企业开拓潜在的外国市场。随着地理距离的增加，不仅运输成本会增加，而且由于贸易两国在风土人情和文化沟通等方面都可能存在较大差异，这种差距也会增加契约达成的交易成本并降低贸易双方的互信程度。在我国的内资企业出口到这些地理距离较远的国家（地区）时，需要利用外商投资出口的知识溢出，以获取出口目的地的文化、社会、政治和制度等信息。

3. 政治距离

政治距离主要刻画出口目的地与我国在民主程度方面上的差距。采用世界银行公布的全球治理指数中各国（地区）民主自由权利指数与我国在该指数上的相近程度作为分类依据，[①] 基于我国在该指标上的得分以及样本量的考虑，以“指数是否 >0”为分类标准，对回归样本进行了分组回归（见表 12 –7 第 1、2 列）。实证结果表明，外商投资企业对那些与我国政治距离差距较小的国家（地区）的出口溢出效应不显著，而对那些与我国有较大政治距离的国家（地区）的出口则存在显著的正向溢出效应。政治上的距离使得国内企业在出口到政治差距较大的国家（地区）时面临更陌生的政治环境和贸易环境，从而面对更多的政治风险，因此更需要外商投资企业出口的信息溢出帮助内资出口企业了解出口目的地的政治环境。这意味着外商投资企业的出口溢出对于内资企业向与我国政治距离较大的国家（地区）进行出口有显著的促进作用。

4. 制度距离

制度距离主要指国家（地区）间法律环境的差异程度。本研究采用了被使用较多的《国际国家风险指南》中的法律与秩序指标（0 ~6 分）对我国与其他出口目的地间的制度距离进行了计算，将样本分为三组，即“指标得分明显高于中国”（指标得

---

① 本研究使用 2001 ~2011 年该指数各国的平均得分作为刻画这一时期各国民主程度的具体衡量指标，中国平均得分为 –1.59。本研究还使用 2008 年英国经济学人智库（EIU）发表的民主指数（0 ~10 分）来刻画政治距离，并以“民主指数得分是否 >6”为分组标准对样本进行分组回归检验，所得结果与民主自由权利指数作为分组回归依据的结果基本一致。

分 >5)、“指标得分与中国相近”(3≤指标得分≤5)和“指标得分明显低于中国”(指标得分 <3),进行分组回归(见表 12 - 7 第 3、4、5 列)。回归结果与对此前其他维度的分组回归的结果相似,对于与我国制度相近的国家(地区),外商投资企业的出口溢出效应变量的回归系数并不显著;而对于其他制度距离较大(指标得分明显高于或低于我国)的国家(地区),溢出效应变量在 1% 的显著性水平下显著为正,且对于得分明显低于我国的国家(地区),溢出效应变量的系数相对更大。这表明在贸易双方制度差距相近的情况下,外商投资企业对内资企业的出口发挥的促进作用并不明显;而当贸易两地存在较为明显的制度差距,内资企业可能更难适应和了解出口目的地的制度环境,从而在贸易过程中遇到更多的阻碍时,外商投资企业的出口活动则会帮助内资企业对这些国家(地区)进行出口,促进内资企业的国际市场开拓。

表 12 - 7　　政治距离与制度距离的分组回归结果

变量	$Domstart_{t+1}$				
	(1)	(2)	(3)	(4)	(5)
	政治距离		制度距离		
lnfex	0.000824 (0.000752)	0.00372 *** (0.000730)	0.00199 ** (0.000853)	0.00142 (0.000987)	0.00269 *** (0.000757)
lctimp	0.0152 *** (0.00580)	0.0201 ** (0.00885)	-0.0122 (0.00753)	0.0244 *** (0.00888)	0.0302 *** (0.00514)
let	0.215 *** (0.0538)	0.144 *** (0.0483)	0.168 *** (0.0490)	0.149 ** (0.0613)	0.175 *** (0.0530)
lech	0.0152 *** (0.00302)	-0.0123 *** (0.00223)	0.00291 (0.00286)	0.0150 *** (0.00335)	-0.0179 *** (0.00259)
lecc	-0.0111 *** (0.00300)	0.00120 (0.00408)	-0.00760 (0.00566)	-0.0132 *** (0.00418)	-0.0150 *** (0.00354)
leh	0.136 *** (0.00983)	0.117 *** (0.00992)	0.119 *** (0.0115)	0.117 *** (0.0114)	0.132 *** (0.00982)
lec	0.0789 *** (0.0113)	0.143 *** (0.0177)	0.140 *** (0.0196)	0.139 *** (0.0147)	0.0737 *** (0.0141)
城市—产品—目的地固定效应	√	√	√	√	√
时间固定效应	√	√	√	√	√
Observations	577 761	1 214 611	506 423	426 768	859 181

注: *** $p<0.01$, ** $p<0.05$。

（三）外商投资企业出口溢出效应的区域差异

我国中西部地区和东部地区利用外商投资水平十分不平衡。2011 年，中国东部地区与中西部地区吸收外商投资的比重分别为 87% 和 13%；同时两个地区也存在显著的出口流量差异，2011 年东部地区对外出口占全国总出口的约 90%。外商投资和出口分布的地区差异，可能会使得两个地区外商投资企业出口发挥不同的溢出效应。

为进一步回答外商投资企业的出口溢出是否存在显著的区域差异，本研究将全国城市分为东部和中西部进行考察（见表 12 – 8 第 1、2 列），发现区域尺度上得到的结论与全国尺度的结论基本保持一致。无论是东部城市还是中西部城市，外商投资企业出口对当地内资企业对同目的地同种产品的出口都存在显著的正向溢出效应。通过对两者回归系数的比较，可以发现这种正向溢出效应在中西部地区的城市更为明显。这可能是由于东部地区企业具有更强的贸易竞争力（彭晖、张颖，2015），与当地的外商投资企业存在更激烈的市场竞争，并且许多产业的知识技术水平较高，出口能力较强，因此外商投资企业的溢出效果相对较小；而中西部地区对 FDI 的吸引力较弱，一方面地方政府大力支持和扶持外商投资企业落户当地，形成更优越的政策环境（刘文秀、刘丽琴，2006）。另一方面，相较于东部，中西部地区技术含量较低的初级产品具有出口比较优势，这体现出中西部地区企业的知识技术水平相对较低，内资企业开拓国外新市场的主要阻碍源于对于出口目的地关键出口信息的缺乏，外商投资企业的技术知识优势更有可能产生更明显的溢出效果（Mayneris & Poncet，2015）。

表 12 – 8　　区域差异与稳健性检验

变量	$Domstart_{t+1}$			
	（1） 东部城市	（2） 中西部城市	（3） 替代变量	（4） 去极端值
Dummyfex			0.0230 *** （0.00567）	
lnfex	0.00162 *** （ – 0.000563）	0.00813 *** （ – 0.002）		0.00315 *** （0.000704）
lctimp	0.0163 *** （ – 0.00514）	0.0298 （ – 0.0267）	0.0180 *** （0.00504）	0.0127 ** （0.00498）
let	0.178 ** （ – 0.0722）	0.122 *** （ – 0.0273）	0.167 *** （0.0511）	0.163 *** （0.0530）

续表

变量	$Domstart_{t+1}$			
	(1) 东部城市	(2) 中西部城市	(3) 替代变量	(4) 去极端值
lech	-0.00326 (-0.0025)	-0.0177*** (-0.00462)	-0.00387* (0.00216)	-0.00629** (0.00245)
lecc	-0.00799** (-0.00343)	-0.0242*** (-0.00532)	-0.00726*** (0.00257)	-0.0156*** (0.00310)
leh	0.124*** (-0.00954)	0.119*** (-0.0297)	0.128*** (0.00902)	0.144*** (0.0125)
lec	0.0946*** (-0.0107)	0.123*** (-0.0427)	0.107*** (0.0109)	0.124*** (0.0133)
城市—产品—目的地固定效应	√	√	√	√
时间固定效应	√	√	√	√
R-squared (%)	10.13	9.78	10.82	11.71
Observations	1 647 732	159 712	1 807 444	1 279 156

注：(1) *** $p<0.01$，** $p<0.05$，* $p<0.1$。
(2) 括号中表示的是稳健标准误。

（四）稳健性检验

为了确保模型回归结果不是由潜在的剩余估计偏误或异常值导致的，本研究对主要的回归方程进行了稳健性检验。首先对回归模型进行了替代变量的检验（表12-8第3列），将核心解释变量替换为外商投资企业出口的虚拟变量（*Dummyfex*，当外商投资企业存在对 *j* 国（地区）*k* 产品的出口时，变量取1，否则取0），可以发现变量符号和系数显著性与之前的回归保持一致，目的地—产品细分下的外商投资企业对外出口依旧对次年内资企业对同目的地同种产品的出口存在显著的正效应。为进一步确认结果的稳健性，以确保回归的结果并非主要的出口城市的出口情况所驱动的，本研究剔除了2001~2011年建立出口联系最多的十座城市①（见表12-2）的所有样本，进行条件逻辑回归（表12-8第4列）。此外，本研究将因变量滞后2、3期进行回归（见表12-9），回归结果显示，主要变量的系数符号和显著性与此前基本保持一致，

① 根据描述性统计的计算，样本中2001~2011年建立出口联系最多的十座城市分别为上海、深圳、厦门、天津、宁波、青岛、北京、苏州、广州和杭州。

说明回归结果具有良好的稳健性。

表 12－9　　因变量滞后 2、3 期的回归结果

变量	Domstart	
	T＋2	T＋3
lnfex	0.0183*** (0.00374)	0.0216*** (0.00410)
lnci_hs4	0.0076** (0.00615)	0.0241 (0.00630)
lnci_country	0.0132** (0.0107)	0.0199** (0.00947)
lctimp	0.00234 (0.00400)	0.00741* (0.00402)
let	0.107*** (0.0364)	0.0518** (0.0215)
lech	0.00364** (0.00180)	0.000765 (0.00186)
lecc	－0.000355 (0.00277)	0.00209 (0.00252)
leh	0.0715*** (0.0114)	0.0293*** (0.0107)
lec	0.0930*** (0.0166)	0.0356*** (0.0108)
城市—产品—目的地固定效应	√	√
时间固定效应	√	√
R－squared（%）	12.65	14.22
Observations	1 647 732	159 712

注：（1）括号中表示的是稳健标准误。
（2）*** $p<0.01$，** $p<0.05$，* $p<0.1$。

五、小结

本研究探讨了外商投资企业出口对我国内资企业拓展新的出口联系的溢出效应。

本研究使用中国海关 2001 ~ 2011 年企业层面的出口数据，构建了城市—产品—目的地尺度的平衡面板数据。不同于现有研究多从省级尺度或国家尺度出发，仅考虑东道国（地区）特征或出口目的地特征进行溢出效应的探索，本研究选择城市这一更适合溢出效应发挥作用的尺度，综合考虑东道国（地区）、目的地以及出口产品三个维度进行研究。实证结果发现，外商投资企业出口情况对下一年同一城市的内资企业向同一国家（地区）出口同种产品存在显著的正向溢出效应，表明外商投资企业的出口外部性在很小的尺度上能够发挥作用。与梅内瑞斯和庞赛特（Mayneris & Poncet, 2015）对中国省区层面出口数据回归得到的结果不同的是，本研究发现外商投资企业对于出口同种产品的溢出效应，可以跨越不同的出口目的地进行扩散；对于同一国家（地区）的出口溢出效应可以跨越不同的 HS4 产品种类进行扩散，这一结论与凯尼格等（Koenig et al.，2010）对法国地级行政区的企业数据的实证结论相似。

本研究进一步从经济距离、地理距离、政治距离和制度距离多个视角，探索我国与出口目的地之间的“距离”对外商投资企业出口溢出可能产生的异质性影响，结果表明外商投资企业对于特定国家（地区）特定产品的出口溢出效应确实存在异质性带来的差异，当出口目的地与我国存在较大的经济、地理、政治或制度距离时，外商投资企业对内资企业的出口溢出效应更为显著，这在一定程度上表明外商投资企业的出口活动能帮助内资企业克服较大“距离”差距带来的困难，通过外部性降低交易成本，从而有利于内资企业开拓这些国家（地区）的市场。外商投资企业的出口溢出效应在中西部城市中的效果更为明显。

当然，本研究仍存在一些不足。本研究仅考虑了同一城市的外商投资企业出口对于内资企业对外出口产生的溢出效应，尚未考虑周边城市外商投资企业可能对地级市边缘的内资企业产生的溢出影响；此外，本研究还未对外商投资企业如何通过出口影响内资企业的出口作出更为细致地实证检验和讨论分析，这些都有待于今后进一步的探究。

本研究结论对我国企业出口决策有重要启示。改革开放以来，由于我国企业的成本优势，我国出口的大幅增长往往被认为是必然的。然而随着我国社会经济的发展、人口红利的消退，许多企业长期以来的成本优势正在逐渐消退。在这一新的时代背景下，本研究通过对微观数据小尺度的实证研究强调，拓展新的出口市场对我国企业来说是（交易）成本高昂的，而地方外商投资企业出口产生的溢出效应则可能通过多种途径，在一定程度上替代（经济、地理、政治和制度）邻近性产生的进入新市场的优势，从而降低内资企业进入新市场的成本。根据实证结果，外商投资企业出口的溢出效应在中西部城市更为显著。中西部地方政府仍需积极引入外商投资企业，利用好不同层级政府对于中西部城市开发的相关政策，使外商投资企业的出口对当地企业和产业的发展发挥更大的积极作用，帮助中西部内陆城市开拓新的出口市场。此举也有利于缩小目前日益严重的区域发展差异。因此，即使对于像我国这样的国家来说，尽管要扩散的信息类型是非常详细和具体的，但政策制定者也有必要采取措施，在考虑出口目的地与我国在多维度上存在的差距的同时，主动利用这种溢出效应带来的正外部性帮助当地内资企业进行出口，提升当地的贸易竞争力。

参考文献

[1] 何本芳，张祥 . 2009. 我国企业对外直接投资区位选择模型探索 . 财贸经济，(2)：96 - 101.

[2] 刘文秀，刘丽琴 . 2006. 产业集聚与中国 FDI 分布的地区差异研究 . 生产力研究，(8)：177 - 179.

[3] 彭晖，张颖 . 2015. 中国东西部地区蔬菜贸易竞争力比较研究 . 农业经济与管理，(1)：79 - 91.

[4] 綦建红，杨丽 . 2012. 中国 OFDI 的区位决定因素——基于地理距离与文化距离的检验 . 经济地理，(12)：40 - 46.

[5] 秦晓丽，张艳磊，方俊森 . 2014. FDI 在行业内与行业间的出口溢出效应分析——基于中国微观企业面板数据的实证研究 . 宏观经济研究，(11)：84 - 95.

[6] 文东伟，冼国明，马静 . 2009. FDI、产业结构变迁与中国的出口竞争力 . 管理世界，(4)：96 - 107.

[7] 谢孟军 . 2014. 目的国制度对中国出口和对外投资区位选择影响研究 . 山东大学博士学位论文 .

[8] 杨梦泓，刘振兴 . 2011. 挤出还是溢出：FDI 出口溢出效应研究 . 浙江社会科学，(7)：13 - 19 + 155.

[9] 杨汝岱，朱诗娥 . 2013. 企业、地理与出口产品价格——中国的典型事实 . 经济学（季刊），(4)：1347 - 1368.

[10] 赵婷，赵伟 . 2012. 产业关联视角的 FDI 出口溢出效应：分析与实证 . 国际贸易问题，(2)：113 - 122.

[11] Aitken B. , Hanson G. and Harrison E. 1997. Spillovers, foreign investment, and export behavior. Journal of International Economics, 43 (1): 103 - 132.

[12] Amiti M. and Freund C. 2008. The anatomy of China's export growth. Social Science Electronic Publishing, 199 (5): 1 - 29.

[13] Anderson J. E. and Van Wincoop E. 2003. Gravity with gravitas: a solution to the border puzzle. The American Economic Review, 93 (1): 170 - 192.

[14] Barrios S. , Görg H. and Strobl E. 2003. Explaining firms' export behaviour: R&D, spillovers and the destination market. Oxford Bulletin of Economics and Statistics, 65 (4): 475 - 496.

[15] Blomström M. and Kokko A. 1998. Multinational corporations and spillovers. Journal of Economic surveys, 12 (3): 247 - 277.

[16] Brun F. , Carrère C. and Guillaumont P. 2005. Has distance died? Evidence from a panel gravity

model. The World Bank Economic Review, 19 (1): 99 - 120.

[17] Duranton G. and Overman H. 2005. Testing for localization using micro-geographic data. The Review of Economic Studies, 72 (4): 1077 - 1106.

[18] Greenaway D., Sousa N. and Wakelin K. 2004. Do domestic firms learn to export from multinationals? . European Journal of Political Economy, 20 (4): 1027 - 1043.

[19] Kemme M., Nikolsko-Rzhevskyy A. and Mukherjee D. 2014. Foreign capital, spillovers and export performance in emerging economies: Evidence from Indian IT firms. Review of Development Economics, 18 (4): 681 - 692.

[20] Kneller R. and Pisu M. 2007. Industrial linkages and export spillovers from FDI. The World Economy, 30 (1): 105 - 134.

[21] Koenig P., Mayneris F. and Poncet S. 2010. Local export spillovers in France. European Economic Review, 54 (4): 622 - 641.

[22] Kolstad I. and Wiig A. 2012. What determines Chinese outward FDI? . Journal of World Business, 47 (1): 26 - 34.

[23] Ma C. 2006. Export spillovers to Chinese firms: Evidence from provincial data. Journal of Chinese Economic and Business Studies, 4 (2): 127 - 149.

[24] Mayneris F. and Poncet S. 2015. Chinese firms' entry to export markets: the role of foreign export spillovers. The World Bank Economic Review, 29 (1): 150 - 179.

[25] Moulton R. 1990. An illustration of a pitfall in estimating the effects of aggregate variables on micro units. The Review of Economics and Statistics, 72 (2): 334 - 338.

[26] Ramasamy B. and Yeung M. 2010. The determinants of foreign direct investment in services. The World Economy, 33 (4): 573 - 596.

[27] Rhee W. and Belot T. 1990. Export catalysts in low-income countries: a review of eleven success stories. World Bank discussion papers; No. WDP 72. Washington, D. C.: The World Bank.

[28] Rosenthal S. and Strange W. 2003. Geography, industrial organization, and agglomeration. Review of Economics and Statistics, 85 (2): 377 - 393.

[29] Ruane F. and Sutherland J. 2005. Foreign direct investment and export spillovers: how do export platforms fare? . Institute for International Integration Studies Working Paper, (58): 21 - 34.

[30] Swenson L. 2008. Multinationals and the creation of Chinese trade linkages. Canadian Journal of Economics, 41 (2): 596 - 618.

[31] Wang Z. and Wei S. 2010. What accounts for the rising sophistication of China's exports? . In Robert C. and Wei S. (eds.) China's Growing Role in World Trade. Chicago: University of Chicago Press, 63 - 104.

[32] Wooldridge M. 2003. Cluster-sample methods in applied econometrics. The American Economic Review, 93 (2): 133 - 138.

[33] Xu B. and Lu J. 2009. Foreign direct investment, processing trade, and the sophistication of China's exports. China Economic Review, 20 (3): 425 - 439.

[34] Zaheer S. 1995. Overcoming the liability of foreignness. Academy of Management journal，38 (2)：341－363.

[35] Zhou M. 2011. Intensification of geo-cultural homophily in global trade：Evidence from the gravity model. Social Science Research，40 (1)：193－209.

第十三章
贸易保护、出口溢出效应与出口市场拓展

一、引言

伴随经济全球化的要素与信息跨界的快速流动，各国利益交织，国际贸易形势错综复杂。我国抓住了全球产业分工带来的机遇，对外贸易实现“爆炸式”增长，与世界市场的联系愈发紧密。然而一些贸易伙伴国以维护公平贸易、保护本国产品免受我国出口产品的冲击为由，频繁地制造贸易摩擦，设置贸易保护壁垒以限制我国出口，严重影响我国的经济发展。因此在国际贸易形势严峻情境下，如何应对外部冲击，跨越壁垒，帮助我国企业拓展出口市场是当前面临的重要议题。

演化经济地理学多强调本地生产技术溢出的路径依赖特征，认为地区新产品或者新市场出现是受到地方积累的经验和知识影响，忽略了外部目的地市场信息溢出的作用。但实际上，在国际贸易领域已有研究发现产品出口过程中会严重依赖已有出口市场经验，出口至相似的市场，从而呈现显著路径依赖特征（綦建红和冯晓洁，2014）。传统路径依赖模型多强调区域系统的一致性和稳定性，而近些年来新兴经济体的崛起则挑战了这一理论。经济地理学发现过去被忽略的外部因素将打破区域既有发展模式，对本地产品结构演化路径产生重要影响。例如全球性或国家（地区）层面的技术变革、经济危机或政府刺激性发展政策等外部冲击促进打破区域的路径依赖，创造新的产业演化路径（Boschma & Capone，2015；De Propris，2012）。因此在现有演化经济地理学的框架之下，缺乏需求视角下对已有市场间的经验溢出以及贸易保护这类外部冲击的深入刻画。

本研究基于中国海关贸易数据 2002 ~ 2011 年的数据，研究我国出口产品进入新市场的演化路径，将供需视角纳入同一解释框架，补充需求视角下的外部市场关联以及需求市场的贸易壁垒措施作为外部力量，试图探究贸易保护、出口溢出效应对我国企业出口市场拓展的影响。考虑到随着贸易自由化的发展，WTO 规则对关税的限制愈加严格，全球关税税率普遍降低，且传统关税贸易保护措施由于其过于明显的目的性，容易引起贸易对象国的报复行为，因而越来越多的国家（地区）倾向于采用技术性贸易壁垒、动植物卫生安全检疫、反倾销等更灵活更隐蔽的非关税贸易壁垒。因此本研究将以非关税壁垒作为刻画指标，围绕两个问题展开研究：我国出口市场拓展是否呈现典型的路径依赖特征？贸易保护对出口市场拓展的路径依赖是否有显著的削弱或增强效应？

二、理论框架与研究假设

新新国际贸易理论引入出口沉没成本来解释企业出口行为，认为产品出口时需要支付包括生产转换成本和出口信息搜寻成本两方面的沉没成本（郭琪，2016）。演化经济地理理论阐释了路径依赖是经济景观时空演化的重要特征（Martin & Sunley, 2006）。产品进入新市场时通过遵循历史已有路径发展，可有效地降低出口时面临的生产转换成本和出口市场信息的搜索成本。前者是从供给或者产品生产角度出发，考虑生产新的产品时面临新的技术、生产线和设备等需要支付的生产转换成本；后者则是从需求市场视角出发，考虑产品进入到新的市场需要面临的市场探索和交易风险成本。通过相邻产品在本地的空间集聚或者出口市场的空间集聚可促进知识溢出以有效降低这两类成本，促进产品向新市场的演化。因此出口产品的市场拓展过程可依赖生产技术溢出以及市场信息溢出两种路径。

诺特博姆（Nooteboom，2001）强调认知距离是知识溢出的有效条件，区域关于出口产品的知识基础与潜在出口产品的认知邻近性越高，产品出口的概率越高。伊达尔戈等（Hidalgo et al.，2007）根据关联产品对生产要素禀赋（劳动力、土地、资本等）、技术、制度有相似的要求，因而提出“技术关联”的概念，发现国家或地区更容易发展与本地已有产品关联的产品，促进新产品、新市场的演化。产品知识溢出衡量的是国家或区域内所拥有的技术关联产品的生产经验。产品进入新市场可以遵循路径依赖的规律，利用已有出口产品的生产经验，享受技术信息的外部性和规模效应，从而降低生产转换成本，进而提高出口以后的竞争力和存活率；市场信息溢出是指产品当前的出口行为深受先前出口市场的相关信息溢出影响。新出口的产品可以借助已有的市场网络信息获取潜在出口市场的相似经验，从而帮助其更容易进入新的市场，并提高自己在新市场的存活能力（Morales et al.，2014；Fafchamps et al.，2002）。产品目的地出口溢出效应可以被视作为产品对外部市场网络的依赖，能够有效地促进出口产品的市场拓展。基于此，本研究提出假说1：产品出口路径演化过程可依赖产品知识溢出路径和市场信息溢出路径两种方式以降低出口成本，从而促进出口市场拓展。

路径依赖模式的产品演化过程的前提假设是核心技术不变，外部冲击为零。但事实上经济活动并非稳定不变，不可预测的、非预期的外部冲击将破坏地区路径锁定模式。已有研究证明区域的外生力量或冲击可导致路径突破。从全球性或国家（地区）

层面的技术革新、经济危机到政府刺激性的发展政策，都可以推动区域打破现有路径，实现路径突破。出口市场对我国出口产品设置贸易壁垒的冲击，大大提高了产品进入市场的准入门槛，直接导致许多未达标的产品无法进入目的市场，或因烦琐复杂的标准增加了产品的生产成本和获取相关市场信息的搜寻成本，从而达到阻碍产品遵循原有路径向特定市场出口的演化的效果。卫生安全检疫（SPS）对动植物产品、食物制品的检疫过程有严格的限制，而复杂的检测流程有可能会增加设备成本以及时间成本。一些对时间成本非常敏感的产品如食品制品会受到严重的威胁；技术贸易壁垒（technical barriers to trade，TBT）则包括严格繁杂的技术法规和技术标准以及复杂的合格评定程序，这类严苛的标准可能直接导致某些产品由于难以达到进口国的技术标准或者产品进入的渠道直接受到限制；反倾销调查（ADP）将对涉案产品产生巨额的诉讼成本或者使其面临高额的反倾销税。因此，本研究提出假说 2：出口市场实施壁垒越多越不利于出口产品结构的演化。

除此之外，贸易保护作为一种外部冲击，将与出口溢出相互作用从而影响本地的路径依赖特征。一方面贸易保护措施封锁了产品出口到市场的渠道，原有路径被迫切断，可能导致部分产品在此市场的衰退或消失；同时现有贸易研究发现，“多米诺骨牌”效应的存在导致市场结构等较为相似的国家（地区）为了避免受到贸易限制措施压制的产品大量涌入、转移至本市场威胁本国（地区）的贸易和产品，可能也会采取相似的贸易壁垒措施从而限制进口（陈万灵、杨永聪，2014；康晓玲、宁艳丽，2005）。因而出口企业通常将受到壁垒限制的产品出口到其他距离较远的国家（地区），或者向目标市场出口其他产品以转移贸易壁垒所造成的威胁。这种现象尤其是在应对反倾销调查时出现的频率较高。这一过程将抑制产品遵循原有的路径进入旧市场，而转移至新的市场，削弱了当地市场关联的溢出效应。

另一方面就本地的技术关联来说同样存在两种作用机制。一是由于在贸易壁垒显著增加了进入市场的准入成本后，出口商为了维持总体成本水平的平衡，把成本控制在可承受范围之内，将更依赖于本地技术溢出效应以降低产品的生产成本，从而加强地区技术关联的依赖程度。二是贸易保护作为区域外的知识和联系，可通过自身的倒逼机制加大创新步伐，促进产品积极提升技术水平，在原有的产品基础上衍生形成新的相关产品，继而有可能加强本地的路径依赖趋势。研究发现由于出口市场的贸易壁垒在短期内会限制甚至禁止出口地的商品进入其市场，但为了适应与跨越壁垒，出口地则会加大投入，提升技术与管理水平，从而提高产品品质，获得技术进步与创新（江凌，2012）。在技术进步的基础上，本地的产品间技术溢出效应将发挥更大作用，从而路径依赖特征显著。有学者发现在技术贸易壁垒的作用下反而会加快产品的技术创新速度，建立可持续发展的产业结构（朱允卫，2003），或者可能会创造新的市场机会，有助于产品利用新的市场联系扩展新的市场，实现突破。SPS 措施可以通过其检验检疫标准和食品安全标准提供的相关信息，提醒企业在后续的产品生产过程中加强质量管控，促使产品质量的提升。而反倾销的作用则更直接，由于一些生产效率较低的出口商无法承受因为反倾销调查产生的大量保证金，加大了产品出口至该市场的难度（Lu et al.，2012），从而未来新进入者更趋于搜寻新的市场、转移目标市场从而发展出新路径。因此，本研究提出假说3：贸易保护作为外部冲击将削弱市场关联，增强本地技术关联。

三、数据与研究方法

本研究数据是2002~2011年中国海关数据库的企业出口数据，该数据库是由中国海关根据企业进出口报关信息整理所得，数据库包含了出口企业的编码、出口额、产品HS编码，所在城市及出口目的国（地区）、运输方式和贸易类型等信息。此外，通过企业编码还可以获得企业的国有、私营、集体、外商投资等所有制属性。为了使前后分类保持一致，本研究参照皮尔斯（Pierce et al.，2012）对美国出口数据HS编码的调整，在6位数层面将不同年份的HS代码统一至2007年的代码。同时还值得注意的是，中国海关库中包含很多贸易公司，而贸易公司本身并不进行生产，主要是帮助其他生产企业完成出口报关等工作，因此在衡量影响出口产品的决策时，其决策机制与普通生产厂商存在较大差异。故本研究基于安（Ahn，2011）和玛那瓦（Manova，2012）等方法剔除了贸易公司。本研究采用的非关税壁垒SPS和TBT、ADP措施通报数等数据来自WTO官方网站，该网站详细记录了各个年份各个进口国（地区）对于其他国家（地区）的2位数HS码层面的各类非关税壁垒措施。目的地的相关控制变量数据如GDP数据来自世界发展指数WDI数据库和世界银行。

本研究关注产品拓展新出口路径的演化过程，因此以产品进入为被解释变量，具体以某一出口市场是否存在该城市产品组合为依据定义产品进入。若$t1$期产品i未出口至目的地m，而第$t2$期出口至目的地m，则说明产品i进入了目的地m，$Entry_{icmt}$取值为1，目的地矩阵中产品i在$t2$期末出口的国家（地区）取值为0。

$$Entry_{icmt} = I(ic \notin PF(m,\ t1)\ \ and\ ic \in PF(m,\ t2)) \tag{13.1}$$

为衡量产品技术溢出效应，本研究采用伊达尔戈等（Hidalgo et al.，2007）提出的“产品技术关联”指标，通过计算产品共现概率的方法度量城市出口产品技术溢出效应。共存分析方法假定经常同时被一个城市出口的两种产品在生产技术、劳动力、资本、社会制度方面有相似的需求，计算公式如下：

$$Ø_{i,j} = \min\{P(Exp_{ci} > 0 \mid Exp_{cj} > 0),\ P(Exp_{cj} > 0 \mid Exp_{cj} > 0)\} \tag{13.2}$$

其中 c 代表城市，i，j 代表两种四位 HS 编码产品，Exp_{ci}代表 c 市 i 产品的出口额。$Ø_{i,j}$是两种产品同时被同一城市出口的条件概率最小值。该值越大，说明两种产品共现概率越大，技术关联越高。

计算特定产品与城市出口产品空间的邻近度，公式如下：

$$Pdensity_{ci} = \frac{\sum_i x_{ci} Ø_{ij}}{\sum_i Ø_{ij}} \tag{13.3}$$

其中 x_{ci}代表城市 c 的出口产品 i 是否为优势产品，是则取值为 1，否则取值为 0。优势产品通过计算区位商衡量，如果城市 c 的出口产品 i 的区位商 RCA_{ci}大于 1，则将其看作优势产品，RCA_{ci}计算公式如下：

$$RCA_{c,i} = \frac{Exp_{c,i} / \sum_i Exp_{c,i}}{\sum_c Exp_{c,i} / \sum_{c,i} Exp_{c,i}} \tag{13.4}$$

为衡量市场信息溢出效应，本研究计算出口市场关联指标，体现特定出口市场与城市已有出口目的地网络间的邻近性。两个目的地如果高频率地被同一城市当作出口目的市场，就说明两个出口市场相互关联，计算公式如下：

$$Ø_{m,n} = \min\{P(Exp_{c,m} > 0 \mid Exp_{c,n} > 0),\ P(Exp_{c,m} > 0 \mid Exp_{c,n} > 0)\} \tag{13.5}$$

$$RCA_{c,m} = \frac{Exp_{c,m} / \sum_m Exp_{c,m}}{\sum_c Exp_{c,m} / \sum_{c,m} Exp_{c,m}} \tag{13.6}$$

其中 $Exp_{c,m}$是 c 城市中 m 出口市场的出口额；如果 $Ø_{m,n}$很高，表示 m 市场和 n 市场频繁地被同一地区出口，说明两个市场的关联度高；反之，则关联度低。

计算特定市场与城市已有市场网络的邻近度，公式如下。

$$Mdensity_{n,c} = \frac{\sum_m x_{m,c} Ø_{m,n}}{\sum_m Ø_{m,n}} \tag{13.7}$$

其中，m 和 n 是表示四位数产品的出口市场，c 代表城市，$Ø_{m,n}$是上文定义的市场关联程度，$x_{m,c}$在 m 是城市 c 的优势目的地取 1，否则取为 0。$Density_{n,c}$越大，表明国家（地区）n 与城市 c 的出口市场网络越相近。

四、中国企业出口市场拓展特征

为观察 2002 ~ 2011 年产业演化过程中主要是我国哪些区域的哪些产品对外实现

新路径的开拓，本研究采用 Mathematica 软件，利用等值线原理绘制如图 13 -1 与图 13 -2 所示的贸易流向图。Mathematica 系统的图形绘制原理类似地理学上的等高线，横坐标对应的是出口地，纵坐标对应的是具体产品类型，基础数据则是 2003 年和 2011 年各个地区各类型产品的进入率，同一条闭合曲线上的进入率相等，且随着进入率提高，颜色由冷色调向暖色调变化。

由图 13 -1 可知，2003 年东部地区以出口纺织服装、纺织业以及金属制品化工产品等为主，进入率在全国范围内都具有比较优势，而东北和西北以及西南地区则主要出口动植物制品、食品制品及矿产品等资源密集型产品，这些产品在当地的进入率实现了“由 0 到 1”的突破，暗示这些地区的这几种产品可能具有较强的路径突破表现；2011 年整体产品结构相对发展初期发生了较大的变化和调整。东部地区机械电子类、交通运输类以及塑料制品和其他类产品进入率大幅提高，主要对外实现路径创造的主体是这类资本和技术密集型产品。对于中西部地区来说，产品间发展的差距逐渐拉开，一方面机械电子类、交通运输类产品的进入率大大提高，甚至超越了东部，而另一方面原先在 2003 年占优的，突破能力较强的产品如食品制品、动植物制品、矿产品等产品的进入率锐减，甚至低于其他地区，处于全国同类型产品的进入率水平的下游，对外扩张动力疲乏。

结合图 13 -1（a）与（b）的变化来看，各地区的产业结构发生了较显著的演化和升级，由初期以出口低附加值制品转向主要出口技术资本密集型产品；另外东部地区由于产业基础雄厚，资源、知识积累充足，因而随着时间的变化能够稳定地保持发展优势，且发展均衡；而中部、西南地区由于出口基础薄弱，产品出口能力不稳定，易受外部影响，随着时间的变化产品的进入率变化幅度较大，产品间发展差距大。

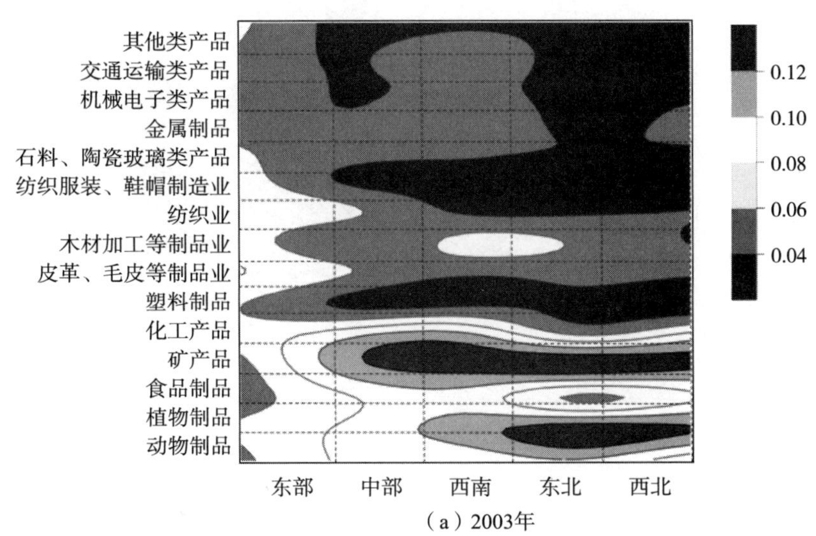

（a）2003年

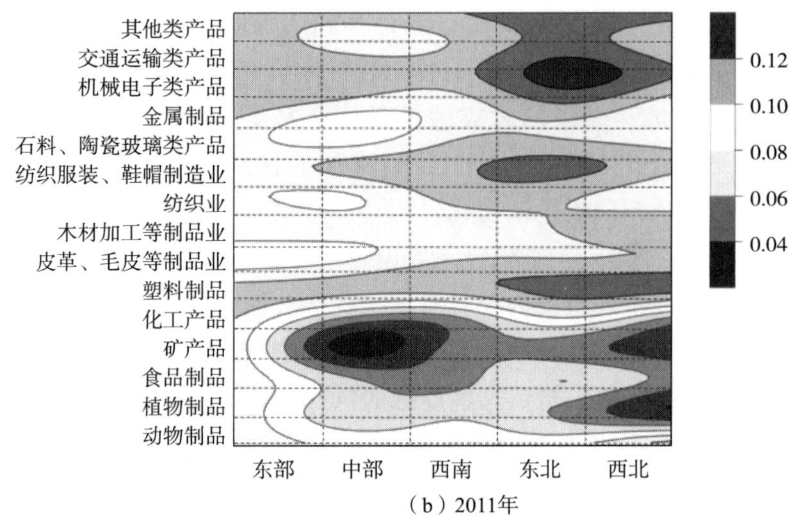

（b）2011年

图 13-1　2003 年和 2011 年区域—产品进入率等值线分布

资料来源：根据中国海关数据库计算。

基于 2003 年和 2011 年各类产品出口至各大市场的进入率绘制等值线分布图以展现 2002~2011 年产品演化过程中主要是哪些产品向哪些市场出口（见图 13-2）。横坐标对应的是出口目的市场，纵坐标对应的是产品。

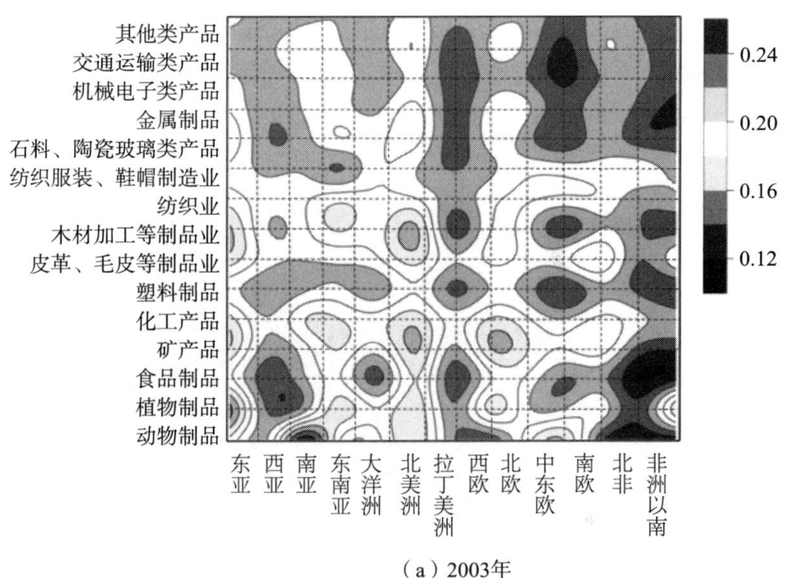

（a）2003年

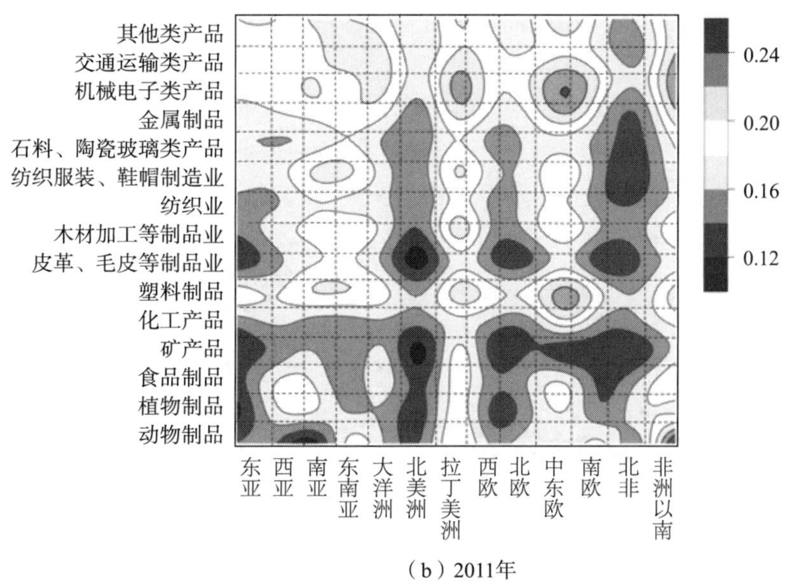

（b）2011年

图 13－2　2003 年和 2011 年出口市场—产品进入率矩阵

资料来源：根据中国海关数据库计算。

从图 13－2 可知，2003 年暖色调的圈层主要集中于动植物制品、化工产品、矿产品以及纺织制品，其对应横坐标相对集中于北美洲、东南亚和东亚、南亚以及西欧地区，说明 2003 年主要是动植物制品、化工产品以及纺织制品这几类产品向北美洲、东南亚和东亚、南亚以及西欧地区扩展。到了 2011 年后，产品结构和市场结构均发生了较大的变化。机械电子类产品、交通运输类产品以及其他类产品和金属制品的进入率大大提高，在图上呈现连片的暖色调，即这一年的机械电子类、交通运输类、金属制品等产品较为活跃，成为探索新市场的主力军，并且该年的出口市场范围得到有效扩张，不再局限于传统市场中。拉丁美洲以及东南亚、南亚以及撒哈拉沙漠以南的非洲地区等各类产品的进入率都相较于 2003 年有了明显的提升，说明在 2003～2011 年我国出口的产品结构和市场结构整体实现全面升级和演化的同时，新兴市场国家经济势头良好，吸引了我国的出口贸易产品。由传统市场向新兴市场的开拓，对于我国惯有向发达国家和地区出口的历史路径是一种新突破。

在描述我国出口产品空间格局特征的基础上，初步判断不同市场以及不同产品的溢出效应差异。以 2003～2011 年进入出口市场的新的城市—产品组合数量为纵坐标，该城市的平均产品关联和市场关联为横坐标，绘制散点图，并添加线性趋势线，得到图 13－3。两条趋势线的斜率显著为正，说明城市已有的平均产品关联、市场关联越强，新进入出口市场的城市产品也越多，即城市的生产技术经验和市场经验在一定程度上均可以促进新市场的出现。城市内出口产品引发的技术知识溢出以及外部市场经验的溢出赋予潜在出口产品巨大的信息优势，使之可以通过面对面交流、学习和模仿等方式掌握更多的出口经验，从而提升了新出口产品进入新市场实现演化的可能性。

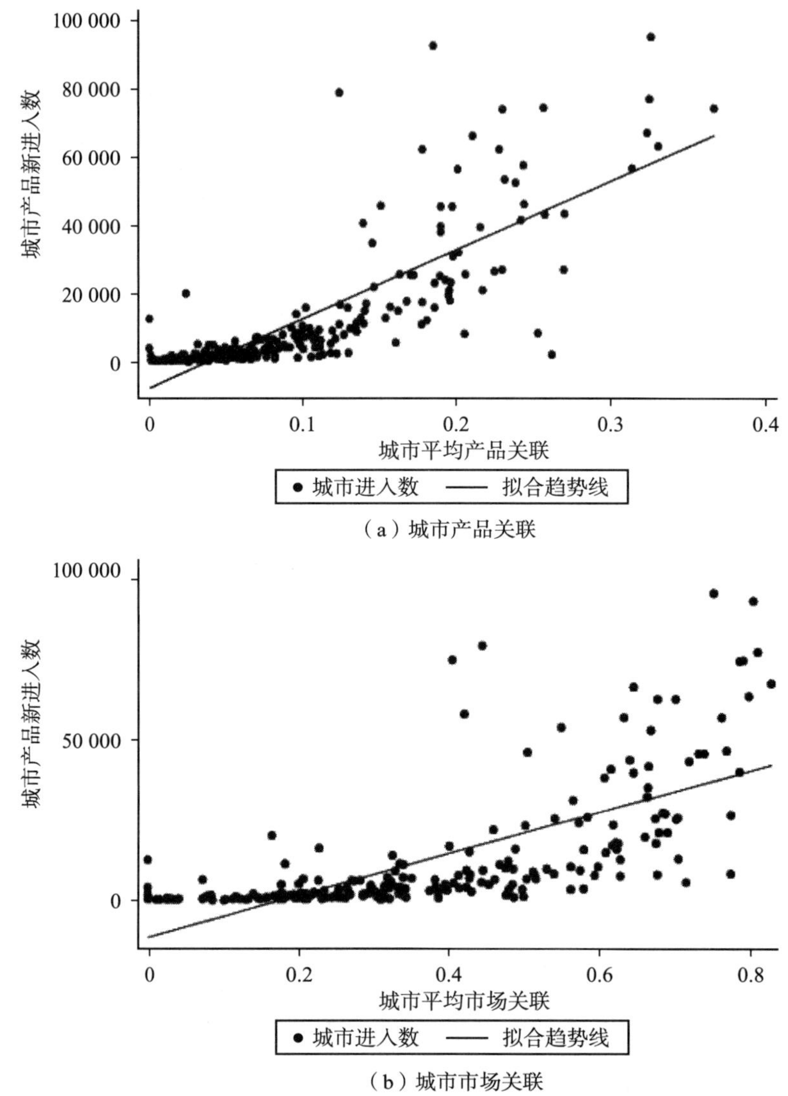

图 13－3　城市产品关联、市场关联与城市产品进入

资料来源：根据中国海关数据库计算。

不同类型的贸易壁垒冲击对于不同产品类型的作用具有显著差异（见表 13－1）。根据 WTO 所公布的数据显示，卫生安全检疫措施主要集中于动植物制品、食品制品以及化工类产品等，这类产品多为资源密集型产品，与技术壁垒相关的措施则主要针对的是技术密集型产品如机械电子类产品，化工产品、交通运输类产品等；反倾销措施的重点实施对象是化工产品、金属制品以及机械电子类产品等，可见各类贸易壁垒的指向性非常明显，多集中于严格控制特定的某几类产品。

表 13-1　　2002~2011 年各类产品遭遇的总贸易壁垒

两位数产品	SPS（件）	两位数产品	TBT（件）	两位数产品	ADP（件）
动物制品	2 485	机械电子产品	2 189	化工产品	896
植物制品	2 330	食品制品	1 947	金属制品	800
食品制品	1 493	化工产品	1 475	塑料制品	477
化工产品	624	交通运输产品	1 433	机械电子产品	322
木材加工制品	138	植物制品	961	纺织业	312
塑料制品	108	其他类产品	891	木材加工制品	247
机械电子产品	94	塑料制品	821	石料陶瓷玻璃类产品	150
纺织业	37	金属制品	775	交通运输产品	103

资料来源：根据 WTO 官方网站数据整理。

为了进一步探究在不同贸易壁垒的影响下，进行出口路径创造的主体差异。本研究选取 2003 年和 2011 年计算当年各类产品的进入率，并将其与遭受的贸易保护冲击进行比较（见图 13-4）。在 2003 年进行新市场扩展的产品以植物制品、矿产品以及化工产品为主，这类产品的路径演化过程对资源要素禀赋的依赖性更强，对区域内的溢出效应要求不高。因此在发展初期尚未形成深厚的产业基础和积累充足的出口经验时，最先由这类产品进行新市场的探索。而通常这类产品的生产过程中容易受到卫生安全检疫的贸易保护冲击。2011 年，机械电子类产品的进入率达到 22%，其次是交

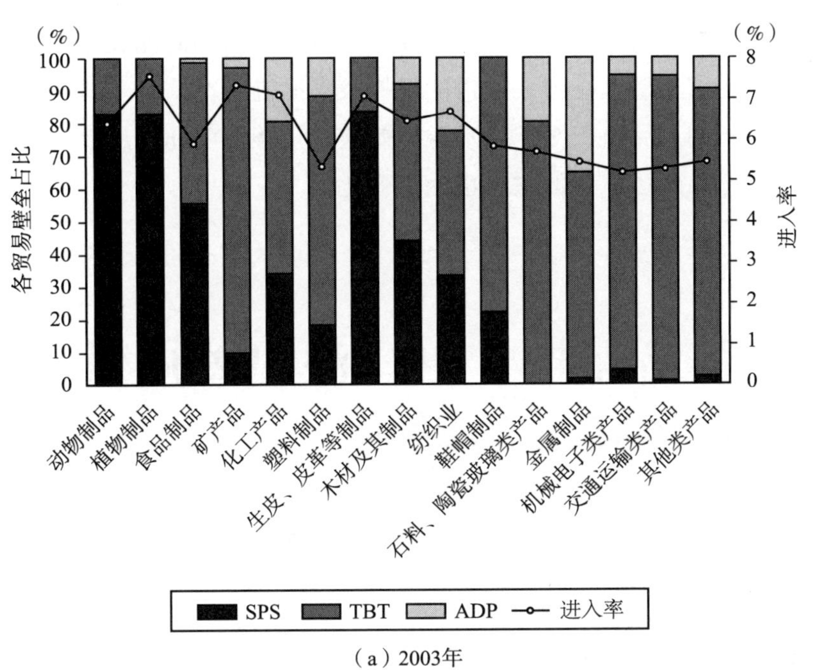

（a）2003年

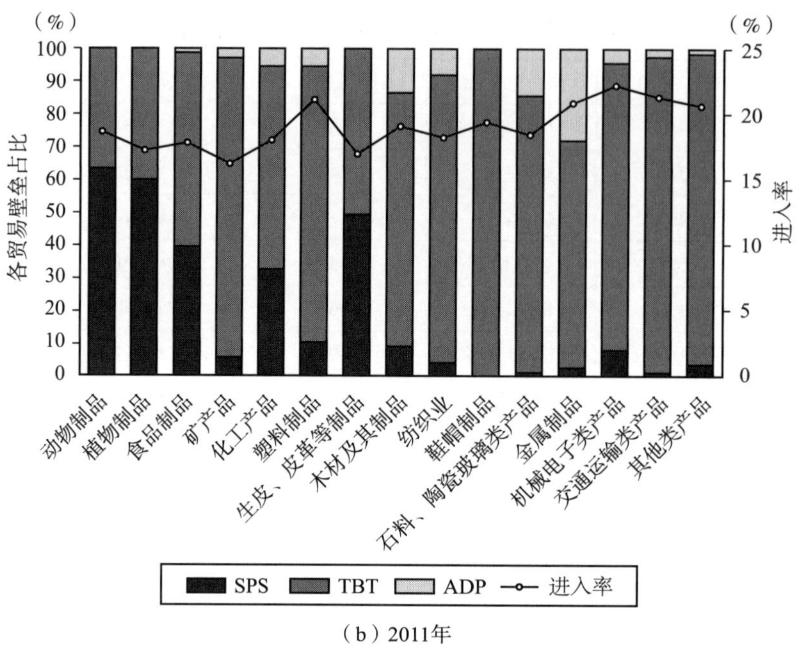

（b）2011年

图 13－4　2003 年和 2011 年贸易保护与产品的进入率

资料来源：根据中国海关数据库计算，贸易保护相关资料从 WTO 官方网站整理。

通运输类产品和塑料制品以及金属制品，产品扩展新市场的比率均达到 20% 以上，这几类具有典型的技术密集和资本密集特征。可见在发展后期，区域有了足够的知识积累并逐步建立自身的出口网络后，主要进行市场开拓的主体是技术资本密集型产品。这类产品对出口溢出的外部性要求较高，但也正因为如此能较好地抵抗风险。因此，在遭受频繁的贸易壁垒措施之下仍能保持较高的进入率。综上所述，在产品探索新路径过程中，不同产品由于对于技术溢出效应的依赖程度和利用效率不一样，在不同产业发展阶段产品路径演化的主体也随之变化。

五、贸易保护、出口溢出效应对出口市场拓展的影响

（一）模型设定与变量选择

本研究构建模型识别促进和阻碍地级市层面四位数 HS 码的出口产品进入新市场

的路径演化过程的动力与阻力，重点分析基于技术关联和市场关联的两种路径依赖在外部冲击的作用下的应对反应。因变量是产品是否进入出口市场，而自变量则主要包括路径依赖特征变量和路径突破特征变量。具体实证验证过程如下：

第一步，为考察出口溢出效应和贸易保护对我国出口市场拓展的单一效应，核心解释变量仅引入产品技术关联、市场关联以及三类贸易壁垒措施，建立如下模型：

$$Entry_{icmt} = a_0 + a_1 Pdensity_{cit} + a_2 Mdensity_{cit} + a_3 NTMs_{mt} + a_4 Control_{mt} + \varepsilon_{cmit} \quad (13.8)$$

第二步，引入贸易保护与技术关联以及市场关联的交叉项，考察贸易保护与出口溢出对我国出口市场拓展的复合效应，进一步探究贸易保护是否对出口拓展的路径依赖有削弱或增强作用，模型如下：

$$\begin{aligned} Entry_{icmt} = {} & a_0 + a_1 Pdensity_{cit} + a_2 Mdensity_{cit} + a_3 NTMs_{mt} + a_4 Pdensity_{cit} \times NTMs_{mt} \\ & + a_5 Mdensity_{cit} \times NTMs_{mt} + a_6 Control_{mt} + \varepsilon_{cmit} \end{aligned} \quad (13.9)$$

其中 i 代表四位数 HS 产品，c 代表城市，m 代表目的地。$Entry_{icmt}$ 表示因变量，按照研究需求取城市四位数产品进入目的地 0～1 变量。a_0 为常数项，a_1 ～ a_6 为系数，$Control_{mt}$ 为控制变量，$Pdensity_{cit}$ 为衡量产品技术路径依赖的变量，$Mdensity_{cit}$ 是衡量产品市场路径依赖的变量，$NTMs_{mt}$ 表示各个国家（地区）对我国采取的各类非关税贸易保护手段，作为路径突破的衡量指标，ε_{cmit} 用以控制行业特性、城市特性、出口市场以及年份差异。控制变量的选取则是基于国际贸易理论和演化经济地理理论进行选择，分别控制了目的地 GDP 和服务业增加值占 GDP 比重以及失业率以消除经济发展水平和市场需求差异、控制 FDI 作为国家（地区）经济环境的刻画，以及引入出口市场与中国是否同大洲来刻画我国与出口目的地之间的地理邻近性。模型解释变量基本信息如表 13－2 所示。

表 13－2　　解释变量基本信息

解释维度	变量名称	变量描述	数据来源
路径依赖：出口溢出	Pdensity	城市产品技术关联，反映产品对本地技术溢出的依赖程度	中国海关贸易数据库
	Mdensity	城市市场关联，反映产品对市场信息溢出的路径依赖程度	中国海关贸易数据库
路径突破：非关税壁垒 NTMS	SPS	对中国发起的卫生和植物安全检疫通报数占本国该类壁垒比重，反映受到的绿色壁垒	世界贸易组织官网
	TBT	对中国发起的技术贸易壁垒通报数占本国该类壁垒比重，反映受到的技术壁垒	世界贸易组织官网
	ADP	对中国发起的反倾销调查数占本国该类壁垒比重，反映受贸易壁垒的干预	世界贸易组织官网

续表

解释维度	变量名称	变量描述	数据来源
控制变量	PGDP	目的地人均 GDP，反映目的地社会经济发展水平	世界银行数据库
	Serve	目的地第三产业比重，反映目的地市场需求结构	世界银行数据库
	Uemp	失业率水平，反映目的地市场需求及保护本国产业的意愿强烈程度	世界银行数据库
	Samecon	是否同大洲，反映与目的地地理邻近程度	UN Comtrade 数据库

解释变量之间高度相关会产生多重共线性，导致模型估计失真。因此在将数据引入模型进行估计之前，对各类解释变量进行相关性识别。

表 13－3 为核心变量的相关系数结果，发现各类贸易壁垒措施之间存在一定相关性，SPS 和 TBT 之间相关系数达到 0.35，而 TBT 和 ADP 之间相关系数超过 0.4。因此为了避免共线性的问题需要在引入贸易壁垒时分别引入模型。

表 13－3　　主要变量相关系数

相关系数	Mdensity	Pdensity	SPS	TBT	ADP
Mdensity	1.00				
Pdensity	0.08	1.00			
SPS	－0.02	0.14	1.00		
TBT	－0.03	0.08	0.35	1.00	
ADP	－0.01	0.02	0.06	0.42	1.00

（二）模型回归结果

本研究从城市—产品—目的地维度出发，实证分析区域内出口溢出效应以及区域外部贸易保护冲击对产品进入新市场的路径演化作用，并考虑产品异质性的差异影响。考虑到贸易保护措施与出口贸易之间存在一定的滞后性，本研究参考王思璇（2009）的方法，尝试考虑引入各项贸易壁垒的一阶滞后项以消除这种滞后性的影响。由于模型因变量是 0～1 二值变量，因此本研究选择二元离散选择模型中的 Logit 模型进行回归分析，回归结果如下所示。

1. 出口溢出效应和贸易保护的单独影响

表 13－4 中的核心解释变量只引入了技术关联、市场关联和贸易保护，暂不考虑

出口溢出和贸易保护二者的互动作用对出口市场拓展的影响，结果呈现高度一致的规律。首先，结果显示表征路径依赖特征的两类溢出变量，产品技术关联和市场关联对应的回归系数均显著为正，验证了研究假说1。城市出口过程的产品生产技术溢出和市场信息溢出的确可以显著促进产品依赖现有路径进入新的市场，实现区域产品的市场拓展，证明了已有研究中的发现——区域产业衍生过程呈现明显的路径依赖特征，即区域倾向于发展与原有产品或市场关联性较强的产业（贺灿飞等，2016；He et el.，2018）。市场关联的回归系数明显大于产品技术关联，说明产品出口过程中对出口市场信息溢出的依赖程度更高。

表13－4　　　　出口溢出和贸易保护对中国出口市场拓展的单独影响

VARIABLES	Model 1 TBT	Model 2 ADP	Model 3 SPS
Pdensity	0.084 ***	0.072 ***	0.082 ***
Mdensity	0.136 ***	0.128 ***	0.131 ***
FDI	0.002	－0.003 **	0.001
PGDP	0.024 ***	0.023 ***	0.026 ***
Serve	0.044 ***	0.032 ***	0.032 ***
Samecon	0.071 ***	0.041 ***	0.058 ***
Uemp	－0.012 ***	－0.006 ***	－0.005 ***
TBT	－0.013 ***		
ADP		－0.027 ***	
SPS			－0.019 ***
产品类别	YES	YES	YES
城市	YES	YES	YES
目的地	YES	YES	YES
年份	YES	YES	YES
Constant	－0.126 ***	－0.095 ***	－0.103 ***
Observations	3 429 530	2 506 382	3 263 527

注：*** $p<0.01$，** $p<0.05$。

再看贸易壁垒对产品路径演化的影响，观察发现无论是技术贸易壁垒、反倾销或是卫生安全检疫，三类贸易保护措施的回归系数均在1%的显著性水平上显著为负。这说明贸易保护的冲击，将阻碍企业进行出口市场拓展。在贸易保护理论研究中，已有大量研究证明了贸易保护壁垒对出口贸易的消极影响。技术贸易壁垒提高了市场准入门槛，而反倾销可能带来高额的反倾销税或者为应对反倾销调查而产生的巨额诉讼成本和调查监测成本（Bown & Crowley，2007）。卫生安全检疫放大了动植物制品和食品制品等对时间成本非常敏感的产品的沉没成本（Miljkovic，2005）。因此各类贸易保护将直接切断产品原有的出口渠道，不利于产品依赖原有路径进行市场拓展。

2. 贸易保护与出口溢出的互动作用

表13－5是增加了贸易保护与出口溢出效应交叉项变量后的回归结果。引入交叉项的目的在于寻找贸易保护切断地方原有的路径依赖联系，为地方的路径突破创造条件或增强本地路径依赖的可能性。结果发现，三类贸易壁垒与产品技术关联的交叉项的回归系数均显著为正，而对市场关联的交叉项的回归系数均显著为负。这说明贸易保护的冲击之下，产品市场关联的路径依赖程度将更容易被突破。而产品技术关联的依赖路径不会受到削弱，反而有增强的趋势。由于产品技术关联主要是考虑供给方生产环境和生产能力（Boschma & Iammarino，2009），而市场关联则更多反映产品对外部市场间的联系的依赖。这说明出口市场拓展进程受到外部冲击后，产品将更依赖于本地的技术溢出从而实现出口，而对外部市场网络的依赖减弱。

二者作用差异的原因主要在于贸易壁垒对产品出口过程有直接与间接作用两种影响效果。一方面，贸易壁垒直接提高了产品进入市场的成本，因而导致产品无法依赖原有路径实现出口，产品与该市场的联系被切断。相似国家（地区）也会加大限制进口我国被某些国家（地区）指控的产品，因而我国城市产品与外部市场网络间的联系将被更深层次的削弱，区域有可能被迫实现路径突破。另一方面，贸易壁垒的刺激加大了产品出口过程的市场准入成本，出口商为了尽可能降低成本，故将更加依赖本地现有的生产技术外溢从而降低产品的生产成本从而维持平衡，这一过程将增强产品间的联系和降低产品间的距离，地区对本地技术溢出效应的依赖增强。同时，贸易壁垒通常针对产品本身提出许多严格的要求以增大产品进入的难度，比如技术贸易壁垒要求产品必须达到某类技术标准，卫生安全检疫则要求产品的质量需要通过某些特殊的安全检疫程序，频繁的反倾销倒逼机制加快产品升级，培育核心竞争力以承担和应对由反倾销造成的高额的诉讼成本和调查监测成本（王静仪，2014）。因此在这些外生力量的干扰和推动作用下，产品为尽快适应外部冲击与跨越壁垒，将更积极促进技术溢出，提升技术与管理水平以获得技术进步与创新，加快地区现有生产能力的提升，从而增强了本地路径依赖的趋势。

演化经济地理学通常以外部冲击作为路径突破的重要力量，认为通过外部力量的干预，将为地区引入新的技术、人力资本和管理方法，有助于本地产业结构演化打破地区已有依赖产生路径突破（Boschma et al.，2012）。本研究发现，外部的冲击不仅可以带来路径突破，也可以增强本地路径依赖从而提升地区的生产能力。由于贸易壁垒无形中增大了产品进入市场的准入成本，进入外部市场的路径受阻，出口商会转向通过更有效地利用本地技术溢出效应的方法，从而降低产品的生产成本为提高市场准入成本的接受范围腾出空间。加之贸易保护的倒逼作用也将会增强本地产品联系，贸易壁垒的外部刺激将增强出口市场拓展进程对本地技术溢出效应的依赖，而削弱其对需求市场的路径依赖。本研究的发现丰富了演化经济地理以供需视角分析路径依赖模型在面临外部冲击时的差异反应。

表 13－5　　贸易保护与出口溢出的互动作用

VARIABLES	Model 4 TBT	Model 5 TBT	Model 6 ADP	Model 7 ADP	Model 8 SPS	Model 9 SPS
Pdensity	0.069 ***	0.071 ***	0.058 ***	0.068 ***	0.073 ***	0.080 ***
Mdensity	0.135 ***	0.137 ***	0.129 ***	0.130 ***	0.130 ***	0.133 ***
FDI	0.002	0.002	−0.003 **	−0.003 **	0.001	0.001
PGDP	0.027 ***	0.027 ***	0.023 ***	0.023 ***	0.026 ***	0.026 ***
Serve	0.035 ***	0.035 ***	0.031 ***	0.030 ***	0.032 ***	0.032 ***
Samecon	0.059 ***	0.059 ***	0.036 ***	0.036 ***	0.056 ***	0.057 ***
Uemp	−0.011 ***	−0.011 ***	−0.006 ***	−0.006 ***	−0.007 ***	−0.007 ***
NTMs	−0.007 ***	−0.012 ***	−0.012 ***	−0.028 ***	−0.004 *	−0.017 ***
NTMs × Pdensity	0.008 ***		0.028 ***		0.0321 ***	
NTMs × Mdensity		−0.007 ***		−0.004 **		−0.013 ***
产品类别	YES	YES	YES	YES	YES	YES
城市	YES	YES	YES	YES	YES	YES
目的地	YES	YES	YES	YES	YES	YES
年份	YES	YES	YES	YES	YES	YES
Constant	−0.118 ***	−0.117 ***	−0.100 ***	−0.093 ***	−0.092 ***	−0.096 ***
Observations	3 208 349	3 208 349	2 381 314	2 381 314	3 079 885	3 079 885

注：*** $p<0.01$，** $p<0.05$，* $p<0.1$。

六、小结

伴随着各国（地区）相互间贸易发展不平衡加剧，贸易摩擦日益升级，越来越多的国家（地区）设置贸易保护壁垒限制我国产品出口，对我国的经济发展产生了深刻影响。厘清贸易保护对我国造成的经济影响和作用机制，找准发力点以积极应对贸易保护的挑战，突破已有路径的锁定局面，是我国出口贸易的重要议题。本研究以我国城市产品进行市场拓展的路径为切入点，将供给与需求因素纳入同一分析框架，研究国外贸易保护壁垒对来自本地的产品技术溢出和对借助外部市场的需求联系溢出的路径依赖是否有显著的增强或削弱趋势。

通过实证分析贸易保护手段对我国产品演化路径的作用效果，发现我国产品出口贸易格局呈现典型的技术依赖和市场依赖特征，并且对出口市场经验的依赖特征更明显。关于贸易壁垒的作用效果，发现多种贸易壁垒的阻碍会广泛地抑制产品进入，切断产品进入市场的渠道和可能。各类贸易保护将直接切断产品原有的出口渠道，不利于产品依托原有路径进入市场演化。最后，研究还发现贸易壁垒的外部刺激将增强对本地技术溢出效应的依赖，而削弱对需求市场的路径依赖，通过新市场的搜寻带来路径突破的可能。外部的冲击不仅可以带来路径突破的可能，也可以增强本地路径依赖从而提升地区的生产能力。由于贸易壁垒无形中增大了产品进入市场的成本，进入外部市场的路径受阻，出口商转向更有效地利用本地技术溢出效应，降低产品的生产成本为提高市场准入成本的接受范围腾出空间。加之贸易保护的倒逼机制也将会增强本地产品联系促进产品结构升级，因此贸易壁垒的外部刺激将增强对本地技术溢出效应的依赖，而削弱对需求市场的路径依赖。本研究有助于丰富演化经济地理供需视角下的路径依赖模型在面临外部冲击时的内部差异，即外部力量不仅会带来冲击破坏以及路径突破的可能，同时也有可能将进一步迫使产品更依赖于本地的知识溢出。

当前新贸易保护主义的兴起，欧美发达国家（地区）以及新兴的发展中国家（地区）市场为积极抢夺国际分工价值链，采取各类贸易保护主义措施限制我国的制造业产品出口的发展。我国政府和企业应当着重自身的技术创新以及积极开拓新兴市场，促进出口市场的多样化以更好地应对外部市场环境的波动和挑战。贸易保护措施的发起，极易削弱我国现有的出口市场联系，因此唯有提升我国自主创新能力，加速本地技术进步和升级才能更好地应对外部冲击。

参考文献

［1］陈万灵，杨永聪．2014．全球进口需求结构变化与中国产业结构的调整．国际经贸探索，30（9）：13－23．

［2］郭琪．2016．中国制造业出口多样化及其空间动态演化研究．北京大学博士学位论文．

［3］贺灿飞，董瑶，周沂．2016．中国对外贸易产品空间路径演化．地理学报，71（6）：970－983．

［4］江凌．2012．技术性贸易壁垒对我国农产品出口影响分析及应对策略研究．西南大学博士学位论文．

［5］康晓玲，宁艳丽．2005．外国对华实施技术性贸易壁垒问题的博弈分析．经济体制改革，（2）：145－148．

[6] 綦建红，冯晓洁 . 2014. 市场相似性、路径依赖与出口市场扩张——基于 2000—2011 年中国海关 HS - 6 产品数据的检验 . 南方经济，32 (11)：25 - 42.

[7] 王静仪 . 2014. 我国遭受反倾销调查的贸易效应探析——基于欧盟对我国光伏产品反倾销调查的案例分析 . 价格理论与实践，(12)：115 - 117.

[8] 王思璇 . 2009. 中欧贸易摩擦的趋势预测及其对双边关系的影响——基于引力模型的实证研究 . 国际贸易问题，(6)：37 - 46.

[9] 朱允卫 . 2003. 技术性贸易壁垒对我国农产品出口的影响及对策 . 国际贸易问题，21 (11)：6 - 10.

[10] Ahn J. B. , Khandelwal A. K. and Wei S. J. 2011. The role of intermediaries in facilitating trade. Journal of International Economics, 84 (1): 73 - 85.

[11] Boschma R. , Minondo A. and Navarro M. 2012. Related variety and regional growth in Spain. Papers in Regional Science, 91 (2): 241 - 256.

[12] Boschma R. and Capone G. 2015. Relatedness and diversification in the European Union (EU - 27), and European neigbourhood policy countries. Environment and Planning C: Government and Policy, 34 (4): 617 - 637.

[13] Boschma R. and Iammarino S. 2009. Related variety, trade linkages, and regional growth in Italy. Economic Geography, 85 (3): 289 - 311.

[14] Bown C. P. and Crowley M. A. 2007. Trade deflection and trade depression. Journal of International Economics, 72 (1): 176 - 201.

[15] De Propris L. 2012. Beyond Territory: Dynamic geographies of knowledge creation, diffusion and innovation, Regional Studies, 46 (10): 1417 - 1419.

[16] Fafchamps M. , El Hamine S. and Zeufack A. 2002. Learning to export: Evidence from Moroccan manufacturing. Journal of African Economies, 17 (2): 305 - 355 (51).

[17] He C. , Yan Y. and Rigby D. 2018. Regional industrial evolution in China. Papers in Regional Science, 97 (2): 173 - 199.

[18] Hidalgo C. A. , Klinger B. , Barabasi A. L. and Hausmann R. 2007. The product space conditions the development of nations. Science, 317: 482 - 487.

[19] Lu Y. , Tao Z. and Zhang Y. 2012. How do exporters respond to antidumping investigations? . Journal of International Economics, 91 (2): 290 - 300.

[20] Manova K. and Zhang Z. 2012. Export prices across firms and destinations. Quarterly Journal of Economics, 127 (1): 379 - 436.

[21] Martin R. and Sunley P. 2006. Path dependence and regional economic evolution. Journal of Economic Geography, (6): 395 - 437.

[22] Miljkovic D. 2005. Sanitary and phytosanitary measures in international trade: policy considerations vs. economic reasoning. International Journal of Consumer Studies, 29 (3): 283 - 290.

[23] Morales E. , Sheu G. and Zahler A. 2014. Gravity and extended gravity: Using moment inequalities to estimate a model of export entry. NBER Working Paper No. 19916.

[24] Nooteboom B. 2001. Learning and innovation in organizations and economies. Learning & Innovation in Organizations & Economies, (14): 177-205.

[25] Pierce J. R. and Schott P. K. 2012. Concording U. S. harmonized system codes over time. Journal of Official Statistics, 28 (1): 53-68.

第十四章
贸易保护与光伏产品出口市场拓展

一、引言

贸易保护主义指一个国家或地区通过提升关税、设定准入许可等举措限制外国商品进入以维持本国产业竞争力的行为。早期贸易保护主义与重商主义和幼稚产业保护理论联系紧密，重商主义认为贸易顺差是国家繁荣的关键，幼稚产业保护论强调保护性政策有利于培育新兴产业。近些年国际贸易保护主义手段趋于隐蔽，目标更具针对性，以绿色壁垒、技术壁垒、行政手段等方式阻碍自由贸易，与经济全球化大潮背道而驰（杭言勇，2013）。2011 年美国和欧盟相继对中国光伏产品出口进行反补贴反倾销（“双反”）调查，意图保护本国产业，限制我国光伏产业发展。光伏产业既是战略性新兴产业又是绿色产业，对保护生态环境、维护能源安全、刺激经济增长、引领科技进步有战略意义（Sun et al.，2014；Binz et al.，2017；Mans，2014）。“双反”事件改变了我国光伏产业出口格局，引起国内外学者的广泛关注。

古典贸易理论强调比较优势和要素禀赋的作用，出口源地资源禀赋和目的地市场特征是国际贸易的基础。伊达尔戈等（Hidalgo et al.，2007）拓展了这一理论，认为出口源地的贸易产品演替是路径依赖的，与已有出口产品联系紧密的产品更有可能出口。从出口市场来看，市场多元化促使区域嵌入全球生产网络，避免因特定目的地需求变化而引致贸易风险（蒋小荣等，2018；Haddad et al.，2013）。然而出口市场多元化存在门槛效应，市场多元化只有超出某一阈值才能减弱出口波动（易会文、黄汉民，2014；黄漓江等，2017）。此外，贸易地理研究认为企业在拓展国际市场时常考量历史经验、知识溢出效应（Sinani & Hobdari，2010；Muñoz-sepúlveda & Rodríguez，2015），基于已有贸易对象寻找新的贸易国（Morales et al.，2014；Chaney，2014）。可见出口源地、目的地以及已有的贸易联系均是影响贸易格局的关键变量。

我国光伏产业快速发展源于内外两方面因素。一方面，德国、意大利等发达国家能源结构转型催生世界光伏产业发展热潮（Ball et al.，2017），加工贸易占比高的区域率先打开国外市场，融入全球分工体系，出口额迅速增加（刘仰焰、沈玉良，2010）。然而无论是“来料加工”还是“进料加工”，光伏产品生产所需的原材料和中间品多源自欧美，易受外部环境掣肘（Ball et al.，2017）。另一方面，不同层级政府提供了从生产到销售的一系列补贴（Chen & Lees，2016；Avril et al.，2012；Binz & Anadon，2018）。吴等（Wu et al.，2016）指出中国的激励政策对不同所有制光伏企业均有促进作用。格劳等（Grau et al.，2012）对比了中国和德国的激励政策，认为两国政策均能够促进光伏生产技术进步。支等（Zhi et al.，2014）发现中国对光伏产业的补贴卓有成效，补贴重点从生产过渡到市场需求并逐步减弱力度的做法，有力地支撑了光伏产业快速发展。国际需求和激励政策在中国光伏产业发展中扮演重要角色。

在实证研究方面，詹政和向洪金（2014）以美国对华“双反”为例探讨贸易保护的经济效应，发现进口减少抬高了美国光伏产品价格，贸易保护对实施国同样弊大于利。童昕等（2017）从全球生产网络出发，对我国光伏产业从“两头在外”到产业集群的历程进行剖析，认为开启国内市场是应对贸易严冬的有力举措。朱向东等（2018）分析我国光伏产业生产格局，发现“双反”推动我国光伏产业向长三角地区集聚，产业基础雄厚的地区抵御外部冲击能力更强。然而“双反”背景下光伏贸易研究局限于贸易保护对特定国家光伏产业的影响，少数研究关注我国内部产业链整合、生产格局演变等。

外部冲击下的贸易格局演变研究不但是未来中国制定光伏产业贸易政策的依据，也是我国应对贸易保护甚至是贸易战争时重要的知识储备。本研究对比“双反”前后世界光伏产品贸易网络，分析我国光伏产品出口目的地格局演变，考察“双反”、政策激励、贸易类型、出口多元化、出口产品关联、目的地中心性等对出口市场拓展的影响。

二、数据来源与研究方法

（一）数据来源

本研究采用源自 UN Comtrade 数据库的 2002 ~ 2016 年各国（地区）光伏产品出口数据，并剔除相互出口额之和小于 1 万美元的贸易联系。中国各地级市和目的地之间光伏产品贸易数据源自 2009 ~ 2013 年中国海关总署贸易库。根据该数据库，筛选六位数 HS 码光伏产品（HS：854140）（Monkelbaan，2014；Algieri et al.，2011），并加总到地级市—目的地层面。光伏产品的补贴收入数据源自 2009 ~ 2013 年中国工业企业数据库。以 2002 年行业代码（GB/T 4754 – 2002）为标准，代码 3929 主要是“输配电及控制设备制造”，包含大部分光伏产品。地级市社会经济数据源自《中国城市统计年鉴》，各目的地社会经济数据源自世界银行官方网站，各国（地区）与中国的地理距离数据源自 CEPII 数据库。本研究经济数据平减为 2011 年不变价格。

(二) 地级市光伏出口关联

参考伊达尔戈（Hidalgo，2007），本研究采用共现概率衡量地级市光伏出口与其他产品出口之间的联系。若光伏产品与其他产品出口关联紧密，认为出口光伏产品基于本地已有产业结构，是一种路径依赖的模式。若光伏产品与本地其他产品出口关联较弱，则光伏产业发展突破了已有路径。参照前人研究以四位数产品进行计算（Zhu et al.，2017），相关公式为：

$$Prob_{ij} = \min\{P(RCA_i \mid RCA_j),\ P(RCA_j \mid RCA_i)\} \tag{14.1}$$

式中，$Prob$ 为产品共现概率，RCA 为四位数产品的显著性比较优势，i 表示光伏产品，j 表示其他产品。$P(RCA_i \mid RCA_j)$ 内涵为产品 j 具有出口比较优势时，产品 i 也具有比较优势的概率。RCA 以地级市出口产品区位商（lq）进行判断（郑蕾等，2015）。

$$lq_{c,j} = \frac{Exp_{c,j}/Exp_{c,t}}{Exp_j/Exp_t} \tag{14.2}$$

式中，$lq_{c,j}$为城市 c 出口产品 j 的区位商；$Exp_{c,j}$为城市 c 出口产品 j 的贸易额；$Exp_{c,t}$为城市 c 出口总额；Exp_j 为中国出口产品 j 的贸易额；Exp_t 为中国出口总额。$lq \geqslant 1$ 则 $RCA=1$，反之 $RCA=0$。使用 RCA 对 $Prob$ 加权并加总，得到地级市光伏与其他产品的出口关联度。

$$Relate_c = \frac{\sum_j Prob_{i,j} \times RCA_{c,i}}{\sum_j Prob_{i,j}} \tag{14.3}$$

式中，c 表示地级市，i 为光伏产品，j 为其他产品。$Relate_c$ 数值越高表明光伏产品与已有出口产品关联越强。

三、中国光伏产品出口格局

(一) 世界光伏产品贸易网络

随着 20 世纪 90 年代德国、意大利等国对新能源的重视，世界光伏产品需求迅速增加，不少国家依托自身优势进军光伏制造业，光伏产品贸易方兴未艾（见图 14－1）。

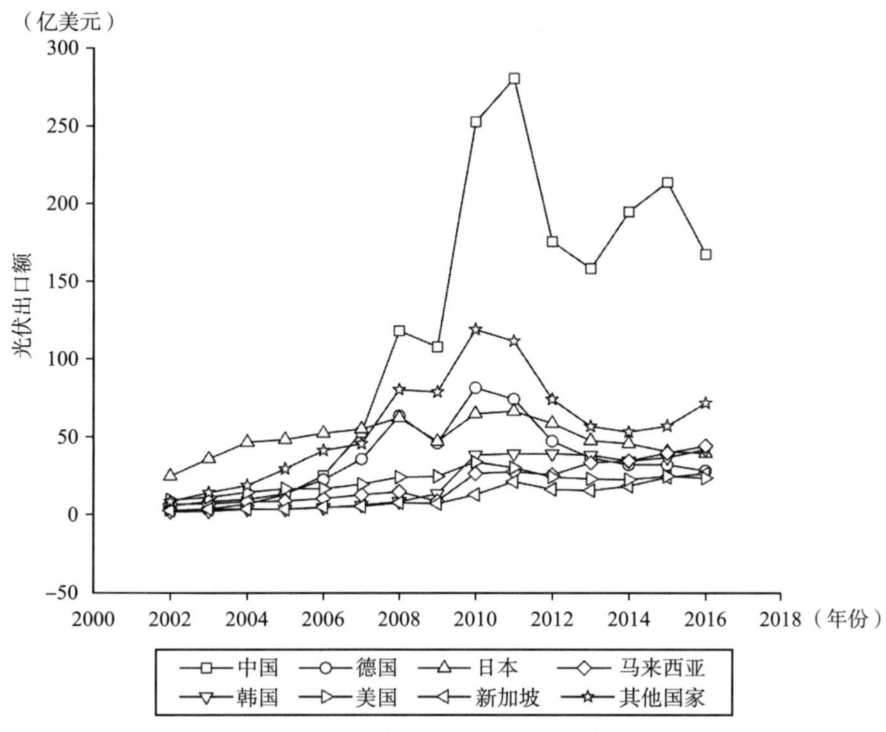

图 14－1　世界光伏产品出口演变

资料来源：依据 UN Comtrade 数据库整理。

图 14－1 显示，世界光伏产品出口集中在少数国家（地区），中国、德国、日本、韩国四国占到 2002～2016 年世界光伏产品出口额的 67.06%。2009 年之前光伏产品出口呈现加速增长趋势，世界出口总额从 2002 年的 59.27 亿美元升至 2008 年的 375.74 亿美元，年均增幅达 30.19%。在金融危机的影响下，2009 年光伏产品贸易额降至 330.27 亿美元。值得注意的是，2009～2013 年世界光伏产品贸易发生剧烈波动，2009～2011 年见证了高速增长并于 2011 年达到顶点，贸易额为 646.78 亿美元，随后出口总额迅速降至 2013 年的 405.56 亿美元，2013 年之后世界光伏产品出口趋于平缓。2010 年和 2012 年分别是增速（89.36%）和降速（29.28%）最高的两年，光伏产品贸易的剧烈波动一方面是产能过剩所致，另一方面是对发达国家（地区）对我国光伏产品出口进行“双反”调查的结果。

在分析光伏产品贸易演变的基础上，本研究采用网络分析对国家（地区）间光伏产品贸易关系进行分析。本研究首先识别对我国光伏产品出口实施“双反”的国家（地区）。2011 年 10 月以 Solar World 为代表的 6 家企业向美国商务部提案调查中国光伏产品出口的倾销行为和补贴情况，一年后美国商务部裁定中国企业支付 18%～250% 的反倾销税和 15%～16% 的反补贴税。2012 年 9 月欧盟启动针对中国光伏产品出口的调查，并于次年 5 月裁定征收 47% 的反倾销税（朱向东等，2018）。对我国光伏产品出口实施“双反”国家主要包括欧盟和美国（见表14－1）。

表14－1　对中国光伏产品出口实施“双反”的国家①

标准国家代码	国家名称	标准国家代码	国家名称
AUT	奥地利	IRL	爱尔兰
BEL	比利时	ITA	意大利
BGR	保加利亚	LTU	立陶宛
CYP	塞浦路斯	LUX	卢森堡
CZE	捷克	LVA	拉脱维亚
DEU	德国	MLT	马耳他
DNK	丹麦	NLD	荷兰
ESP	西班牙	POL	波兰
EST	爱沙尼亚	PRT	葡萄牙
FIN	芬兰	ROM	罗马尼亚
FRA	法国	SVK	斯洛伐克
GBR	英国	SVN	斯洛文尼亚
GRC	希腊	SWE	瑞典
HUN	匈牙利	USA	美国

资料来源：笔者整理。

表14－1列出了对中国光伏产品出口实施“双反”的国家。区分“双反”和“非双反”国家，绘制中国光伏产品贸易网络（见图14－2）。

为简化起见，图14－2未显示光伏产品出口额之和小于300万美元的贸易联系，并只标注了贸易对象个数大于80的国家（地区）。图14－2中对我国光伏产品出口实施“双反”的国家中心性始终较高，表明欧美发达国家在世界光伏产品贸易中的重要位置。中国、德国和美国贸易对象最多，且相互间联系十分紧密，意大利、法国、英国、荷兰、韩国、日本等也有较高的中心性。2009～2011年，世界光伏产品贸易联系增强，未出现明显的偏态。在2013年和2015年，我国与主要“双反”国家包括美国、德国、荷兰等光伏产品贸易额均有所减少。网络分析表明2011年开始的“双反”调查可能是我国光伏产品出口格局转变的重要原因，随着“一带一路”倡议实施以及我国与欧美以外其他国家（地区）贸易联系的加强，新兴市场在我国光伏产品贸易中逐步占据重要位置。

① 克罗地亚2013年加入欧盟，归为非“双反”国家；英国2016年脱欧，归为“双反”国家。

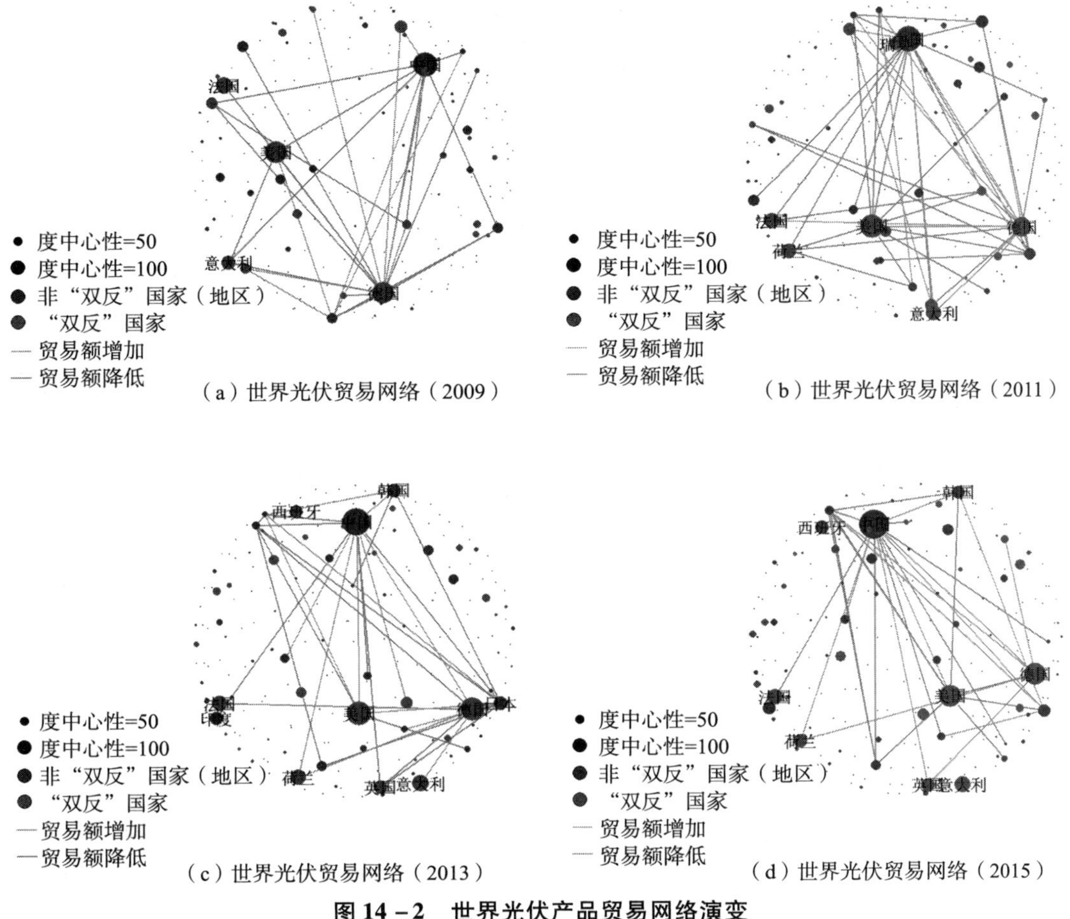

（a）世界光伏贸易网络（2009）　（b）世界光伏贸易网络（2011）

（c）世界光伏贸易网络（2013）　（d）世界光伏贸易网络（2015）

图 14－2　世界光伏产品贸易网络演变

资料来源：依据 UN Comtrade 数据库计算。

（二）“双反”背景下中国光伏产品出口特征

本研究基于 UN Comtrade 数据分析 2009 年、2011 年、2013 年和 2015 年我国光伏产品出口市场演变。2009～2011 年，我国光伏产品出口集中在欧盟地区和美国，其他国家包括印度、日本、澳大利亚等也占据一定份额。2013～2015 年，我国光伏产品出口市场格局趋向分散，对“双反”国家出口额从 2011 年顶峰的 217.1 亿美元降至 2013 年低谷的 53.8 亿美元。出口到非“双反”国家（地区）的光伏产品则从 2009 年的 15.8 亿美元激增至 2013 年的 96.8 亿美元，对东亚、东南亚、南亚、中东、南美、非洲等地区的出口均有所增加。中国光伏产品出口目的地的剧烈变化，为进一步观察这一转换，在表 14－2 列举了不同年份中国光伏出口额前十位国家。

表 14－2　中国光伏出口前十位目的地及其演变

排名	2009 年		2011 年		2013 年		2015 年	
	目的地	出口额（亿美元）	目的地	出口额（亿美元）	目的地	出口额（亿美元）	目的地	出口额（亿美元）
1	德国	37.3	德国	56.6	日本	47.00	日本	52.11
2	荷兰	15.6	荷兰	54.5	美国	19.90	韩国	27.54
3	意大利	8.43	意大利	38.8	荷兰	15.90	美国	19.60
4	比利时	5.53	美国	28.2	印度	8.36	印度	14.72
5	美国	4.13	比利时	17.3	德国	6.10	荷兰	9.80
6	西班牙	3.35	澳大利亚	11	澳大利亚	5.41	新加坡	6.19
7	法国	2.71	法国	5.9	南非	5.28	菲律宾	5.97
8	韩国	2.34	印度	4.93	韩国	4.64	泰国	5.89
9	日本	2.24	日本	4.32	比利时	3.91	英国	5.81
10	澳大利亚	2.08	西班牙	3.87	英国	3.86	智利	4.46

资料来源：依据 UN Comtrade 数据库整理。

表 14－2 印证了中国光伏产品出口目的地从“双反”向非“双反”国家（地区）的转变。2009 年出口目的地前七位均为“双反”国家，2011 年之后日本、韩国、印度、新加坡等国与中国光伏产品贸易额迅速上升。2015 年出口目的地前十位中只有美国、荷兰、英国为“双反”国家。

图 14－3 将我国光伏产品出口以贸易类型（加工贸易、一般贸易）和目的地类型（“双反”、非“双反”）两个维度分成四类。其中目的地演变与前面分析相符，出口

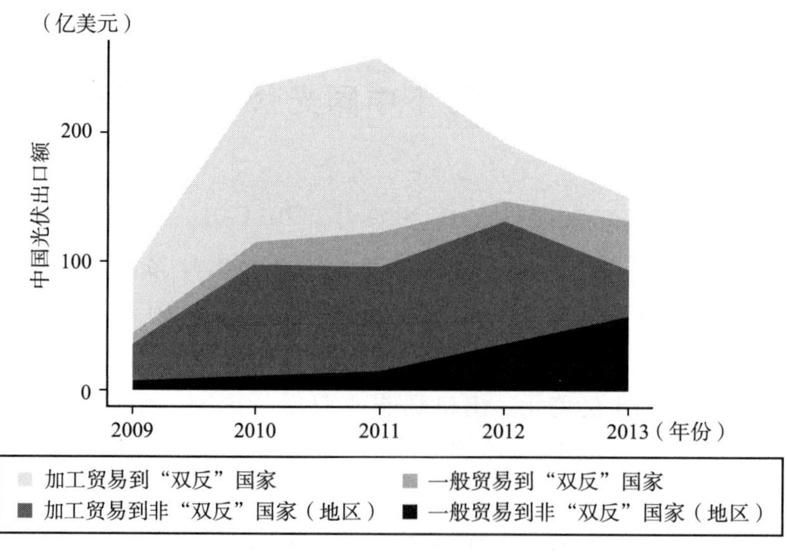

图 14－3　中国光伏产品出口结构及其演变

资料来源：依据 UN Comtrade 数据库、中国海关贸易数据库整理。

到“双反”国家（地区）占比从2009年的83.49%减至2013年的35.51%。从贸易类型看，一般贸易占比从2009年的37.60%增至2013年的62.62%。2009年加工贸易出口到“双反”国家占比最高，达到53.25%，2013年一般贸易出口到非“双反”国家（地区）成为最为重要的光伏贸易路径，比重为38.77%。出口目的地转换伴随着贸易类型的变化，可能因为加工贸易的主要对象是欧美发达国家，更容易受到“双反”的冲击。

四、贸易保护主义对中国光伏产品贸易的影响

（一）模型设定与变量选择

以210个地级以上城市与175个目的地之间的光伏产品贸易联系为研究对象，综合考察“双反”、政策激励、贸易类型、出口关联和目的地中心性的作用，建立如下模型：

$$ENEX_{i,c,t1} = \alpha + \beta_1 \times AD_{t0} + \beta_2 \times Sub_{t0} + \beta_3 \times Type_{t0} + \beta_4 \times Relate_{t0} + \beta_5 \times Diver_{t0} + \beta_6 \times Degree_{t0} + \gamma \times X_{t0} + \varepsilon \qquad (14.4)$$

式中，$ENEX_{i,c,t1}$为城市i在$t1$年对目的地c的出口变化。若$ENEX_{i,c,t1}$等于1则相较于$t0$年，$t1$年出口额上升，反之为0。X_{t0}为控制变量，ε为误差项。模型变量定义见表14-3。

表14-3　模型变量定义

变量类型	代码	变量名	变量解释
被解释变量	ENEX	出口额变化	城市i在t1年对国家（地区）j光伏出口额高于t0年记为1，反之为0
解释变量	AD	目的地“双反”	目的地j对中国实施“双反”政策记为1，反之为0
	Sub	光伏补贴收入	城市i光伏企业所获补贴金额
	Type	出口类型	城市i光伏产品出口中加工贸易所占比重
	Relate	出口关联	城市i光伏与其他出口产品的关联度
	Diver	出口多元化	城市i光伏产品出口额大于1万美元的目的地数目
	Degree	目的地中心性	目的地j在世界光伏贸易网络中的度中心性

续表

变量类型	代码	变量名	变量解释
控制变量	GDPPC	城市人均 GDP	城市 i 的人均 GDP
	Import	城市光伏进口	城市 i 从国家（地区）j 进口光伏产品记为 1，否则为 0
	Exp_c	目的地光伏出口	目的地 j 光伏产品出口总额
	Struc_c	目的地产业结构	目的地 j 工业产值占 GDP 比重
	Distance	地理距离	目的地 j 人口重心与中国人口重心的距离

在解释变量中，设置虚拟变量表征“双反”的事件（*AD*），“双反”国家记为 1，反之为 0；以光伏企业补贴收入代理政策激励（*Sub*），加工贸易占比代理城市光伏产品对外贸易类型（*Type*）；以光伏与其他产品同时出口的概率（*Relate*）表征光伏产品出口的路径依赖程度；光伏产品出口目的地个数反映地级市出口多元化程度（*Diver*）；以出口目的地在世界光伏贸易网络中的中心性（*Degree*）表征目的地的控制力和影响力。

在控制变量中，以地级市人均 GDP(*GDPPC*）控制经济发展水平；以城市光伏产品是否从某目的地进口控制进口对出口的影响（*Import*）；以目的地工业产值比重（*Struc_c*）控制其产业结构；以目的地光伏出口额（*Exp_c*）控制其光伏产业发展情况；考虑到贸易地理的影响，进一步控制我国和目的地之间的地理距离。模型变量描述性统计结果见表 14 -4。

表 14 -4　　变量描述性统计

变量类型	2011 年被解释变量与 2009 年解释变量						2013 年被解释变量与 2011 年解释变量					备注	
	变量名	样本数	均值	标准差	最小值	最大值	样本数	均值	标准差	最小值	最大值	单位	数据源
被解释变量	ENEX	2 873	0. 620	0. 485	0	1	3 916	0. 559	0. 497	0	1	—	贸易库
解释变量	AD	2 873	0. 284	0. 451	0	1	3 916	0. 284	0. 451	0	1	—	—
	Sub	2 873	885	1670	0	31 941	3 916	1 720	5 462	0	429 075	万元	企业库
	Type	2 873	22. 9	38. 2	0. 0	100. 0	3 916	25. 5	39. 9	0. 0	100. 0	%	贸易库
	Relate	2 873	0. 262	0. 116	0. 009	0. 458	3 916	0. 286	0. 102	0. 023	0. 467	—	贸易库
	Diver	2 873	23. 8	25. 3	0	91	3 916	30. 4	32. 0	0	118	个	UN Comtrade
	Degree	2 873	38. 17	35. 97	1	146	3 916	41. 90	36. 71	1	153	—	UN Comtrade
控制变量	GDPPC	2 873	4. 268	2. 123	0. 449	10. 152	3 916	5. 833	2. 647	0. 646	13. 081	万元	中国城市统计年鉴
	Import	2 873	0. 126	0. 332	0	1	3 916	0. 149	0. 356	0	1	—	贸易库
	Exp_c	2 873	4. 120	9. 850	0	46. 734	3 916	6. 914	15. 839	0	73. 840	亿美元	UN Comtrade
	Struc_c	2 873	26. 8	10. 7	5. 0	96. 6	3 916	27. 5	11. 6	4. 2	95. 4	%	世界银行
	Distance	2 873	8 165	3 984	1 124	19 110	3 916	8 165	3 984	1 124	19 110	公里	CEPII

（二）模型估计结果

本研究选取 Logit 模型进行模型估计并使用稳健标准误修正异方差的影响。考虑到 2011 年前后光伏产品贸易的波动，将模型分为 2009 ~ 2011 年和 2011 ~ 2013 年两个时段，模型估计结果见表 14 - 5。

表 14 - 5　　不同时段光伏产品贸易联系的影响因素

变量	2009 ~ 2011 年			2011 ~ 2013 年		
	(1)	(2)	(3)	(4)	(5)	(6)
解释变量						
Sub	0. 195 **		0. 159 *	0. 122 ***		0. 135 ***
Type	- 0. 0941		- 0. 0665	- 0. 838 ***		- 0. 840 ***
Relate	5. 944 ***		5. 245 ***	- 1. 236		0. 363
AD		0. 106	0. 380		- 0. 680 ***	- 1. 293 ***
Diver		0. 00194 **	0. 0144 **		- 0. 0357 *	- 0. 00547 **
Degree		0. 00185 ***	0. 0157 ***		0. 00787 **	0. 0200 ***
控制变量						
GDPPC	1. 17e - 05 *	1. 20e - 05 ***	1. 25e - 05 *	2. 01e - 05 ***	1. 15e - 05 ***	2. 63e - 05 ***
Import	0. 446 **	0. 124	0. 341	0. 852 ***	0. 113	0. 596 **
Exp_c	3. 32e - 07 ***	8. 65e - 08	3. 30e - 08 **	3. 51e - 08	4. 43e - 08	1. 01e - 07
Struc_c	- 3. 219 ***	- 1. 240 ***	- 1. 766 *	1. 002	1. 120	0. 728
Distance	0. 0481	- 0. 269 **	- 0. 168	- 0. 409 *	0. 0700	- 0. 389
Constant	- 3. 054 ***	0. 1000	- 4. 193 ***	- 2. 645 ***	0. 841 ***	- 3. 723 ***
Observations	2 873	2 873	2 873	3 916	3 916	3 916
LR chi2	162. 4	117. 9	613. 1	191. 4	155. 9	50. 6
Prob > chi2	0. 000	0. 000	0. 000	0. 000	0. 000	0. 000

注：*** 、** 和 * 分别表示回归系数在 1% 、5% 和 10% 的水平下显著。

表 14 - 5 中模型（1）~（3）是 2009 ~ 2011 年的截面数据回归结果。解释变量分别和同时带入模型其显著性基本不变，结果稳健。*Sub* 显著促进城市光伏产品贸易增长，体现出政策激励的作用。*Type* 不显著，可能因为 2009 ~ 2011 年加工贸易比重变化较小，解释力有限。*Relate* 显著为正，说明该时段贸易拓展符合市场规律，与本地

出口联系越紧密光伏产品贸易所获增长越多。*AD* 不显著，表明在“双反”之前，欧美与其他国家（地区）作为光伏产品出口目的地没有明显区别。*Diver* 显著为正，与已有研究相符，显示市场多元化促进出口增长（蒋小荣等，2018）。*Degree* 显著为正，表明我国光伏产品出口有向中心性强的国家（地区）拓展的趋势。

模型（4）~模型(6）是 2011 ~2013 年回归结果。*AD* 显著为负，*Relate* 不再显著，*Sub* 显著性增强，说明“双反”打断了多数城市的既有出口路径，贸易联系演变逐渐背离原有轨道，政策激励成为促进贸易增长的重要举措。*Type* 显著为负，说明加工贸易比重高的城市更容易受到“双反”的冲击。*Diver* 显著为负，即出口国家（地区）越多元越不利于维持贸易联系。2009 ~2011 年我国光伏产品出口集中在“双反”国家，*Diver* 高意味着目的地中“双反”国家多，当这些国家集体抵制中国光伏产品时，出口多元化所受损害反而高。*Degree* 显著为正，说明中心性强的国家（地区）贸易影响力大（潘峰华等，2015），与其进行贸易有利于出口增加。

本研究继续以是否“双反”为准对目的地进行分类，进一步分析光伏产品贸易格局演变的驱动因素（见表 14 –6）。

表 14 –6　　目的地类型与光伏产品贸易联系

变量	2009 ~2011 年		2011 ~2013 年	
	AD =0	AD =1	AD =0	AD =1
解释变量				
Sub	0. 193 *	0. 0226 *	0. 187 ***	0. 0989 ***
Type	–0. 00987	0. 0801	–0. 900 **	–0. 573 **
Relate	3. 273 *	7. 958 ***	0. 0367	1. 594
Diver	0. 0193 **	0. 0160	0. 00387	–0. 0119 **
Degree	0. 0254 ***	0. 0121 *	0. 0254 ***	0. 0146 *
控制变量				
GDPPC	8. 61e –06 *	1. 87e –05 *	2. 24e –05 ***	3. 51e –05 ***
Import	0. 0673	0. 822 *	0. 326	0. 943 **
Exp_c	1. 64e –07 *	6. 98e –11	1. 05e –07	–3. 40e –08
Struc_c	0. 838	–11. 56 ***	0. 981	–3. 099 *
Distance	–0. 0379 *	–0. 829	–0. 378 *	–0. 837
Constant	–4. 178 ***	–1. 908	–3. 691 ***	–4. 285 *
Observations	585	342	667	387
LR chi2	97. 5	115. 2	108. 3	54. 7
Prob > chi2	0. 000	0. 000	0. 000	0. 000

注：*** 、** 和 * 分别表示回归系数在 1% 、5% 和 10% 的水平下显著。

表 14 - 6 中显示，2009 ~ 2011 年 *Sub* 的显著性表明补贴能够显著促进光伏向“双反”和非“双反”国家（地区）出口，*Type* 在两类目的地均不显著，因为这一时期政策激励和加工贸易并非针对“双反”国家（地区）。*Relate* 在“双反”国家（地区）更为显著，表明向“双反”国家的出口是多数城市的发展路径。*Diver* 在非“双反”国家（地区）显著性更高，表明新拓展市场集中在非“双反”国家（地区）。*Degree* 在不同国家（地区）均显著为正，说明与中心性高的国家（地区）贸易有利于出口增长。

2011 ~ 2013 年 *Sub* 在两种类型国家（地区）的显著性均增强，印证了补贴激励出口的稳健作用。*Type* 显著为负，即加工贸易愈多贸易缩减愈严重，证实了加工贸易的脆弱性。*Relate* 不显著，由于欧美国家的限制，说明光伏产品出口不再以路径依赖的方式演进。*Diver* 不利于光伏产品向“双反”国家拓展，验证了前面的猜想，已有贸易对象集体发难时出口多元化不能缓冲贸易冲击。与中心性高的国家（地区）进行贸易依然有利于光伏产品出口增长，表明目的地中心性的稳健作用。

研究结果表明，在“双反”背景下，市场机制受挫，政府激励的影响增加并成为突破原有出口路径，创造发展机会的重要驱动力（贺灿飞等，2016；贺灿飞等，2017）。加工贸易取代一般贸易是贸易结构演化规律（孙浦阳等，2018），“双反”加速这一过程，经历短期阵痛以后，我国光伏产品出口类型更为合理。出口市场多元化未能有效提升光伏产品贸易，可能是地级市光伏产品市场多元化未达到降低贸易风险门槛值，不同层次的多元化策略可能更有裨益。伊达尔戈等（Hidalgo et al.，2007）认为国家（地区）和区域产品出口呈现路径依赖特征，贸易关联强的产品出口概率高，本研究发现“双反”打破了贸易演化路径，产品关联不再促进光伏产品贸易增长。与查内等（Chaney et al.，2014）对贸易拓展中已有目的地的强调相呼应，中心性高的国家（地区）能够给出口源地带来稳健的贸易联系和新的贸易对象，显著提升风险抵御能力。

五、小结

本研究以我国地级市与世界各国（地区）的光伏产品贸易联系为研究对象，基于 2009 ~ 2015 年 UN Comtrade 数据分析“双反”背景下世界光伏产品贸易网络，基于中国海关贸易数据库探讨 2009 ~ 2013 年我国光伏产品出口市场变化及其影响因素，得到下列结论：（1）“双反”降低了我国与欧盟和美国的光伏产品贸易量，我国光伏产品主要目的地从德国、荷兰、意大利和美国等国转向日本、韩国、印度和新加坡等国。出口目的地转换是维持光伏产品出口、缓冲贸易保护的重要方式。（2）相较于加工贸易，一般贸易更具自主性，更能抵御贸易冲击。“双反”加速了光伏制造业从加工贸易到一般贸易的转变。（3）出口市场多元化并不能缓冲“双反”冲击。研究时段我国光伏出口市场集中在“双反”国家，当这些国家集体发难时，建立在对多个欧美国家出口之上的市场多元化无济于事。（4）与网络中心性强的国家（地区）贸易能够提升贸易额。中心性强的国家（地区）控制力和影响力较强，能够和贸易伙伴形成稳健的贸易联系。

本研究启示，贸易保护背景下政策激励对于维持出口至关重要。在光伏产品贸易寒冬到来之际，政府对内拓宽市场缓解产能过剩的压力，对外支持出口促成光伏出口目的地向非“双反”国家（地区）转变，稳住了严峻的国际贸易形势。一般贸易比加工贸易更具自主性，在政策引导中应有意扶植一般贸易规模，控制加工贸易比重，争取在贸易冲突中获得更多话语权。出口市场多元化应强调市场的层次，出口目的地差异较大才能实现“把鸡蛋放到不同的篮子里”，从而抵御外部冲击。此外，应辨别国际贸易网络中的高中心性国家（地区），并与其建立稳健的贸易联系。

值此中美贸易战之际，国家应对策略显得格外重要。我国对出口产品的补贴激励是引致贸易战的原因之一，但是激励措施确实能够缓冲贸易冲击。因而应优化政策激励，一方面减少对企业、对产品的直接补贴，避免贸易冲突；另一方面增加对创新、对市场的支持力度，引导产业升级增强产品竞争力，增强应对贸易摩擦的能力。从出口多元化来看，尽管我国贸易对象遍布全球，但消费能力强的仍是欧美国家。应以“一带一路”倡议为依托，积极培育新兴市场，拓展发展中国家的市场。

参考文献

[1] 杭言勇. 2013. 国际贸易理论与实务. 杭州：浙江大学出版社.

[2] 贺灿飞，董瑶，周沂. 2016. 中国对外贸易产品空间路径演化. 地理学报，71（6）：970－983.

[3] 贺灿飞，金璐璐，刘颖. 2017. 多维邻近性对中国出口产品空间演化的影响. 地理研究，36（9）：1613－1626.

[4] 黄漓江，桑百川，郭桂霞. 2017. 贸易开放，贸易市场多样化与经济波动——基于中国省级面板数据的实证分析. 国际贸易问题，（8）：3－15.

[5] 蒋小荣，杨永春，汪胜兰. 2018. 1985—2015 年全球贸易网络格局的时空演化及对中国地缘战略的启示. 地理研究，37（3）：495－511.

[6] 刘仰焰，沈玉良. 2010. 我国光伏企业加工贸易生产控制模式之研究. 国际贸易问题，（7）：89－96.

[7] 潘峰华，赖志勇，葛岳静. 2015. 经贸视角下中国周边地缘环境分析——基于社会网络分

析方法. 地理研究, 34 (4): 775 -786.

[8] 孙浦阳, 侯欣裕, 盛斌. 2018. 外商投资自由化与贸易福利提升: 理论与经验研究. 世界经济, (3): 29 -53.

[9] 童昕, 王涛, 李沫. 2017. 无锡光伏产业链中的全球 - 本地联系. 地理科学, 37 (12): 1823 -1830.

[10] 易会文, 黄汉民. 2014. 企业出口市场多元化可以减弱出口波动吗? ——以制造业为例. 北京工商大学学报 (社会科学版), 29 (6): 37 -46.

[11] 詹政, 向洪金. 2014. "双反"措施的经济效应分析——以美国对华光伏产品为例. 产业经济研究, (2): 65 -72 +82.

[12] 郑蕾, 宋周莺, 刘卫东, 等. 2015. 中国西部地区贸易格局与贸易结构分析. 地理研究, 34 (10): 1933 -1942.

[13] 朱向东, 贺灿飞, 毛熙彦, 等. 2018. 贸易保护背景下中国光伏产业空间格局及其影响因素. 经济地理, 38 (3): 98 -105.

[14] Algieri B., Aquino A. and Succurro M. 2011. Going "green": Trade specialisation dynamics in the solar photovoltaic sector. Energy Policy, 39 (11): 7275 -7283.

[15] Avril S., Mansilla C., Busson M., et al. 2012. Photovoltaic energy policy: Financial estimation and performance comparison of the public support in five representative countries. Energy Policy, 51: 244 -258.

[16] Ball J., Reicher D., Sun X., et al. 2017. The new solar system. Stanford: Stanford University.

[17] Binz C., Gosens J., Hansen T., et al. 2017. Toward technology-sensitive catching-up policies: Insights from renewable energy in China. World Development, 96: 418 -437.

[18] Binz C. and Anadon L. D. 2018. Unrelated diversification in latecomer contexts—The emergence of the Chinese solar photovoltaics industry. Environmental Innovation and Societal Transitions, 28: 14 -34.

[19] Chaney T. 2014. The network structure of international trade. American Economic Review, 104 (11): 3600 -3634.

[20] Chen G. and Lees C. 2016. Growing China's renewables sector: A developmental state approach. New Political Economy, 21 (6): 574 -586.

[21] Grau T., Huo M. and Neuhoff K. 2012. Survey of photovoltaic industry and policy in Germany and China. Energy Policy, 51: 20 -37.

[22] Haddad M., Lim J. J., Pancaro C., et al. 2013. Trade openness reduces growth volatility when countries are well diversified. Canadian Journal of Economics, 46 (2): 765 -790.

[23] Hidalgo C. A., Klinger B., Barabási A. L., et al. 2007. The product space conditions the development of nations. Science, 317 (5837): 482 -487.

[24] Mans U. 2014. Tracking geographies of sustainability transitions: Relational and territorial aspects of urban policies in Casablanca and Cape Town. Geoforum, 57: 150 -161.

[25] Monkelbaan J. 2014. Addressing the trade-climate change-energy nexus: China's explorations in a global governance landscape. Advances in Climate Change Research, 5 (4): 206 -218.

[26] Morales E., Sheu G. and Zahler A. 2014. Gravity and extended gravity: Using moment inequalities to estimate a model of export entry. NBER Working Paper No. 19916.

[27] Muñoz-sepúlveda J. A. and Rodríguez D. 2015. Geographical and industrial spillovers in entry decisions across export markets. Applied Economics, 47 (39): 4168 – 4183.

[28] Sinani E. and Hobdari B. 2010. Export market participation with sunk costs and firm heterogeneity. Applied Economics, 42 (25): 3195 – 3207.

[29] Sun H., Zhi Q., Wang Y., et al. 2014. China's solar photovoltaic industry development: The status quo, problems and approaches. Applied Energy, 118: 221 – 230.

[30] Wu T., Zhou W., Yan X., et al. 2016. Optimal policy design for photovoltaic power industry with positive externality in China. Resources, Conservation and Recycling, 115: 22 – 30.

[31] Zhi Q., Sun H., Li Y., et al. 2014. China's solar photovoltaic policy: An analysis based on policy instruments. Applied Energy, 129: 308 – 319.

[32] Zhu S., He C. and Zhou Y. 2017. How to jump further and catch up? Path-breaking in an uneven industry space. Journal of Economic Geography, 17 (3): 521 – 545.

第十五章 企业区位与出口产品价格

一、引言

国际贸易理论的发展经历了从比较优势到产业内分工，再到产品内分工等几个阶段。传统比较优势理论强调国家（地区）之间的禀赋和生产率差异，认为产品差异主要表现为要素密集度的差异，同一个国家（地区）出口产品的类别、价格应该基本相同。按照这一理论，技术和要素禀赋接近的国家（地区）是不会有大规模贸易的。而实际上，“二战”以后，发达国家（地区）之间贸易占据全球贸易的绝大部分份额。以此为背景，克鲁格曼（1980）、埃尔普曼（1981）、艾西尔（Ethier，1982）在市场垄断竞争框架下，强调产品的多样性会给消费者带来福利，禀赋结构相近的经济体之间同样可以发生贸易，从而创建了新贸易理论。该理论强调产业内分工，同一个产业（要素密集度基本相同）可以包括不同的生产加工过程，可以细分为多个不同的产品，不同的国家（地区）可以专注于同一产业内不同产品的生产和出口。如果按照传统比较优势理论和强调产业内贸易的新贸易理论，产品将是国际贸易的最小单元，产品的价格差异将很小。然而，随着产业价值链条的不断延伸，国际贸易由产业内分工向产品内分工快速发展，成为现代国际贸易拓展的主要方式。产品内分工认为同一种产品会有很大的质量差异，参与国际贸易的经济体将根据自身资源禀赋和技术约束选择出口适宜质量的产品。

现有文献发现产品内贸易分工已经成为国际贸易的主导分工模式，产品内存在质量和价格差异基本成为共识，并主要从出口目的地特征和企业生产率水平等自身特征两个方面来理解这种差异。关于价格差异和质量差异的典型事实研究方面，肖特（Schott，2004）发现很多国家（地区）出口产品种类重合度非常高，并从要素禀赋差异带来产品内分工的角度解释为什么美国从不同要素禀赋国家（地区）进口的产品存在很大的单位价格差异，即不同质量的同种产品在不同国家（地区）之间存在分工。胡梅尔斯和克莱诺（Hummels & Klenow，2005）、哈拉克（Hallak，2010）、鲍尔温和哈里根（Baldwin & Harrigan，2011）等发现国家（地区）层面的产品单位价格根据不同生产地和目的地的特征而有差异，即同一个生产地的同一种产品到不同的目的地有不同的价格，不同的生产地的同一种产品到同一个目的地也有不同的价格。巴斯托斯和席尔瓦（Bastos & Silva，2010）、戈尔格等（Gorg et al.，2016）和哈里根等（Harrigan et al.，2011）从企业层面发现产品的平均单位价格根据不同的企业和不同目的地的特征变化，即同一个企业出口同一种产品到不同的目的地有不同的价格，不同企业出口同一种产品到同一个目的地有不同的价格。基于中国数据的研究也支持上述结论（Manova & Zhang，2012）。

对出口产品价格差异的影响因素的研究方面，巴斯托斯和席尔瓦（Bastos & Silva，2010）基于葡萄牙企业层面数据验证出口产品价格、出口企业生产率与出口目的地三者之间的关系，发现出口企业在更发达、经济规模更大、更远的目的地定更高的价格，这种关系在生产率更高的企业表现得更明显。戈尔格等（Gorg et al.，2016）运用阿根廷企业层面数据研究出口产品价格与经济地理之间的关系，发现出口产品价格随着国别（地区）间地理距离的增加而增加，企业的生产率与出口产品价格存在显著的正相关。哈里根等（Harrigan et al.，2011）运用美国数据发现出口价格和目的地特征之间的联系很大程度上取决于企业的自选择效应，发现生产率较高的企业出口高价格的产品，资本密集型企业出口价格较低的产品。鲍尔温和哈里根（Baldwin & Harrigan，2011）以梅里兹（2003）为基础，假设消费者同时关心消费品的数量和质量，从理论上证明产品质量与目的地的距离存在正相关关系。本研究引入“零贸易”概念的实证结果发现，产品价格随着目的地的距离增加而增加的现象可能是来自差异性企业在不同目的地的自选择效应，只有生产高质量产品的企业才能进入更远的市场。玛那瓦和张（Manova & Zhang，2012）发现中国企业出口产品间存在很大的价格差异，也发现了产品价格与目的地距离之间的正相关关系。

本研究认为，现有只从目的地特征和企业特征切入的关于价格差异的研究范式更适合于小规模经济体和区域差异较小的发达经济体，我国的区域经济发展差异较大，在研究产品价格差异时有必要考虑地理区位的影响。例如，我国各城市的地理位置和经济发展水平相差很大，东部沿海地区在对外贸易上有天然优势；我国出口企业的区域集聚现象非常明显，东部地区的企业数量为总出口企业数量的89%；我国大部分出口集中于少数城市，居于前20%的约60个城市出口额占总出口额的90%；城市之间的产品种类数同构化与差异化并存，城市之间同时存在产业内分工和产品内分工现象。这些事实均表明，城市之间、区域之间的发展差异对中国出口有重要的影响，在研究企业出口价格差异时，应该予以考虑。

有鉴于此，本研究以企业数据和现有文献研究框架为基础，引入区位偏远度概念，研究区位地理对企业出口产品价格的影响。首先深入挖掘我国企业出口产品价格差异及其影响因素的典型事实；再参考勃兰特等（Brandt et al.，2012）等文献计算企业全要素生产率等相关指标，将工业企业数据库与海关企业出口数据库相结合控制企业特征信息；进而构建区位偏远度指标，表征某地区与其他地区之间的经济联系；最后结合企业出口自选择效应和出口目的地信息，研究区位地理与企业出口产品价格的关系。研究表明，企业出口产品价格差异明显，产品内分工成为我国参与国际贸易的主要模式；出口产品城市内价格差异远远小于城市间价格差异，区位地理差异比目的地特征更能够解释出口产品价格差异；区位偏远度对企业出口价格有显著的影响，越偏远的地方，与外界经济联系越困难的地方，出口产品的价格相对越低，出口产业呈现梯度分工现象；相对于一般贸易和内资企业，加工贸易和外商投资企业对区位的偏远度更为敏感。

本研究的贡献体现在如下几个方面。首先，从企业在国内所处区位地理的角度研究出口产品价格差异，在文献上尚属首次，具有较为重要的贡献；其次，构建区位偏远度指标，表征某地区与其他地区之间的经济联系，为城市区域分类提供了一个参考标准，为后续研究提供较好的基础；此外，规范计算了企业全要素生产率等相关指标，并将工业库与海关库相结合，控制企业特征信息，并控制企业出口决策过程中的自选择效应问题，扎实的基础工作能够很大程度上提高结论的可信度。

二、数据与指标构建

（一）数据来源与处理

本研究使用的数据主要包括四个部分：中国海关企业层面进出口数据、中国工业企业数据、国别（地区）地理与宏观数据以及省区和地级市层面地理与宏观数据。中国企业层面出口数据来自海关进出口统计数据库，主要使用2006年的微观数据。企业人员、生产率、财务等信息来自中国工业企业数据库。2006年中国出口目的地有225[①]个，这些国家或地区的地理信息数据来自CEPII数据库，人口、产出、贸易等相关宏观经济数据来自Penn World Table 7.0。省份和城市相关数据主要由笔者整理[②]。

出口数据来源于海关总署记录的企业出口报关数据，是我国最为原始、翔实、准确的出口贸易数据，更为详细的数据介绍请参考杨汝岱和朱诗娥（2013）。研究主要以2006年企业层面出口数据为基础，2006年原始数据涉及171 205家企业，包括HS

① 海关数据显示，2006年出口目的地为225个，但实际有效目的国家（地区）远没有225个。原因在于，第一，根据海关国别编码原则，有些代码并不代表具体的经济体，如“199 亚洲其他国家（地区）”；第二，极个别国别或地区代码与联合国分类体系有冲突；第三，有些经济体在CEPII、PWT等数据库中无法找到对应的数据。

② 本数据的收集整理感谢湘潭大学商学院2011年“国际贸易与产业发展”研讨班学生的辛勤工作，感谢暨南大学陈安平教授提供的城市数据，感谢中国人民大学虞义华教授提供的省份间和城市间弧长数据（http://ideas.repec.org/c/boc/bocode/s457059.html）。

八位数[①]分类7 173种产品，总出口额为9 685亿美元。需要指出的是，中国海关企业数据库并没有提供企业的规模、人员、销售等方面的信息，本研究需要将海关数据与中国工业企业数据库对接，由于海关库和工业库没有采用同一套编码系统，将两个数据库匹配是一项非常复杂的工作，很多研究也在做类似的工作（Dai et al.，2016；Ma et al.，2012）。本研究的基本思路是，首先按工业库和海关库的企业名称完全匹配；然后将不能完全匹配上的海关库企业按照贸易额大小排序，将每家企业的企业名称拆分成若干个"词段"，用这些词段去和工业库企业名称搜寻匹配，如果每个词段都能匹配上，赋值匹配类型为"1"，如果只能有部分词段匹配上，按匹配要求的精度可逐步赋值。2000～2006年，海关库共314 824家企业（按照企业代码），有102 324家和工业库匹配上，占比为32.5%。海关库按企业进出口—年度加总数据，共1 374 532个观测值，其中645 833个观测值匹配上，占比为46.99%。海关库总进口和总出口数据中，总出口额的61.2%匹配上，总进口额的54.2%匹配上。相对于现有研究，更能够有效发挥两个数据库相结合的优势。[②] 表15－1展示了2000～2006年分年度出口额匹配情况。

表15－1　　2000～2006年分年度出口额匹配情况

项目	2000年	2001年	2002年	2003年	2004年	2005年	2006年
匹配出口比例（%）	51.3	54.9	57.8	60.9	63.5	64.0	63.4
贸易公司出口比例（%）	32.7	30.2	27.7	25.0	23.0	21.7	21.5
合计（%）	84.0	85.1	85.5	85.9	86.5	85.7	84.9

注：匹配准确性主要受两个方面因素影响。首先，贸易公司不会出现在工业库中，但海关库约1/4的出口由贸易公司完成，这部分贸易额是不可能匹配上的。其次，工业库没有统计到大量规模以下非国有企业，而这部分企业的出口在海关库中会有贸易记录，这部分企业也不可能在工业库中匹配上。按照表中结果，大约85%的出口额由匹配上的企业和贸易公司完成。没有匹配上的约15%的出口额来源于两个部分：规模以下非国有企业出口，在工业库中没有记录；两个库均有记录，但本研究的方法没有识别出来的记录。

资料来源：笔者整理。

此外，在研究企业出口价格差异时，需要考虑需求方因素，数据来自CEPII和Penn World Table 7.0数据库。CEPII提供了2006年出口目的地与中国的距离[③]、是否内陆国家、殖民历史等信息，Penn World Table 7.0数据库提供了这些国家（地区）的人口、GDP、外贸依存度、汇率等经济指标。[④] 和现有文献比较，本研究一个重要

① HS编码系统六位数为世界各国统一协调编码，各贸易大国出于各方面原因（产品差异、税率编码等），会对其进行扩展，中国海关统一使用八位数分类，这与美国的十位数编码系统可以类似对应。

② 两个数据库匹配搜寻匹配的编程和计算工作主要由武汉大学经济与管理学院罗知和遥感信息工程学院孟庆祥课题组完成，特致谢意。

③ Distance数据库对双边贸易伙伴的地理距离信息提供了几种不同的计算方式，并详细讨论了指标的适应条件，具体的信息可以参考：http：//www. cepii. fr/anglaisgraph/bdd/distances. htm。

④ 最近更新（2011.6）的PWT7.0版本数据包括189个国家（地区）1950～2009年的宏观国别可比（国别以美国为基准，年份以2005年为基年）数据，本书主要使用2006年的一些宏观指标数据。具体数据描述可以参考：http：//pwt. econ. upenn. edu/php_site/pwt_index. php。

贡献在于区分企业的区位异质性，需要收集省区和地级市层面的距离、面积以及人口等数据。

（二）区位偏远度指标构建

在讨论出口产品价格差异时，现有文献一般从需求方因素切入，如到目的地距离、目的地经济规模等，且将出口母国视作一个整体，忽略商品来源地的区位异质性（Schott，2004；Hummels & Klenow，2005）。即使从企业层面进行研究（Baldwin & Harrigan，2011；Bastos & Silva，2010），也不会考虑到企业在出口地内所处的区位差异。这种忽略商品来源地区位异质性的研究范式只适合于市场化程度非常高、区域经济差别小的发达经济体和规模较小的经济体。而我国区域经济之间的差别非常大，市场分割、地区壁垒、区域禀赋资源差异等现象非常突出，如果不考虑到这种产品来源地的区位异质性，很难对相关问题有较好的把握。正是基于这种认识，本研究构建区位偏远度指标，计算省份层面和地级市层面的区位偏远度，探讨企业区位对企业出口行为的影响。区位偏远度指标构建的基本思想是，将全国分为若干个区域，各个区域之间的经济联系与地理距离和相对经济发展水平有关，对于某个特定的区域，其区位偏远度被定义为其他区域和该区域的距离的加权和，权数为相对经济发展水平。区位偏远度计算方法如式（15.1）所示。

$$Remoteness_c = \sum_{i=1}^{I} \frac{Y_i}{\bar{Y}} dist_{ic} \tag{15.1}$$

式中，$Remotess_c$ 表示地区 c 的区位偏远度；$dist_{ic}$ 表示地区 i 至地区 c 的距离；Y_i 表示地区 i 单位面积的国内生产总值，$\bar{Y}$ 表示所有地区平均的单位面积 GDP。由指标设定可以看出，如果一个地区离发达地区较近，离不发达地区较远，则具有较低的地理偏远度，表明该地区与国内其他地区的经济联系更为便捷。实际上，在现有相关文献中（Harrigan et al.，2011；Manova & Zhang，2012），为在跨国（地区）研究中度量国别（地区）之间的相对地理位置差异，也提出过类似的指标。和这些研究比较，本研究的定义有两方面的改进。第一，引入经济密度概念，使用单位面积 GDP，显然更能反映地区之间经济联系的便捷程度；第二，使用相对经济发展水平作为权数，解决了计量单位的可比性问题，且赋予明确的经济学含义，更为合理。

本研究从省份和地级市两个层面计算区位偏远度，需要收集省份与省份之间的距离矩阵、地级市与地级市之间的距离矩阵，为讨论指标的适应性以及计量检验结论的稳健性，以公路距离作为基准，同时参考铁路距离和弧长距离的计算结果。根据定义，区位偏远度反映了该地区与国内其他地区经济联系的便捷程度，区位偏远度越高的地方，与其他地区开展经济合作的难度将更大。

三、出口产品价格差异典型事实

（一）出口产品价格差异

本研究以中国2006年企业微观层面出口数据为基础，讨论出口产品价格差异的典型事实。单位价格涉及产品计量单位，而在2006年海关出口数据中，有十多种计量单位，本研究选择“公斤”和“个/套”两种进行分析，这两种计量单位计价的商品出口总额占总出口额的94%。图15-1列出了产品的平均单位价格和不同企业该种产品的单位价格的关系，纵轴表示价格，横轴表示HS八位数分类产品编号，编号原则是按照平均产品单位价格从低到高。左图产品计价单位为“个/套”，右图计价单位为“公斤”。图中实线表示出口产品的平均单位价格，沿实线上的点的纵向方向分布的是不同企业出口该产品的单位价格。图15-2和图15-3说明了类似的问题，图15-2表明，同一种产品，出口到不同国家（地区）将会有不同的价格；图15-3表明，同一种产品，从国内不同的城市出口，也会有不同的价格。

三幅图实际上可以说明研究价格差异问题的三种不同角度。[①] 图15-1从产品供给方（企业）进行研究（Manova & Zhang，2012），图15-2从产品需求方（出口目的地）进行研究（Bastos & Silva，2010）。而图15-3则反映了本研究的角度，从出口商品来源地、出口企业的区位差异角度进行研究。显然，同一种产品从不同城市出口价格会明显不同，表明本研究从这一角度切入是合理和有必要的。从三组图可以看到，在研究出口产品价格问题时，如果只考虑以实线表示的产品平均单位价格，而忽视围绕实线分布的散点——不同企业同一出口产品的价格差异、出口到不同国家（地区）的同一产品的价格差异、从不同城市出口的同一产品的价格差异——将会忽视企业决策差异、出口目的地差异、出口来源地差异等大量有效信息，过于粗糙地理解出口产品价格问题。正是基于这点认识，本研究将对出口产品价格差异问题进行详细的探讨。

① 我们也可以理解为两个角度：企业特征和出口目的地特征。而企业特征可以分为两个方面，企业本身的规模、财务等特点和企业所处的区位地理特点，现有文献对企业特征的研究都没有涉及其区位地理信息，这是本书的一个重要文献贡献。

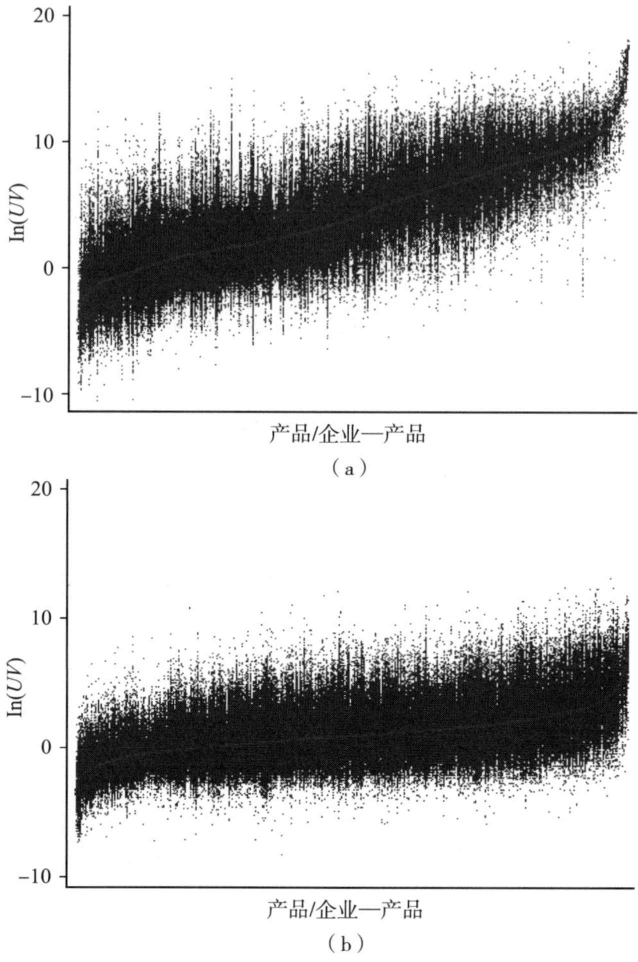

图 15－1　中国出口产品价格差异（企业层面）

注：(a) 图产品计量单位为“个/套”，(b) 图产品计量单位为“公斤”。
资料来源：依据中国海关贸易数据库，中国工业企业数据库计算。

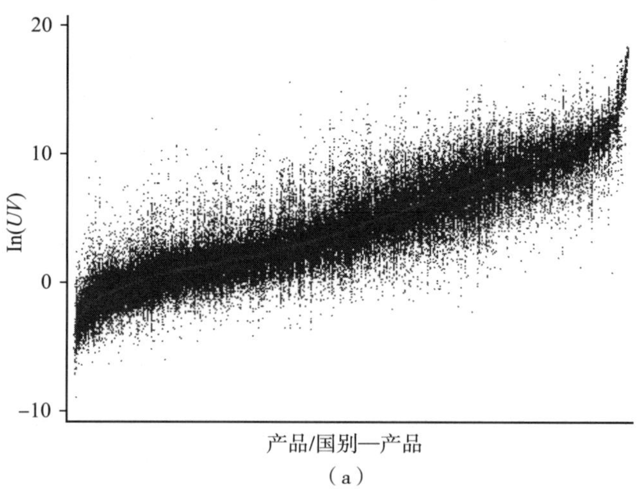

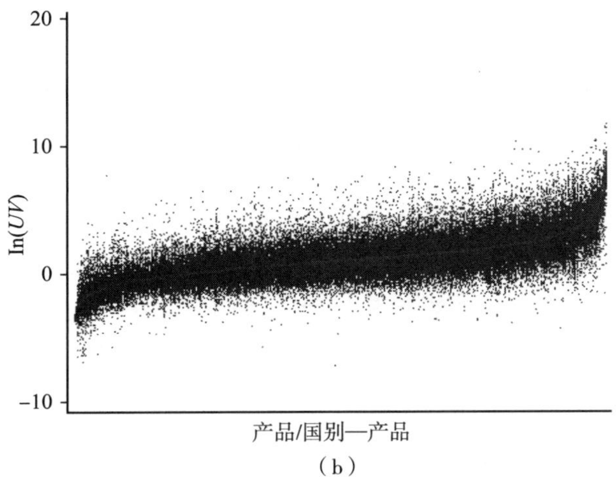

（b）

图 15－2　中国出口产品价格差异（国别层面）

注：（a）图产品计量单位为“个/套”，（b）图产品计量单位为“公斤”。
资料来源：依据中国海关贸易数据库，中国工业企业数据库计算。

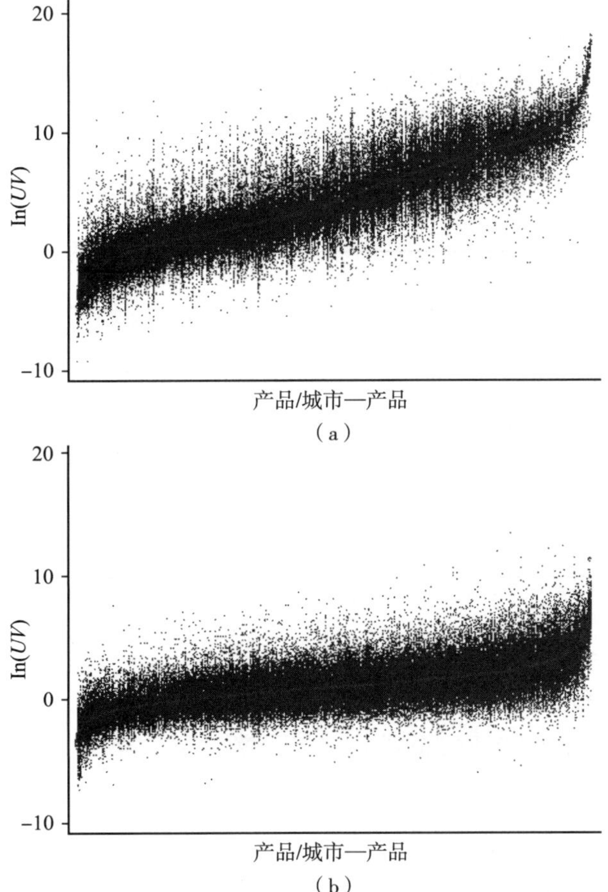

（b）

图 15－3　中国出口产品价格差异（地级市层面）

注：（a）图产品计量单位为“个/套”，（b）图产品计量单位为“公斤”。
资料来源：依据中国海关贸易数据库，中国工业企业数据库计算。

（二）出口产品价格差异影响因素的分解

研究表明，我国存在产品内分工和出口产品价格差异（Manova & Zhang，2012）。图 15－1～图 15－3 分别表明了企业特征和出口目的地特征都会造成出口产品价格差异，但这两个特征对价格差异的影响是分开表述的，图中不能看出其相对重要性。对出口产品价格差异的分解试图将企业特征和出口目的地特征综合在一起，考察其对价格差异影响的相对重要性。分解方法参考哈里根等（Harrigan et al.，2011），分解思路实际上来源于价格差异描述的三组直观图。出口产品价格差异有两个重要来源：企业特征和出口目的地特征，企业特征又可以分为企业本身的规模、财务等特点和企业在国内所处的区位信息。分解方法如式（15.2）所示，对于既定产品，将出口到国家（地区）d 的平均价格和总平均出口价格的差异分解成三部分：第一部分是同一家企业在不同的出口目的地定不同的价格，重点体现目的地特征的影响；第二部分是特定价格水平下，企业在不同的出口目的地有不同的市场份额，重点体现企业特征的影响；第三部分是两者的交互项。

$$\bar{p}_d - \bar{p} = \sum_{f=1}^{N}(p_{fd} - \bar{p}_f)\bar{w}_f + \sum_{f=1}^{N}(w_{fd} - \bar{w}_f)\bar{p}_f + \sum_{f=1}^{N}(p_{fd} - \bar{p}_f)(w_{fd} - \bar{w}_f) \tag{15.2}$$

其中，p_{fd}表示企业 f 出口某种产品到目的地 d 的出口价格，$\bar{p}_f$ 表示企业 f 出口该种产品到不同目的地的平均价格，w_{fd}表示企业 f 的出口占我国对 d 国（地区）总出口的份额，$\bar{w}_f$ 表示企业 f 总出口占我国总出口的份额。$\sum_{f=1}^{N}(p_{fd} - \bar{p}_f)\bar{w}_f$ 表示基于出口目的地特征的企业内跨市场定价差异；$\sum_{f=1}^{N}(w_{fd} - \bar{w}_f)\bar{p}_f$ 表示基于企业特征的企业间市场份额差异，同时有 $\sum_{f=1}^{N}(w_{fd} - \bar{w}_f) = 0$；$\sum_{f=1}^{N}(p_{fd} - \bar{p}_f)(w_{fd} - \bar{w}_f)$ 表示出口目的地特征和企业特征的交互影响。

运用 2006 年的海关数据进行计算，可以发现影响出口产品价格差异的主要因素是第二部分，即基于企业特征的企业间市场份额差异。第一部分的中位数为 0.061，比美国偏高（Harrigan et al.，2011），表示同一企业在不同的出口目的地出口价格存在差异，且这个企业内定价差异比美国企业要更为明显。第二部分的中位数为 1.524，表示基于企业特征的企业间市场份额差异对出口产品价格差异的影响非常大，相对于企业内跨市场定价差异 0.061 的中位数，企业特征是对价格差异最为重要的影响因素。为更直观地观察出口目的地特征和企业特征对出口价格差异的影响，本研究将两类影响因素及其交互项的密度函数在图 15－4 中列出。从图 15－4 可以看到，企业内跨市场定价差异和交互项基本上围绕 0 值密集分布，而企业间市场份额差异则表现出明显的“后尾效应”，表明以企业特征为基础的企业间市场份额差异是造成出口产品价格差异的最重要原因。表 15－2 和图 15－4 均表明企业特征比出口目的地特征对出口产品价格差异影响更大。但正如前文所述，企业特征包括企业自身规模、财务等信息和企业区位信息，关于企业自身特点对出口价格差异的影响，现有文献研究较多（Baldwin & Harrigan，2011；Manova & Zhang，2012），本研究重点讨论企业区位对出口产品价格差异的影响。

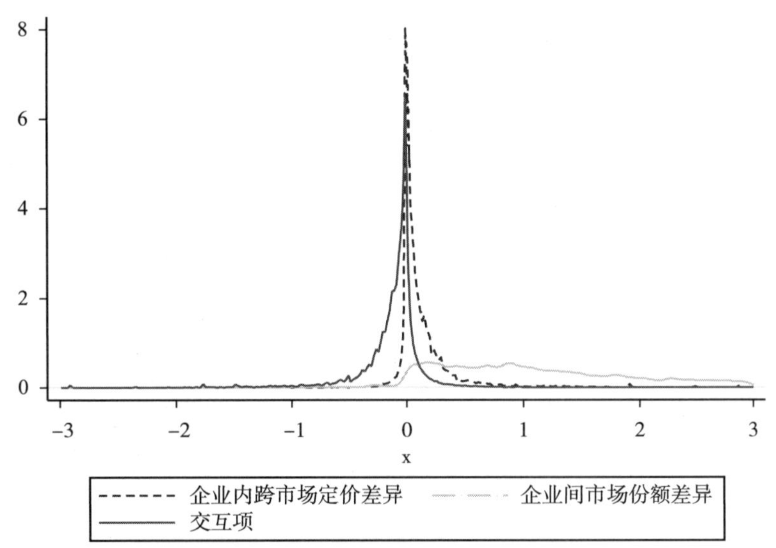

图 15－4　中国出口产品价格差异来源分解密度函数

资料来源：依据中国海关贸易数据库，中国工业企业数据库计算。

（三）企业区位与出口产品价格差异

本研究从产品、城市、目的地三个维度讨论出口产品价格差异的来源。产品以 HS 八位数分类为标准，城市以标准地名代码四位数分类为标准，出口目的地为 185 个。由于控制了产品固定效应，不再需要按照计量单位进行分类。表 15－2 是分解结果，可以发现，城市特征能解释很大一部分价格差异，且解释力大于目的地特征。如果只控制产品固定效应，同一产品价格差异的中位数为－0.78，控制产品和城市固定效应时，同一产品价格差异的中位数下降为－0.38，降幅 51%；而在控制产品和目的地固定效应时，同一产品价格差异的中位数下降为－0.49，降幅 37%。城市特征比目的地特征更能解释产品内的价格差异。还可看到，在价格差异的中位数下降的同时，价格差异的标准差也在下降，表明对于给定的一种产品，城市内的价格差异明显小于城市间的价格差异。如第（4）行所示，当产品、目的地和城市特征都被控制时，价格差的中位数为0.00，表明城市特征和目的地特征能对产品价格差异提供较为完整的解释。第（5）~（8）行从价格标准差的角度同样反映出城市特征和目的地特征能很好地解释产品价格差异，且城市特征比目的地特征有更强的解释力。值得一提的是，如果用2000~2005年的出口数据重做表15－2的检验，可以得到一个结论：产品价格差异有逐渐扩大的趋势，这表明产品内贸易越来越成为国际分工的主流，国际贸易越来越强调产品内的质量差异和技术含量差异。

表15－2　企业、产品、区位和目的地的价格差异

固定效应			N	mean	sd	p5	p25	p50	p75	p95
（1）	价格差	产品	6 194 235	－1.01	1.53	－3.73	－1.77	－0.78	－0.03	1.01
（2）		产品，城市	6 194 235	－0.60	1.23	－2.78	－1.13	－0.38	0.07	0.96
（3）		产品，目的地	6 194 235	－0.73	1.37	－3.20	－1.33	－0.49	0.06	1.02
（4）		产品，城市，目的地	6 194 235	－0.30	0.91	－1.99	－0.54	0.00	0.02	0.70
（5）	价格标准差	产品	7 170	1.43	1.05	0.17	0.71	1.2	1.88	3.44
（6）		产品，城市	400 972	0.53	0.77	0.00	0.00	0.21	0.79	2.01
（7）		产品，目的地	373 295	0.67	0.87	0.00	0.00	0.40	1.01	2.38
（8）		产品，城市，目的地	2 479 330	0.2	0.49	0.00	0.00	0.00	0.13	1.13

四、区位偏远度对出口产品价格的影响

（一）模型设定

在研究不同目的市场或者不同的企业特征对出口价格的影响时，现有文献几乎都只考虑已经发生的贸易，不考虑潜在的贸易关系。只有少数研究成果对零贸易样本做了一定的处理（Harrigan et al.，2011；Helpman et al.，2008；施炳展，2010）。本研究认为，在研究企业出口价格时，忽略零贸易会对结论产生一定的偏差。企业决策过程是首先决定是否将某种产品出口到某个市场，然后再考虑产品价格的问题。本研究的分析以产品—企业—国别（地区）三维度配对关系为研究对象。参考哈里根等（Harrigan et al.，2011），本研究从式（15.3）开始，X表示影响出口产品价格的因素，出口价格 p_{ifd} 定义为企业 f 出口第 i 种商品到 d 国（地区）的产品价格，α_{12} 是产品的固定效用（也可以衍生为产品企业对的固定效应），ε_{ifd} 是误差项。方程（15.3）包括产品固定效应，β 根据不同的企业和不同的市场进行变化。

$$\ln p_{ifd} = \alpha_{1i} + \beta X + \varepsilon_{ifd} \tag{15.3}$$

由产品市场竞争模型可以知道，企业特征将决定他们能否进入市场以及能进入哪些市场。同时，企业定价也会决定一个企业能否出口。这就意味着方程（15.3）的 β 存在自选择偏差，β 是自选择和差别定价的综合影响系数。现有统计数据只能观察到那些已经出口的产品价格，而那些在第一步已经决定不出口的潜在出口关系是观察不到的。为解决这一问题，本研究引入 Heckman 两步法，用出口额方程来表示一个企业是否出口某种产品到某国（地区）。

$$\ln y_{ifd} = \max[0,\ \alpha_{2i} + \delta X + u_{ifd}] \tag{15.4}$$

其中，y_{ifd} 为企业 f 出口第 i 种产品到目的地 d 的总出口额。当 $y_{ifd}=0$ 时，表示潜在的出口关系，此时的出口额为 0。接着就是要找出所有的零贸易关系，这样才能找到式（15.4）中影响出口决策的因素，从而得到 β 的一致估计量。需要特别提出的是，本研究的零贸易与哈里根等（Harrigan et al.，2011）的零贸易计量的方式不同。在哈里根等（Harrigan et al.，2011）中，零贸易是在国家（地区）层面计算的，本研究采用的零贸易是从企业层面计算的。具体而言，在企业—产品—国别（地区）配对关系中，以企业为基准，该企业的所有贸易关系集合为所有出口产品与所有出口国别（地区）的叉乘，所有贸易关系中没有发生实际贸易的关系即为零贸易关系。比如，A 企业出口 5 种产品，分别出口到 5 个国家（每个国家只出口 1 种产品），则共有 25 个贸易关系，但其中有 20 个是零贸易关系。以我国 2006 年出口数据为例，零贸易情况统计结果见表 15－3。

表 15－3　零贸易描述统计　　单位：个

	所有企业	出口额占总出口额前 20% 企业
企业数	164 791	32 958
贸易目的地	185	185
产品种类	6 616	6 472
实际发生贸易关系	5 751 382	3 443 251
潜在贸易关系	73 032 013	54 810 258
总贸易关系	78 783 395	58 253 509
零贸易的百分比（%）	92.70	94.10

本研究运用 Heckman 两步法对式（15.4）进行估计，只需要假设在第一阶段的

Probit 模型中服从正态分布，在第二步中不需要服从正态分布。通过两步法可以控制自选择带来的偏差，得到 β 的一致估计值。

（二）模型估计结果

基准检验方程如式（15.5）所示，被解释变量 $\ln P_{ifd}$ 是企业 f 出口第 i 种产品到 d 国的平均价格的对数，产品按照 HS 八位数分类。本研究重点关注区位偏远度 ln*Remoteness* 对企业出口产品价格的影响。其他的控制变量包括三类，国别（地区）特征 X_d、企业特征 X_f 和企业所处的城市特征 X_c，ln*Remoteness* 和其他城市特征变量 X_c 是本研究特有的变量，国别（地区）特征和企业特征变量的选择均以现有文献研究为基础。国别（地区）特征变量包括目的地（地区）GDP 对数（ln*GDP*）、人均 GDP 对数（ln*pgdp*）、与中国的距离对数（ln*DIST*）、是否内陆国家（地区）（*landLocked*）等四个；企业特征变量包括全要素生产率（*TFP_OP*，基于中国工业企业数据库用 OP 方法计算）、企业规模对数（ln*Employ*，用企业年平均从业人员人数表示）、企业工业增加值总额对数（ln*Valueadded*）、企业年龄（*Age*）四个；城市特征变量包括重点关注的区位偏远度对数（ln*Remoteness*）、城市 GDP 对数（ln*cityGDP*）、城市人均 GDP 对数（ln*citypgdp*）三个。

$$\ln p_{ifd} = \alpha + \gamma \ln Remoteness_c + \beta_1 X_c + \beta_2 X_d + \beta_3 X_i + \sigma\,\hat{u_{ifd}} + \varepsilon_{ifd} \tag{15.5}$$

为方便与现有文献结论的比较，并检验企业出口自选择效应的影响，本研究讨论国别（地区）特征与企业出口价格的关系，结果如表 15－4 所示。第（1）列和第（2）列的模型设定与现有文献（Manova & Zhang，2012；Bastos & Silva，2010；杨汝岱、朱诗娥，2013）完全一致，第（3）、（4）列的检验则控制了企业出口决策的自选择效应。表 15－4 的基本结论与宏观上双边贸易经典引力模型文献的结论一致，ln*DIST* 和 *LandLocked* 的系数均显著为正，距离越远的市场，出口产品的价格越高，但系数的变化则反映出微观数据检验的重要性。在控制产品 × 企业配对固定效应后，ln*DIST* 和 *LandLocked* 的回归系数由第（1）列的 0.179 和 0.352 分别下降到 0.037 和 0.064，下降幅度非常大，同时 R^2 大幅增加，高达 0.95，国别（地区）、产品、企业特征结合能非常好的解释出口产品价格差异，这均表明从企业微观层面研究出口价格问题是非常有必要的。对比前两列和后两列的回归结果，可以看到，是否控制企业出口决策的自选择效应对系数有较为显著的影响，如果不考虑自选择效应，会低估 ln*DIST* 等变量对出口价格的影响。以国别（地区）距离为例，如果一个国家（地区）离中国太远，贸易成本很高，企业很可能一开始就决定不进入这个市场，“距离”使得这些潜在贸易关系根本就没有发生。由此，如果不考虑这些零贸易关系，而只是从已经发生的贸易关系中讨论出口价格的影响因素，结论将有失偏颇。

表 15 -4　　目的地特征与企业出口产品价格

变量	(1)	(2)	(3)	(4)
lnGDP	0. 102 ***	0. 014 ***	0. 102 ***	0. 013 ***
lnpgdp	-0. 027 ***	0. 021 ***	-0. 032 ***	0. 016 ***
lnDIST	0. 179 ***	0. 037 ***	0. 181 ***	0. 045 ***
LandLocked	0. 352 ***	0. 064 ***	0. 371 ***	0. 075 ***
uhat			0. 100 ***	0. 023 ***
Constant	-2. 162 ***	0. 391 ***	-2. 118 ***	0. 382 ***
FE	P	P×F	P	P×F
自选择效应	N	N	Y	Y
产品	6 616			
企业	164 791			
产品×企业	2 706 821			
目的地	185			
样本数	5 695 304	5 695 304	5 695 304	5 695 304
R^2	0. 661	0. 945	0. 672	0. 946

注：(1) *** 表示 1% 的显著性水平。
(2) P 表示产品固定效应，P×F 表示产品×企业固定效应。下同。

本研究继续分别引入 *Remoteness* 等城市变量和企业特征变量，并考虑加工贸易样本和外商投资企业样本两个子样本，再做式（15. 5）的检验。表 15 -5 的检验控制国别（地区）、城市特征，表 15 -6 的检验控制国别（地区）、城市和企业特征。最关注的区位偏远度变量的回归系数在所有的 12 组回归中均显著为负，系数值大小的变化也符合预期。区位偏远度越高，与其他地区经济联系越困难的地方，企业出口产品的质量越低，价格越低。以地级市区位偏远度为标准，城市之间的出口产业呈梯度分布，越偏远的城市，出口产业和出口产品在分工中越处于低端。这可以从区域禀赋结构差异、产业集聚和规模经济、地方政府行为等多方面来做进一步的机制探讨。比如，区位偏远度越低，与外界经济联系更为便捷的地区，可能会拥有更多的人力资本等禀赋（Schott，2008），从而生产产品的质量越高，产品的出口价格越高，符合质量阶梯理论模型（Grossman & Helpman，1991）。这些地区也可能有更为有效率的政府，有更多相关的配套产业，能够共享更多的信息资源，从而能够吸引技术含量、资金实力更强的企业，而将较弱的企业和较“差”的产业排除出去。

参考表 15 -6，对检验结果做进一步讨论。*Remoteness* 的系数显著为负，是否控制企业出口决策自选择效应影响非常明显，如果不控制自选择效应，区位偏远度的影响程度将被低估约 10%。在加工贸易出口子样本和外商投资企业出口子样本中，*Remoteness* 的系数值显著增大，表明加工贸易和外商投资企业对地理区位更为敏感，在企业选址和出口决策时会更多考虑到区位因素。从其他变量来看，是否控制企业特征使得 ln*DIST* 变量的符号和显著性均发生了明显的变化，反映出企业在进行选址和出口决策时，已经考虑到海运贸易成本的影响，一旦能够进行自由选址和出口决策的企业比例增加到一定程度，ln*DIST* 的系数就可能发生逆转。企业全要素生产率 *TFP_OP* 系数的影响不明显，系数值均为正，但只在加工贸易样本中显著，基本上符合文献推断，效率越高的企业出口产品价格越高。当然，这一机制较为复杂，有待进一步的检验。

表 15－5　区位偏远度与企业出口产品价格（控制国别（地区）、城市特征）

变量	(1)	(2)	(3)	(4)	(5)	(6)
	全样本		加工贸易样本		外商投资企业样本	
lnRemoteness	－0.504***	－0.520***	－0.763***	－0.792***	－0.419***	－0.454***
lnGDP	0.084***	0.083***	0.043***	0.036***	0.037***	0.035***
lnpgdp	－0.008	－0.010*	0.015*	－0.009	0.043***	0.032***
lnDIST	0.114***	0.113***	－0.039***	－0.020**	－0.049***	－0.039***
LandLocked	0.312***	0.326***	0.097***	0.109***	0.159***	0.173***
lncityGDP	0.218***	0.218***	0.219***	0.214***	0.238***	0.243***
lncitypgdp	－0.513***	－0.522***	－0.475***	－0.490***	－0.478***	－0.501***
uhat		0.086***		0.056***		0.050***
常数项	4.421***	4.711***	10.170***	10.753***	5.528***	6.033***
FE	P	P	P	P	P	P
自选择效应	N	Y	N	Y	N	Y
样本数	5 198 605	5 198 605	473 219	473 219	1 012 664	1 012 664
R^2	0.680	0.688	0.711	0.716	0.660	0.664

注：***、**、*分别表示 1%、5%、10% 的显著性水平。

表 15－6　区位偏远度与企业出口产品价格（控制国别（地区）、城市和企业特征）

变量	(1)	(2)	(3)	(4)	(5)	(6)
	全样本		加工贸易样本		外商投资企业样本	
lnRemoteness	－0.163***	－0.188***	－0.647***	－0.667***	－0.336***	－0.364***
lnGDP	0.031***	0.030***	0.039***	0.034***	0.035***	0.034***

续表

变量	(1)	(2)	(3)	(4)	(5)	(6)
	全样本		加工贸易样本		外商投资企业样本	
lnpgdp	0.032 ***	0.026 ***	0.046 ***	0.030 ***	0.038 ***	0.029 ***
lnDIST	-0.056 ***	-0.050 ***	-0.061 ***	-0.047 ***	-0.067 ***	-0.060 ***
LandLocked	0.150 ***	0.159 ***	0.088 ***	0.094 ***	0.110 ***	0.119 ***
lncityGDP	0.158 ***	0.161 ***	0.147 ***	0.145 ***	0.169 ***	0.172 ***
lncitypgdp	-0.185 ***	-0.205 ***	-0.316 ***	-0.326 ***	-0.256 ***	-0.279 ***
TFP_OP	0.004	0.012	0.043 ***	0.047 ***	0.006	0.016
lnEmploy	-0.083 ***	-0.078 ***	-0.066 ***	-0.060 ***	-0.083 ***	-0.076 ***
lnValueadded	0.159 ***	0.152 ***	0.190 ***	0.179 ***	0.174 ***	0.165 ***
Age	-0.001 *	-0.001 *	0.002 *	0.002	-0.004 ***	-0.004 ***
uhat		0.030 ***		0.033 ***		0.033 ***
常数项	1.579 ***	1.931 ***	7.288 ***	7.724 ***	3.593 ***	4.007 ***
FE	P	P	P	P	P	P
自选择效应	N	Y	N	Y	N	Y
样本数	871 313	871 313	228 338	228 338	572 086	572 086
R^2	0.714	0.715	0.740	0.742	0.683	0.685

注：***、*分别表示1%、10%的显著性水平。

（三）稳健性讨论

为确保结果稳健性，本研究从如下几个方面进行了检验。第一，关于企业出口决策自选择效应中 *uhat* 的计算。表15-4～表15-6的 *uhat* 计算过程中，在第一阶段和第二阶段都是控制了国别（地区）特征和 *Remoteness* 等几个基准变量，对城市特征和企业特征都没有控制。本研究逐步引入其他控制变量，重新计算 *uhat*，基本结论稳健。第二，关于分省份检验。现有检验中，区位偏远度 *Remoteness* 都是基于地级市层面计算的，稳健性讨论中本研究用省份 *Remoteness* 做了同样的检验，系数同样显著为负，但系数值更小一些，这反映省际产业梯度分工程度并没有地级市之间那么明显，也可能反映了省份间产业同构现象。第三，*Remoteness* 计算过程中城市之间距离的不同定义。城市之间的距离有三种：公路距离、铁路距离和弧长距离，前面是采用公路距离计算 *Remoteness*。采用铁路距离重新计算 *Remoteness*，模型结果同样稳健，但样本缺失较大；而采用弧长距离计算 *Remoteness*，则会出现不显著的情况，这也基本符合预期，弧长并不能很好地反映城市之间的实际经济联系。第四，产品、企业、国别（地区）、城市等不同层面固定效应的控制方式。在表15－5和表15－6的检验中，都只控制了产品的固定效应，进一步在两个检验中控制产品×国别（地区）的固定效应，结果仍然稳健。

五、小结

本研究引入区位偏远度探讨了企业区位对企业出口产品价格的影响。首先深入挖掘企业出口产品价格差异及其影响因素的典型事实；然后计算企业全要素生产率等相关指标，并将工业企业数据库与海关企业出口数据库相结合得到企业特征信息；继而构建区位偏远度指标表征某地区与其他地区之间的经济联系；最后结合企业出口自选择效应和出口目的地信息，研究区位与企业出口产品价格的关系。

研究主要结论如下：第一，企业出口产品价格差异明显，产品内分工成为国际贸易的主要模式，而区位特征比出口目的地特征能够在更大程度上解释这种差异。第二，区位偏远度对企业出口价格有显著的影响，越偏远的地方、与外界经济联系越困难的地方，出口产品的价格相对越低，初步发现出口产业呈梯度分布。第三，相对于一般贸易和内资企业，加工贸易和外商投资企业对区位的偏远度更为敏感。本研究的贡献体现在如下几个方面：第一，从企业区位研究企业出口产品价格差异。第二，构建区位偏远度指标表征某地区与其他地区之间的经济联系，为城市与区域分类提供一个参考标准。第三，考虑到了大量存在却被忽略的零贸易样本，很大程度上提高结论的可信度。

当然，本研究还可以从很多方面进一步探讨。第一，在检验区位地理偏远度和企业出口产品价格的关系时，检验模型遵循现有文献的设定，结论虽然显著且稳健，但回归系数实际上缺少定量含义。可以充分发挥工业库和海关库海量数据的优势，筛选出一定时间段内有地址迁移的企业样本，或者使用倾向得分匹配方法，将企业进行组群分类，规范识别区位地理对价格差异影响的程度。第二，从产品内分工过渡到产品价格差异时，实际上跨越了产品质量差异这一环节，研究理论逻辑体系成立依赖于产品价格代表了产品质量这一先验假设。质量差异在多大程度上能体现在价格差异上，这显然需要更多的证据来支撑。第三，“阿尔钦—阿兰”猜想认为，考虑到贸易成本，一个经济体应该将同类产品中单位价格更高的产品出口。而本研究发现，一个地区越偏僻，贸易成本越高时，出口的产品价格相对越低。A-A猜想是指一个地区的出口产品与在本地销售的产品质量要高，而本研究发现一个地区的出口产品比其他偏远度更低的地区的出口产品质量要低，这两个结论之间存在一定的联系，结合省际贸易数据可以进行识别。第四，研究初步发现，城市之间的区位差异与出口产业的梯度分工并存。背后的机制到底是什么？区位差异怎样影响出口产业的区位选择？是因为资源禀赋结构？还是地方政府行为或者产业集聚和规模经济？这些问题有待进一步研究。

参考文献

［1］施炳展 . 2010. 中国出口中零贸易分布特点及其影响因素：基于新—新贸易理论的实证 . 世界经济文汇，（1）：64 – 75.

［2］杨汝岱，朱诗娥 . 2013. 企业、地理与出口产品价格——中国的典型事实 . 经济学（季刊），12（4）：1347 – 1368.

［3］Baldwin R. and Harrigan J. 2011. Zeros，Quality and space trade theory and trade evidence. American Economic Journal，Microeconomics，3（2）：60 – 88.

［4］Bastos P. and Silva J. 2010. The quality of a firm's exports：Where you export to matters. Journal of International Economics，82（2）：99 – 111.

［5］Brandt L.，Van Biesebroeck J. and Zhang Y. 2012. Creative accounting or creative destruction? Firm-Level productivity growth in Chinese manufacturing. Journal of Development Economics，97（2）：339 – 351.

［6］Dai M.，Maitra M. and Yu M. 2016. Unexceptional exporter performance in China? The role of processing trade. Journal of Development Economics，121：177 – 189.

［7］Ethier W. J. 1982. National and international returns to scale in the modern theory of international trade. The American Economic Review，72（3）：389 – 405.

［8］Gorg H.，Halpern L. and Murakozy B. 2016. Why do within-firm-product export prices differ across markets? Evidence from Hungary. The World Economy，40（6）：1233 – 1246.

［9］Grossman G. M. and Helpman E. 1991. Quality ladders in the theory of growth. Review of Economic Studies，58（1）：43 – 61.

［10］Hallak J. C. 2010. A product-quality view of the linder hypothesis. Review of Economics and Statistics，92（3）：453 – 466.

［11］Harrigan J.，Ma X. and Shlychkov V. 2011. Export prices of U. S. firms. NBER Working Paper 17706.

［12］Helpman E.，Melitz M. and Rubinstein Y. 2008. Estimating trade flows trading partners and trading volumes. Quarterly Journal of Economics，123（2）：441 – 487.

［13］Helpman E. 1981. International trade in the presence of product differentiation，economics of scale and monopolistic competition. Journal of International Economics，11（3）：305 – 340.

［14］Hummels D. and Klenow P. J. 2005. The variety and quality of a nation's exports. American Economic Review, 95 (3): 704 -723.

[15] Krugman P. 1980. Scale economics, product differentiation, and the pattern of trade. American Economic Review, 70 (5): 950 -959.

[16] Manova K. and Zhang Z. 2012. Export prices across firms and destinations. Quarterly Journal of Economics, 127 (1): 379 -436.

[17] Ma Y., Tang H. and Zhang Y. 2012. Factor intensity, product switching, and productivity evidence from Chinese exporters. HKIMR Working Paper No. 25/2012.

[18] Melitz M. J. 2003. The impact of trade on intra-industry reallocations and aggregate industry productivity. Econometrica, 71 (6): 1695 - 1725.

[19] Schott P. K. 2004. Across-product versus within-product specialization in international trade. Quarterly Journal of Economics, 119 (2): 647 -678.

[20] Schott P. K. 2008. The relative sophistication of Chinese exports. Economic Policy, 23 (53): 5 -49.

第十六章 企业异质性、地理因素与出口产品价格

一、引言

自19世纪以来，全球商品贸易在各国经济发展过程中发挥非常重要的作用，尤其是第二次世界大战以后，随着全球化进程的加快，商品贸易规模越来越大。1950～1994年，全球总产出增长约500%，而商品贸易总量增长约1500%，且两者增长速度的差距继续扩大（Helpman，1999）。伴随全球贸易的发展，自19世纪以来，国际贸易理论也取得了长足发展。第一，传统比较优势理论，强调国家层面的研究。李嘉图模型强调各国之间的劳动生产率差异，各国倾向于生产本国具有比较优势的产品。赫克希尔和俄林将劳动生产率差异扩展到国家间要素禀赋差异和跨产业要素密集度差异，再经过萨缪尔森等的不断完善，显著增加了比较优势理论的适应范围，形成一套完整的理论体系。不过，以“里昂惕夫悖论”为代表的经验研究成果对比较优势理论形成了严峻挑战，也正因为这种“完美的对立”使得比较优势理论在国际贸易研究领域引起广泛而持久的关注。

第二，以规模报酬递增和垄断竞争为基础的新贸易理论，强调产业和产品层面的研究。按照传统比较优势理论，技术和要素禀赋接近的国家不会形成大规模贸易。实际上，“二战”以后，发达国家（地区）之间的贸易占据全球贸易的绝大部分。这种发达国家（地区）之间大规模产业内贸易，呼吁国际贸易理论体系的重构。在此背景下，克鲁格曼（1980，1981）、埃尔普曼（1981）、艾西尔（1982）在市场垄断竞争框架下，强调产品多样性会给消费者带来福利，资源禀赋结构相近的经济体之间同样可以发生贸易，从而创建了新贸易理论。埃尔普曼和克鲁格曼（1985）将规模报酬递增和产品多样性等新贸易理论的核心思想引入传统贸易理论模型，并在该范式下研究技术差异、要素价格差异、贸易成本等相关问题，对产业内贸易等现象能提供很好的解释，这一理论整合成为国际贸易理论发展的里程碑。

第三，引入企业异质性的现代贸易理论强调产品和企业层面的研究。[①] 企业是贸易的微观载体，传统比较优势理论和新贸易理论都假设有一个代表性企业，而经验研究发现，企业间的贸易决策与行为存在很大的差异。伯纳德等（Bernard et al.，2007）发现，在2000年，美国前10%的企业完成了96%的出口额；在2006年，中国的出口中，前1%的企业完成了51%的出口额，前10%的企业完成了82%的出口

① 企业层面的研究包括企业间和企业内两个方面，由于数据局限等原因，经验研究还很难深入到企业内贸易，但随着全球要素流动和跨国公司的迅速发展，企业内贸易的份额越来越高，企业内贸易模式的研究必将成为未来国际贸易理论与经验研究的重要领域。

额。现代贸易理论引入企业异质性，结合新贸易理论的产品多样性假设，从企业和产品层面讨论国际贸易的微观基础，大大扩展了研究范畴和研究内涵，成为现代国际贸易理论与经验研究的标准范式（Eaton & Kortum，2002；Bernard et al.，2003；Melitz，2003；Melitz & Ottaviano，2008）。

在国际贸易理论的发展过程中，“地理”的概念至关重要，从经典的引力模型（Anderson，1979；Anderson & Van Wincoop，2003）到新经济地理模型，再到现代贸易理论（Eaton & Kortum，2002），都强调地理因素对国际贸易的重要作用。最近几年，由于理论的不断完善和海关统计信息的不断细化，出现了很多研究地理与贸易关系的成果（Hallak，2006；Bernard et al.，2007）。这些研究表明，地理与贸易的关系基本符合经典引力模型的推断，作为贸易成本重要代理变量的地理距离对国别（地区）间双边贸易有重要影响（Anderson & Van Wincoop，2004）。然而，这些研究大多停留在贸易额与贸易总量数据层面，从地理与贸易角度看，研究深度还显不够。鲍尔温和哈里根（Baldwin & Harrigan，2011）和巴斯托斯和席尔瓦（Bastos & Silva，2010）以美国和葡萄牙的出口数据为基础，从企业出口到每个市场的每种产品的单位价格角度研究地理与贸易的关系，具有标志性意义。但是，由于数据缺乏等原因，这一领域几乎还没有以发展中国家（地区）为研究对象的成果。我国贸易总额占全球贸易总额的比例超过10%，基于我国研究地理与贸易的关系，无论从充实文献的角度还是从促进理论拓展的角度来看，都具有非常重要的意义。

最近几年，也有一些研究从企业层面关注中国贸易问题（Manova & Zhang，2012），但研究重点并不在于地理与贸易的关系。此外，国内很多研究都还是建立在加总数据的基础之上，有待进一步深入。徐康宁和王剑（2006）在引力模型的基础上研究了地理因素对国际分工的影响，发现虽然全球化使得地理界限不断被突破，但运输成本、区位等地理变量仍然是重要的分工基础，且影响还在上升。吴福象和刘志彪（2009）的研究认为引力模型框架下地理距离不足以解释我国贸易量的迅速增长。施炳展（2010）基于SITC四位数分类产品数据，在现代贸易理论基础上研究了地理距离对零贸易发生概率的影响。

鉴于现有文献的不足，本研究在现代贸易理论框架下考察经典引力模型在我国出口贸易中的适应性。本研究从企业异质性和产品特征的角度出发，以2006年中国海关总署企业层面进出口数据为基础，研究地理因素对企业出口决策的影响，并与主流文献研究结论对比分析，讨论我国企业出口的一般性与特殊性。总体来看，本研究在最近兴起的以企业和产品为基础的国际贸易理论与经验研究领域，完善和挖掘了大量关于我国出口的典型事实，与现有经验研究成果互为补充和印证，并对现有的理论体系有一定的挑战，具有较为重要的文献贡献。此外，本研究从加工贸易和外商投资企业出口等我国出口的特殊性入手，并从企业和产品层面出发，在一般性理论框架中进行讨论，大大丰富了关于我国出口研究的内涵，也有助于从更深的层面理解我国的出口模式。

二、基本事实描述

（一）数据来源与说明

随着全球化不断推进，国际贸易在世界与中国经济发展过程中的作用日益重要。1992～2010年，全世界总出口额由3.77万亿美元增加到15.24万亿美元，[①] 增长约3倍；我国总出口额由849亿美元增加到15 778亿美元，[②] 增长超过17倍，占世界出口总额的比例由2.26%快速上升到10.35%（见图16－1），我国在全球贸易中的地位越来越重要。与此同时，国际贸易对我国的发展也越来越重要，尤其是加入WTO之后，我国经济在影响世界经济的同时，也日益依赖于世界的发展。对于我国贸易的细致研究，不仅有助于深入理解我国外向型经济发展模式，而且可以从经验研究角度丰富贸易理论经典事实的前沿成果。

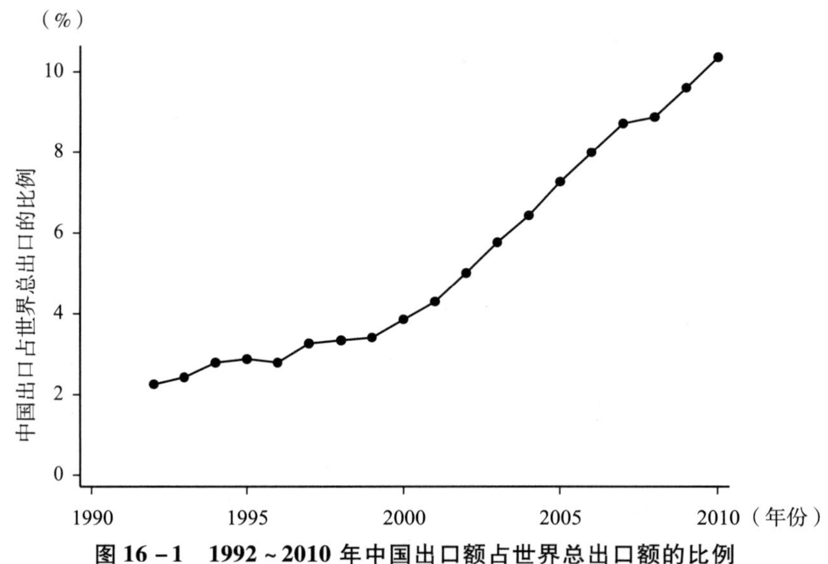

图16－1　1992～2010年中国出口额占世界总出口额的比例

资料来源：中国出口数据来自联合国商品贸易统计数据库（Comtrade），世界出口数据来自WTO贸易统计数据库。

---

① 数据来自WTO贸易统计数据库，http：//stat. wto. org/Home/WSDBHome. aspx？Language＝。

② 数据来自联合国商品贸易统计数据库（Comtrade）。该数据库提供各国产品层面的详细进出口数据，但有些国家并没有向Comtrade上报数据，如果用该数据库计算全球贸易总量，会产生低估。以世界贸易组织（WTO）数据为基准，1996～2009年，Comtrade全球贸易总量低估程度约为5%，最新的2010年数据很多国家还没有上报（截至2011年8月），低估程度最高，为23%。因此，本研究使用WTO国别数据计算全球总出口额。

本研究使用的数据主要包括三个部分：中国企业层面出口数据，来自海关进出口统计数据库，主要基于 2006 年的微观数据；2006 年中国出口目的地有 225 个，[①] 这些国家或地区的地理信息数据，来自 CEPII 数据库，人口、产出、贸易等相关宏观经济数据来自 Penn World Table 7.0 数据库。三个数据集通过 ISO 三位数国别（地区）代码连接。

本研究采用的企业层面出口数据来源于海关总署记录的企业出口报关数据，是我国最为原始、翔实、准确的出口贸易数据。每条出口记录包括企业代码、企业名称、企业类型、企业地址和联系信息、贸易方式、运输方式、产品计量单位、出口数量、出口金额等详细信息。企业类型包括国有企业、集体企业、私营企业、外商独资企业、中外合资企业、中外合作企业等 6 类；贸易方式包括一般贸易、来料加工贸易、出料加工贸易等 18 种；运输方式包括公路运输、铁路运输、航空运输、江海运输等 6 类；产品计量单位包括个/套、公斤、立方米等 11 种。

表 16 - 1 对 2000 ~ 2006 年我国出口贸易的一些基本情况进行了简单统计。[②] 从贸易类型看，伴随我国外向型经济发展，加工贸易在我国贸易中的地位非常重要，约占 55% 的出口份额，但随着本土技术含量的提升，一般贸易份额开始上升，加工贸易的相对地位有弱化趋势（姚洋、张晔，2008）。从出口企业所有制类型看，国有企业的出口份额迅速下降，外商独资企业和民营企业则发展迅速，2000 ~ 2006 年，外商独资企业和民营企业的出口份额分别由 22.92%、4.41% 迅速提高到 39.45% 和 21.87%，这种结构转型值得深入研究。从出口商品的计价单位看，以“个/套”和以“公斤”计价的产品出口分别约占出口份额的 50% 和 40%。从运输方式看，江海运输的比例基本保持 65% 左右，而航空运输的比例则由 8.26% 上升到 15.72%。如果航空货运倾向于运输技术含量较高、单价较高的商品，这是否意味着我国出口企业的集约边界在延伸呢？

本研究主要以 2006 年企业层面出口数据为基础。2006 年原始数据为月度数据，包括 16 174 046 条出口记录，涉及 171 205 家企业，包括 HS 八位数分类 7 173 种产品，总出口额为 9 685 亿美元。本研究将所有数据加总到年度层面，研究企业出口中地理与贸易的关系。需要特别指出的是，我国的出口企业中有一类非常特殊的企

---

① 海关数据显示，2006 年出口目的地为 225 个，但实际有效目的国家（地区）远没有 225 个。原因在于，第一，根据海关国别编码原则，有些代码并不代表具体的经济体，如“199 亚洲其他国家（地区）”；第二，极个别国别或地区代码与联合国分类体系有冲突；第三，有些经济体在 CEPII、PWT 等数据库中无法找到对应的记录。

② 表 16 - 1 的数据基础是最为原始的企业层面进出口数据，后文将主要以 2006 年数据为基础进行实证分析，由于要与其他国别数据衔接，海关数据将有极少数观测值被删失，这会导致后文有些指标的计算（如不同计价单位对应产品出口份额）与表 16 - 1 有细微差别。

业——进出口贸易公司，这些企业是“纯粹”的贸易企业，① 很多使用类似数据的研究成果（Manova & Zhang，2012）粗略剔除了这类非制造企业。不过，本研究并不涉及企业的就业、研发等信息，而这些进出口贸易公司的出口决策同样是可以有效反映地理因素对产品价格的影响，因此保留这类“纯粹”贸易企业。

表 16 – 1　　2000 ~ 2006 年中国出口贸易基本情况统计

年份	出口总额（亿美元）	企业数量（家）	加工贸易（%）	企业所有制类型（%）			计量单位（%）		运输方式（%）	
				外商投资	外商独资	民营	个/套	公斤	江海	航空
2000	2 492	62 771	55. 23	44. 81	22. 92	4. 41	48. 92	41. 67	62. 29	8. 26
2001	2 906	68 487	55. 35	49. 09	25. 58	7. 11	48. 83	42. 10	65. 66	8. 46
2002	3 256	78 612	55. 27	52. 20	29. 56	10. 02	49. 56	41. 69	66. 63	10. 10
2003	4 385	95 688	55. 16	54. 84	33. 33	13. 66	51. 84	40. 15	66. 27	12. 35
2004	5 936	120 590	55. 29	57. 09	36. 13	17. 02	52. 49	40. 30	65. 63	14. 97
2005	7 567	144 030	54. 56	58. 21	38. 30	19. 57	52. 88	40. 22	65. 15	11. 32
2006	9 685	171 205	52. 64	58. 18	39. 45	21. 87	53. 76	40. 01	65. 90	15. 72

资料来源：海关总署企业层面出口数据（Chinese Longitudinal Firm Trade Transaction Data，CLFTTD）。

此外，为深入研究地理因素在我国贸易中的作用，本研究收集了我国贸易伙伴的国别（地区）信息数据，这类数据主要来自 CEPII 和 PWT7. 0 两个数据库。CEPII 提供了 225 个出口目的地与中国的距离②、是否内陆国家（地区）地理信息，Penn World Table 7. 0 数据库提供了这些国家（地区）的人口、国内生产总值、外贸依存度、汇率等经济指标。③

（二）地理与出口

贸易的核心是商品交换，无论是国别（地区）、产业层面的研究，还是产品、企

① 根据本研究计算，2000 ~ 2006 年，贸易公司的出口占总出口的份额分别为 32. 7%、30. 2%、27. 7%、25. 0%、23. 0%、21. 7%、21. 5%。

② Distance 数据库对双边贸易伙伴的地理距离信息提供了几种不同的计算方式，并详细讨论了指标的适应条件，具体的信息可以参考：http：//www. cepii. fr/anglaisgraph/bdd/distances. htm。

③ 最近更新（2011. 6）的 PWT7. 0 版本数据包括 189 个国家（地区）1950 ~ 2009 年的宏观国别可比（国别以美国为基准，年份以 2005 年为基年）数据，本研究主要使用 2006 年的一些宏观指标数据。具体数据描述可以参考：http：//pwt. econ. upenn. edu/php_site/pwt_index. php。

业层面的研究，都需要解决一个共同的问题——商品在哪里生产？卖到哪里去？很多研究表明，贸易的发生与地理因素密切相关。伴随 20 世纪 70 年代新贸易理论的兴起，新经济地理也成为国际贸易理论中一个非常重要的理论基础。地理与贸易的相关研究成果中，引力模型是理解国别（地区）双边贸易的经典理论（Anderson，1979；Anderson & Van Wincoop，2004），也是国际贸易经验研究领域最为成功的模型之一，产生了很多有价值的研究成果，并保持了持久的学术生命力（Feenstra et al.，2001；Cipollina & Salvatici，2010）。然而，现有关于引力模型的经验研究多基于国家之间的贸易，而本研究将重点从国家（地区）或企业出口边界的角度讨论引力模型的适应性和解释力。图 16－2 和图 16－3 从国别（地区）层面考察出口额与出口边界的关系，很显然，扩展边界与出口规模存在很强的正相关关系，而集约边界与出口规模呈负相关关系，这与伊顿等（Eaton et al.，2011）、巴斯托斯和席尔瓦（Bastos & Silva，2010）的研究结论基本一致。面对越大的出口市场，会有更多的企业进入，也会销售更多种类的产品，但并不会使得每个企业每种产品平均销售额增加。产品种类的增加很容易用新贸易理论解释，该理论假设产品多样性可以带来福利，这必然会使得市场选择尽可能多的产品发生贸易（Helpman & Krugman，1985）。另一方面，将图 16－2 和图 16－3 相结合来看，表明小企业倾向于进入更大的市场，而不愿意进入市场规模太小的市场，这可能是因为市场需求越大，机会越多，越能吸引小企业进入。市场均衡的结果是，相对于小规模市场，小企业更能在大规模市场中生存下来，这是否意味着市场越大，竞争越小？抑或，竞争能力越强的企业更倾向于进入大市场，以谋求后续更大的发展空间？这其中的作用机制都还有待进一步的研究。

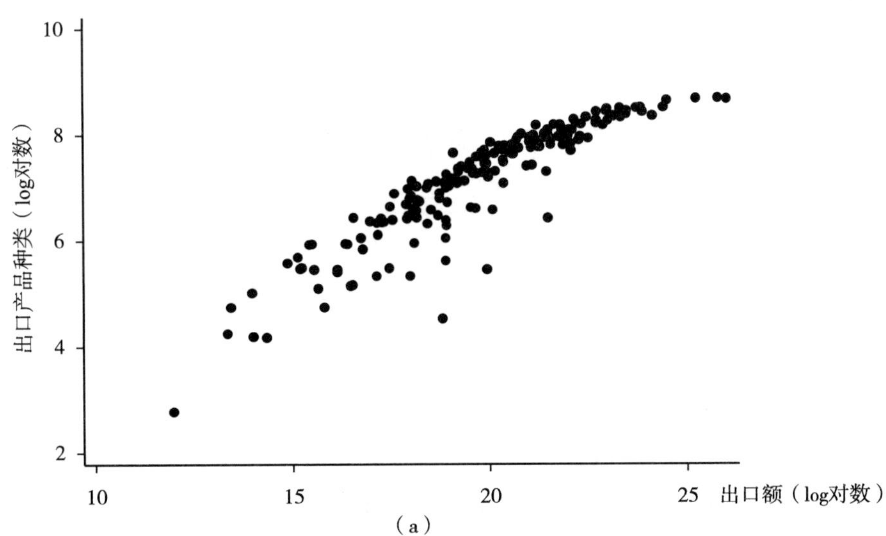

（a）

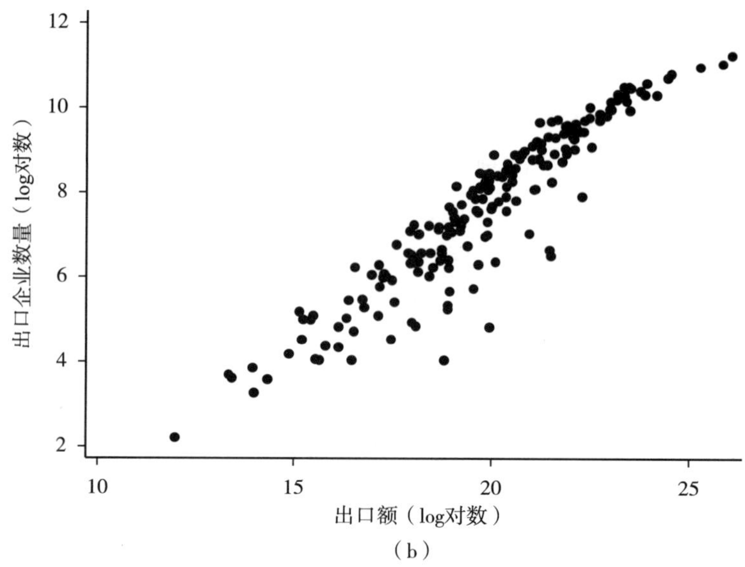

（b）

图 16－2　国别（地区）出口额与出口扩展边界

资料来源：依据海关总署企业层面出口数据整理。

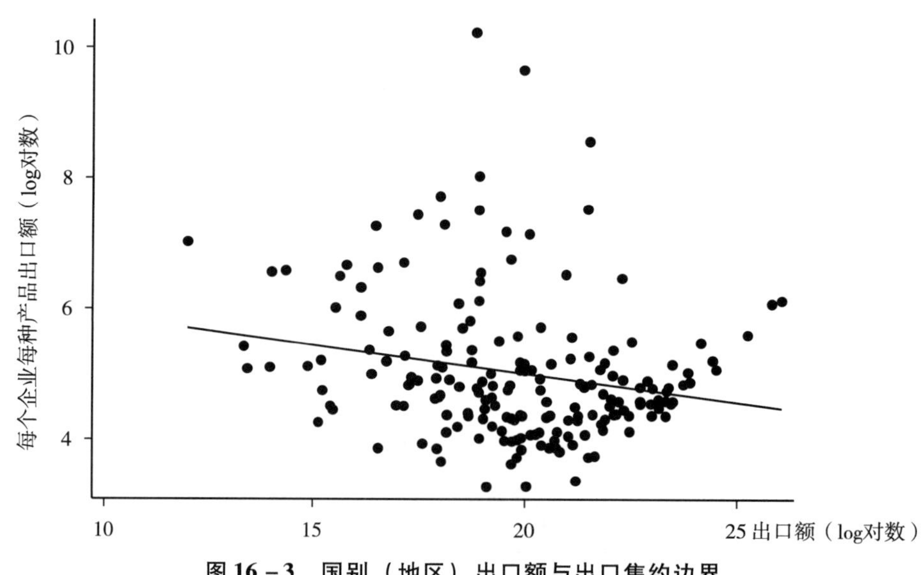

图 16－3　国别（地区）出口额与出口集约边界

资料来源：依据海关总署企业层面出口数据整理。

更进一步，本研究从出口边界角度初步检验地理与贸易的关系。经典引力模型以物理学万有引力定理为基础，认为双边贸易额与两国（地区）市场规模正相关，与两国（地区）之间地理距离负相关，这一预测得到了大量经验研究成果的支持。本研究首先从引力模型出发，研究我国与贸易伙伴的双边贸易额与地理影响因素的关系，模型的细微改进之处在于，我国的市场规模不再需要控制，直接进入常数项，进口国（地区）市场规模用 GDP 总量和人均量表示，地理变量用进口国（地区）是否内陆国家、我国至贸易伙伴国（地区）的距离表示。检验方程如式（16.1）所示，EXP_i 为被解释变量，分别表示中国向 i 国的总出口额、出口企业数量、出口产品数量、平均每个企业每种产品的出口额，四个变量均取 log 对数。GDP_i 表示进口国（地区）i 的 GDP 总量，$PGDP_i$ 表示进口国（地区）i 的人均 GDP，计价单位均为美元；$LandLocked_i$ 表示进口国（地区）i 是否是内陆国家（地区），是内陆国家（地区）取值为 1，否则取值为 0，$DIST_i$ 表示中国到进口国（地区）i 的距离，单位为公里；X_i 表示其他控制变量，控制进口国（地区）所在大洲的虚拟变量；ε_i 为残差项。

$$\ln EXP_i = \alpha + \beta \ln GDP_i + \gamma \ln PGDP_i + \lambda LandLocked_i + \delta \ln DIST_i + \eta X_i + \varepsilon_i \quad (16.1)$$

表 16－2 列出了 OLS 回归结果。第（1）列的结果表明，我国对外出口与贸易伙伴国（地区）国内市场规模正相关，与两国（地区）之间的距离负相关，这和经典文献结论完全一致。将总出口额分解为扩展边界与集约边界，发现扩展边界与市场规模正相关，而集约边界与市场规模负相关，与图 16－2 和图 16－3 的结论相同。此外，扩展边界弹性绝对值均大于集约边界弹性绝对值，这和美国等发达国家的研究结论基本一致（Bernard et al.，2007）。距离变量 DIST 的回归系数则和现有文献研究有很大的差异，伯纳德等（Bernard et al.，2007）对美国的研究和巴斯托斯和席尔瓦（Bastos & Silva，2010）对葡萄牙的研究都发现，地理距离对扩展边界均有显著负影响，对集约边界有正影响，但显著性水平远低于扩展边界。而表 16－2 显示，地理距离对我国出口的扩展边界没有显著影响，对集约边界有显著的负向影响，这与美国和葡萄牙等发达国家的情况完全相反，表现出我国特有的贸易模式。一般而言，由地理距离而产生的运费可以理解为贸易成本的一部分，距离越远，成本越高，选择进入市场的企业和产品会越少。按照“阿尔钦—阿兰假设”（Alchian-Allen hypothesis）（Hummels & Skiba，2004），当交易费用（贸易成本）较高时，企业会选择让单位价格更高的产品进入市场，交易费用占总成本的比例会更小，产品销售将更加有利可图。这一理论可以解释地理距离对美国等发达国家的贸易模式，也可以解释地理因素中 *LandLocked* 变量对贸易的影响，却完全不能解释地理距离 DIST 对我国出口的影响。如何理解这种“悖论”呢？如果 A—A 假设合理，是否可理解为，相对于美国，海洋运输费用[①]在我国产品出口的交易费用中占的比例更低呢？当然，现有的这种分析方法只是对企业数量、产品数量、出口额等被解释变量进行简单加总平均，忽略了产品内、产品间、企业间的差异，接下来还需要做进一步分析。

---

① 这里需特别强调是海洋运输费用。如果贸易伙伴是内陆国家，则必须经过陆路运输，成本比海洋运输更高，总运输成本占交易费用的比例就会更高，就应该符合 A—A 假设。这就是为什么 *LandLocked* 系数符合预期，而 *DIST* 系数出现悖论的原因。当然，这种解释还只能是一种猜测，需要更扎实的实证结果支撑。

表 16 – 2　　出口边界与基本引力模型检验结果

变量	(1) 总出口额	(2) 出口企业数量	(3) 出口产品数量	(4) 每个企业每种产品出口额
lnGDP	0.949 *** (0.057)	0.728 *** (0.038)	0.408 *** (0.030)	–0.187 *** (0.045)
lnPGDP	0.049 (0.110)	0.080 (0.061)	–0.033 (0.042)	0.003 (0.080)
LandLocked	–1.026 *** (0.283)	–1.172 *** (0.180)	–0.624 *** (0.145)	0.770 *** (0.203)
lnDIST	–0.687 ** (0.311)	0.152 (0.208)	–0.056 (0.165)	–0.783 *** (0.223)
Constant	8.945 *** (2.920)	–6.655 *** (1.968)	1.028 (1.644)	14.572 *** (2.137)
Obs.	185	185	185	185
R^2	0.794	0.853	0.766	0.370

注：(1) 海关原始数据记录中，中国 2006 年出口目的地包括 225 个国家或地区，由于相关匹配国别数据的可获得性，本表保留 185 个国家或地区的出口数据。中国向该 185 个样本国家的出口总额为 9 652 亿美元，占总出口额的 99.66%。

(2) *** 表示 1% 的显著性水平，** 表示 5% 的显著性水平。括号内数值表示标准误。

三、实证检验

（一）国别（地区）—产品检验

地理因素对双边贸易的影响，来自企业的出口决策，前面的分析是基于加总—平均数据，损失了大量有效信息。由于 CLFTTD 数据集提供了详细的企业和产品信息，这使得本研究可以从产品单位价格的角度来进一步深入研究。参考鲍尔温和哈里根（Baldwin & Harrigan，2011）的研究，本研究设定国别（地区）—产品—企业三维度检验方程，如式（16.2）所示。k 表示企业，j 表示产品，i 表示国别（地区）（进口方），UV_{kji}表示 k 企业出口到 i 国（地区）的 j 产品的平均单位价格，θ_k、μ_j、ϕ_i 分别表示企业 k、产品 j、国别（地区）i 的固定效应，ε_{kji}表示残差项。其余变量的定义同回归方程式（16.1）。这样就可以检验产品内、企业—产品内在不同销售市场的单位价格差异，也即企业在面对不同市场时对产品差异定价的决策模式差异。

$$\ln UV_{kji} = \alpha + \beta \ln GDP_i + \gamma \ln PGDP_i + \lambda LandLocked_i + \delta \ln DIST_i + \eta X_i + \theta_k + \mu_j + \phi_i + \varepsilon_{kji} \quad (16.2)$$

根据回归方程（16.2）的设定，本研究进行两组检验，第一组，地理因素对出口到每个国家（地区）每种产品的单位价格的影响；[①] 第二组，地理因素对每个企业出口到每个国家（地区）每种产品的单位价格的影响。表 16-3 列出了第一组检验结果，被解释变量为我国对出口国（地区）每种产品的单位价格。根据 2006 年的 CLFTTD 数据，我国商品出口中的主要计价单位为两类：个/套、公斤，覆盖 HS 八位数分类产品种类，分别为 2 069 种和 4 547 种，其统计出口额分别占总出口额的 54% 和 40%（见表 16-1）。[②] 由此，本研究将所有出口按照计价单位差异分为两组，[③] 分别进行检验，全样本回归结果如第（1）列和第（2）列所示。值得注意的是，引入产品固定效应，控制住产品间的差异之后，两列回归结果不但和表 16-2 的结果有显著差异，且不同计价单位的检验结果也有很大差异。第（2）列的结果和现有文献（Baldwin & Harrigan，2011）基本一致，但影响程度和发达国家（地区）相差甚大，尤其地理距离的影响相对更弱。具体来看，进口国（地区）市场规模越大，出口产品单位价格越高，这与内勒和于（Kneller & Yu，2008）从产品质量差异角度的解释吻合。大市场有更大的竞争，会淘汰低质量产品，剩下更多高质量产品，如果单位价格可以作为产品质量的代理变量，则市场规模的回归系数预期显著为正，与实证结果一致。地理变量 *LandLocked* 和 *DIST* 的系数都显著为正，进口国（地区）为内陆国家意味着更高的贸易成本，进口国（地区）距离我国越远意味着更高的贸易成本，随之有更高的产品单位价格。这与 A-A 假设的预测一致，出口商品单位价格随贸易壁垒增加而提高。第（1）列 GDP 的回归系数显著为负，这符合鲍尔温和哈里根（Baldwin & Harrigan，2011）的解释。市场规模越大，获利空间越大，机会越多，更多企业将获得生存空间，低生产率企业进入市场的成本更小，市场的低价产品会越多。第（1）列 *DIST* 回归系数显著为负，这有两个解释。第一，距离更多与运费成本相联系，而运费更多与质量相关，与商品个数联系不大，相对于以“公斤”计价的商品，对以“个/套”计价的商品，在没有控制产品固定效应的条件下，距离并不很适合作为贸易成本的代理变量。这会使得 *DIST* 的估计系数没有实质含义。第二，我国的国内运输成

① 反映到检验方程（16.2），相当于不考虑企业指标 k，将产品出口额和数量按国别加总，再取单位价格。

② 2006 年中国出口商品计量单位一共包括 11 种，以个/套和公斤计价的出口占总出口的 94%，为简便起见，对其余 9 种计量单位计价的出口记录不做分析。

③ 本研究认为计量单位不同的出口记录是不能合并的，直接的数量加总和价值加总后，再取均值，会产生很大的偏误。回归结果也证明本研究的处理是相当有道理的，两种计量单位样本的回归结果有很大的差异，还没有合适的理论能够对此作出合理的解释。不过，很多研究在计算出口商品单位价格时均没有区分产品的计量单位（Bastos & Silva，2010；Kneller & Yu，2008），但没有说明理由，甚至没有提到这个问题，很让人困惑和难以理解。这也是本研究区别现有文献的一个非常重要的地方。

本偏高，使得海运运费在总运费中的比例偏低，这会使得作为贸易成本代理变量的距离回归系数失真。表 16 – 1 的数据表明，加工贸易和外商投资企业出口在我国出口贸易中的地位非常重要，第（3）~（6）列分别列出了剔除加工贸易出口和剔除外商投资企业出口后的检验结果，相对于全样本，符号稳健，系数值有差异，后面将会详细讨论。

表 16 – 3　　国别—产品单位价格检验结果

变量	全样本		剔除加工贸易出口		剔除外商投资企业出口	
	(1)	(2)	(3)	(4)	(5)	(6)
lnGDP	−0.052*** (0.002)	0.016*** (0.001)	−0.055*** (0.002)	0.015*** (0.001)	−0.057*** (0.003)	0.015*** (0.001)
lnPGDP	−0.020*** (0.005)	0.061*** (0.002)	−0.023*** (0.005)	0.058*** (0.002)	−0.041*** (0.005)	0.042*** (0.002)
LandLocked	0.242*** (0.013)	0.199*** (0.008)	0.264*** (0.014)	0.202*** (0.008)	0.268*** (0.014)	0.197*** (0.009)
lnDIST	−0.122*** (0.011)	0.032*** (0.005)	−0.121*** (0.011)	0.050*** (0.005)	−0.093*** (0.012)	0.075*** (0.005)
Constant	5.513*** (0.112)	−0.239*** (0.056)	5.544*** (0.114)	−0.354*** (0.057)	5.436*** (0.118)	−0.468*** (0.058)
Obs.	129 829	205 204	125 079	201 274	120 848	19 175
R^2	0.880	0.687	0.878	0.681	0.877	0.745
国家（地区）数量	185					
所在大洲虚拟变量	控制					
产品固定效应	控制					
企业固定效应	不控制					
HS8 产品种类	2 069	4 547	2 058	4 531	2 057	4 481
统计出口额（亿美元）	5 195	3 857	1 794	2 342	1 737	1 899
计量单位	个/套	公斤	个/套	公斤	个/套	公斤

注：*** 表示 1% 的显著性水平，括号内数值表示标准误，常数项系数没有实际含义。本表结果由 Stata11.2 软件输出。在 Stata 中，固定效应模型可以有多条命令实现，不同方法中，常数项系数的解释是有差异的，由此，得到的常数项系数会有差异（其余变量系数不变）。

本研究对表 16 – 3 回归系数的解释更多是基于企业决策模式，而表 16 – 3 的回归中并没有考虑到企业行为。例如，我国对美国出口的商品中，现在的研究还只是停留在商品的平均价格，但以平均价格为基准，不同的企业会有不同的出口价格，这个问题的处理直接关系到对回归系数的理解。图 16 – 4 列出了 2006 年我国出口到美国的商品中，产品的平均单位价格和所有企业该种产品的单位价格的关系，纵轴表示单位价格，横轴表示 HS 八位数分类产品编号，编号原则是按照产品单位价格均价从低到高。图 16 – 4（a）是计价单位为“个/套”的产品，图 16 – 4（b）是计价单位为“公斤”的产品，两幅图的差异是很明显的，相对而言，以“公斤”计价的产品的产品间单位价格差别更小。图中实线表示出口到美国的产品的平均单位价格，沿实线上的点的纵向方向分布的是不同企业出口到美国的该产品的单位价格。很显然，如果只考虑以实线表示的产品平均单位价格（表 16－3 的检验基础），而忽视围绕实线上每个平均价格上下分布的散点，即不同企业在同一出口产品的单位价格的差异性，将会损失大量有效信息，过于粗糙的理解地理与贸易的关系。由此，本研究将以每个企业出口到每个国家的每种产品的单位价格为基础，进行第二组检验，从企业层面研究地理与贸易的关系。

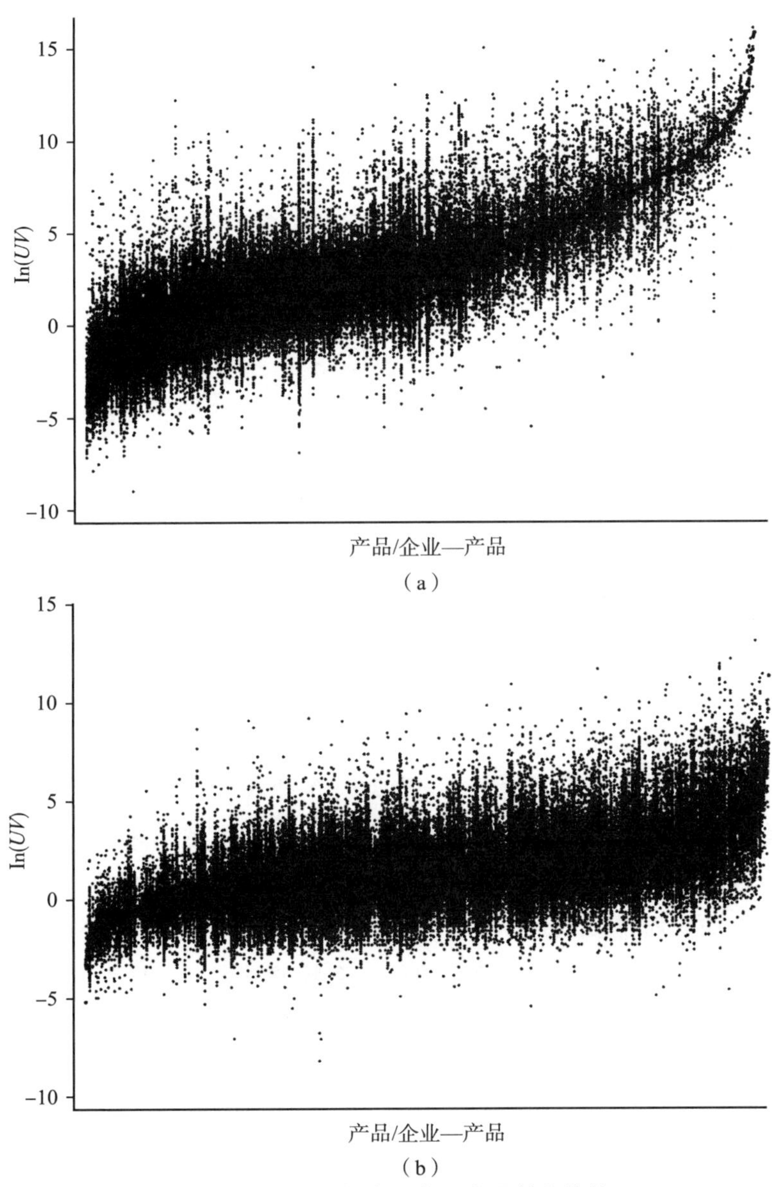

图 16－4　企业与企业出口产品单位价值

注：（a）图产品计量单位为“个/套”，（b）图产品计量单位为“公斤”。
资料来源：依据海关总署企业层面出口数据整理。

（二）国别—产品—企业检验

国别—产品—企业单位价格检验结果如表16－4、表16－5和表16－6所示。表16－4只控制产品固定效应，表16－5只控制企业固定效应，表16－6同时控制产品和企业固定效应。[①] 相对于发达国家（地区）的研究结果（Baldwin & Harrigan，2011；Bastos & Silva，2010），表16－4、表16－5和表16－6的回归结果与表16－3有较大的差异，表明基于我国出口数据的回归分析中，是否控制产品和企业固定效应对检验结果影响更大，产品特征和企业异质性在我国出口中表现得尤为明显。对比表16－3和表16－4的全样本回归结果，第（1）列*GDP*和*DIST*的系数均由显著为负逆转为显著为正，这与前文的推断一致，以“个/套”计价的产品差异很大，[②] 表16－3的方法可能会使估计系数“失真”，而表16－4以国别（地区）—产品—企业单位价格为基础，并控制产品固定效应，检验结果会更为准确。第（2）列回归系数符号不变，这也可以佐证本研究对第（1）列结果差异解释的合理性，以“公斤”计价的产品差异相对更小一些，图16－4也很好地反映出这种差异。不过，表16－4的系数值显著比表16－3要大，与现有很多文献的研究结论相反（Bastos & Silva，2010），同样具有“中国特色”，需要进一步从企业异质性角度来深入分析。图16－4表明，同一种产品，不同的企业会有不同的出口单位价格；类似地，同一家企业，即使是出口同一种产品，面对不同出口市场也可能采取差别定价。也就是说，同时存在企业异质性和产品差异问题，进入不同市场的企业有差异，企业在面临不同市场时产品质量（定价）也有差异。因此，只控制产品固定效应，得到的结论仍然没有足够的说服力，还需要控制企业固定效应。

本研究继续详细对比分析表16－4、表16－5和表16－6的检验结果，重点讨论产品和企业差异对市场规模*GDP*和地理距离*DIST*回归系数的影响。市场规模或地理距离对企业出口产品单位价格的影响有差异，这种差异的来源有两个：不同市场的企业存在差异（企业异质性），同一个企业在不同市场的产品存在差异（产品特征）。三个表第（2）列以“公斤”计价商品的回归系数差异表明，该类商品支持“企业异质性”角度的解释。以*DIST*的回归系数为例，表16－6控制产品和企业固定效应时系数为0.111，而表16－4控制产品固定效应时系数为0.195，差距为0.084，合

① 企业—产品固定效应的控制有两种方式：分别控制和配对控制，本研究采用分别控制方法。

② 例如，出口商品中的CPU和电脑机箱，都以“个/套”计价，但产品差异很大。图16－4同样从单位价格的角度表明这个问题，从实线表示的产品平均价格来看，显然，以“个/套”计价的商品单位价格变化幅度更大，说明产品间的差异更大。

76%，这可以理解为来源于“企业异质性”；表 16－5 控制企业固定效应时系数为 0.079，差距为 0.032，合 29%，这可以理解为来源于“产品特征”。对 GDP 回归系数的分析可以得到类似的结论。再看三个表第（1）列的回归结果。本研究认为以“个/套”计价的商品有其特殊性，产品范围相对较广，从表 16－3、表 16－4 回归结果的对比分析以及对图 16－4 的分析均表明，这类产品的差异非常大，不控制产品固定效应得到的结论是难以令人信服的。这也可以部分解释表 16－3 的结果为什么和现有文献结论存在很大差异，因为现有文献在计算产品单位价格时，鲜有考虑产品计价单位差异。由此，本研究主要看已经控制产品固定效应的表 16－4 和表 16－6 的回归结果。显然，“企业异质性”仍然对回归系数有很大的影响。此外，同表 16－3 的方法类似，在表 16－4、表 16－5 和表 16－6 的检验中，也考虑剔除加工贸易出口和外商投资企业出口两种情况，进行初步稳健性检验，回归结果非常稳健，与全样本的解释类似。

表 16－4　　国别（地区）—产品—企业单位价格检验结果（产品固定效应）

变量	全样本		剔除加工贸易出口		剔除外商投资企业出口	
	(1)	(2)	(3)	(4)	(5)	(6)
lnGDP	0.087*** (0.001)	0.128*** (0.001)	0.080*** (0.001)	0.130*** (0.001)	0.076*** (0.001)	0.118*** (0.001)
lnPGDP	−0.114*** (0.002)	−0.054*** (0.001)	−0.114*** (0.002)	−0.063*** (0.001)	−0.136*** (0.002)	−0.082*** (0.001)
LandLocked	0.221*** (0.005)	0.345*** (0.004)	0.227*** (0.005)	0.351*** (0.004)	0.227*** (0.006)	0.339*** (0.004)
lnDIST	0.110*** (0.002)	0.195*** (0.002)	0.122*** (0.003)	0.222*** (0.002)	0.157*** (0.003)	0.283*** (0.002)
Constant	0.070** (0.030)	−2.939*** (0.021)	0.059* (0.032)	−3.154*** (0.022)	−0.026 (0.034)	−3.363*** (0.023)
Obs.	2 464 488	3 285 624	2 183 770	3 094 409	1 895 922	2 645 788
R^2	0.745	0.431	0.751	0.432	0.761	0.444
国家（地区）数量	185					
所在大洲虚拟变量	控制					
产品固定效应	控制					
企业固定效应	不控制					
HS8 产品种类	2 069	4 547	2 058	4 531	2 057	4 481
企业数量	95 921	139 546	86 935	127 835	58 150	81 981
计量单位	个/套	公斤	个/套	公斤	个/套	公斤

注：***、**、*分别表示 1%、5%、10% 的显著性水平，括号内数值表示标准误。

表 16-5　国别（地区）—产品—企业单位价格检验结果（企业固定效应）

变量	全样本		剔除加工贸易出口		剔除外商投资企业出口	
	(1)	(2)	(3)	(4)	(5)	(6)
lnGDP	-0.015*** (0.001)	0.054*** (0.001)	-0.014*** (0.001)	0.057*** (0.001)	-0.011*** (0.001)	0.065*** (0.001)
lnPGDP	-0.139*** (0.003)	-0.009*** (0.001)	-0.148*** (0.003)	-0.012*** (0.001)	-0.162*** (0.003)	-0.014*** (0.001)
LandLocked	0.026*** (0.007)	0.168*** (0.005)	0.036*** (0.008)	0.179*** (0.005)	0.037*** (0.009)	0.198*** (0.006)
lnDIST	0.027*** (0.004)	0.079*** (0.002)	0.008* (0.004)	0.090*** (0.002)	0.011** (0.005)	0.096*** (0.002)
Constant	3.213*** (0.048)	-0.872*** (0.022)	3.415*** (0.052)	-1.036*** (0.023)	3.369*** (0.057)	-1.353*** (0.025)
Obs.	2 464 488	3 285 624	2 183 770	3 094 409	1 895 922	2 645 788
R^2	0.549	0.567	0.535	0.552	0.491	0.503
国家（地区）数量	185					
所在大洲虚拟变量	控制					
产品固定效应	不控制					
企业固定效应	控制					
HS8 产品种类	2 069	4 547	2 058	4 531	2 057	4 481
企业数量	95 921	139 546	86 935	127 835	58 150	81 981
计量单位	个/套	公斤	个/套	公斤	个/套	公斤

注：***、**、*分别表示1%、5%、10%的显著性水平，括号内数值表示标准误。

表 16-6　国别（地区）—产品—企业单位价格检验结果（产品、企业固定效应）

变量	全样本		剔除加工贸易出口		剔除外商投资企业出口	
	(1)	(2)	(3)	(4)	(5)	(6)
lnGDP	0.030*** (0.001)	0.063*** (0.000)	0.032*** (0.001)	0.066*** (0.000)	0.035*** (0.001)	0.068*** (0.001)
lnPGDP	-0.054*** (0.001)	0.002** (0.001)	-0.056*** (0.001)	-0.002** (0.001)	-0.068*** (0.002)	-0.010*** (0.001)
LandLocked	0.078*** (0.004)	0.191*** (0.004)	0.098*** (0.005)	0.205*** (0.004)	0.110*** (0.005)	0.222*** (0.005)
lnDIST	0.046*** (0.002)	0.111*** (0.002)	0.077*** (0.002)	0.140*** (0.002)	0.114*** (0.003)	0.179*** (0.002)
Constant	-0.016*** (0.002)	0.016*** (0.001)	0.000 (0.002)	0.027*** (0.001)	0.019*** (0.002)	0.041*** (0.001)

续表

变量	全样本		剔除加工贸易出口		剔除外商投资企业出口	
	(1)	(2)	(3)	(4)	(5)	(6)
Obs.	2 464 488	3 285 625	2 183 770	3 094 410	1 895 922	2 645 788
R^2	0. 365	0. 429	0. 343	0. 417	0. 298	0. 375
国家（地区）数量	185					
所在大洲虚拟变量	控制					
产品固定效应	控制					
企业固定效应	控制					
HS8 产品种类	2 069	4 547	2 058	4 531	2 057	4 481
企业数量	95 921	139 546	86 935	127 835	58 150	81 981
计量单位	个/套	公斤	个/套	公斤	个/套	公斤

注：*** 、** 分别表示 1%、5% 的显著性水平，括号内的数值表示标准误。

本研究再以表 16－6 为基准分析地理因素对我国企业出口的影响。表 16－6 是控制产品和企业固定效应后的检验结果，在经典引力模型理论的基础上，这已经在很大程度上对影响企业的产品出口单位价格的因素进行了控制，回归系数基本能真实反映市场规模和地理因素对单位价格的影响。第一，地理距离对单位价格有显著正的影响。根据产品特征理论推断，企业倾向于对距离更远的市场出口单位价格更高的产品。以第（2）列为例，距离增加 1 倍，企业出口产品的单位价格将提高 11. 1%，这个结论与经典引力模型的预测一致，我国的企业出口模式仍然与一般性原理相吻合。从产品特征的角度来看，同一种产品存在不同的质量标准，而贸易成本会影响到企业产品质量与销售市场决策，企业会将质量更好的产品销售到距离更远的市场（Hummels & Skiba，2004）。不过，企业出口决策更看重的究竟是成本因素还是收益因素，在理论上还存在争论（Melitz & Ottaviano，2008）。当然，也可以从企业异质性角度来思考这个问题，如果产品单位价格高意味着企业生产率更高，那么，表 16－6 的结果表明生产率更高的企业能承担更高的贸易成本，进入距离更远的市场。此外，反映地理因素的另一个代理变量 LandLocked 同样对企业出口产品的单位价格有显著正的影响，与现有文献研究结论一致。

第二，市场规模对单位价格有显著正的影响，同样可以从产品特征和企业异质性两个角度来理解。产品特征方面，企业倾向于将质量更高的产品销售到市场规模更大的经济体。内勒和于（Kneller & Yu，2008）认为，市场大意味着竞争激烈，从而高生产率的企业更能适应规模大的经济体。市场规模和地理距离是经典引力模型最为关注的影响双边贸易的变量，本研究与其预测结论基本相符。不过，现有研究中，市场规模对企业出口产品的单位价格的影响并不稳健（Bastos & Silva，2010），而本研究市场规模的影响稳健，且系数在1%的水平上显著。

第三，在地理因素对单位价格的影响方面，加工贸易和一般贸易差异明显，外商投资企业和内资企业差异明显；在市场规模对单位价格的影响方面，加工贸易和一般贸易、外商投资企业和内资企业，则几乎没有差异。与发达国家（地区）相比，我国出口贸易中一个很重要的特点是加工贸易和外商投资企业的出口份额非常高，尤其外商投资企业的出口份额。由此，表16－6构建子样本分析地理距离和市场规模对不同贸易方式和不同所有制企业出口影响程度的差异。以计价单位为“公斤”的产品为例，贸易伙伴国（地区）到我国的距离提高1倍，全样本中单位价格上升11.1%，而分别剔除加工贸易出口和外商投资企业出口后，单位价格将分别上升14.0%和17.9%，差别非常明显。而市场规模的影响方面，三组回归系数分别为0.063、0.066、0.068，几乎没有差异。这表明，相对于一般贸易出口和内资企业出口，地理距离对加工贸易出口和外商投资企业出口的影响更小，加工贸易企业和外商投资企业在出口产品单位价格决策时更少考虑地理距离等贸易成本的影响。而对于市场规模因素，一般贸易企业和加工贸易企业、内资企业和外商投资企业的考虑基本一致。这一发现是我国出口贸易中特有的现象，现有文献还没有对此进行过研究，背后的理论基础和作用机制都有待进一步的挖掘。

第四，地理因素和市场规模对单位价格的影响程度，与产品计价单位相关，对以“公斤”计价产品的影响程度要远远高于以“个/套”计价产品的影响程度。以全样本为例，地理距离 *DIST*、市场规模 *GDP* 和是否内陆国家 *LandLocked* 在第（1）列和第（2）列的回归系数分别为0.046、0.030、0.078和0.111、0.063、0.191，影响程度差别非常明显，这个结论在分别剔除加工贸易出口和剔除外商投资企业出口的两个子样本中同样成立。这一发现与现有文献缺乏可比性，因为现有类似成果还很少区分计价单位差异性。本研究主要从“产品特征”的角度来理解这种现象，两类不同计价单位的产品的内部差异程度明显不同，以“公斤”计价的产品的内部差异（主要体现在单位价格，图16－4可反映这种差异）相对更小。地理距离等因素对不同单位价格的产品定价机制不同，单位价格很高的产品（例如，计算机中央处理器CPU）和普通商品比较，受地理距离的影响将会相对更小一些，其他影响因素也可类似解释。但是，有两个问题需要注意：不同计价单位的产品到底存在怎样的差异，还要从实证上提供更强有力的证据；不同的产品受地理距离等因素的影响有差异，这还有待从理论上进一步论证。

（三）稳健性检验

首先，引入离散型地理距离变量来进行稳健性检验。参考鲍尔温和哈里根

（Baldwin & Harrigan，2011），将地理距离分段为离散变量，但根据我国出口贸易的实际情况，对分段临界点进行适当的调整。本研究以 3 000 公里、7 000 公里、10 000 公里为界线将所有贸易伙伴国（地区）分为四类，在表 16－6 全样本以“个/套”计价的2 464 550 个观测值中分别占比27%、19%、42%和12%，在以“公斤”计价的 3 286 882 个观测值中分别占比 28%、22%、29%和 21%。表 16－7 的检验结果非常稳健，市场规模 GDP 和是否内陆国家（地区）LandLocked 的回归系数基本保持不变，DIST 的回归系数更是表现出非常好的性状。以第（1）列为例，相对于地理距离 DIST 小于 3 000 公里的基准，随着距离增加，当距离为 3 000～7 000 公里、7 000～10 000 公里、大于 10 000 公里时，回归系数分别为 0.099、0.146、0.205，依次递增，且均在 1%显著性水平显著为正，和连续型距离变量的预测完全一致。此外，六个检验方程的离散距离变量阶梯系数表现出几乎一致的变化情况。这说明，虽然地理距离变量对不同计价单位产品、不同贸易方式出口、不同所有制类型企业出口的单位价格影响存在很大的组间差异（见表 16－6），但是，这种影响在各自组内是没有差异的。应该说，这是一个非常重要的发现。

表 16－7　　离散型地理距离稳健性检验

变量	全样本		剔除加工贸易出口		剔除外商投资企业出口	
	（1）	（2）	（3）	（4）	（5）	（6）
lnGDP	0.031 *** （0.001）	0.061 *** （0.000）	0.032 *** （0.001）	0.064 *** （0.000）	0.035 *** （0.001）	0.065 *** （0.001）
lnPGDP	−0.047 *** （0.001）	0.001 （0.001）	−0.053 *** （0.001）	−0.005 *** （0.001）	−0.068 *** （0.002）	−0.019 *** （0.001）
LandLocked	0.076 *** （0.004）	0.178 *** （0.004）	0.092 *** （0.005）	0.187 *** （0.004）	0.100 *** （0.005）	0.196 *** （0.005）
3 000 < DIST≤7 000	0.099 *** （0.003）	0.092 *** （0.002）	0.094 *** （0.003）	0.098 *** （0.002）	0.098 *** （0.003）	0.097 *** （0.002）
7 000 < DIST≤10 000	0.146 *** （0.004）	0.136 *** （0.003）	0.146 *** （0.004）	0.148 *** （0.003）	0.158 *** （0.004）	0.159 *** （0.003）
10 000 < DIST	0.205 *** （0.006）	0.194 *** （0.004）	0.207 *** （0.007）	0.207 *** （0.004）	0.224 *** （0.007）	0.212 *** （0.005）
Constant	−0.091 *** （0.002）	−0.093 *** （0.001）	−0.095 *** （0.002）	−0.103 *** （0.001）	−0.102 *** （0.002）	−0.111 *** （0.001）
Obs.	2 464 488	3 285 624	2 183 770	3 094 409	1 895 922	2 645 788
R^2	0.365	0.428	0.343	0.416	0.298	0.373

续表

变量	全样本		剔除加工贸易出口		剔除外商投资企业出口	
	(1)	(2)	(3)	(4)	(5)	(6)
国家（地区）数量	185					
所在大洲虚拟变量	控制					
产品固定效应	控制					
企业固定效应	控制					
HS8 产品种类	2 069	4 547	2 058	4 531	2 057	4 481
企业数量	95 921	139 546	86 935	127 835	58 150	81 981
计量单位	个/套	公斤	个/套	公斤	个/套	公斤

注：*** 表示1%的显著性水平，括号内的数值表示标准误。

其次，考虑企业出口规模聚类效应进行稳健性检验。表 16－6 中虽然控制了企业固定效应，但由于样本量非常大，可能会因为标准误下降而使得显著性水平提高，表 16－8 基于聚类分析的方法对此进行了检验。以企业总出口额作为分类标准，[①] 每 200 万美元[②]的出口额差距作为一个聚类。由此，本研究将六组检验方程的样本分别分为 291 类、216 类、123 类、152 类、138 类、153 类，检验结果如表 16－8 所示，变量的回归系数与表 16－6 基本一致，结论非常稳健。

表 16－8　　企业规模聚类效应稳健性检验

变量	全样本		剔除加工贸易出口		剔除外商投资企业出口	
	(1)	(2)	(3)	(4)	(5)	(6)
lnGDP	0.030 *** (0.003)	0.063 *** (0.009)	0.032 *** (0.003)	0.066 *** (0.009)	0.035 *** (0.003)	0.068 *** (0.009)
lnPGDP	−0.054 *** (0.004)	0.002 (0.017)	−0.056 *** (0.004)	−0.002 (0.016)	−0.068 *** (0.003)	−0.010 (0.016)
LandLocked	0.078 *** (0.013)	0.191 *** (0.023)	0.098 *** (0.017)	0.205 *** (0.023)	0.110 *** (0.017)	0.222 *** (0.023)
lnDIST	0.046 *** (0.010)	0.111 *** (0.032)	0.077 *** (0.006)	0.140 *** (0.032)	0.114 *** (0.008)	0.179 *** (0.035)

① 理论上，还可以从产品角度进行聚类分析，但由于 HS 四位数分类缺乏足够的经济学含义，而 HS 两位数分类不能满足聚类分析的基本条件（聚类数量不少于 42 个），本研究不作讨论。当然，根据 Angrist（2009）的研究，可以很大程度上放松聚类分析的假设条件，这一最新成果也可以应用到本研究。

② 由于缺乏相关研究，本研究定义 200 万美元作为阈值，并没有理论和文献上的支持，不过，即使选择 100 万美元和 300 万美元作为阈值，检验结果仍然是稳健的。

续表

变量	全样本		剔除加工贸易出口		剔除外商投资企业出口	
	(1)	(2)	(3)	(4)	(5)	(6)
Constant	-0.016 (0.012)	0.016*** (0.003)	0.000 (0.009)	0.027*** (0.004)	0.019 (0.012)	0.041*** (0.003)
Obs.	2 464 488	3 285 624	2 183 770	3 094 409	1 895 922	2 645 788
R^2	0.365	0.429	0.343	0.417	0.298	0.375
国家（地区）数量	185					
所在大洲虚拟变量	控制					
产品固定效应	控制					
企业固定效应	控制					
HS8 产品种类	2 069	4 547	2 058	4 531	2 057	4 481
企业数量	95 921	139 546	86 935	127 835	58 150	81 981
计量单位	个/套	公斤	个/套	公斤	个/套	公斤
聚类数量	291	216	123	152	138	153

注：*** 表示 1% 的显著性水平，括号内的数值表示标准误。

四、小结

本研究从企业异质性和产品特征的角度出发，以 2006 年中国海关企业进出口数据为基础，研究地理因素对我国出口产品价格的影响，讨论我国企业出口产品价格研究的一般性与特殊性。研究结论主要包括如下几个方面。第一，地理距离对我国出口扩展边界和集约边界的影响方式与发达国家存在较大的差异，表现出特有的“中国特色”，这需要从国内运输成本等角度深入分析。第二，地理距离对企业出口到每个国家每种产品的单位价格有显著正的影响。这可以从产品特征和企业异质性两个方面理解：企业倾向于对距离更远的市场出口单位价格更高的产品；生产率高，从而产品质量和单位价格高的企业更可能进入距离更远的市场。另外，这种影响的程度在加工贸易和一般贸易出口之间、外商投资企业和内资企业出口之间差异明显。第三，本研究严格区分“个/套”和“公斤”两种计价单位，国别（地区）—产品层面的研究发现，地理距离对以“公斤”计价的产品单位价格的影响与现有理论和经验研究基本一致，而对以“个/套”计价的产品的影响不稳健。在采用国别（地区）—产品—企业数据，并控制产品和企业固定效应后，地理因素对单位价格的影响程度，对以“公斤”计价产品的影响程度要远远高于以“个/套”计价产品的影响程度，而稳健性检验表明，这种影响程度的差异只体现在不同样本的组间，组内影响是完全相同的。这个发现对现有文献研究是很重要的补充，有必要进一步从理论上深入讨论。

总体来看，本研究在最近兴起的以企业和产品为基础的国际贸易理论与经验研究领域，完善和挖掘了大量关于我国出口产品价格的典型事实，与现有经验研究成果互为补充和印证，并对现有的理论体系有一定的冲击，具有较为重要的学术贡献。此外，本研究从加工贸易和外商投资企业出口等我国出口的特殊性入手，并从企业和产品层面出发，在一般性理论框架中进行讨论，丰富了关于我国出口研究的内涵，也有助于从更深的层面理解我国的出口模式。

从企业和产品层面开展国际贸易研究是近几年兴起的前沿领域，无论从理论上还是经验上都还有待进一步完善和发展。而涉及我国出口贸易特殊性的研究更是不多见，本研究还只是一个初步的探索，还有很多需要进一步深入研究的地方。至少还可以从如下几个方面来扩展本研究。首先，对我国出口贸易典型事实的研究中，得到了很多异于现有文献研究的结论，以及一些与现有文献缺乏可比性的结论，还需要从理论上和实证上提供更为有力的支撑。其次，区分产品计价单位的分析方法还缺乏足够的文献和理论基础，需进一步讨论。再其次，对企业异质性和产品特征进行控制的方法是采用固定效应模型，可以考虑将海关数据与企业财务数据对接，或者构建多年面板数据进行研究，与现有结论比较。最后，只对出口进行了分析，而很多企业在出口的同时也大量进口，对于企业决策，进口和出口同样重要，需要同时考虑。

参考文献

[1] 施炳展. 2010. 中国出口中零贸易分布特点及其影响因素：基于新—新贸易理论的实证. 世界经济文汇，(1)：64 – 75.

[2] 吴福象，刘志彪. 2009. 中国贸易量增长之谜的微观经济分析：1978 – 2007. 中国社会科学，(1)：70 – 83.

[3] 徐康宁，王剑. 2006. 要素禀赋、地理因素与新国际分工. 中国社会科学，(6)：65 – 77.

[4] 姚洋，张晔. 2008. 中国出口品国内技术含量升级的动态研究——来自全国及江苏省、广东省的证据. 中国社会科学，(2)：67 – 82.

[5] Anderson J. 1979. A theoretical foundation for the gravity equation. The American Economic Review, 69 (1): 106 – 116.

[6] Anderson J. and Van WincoopE. 2003. Gravity with gravitas: A solution to the border puzzle. The American Economic Review, 93 (1): 170 – 192.

[7] AndersonJ. and Van Wincoop E. 2004. Trade costs. Journal of Economic Literature, 42 (3): 691 – 751.

[8] Angrist J. 2009. Mostly harmless econometrics: An empiricist's companion. Princeton, New

Jersey: Princeton University Press.

[9] Baldwin R. and Harrigan J. 2011. Zeros, quality and space: Trade theory and trade evidence. American Economic Journal: Microeconomics, 3: 60 - 88.

[10] Bastos P. and Silva J. 2010. The quality of a firm's exports: Where you export to matters. Journal of International Economics, 82: 99 - 111.

[11] Bernard A., Eaton J., Jensen B. and KortumS. 2003. Plants and productivity in international trade. The American Economic Review, 93 (4): 1268 - 1290.

[12] Bernard A., Jensen B., Redding S. and Schott P. 2007. Firms in international trade. Journal of Economic Perspectives, 21 (3): 105 - 130.

[13] Cipollina M. and Salvatici L. 2010. Reciprocal trade agreements in gravity models: A meta-analysis. Review of International Economics, 18 (1): 63 - 80.

[14] Eaton J., Kortum S. and Kramarz F. 2011. An anatomy of international trade: Evidence from French firms. Econometrica, 79 (5): 1453 - 1498.

[15] Eaton J. and Kortum S. 2002. Technology, geography, and trade. Econometrica, 70 (5): 1741 - 1779.

[16] Ethier W. 1982. National and international returns to scale in the modern theory of international trade. The American Economic Review, 72 (3): 389 - 405.

[17] Feenstra R., Markusen J. and Rose A. 2001. Using the gravity equation to differentiate among alternative theories of trade. Canadian Journal of Economics, 34 (2): 430 - 447.

[18] Hallak J. 2006. Product quality and the direction of trade. Journal of International Economics, 68: 238 - 265.

[19] Helpman E. 1981. International trade in the presence of product differentiation, economies of scale and monopolistic competition: A Chamberlin-Heckscher-Ohlin approach. Journal of International Economics, 11 (3): 305 - 340.

[20] Helpman E. 1999. The structure of foreign trade. Journal of Economic Perspectives, 13 (2): 121 - 144.

[21] Helpman E. and Krugman P. 1985. Market structure and foreign trade: Increasing returns, imperfect competition and the international economy. Cambridge, MA: MIT Press.

[22] Hummels D. and Skiba A. 2004. Shipping the good apples out? An empirical confirmation of the Alchian-Allen conjecture. Journal of Political Economy, 112 (6): 1384 - 1402.

[23] Kneller R. and Yu Z. 2008. Quality selection, Chinese exports and theories of heterogeneous firm trade. University of Nottingham, GEP Research Paper 2008/44.

[24] Krugman P. 1980. Scale economics, product differentiation, and the pattern of trade. The American Economic Review, 70 (5): 950 - 959.

[25] Krugman P. 1981. Intra-industry specialization and the gains from trade. Journal of Political Economy, 89 (5): 959 - 973.

[26] Manova K. and Zhang Z. 2012. Export prices across firms and destinations. Quarterly Journal of

Economics, 127 (1): 379 – 436.

[27] Melitz M. 2003. The impact of trade on intra-industry reallocation and aggregate industry productivity. Econometrica, 71 (6): 1695 – 1725.

[28] Melitz M. and Ottaviano G. 2008. Market size, trade, and productivity. Review of Economic Studies, 75: 295 – 316.

第十七章
出口产品地区相关专业化

一、引言

传统贸易理论指出，随着一个经济体发展水平的提高，出口贸易会逐渐从多样化向专业化转变，并从出口专业化中获取更多的利益。新贸易理论与新经济地理（Krugman，1979）、集聚外部性理论（Jacobs，1969）则从规模经济和知识溢出等方面强调生产与出口专业化的优势。因此，出口产品地区专业化不仅可以反映经济发展水平，且将研究尺度聚焦在国家（地区）内部的区域层面时还可观察区域经济与产业的空间分布和发展特征。现有出口产品地区专业化研究有两个特点：一是多以传统贸易理论、新贸易理论与新经济地理、集聚外部性作为理论基础，这与传统地区产业专业化研究的理论基础相同（樊卓福，2007；孙晓华等，2013）；二是研究内容主要为出口产品地区专业化与经济发展的关系以及出口产品地区专业化水平的影响因素。前者结论为提高出口产品地区专业化程度有利于促进经济增长（De Piñeres et al.，1997；Hesse，2009；Naudé et al.，2010）；而针对后者的研究较少，且研究对象多为发达国家，对影响机制探讨较为浅显（Combes & Overman，2004）。

改革开放以来，我国出口贸易量增长迅猛。根据 WTO 的统计，出口贸易总额从2000 年的 1 483.46 亿美元迅速增长到 2018 年的 2.48 万亿美元，增长了 16.7 倍，成为拉动中国经济增长的“三驾马车”之一。但我国出口产品地区专业化的相关研究却很少，代表性的研究是邵军等（2011）利用地市级工业企业贸易数据分析了我国地区出口专业化程度，发现出口结构专业化程度越高的地区经济增长越快，但没有探讨出口产品地区专业化的影响机制。虽然我国出口产品地区专业化水平影响因素的系统研究仍未出现，但有不少实证分析通过构建各种地区专业化指数探讨了我国地区产业专业化水平的影响因素（金煜等，2006；蒋媛媛，2011）。总体来看，这类研究存在一定的不足。首先，专业化指数是根据人为划分的产品/行业分类，选取一类产品/行业来分析专业化水平，忽略各类产品/行业之间的潜在联系，从而降低其真正的专业化程度（刘志高等，2011；Kogler et al.，2017）；其次，由于数据可获取性的限制，研究多为省份层面，而城市才能进一步揭示地区专业化微观尺度的影响因素；最后，虽然演化经济地理学对出口产品地区专业化研究理论进行了补充，但尚未建立起完善后的理论框架。

演化经济地理学拓展了集聚外部性理论，将技术关联的概念引入到知识溢出的讨论中（Rosenberg et al.，1983；刘志高、张薇，2016；郭琪、贺灿飞，2018），认为知识溢出更多地发生在能力互补和知识基础相似的产业之间（Boschma & Frenken，

2011)。但在研究中，技术关联多用于研究地区多样化（Neffke et al.，2011；罗芊等，2016；金璐璐等，2017；Kemeny & Storper，2015)。基于技术关联的思想，科格勒等（Kogler et al.，2017）构建了一个全新的产品地区专业化指标，认为产品地区专业化程度与技术关联和产品规模等因素相关。

本研究将技术关联的思想融入于出口产品地区专业化的理论分析，并将产品地区专业化作为出口产品地区专业化的衡量指标。在此基础上，依托城市层面出口产品数据，再探讨我国城市出口产品地区专业化时空间特征，进而构建包括地方能力和产业特征两个维度的计量模型探讨其影响因素。尽管聚焦在城市层面的出口产品数据会较少考虑国内贸易，可能导致地区专业化水平降低，但本研究构建的出口产品专业化指标与解释框架仍可反映我国区域经济与产业地理空间的发展格局，且可克服已有研究利用相关指数衡量地区专业化水平存在的不足，为研究我国地区产品专业化提供了新的视角与方法。

二、出口产品地区专业化理论分析框架

（一）出口产品地区专业化理论脉络与解释框架

传统贸易理论、新贸易理论与新经济地理理论、集聚外部性理论和演化经济地理学对集聚外部性的拓展作为本研究出口产品地区专业化解释框架的理论基础。传统贸易理论中，亚当·斯密认为两个国家（地区）间在生产成本上低于对方国家（地区）的产品进行互换就可分享贸易的利益，即“绝对优势”理论。李嘉图的“比较优势”理论则认为，只要生产同类产品的机会成本比率存在地区间差异，贸易即可发生。赫克歇尔和俄林对“比较优势”理论进行了完善，认为各国（地区）机会成本差异源于要素禀赋的差异性，一个国家（地区）应出口本国要素禀赋相对密集的产品，进口要素禀赋相对稀缺的产品。

随着时代推进，传统贸易理论已无法解释 20 世纪 60 年代以后的贸易结构和公司内贸易等问题（Helpman & Krugman，1985)，究其原因是规模收益不变或递减以及完全竞争市场的假设不符合现实。克鲁格曼（Krugman，1979，1980）在前人基础上，运用规模报酬递增、垄断竞争和产品的差异化构建了新贸易理论模型，认为即使两个国家（地区）具备完全相同的要素禀赋，由规模差异导致的机会成本差异仍然会推动贸易。随后，克鲁格曼创建了新经济地理学，认为规模报酬递增、运输成本降低和母国（地区）市场效应会促使产业发生空间集聚，而路径依赖效应则会令集聚维持下去，从而形成地区专业化生产与出口贸易（段学军等，2010）。

集聚外部性主要指企业与其他经济个体因为同处于一个区域所获得的成本降低，包括知识溢出带来的学习交流机会和要素共享带来的成本降低（Rosenthal & Strange，2003）。集聚外部性包括地方化经济和城市化经济。地方化经济的代表是 MAR 外部性理论，认为同一产业内的企业由于资源共享和知识溢出而呈现空间集聚和生产专业化，进而促进产业发展和区域增长（贺灿飞、潘峰华，2005）。城市化经济的核心理论为 Jacobs 外部性，强调产业间的知识溢出更能促进集聚现象发生，城市内多样化的产业结构更有利于经济发展（Jacobs，1969）。

MAR 外部性与 Jacobs 外部性的主要分歧在于知识溢出的来源。演化经济地理学则用技术关联的概念来综合两者对于知识溢出的看法，尤其是对 Jacobs 外部性进行了拓展，认为 Jacobs 外部性中可促进经济发展的是存在技术关联的产业之间的知识溢出，并称这种现象为相关多样化（Boschma & Frenken，2011）。地区中技术关联的产业部门数量越多，地方企业获得学习的机会也就越多，从而导致更多部门之间产生知识溢出。当地区产业之间的相互关联累积到足够高的程度时，就可视为一种地区专业化（Kemeny & Storper，2015）。科格勒等（Kogler et al.，2017）在研究欧盟各国知识空间结构时构造了一个全新的产品地区专业化指标 AR，用专利产品间的联系强度对技术关联进行加权，认为专利产品的地区专业化程度不仅取决于其规模占本地的份额，还取决于产品之间的技术关联程度。

（二）地方能力与出口产品地区专业化

出口产品地区专业化的程度通常由各地区的地方特征和产业特征共同决定（Midelfart-Knarvik et al.，2000）。结合地区专业化理论发展脉络，本研究借用地方能力来表征地方维度的影响因素，用产品复杂度来表征产业/产品维度的影响因素，以此构建我国出口产品地区专业化的解释框架（见图 17－1）。

地方能力包括自然资源禀赋、人力资本、基础设施、制度环境和产业结构等有利于地方产业发展的条件。具体来说，本研究选择产品技术关联密度（Hidalgo et al.，2007）、经济复杂度（Hidalgo & Hausmann，2009）、财政分权（黎斌等，2016）和地方保护主义（Poncet，2005）作为地方能力的具体指标，分析其对地区专业化水平的影响。产品复杂度是在产品研发投入、中间产品投入等数据缺失情况下用于刻画产品关键特性的一个变量，能够考察产品异质性对地区专业化的影响。产品复杂度通过产品被出口的遍在性与出口地区生产能力的复杂性来反映（Hidalgo & Hausmann，2009），其直接影响到上下游产业的分工程度和是否倾向于集聚分布，进而影响到出口产品地区专业化程度。

1. 产品技术关联密度

技术关联密度用于衡量特定地区内某产品与其他产品的技术关联程度，刻画集聚外部性中的知识溢出效应。伊达尔戈等（Hidalgo et al.，2007）最早提出了技术关联指标，认为技术关联指标可反映知识溢出效应的强度。对于城市某产品来说，其技术关联密度越高，表示城市拥有更多与该产品相关联且具有比较优势的产品，也表明该产品与城市当前产品结构联系越强，即可推测地区生产及出口产品的专业化程度越高。实证研究发现地区产品技术关联密度与地区经济发展显著正相关（刘鑫、贺灿飞，2016；Howell et al.，2016），并显示强烈的路径依赖效应（He et al.，2017）。由于技术关联密度反映了特定地方内产品之间的相互联系，具有独特的不可复制性和不可移动地域性，因此可作为地方能力的表现之一。

2. 经济复杂度

经济复杂度刻画一个国家或地区经济结构复杂程度，是地区生产结构技术含量的综合测度（Hausmann & Klinger，2007；Hidalgo & Hausmann，2009），能刻画新经济地理和演化经济地理强调的历史基础、规模经济和路径依赖效应。伊达尔戈和豪斯曼（Hidalgo & Hausmann.，2009）认为，一个国家能生产和出口各种产品是因为其拥有生产结构、制度环境、基础设施和劳动力技能等多样化且不可贸易的"能力"，这种能力即是经济复杂度的体现。他们发现经济复杂程度高的地区倾向于出口工序复杂的产品，且新产品与现有产业结构的联系紧密，表明经济复杂度与出口产品专业化两者正向相关，并呈现路径依赖效应。张其仔等（2012）研究了地区经济复杂度驱动经济增长的微观机理，发现地区产品专业化是地区经济复杂度驱动经济增长的重要途径。

3. 财政分权与地方保护主义

根据要素禀赋理论的拓展研究，制度是一种区域要素禀赋（Combes & Overman，2004），是地方能力的重要组成部分，同时也是影响地区专业化的关键变量。财政分权和政治集中是理解中国制度体系的基础。以财政包干为基础的分权和预算软约束提高了地方政府增加财政收入的激励，促使地方政府开展趋好的竞争（Qian & Roland，1998）。而中央政府将地方官员政绩的考核置于一系列指标之下，地方官员发展经济的激励主要来自晋升的考核机制。在这样的竞争体制下，地方政府官员为了增长而可能陷入地方保护主义，由此产生重复建设和市场分割等弊端（周黎安，2007）。

理论上，财政分权将激励地方政府依据市场规律办事，推动关联产业专业化生产，从而提升出口产品专业化程度。地方保护主义则可能使得地方政府无视经济规律，单纯追求经济增长，设置贸易壁垒，使本地经济结构呈现相对封闭特征，导致地区专业化程度降低。但两者对地区专业化的影响并非绝对化（Bai et al.，2008；马光荣等，2010），关键在于地方政府是否采取了顺应市场的行为。

（三）产品复杂度与出口产品地区专业化

现有研究多集中于探讨产品复杂度的影响因素（王永进等，2010；戴翔和金碚，2014），尚未涉及产品复杂度对出口产品地区专业化的影响。生产与出口技术复杂度比较高的产品需要复杂的生产能力。一方面，更多信息和知识溢出会增加创新机会和降低创新成本，即可提升地区的生产能力；另一方面，信息和知识溢出会促使关联行业的企业在空间上集聚，进而促进生产与出口产品的地区专业化。因此，出口产品专业化程度高的地区往往生产复杂度高的产品。产品复杂度的度量方法最早由豪斯曼等（Hausmann et al.，2007）提出，但由于存在循环论证的缺陷，伊达尔戈和豪斯曼（Hidalgo & Hausmann，2009）对其进行了改进，并普遍应用于实证研究中，本研究即参考改进后的指标来衡量产品复杂度。具体分析框架如图 17－1 所示。

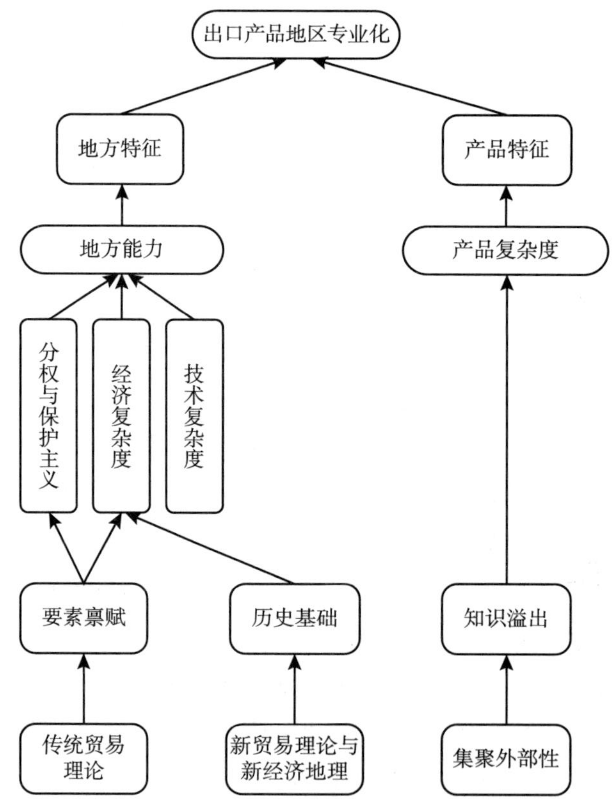

图 17－1　出口产品地区专业化分析框架

资料来源：笔者整理。

三、数据与研究方法

（一）数据来源与预处理

贸易数据分别来自中国海关数据库与全球贸易数据库。海关贸易数据库记录了进出口企业与对应产品的各类属性信息。本研究选取研究年限为2000～2011年。城市层面的数据均来自《中国区域经济统计年鉴》。在数据处理之前，首先将海关数据库中出口产品并不一定在本地生产的贸易公司数据与非制造业产品数据剔除，并将贸易产品统一到2007年的HS代码。其次，将全球贸易数据库中GDP与出口信息不完整的国家（地区）剔除，保留人口大于120万、贸易额大于10亿美元且产品出口额小于1 000亿元美元的国家（地区），共计120个国家（地区）用于计算产品复杂度。

（二）主要指标测算方法

1. 相关专业化

科格勒等（Kogler et al.，2017）通过技术关联和引力模型分别刻画产品间的距离和联系强度，并用联系强度对技术关联强度进行加权，从而得出相关专业化（AR）指标。传统地区专业化指数均依靠人为划定的产品分类体系，具有较大主观性，AR指标则克服了这个缺点。根据科格勒等（2017），每一年t城市c产品的相关专业化AR为：

$$AR_{ct} = \sum_i \sum_j x_{cijt}\varphi_{ijt} \tag{17.1}$$

式中，φ_{ijt}表示产品i和j在时间t的技术关联，参考伊达尔戈等（Hidalgo et al.，2007）的做法，本研究采用两个出口产品同时出现在一个城市的条件概率来刻画技术关联强度，具体表达如下：

$$\varphi_{ijt} = min\{P(RCA_{it} \mid RCA_{jt}),\ P(RCA_{jt} \mid RCA_{it})\} \tag{17.2}$$

式中，RCA为区位商的0/1变量，当产品在城市的区位商大于等于1时，$RCA=1$，否则$RCA=0$。

x_{cijt}为城市c产品i和j在时间t时的联系强度，通过城市中该类产品出口的企业个数来衡量。计算方法参考了引力模型，具体表达如下：

$$x_{cijt} = \frac{(P_{cit} + P_{cjt})(P_{cit} + P_{cjt} - 1)}{\sum_i P_{cit}(P_{cit} - 1)} \tag{17.3}$$

式中，P_{cit}和P_{cjt}分别代表时间t时城市c出口产品i和j的企业个数。该公式的分子表示两个产品之间的联系，分母表示城市c中所有出口产品之间的总联系强度。

2. 产品技术关联密度

产品技术关联密度的计算方法如下（Hidalgo et al.，2007；Poncet et al.，2015）：

$$Density_{cit} = \frac{\sum_{j \in RCA=1, j \neq i} \varphi_{ijt}}{\sum_{j \neq i} \varphi_{ijt}} \tag{17.4}$$

式中，分子表示产品i和在城市c具备比较优势（$RCA=1$）的产品j的技术关联，分母表示所有产品之间的技术关联。

3. 财政分权与地方保护主义

本研究采用本级地方财政支出与收入的比值作为财政分权衡量指标（黎斌等，2016）。该比值越高，表明地方政府财政自主权越大，财政分权越显著。具体表达如下：

$$FD = Expenditure_c / Revenue_c \tag{17.5}$$

式中，FD表示城市c地方政府财政分权指标，$Expenditure_c$表示城市c的财政支出，而$Revenue_c$则表示城市c地方政府的财政预算收入。

庞赛特（Poncet，2005）通过财政预算收入占GDP的比重来表示地方保护主义，该比值越高，地方保护主义越强。参照该方法，本研究用c城市的财政预算收入$Revenue_c$与地区生产总值GDP_c的比值表示地方保护主义强度。其具体表达如下：

$$Protect = Revenue_c / GDP_c \tag{17.6}$$

4. 产品复杂度与经济复杂度

伊达尔戈和豪斯曼（Hidalgo & Hausmann，2009）基于网络思维和国际比较优势分工思想，认为一个复杂产品的生产需要依托多种能力或者高超能力，这种能力可以从产品遍在性和国家（地区）出口产品的多样性来体现。复杂度越高的产品遍在性越低，将被更少具有比较优势的国家（地区）出口，同时也要求这些国家（地区）具备更多不同的能力。因此，国家（地区）出口产品的复杂度是具有比较优势的产品矩阵与该产品遍在性的加权。遍在性和能力多元化的具体表达如下：

$$ubiquity_p = K_{p,0} = \sum_j M_{jp} \tag{17.7}$$

$$diversity_j = K_{j,0} = \sum_p M_{jp} \tag{17.8}$$

式中，j表示国家，p表示产品，如果国家（地区）j出口产品p具有比较优势，

$M_{jp}=1$，否则为 0。比较优势用 RCA 来表示，计算方法与区位商相同。产品 p 初始复杂度为该产品具有比较优势的国家（地区）个数，即产品被出口的遍在度，而国家（地区）出口产品复杂度以国家（地区）初始出口产品数量代替，也用于反映出口产品的多样化程度。对式（17.7）和式（17.8）进行迭代计算，得到：

$$sophistication_{p,N} = \frac{1}{k_{p,0}} \sum_j M_{jp} k_{j,N-1} \tag{17.9}$$

$$complexity_{j,N} = \frac{1}{k_{j,0}} \sum_p M_{jp} k_{p,N-1} \tag{17.10}$$

式中，$sophistication_{p,N}$表示产品复杂度，$complexity_{j,N}$表示国家（地区）经济复杂度。对于产品复杂度来说，当 N 为偶数时，刻画的是产品的遍在性；当 N 为奇数时，刻画的是国家（地区）出口这些产品的多样性，即产品复杂度是由产品遍在性和出口国（地区）出口能力的复杂性共同决定的。对经济复杂度来说，当 N 为偶数时，刻画的是经济活动的多样性，当 N 为奇数时，刻画的是国家（地区）出口的遍在性。把国家（地区）经济复杂度计算的数据替换到城市层面则可以计算城市经济复杂度。通过观察迭代结果，发现产品复杂度在迭代 15 次后收敛效果较好，城市经济复杂度在迭代 16 次后收敛效果较好。此外，根据庞赛特等（Poncet et al.，2015），将复杂度的数据按年份进行标准化。

四、中国出口产品地区专业化时空特征

将每年各个城市（包括地级市、副省级城市、一般省会城市和直辖市）四位数产品的 AR 指数加总得到每一年全国的 AR 指数（见图 17－2）。2000～2011 年我国城市 AR 呈现显著的上升趋势，从 2000 年的 5 406.8 波动上升到 2011 年的 9 584.3，说明我国出口产品地区专业化程度是越来越高的。

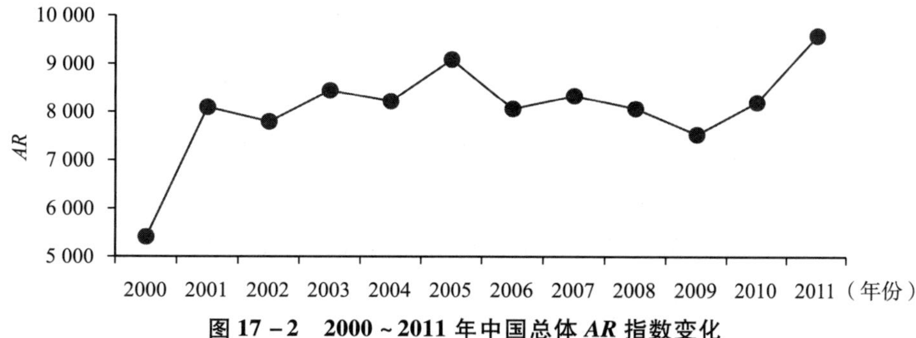

图 17－2　2000～2011 年中国总体 *AR* 指数变化

资料来源：依据中国海关数据库，全球贸易数据库，中国区域经济统计年鉴计算，不包括香港特别行政区、澳门特别行政区、台湾地区。

通过绘制2000年、2006年和2011年我国城市 *AR* 空间分布图，可以看出2000年，*AR* 较高的地区主要集中在珠三角、长三角和环渤海少数几个大城市；到2006年，*AR* 较高的城市向内陆扩散，东部地区成为连片的高 *AR* 地区；到2011年，重庆与四川大部分地区、湖南和安徽地区也相继崛起。总体来看，中国城市 *AR* 分布的变化规律与区域经济发展水平高度契合。

由于不同产品会呈现不同地区专业化特征，本研究将四位数产品的 *AR* 加总到两位数产品尺度，并选取特征显著的几类产品展示企业空间特征，以揭示不同出口产品地区专业化的空间差异性。本研究选择机械电气、纺织产品、交通设备和精密仪器。机械电气和纺织产品的出口贸易额在历年均位居前两位，交通设备和精密仪器产品则是增长最显著的两种。

图17－3表明，除了纺织产品外，其余3类产品的加总 *AR* 均呈现总体上升趋势。可能原因为有更多的城市开始专业化生产该产品；原先具备专业化优势的城市提升了生产该产品的专业化水平。总体来说，技术含量和生产附加值更高的产品拥有越来越高的 *AR*，表明过去十余年我国出口贸易及其空间格局趋于优化。

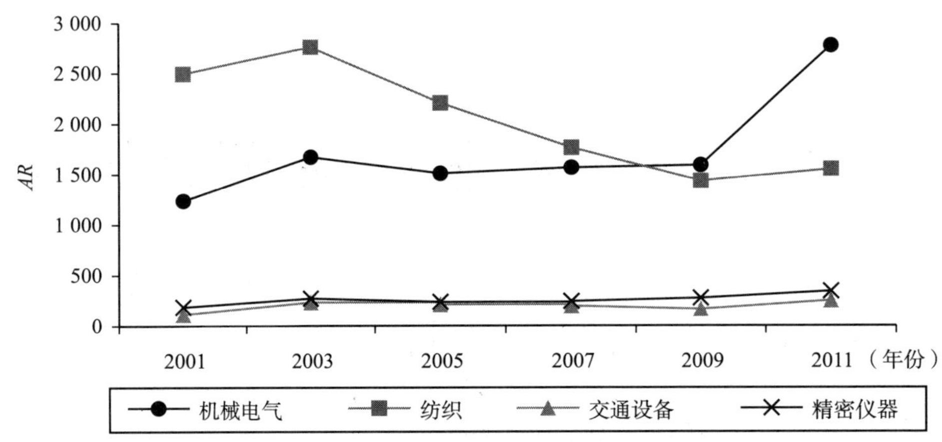

图17－3　2001～2011年不同类别产品加总 *AR* 指数变化

资料来源：依据中国海关数据库，全球贸易数据库，中国区域经济统计年鉴计算，不包括香港特别行政区、澳门特别行政区、台湾地区。

随着时间推进，机械电气产品专业化水平高的地区由集中在东部地区，历经了向东北、西南和中部地区的扩散，到最近在环渤海与长三角地区形成了产品出口专业化连片区，并且大部分地区的专业化水平仍在进一步提升。总体看来，机械电气产品在更广泛的区域实现了更高程度的专业化水平。

2000年，长三角、珠三角、长江中游和环渤海地区是纺织类产品专业化程度最高的地区。2006年，东北地区和山东省内城市专业化程度明显上升。但到了2011

年，除山东部分城市，全国多数城市的纺织出口专业化程度都出现明显降低。总结来说，纺织产品的地区专业化水平先升后降，总体呈下降趋势，意味着越来越少的地区专业化出口纺织产品。

研究初期，交通运输类产品仅在长春、沈阳和北京等重点城市有较高的专业化水平。随后，东北、长三角、重庆以及新疆部分城市的专业化水平均显著提高。2011年在全国形成了北京—黑龙江、北京—浙江、北京—重庆这三线高水平专业化聚集区。经过十余年发展，交通设备产品的地区专业化水平增长显著，越来越多的城市实现了更高水平的专业化。

2000 年，精密仪器类产品在珠三角、湖南、长三角和京津地区的出口专业化程度较高。2006 年，其在东北地区专业化水平上升显著。到 2011 年，全国主要大城市均成为该类产品高专业化水平地区。纵观整个研究时期，精密仪器产品的地区专业化水平增长显著，越来越多的城市尤其是大城市，成为该产品出口专业化水平较高的地区。

总体而言，我国出口产品地区专业化水平呈现上升趋势，越来越多的城市提高了其生产出口产品的专业化水平，专业化水平与经济发展契合度较高。值得一提的是新疆部分地区四类产品的 *AR* 指标均较高，其原因可以归结为地理位置和政策扶植。新疆为我国西北的门户，境内有多达 29 个对外开放口岸，与中亚、南亚与欧洲各国贸易联系紧密，吸引着全国范围内城市的产品到新疆出口。加之不同国家对不同产品的税收力度不同，驱使特定产品贸易额显著上升，进而促进了新疆的出口产品专业化水平的提高（程云洁，2013）。同时，国家实行“对口援疆”政策提出“一带一路”倡议，以及建设阿拉山口综合保税区、喀什与霍尔果斯特殊经济区等都为新疆营造了良好的对外贸易氛围，也促进了出口产品结构优化，间接提升了专业化水平（唐立久和穆少波，2014）。此外，诸如纺织、鞋帽、化工等低技术含量产品的地区专业化水平却呈现波动下降态势，表明不同产品的变化趋势也有明显差异。因此，在解释产品地区专业化的模型中必须纳入产品维度因素。

五、地方能力、产品复杂度与出口产品地区专业化

（一）变量选取与模型设定

1. 被解释变量与内生性处理

由于 *AR* 与技术关联密度两个指标均依赖于技术关联，为避免内生性问题，本研

究参考科格勒等（Kogler et al.，2017）的思路，将因变量按照下述方法转化为0/1变量 Y_{ipt}：

$$Y_{ipt}=\begin{cases}1, & if\ AR_{ipt}-AR_{ip(t-1)}>0\\0, & if\ AR_{ipt}-AR_{ip(t-1)}\leqslant 0\end{cases} \tag{17.11}$$

式中，i 表示城市，p 表示四位数产品，t 表示时间。对于某一个城市的某四位数产品，如果它在 t 年的 AR 减去（$t-1$）年的 AR 大于0，则定义 Y_{ipt} 为1，否则为0。由于新的因变量用 AR 增加值的0/1 变量代替了 AR，因此可有效消除与技术关联密度的内生性问题。此外，为了进一步处理内生性，对自变量进行了滞后1期处理。

2. 解释变量

地方能力可分为生产能力和政府能力。生产能力采用技术关联密度和地方经济复杂度来刻画，政府能力则选取财政分权和地方保护主义来衡量。本研究预期技术关联密度、地方经济复杂度与出口产品地区专业化水平呈正相关，而财政分权、地方保护主义两个自变量回归符号不明确，地方政府对地区专业化的影响取决于其行为是否顺应市场规律。

产品复杂度越高，越有可能产生专业化分工和促进知识溢出，因此预期产品复杂度与出口产品地区专业化呈正相关。

控制变量根据地方维度和产品维度来选择。地方维度方面，根据现有研究（Imbs & Wacziarg，2003；刘再起、张永亮，2016），用人均 GDP 和对外开放程度作为地方维度的控制变量，并预期人均 GDP 和对外开放程度与出口产品地区专业化呈正相关。产品维度方面，选取地级市四位数产品出口企业的数量作为控制变量。一是因为出口产品相关专业化中联系强度的计算依赖企业数量；二是因为企业数量可以反映规模经济和地方化经济。

综上所述，各变量基本信息见表17－1。

表17－1　　变量基本信息统计表

解释维度		变量名称	变量描述
地方能力	生产能力	Density	地级市该产品的技术关联密度
产品维度控制变量	政府能力	Complexity	地方经济复杂度
		FD	财政分权
		Protect	地方保护主义
		Sophis	产品的遍在程度
		PerGDP	地级市人均 GDP
		Open	城市开放程度＝地级市实际利用外商直接投资额/GDP
		Number	地级市出口某产品的企业数量

3. 模型设定

在将所有变量纳入模型前，计算了各变量之间的相关系数。结果发现 *Complexity* 与 *Density* 和 *Sophis* 的相关系数分别为 0. 506 和 0. 839，且在 5% 的显著性水平显著，因此在模型估计时不同时纳入一个模型。

在上述前提下，基于 2000 ~ 2011 年全国 232 个地级市 942 个四位数产品来构建面板模型，具体如下：

$$Y_{ipt} = \beta_0 + \beta_1 Density_{ipt} + \beta_2 FD_{it} + \beta_3 Protect_{it} + \beta_4 Sophis_{ip} + \beta_5 PerGDP_{it} + \beta_6 Open_{it} + \beta_7 Number + \varepsilon_{ipt} \tag{17.12}$$

$$Y_{ipt} = \beta_0 + \beta_1 Complexity_{it} + \beta_2 FD_{it} + \beta_3 Protent_{it} + \beta_4 PerGDP_{it} + \beta_5 Open_{it} + \beta_6 Number + \varepsilon_{ipt} \tag{17.13}$$

（二）回归结果与解释

由于对自变量进行了滞后 1 期处理，实际上纳入模型的观测值为 2403984 个。模型因变量是 0/1 二值变量，因此优先使用二元离散选择模型中的 Probit 模型，报告结果见表 17 –2。

表 17 –2　　模型回归结果

自变量	Model 1	Model 2	Model 3	Model 4	Model 5	Model 6
Density	5. 324 ***	4. 896 ***	54. 17 ***	49. 46 ***		
Complexity					0. 260 ***	0. 172 ***
FD	–0. 114 ***	–0. 083 ***	–0. 076	–0. 496 ***	–0. 078 ***	–0. 074 ***
Protect	–0. 034	–1. 326 ***	–17. 48 ***	–12. 12 ***	–3. 981 ***	–0. 763 ***
Sophis	0. 005 ***	0. 001 *	0. 024 ***	0. 015 ***		
Density × Sophis			–0. 177 *** 0. 001	–0. 161 *** 0. 001 ***		
FD × Sophis						
Protect × Sophis			0. 064 ***	0. 039 ***		
PerGDP		0. 001 ***		0. 001 ***		0. 001 ***
Open		1. 316 ***		1. 087 ***		1. 471 ***
Number		–0. 001 ***		–0. 001 ***		–0. 001 ***
Constant	–3. 195 ***	–2. 002 ***	–8. 336 ***	–6. 071 ***	–1. 646 ***	–1. 764 ***
Observations	2 403 984	2 402 100	2 403 984	2 402 100	2 403 984	2 402 100
Number of id	218 544	218 544	218 544	218 544	218 544	218 544

注：*** p < 0. 01，* p < 0. 1。

模型1~4中，*Density*与*Sophis*的回归系数均显著为正，与预期相符。前者表明某产品与本地产品的技术关联越强，相关联产业间的知识溢出越显著，越能提高出口产品地区专业化的程度。后者则表明产品复杂度越高，其出口产品地区专业化程度也越高。传统分工理论认为一个产品的生产过程越是复杂，就越容易产生专业化分工，因此产品复杂度越高，该产品的地区专业化程度越高，模型的结果也验证了该分工理论。同时，结果也与前文描述分析结论相符，即技术含量高的产品其地区专业化程度越来越高，而如纺织服装等低技术含量产品的地区专业化程度则会逐渐降低。

除了模型1中*Protect*与模型3中*FD*的回归系数不显著外，两个自变量的回归系数在其余模型中均显著为负。在理论和实证研究中，财政分权和地方保护主义可能因为“晋升锦标赛”而陷入恶性竞争，从而表现出违逆市场的力量（周黎安，2007）。模型结果显著为负，其可能的原因是在2000~2011年，我国地方政府对出口产品的干预表现出的是违逆市场的力量，从而不利于出口产品的地区专业化。

在模型2引入控制变量后，主要解释变量的回归系数符号不变且依然显著。而控制变量的回归系数符号和显著性水平在引入了交叉项后依然保持不变，表明控制变量的回归结果比较可信。在3个控制变量中，人均GDP与出口产品地区专业化呈正相关，结合安布斯和瓦齐亚（Imbs & Wacziarg et al.，2003）的研究，其可能的原因是我国的经济发展状况已经过了U型的底部，模型反映的是U型右侧的规律。现有研究也发现改革开放以来我国地区专业化程度总体是越来越高（白重恩等，2004），模型结果暗含了这一趋势。同时，模型结果也验证了描述分析中产品地区专业化空间格局与我国城市经济发展水平高度契合这一结论。城市对外开放程度（*Open*）与地区专业化呈正相关，这与目前的实证研究相呼应（刘再起、张永亮，2016）。而出口某产品的企业数量（*Number*）与出口产品地区专业化呈现负相关。

模型3在模型1的基础上增加了3个交叉项变量，目的在于寻找地方能力与产品复杂度对出口产品地区专业化的共同影响。结果发现，*Density*×*Sophis*的回归系数显著为负，可能的解释是在相同技术关联密度的条件下，产品复杂度越高，生产和出口该产品的企业数量越少，从而降低了产品之间的联系强度，进而降低了产品的相关专业化程度。剩余交叉项的回归系数为正，表明在同等财政分权和地方保护主义的条件下，产品复杂度高更容易导致出口产品地区专业化。交叉项的回归系数在引入控制变量后依然保持不变，表明回归结果可信度较高。

模型5和模型6用*Complexity*代替*Density*来刻画地方维度上的地方生产能力。回归结果表明，*Complexity*的回归系数显著为正，表明无论用技术关联密度还是地方经济复杂度来刻画地方生产能力，其对于出口产品地区专业化都是具有显著的促进作用。模型结果也呼应了现有研究中地方经济复杂度对产品地区专业化存在促进作用的结论（张其仔等，2012）。

为提高结果可信度，本研究使用 Logit 模型再次分析面板数据作稳健性检验。得出的检验结果与 Probit 模型回归结果高度一致，除少数几个变量的显著性略有差异外，主要解释变量回归系数符号和显著性无较大差别，表明回归结果是可信的。

六、小结

本研究基于演化经济地理学对集聚外部性的拓展完善了研究出口产品地区专业化的理论基础，基于地方能力维度与产品特征维度构建了解释框架与计量模型，不仅描述了我国城市层面出口产品地区专业化的时空间特征，同时也分析了各城市出口产品地区专业化的影响因素。此外，本研究在一定程度上克服了已有研究过分依赖专业化指数，为我国地区专业化研究提供了新的研究方法。

我国出口产品地区专业化时空分析表明，2000～2011 年我国城市出口产品地区专业化呈现显著上升趋势，出口产品专业化程度较高的地区从珠三角、长三角和环渤海少数大城市扩展到包括成渝、湖南和安徽等地在内的多个连片区。出口产品地区专业化的空间分布与区域经济发展水平高度契合，经济发展较好的区域也相应地拥有更高的出口产品地区专业化水平。从产品层面看，技术含量和附加值更高的出口产品拥有越来越高的地区专业化水平，而以纺织、鞋帽等为代表的低技术产品的地区专业化水平呈现降低的趋势，表明出口产品地区专业化具有显著的产品分异。

技术关联密度与经济复杂度和出口产品地区专业化呈正相关，表明地方生产能力影响出口专业化水平。关联产业的知识溢出有利于提升出口产品地区专业化水平；出口区域经济结构越复杂，生产能力越多元，越容易产生专业化分工和知识溢出，即越有利于提高出口产品专业化程度。财政分权和地方保护主义与产品地区专业化呈负相关，表明地方政府对出口产品的经济干预偏向逆市场化行为，导致市场分割并追求大而全的工业体系，忽略产品与本地的技术关联，阻碍产品相关专业化的提升。产品复杂度与产品地区专业化呈正相关，表明产品技术复杂度越高，知识溢出越多，越有利于产品地区专业化的提升。

本研究对正确认识地方政府在出口产品地区专业化进程中扮演的角色也具有一定的启示。已有研究认为，需要弱化政府在市场中扮演的角色以促进产品地区专业化水平，如要求政府放松管制（王永钦等，2007），减少政府拥有的资源（马光荣等，2010）等。本研究认为，地方政府应积极呵护市场力量，发展与本地产品结构具有技术关联的出口产品，提升本地区生产能力；同时减少违反市场力量的行政干预，防止逐底竞争。未来的研究需进一步探讨其他制度政策和政府行为对出口产品地区专业化的影响机制。

参考文献

［1］白重恩，杜颖娟，陶志刚等.2004. 地方保护主义及产业地区集中度的决定因素和变动趋势. 经济研究，11（4）：29－40.

［2］程云洁.2013. 新形势下影响新疆出口贸易发展条件及对策分析. 新疆农垦经济，（1）：28－33.

［3］戴翔，金碚.2014. 产品内分工、制度质量与出口技术复杂度. 经济研究，（7）：4－17＋43.

［4］段学军，虞孝感，陆大道等.2010. 克鲁格曼的新经济地理研究及其意义. 地理学报，65（2）：131－138.

［5］樊卓福.2007. 地区专业化的度量. 经济研究，（9）：71－83.

［6］郭琪，贺灿飞.2018. 演化经济地理视角下的技术关联研究进展. 地理科学进展，37（2）：229－238.

［7］贺灿飞，潘峰华.2005. 外部集聚经济、外资溢出效应与制造业企业效率. 产业经济研究，（3）：8－15.

［8］蒋媛媛.2011. 中国地区专业化决定因素的实证研究：1993—2007. 产业经济研究，（2）：68－76.

［9］金璐璐，贺灿飞，周沂等.2017. 中国区域产业结构演化的路径突破. 地理科学进展，36（8）：974－985.

［10］金煜，陈钊，陆铭.2006 中国的地区工业集聚：经济地理、新经济地理与经济政策. 经济研究，（4）：79－89.

［11］黎斌，贺灿飞，周沂.2016. 相关多样化、地方政府竞争与中国重化工业企业动态. 经济地理，36（6）：91－99.

［12］刘鑫，贺灿飞.2016. 技术关联与城市产业增长研究. 地理研究，35（4）：717－730.

［13］刘再起，张永亮.2016. 出口专业化测度及其影响因素分解——基于国别数据的研究. 经济问题探索，（1）：155－161.

［14］刘志高，尹贻梅，孙静.2011. 产业集群形成的演化经济地理学研究评述. 地理科学进展，30（6）：652－657.

［15］刘志高，张薇.2016. 演化经济地理学视角下的产业结构演替与分叉研究评述. 经济地理，36（12）：218－223＋232.

［16］罗芊，贺灿飞，郭琪.2016. 基于地级市尺度的中国外资空间动态与本土产业演化. 地理科学进展，35（11）：1369－1380.

［17］马光荣，杨恩艳，周敏倩.2010. 财政分权、地方保护与中国的地区专业化. 南方经济，（1）：15－27.

［18］邵军，刘军.2011. 出口专业化、空间依赖与我国地区经济增长. 国际贸易问题，（7）：57－64.

[19] 孙晓华，郭玉娇，周玲玲 . 2013. 经济一体化、地方保护主义与地区专业化 . 中南财经政法大学学报，(1)：3 – 10.

[20] 唐立久，穆少波 . 2014. 中国新疆：“丝绸之路经济带” 核心区的建构 . 新疆师范大学学报（哲学社会科学版），35（2）：19 – 24.

[21] 王永进，盛丹，施炳展等 . 2010. 基础设施如何提升了出口技术复杂度？. 经济研究，(7)：103 – 115.

[22] 王永钦，张晏，章元等 . 2007. 中国的大国发展道路：论分权式改革的得失 . 经济研究，(1)：4 – 16.

[23] 张其仔，伍业君，王磊 . 2012. 经济复杂度、地区专业化与经济增长：基于中国省级面板数据的经验分析 . 经济管理，34（6）：1 – 9.

[24] 周黎安 . 2007. 中国地方官员的晋升锦标赛模式研究 . 经济研究，(7)：36 – 50.

[25] Bai C. E., Tao Z. G. and Tong Y. S. 2008. Bureaucratic integration and regional specialization in China. China Economic Review, 19 (2): 308 – 319.

[26] Boschma R. and Frenken K. 2011. The emerging empirics of evolutionary economic geography. Journal of Economic Geography, 11 (2): 295 – 307.

[27] Combes P. P. and Overman H. G. 2004. The spatial distribution of economic activities in the European Union. Handbook of Regional and Urban Economics, 4: 2845 – 2909.

[28] De Piñeres S. A. G. and Ferrantino M. 1997. Export diversification and structural dynamics in the growth process: The case of Chile. Journal of Development Economics, 52 (2): 375 – 391.

[29] Hausmann R., Hwang J. and Rodrik D. 2007. What you export matters. Journal of Economic Growth, 12 (1): 1 – 25.

[30] Hausmann R. and Klinger B. 2007. The structure of the product space and the evolution of comparative advantage. CID Working Paper No. 146.

[31] He C. F., Zhu S. J. and Yang X. 2017. What matters for regional industrial dynamics in a transitional economy?. Area Development and Policy, 2 (1): 71 – 90.

[32] Helpman E. and Krugman P. R. 1985. Market structure and foreign trade: Increasing returns, imperfect competition, and the international economy. Cambridge, M. A.: MIT Press.

[33] Hesse H. 2009. Export diversification and economic growth. In Newfarmer R., Shaw W. and Walkenhorst P. (eds.) Breaking into new markets: Emerging lessons for export diversification. Washington, D. C.: World Bank Publications, 55 – 80.

[34] Hidalgo C. A., Klinger B., Barabási A. L., et al. 2007. The product space conditions the development of nations. Science, 317: 482 – 487.

[35] Hidalgo C. A. and Hausmann R. 2009. The building blocks of economic complexity. Proceedings of the National Academy of Sciences of the United States of America, 106 (26): 10570 – 10575.

[36] Howell A., He C. F., Yang R. D., et al. 2016. Technological relatedness and asymmetrical firm productivity gains under market reforms in China. Cambridge Journal of Regions, Economy and Society, 9 (3): 499 – 515.

[37] Imbs J. and Wacziarg R. 2003. Stages of diversification. The American Economic Review, 93 (1): 63 – 86.

[38] Jacobs J. 1969. The economy of cities. New York, N. J.: Random House.

[39] Kemeny T. and Storper M. 2015. Is specialization good for regional economic development. Regional Studies, 49 (6): 1003 – 1018.

[40] Kogler D. F., Essletzbichler J. and Rigby D. L. 2017. The evolution of specialization in the EU15 knowledge space. Journal of Economic Geography, 17 (2): 345 – 373.

[41] Krugman P. 1979. Increasing returns, monopolistic competition, and international trade. Journal of International Economics, 9 (4): 469 – 479.

[42] Krugman P. 1980. Scale economies, product differentiation, and the pattern of trade. The American Economic Review, 70 (5): 950 – 959.

[43] Midelfart-Knarvik K. H., Overman H. G., Redding S. J., et al. 2000. The location of European industry. In Jovanović M. N. (ed.) Economic integration and spatial location of firms and industries. Cheltenham, Gloucestershire, U. K.: Edward Elgar Publishing, 452 – 505.

[44] Naudé W., Bosker M. and Matthee M. 2010. Export specialisation and local economic growth. World Economy, 33 (4): 552 – 572.

[45] Neffke F., Henning M. and Boschma R. 2011. How do regions diversify over time? Industry relatedness and the development of new growth paths in regions. Economic Geography, 87 (3): 237 – 265.

[46] Poncet S. 2005. A fragmented China: Measure and determinants of Chinese domestic market disintegration. Review of international Economics, 13 (3): 409 – 430.

[47] Poncet S. and De Waldemar F. S. 2015. Product relatedness and firm exports in China. The World Bank Economic Review, 29 (3): 579 – 605.

[48] Rosenberg N. and Frischtak C. R. 1983. Long waves and economic growth: A critical appraisal. The American Economic Review, 73 (2): 146 – 151.

[49] Rosenthal S. S. and Strange W. C. 2003. Geography, industrial organization, and agglomeration. Review of Economics and Statistics, 85 (2): 377 – 393.

第十八章
出口产业地理格局演变

一、引言

近三十多年来，经济全球化与区域一体化程度不断深化，欧盟、拉丁美洲以及东亚许多国家（地区）在对外贸易与外商投资领域进行了诸多改革，促进了贸易自由化与投资便利化。在此背景下，许多学者研究国际贸易对经济增长的作用（Yanikkaya，2003；Harrison，1996）、贸易对区域经济（Rodríguez-Pose，2012；Rodríguez-Pose & Gill，2006；Sanchez-Reaza & Rodriguez-Pose，2002）及区域收入差异的影响（Galiani & Sanguinetti，2003）、贸易对国家内部产业地理格局演变的影响（Cosar & Fajgelbaum，2016；Crozet & Koenig Soubeyran，2004；Sjoberg & Sjoholm，2004；Amiti，1998；Hanson，1998；Krugman & Elizondo，1996）。

就贸易对国家内部产业地理格局演变的影响而言，相关理论研究与实证研究均未得到一致的结论（Brülhart，2011）。汉森（Hanson，1998）对墨西哥的实证研究表明，贸易自由化以后，墨西哥北部边境地区制造业的就业份额增加，制造业总体上呈分散化趋势。克鲁格曼和埃利松多（Krugman & Livas Elizondo，1996）、贝伦斯（Behrens，2003；2007）等研究表明贸易自由化将促进经济活动的分散化，然而也有研究得出了相反的结论（Paluzie，2001；Monfort & Nicolini，2000）。中国学者从不同尺度上研究了中国产业地理格局的变化特征（文东伟、冼国明，2014；罗胤晨、谷人旭，2014；毛琦梁等，2013；吴三忙、李善同，2010；陈秀山、徐瑛，2008），并从不同的角度研究了中国产业地理格局形成与演变的机理（贺灿飞等，2007；贺灿飞等，2008；刘荷、王健，2014；陆大道等，1999；赵伟、张萃，2007）。

出口企业地理分布格局的演变一直是学者们关注的重点。鲁齐等（2007）发现我国对外贸易活动主要集中于东南沿海地区，并且多年来东南沿海地区与其他地区对外贸易的区域差异格局没有根本改变。其他学者基于各省份出口总额数据运用变异系数、锡尔指数、基尼系数等研究了省份尺度的出口差异，多数研究发现东部地区在对外贸易方面始终占据全国主导地位（He et al.，2012；张红霞等，2009；赵伟、何莉，2007；许雄奇、张宗益，2003）。何等（He et al.，2016）发现出口企业比非出口企业有更高的集聚度，并且二者往往集聚在一起。中国出口企业是否向中西部地区转移历来是学者们关注的重点。郑蕾和宋周莺等（2015）在"一带一路"倡议背景下从空间结构和产品结构两个维度刻画了西部地区对外贸易的格局和省际差异，认为西部地区形成了以重庆、四川为核心，广西、云南、新疆三大边疆省份为高地的对外开放格局。许德友（2015）发现出口型产业由东部向中西部地区转移的趋势在2004年已然形成，转移的目的地主要是中部地区和西部的四川、重庆、广西。林桂军等（2013）发现2005～2011年东部地区的多数出口产业存在向中西部省份的相对转移。

综合现有研究来看，目前针对出口产业地理格局演变的研究还相对较少。现有对贸易格局变化的研究多停留在省份尺度，忽视了省份内差异性，也无法区分各类出口产业的空间差异。本研究采用我国海关贸易数据，首先分析我国出口结构的变化，然后在地级市尺度上测算不同出口产业的集聚变化特征，再从三大地带尺度、东部沿海三大经济区尺度和城市尺度刻画我国各类出口产业空间格局的演变，最后分析我国出口产业地理格局形成的影响因素，以期为改进我国对外开放战略提供参考依据。

二、理论背景

我国出口产业地理分布是出口企业区位选择的宏观结果，出口企业的区位选择受到多种因素的影响。从现有理论研究来看，新古典贸易理论、新贸易理论、新经济地理学理论以及区域政策与制度研究等均有助于解释出口产业的地理分布。

新古典贸易理论建立在完全竞争、产品同质以及规模报酬不变的假设之上。经济活动的区位选择受到自然资源、劳动力及技术等外生给定的要素禀赋的影响，即“第一自然”的影响（Krugman，1993）。尤其是在H-O模型中，经济活动的区位选择是由区域特征与产业特征共同决定的，即密集使用某种生产要素的产业往往分布于该种生产要素较为丰富的地区。因为较为丰富的某种要素其价格往往较为便宜，因而该地区具备禀赋比较优势。

新贸易理论假设市场结构是垄断竞争的，厂商生产差异化的产品，生产函数具有规模报酬递增的特点，地理距离导致“冰山成本”。由于本地市场效应——即如果本地区对某种产品有超额需求，则企业可以降低平均成本，该地区会专业化生产并出口该产品，即具有规模报酬递增特点的产业部门分布于市场规模较大的地区（Krugman，1979；1980；1981）。在新经济地理学的模型中，市场规模是由经济体中的流动要素内生决定的，企业的区位选择同样受到市场规模的影响，即随着交通运输成本的降低，具有规模报酬递增特点的企业集聚于某区位的好处将大于集聚所带来的竞争效应，从而形成核心—外围结构（Krugman，1991）。集聚外部性理论则强调了产业集聚于一定地域范围内可以共享劳动力市场、共用基础设施以及知识溢出，从而促进产业的发展。

此外，研究表明我国制造业的空间分布受到了区域经济政策及制度的影响（贺灿飞等，2008；贺灿飞等，2010）。事实上，绝大多数的外商投资企业和地方性的骨干企业都集聚于基础设施良好的各类开发区内尤其是出口保税区、国家级与省级经济技术开发区，并享受包括税收、融资、土地等在内的各种优惠政策，由此可见，经济政策及制度也是影响出口企业的区位选择与发展的重要因素。

结合对现有研究的分析，本研究主要探讨以下三方面的因素对我国出口企业区位选择与空间分布的影响：（1）基于新贸易理论及新经济理学的市场规模因素；（2）基于新古典贸易理论的要素禀赋等因素；（3）基础设施、政策及制度因素。

三、数据来源、处理与指标构建

（一）数据来源与处理

本研究的贸易数据来源于中国海关贸易数据库，时间跨度为2000～2011年。该数据库记录了通关企业每年八位数产品层面的交易信息，中国海关贸易数据库产品的前六位数编码与《商品名称及编码协调制度的国际公约》（Harmonized System，HS）的编码完全一致。基于统计口径一致性和可对比性原则，本研究基于《商品名称及编码协调制度的国际公约》两位数编码对贸易产品进行分类汇总，共得到98个产品类别2000～2011年331个地级行政单元的出口额数据，其中不包括香港特别行政区、澳门特别行政区和台湾地区。数据处理前首先剔除了贸易公司。

（二）指标构建

本研究采用空间基尼系数测算中国主要出口产品生产的地理集聚程度，取值范围为0～1，数值越高表明某产品的地理集聚程度越高。空间基尼系数的变化体现了产业空间布局的变化，空间基尼系数提高说明核心地区的产业增长更快，而空间基尼系数降低则说明外围地区产业发展更快。出口产品的空间基尼系数计算公式如下：

$$AG_i = \frac{1}{2N^2\mu}\sum_j \sum_k \left| \frac{x_{ij}}{X_i} - \frac{x_{ik}}{X_i} \right| \tag{18.1}$$

式中，x_{ij}或x_{ik}为$j(k)$市出口产业i的出口总额，X_i为出口产业i的总出口额，μ为出口产业i在各地级市比重均值。

四、中国出口产业格局演变

本研究分别计算2000年、2006年和2011年98个产品类别的出口额占全国出口总额比重。结果表明，三个年份排名前20的出品产品占比之和分别占各年出口总额的79.82%、84.15%和84.39%（见表18-1），其他类型的出口产品占出口总额的比重较小，每类都不超过1%。因此，本研究在后面的分析中将选取我国出口产品中比重较大的18大类进行重点分析，通过分析这些主要出口产业的时空演变来反映中国外贸格局的时空演变。从全国层面来看，我国出口产品的结构变化具有以下特征：第一，技术密集型产品的出口比重不断提升并逐步趋于稳定。第二，传统劳动密集型产品、矿物燃料类和农产品的出口比重与排名下降幅度较大。

表18-1　2000年、2006年和2011年全国层面出口总额占比排名前20的产品①

排名	2000年		2006年		2011年	
	产品代码	比重（%）	产品代码	比重（%）	产品代码	比重（%）
1	85	22.97	85	27.59	85	27.53
2	84	13.16	84	22.43	84	21.57
3	62	6.74	90	3.80	90	3.58
4	61	4.26	62	3.30	94	2.68
5	64	4.05	61	2.84	61	2.59
6	95	3.66	94	2.68	89	2.45

① HS代码对应的产品如下：

3—鱼、甲壳动物、软体动物及其他水生无脊椎动物；27—矿物燃料、矿物油及其蒸馏产品，沥青，矿物蜡；29—有机化学品；39—塑料及其制品；40—橡胶及其制品；42—皮革制品，鞍具及挽具，旅行用品、手提包及类似容器；52—棉花；55—化学纤维短衫；61—针织或钩编的服装及衣着附件；62—非针织或非钩编的服装及衣着附件；63—其他纺织制成品，成套物品，旧衣着及旧纺织品；64—鞋靴、护腿和类似品及其零件；71—珍珠、宝石、贵金属及其制品，仿首饰；72—钢铁；73—钢铁制品；76—铝及其制品；84—核反应堆、锅炉、机械器具及其零件；85—电机、电气设备及其零件，录音机及放声机、电视图像、声音的录制和重放设备及其零件；86—铁道及电车道机车及其固定装置与零件；87—车辆及其零件；89—船舶及浮动结构体；90—光学、照相、电影、计量、医疗仪器及设备，精密仪器及设备；94—家具，寝具，照明装置，发光标志及类似品；95—玩具、游戏品、运动用品及其零件。

续表

排名	2000 年		2006 年		2011 年	
	产品代码	比重（%）	产品代码	比重（%）	产品代码	比重（%）
7	90	3.13	95	2.43	62	2.44
8	27	2.76	73	2.36	87	2.44
9	94	2.76	39	2.21	73	2.35
10	39	2.63	72	2.09	39	2.20
11	42	2.37	87	2.06	29	2.10
12	73	1.82	64	1.81	95	1.82
13	87	1.65	27	1.55	71	1.79
14	86	1.42	29	1.51	72	1.66
15	29	1.37	63	1.03	27	1.60
16	52	1.28	42	1.01	64	1.57
17	71	1.04	76	0.90	40	1.27
18	63	0.98	40	0.89	63	0.96
19	3	0.91	52	0.84	76	0.91
20	55	0.87	71	0.81	42	0.88
总计	—	79.82	—	84.15	—	84.39

资料来源：依据中国海关贸易数据库整理，不包括香港特别行政区、澳门特别行政区、台湾地区。

本研究进一步计算 2000～2012 年 18 大类出口产业的空间基尼系数。总体而言，我国主要出口产品的空间集聚程度均较高，18 大类出口产品的空间基尼系数均大于 0.8（见图 18－1）。2000 年矿物燃料类产品的集聚程度较高，空间基尼系数达到了 0.97，集聚程度最小的为有机化学品产业，空间基尼系数为 0.87。就 2000～2006 年的计算结果来看，矿物燃料类产品（HS27）、技术密集类产品（HS90、HS84、HS85）的平均集聚程度相对较高，而传统的劳动密集型产品（HS61、HS62、HS63）、基础原材料类的钢铁、钢铁制品和有机化学品（HS72、HS73、HS29）的集聚程度总体上依次降低。

从时间变化来看，我国主要出口产品的空间格局演变可以分为两个阶段（见图 18－1）。第一阶段为 2000～2006 年，其主要特征表现为出口产品生产格局的分散化。除精密仪器、钢铁、家具及照明等杂项制品和机械制品四类产品的空间基尼系数有所提升外，其他 14 类产品的空间基尼系数总体上均有不同程度的降低。从集中与分散的变化程度来看，原材料类产品的空间分散化程度较大，劳动密集型产品次之，技术密集型产品的空间集聚与扩散程度变化较小。原材料类产品如铝制品、有机化学品、

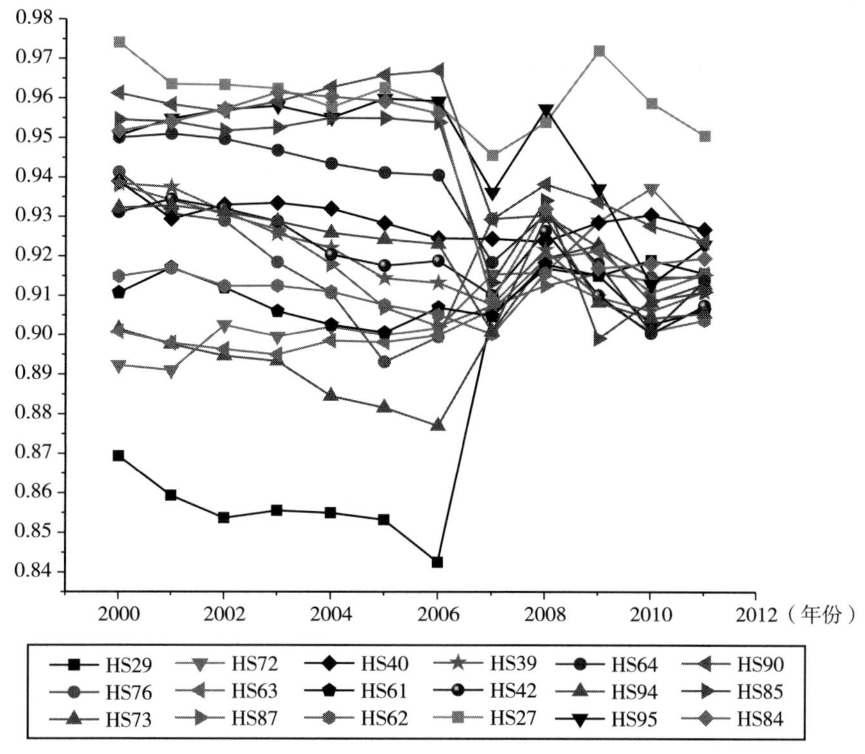

图 18－1　2000～2011 年 18 大类产品空间基尼系数的变化

资料来源：依据中国海关贸易数据库计算，不包括香港特别行政区、澳门特别行政区、台湾地区。

塑料制品、钢铁制品的空间基尼系数分别减小 0.042、0.027、0.025 和 0.025，劳动密集型的产品如鞋靴类产品、非针织或非编织服装、皮革及旅行箱手提包制品空间基尼系数分别降低 0.009、0.01 和 0.012。技术密集型的通信设备类产品仅减小 0.001，而精密仪器类产品和机械制品空间基尼系数仅增加 0.006 和 0.004。

第二阶段为 2006～2011 年，其主要特征表现为我国出口产品的空间集聚程度剧烈波动，不断调整后各产品呈现出空间集聚程度的趋同化特点。2006 年底～2007 年底以往空间基尼系数较高的技术和劳动密集型产品，其空间基尼系数有所降低。技术密集型产品空间基尼系数下降的程度较大，如机械制品、通信设备和精密仪器类产品的空间基尼系数分别下降 0.047、0.041 和 0.037，而劳动密集型产品的空间基尼系数下降的程度较小，如针织或钩编服装、非针织或钩编服装仅下降 0.002 和 0.005。以往空间基尼系数较低的原材料类产品，其空间基尼系数提升，如有机化学品、铝及其制品、钢铁制品、钢铁的空间基尼系数分别提升了 0.063、0.03、0.024 和 0.014。到 2011 年有 13 类产品的空间基尼系数在 0.9～0.92 之间，各出口产品空间集聚程度出现了趋同化。

东部地区始终是我国出口产品的主要生产地，多数出口产品在东部地区的比重在

90%以上（见图 18-2）。分产品类型来看，通过计算东部地区 2000~2006 年历年各大类产品出口占全国出口比重的均值发现，东部地区技术密集型出口产品的平均比重最高，例如通信设备类、机械设备类和精密仪器类占比排名居于第二、三、四位，其次为劳动密集型产品，原材料类的出口产品的平均比重最低，如铝制品、钢铁、矿物燃料类产品、有机化学品、橡胶及其制品。

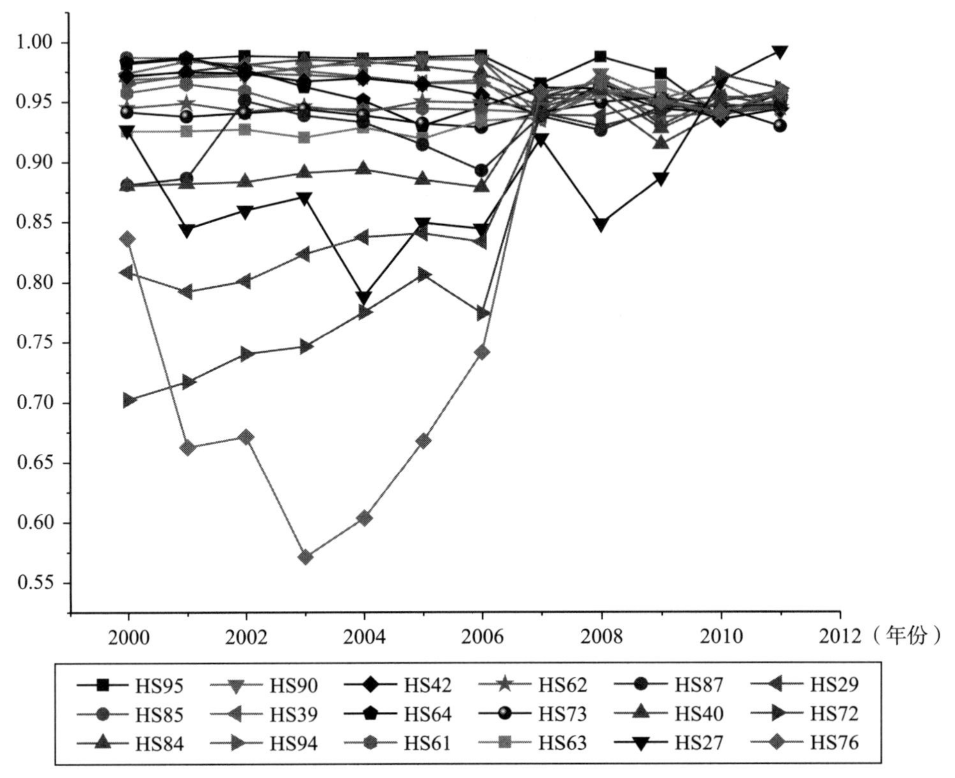

图 18-2　2000~2011 年东部地区 18 大类产品出口占全国出口比重的变化

资料来源：依据中国海关贸易数据库计算，不包括香港特别行政区、澳门特别行政区、台湾地区。

2000~2006 年，东、中、西部地区原材料类产品的出口占比变化相对较大。例如铝制品和矿产品在东部地区的比重分别降低了 9.5% 和 8.3%，而钢铁和化工产品在东部地区的比重分别提升了 7.2% 和 2.4%。2007~2011 年，经历金融危机之后，各类出口产品在东部、中部和西部地区的比重逐步趋于稳定，多数产品在东部地区的比重高达 95%。与 2006 年相比，2007 年东部地区技术密集型的出口产品比重降低，而原材料类出口产品比重提高。

2000~2006 年我国主要出口产品的空间集聚程度有下降趋势，但从三大地带来看，中西部地区的比重并没有显著提升，可以推断东部地区内部的分散化是导致整体上呈现分散化的主要原因。因此，本研究以下部分首先重点分析东部地区长三角、珠三角和环渤海地区之间出口格局的演化（见表 18－2），然后从城市尺度上分析进一步刻画中国主要出口产品的空间演化。

表 18－2　　2000 年、2006 年和 2011 年各类产品在三大经济区的比重①　　单位：%

年份	地域	HS27	HS29	HS39	HS40	HS42	HS61	HS62	HS63	HS64
2000	长三角	10.2	42.4	23.2	41.8	22.8	38.4	48.0	47.6	12.7
	环渤海	25.4	30.0	11.2	25.4	34.3	16.2	17.2	25.7	15.0
	其他	12.7	19.6	2.7	12.0	3.0	4.4	5.7	7.9	1.8
	珠三角	51.8	8.0	63.0	20.8	39.9	41.1	29.1	18.8	70.6
2006	长三角	13.8	49.3	40.4	37.1	32.2	39.1	48.7	55.7	19.9
	环渤海	28.7	28.4	14.7	38.1	21.2	14.4	17.0	26.9	10.2
	其他	24.0	17.7	3.5	11.9	4.9	5.9	5.4	7.1	5.6
	珠三角	33.6	4.6	41.4	12.9	41.8	40.7	28.9	10.3	64.3
2011	长三角	39.1	38.6	38.5	42.7	41.7	37.1	38.9	38.5	40.2
	环渤海	10.9	15.7	17.0	15.4	16.3	15.3	16.9	16.3	16.7
	其他	1.9	5.0	6.0	4.6	6.3	5.6	5.9	5.6	5.7
	珠三角	48.1	40.6	38.5	37.3	35.7	42.0	38.2	39.5	37.5
年份	地域	HS72	HS73	HS76	HS84	HS85	HS87	HS90	HS94	HS95
2000	长三角	25.9	34.5	28.0	27.4	28.1	36.6	37.7	26.1	18.3
	环渤海	31.6	20.0	7.6	13.1	20.0	11.1	11.6	12.2	10.0
	其他	30.3	6.0	16.5	2.9	1.3	12.1	3.2	4.0	1.8
	珠三角	12.2	39.5	48.0	56.5	50.6	40.1	47.5	57.7	69.9
2006	长三角	32.2	43.1	29.8	51.8	36.1	42.3	55.5	40.7	15.5
	环渤海	36.8	27.1	10.1	7.3	18.4	23.0	8.4	11.7	6.8
	其他	24.0	7.5	27.9	2.8	1.5	10.9	1.6	3.9	1.3
	珠三角	7.0	22.3	32.1	38.2	44.0	23.7	34.5	43.8	76.4
2011	长三角	38.2	39.4	41.1	43.9	40.9	37.6	43.7	39.0	41.5
	环渤海	18.6	14.9	14.7	14.3	17.0	14.0	15.5	16.4	16.6
	其他	4.7	8.1	5.0	4.6	5.7	6.3	6.1	6.4	4.7
	珠三角	38.4	37.6	39.2	37.2	36.4	42.1	34.7	38.2	37.3

资料来源：依据中国海关贸易数据库整理，不包括香港特别行政区、澳门特别行政区、台湾地区。

① 长三角范围包括上海、江苏和浙江，珠三角范围包括广东和福建，环渤海范围包括北京、天津、山东、辽宁和河北，其他是指不包括以上省份的其他省份。

第一，2000 年珠三角在我国出口中的地位较高。18 大类产品中有 11 大类出口产品占全国的比重超过了 40%，并且鞋靴类产品、玩具游戏品等杂项制品、塑料制品、家具寝具照明制品、机械设备、通信设备占全国的比重都超过了 50%。此时，长三角仅有 4 类产品如有机化学品、橡胶制品、非针织或非钩编服装和其他纺织制成品占全国的比重超过 40%，而技术密集型产品如机械设备、通信设备分别占 27.4% 和 28.1%，比珠三角分别少 29.1% 和 22.5%。

第二，2000～2006 年长三角地区在我国出口中的地位逐步升高。2000～2006 年，18 大类出口产品中，长三角地区除了橡胶制品和玩具游戏品等杂项制品的比重略有降低外，其他 16 大类出口产品的比重全部提高，比重提升最大的三类产品为机械设备、精密仪器类产品和塑料制品，分别提升了 24.32%、17.76% 和 17.22%，反映了这一时期长三角地区技术密集型产品及重化工业出口产品有了快速增长。同一时期，珠三角地区除了玩具游戏品等杂项制品和橡胶制品的比重略有提升外，其他 16 大类产品的比重全部降低。

2007～2011 年，尤其是金融危机发生后，我国出口产品生产的空间格局不断调整，到 2011 年长三角、珠三角和环渤海三大经济圈内部各产品出口额占全国的比重均等化与经济圈之间出口相似化现象，即长三角地区所有 18 大类出口商品占全国的比重均在 40% 左右，珠三角所有 18 大类出口商品的比重均在 40% 左右，环渤海地区所有 18 大类出口商品的比重均在 15% 左右，而其他地区所有 18 大类出口商品的比重均在 5% 左右，三大经济圈之间的区域分工弱化。

出口产业的空间调整存在显著产业差异性。

第一，多数原材料类产品生产格局的调整表现由中西部地区向东部地区转移及东部经济圈之间的转移。具体而言 2006 年以前中西部地区的山西、陕西等地矿物燃料类产品出口比重较高，但到 2011 年出口明显减少。有机化学品、铝制品在 2000 年的分布较为分散，中西部的许多城市都有所出口，但到 2011 年可以看出这些产品的出口转移到了东部沿海地区，中西部继续出口的城市多为省会城市。钢铁和钢铁制品生产格局的调整表现为在由中西部地区和环渤海经济圈向长三角和珠三角地区集中。

第二，劳动密集型的服装、皮革箱包、塑料制品和橡胶制品生产格局的调整表现为 2000～2006 年由沿海各城市群核心城市向各城市群的外围城市扩散，2007～2011 年中西部地区省会（首府）城市出口比重明显提高。以塑料制品业为例，2000 年时中西部地区除重庆外，其他城市出口所占的比重均小于 1‰，其生产地主要集中于沿海城市群的核心城市，如上海、深圳、东莞占总出口额的比重都超过了 10%，但外围的佛山、中山、无锡、镇江、湖州、嘉兴、绍兴等占总出口额的比重多在 0.1%～1% 之间。到 2006 年沿海城市群外围城市出口额的比重明显提高，有些城市达到了 5% 以上。到 2011 年，中西部地区许多省会城市，如石家庄、郑州、西安、合肥、武汉、重庆、成都、长沙、长春、哈尔滨等占总出口额的比重均有所提高。橡胶制品和一些劳动密集型产品如针织或钩编服装、非针织或非钩编服装、皮革手提包旅行箱类产品、家具寝具照明装置类杂项制品也表现出了类似特点。

第三，技术密集型产品如机械设备、通信设备和精密仪器类产品生产格局的演变表现为 2000 ~ 2006 年主要集中于城市群如长三角、珠三角、京津冀、福建沿海地区、山东半岛以及辽东半岛的少数核心城市，核心城市之间份额有所变化，而城市群外围城市的生产格局几乎未发生变化。2006 ~ 2011 年向沿海城市群外围城市及中西部省会（首府）城市的比重明显提高。以通信设备产品为例，2000 年时，与其他原材料类和劳动密集型产品相比，其分布较为集中，主要分布于长三角、珠三角、京津冀、福建沿海、山东半岛以及辽东半岛的少数核心城市。到 2006 年这一格局几乎未发生较大变化，到 2011 年时出口额占总出口额超过 1‰的城市明显增多，这些城市主要分布于沿海城市群外围及中西部经济较为发达的省会城市。

五、中国出口产业地理格局影响因素

（一）模型设定

为了深入分析我国出口产业区位选择的影响因素，本研究采用面板数据回归方法进行实证检验，根据本研究理论背景部分提到的新古典贸易理论、新贸易理论（Krugman，1979；1980；1981）、新经济地理学理论（Krugman，1991）及集聚外部性（Henderson，2003）等理论，把影响出口空间格局的市场规模、要素禀赋、政府政策、基础设施、经济区位等多种因素纳入回归模型，具体分析中国出口产业的区位选择及贸易地理格局演变的因素。2007 年以后我国出口受金融危机影响较大，贸易地理格局变化不稳定，而在此之前我国贸易地理格局变化较为稳定，因此本研究选取 2001 ~ 2006 年的数据，来分析影响我国贸易地理格局演变的原因。模型构建如下：

$$\begin{aligned}\mathrm{export}_{it} = {} & \beta_0 + \beta_1 hom_{it} + \beta_2 agg_{it} + \beta_3 pop_{it} + \beta_4 wage_{it} + \beta_5 hum_{it} \\ & + \beta_6 fdi_{it} + \beta_7 pol_{it} + \beta_8 gov_{it} + \beta_9 tel_{it} + \beta_{10} dist_{it} + \varepsilon_{it} \end{aligned} \tag{18.2}$$

其中，i 代表城市，t 表示时间。export_{it} 代表城市出口额，hom_{it} 为本地市场规模，agg_{it} 为经济集聚度，pop_{it} 表示人口数量，$wage_{it}$ 为工资水平，hum_{it} 表示人力资本，fdi_{it} 表示外商直接投资，pol_{it} 表示国家政策，gov_{it} 表示地方政府干预，tel_{it} 为人均电话，$dist_{it}$ 表示城市到最近港口的距离，ε_{it} 为干扰项，代理变量的构建将在下文中详细说明。

（二）数据处理与指标说明

基于数据完整性和可获取性，本研究建立中国 280 个地级市 2001 ~ 2006 年的面板数据，原始数据来自于《中国城市统计年鉴》《中国区域经济统计年鉴》《中国开发区审核公告目录（2006 年版）》，城市几何中心到最近港口的距离通过 GIS 软件计算得来。考虑到数据可获取性，本研究的因变量为各城市年出口总额（*all*_exp_*FE*）、劳动密集型企业出口总额（*laber*_exp_*FE*）和技术密集型企业的出口总额（*tech*_exp_*FE*），并分全国所有城市、东部城市和中西部城市三组进行回归分析。

根据新贸易理论及新经济地理理论，如果本地区对某种产品有超额需求，则该地区会专业化生产并出口该产品，本研究依据相关文献（陈健生、李文宇，2012）选取在职职工工资总额表示本地市场规模（*hom*）。根据集聚理论，企业在一定地域范围内集聚，可以共享劳动力市场、降低运输成本及知识溢出，有助于提高生产效率，获取出口优势，本研究参考贺灿飞（2012）的做法，用市区 GDP 与城市建成区面积之比反映经济集聚水平（*agg*）。

根据新古典贸易理论，一个地区倾向于生产密集使用其丰富要素的产品，城市人口数量（*pop*）和人力资本（*hum*）反映了地区生产要素禀赋及技术水平的差异，二者分别用城市年末总人口及高校教师数量来表示（郭琪、贺灿飞，2012）。工资实际上体现了地区要素禀赋的差异，劳动力充足的地区工资水平相对较低。地区间工资的差异也是推动出口企业迁移的重要力量，尤其是城市高新技术产业及生产性服务业的发展将推高城市工资水平，使得出口企业向劳动力成本更低的地区迁移，这也会导致出口产业空间格局的变化，本研究用城市职工平均工资反映地方工资水平（*wage*）。

区域政策与制度以及基础设施条件是影响企业区位选择的重要因素。中国城市政府在 21 世纪以来大力招商引资，对外资采取了一系列税收、土地等方面的优惠政策。外商到其他国家（地区）投资的一个重要原因在于利用目的地便宜的劳动力及土地从而生产出口商品或占领目的地市场，外商投资区位的变化是出口格局变化的重要原因，本研究利用当年实际使用外资金额表示地方政府的招商引资政策效果（*fdi*）。我国中央政府及省级政府批准建立了国家级高新区、省级高新区、出口加工区和保税区等，通过一系列的政策优惠来促进出口，本研究参考贺灿飞等（2008）的做法，通过《中国开发区审核公告目录（2006 年版）》统计各市省级及以上各类园区的数量，用以反映国家政策（*pol*）。地方政府的干预会影响企业行为，地方赋税过重会导致出口企业迁出，本研究参考相关研究（黄玖立、徐旻鸿，2012），用地方一般预算内财政收入占 GDP 的比重反映地方政府干预（*gov*）。本研究用人均电话拥有量（*tel*）来表征地方基础设施水平（黄玖立、徐旻鸿，2012），并用城市几何中心到最近港口的距离（*dist*）反映经济区位。

模型变量定义如表 18－3 所示。

表 18－3　　　　　　　　　　　　模型变量定义

变量名称	编号	测量和赋值
解释变量		
各城市出口额增长量	export	城市出口额
被解释变量		
本地市场规模	hom	在职职工工资总额
经济集聚度	agg	市区 GDP/建成区面积
人口数量	pop	城市年末总人口
人力资本	hum	高校教师数
工资水平	wage	城市职工平均工资
外商直接投资	fdi	实际利用外资
国家政策	pol	国家级高新区＋省级高新区＋出口保税区等
地方政府干预	gov	一般预算内财政收入/GDP
人均电话	tel	（固定电话＋移动电话户数）/总人口
到最近港口的距离	dist	各城市几何中心到最近港口的距离

（三）模型估计结果

本研究采用面板数据回归对模型进行估计（见表 18－4），从全国、东部和中西部三个维度上分别以总出口额、劳动密集型产业出口总额和技术密集型产业出口总额作为因变量进行回归分析，分别采用固定效应模型和随机效用模型对模型进行估计，最后做 Hausman test 以决定采用固定效应还是随机效应。Hausman test 的结果显示，全部估计模型均应采用固定效应模型。

本地市场规模在模型（1）~模型(9）中均显著，说明新贸易理论及新经济地理理论对我国出口企业区位选择及空间分布有较好的解释力。不论是东部还是中西部地区，本地市场规模对出口的影响显著为正，说明本地市场规模越大，具有规模报酬递增特征的企业越可以降低平均成本，从而获得出口竞争优势。集聚经济在全国尺度上和东部地区也有较好的解释力，尽管对东部地区技术密集型产业的出口并不显著，这可能是由于东部地区技术密集型产业的信息溢出效应并不强。对比模型（3）、模型

表 18－4　　区域出口影响因素的估计结果

变量	全国			东部			中西部		
	(1) all_exp_FE	(2) laber_exp_FE	(3) tech_exp_FE	(4) all_exp_FE	(5) laber_exp_FE	(6) tech_exp_FE	(7) all_exp_FE	(8) laber_exp_FE	(9) tech_exp_FE
hom	5 072 ***	414. 0 ***	3 861 ***	4 646 ***	360. 9 ***	3 602 ***	377. 3 ***	43. 39 **	231. 6 ***
agg	22 110 ***	3 827 ***	13 062 ***	14 461 *	3 349 ***	7 572	998. 2 **	57. 41	-239. 4
pop	-2. 077e+06	-239 581	173 903	6. 754e+06	704 896	6. 478e+06	1. 263e+06 ***	435 174 **	-226 053
wage	-57 781 ***	-5 633 ***	-46 468 ***	-21 564	-2 465	-21 823	-4 335 ***	-409. 4	-3 461 ***
hum	-8. 231e+07 ***	1. 056e+06	-8. 340e+07 ***	-2. 147e+06	1. 848e+07 ***	-4. 615e+07	6. 778e+06 ***	987 320	989 511
fdi	28 648 ***	2 370 ***	19 769 ***	30 168 ***	2 625 ***	21 206 ***	2 302 ***	41. 34	1 635 ***
pol	1. 049e+08 **	-2. 012e+06	7. 150e+07 **	3. 457e+08 ***	2. 170e+06	2. 572e+08 ***	5. 471e+06 ***	620 700	486 162
gov	-1. 105e+10 **	-1. 263e+09 ***	-1. 025e+10 ***	-2. 172e+10 *	-1. 660e+09	-2. 273e+10 **	1. 608e+08	-1. 206e+08	-7. 423e+07
tel	76 831 ***	19 991 ***	51 133 ***	122 780 ***	30 701 ***	82 703 **	2 147	354. 5	434. 6
o. dist	—	—	—	—	—	—	—	—	—
常数项	-7. 836e+08	1. 629e+07	-1. 212e+09	-6. 389e+09 **	-4. 258e+08	-5. 279e+09 **	-5. 541e+08 ***	-1. 691e+08 **	6. 143e+07
样本数	1 680	1 680	1 680	690	690	690	990	990	990
城市个数	280	280	280	115	115	115	165	165	165
R^2	0. 404	0. 405	0. 341	0. 457	0. 484	0. 384	0. 567	0. 100	0. 518

注：*** p<0. 01，** p<0. 05，* p<0. 1；括号中数字为估计标准差。

(6) 和模型 (9) 中的人力资本因素可以看出，技术水平在东部和中西部地区均不显著，说明技术密集并没有直接促进技术密集型产业的出口，这很有可能是由于我国许多地区仅仅是承担了技术密集型产业的劳动密集型产环节，并且人力资本水较平高的地区仅仅往往工资水平较高，这反而挤出了这类技术密集型产业，正如模型 (3) 中所显示的人力资本的符号为负。从工资对出口的作用来看，所有模型均为负号，这说工资水平越高，越容易挤出不利于出口企业的布局，这是由于我国存在大量的加工贸易企业，这类企业往往追求成本的最低化而不追求临近较大的市场，因而工资水平的提高将促使此类企业迁移。

从模型 (1) ~ 模型(9) 中的外商直接投资来看，地方政府通过招商引资也会促进出口。这是由于研究期间我国外商投资企业在全部出口中的比重较高，一度接近我国出口总额的60%，加工贸易的80%。我国的开发区政策总体上促进了出口，但分别对比模型 (2) 和模型 (3) 以及模型 (5) 和模型 (6) 可以看出，我国的开发区政策更多地促进了技术密集型出口产业的发展与布局，但对劳动密集型出口企业的影响不显著。从政府干预来看，一般而言地方政府财政收入占 GDP 的水平越高，代表地区税赋水平越高，这也会排斥出口企业，模型 (1)、模型 (2)、模型 (3) 均可以体现这一点。模型 (1) ~ 模型(6) 可以看出，出口企业倾向布局于通信水平较高的区域，这可能是由于对外贸易需要即时了解国内外市场的变化、与客户进行沟通，这都需要通信技术的发展。中西部地区并不显著，这很可能是由于中西部地区基础设施还较为落后，基础设施的作用还未能发挥出来。

六、小结

我国出口企业空间集聚程度较高，主要集中于东部沿海地区，但 2000 ~ 2006 年多类出口产业的空间基尼系数有所降低，其中原材料类产业的空间基尼系数下降较大，劳动密集型次之，技术密集型产业下降较小甚至少数稍有增加。从城市尺度看，这一阶段出口产业的空间扩散效应明显，2000 ~ 2006 年原材料类产品从中西部城市转移到东部沿海城市，劳动密集型产品由沿海城市群核心城市向城市群外围城市扩散。技术密集型产品主要集聚于沿海城市群核心城市，空间扩散表现为由珠三角核心城市向长三角核心城市转移。2007 ~ 2011 年技术密集型产品由沿海城市群核心城市向外围城市扩散，中西部地区省会城市出口产品的比重明显提升，最终我国出口产品的生产主要集中于东部地区主要城市群及中西部地区省会城市。

新贸易理论及新经济地理学理论对我国出口企业的区位选择及空间分布有较强的解释力，本地市场规模越大，越有利于具有规模报酬递增的企业获得出口优势。中西部地区的出口除了受到本地市场规模的影响外，劳动密集型出口产业的增长还受到了劳动力要素禀赋的影响。人力资本较高的地区往往具有较高的工资水平，这会挤出出口企业。地方政府的招商引资政策、开发区政策等促进了出口的增长尤其是技术密集型出口产业的增长。但地方政府税收力度越大，越会降低出口企业选择该地的可能性。

本研究在产业层面上初步分析了我国出口产业地理格局的演变，下一步还要继续从企业的层面上分析不同规模企业的空间格局的演变趋势。与此同时，本研究未对不同贸易类型的出口产业空间格局的演变趋势进行分析，未来也需要深入探讨。

参考文献

［1］陈健生，李文宇．2012. 产业集聚、本地市场效应与区域发展——以成都经济区为例．经济学家，（2）：38－44.

［2］陈秀山，徐瑛．2008. 中国制造业空间结构变动及其对区域分工的影响．经济研究，（10）：104－116.

［3］郭琪，贺灿飞．2012. 密度、距离、分割与城市劳动生产率——基于中国2004—2009年城市面板数据的经验研究．中国软科学，（11）：77－86.

［4］贺灿飞，潘峰华，孙蕾．2007. 中国制造业的地理集聚与形成机制．地理学报，62（12）：1253－1264.

［5］贺灿飞，谢秀珍，潘峰华．2008. 中国制造业省区分布及其影响因素．地理研究，27（3）：623－635.

［6］贺灿飞，朱彦刚，朱晟君．2010. 产业特性、区域特征与中国制造业省区集聚．地理学报，65（10）：1218－1228.

［7］黄玖立，徐旻鸿．2012. 境内运输成本与中国的地区出口模式．世界经济，（1）：58－77.

［8］林桂军，黄灿．2013. 出口产业向中西部地区转移了吗——基于省际面板数据的经验分析．国际贸易问题，（12）：3－14.

［9］刘荷，王健．2014. 交通基础设施对制造业集聚的溢出效应：基于地区和行业的实证分析．东南学术，（4）：96－105.

［10］鲁奇，张超阳，杨春悦等．2007. 1965年来中国对外贸易的地域差异及其格局演变．地理学报，62（8）：799－808.

［11］陆大道，刘毅，樊杰．1999. 我国区域政策实施效果与区域发展的基本态势．地理学报，54（6）：496－508.

［12］罗胤晨，谷人旭．2014. 1980—2011年中国制造业空间集聚格局及其演变趋势．经济地理，34（7）：82－89.

［13］毛琦梁，董锁成，王菲等．2013. 中国省区间制造业空间格局演变．地理学报，68（4）：435－448.

［14］文东伟，冼国明．2014. 中国制造业的空间集聚与出口：基于企业层面的研究．管理世界，（10）：57－74.

［15］吴三忙，李善同．2010. 中国制造业空间分布分析．中国软科学，（6）：123－131.

［16］许德友．2015. 中国出口型产业转移——基于时间—空间—行业的分析．国际经贸探索，31（8）：54－64.

［17］许雄奇，张宗益．2003. 中国出口发展的地区差异实证研究：1992—2001. 上海经济研究，（1）：3－10.

［18］张红霞，王学真，陈才．2009. 中国大陆地区对外贸易差异的演变、成因与收敛路径．地理科学，29（6）：802－808.

［19］赵伟，何莉．2007. 中国对外贸易发展省际差异及其结构分解．经济地理，27（2）：187－190.

［20］赵伟，张萃．2007. FDI与中国制造业区域集聚：基于20个行业的实证分析．经济研究，（11）：82－90.

［21］郑蕾，宋周莺，刘卫东等．2015. 中国西部地区贸易格局与贸易结构分析．地理研究，34（10）：1933－1942.

［22］Amiti M. 1998. Trade Liberalisation and the Location of Manufacturing Firms. The World Economy, 21（7）：953－962.

［23］Behrens K., Gaigné C., Ottaviano G. I. P., et al. 2007. Countries, regions and trade: On the welfare impacts of economic integration. European Economic Review, 51（5）：1277－1301.

［24］Behrens K., Gaigne C., Ottaviano G., et al. 2003. Inter-regional and international trade: Seventy years after Ohlin. CEPR Discussion Paper No. 4065.

［25］Brülhart M. 2011. The spatial effects of trade openness: a survey. Review of World Economics, 147（1）：59－83.

［26］Cosar A. K. and Fajgelbaum P. D. 2016. Internal Geography, International Trade, and Regional Specialization. American Economic Journal-Microeconomics, 8（1）：24－56.

［27］Crozet M. and Koenig-Soubeyran P. 2004. EU enlargement and the internal geography of countries. Journal of Comparative Economics, 32（2）：265－279.

［28］Galiani S. and Sanguinetti P. 2003. The impact of trade liberalization on wage inequality: evidence from Argentina. Journal of Development Economics, 72（2）：497－513.

［29］Hanson G. H. 1998. Regional adjustment to trade liberalization. Regional Science and Urban Economics, 28（4）：419－444.

［30］Harrison A. 1996. Openness and growth: A time-series, cross-country analysis for developing countries. Journal of Development Economics, 48（2）：419－447.

［31］He C., Guo Q. and Ye X. 2016. Geographical agglomeration and co-agglomeration of exporters and nonexporters in China. GeoJournal, 81（6）：947－964.

［32］He C., Ye X. and Wang J. 2012. Industrial agglomeration and exporting in China: What is the link?. Regional Science Policy & Practice, 4（3）：317－333.

[33] He C. and Wang J. 2012. Regional and sectoral differences in the spatial restructuring of Chinese manufacturing industries during the post-WTO period. GeoJournal, 77 (3): 361 -381.

[34] Henderson J. V. 2003. Marshall's scale economies. Journal of urban economics, 53 (1): 1 -28.

[35] Krugman P. 1980. Scale economies, product differentiation, and the pattern of trade. The American Economic Review, 70 (5): 950 -959.

[36] Krugman P. 1991. Increasing returns and economic geography. Journal of Political Economy, 99 (3): 483 -499.

[37] Krugman P. 1993. First nature, second nature, and metropolitan location. Journal of Regional Science, 33 (2): 129 -144.

[38] Krugman P. and Elizondo R. L. 1996. Trade policy and the third world metropolis. Journal of Development Economics, 49 (1): 137 -150.

[39] Krugman P. R. 1979. Increasing returns, monopolistic competition, and international trade. Journal of International Economics, 9 (4): 469 -479.

[40] Krugman P. R. 1981. Intraindustry specialization and the gains from trade. The Journal of Political Economy, 89 (5): 959 -973.

[41] Monfort P. and Nicolini R. 2000. Regional convergence and international integration. Journal of Urban Economics, 48 (2): 286 -306.

[42] Paluzie E. 2001. Trade policy and regional inequalities. Papers in Regional Science, 80 (1): 67 -85.

[43] Rodríguez-Pose A. 2012. Trade and regional inequality. Economic Geography, 88 (2): 109 -136.

[44] Rodríguez-Pose A. and Gill N. (2006) How does trade affect regional disparities? World Development, 34 (7): 1201 -1222.

[45] Sanchez-Reaza J. and Rodriguez-Pose A. 2002. The impact of trade liberalization on regional disparities in Mexico. Growth and Change, 33 (1): 72 -90.

[46] Sjoberg O. and Sjoholm F. 2004. Trade liberalization and the geography of production: Agglomeration, concentration, and dispersal in Indonesia's manufacturing industry. Economic Geography, 80 (3): 287 -310.

[47] Yanikkaya H. 2003. Trade openness and economic growth: a cross-country empirical investigation. Journal of Development Economics, 72 (1): 57 -89.

第十九章
产品结构与城市出口贸易韧性

一、引言

在金融危机的冲击下，并非所有地区都能迅速稳定经济，也并非所有地区都能在危机后快速恢复危机前的增长态势。金融危机所造成影响的空间差异受到了研究者的广泛关注，从而催生了经济韧性的概念。简单来说，经济韧性指经济体承受冲击、恢复增长态势、转型并衍生出新的增长路径的能力（Martin，2012）。在影响经济韧性的因素中，产业结构因素受到了广泛关注，但现有研究多为理论分析（Martin & Sunley，2015），鲜有实证检验。究竟是多样化的产业结构还是专业化的产业结构更能使城市经济具有更大的韧性？在这一问题上，现有的部分实证研究和案例研究莫衷一是，结果分歧较大（Martin & Sunley，2015；Martin et al.，2016；Brown & Greenbaum，2016；王世平、钱学锋，2018）。

关于多样化影响经济韧性的理论机制，研究大多从集聚经济理论中汲取灵感。在集聚经济研究中，马歇尔外部性与雅各布斯外部性的对立，即专业化与多样化的对立是研究关注的焦点。理论上，多样化与专业化均能带来集聚经济（Glaeser et al.，1992；Frenken et al.，2007），然而学者们对雅各布斯外部性的实证研究结果分歧较大，许多研究未找到其发挥作用的经验证据（Beaudry & Schiffauerova，2009）。因而，部分学者指出，这种不稳健的实证结果可能由于雅各布斯外部性的设定存在一定的错误，多样化不仅能为城市带来创新和活力，同时，还能够分散风险，降低区域经济崩溃的可能性，直接将多样化变量纳入回归可能会混淆这两种效应。富林肯等（Frenken et al.，2007）的开创性研究认为，在短期内，多样化发挥作用的渠道有两种：其一是多样化的风险分散效应（portfolio effect），类似于“不把鸡蛋放在一个篮子里”的投资组合策略，若城市拥有多样化的产业基础，在应对某些特定产业的需求冲击时，城市整体的就业不会受到太大的冲击；其二是知识溢出效应，即多样化能够促进知识交流和学习，催生新的产品和新的市场。

那么如何区分知识溢出效应和风险分散效应呢？经济地理学者一般从产品关联和认知邻近性的角度进行剖析。研究指出，认知距离过远的企业之间难以产生有效学习，例如汽车制造业不太可能从农业、林业这种与之认知距离遥远的产业之中学习生产技术，而更可能从具有共同或相似知识基础的产业中获得创新的思路，例如机车制造业、轮船制造业等。因此，知识溢出效应要求多样化的产业间存在适度的认知邻近性（Nooteboom，2000）。与此同时，风险分散效应要求区域内多样化的产业之间不具有投入产出等方面的联系，从而能够阻断经济风险的传导。富林肯等（Frenken et al.，2007）便按照知识溢出效应和风险分散效应对于产品相关性的不同要求，将多样化分为相关多样化与不相关多样化，前者要求多样化产品具有一定相关性，以提供适度认知邻近、有益于学习行为发生，真正导致雅各布斯外部性的多样化；后者则要求多样化产品内部相关性较小，以分散风险。

受到富林肯等（2007）开创性研究的影响，后来学者基本按照以下两条脉络分析相关多样化与不相关多样化的作用：其一，相关多样化促进知识溢出，可以创造出新产品、新市场，从而有利于就业增长、生产率增长、工业增加值增长；其二，不相关多样化通过分散风险而降低失业率（Boschma & Iammarino，2009；Boschma et al.，2012；Hartog，2010；Oort et al.，2015；Cortinovis & Oort，2015；Firgo & Mayerhofer，2018；苏红键、赵坚，2012）。在学者们的理论分析中，相关多样化与不相关多样化似乎均是区域经济体的“福音”，少有研究关注相关多样化的不利影响（沈鸿、向训勇，2017），相关实证检验的结果并不稳健（Content & Frenken，2016）。近年来，学者们不满足相关多样化和不相关多样化的分类法，进一步探讨其中的许多异质性问题，例如，研究发现不同的知识密集度地区之间（Cortinovis & Oort，2015）、制造业与服务业之间、城乡之间（Firgo & Mayerhofer，2018）、高技术部门和低技术部分之间（Hartog，2010）相关多样化发挥作用的程度不同。这些具有高度异质性的结果以及复杂的作用条件同样令人困惑。

本研究认为，现有实证研究结果不够稳健的原因可能是它们主要分析相关多样化供给侧的“知识溢出”作用，而忽略从需求侧分析相关多样化的影响。具体而言，现有文献指出本地产品的相关多样化能够提供多样性的具有适当认知邻近性的知识基础、更多的知识交流机会来促进新产品、新创意的衍生。但相关多样化也可能具有负面影响，在存在外部需求冲击时，相关多样化高的地区也容易受到关联的需求冲击（Martin & Sunley，2015）。因而，相关多样化发挥的作用受到研究时间段内的外部需求冲击大小的调节，外部需求冲击过大，则相关多样化导致的需求冲击传导效应可能会大于知识溢出带来的好处，从而对区域经济造成负面影响。实际上，这一权变性在富林肯等（Frenken et al.，2007）的研究中其实已有探讨，但后来这一视角很少受到关注。由于本研究关注的是经济危机时期的出口韧性，而经济危机的特征便是广泛而猛烈的外部需求冲击，因而不能简单地假设相关多样化通过促进知识溢出进而促进区域经济增长，需要分析现有研究中少有关注的需求维度。

区域内生产的产品存在大量关联，则外部需求冲击更容易在区域内部传导，这是显而易见的，因而本研究并不止步于此。本研究还通过产品质量这一中介变量，将相关多样化带来的供给侧的异质性与需求侧冲击的异质性连接起来，考察除了传导风险以外，相关多样化导致城市经济受到更加严重的外部需求冲击影响的另一个原因：提升产品质量。相关多样化可以通过知识溢出促进创新，提高产品质量和技术复杂度（周沂、贺灿飞，2018）。但是一般而言，高质量的产品往往具有更大的需求弹性，当人们的收入下降时，可能会选择放弃高质量产品和创新产品，转而购买低质量产品和必需品。许多理论和实证研究已说明了在经济危机时期总需求萎缩的背景下，高质量的产品可能会受到更大的冲击（Fajgelbaum et al.，2011；Esposito & Vicarelli，2011；Bems et al.，2011）。因此，相关多样化不仅提供了更广泛的关联网络以传播风险，同时还可能通过在非危机时期提升产品质量，使得危机时的需求冲击更加猛烈和持久。后文的实证检验结果也发现了支持这一判断的部分经验证据。

本研究的主要贡献在于：探讨相关多样化的研究大多采取供给视角，并未充分考虑由此可能带来的需求冲击异质性问题。本研究在韧性研究基础上，尝试论述了产品质量及需求弹性的中介作用，从而探讨供给侧的相关多样化如何在经济危机时期导致需求侧更猛烈的冲击，这是相关多样化研究纳入需求侧分析的一种尝试。不同于现有研究，并不能简单地认为相关多样化与不相关多样化均为城市经济带来益处，由于本研究对象是出口韧性，因此这一点尤为重要。本研究的实证结果也为更充分、更深刻地理解相关多样化的作用条件提供一定的证据和启示。

二、文献综述与研究假说

相关多样化在经济危机条件下不利于我国城市出口韧性，这种负面影响通过两个方式来实现，此处将其总结为质量提升效应和风险传导效应。首先，质量提升效应指相关多样性在金融危机前可能会提高地区产品质量和创新水平，从而加剧危机时期的外需萎缩冲击。相关多样性高的地区存在更多知识溢出的条件（Frenken et al.，2007；Boschma & Iammarino，2009；Boschma et al.，2012；Oort et al.，2015；Firgo & Mayerhofer，2018；苏红键、赵坚，2012），因而更可能通过企业间的学习和交流，提高产品的质量和创新水平。其次，现有相关多样化文献关注的异质性因素也使本研究更大胆地得出这一推论，因为部分研究发现相关多样化仅在知识密集程度较高、高技术体制的区域才能促进就业增长（Cortinovis & Oort，2015）；也有研究发现相关多样化仅在高技术的部门才能发挥显著的作用（Hartog，2010），能够显著促进创新创意部门的就业增长（Lazzeretti et al.，2017），促进高技术复杂度的产品进入并抑制其退出（周沂、贺灿飞，2018）；同时，还有研究发现相关多样化能够直接促进创新，表现在对专利数量的正向促进作用（Tavassoli & Carbonara，2014）。上述异质性均指明了相关多样化可能在高新技术产业、科技水平较高地区能够发挥更大作用，而较高的技术水平表现在产品上便是较高的产品质量，因而本研究认为相关多样化在没有外部危机冲击的条件下，能够促进城市产品质量的提升。

然而，若外部需求冲击持续存在，情况便会发生变化。在经济危机时期，随着总需求的萎缩，高质量的产品往往首当其冲。高质量的产品由于需求弹性较大，在外部需求疲软的情况下会受到更多的冲击，这被称为"质量恩格尔曲线"效应（谢杰等，2018）。在理论研究上，范格尔贝姆（Fajgelbaum et al.，2011）基于非位似偏好构建模型，发现当收入增加时，会有更大一部分的消费者购买高质量产品；反之，若收入减少，则会有更少的消费者购买高质量产品，因而经济危机时期消费者从高质量产品转向低质量产品可以看作是这一模型的动态版本（Levchenko et al.，2011）。同时，贸易依赖型耐用品的贸易额下降也被认为是2008～2009年贸易大崩溃的关键推手（Bems et al.，2011）。一些实证研究关注这一问题，例如埃斯波西托等（Espocito et al.，2011）基于意大利在金融危机时期的出口数据，发现危机期间相对高质量的产品相较于低质量的产品出口下滑更加严重；同样地，陈和尤韦纳尔（Chen & Juvenal，2018）对智利红酒出口的研究同样表明了高质量产品出口额虽然在金融危机前增长趋势更明显，然而在金融危机期间却会受到更大的冲击；此外，拜姆斯和乔瓦尼（Bems & Giovanni，2016）发现在危机期间，消费者的需求从单价[①]较高的外国产品转向单价较低的本国产品。列夫琴科等（Levchenko et al.，2011）对产品单价的实证结果也支持这一观点，但这一研究结果的稳健性不足。近年来也出现了部分针对我国的研究，如谢杰等（2018）也得出了高质量产品在经济危机中受到更大冲击的结论；对于低质量产品则相反，部分观点认为中国正是由于出口大量、多样化的低质量产品，才使得其在危机中受害不深且恢复较快（Levchenko et al.，2011）。因此，本研究假设高质量的产品拥有更高的需求弹性，从而在外需萎缩的条件下比低质量产品受到更大的冲击。总而言之，质量提升效应总的逻辑便是，相关多样化提高产品质量，产品质量提高增加在经济危机时期遭受需求冲击的概率。

其次，本研究认为相关多样化不仅通过提高产品质量而降低危机时的城市出口韧性，同时还会促进这一需求冲击和悲观市场预期在相关多样化的企业或产品群组内部传播，进一步对城市经济造成负面影响。企业决策过程常常受本地其他企业决策的影响，具体到出口决策上，已有部分研究关注在位企业出口行为对本地其他企业出口决策的影响，与此相关的文献强调本地关于出口目的地的知识丰富程度会影响本地企业的出口决策，例如出口到相同目的地的企业之间的知识交流可以降低出口不确定性（刘慧、綦建红，2018）和固定成本（Krautheim，2007），在位出口企业的出口行为

① 对产品质量的一些先驱研究通常都以产品单价作为产品质量的代理变量（Hallak，2006）。

也能够促进本地企业进入相同的目的地市场（Frenken et al.，2007）。这种出口知识溢出效应发挥作用的强度可能也和企业之间的认知关联强度有关，关联越强，知识溢出渠道越多，可能就越容易发生这种溢出。因此，相关多样化在危机前促进知识溢出，那么在金融危机时期，便可能通过发生这种知识溢出的相同渠道形成“负面知识溢出”，即相关多样化产品内部相对密集的正式的或是非正式的关联成为风险传导的渠道（Martin，2012；Giannakis & Bruggeman，2017），相关多样化群组内部企业受到冲击后，这种冲击带来的信息便会散发到其所在的集群和关联网络中，从而导致悲观市场预期在企业间传播。这种负面的网络外部性可能会通过影响在位出口企业和潜在出口企业的决策行为，从而影响出口二元边界。其一，在位出口企业可能因为需求冲击和悲观市场预期在关联网络中的传播，而不再出口或降低出口量，提高出口市场的退出率。其二，内销企业观察到本地出口企业大量退出出口市场，可能引起羊群效应，认为其他企业的退出蕴含了某种自身不具有的关于出口目的地的市场信息，倾向于与其他企业的决策保持一致，不进入出口市场，从而降低出口市场的进入率。如图 19－1 所示。

图 19－1 中左、右两列分别表示高、低相关多样化的城市。图中表示产业的圆形数量相同，说明城市总多样化水平相同，因而具有互相关联的产业越多城市的相关多样化水平就越高。同时，由于相关多样化存在质量提升效应，相关多样化水平越高，地区企业生产产品的质量也越高，因而危机时可能受到更大的需求萎缩冲击，因此相对于图 19－1（b），在图 19－1（a）中设定更多的需求冲击（分别在 A、D、I 产业处）。本研究借鉴社会网络和创新传播的“门槛模型”（Valente，1996），考察外部冲击如何在产业和企业间传播。假设所有产业均以如下规则决定是否形成悲观预期：若 1/2 或以上的关联的产业形成悲观预期，则本产业也形成悲观预期。[①] 按照上述规则，在高相关多样化水平的城市中，A、D、I 产业首先受到外生冲击，形成悲观的市场预期；其次，F、G 产业观察到周边 1/2 的关联产业形成了悲观预期，因而也形成了悲观预期，倾向于退出出口市场或降低出口额；再其次，E 产业、H 产业也形成了悲观预期。于是，悲观预期在相关联的产业之间传播开来，形成了如图中灰色圆圈所示的悲观预期传播范围和圆圈上方的数字所示的传播次序。然而，在低相关多样性城市中，情况则有所不同：首先，在外生冲击的影响下，A 产业与 D 产业形成悲观市场预期，接下来 E 产业也形成悲观预期。然而由于 I 产业改变预期的门槛值[②]并未突破，需求冲击在整个关联产业群组内部的传播受到阻断。

---

① 实际上，此处本应按照企业出口的产品质量设置不同的门槛值，按照理论分析，由于高质量产品受到外部冲击更严重，因此出口高质量产品的企业可能倾向于具有更低的门槛值，更容易受到网络外部性的影响。

② 由于与 F 产业相关的另外两个产业 G 和 F 并未形成悲观预期，因而并未达到 1/2 的门槛值。

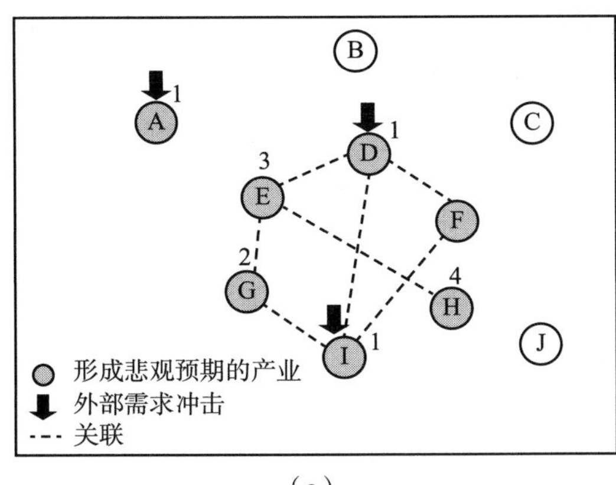

(a)

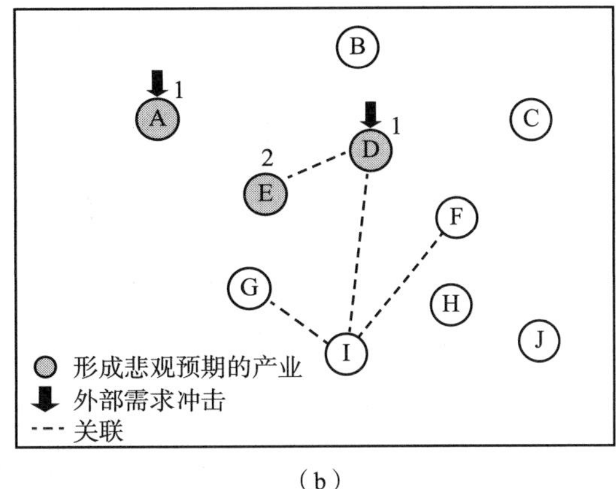

(b)

图 19－1　相关多样化导致经济韧性下降的简单图示

注：图中圆圈上方的数字表示风险传播的相对顺序。
资料来源：笔者整理。

通过上述简单的示例，可见相关多样化表现为更广阔的关联网络，提供了更多的风险传导机会和更广泛的风险传导范围；同时，相关多样化提高了金融危机前的产品质量，导致更加密集和剧烈的需求冲击，加大了发生羊群效应和网络外部性的机会。因此提出如下假说：

假说 1：相关多样化不利于城市经济经历经济危机后的短期反弹。

按照出口二元边界的划分和上文分析的质量中介效应，进一步提出以下两个假设：

假说 1（a）：相关多样化在经济危机期间会导致高质量产品的在位出口产品增长率的下降。

假说 1（b）：相关多样化在经济危机期间会导致生产高质量产品的企业更多地退出出口市场，更少地进入出口市场。

三、描述分析和实证方法

（一）数据来源和指标计算

数据来自 2003～2013 年中国海关进出口贸易数据库。为了剔除异常观测值，对该数据作如下处理：（1）剔除出口目的地、出口额、出口量缺失或为 0 的观测值；（2）将 2003～2013 年的八位数产品代码对应到 HS07 版本相应六位数、四位数、二位数产品，并剔除 HS 产品代码长度异常的观测值；（3）由于是在城市尺度上进行研究，故剔除了企业所在地为北京、上海、天津和重庆四个直辖市的数据。

本研究借鉴马丁（Martin，2012）的敏感系数 β 方法测度城市经济短期韧性：①

$$\beta_{Ct} = \frac{\Delta E_{Ct}/E_{Ct}}{\Delta E_{Nt}/E_{Nt}} \tag{19.1}$$

研究认为贸易增长率更能反映经济韧性（Van Bergeijk et al.，2017），因而本研究使用出口额增长率测算城市经济短期韧性。② 在式（19.1）中，E_{Ct}代表城市 C 在经历外生冲击后的某一时间点（t）的出口额增长率，ΔE_{Ct}则代表了从经历危机到这一时间点期间，城市出口额增长率的变化量。同理，E_{Nt}代表了全国在经历外生冲击后某一时间点的出口额增长率，ΔE_{Nt}则代表了相应时间段内出口额增长率的变化。由于我国出口额增长率在 2008 年达到最低点，本研究选取 2008 年作为经济危机冲击的基准年，作为衡量短期韧性的基准点，计算 2008 年之后年份各城市及全国的出口额增长率与 2008 年相应出口额增长率之差。β 越大，说明城市出口贸易短期反弹更明显，城市经济短期韧性更强。

关键解释变量是相关多样化程度和不相关多样化程度，采用富林肯等（Frenken et al.，2007）的熵值计算方法，使用 2003 ~ 2013 年的中国海关贸易数据库计算出口的相关多样化水平（RV）与不相关多样化水平（UV）。其中，不相关多样化用二位数产品出口份额计算的熵值总和来度量，潜在的假设是二位数产品之间的关联比二位

---

① Martin（2012）在总结了前人研究的基础上，识别出三种韧性的含义，为后来研究者广泛引用：（1）工程韧性（engineering resilience），指的是系统遭受冲击之后，回到未受冲击时的状态的能力。这种未受冲击的状态，在经济学中常常表示为均衡状态。这种韧性假设外部冲击不改变区域经济内部结构，因而越快回到未受冲击时的状态，则表示韧性越强。（2）生态韧性（ecological resilience），指的是系统改变结构以吸收外部冲击的能力，它不再局限于单一均衡状态的视角，而是采纳了多重均衡的观念，认为冲击如果超过了区域承受范围，则会使区域转变到另一个均衡状态，这与宏观经济学研究中的 Hysteresis 的概念相关。（3）适应韧性（adaptive resilience），指的是在一定时间内区域经济的重构能力，即区域经济如何通过改变结构而衍生新的增长路径。因此适应韧性和前面两种韧性相比，更强调长期的演化过程。由于数据所限，更多的学者是基于生态韧性对区域经济进行研究（Brown & Greenbaum，2016）。由于数据所限，本研究亦无法考察长期韧性，因此采取一种对生态韧性和工程韧性综合考察的视角，探究区域经济出口的短期反弹和结构改变，并分析其微观动态。

需要说明的是，此处并未采取与 Martin（2012）的研究相同的就业变化或失业率作为测算指标，原因有二。其一是若用就业或者失业率的变化来反映经济韧性，则需要额外假定地区间没有劳动力的流动，因为本地受到的冲击可能会由于劳动力流动而反映在其他地区的就业变化上，而中国作为一个内部劳动力流动十分频繁的国家，用就业类型的变量来衡量可能会带来有偏的结果；其二则是无法取得较为准确的城市层面的失业率数据，由于《中国城市统计年鉴》中关于失业人员仅有登记失业人数这一项数据，用这一数据计算失业率则可能会忽略广泛存在的隐性失业情况。同时，由于这样计算出来的韧性系数存在极端值，因此实际纳入回归的因变量首先经过 1% 的 Winsorize 处理，然后借鉴王世平、钱学锋（2018）的做法，将其按照下式调整：$\beta = (\beta - \min(\beta))/(\max(\beta) - \min(\beta))$，其中 $\max(\beta)$ 与 $\min(\beta)$ 分别表示每年弹性系数的最大值和最小值，这样可以使计算出来的弹性系数在［0，1］之间且 β 值越大表示弹性越大。

② 韧性研究经常以失业率为因变量，但是这需要假定区域经济之间没有劳动力的流动。同时，由于《中国城市统计年鉴》仅有城镇登记失业人员的数据，因而难以涵盖广泛存在的隐性失业的情况，因而本研究选择出口额增长率作为衡量韧性的指标。

数产品之内的产品关联更小。而对于相关多样化，本研究运用同一个二位数产品内部的四位数产品熵值总和之加权平均值来测算，q_j 指某城市四位数产品占其所属二位数产品的出口份额，P_i 指某城市二位数产品占该城市总出口的出口份额，S_i 指某个二位数产品 i 的集合。

$$UV = P_i \ln(1/P_i) \tag{19.2}$$

$$RV = \sum_i P_i \sum_{j \in Si} \frac{q_j}{P_i} \ln(P_i/q_j) \tag{19.3}$$

（二）产品质量的测算方法

本研究借鉴科汉德沃等（Khandelwal et al.，2013）的需求信息反推方法测算产品质量。该方法假设消费者的效用函数如式（19.4）所示，其中，q_{ck} 和 x_{ck} 分别表示消费者对产品 k 的质量需求和数量需求，σ_h 表示 h 种类内的产品之间的替代弹性。

$$U = \left(\int (q_{ck} \times x_{ck})^{\sigma h/(\sigma h-1)} \mathrm{d}k \right)^{\sigma h/(\sigma h-1)} \tag{19.4}$$

在预算约束为 $\int p_{ck} \times x_{ck} \mathrm{d}k = I_{ch}$ 的条件下，可得消费函数：

$$x_{ck} = q_{ck}^{\sigma_h - 1} \times p_{ck}^{-\sigma_h} \times p_{ch}^{\sigma_h - 1} \times I_{ch} \tag{19.5}$$

其中上式中 h 种类产品的价格指数为：

$$P_{ck} = \left(\int \left(\frac{p_{ck}}{q_{ck}} \right)^{1-\sigma_h} \mathrm{d}k \right)^{1/(1-\sigma_h)} \tag{19.6}$$

对式（19.6）式两边取对数，整理得：

$$(\sigma_h - 1)\ln(q_{ck}) = \ln(x_{ck}) + \sigma_h \ln(p_{ck}) - (\sigma_h - 1)\ln(P_{ch}) - \ln(I_{ch}) \tag{19.7}$$

在模型中加入时间维度 t 和企业维度 f，整理得：

$$\ln(x_{cktf}) + \sigma_h \ln(p_{cktf}) = (\sigma_h - 1)\ln(P_{cht}) + \ln(I_{cht}) + (\sigma_h - 1)\ln(q_{cktf}) \tag{19.8}$$

从式（19.8）中可以看出，控制了 h 种类内部的价格指数信息和收入 I 的信息对等式左边的能解释的部分之后，剩余的残差项便蕴含了产品质量的信息。

$$\ln(x_{cktf}) + \sigma_h \ln(p_{cktf}) = \mu_h + \mu_{ct} + \varepsilon_{cktf} \tag{19.9}$$

因此，可以通过估计式（19.9）来获取产品质量的信息。在实际操作中，μ_h 表示产品固定效应，μ_{ct} 表示国家（地区）—年份固定效应，分别控制不同产品的价格差异和不同国家（地区）的收入差异。控制了这两个固定效应进行回归后，产品质量便可以用下式来表示：$\ln(\hat{q}_{cktf}) = \hat{\varepsilon}_{cktf}/(\sigma_h - 1)$，可见残差中蕴含了产品质量的信息。在实际计算中，运用各年消费者价格指数对出口值作销账处理，以控制国内价格波动的影响。有研究认为替代弹性取［5，10］较为合理（Anderson & Wincoop，

2004），因而在基准回归中取替代弹性为5。

（三）描述分析

本研究通过描述分析初步探索高质量产品与低质量产品出口受到外部冲击影响的差异。图19-2展示了2004~2013年高质量产品和低质量产品的出口额和增长率。可以看出，在2008年发生的世界贸易大崩溃之前，高质量产品的出口额增长率明显高于低质量产品，这与陈和尤韦纳尔（Chen & Juvenal，2018）的实证结果十分相似。然而在2008年，低质量产品出口额增长率约降低了10%，而高质量产品出口额增长率降低了45%以上。可见在金融危机期间，低质量产品受到的负面影响在绝对值和相对值上均小于高质量产品。同时，在危机后的恢复时期，低质量产品反弹迅速，而高质量产品复苏相对乏力。可见，在高质量产品占出口额较大比重的情况下，金融危机时期高质量产品占比较高的城市的出口状况可能受到更严重的影响。

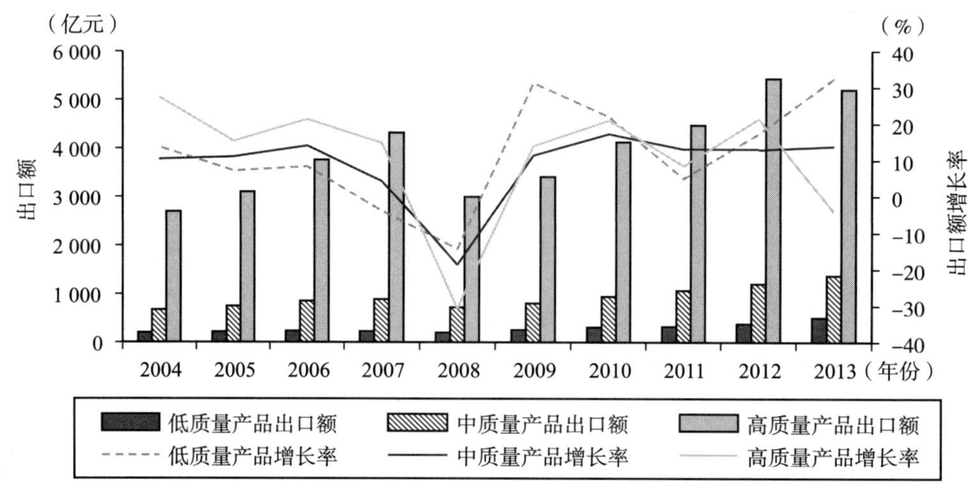

图19-2 金融危机前后中国不同质量产品的出口额及增长率

资料来源：依据中国海关进出口贸易数据库整理。

本研究将全国各城市的相关多样化水平按当年出口额加权平均到区域层面和国家层面，分析相关多样化水平的时空分布。如图19-3所示，全国相关多样化水平的时间趋势比较平稳，2003~2007年存在缓慢上升的趋势，而2007年之后则开始波动下降。区分东部、中部和西部来看，东部地区的相关多样化水平略大于全国水平，且二者的数值和趋势均十分接近，这可能因为东部地区贡献了我国绝大多数的出口额。中、西部地区的出口相关多样化水平明显低于全国水平，而且随时间波动较大，在

2009～2010年前后达到峰值后开始下降，这可能与我国在金融危机期间采取的财政刺激计划有关。图19－3（b）则展示了按行业出口额加权平均的相关多样化水平情况。在2008年金融危机之前，行业相关多样化水平基本呈现纺织服装产品 > 机械产品、电子产品、化工产品 > 食品 > 金属产品的格局。[①] 而在金融危机之后，机械产品和电子产品的相关多样化水平波动下降，其产业内部格局可能发生了一定变化；纺织服装产品、食品的相关多样化水平在金融危机时期保持平稳；而金属产品和化工产品相关多样化水平在金融危机之后反而出现波动上升的趋势。

借鉴王世平和钱学锋（2018）的方法，本研究运用2008～2013年 c 城市 t 年出口额与该城市2007年出口额之差来衡量城市短期出口韧性，记为 $\Delta r_{c,t}$。$\Delta r_{c,t}$ 越小，表示金融危机时期出口额的下降更加明显或者恢复更加乏力。此处选取代表年份来观察相关多样化水平与 $\Delta r_{c,t}$ 的关系。观察各城市2007年相关多样化水平和2009年 $\Delta r_{c,t}$ 的空间分布，本研究可以得到：（1）长三角、珠三角地区相关多样化水平较高，且出口受到较为严重的冲击；（2）东北、华北、湖南、湖北等地相关多样化水平中等，受到危机冲击程度也为中等水平；（3）西南、西北地区相关多样化水平较低，且出口受到经济危机冲击较轻；（4）江西、安徽等地的部分城市存在例外情况，这些城市相关多样化水平为中等偏高，而出口受到的冲击较轻。由此可见，大多数城市的情况支持相关多样化水平越高，受到经济危机冲击越严重的判断。

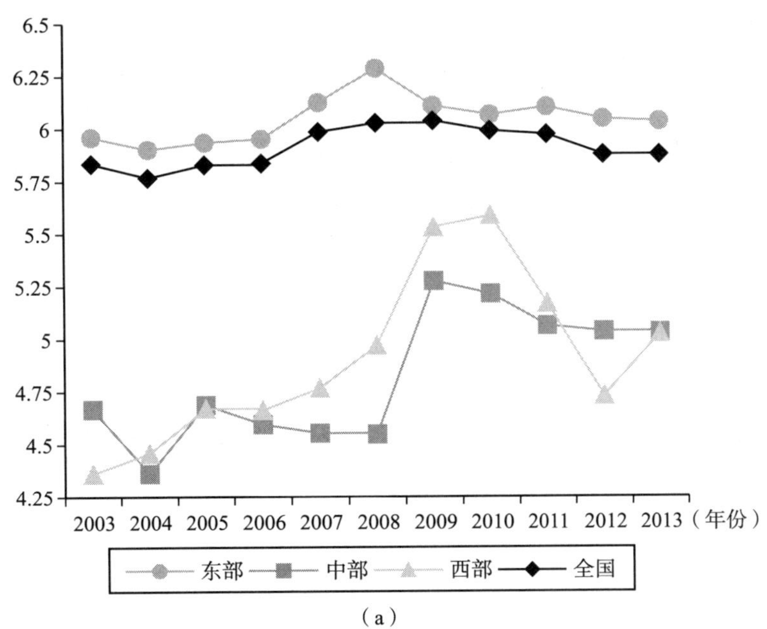

（a）

① 本研究按照如下方法区分产品类别：化工产品包括二位数HS代码为28～38的产品；机械产品包括二位数HS代码为84的产品；电子产品为二位数HS代码为85的产品；金属产品包括四位数HS代码在7105～8311之间的产品；纺织产品包括四位数HS代码为5001～6311之间的产品；食品包括二位数HS代码为16～24的产品。

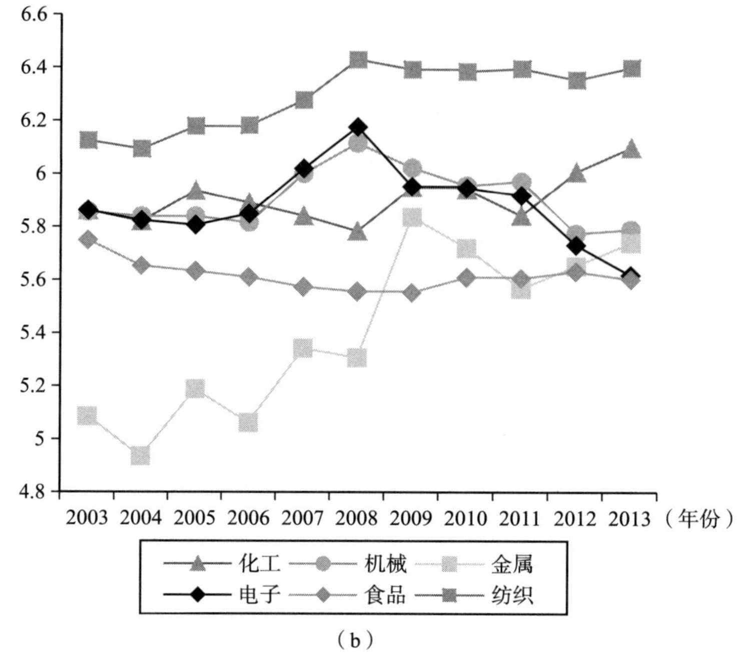

（b）

图 19－3　分行业、地区的相关多样化水平变化趋势①

资料来源：依据中国海关进出口贸易数据库计算。

进一步绘制散点图来观察上述关系。如图 19－4 所示，在经济危机影响初期，相关多样化水平与 $\Delta r_{c,t}$ 可能存在一定的负相关关系，与前面的分析一致。然而在外部需求水平开始恢复之后，相关多样化水平与 $\Delta r_{c,t}$ 可能存在一定的正相关关系。同时，此处也发现相关多样化有放大经济波动的趋势，表现在相关多样化水平越高的地区，$\Delta r_{c,t}$ 的两极分化就越严重。但是，这些判断是在未控制其他变量影响的情况下得到的，相关多样化与 $\Delta r_{c,t}$ 的具体关系还需要在回归分析中加以探讨。

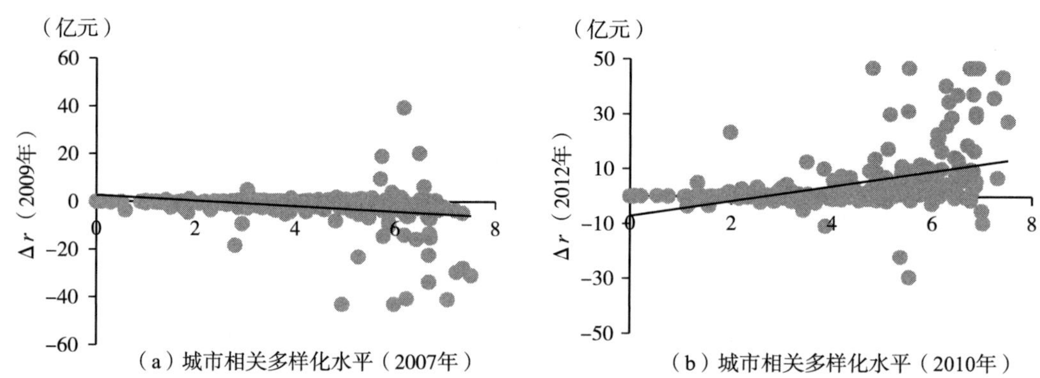

图 19－4　$\Delta r_{c,t}$ 与相关多样化的关系

资料来源：依据中国海关进出口贸易数据库计算。

① 剔除了城市为北京、上海、天津和重庆的数据，以及前述其他异常数据。

四、模型估计结果分析

回归模型的所有解释变量及其描述统计如表 19 - 1 所示。由于现有研究强调城市对提高经济韧性的作用（Capello et al.，2015），本研究控制与集聚经济相关的常见变量，如：城市化经济（*density*）——用人口密度来表示；专业化水平（*hhi*）——用四位数产品的赫芬达尔指数来表示，以控制其他集聚经济变量的质量提升效应；出口地多样性（*country*）——以城市出口到各个国家（地区）产品份额的熵值总和表示。本研究还控制了如下变量：首先，服务业可能是城市经济表现出更强韧性的重要原因（Navarro-Espigares & Hernández-Torres，2012），故本研究尝试控制本地服务业密集程度（*third*）。其次，由于金融危机始于西方国家，有学者认为对于我国而言，金融危机的影响始于外部（陈波、荆然，2013），继而城市的对外开放程度可能影响在金融危机中受到波及的程度，因此需要控制城市对外开放程度（*open*）——用当年实际利用外资额以当年美元对人民币的平均汇率换算为人民币后，除以当年 GDP 计算得到。最后，政府的强干预是我国应对经济危机的重要方式，本研究运用当年固定资产投资与 GDP 的比值表示政府干预的强度（*interv*）。此外，人力资本（*edu*）和基础设施（*infra*）也构成影响城市经济韧性的重要原因（Martin & Sunley，2015），分别用普通高等学校在校生人数和人均道路面积表示。以上控制变量的数据除 *hhi* 和 *country* 变量来自中国海关贸易统计数据库以外，其余均来自 2004～2014 年的《中国城市统计年鉴》。

控制变量与关键解释变量之间的相关系数矩阵在表 19 - 2 中汇报。由于专业化变量与相关多样化、不相关多样化变量之间存在明显负相关关系，因此在所有回归中均比较了纳入专业化变量和不纳入专业化变量的情况，但是此举对关键解释变量的系数符号和显著性水平影响不大，因此并未在正文回归结果中报告。

表 19 - 1　　　　主要变量及描述统计

变量名	变量	观测值个数	均值	标准差	最小值	最大值
相关多样化	RV	3 030	1. 235	0. 744	0	3. 403
不相关多样化	UV	3 030	3. 298	1. 072	0	5. 249
出口目的地多样化	country	3 030	4. 000	1. 172	0	5. 963
专业化	hhi	3 030	0. 146	0. 164	0. 00864	1

续表

变量名	变量	观测值个数	均值	标准差	最小值	最大值
城市化经济	density	3 077	0.0413	0.0303	0.000470	0.266
服务业密集程度	third	3 074	35.44	8.060	8.580	85.34
基础设施	infra	3 069	9.566	6.678	0.310	108.4
政府干预水平	interv	3 002	0.574	0.228	0.0872	2.169
对外开放程度	open	3 080	0.00269	0.00318	0	0.0454
人力资本水平	edu	3 001	6.481	12.28	0	98.31

表 19－2　　　　　　　　　　　　相关系数矩阵

相关系数	RV	UV	Country	hhi	density	third	Infra	Interv	open	edu
RV	1									
UV	0.600	1								
Country	0.394	0.566	1							
Hhi	－0.650	－0.855	－0.511	1						
density	0.326	0.276	0.403	－0.241	1					
Third	0.275	0.168	0.0617	－0.130	0.0793	1				
Infra	0.353	0.192	0.176	－0.186	0.154	0.0594	1			
Interv	－0.0197	0.00820	0.0558	0.0604	－0.155	－0.0473	0.0762	1		
Open	0.399	0.259	0.167	－0.245	0.272	0.216	0.212	－0.0148	1	
Edu	0.410	0.292	0.305	－0.205	0.320	0.454	0.173	0.0535	0.254	1

（一）基准回归模型结果

表 19－3 的第（1）~（5）列汇报以弹性系数度量的经济韧性作为因变量的回归结果。第（1）列为基准回归结果，仅纳入相关多样化变量和时间固定效应，可见在未控制其他变量时，相关多样化与城市总体经济韧性呈现负相关关系。由于专业化变量（*hhi*）与相关多样化变量（*RV*）、不相关多样化变量（*UV*）均存在高度相关关系，为了避免多重共线性造成的影响，在模型（3）~（5）中暂未将其纳入回归方程。从第（3）列～第（5）列报告的回归结果中，可以看出纳入不同的控制变量组合之后，相关多样化与经济韧性的负相关关系仍然稳健。最后，将专业化变量也纳入回归，发现相关多样化系数绝对值有一定的提高，但系数估计结果仍显著为负。由此可以初步总结出，相关多样化与中国城市出口的总体韧性存在较为稳健的

负相关关系。

为了验证提出的理论假设，借鉴埃斯波西托等（Espocito et al.，2011）的做法将产品质量水平三等分，分别将高、中、低质量的产品出口额分类加总，然后按式（19.1）分别计算弹性系数，探讨高、中、低质量的出口产品经历危机之后的反弹情况。由回归结果可见，相关多样化与不同质量产品的弹性系数均呈现出一定的负相关趋势，但是对比不同样本的系数和显著性可知，高质量产品的回归系数绝对值更大，说明对于高质量的产品组合而言，相关多样化对城市出口的反弹更可能体现出较强的负面影响。第（6）列～（8）列的回归结果初步印证了本研究的理论假设，同时也在一定程度上呼应了谢杰等（2018）和埃斯波西托等（2011）的研究结论。再看其余控制变量，不相关多样化变量在不控制专业化变量时显著为正，说明它可能具有一定的风险分散效应，这与富林肯等（Frenken et al.，2007）的研究结论有一定重合，但这一结果并不稳健。出口目的地多样化变量回归系数显著为正，说明在不同国家（地区）分散出口也可能会提高城市出口韧性。

表 19－3　城市出口韧性的基准回归

变量	被解释变量：总出口韧性					被解释变量：不同质量产品韧性		
	（1）	（2）	（3）	（4）	（5）	（6）	（7）	（8）
	韧性	韧性	韧性	韧性	韧性	低质量	中质量	高质量
RV	－0.0113** （0.00447）	－0.0152** （0.00679）	－0.0398*** （0.0143）	－0.0396** （0.0143）	－0.0470** （0.0179）	－0.0224* （0.0122）	－0.0222 （0.0140）	－0.0575** （0.0227）
UV		－0.00214 （0.00595）	0.0173** （0.00662）	0.0175** （0.00667）	0.00574 （0.0122）	－0.0245* （0.0124）	－0.0207* （0.0120）	－0.0167 （0.0129）
hhi					－0.0963 （0.124）	－0.00107 （0.136）	0.00404 （0.0913）	－0.258* （0.143）
density		0.448 （0.399）		1.722 （1.248）	1.653 （1.239）	0.330 （0.292）	0.999 （0.690）	0.333 （0.453）
country			0.0205* （0.0102）	0.0208* （0.0102）	0.0214** （0.00992）	0.0395*** （0.0108）	0.0465*** （0.0101）	0.0149 （0.0100）
third			－0.00138 （0.000988）	－0.00153 （0.00105）	－0.00155 （0.00104）	－0.000135 （0.00133）	－0.00465*** （0.00148）	－0.000309 （0.000581）
edu			－0.000450 （0.000803）	－0.000641 （0.000912）	－0.000735 （0.000960）	－0.000616 （0.000692）	－0.00156 （0.00101）	－0.000216 （0.000423）
open			0.522 （1.797）	0.495 （1.806）	0.677 （1.852）	－1.274 （2.205）	1.057 （1.549）	2.886** （1.124）

续表

变量	被解释变量：总出口韧性					被解释变量：不同质量产品韧性		
	(1)	(2)	(3)	(4)	(5)	(6)	(7)	(8)
	韧性	韧性	韧性	韧性	韧性	低质量	中质量	高质量
interv			-0.0252 (0.0204)	-0.0250 (0.0204)	-0.0236 (0.0204)	0.0599 (0.0390)	-0.00240 (0.0413)	0.00131 (0.0194)
infra			-0.000807* (0.000464)	-0.000755 (0.000456)	-0.000726 (0.000480)	-0.000759* (0.000400)	-0.000762 (0.000555)	-0.000434 (0.000548)
city	no	no	yes	yes	yes	yes	yes	yes
常数项	0.125** (0.0527)	0.118** (0.0539)	0.0484 (0.0656)	-0.0190 (0.0581)	0.0421 (0.0774)	0.0615 (0.102)	0.161** (0.0768)	0.229*** (0.0600)
样本量	1 375	1 372	1 282	1 282	1 282	1 255	1 280	1 261
R^2	0.301	0.309	0.679	0.679	0.680	0.408	0.787	0.905

注：所有回归中均包括年份固定效应，相关多样化、不相关多样化与专业化变量均滞后一期。表中汇报的系数标准误为聚类到省份层面的稳健标准误。*、**、***分别表示在0.1、0.05、0.01的显著性水平下显著。

从基准回归结果中，发现相关多样化对城市出口韧性可能存在显著的负向影响，而且这种负面影响在高质量产品样本中更加强烈，本研究继续探索微观层面的影响机制。本研究按照出口扩展边界和集约边界的分类方法，分别分析相关多样化对金融危机前后企业产品的出口进入率、退出率和在位产品出口额增长率的影响。为了充分考虑不同微观层次，选取城市—企业—产品—目的地为基准分析维度，同时分析城市—企业、城市—企业—产品维度的情况。以城市—企业—产品—目的地层面为例，企业进入退出和在位的具体识别规则为，当某城市的某企业 t 年时出口某一特定产品到某一特定国家（地区），而 $t+1$ 年则未观测到该企业在该城市向这一国家（地区）出口相同产品，则认为该企业退出出口市场。[①] 同理，在 t 年未观测到这一现象而 $t+1$ 年有观测值，则认为该企业进入出口市场；若在 t 年与 $t+1$ 年均有观测值，则将其视为在位企业。用 $t+1$ 年进入、退出出口市场的企业总数除以 t 年时的总企业数量得到 $t+1$ 年时某城市企业的出口市场进入率和退出率。在城市—企业—产品、城市—企业层面上以此类推。

（二）出口扩展边界模型结果

首先，以出口退出率为因变量，考察相关多样化与企业退出出口市场之间的关

① 因此，在这一层次，企业的不同产品、对于不同国家的出口会被看作是不同企业行为，重复计算到进入退出率中。

系。为了考察相关多样化的影响同外部需求条件的互动，将样本时间段分为2003～2007年与2008～2013年，分别表示金融危机前后的时间段，考察相关多样化发挥的作用是否在这两个时间段内有所不同。表19－4中回归结果显示：其一，从城市—企业—产品—出口目的地维度来看，相关多样化在危机前后体现的作用差异最为明显。在此维度，金融危机前，相关多样化可能会促使难以从中获益的低质量产品退出市场，且回归系数显著大于高质量产品，这在一定程度上呼应了现有研究的结果（Howell et al.，2018）。而相关多样化对于中等质量和高质量产品的出口退出率则没有显著的影响。在金融危机后，相关多样化不再促进低质量产品退出出口市场，反而促进中等、高质量产品退出市场，且回归系数均有一定提高，因此这样的结果也符合前面所述的理论机制，即相关多样化在金融危机时期会促进高质量产品退出市场。其二，不考虑出口目的地维度，在城市—企业—产品维度，相关多样化促进低质量产品退出市场这一关系似乎不随样本时间段而改变。而对于中、高质量产品，在此维度也体现出了金融危机前后鲜明的差别，但相关多样化似乎并未体现出对高质量产品出口退出率更强烈的负面作用。其次，对于“城市—企业”维度而言，回归结果不显著的居多，说明相关多样化可能导致企业内部出口产品和出口目的国的重新配置，而并不倾向于直接导致企业完全退出市场。

表19－4　　产品退出率回归结果

Panel A：城市—企业—产品—出口目的地	2003～2007年			2008～2013年		
	低质量	中质量	高质量	低质量	中质量	高质量
相关多样化	0.214***	0.0135	0.0128	0.106	0.191***	0.225***
系数标准误	(0.0661)	(0.0327)	(0.0725)	(0.0699)	(0.0458)	(0.0617)
样本量	1 019	1 024	1 015	1 529	1 535	1 526
R^2	0.086	0.036	0.086	0.081	0.121	0.159
经验p值（高质量vs低质量）	危机前0.046** 危机后0.078*					
Panel B：城市—企业—产品	2003～2007年			2008～2013年		
	低质量	中质量	高质量	低质量	中质量	高质量
相关多样化	0.180**	0.0768*	−0.0254	0.195***	0.231***	0.201**
系数标准误	(0.0720)	(0.0439)	(0.0627)	(0.0590)	(0.0642)	(0.0788)
样本量	1 004	1 012	1 003	1 503	1 512	1 505
R^2	0.045	0.038	0.083	0.079	0.11	0.126
经验p值（高质量vs低质量）	危机前0.048**　危机后0.480					

续表

Panel C：城市—企业	2003～2007 年			2008～2013 年		
	低质量	中质量	高质量	低质量	中质量	高质量
相关多样化	0.0845	-0.131*	-0.0898	0.134*	0.0761	0.128
系数标准误	(0.0844)	(0.0759)	(0.0951)	(0.0779)	(0.110)	(0.107)
样本量	940	884	822	1 437	1 404	1 359
R^2	0.011	0.013	0.034	0.088	0.089	0.072

注：由于篇幅所限仅报告相关多样化回归系数。模型中包括所有控制变量，同时包括城市、年份固定效应。表中汇报的系数标准误为聚类到省份层面的稳健标准误。*、**、*** 分别表示在 0.1、0.05、0.01 的显著性水平下显著。经验 p 值用于检验组间相关多样化系数大小的差异，运用 bootstrap 方法经过 500 次重复抽样得到。

以产品进入率作为因变量，考察相关多样化对于产品进入出口市场是否也存在与前面理论预期相符的关系，回归结果显示，相关多样化系数普遍不显著，未体现出明显规律。回归结果在表 19－5 中汇报。

表 19－5　产品进入率回归结果

因变量：城市—企业进入率		2003～2007 年			2008～2013 年		
		低质量	中质量	高质量	低质量	中质量	高质量
城市—企业—产品—出口目的地	相关多样化	0.0512	-0.0457	0.00887	0.0706	0.0124	0.0185
	系数标准误	(0.0737)	(0.0668)	(0.0577)	(0.0572)	(0.0354)	(0.0729)
	样本量	1 018	1 019	1 016	1 516	1 520	1 515
	R^2	0.109	0.036	0.117	0.155	0.114	0.100
城市—企业—产品	相关多样化	0.0106	0.00292	-0.0613	0.00392	0.0411	0.0142
	系数标准误	(0.0545)	(0.0447)	(0.0732)	(0.0751)	(0.0540)	(0.0561)
	样本量	1 006	1 007	1 003	1 485	1 494	1 494
	R^2	0.136	0.029	0.123	0.224	0.099	0.070
城市—企业	相关多样化	0.202***	-0.0944	-0.0826	0.0779	0.0324	0.0184
	系数标准误	(0.0536)	(0.0958)	(0.117)	(0.0732)	(0.0636)	(0.0802)
	样本量	946	945	924	1 441	1 416	1 409
	R^2	0.130	0.071	0.031	0.028	0.038	0.023

注：回归中包括所有控制变量，同时包括城市、年份固定效应。表中汇报的系数标准误为聚类到省份层面的稳健标准误。*** 表示在 0.01 的显著性水平下显著。

（三）出口集约边界模型结果

本研究采取不同维度的在位产品出口额增长率作为因变量纳入回归分析，预期得到相关多样化在金融危机时期能够抑制在位企业出口额增长率的提高，在经济危机前则相反。然而，与出口进入率类似，本研究也并未发现这种显著的关系，反而发现相关多样化对中、高质量在位产品的出口增长率可能存在不太稳健的促进作用，回归结果见表 19－6。

表 19－6　　在位企业出口额增长率回归结果

因变量：在位企业出口额增长率		2003～2007 年			2008～2013 年		
		低质量	中质量	高质量	低质量	中质量	高质量
城市—企业—产品—出口目的地	相关多样化	0.697	0.443	－0.746	1.253	1.143 **	－0.362
	系数标准误	(0.707)	(0.372)	(0.999)	(0.936)	(0.547)	(0.841)
	样本量	989	1 020	1 009	1 487	1 539	1 527
	R^2	0.009	0.038	0.034	0.071	0.073	0.052
城市—企业—产品	相关多样化	－0.318	0.390	－0.867	1.391	0.476	0.0866
	系数标准误	(1.155)	(0.576)	(0.971)	(1.074)	(0.765)	(0.563)
	样本量	976	1 020	1 007	1 458	1 527	1 526
	R^2	0.011	0.032	0.023	0.054	0.085	0.056
城市—企业	相关多样化	1.491	－3.031 *	－0.403	0.672	0.0766	2.596 **
	系数标准误	(0.964)	(1.539)	(1.293)	(0.520)	(0.533)	(1.121)
	样本量	1 006	1 006	948	1 485	1 529	1 493
	R^2	0.036	0.080	0.026	0.089	0.109	0.051

注：部分城市的在位企业出口额波动较大，因此本研究将因变量对 1% 的极端值观测值进行截尾处理。回归中包括所有控制变量，同时包括城市、年份固定效应。表中汇报的系数标准误为聚类到省份层面的稳健标准误。*、** 分别表示在 0.1、0.05 的显著性水平下显著。

因此初步总结，在出口集约边界和企业产品进入率上，相关多样化并未体现出显著影响。经济危机时期相关多样化对经济韧性的负面影响主要通过促进企业内部某些高质量产品退出市场或退出某些出口地而发挥作用，而可能并不直接促进企业退出出口市场。

五、内生性问题和稳健性检验

为确保回归结果的稳健性，本研究进行内生性探讨和稳健性检验。由于前文发现相关多样化对经济韧性的负面影响主要通过影响出口产品退出率来产生作用，因而稳健性检验也主要围绕基准回归和产品退出率来进行。

（一）内生性问题探讨

首先，虽然本研究控制了时间和个体固定效应，已经能较大程度地减少变量遗漏带来的内生性问题，然而本研究使用的滞后变量问题只能缓解而并不能解决反向因果问题，因为多样化可能是经济发展的结果，因而本研究使用工具变量方法来缓解反向因果问题。表 19 -4 上半部分汇报的是使用各省份每年相关多样化水平平均值作为工具变量回归的结果，用各省份内部每年相关多样化水平平均值作为工具变量的理由是，城市每年的相关多样化水平可以看作是各省份相关多样化水平均值加上一个随机误差项，因此地区相关多样化水平与城市相关多样化水平相关，而在控制了其余变量之后，与真实的误差项无关，满足相关性要求和排他性约束。而表 19 -4 下半部分构建工具变量的逻辑是：不再按照省份分组，而按照与 1845 年《南京条约》中开放的通商口岸的地理距离最小值分成 25 组,①，潜在的理由是，中国是被动纳入资本主义世界市场的，因而离最早的通商口岸越近，出口历史可能越悠久，越有可能具有更加多样化的出口产品。表 19 -7 报告了运用 2SLS 方法估计的相关多样化系数，一阶段 F 统计量均大于 10，可以认为不存在明显的弱工具变量问题。从表 19 -7 中可以看出，对于总体韧性而言，采用工具变量方法估计的相关多样化系数同样显著为负且绝对值有一定增大。同时，相关多样化与高质量产品的韧性和退出率也同样存在显著的负相关关系，说明这种关系即使是缓解内生性偏误之后仍然是显著的。

① 具体而言，通商口岸为广州、厦门、福州、宁波、上海。分成 25 组是为了得到和省份数量相近的分组。由于采用分组均值作为工具变量可能具有一些潜在的问题，因此此处采取另一种分组方法检验结果的稳健性。但是这个工具变量可能并不那么完美，因为距通商口岸的地理距离也可能通过影响地区开放水平来对因变量起作用，不严格满足排他性约束。

表 19－7　工具变量估计结果

Panel A 工具变量		被解释变量：韧性				被解释变量：2008～2013 年退出率		
		总体	低质量	中质量	高质量	低质量	中质量	高质量
所在省份相关多样化水平均值	相关多样化	－0.117**	－0.0480	－0.0231	－0.0636**	0.119	0.727***	1.030***
	系数标准误	(0.0554)	(0.0403)	(0.0543)	(0.0319)	(0.181)	(0.176)	(0.271)
	F 统计量	148.424	46.135	148.508	37.625	153.635	143.272	164.438
	样本量	1 282	1 255	1 280	1 261	1 529	1 535	1 526
	经验 p 值（退出率）中质量 vs 低质量 0.010*** 高质量 vs 低质量 0.000***							

Panel B 工具变量		被解释变量：韧性				被解释变量：2008～2013 年退出率		
		总体	低质量	中质量	高质量	低质量	中质量	高质量
按到通商口岸距离分组的相关多样化水平均值	相关多样化	－0.246***	－0.109	－0.127*	－0.0832*	0.117	0.511***	0.656**
	系数标准误	(0.0660)	(0.0785)	(0.0683)	(0.0437)	(0.248)	(0.151)	(0.273)
	F 统计量	19.888	20.194	19.719	20.708	20.088	20.149	19.418
	样本量	1 282	1 255	1 280	1 261	1 529	1 535	1 526
	经验 p 值（退出率）中质量 vs 低质量 0.098* 高质量 vs 低质量 0.076*							

注：回归中包括所有控制变量，同时包括城市、年份固定效应，表中汇报的系数标准误为聚类到省份层面的稳健标准误，一阶段 F 统计量汇报的是不做扰动项独立同分布假设的 Kleibergen－Paaprk Wald F 统计量。*、**、*** 分别表示在 0.1、0.05、0.01 的显著性水平下显著。

（二）相关范围的不同设定

关于相关多样化的判定标准，亦存在一定灵活性，选取不同的判别标准可能会影响估计结果。本研究采用的相关多样化计算方法存在一定的先验判断问题（Boschma et al.，2012），因为同处一个二位数产业的产品也并非都具有关联性，处于不同二位数产品的四位数产品也并非都不具有关联性，因此本研究也采用了不同的划分方法，缩小“不相关多样化”的范围，认为在二十一个二位数大类产品之间的产品属于“不相关多样性”，而在二位数产品之内是“相关多样性”。同时，本研究也纳入一个更激进的形式，即认为二十一个二位数大类产品以内的多样化产品是“相关多样性”，而仅在二十一个二位数产品大类之间的产品认为是“不相关多样性”。最后，有研究指出加工贸易的本地嵌入性较差，导致中国“出口—生产率之谜”（Dai et al.，2016），因而可能不适宜计入本地产业基础。本研究运用剔除了加工贸易和贸易公司的数据，重新计算了相关多样化、不相关多样化与专业化三个集聚经济变量，并重新估计回归系数。所有估计结果如表 19－8 所示，大多数回归结果仍然和前面结果相似。

表 19－8　　稳健性检验 1：不同相关多样化计算

Panel A		被解释变量：韧性				被解释变量：2008～2013 年退出率		
		总体	低质量	中质量	高质量	低质量	中质量	高质量
相关范围 1：二位数产品内部为相关，大类产品之间不相关	相关多样化	－0.0474 **	－0.0261 *	－0.0253 *	－0.0600 **	0.140 **	0.225 ***	0.250 ***
	系数标准误	(0.0185)	(0.0128)	(0.0144)	(0.0237)	(0.0660)	(0.0451)	(0.0591)
	样本量	1 282	1 255	1 280	1 261	1 529	1 535	1 526
	R^2	0.68	0.41	0.788	0.905	0.075	0.11	0.158
	经验 p 值（退出率）中质量 vs 低质量 0.142　高质量 vs 低质量 0.080 **							
Panel B		被解释变量：韧性				被解释变量：2008～2013 年退出率		
		总体	低质量	中质量	高质量	低质量	中质量	高质量
相关范围 2：大类产品内部为相关，大类产品之间为不相关	相关多样化	－0.0213	－0.00882	－0.00586	－0.0333 *	0.146 **	0.272 ***	0.217 ***
	系数标准误	(0.0152)	(0.0133)	(0.0127)	(0.0185)	(0.0651)	(0.0378)	(0.0623)
	样本量	1 282	1 255	1 280	1 261	1 529	1 535	1 526
	R^2	0.677	0.407	0.787	0.903	0.092	0.193	0.167
	经验 p 值（退出率）中质量 vs 低质量 0.038 ** 高质量 vs 低质量 0.192							
Panel C		被解释变量：韧性				被解释变量：2008～2013 年退出率		
		总体	低质量	中质量	高质量	低质量	中质量	高质量
相关范围 3：以删除贸易公司和加工贸易样本计算相关多样化	相关多样化	－0.0566 *	－0.0229	－0.0488	－0.0696 *	－0.151 *	－0.0914 *	0.110 *
	系数标准误	(0.0310)	(0.0368)	(0.0372)	(0.0366)	(0.0752)	(0.0447)	(0.0619)
	样本量	1 340	1 317	1 338	1 321	1 587	1 593	1 585
	R^2	0.540	0.334	0.704	0.807	0.042	0.057	0.083
	经验 p 值（退出率）中质量 vs 低质量 0.194　高质量 vs 低质量 0.000 ***							

注：回归中包括所有控制变量，同时包括城市、年份固定效应。表中汇报的系数标准误为聚类到省份层面的稳健标准误。*、**、*** 分别表示在 0.1、0.05、0.01 的显著性水平下显著。

（三）产品质量的不同测度

前面均按照科汉德沃等（Khandelwal et al.，2013）的方法按照替代弹性为 5 计算产品质量，现以替代弹性为 10 进一步检验本研究的稳健性。本研究还借鉴阿拉（Hallak，2006）的方法，直接使用出口产品单价作为质量的代理变量进行质量分组。从表 19－9 中的回归结果可见，用替代弹性为 10 测度质量得到的回归结果与前面几乎没有差异，相关多样化对总体韧性、高质量产品韧性的影响仍然显著为负，相关多样化对高质量产品的退出率影响力度（回归系数）仍然大于低质量产品。但是，如果用产品单价来代理产品质量则呈现出了一定的不同，虽然总体韧性和高质量产品韧性的回归结果仍与前面类似，但是对于退出率而言，虽然中等质量产品样本的回归系数仍然大于低质量产品的回归系数，但是高质量产品却不显著，这可能是因为直接使用产品单价测度产品质量存在一定的内生性问题，因为其忽略了企业的异质性（余淼杰、张睿，2017）。

表 19 - 9　　稳健性检验 2：不同质量测度

Panel A		被解释变量：韧性				被解释变量：2008 ~ 2013 年退出率		
		总体	低质量	中质量	高质量	低质量	中质量	高质量
不同质量测度 1：替代弹性为 10	相关多样化	-0.0470**	0.00226	-0.00569	-0.0403**	0.0371***	0.0711***	0.0621***
	系数标准误	(0.0179)	(0.0155)	(0.0120)	(0.0158)	(0.0128)	(0.00873)	(0.0159)
	样本量	1 282	1 249	1 280	1 259	1 532	1 532	1 532
	R^2	0.680	0.664	0.796	0.934	0.114	0.204	0.207
	经验 p 值（退出率）中质量 vs 低质量 0.012** 高质量 vs 低质量 0.068*							
Panel B		被解释变量：韧性				被解释变量：2008 ~ 2013 年退出率		
		总体	低质量	中质量	高质量	低质量	中质量	高质量
不同质量测度 2：产品单价代理产品质量	相关多样化	-0.0470**	0.0229	-0.00431	-0.0341*	0.0654***	0.103***	-0.00471
	系数标准误	(0.0179)	(0.0165)	(0.00640)	(0.0171)	(0.0169)	(0.0106)	(0.0170)
	样本量	1 282	1 266	1 262	1 244	1 521	1 521	1 521
	R^2	0.680	0.762	0.864	0.665	0.127	0.283	0.073
	经验 p 值（退出率）中质量 vs 低质量 0.008***							

注：回归中包括所有控制变量，同时包括城市、年份固定效应，相关多样化、不相关多样化与专业化变量均滞后一期。表中汇报的系数标准误为聚类到省份层面的稳健标准误。*、**、*** 分别表示在 0.1、0.05、0.01 的显著性水平下显著。

六、小结

相关多样化如何影响城市出口经济在经济危机中的韧性？针对这一问题，本研究尝试提出了相关多样化不利于金融危机时期的经济韧性的作用机制。一方面，相关多样化可能通过知识溢出，促进本地出口产品质量提升，从而提高产品需求弹性，导致城市出口经济在金融危机时期受到更大的外部需求冲击；另一方面，相关多样化产品内部的关联性也构成了外部需求冲击传导的网络，可能会通过网络外部性和产业关联效应放大需求冲击的影响。实证结果表明，相关多样化可能不利于城市出口的短期反弹，降低其对金融危机的抵抗力。进一步考虑产品质量的异质性因素，发现高质量产品的出口韧性受到本地出口产品相关多样化的负面影响更加明显。同时发现这种负面影响主要通过影响出口扩展边界发挥作用。具体而言，相关多样化可能会使某些高质量产品在金融危机时期更多地退出市场而造成总体韧性下降。因此，相关多样化通过质量提升效应和风险传导效应，导致经济在金融危机时期的短期韧性下降。

本研究的发现也存在一定的政策意义。实证结果说明，城市产业相关多样化与不相关多样化的权衡可能是一种风险和收益的权衡。现有研究都过于强调相关多样化对城市经济发展的益处，少有关注相关多样化潜在的负面影响。然而本研究的实证结果也说明相关多样化的潜在危害可能是真实存在的，在外部需求萎缩的经济危机时期尤其如此。因而，政策制定者在考虑城市经济发展目标时，应该同时兼顾收益和风险，不能仅鼓励城市经济按照相关多样化和专业化的方向发展，同时也应该适度发展一定数量的无关产业，使得经济发展和居民就业情况不至于受到外部需求萎缩的剧烈冲击。

当然，本研究也存在许多局限，例如相关多样化与不相关多样化的先验判断问题、内生性并未得到完全解决、没有进一步探索产品层面的异质性等。同时，本研究认为相关多样化能带来本地出口产品质量的提升，那么按照本研究的论证逻辑，专业化也应该有此效果，因此虽然在回归分析中控制了专业化程度，但并未考虑相关多样化与专业化之间的互动作用。由于数据所限，本研究采取的是工程韧性和生态韧性相结合的短期视角，而并未考虑长期的路径衍生。对于长期而言，产品退出对于本地产业结构可能并不一定有害，而可能是一种“创造性破坏”过程，导致本地产品的转型升级。因而，未来研究一方面需要更加深入微观层次，分析在更加微观的尺度上相关多样化对高质量产品的影响究竟呈现出何种特征；另一方面，在数据允许的情况下需要进一步探索相关多样化对区域产业长期韧性和长期演化的影响，分析这种在经济危机时期的负面影响是否构成了长期的“创造性破坏”。

参考文献

[1] 陈波，荆然 . 2013. 金融危机、融资成本与我国出口贸易变动 . 经济研究，(2)：30 – 41.

[2] 刘慧，綦建红 . 2018. “邻居”对中国企业出口生存的影响有多大——基于信息溢出的视角 . 财贸经济，(8)：96 – 109.

[3] 沈鸿，向训勇 . 2017. 专业化、相关多样化与企业成本加成——检验产业集聚外部性的一个新视角 . 经济学动态，(10)：81 – 98.

[4] 苏红键，赵坚 . 2012. 相关多样化、不相关多样化与区域工业发展——基于中国省级工业面板数据 . 产业经济研究，(2)：26 – 32.

［5］王世平，钱学锋．2018. 多样化、专业化与城市经济韧性．经济研究工作论文 No. WP1255.

［6］谢杰，金钊，项后军，赵婷．2018. 外部收入冲击、产品质量与出口贸易——来自金融危机时期的经验证据．财贸经济，39（5）：113－129.

［7］余淼杰，张睿．2017. 中国制造业出口质量的准确衡量：挑战与解决方法．经济学（季刊），16（2）：463－484.

［8］周沂，贺灿飞．2018. 集聚类型与中国出口产品演化．财贸经济，39（6）：115－129.

［9］Anderson J. E. and Van Wincoop E. 2004. Trade costs. Journal of Economic Literature，42（3）：691－751.

［10］Beaudry C. and Schiffauerova A. 2009. Who's right，Marshall or Jacobs? The localization versus urbanization debate. Research Policy，38（2）：318－337.

［11］Bems R.，Johnson R. C. and Yi K. M. 2011. Vertical linkages and the collapse of global trade. American Economic Review，101（3）：308－312.

［12］Bems R. and Di Giovanni J. 2016. Income-induced expenditure switching. American Economic Review，106（12）：3898－3931.

［13］Boschma R.，Minondo A. and Navarro M. 2012. Related variety and regional growth in Spain. Papers in Regional Science，91（2）：241－256.

［14］Boschma R. and Iammarino S. 2009. Related variety，trade linkages，and regional growth in Italy. Economic Geography，85（3）：289－311.

［15］Brown L. and Greenbaum R. T. 2016. The role of industrial diversity in economic resilience：An empirical examination across 35 years. Urban Studies，54（6）：1347－1366.

［16］Capello R.，Caragliu A. and Fratesi U. 2015. Spatial heterogeneity in the costs of the economic crisis in Europe：are cities sources of regional resilience? Journal of Economic Geography，15（5）：951－972.

［17］Chen N. and Juvenal L. 2018. Quality and the great trade collapse. Journal of Development Economics，135：59－76.

［18］Content J. and Frenken K. 2016. Related variety and economic development：a literature review. European Planning Studies，24（12）：2097－2112.

［19］Cortinovis N. and Oort F. V. 2015. Variety，economic growth and knowledge intensity of European regions：a spatial panel analysis. Annals of Regional Science，55（1）：7－32.

［20］Dai M.，Maitra M. and Yu M. 2016. Unexceptional exporter performance in China? The role of processing trade. Journal of Development Economics，121：177－189.

［21］Esposito P. and Vicarelli C. 2011. Explaining the performance of Italian exports during the crisis：（Medium）Quality matters. Luiss Lab of European Economics Working Paper No. 95.

［22］Fajgelbaum P.，Grossman G. M. and Helpman E. 2011. Income distribution，product quality，and international trade. Journal of Political Economy，119（4）：721－765.

［23］Firgo M. and Mayerhofer P. 2018.（Un）related variety and employment growth at the sub-regional level. Papers in Regional Science，91（3）：519－548.

［24］Frenken K.，Van Oort F. and Verburg T. 2007. Related variety，unrelated variety and regional economic growth. Regional Studies, 41 (5): 685 -697.

[25] Giannakis E. and Bruggeman A. 2017. Determinants of regional resilience to economic crisis: a European perspective. European Planning Studies, 25 (8): 1394 -1415.

[26] Glaeser E. L. , Kallal H. D. , Scheinkman J. A. , et al. 1992. Growth in cities. Journal of Political Economy, 100 (6): 1126 -1152.

[27] Hallak J. C. 2006. Product quality and the direction of trade. Journal of International Economics, 68 (1): 238 -265.

[28] Hartog M. 2010. The impact of related variety among high-tech sectors and low-and-medium-tech sectors on regional employment growth. Unpublished Doctorial Dissertation. Utrecht University.

[29] Howell A. , He C. , Yang R. , et al. 2018. Agglomeration, (un) -related variety and new firm survival in China: Do local subsidies matter? . Papers in Regional Science, 97 (3): 485 -501.

[30] Khandelwal A. K. , Schott P. K. and Wei S. J. 2013. Trade liberalization and embedded institutional reform: evidence from Chinese exporters. American Economic Review, 103 (6): 2169 -2195.

[31] Krautheim S. 2007. Gravity and Information: Heterogeneous Firms, Exporter Networks and the "Distance Puzzle" . Economics Working Papers ECO2007/51, European University Institute.

[32] Lazzeretti L. , Innocenti N. and Capone F. 2017. The impact of related variety on the creative employment growth. Annals of Regional Science, 58 (3): 491 -512.

[33] Levchenko A. A. , Lewis L. T. and Tesar L. L. 2011. The "collapse in quality" hypothesis. The American Economic Review, 101 (3): 293 -297.

[34] Martin R. , Sunley P. , et al. 2016. How regions react to recessions: Resilience and the role of economic structure. Regional Studies, 50 (4): 561 -585.

[35] Martin R. 2012. Regional economic resilience, hysteresis and recessionary shocks. Journal of Economic Geography, 12 (12): 1 -32.

[36] Martin R. and Sunley P. 2015. On the notion of regional economic resilience: conceptualization and explanation. Papers in Evolutionary Economic Geography, 15 (1): 1 -42.

[37] Navarro-Espigares J. L. and Hernάndez-Torres E. 2012. The role of the service sector in regional economic sresilience. Service Industries Journal, 32 (4): 571 -590.

[38] Nooteboom B. 2000. Learning and innovation in organizations and economies. Oxford: Oxford University Press.

[39] Tavassoli S. and Carbonara N. 2014. The role of knowledge variety and intensity for regional innovation. Small Business Economics, 43 (2): 493 -509.

[40] Valente T. W. 1996. Social network thresholds in the diffusion of innovations. Social Networks, 18 (1): 69 -89.

[41] Van Bergeijk P. A. G. , Brakman S. and Van Marrewijk C. 2017. Heterogeneous economic resilience and the great recession's world trade collapse. Papers in Regional Science, 96 (1): 3 -12.

[42] Van Oort F. , De Geus S. and Dogaru T. 2015. Related variety and regional economic growth in a cross-section of European urban regions. European Planning Studies, 23 (6): 1110 -1127.

第二十章
区域出口贸易韧性

一、引言

进入21世纪以来，全球区域经济由加速发展期进入深度调整期，面临更多风险和不确定性。金融危机后，全球贸易年均增幅由危机前的7%降为3%。发达经济体已经超越发展中国家和地区成为全球外资重要承接地。以美国为代表的发达国家在金融危机后制定了以重振制造业为核心的再工业化战略，试图重塑高端制造业在国家战略中的关键地位。与此同时，新一轮劳动密集型产业向越南、印度等东南亚国家转移持续推进。英国脱欧、特朗普上台、中美贸易战等地缘政治事件表明贸易保护主义正逐步蔓延，国际贸易壁垒也迅速加深。在理论层面，为理解后危机时代的区域经济复兴和可持续发展问题，经济地理学引进区域经济韧性的概念，并在近年来成为学者们关注的热点问题。

区域经济韧性是指在外部扰动下，区域经济通过各种要素再组织进行自我恢复、更新、转型的能力。一些研究将其作为分析不同区域应对外部冲击能力的重要理论工具，探究区域经济韧性的评价指标体系与评价方法（李彤玥等，2014）；研究也关注区域经济韧性的内在结构与外在形式（Maguire & Hagan，2007；Martin，2010）；还有学者关注区域经济韧性的形成原因与作用机制（Peng et al.，2017）。但关于区域经济韧性的实证研究仍存在不足：在区域经济韧性的评价方法上，实证研究构建的指标维度较为宏观且单一；在对区域经济韧性影响机制的探讨上，现有研究忽略了政策、区域与外部联系等路径突破因素的影响。

2007年美国爆发次贷危机进而诱发了全球金融危机，对全球经济造成灾难性影响，不仅对欧洲、日本等发达国家的金融系统和实体经济造成了强烈冲击，对经济处于开放初期、金融体系和实体经济较弱、对外依存度较高的发展中国家（地区）也带来了全面冲击。在此背景下，我国实体经济受到了巨大影响，其中出口贸易首当其冲。在全国总体经历较大衰退的背景下，金融危机的影响存在显著的空间差异（骆东奇等，2009）。有些地区受到金融危机的扰动较小，能够直接消解外部冲击；而另一部分地区却在金融危机中遭受严重的损失，导致延续性的衰退。在此背景下，本研究将回答以下三个问题：在全球金融危机中，我国各区域出口贸易韧性是否存在空间差异？为什么不同区域对相同冲击的反应不同？哪些因素塑造了较高的区域出口贸易韧性？随着危机的发展，这些因素对区域出口贸易韧性的影响机制有变化吗？

本研究具有一定的理论和实际意义。尽管区域韧性成为经济地理学者关注的热点，但迄今为止关于韧性的定义、衡量方法、影响因素等仍然是学术界争议的话题（Martin，2010b）。一方面，本研究可以丰富区域韧性的内涵；另一方面，本研究将分别从区域和产品层面探讨影响区域出口贸易韧性的内在机制，深入分析不同研究维度其内在影响机制的异同，为区域韧性的实证研究提供一个来自发展中国家的案例。

二、文献综述与研究框架

（一）区域韧性内涵

韧性的概念起源于生态学，后被广泛应用于工程学、物理学、心理学、组织管理学等领域，最近十年才广泛应用于区域分析、空间经济学及经济地理学。随着研究对象和目标的不断变化，韧性研究内涵出现了三个较为经典的认知定义：工程韧性（engineer resilience）、生态韧性（ecological resilience）以及适应韧性（adaptive resilience）。

工程韧性是指系统受压后恢复或返回原状态的能力（Holling，1973；Pimm，1984；Walker et al.，2006）。在这个定义中，区域系统被认为有一个确定的均衡状态，当受到扰动偏离均衡点时，区域会通过自我补偿、自我修正机制恢复到均衡态；生态韧性假定系统是处于多重均衡状态，若外部冲击超过“回弹门槛”，系统可能会吸收部分干扰从而进入低于原水平的稳定状态（McGlade et al.，2006；Walker et al.，2006），也可能无法适应外来冲击的影响从而走上衰退之路，但还可能通过重组系统结构超越原来水平并进入更好的发展状态；然而，生态韧性概念仍没有彻底摆脱传统的均衡思想（Pike et al.，2010；Martin，2010）。马丁（Martin，2010）基于复杂适应系统理论重新思考了区域经济发展的韧性问题，提出了“适应韧性”的概念，认为适应韧性是指区域经济内部各要素（如企业、产业、技术和制度）通过相互调适和共同演化来确保区域经济实现适应性发展的能力。这个定义颇具演化色彩，强调了韧性是一个动态过程，是非均衡的。

随着学术界深入研究区域韧性，学者们越来越认识到区域是一个复杂的系统，不能基于简单的均衡、静态视角去研究，于是他们开始试着引入复杂理论和演化思想，并进一步推动韧性概念由均衡、静态和回弹逐步向非均衡、演化和多样性转变。演化思想下区域韧性不仅是指区域抵抗冲击的短期能力，还延伸为区域建立新的成长路径的长期适应能力（Simmie & Martin，2010a；Cooke & Rehfeld，2011）。区域经济韧性不会随着危机结束而消失，而是始终存在并不断变化（Fingleton et al.，2012）。由于该概念更接近复杂的区域发展现实，因此对分析（后）危机时期的区域经济演化和转型具有较强的说服力。

综合以上文献，并根据马丁和森利（Martin & Sunley，2015）的定义，本研究认为区域出口贸易韧性（下文简称“区域韧性”）的内涵至少包括三个维度：（1）抵抗力，即区域出口贸易在危机影响下免遭衰退的能力；（2）恢复力，在外部冲击过后，区域出口贸易对危机的恢复力；（3）结构转型提升力，危机过后区域出口产品结构建立新的成长路径的长期适应演化能力。

（二）演化视角下区域韧性影响机制

演化经济地理和区域韧性研究实质面临着一个相似的问题，即如何理解区域经济演化的空间差异及其背后的原因。区域韧性可以看作是外部干扰下区域的演化过程和能力。因此，学者们也逐渐开始采用演化经济地理学中“路径依赖与路径创造”“解锁与锁定”等相关概念理解区域韧性。

演化视角下的区域韧性是区域进行路径创造的长期能力。路径依赖和路径突破是路径创造的两种方式（Boschma，2015）。另外，区域适应韧性可能会高度依赖区域原有的劳动力、技术等，区域内各关联产业可以形成“相互路径依赖”，并以此促进企业或产业之间的相互学习和知识溢出，从而推动区域经济的不断升级（Martin & Sunley，2015；Pike et al.，2010；Hassink，2010）。但是，许多持不同观点的学者认为，路径依赖也可能成为区域经济韧性的“绊脚石”，如消极的路径依赖会导致区域经济结构形成一种僵化的“锁定”（Hill et al.，2008；Hassink，2010）。在此情况下，区域在适应过程中表现出来的路径突破能力，也即“解锁”能力，则能够反映区域韧性的大小（Pike et al.，2010）。在锁定状态下，路径突破的因素可能来源于创新、技术进步、政策作用、与外部的联系等。在外来冲击下，路径依赖对于区域的适应演化可能产生积极作用，也可能产生消极作用，在此情况下则需依靠区域的路径突破能力完成新的路径创造。

本研究提出基于路径依赖—路径突破的区域出口贸易韧性解释框架。金融危机对各区域的影响存在明显的空间差异，一方面是因为不同地区的路径依赖因素如产业结构、生产成本等诸多初始条件存在显著的差异，因此决定了区域对经济危机的抗性不同。另一方面，在面对金融危机时，适宜的产业、财政政策、研发投入以及区域与外部的联系等路径突破因素会有效地弱化其冲击。以上两方面导致地区的潜在抵抗、恢复和结构升级的能力有显著的不同。本研究将重点验证路径突破因素对区域韧性的影响，具体模型框架如图 20－1 所示。

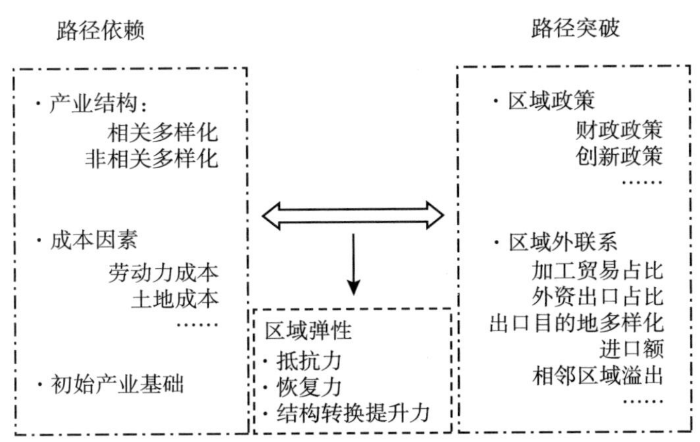

图 20－1　区域韧性解释模型框架

资料来源：笔者整理。

1. 出口退税政策与区域出口贸易韧性

区域是一个复杂的社会经济系统，区域制度为这个复杂系统提供了大环境背景。区域内部创新活动根植于区域内部社会与制度背景、文化风俗和价值观之中。但是，在区域韧性研究中，国家、政府、制度作用却较少受到关注（Bristow，2010；Hassink，2010；Pike et al.，2010；贺灿飞等，2016）。

从短期来看，当外部干扰对区域造成冲击时，地方政府可以通过宽松的财政政策、货币政策以及积极的产业政策在一定程度上缓解金融危机的影响。在金融危机期间，我国政府在全国层面也推出了极具针对性的各项计划，出台了四万亿元的经济刺激方案，旨在扩大国内市场需求。在出口贸易方面，我国大幅度调整了部分产品的出口退税政策。“出口退税”是指先征收产品在国内环节的增值税，出口时海关再按照一定比例返还，这种方式有利于国家根据出口形势采取相机抉择的政策。马捷和李飞（2008）、陈等（Chen et al.，2006）、谢建国和陈莉莉（2008）以及白胜玲和崔霞（2009）的研究均发现出口退税政策对于出口有显著促进作用。

2002～2007 年，我国两次调整出口退税政策，主要包含三个方面的调整：（1）分期分批调低和取消了部分“高耗能、高污染、资源型”产品的出口退税率；（2）适当降低了容易引起贸易摩擦的劳动密集型产品的出口退税率；（3）提高重大技术装备、IT 产品、生物医药产品的出口退税率。可见，国家政策总体思路是大力扶持技术含量高的出口产品，取消对技术含量低、污染高的资源密集及劳动密集型产品的税收减免，这些调整将有利于中国出口产品的结构升级。然而，当金融危机爆发后，为了最大限度降低金融危机对出口贸易的冲击，2008～2009 年五次调整出口退税政策，重新提高了“两高一资”产品以及劳动密集型产品的出口退税。可见，为了应对危机的冲击、稳定出口，国家采取了与危机前几乎相反的政策导向，显然不利于我国出口产品结构的升级。

据此，本研究提出假说1：在金融危机后采取的出口退税政策短期来看可以增强区域在危机第一阶段优势产品的抵抗力，但是长期来看未必有利于优势衰退产品的恢复力，并且也不利于区域产品结构的升级。

2. 加工贸易、外企进入与区域出口贸易韧性

区域与外部联系会加强区域经济演化的路径突破效应，使得区域能够在一定程度上摆脱原有发展路径的锁定并形成新的比较优势，增强危机影响下的区域韧性。外部联系包括区域与外部的贸易联系，可以采用外资公司出口占比、各贸易方式出口占比、出口目的国多样化程度、进口额等指标衡量。本研究重点论证加工贸易方式及外资企业对区域韧性的影响。

贸易方式分为加工贸易和一般贸易，加工贸易主要指企业从国外进口原材料或中间产品，在本国加工以后再予以出口，并赚取其中的附加值。加工贸易企业与一般贸易企业相比具有不同的生产组织形式，同时也享受不同的出口退税等贸易政策，从而面临不同的生产和贸易成本（刘晴、徐蕾，2013）。中国加工贸易发展迅速为我国积累外汇、创造就业、经济增长做出了重要贡献。加工贸易是出口学习的重要传播源，加工贸易过程中可以产生“干中学”效应：通过国际技术溢出优化发展中国家产业结构和贸易结构（Coe & Helpman，1993）。但是近年来越来越多的学者开始质疑加工贸易对中国经济的整体作用。唐东波（2012）发现我国技术密集型的出口产品主要集中在加工贸易领域，一般贸易出口产品的技术复杂度较低，我国仍然只是一个“世界工厂”而已。戴觅等人（2014）研究表明加工贸易企业利润率较低、支付较低工资，研发投入较少，因此加工贸易企业的生产率显著低于一般贸易企业与非出口企业。

基于已有研究，提出假说2：在加工贸易过程中，产品生产的关键部分并不在本国发生，对劳动力水平、技术水平等要求较低，因此企业生产成本较低；此外，我国针对加工贸易实行的是“不征不退”的税收政策，即在进口中间品和出口产成品两个环节都不征收增值税，这使得加工贸易的实际税率低于一般贸易。以上两方面因素导致加工贸易占比高的区域产品在危机第一阶段抵抗力更强。但长期来看，外部需求萎缩以及出口商品价格下降会对加工贸易企业利润进行双重挤压，因此在危机第二阶段加工贸易占比高的区域产品恢复力也更弱。另外，加工贸易也是出口学习的重要传播源。加工贸易过程中，从母国（地区）进口的中间产品能够引发国际技术的溢出效应和国内企业的学习效应，而这种学习效应能使得企业获得更快的生产率增长，因此危机后加工贸易有助于区域产品的结构升级。

20 世纪 80 年代以来，国际制造业资本快速向中国大陆扩散，我国缺乏全球资源整合能力的企业迅速融入全球生产网络，推动了我国经济的快速增长。许多研究表明，FDI 是发展中国家（地区）获取技术的重要手段，使得发展中国家（地区）的企业可以观察和模仿跨国公司的运作和技术。蒋殿春和夏良科（2005）发现外资竞争效应会通过示范效应和科技人员的流动效应等促进国内企业的研发活动。另一些研究表明，外资企业对东道国（地区）产品结构升级的促进作用有一定限制。外资主要是通过纵向分工的方式对发展中国家（地区）企业进行技术转移，而外资所带来的横向技术转移非常有限（李健，2008）。所以，外资所带来的技术扩散是一个非常复杂的过程，取决于具体的产业领域、东道国（地区）的技术水平和市场竞争格局。

本研究提出假说 3：在危机第一阶段中，欧美国家融资环境急剧恶化，外商资金链断裂使得外商投资企业出口在危机第一阶段易受到冲击，但外商投资企业有着较强的技术、管理水平以及抗风险能力，应对危机相对成熟，因此出口产品的恢复力和结构升级能力也更强。

3. 产业结构与区域出口贸易韧性

在区域抵御外部冲击以及应对冲击的恢复速度等短期能力上，产业多样化较高的区域比专业化区域具有更高抵抗力，由于“鸡蛋没有放在同一个篮子里”，多样化程度较高的地区更能分散风险（Davies，2011）。当考虑区域在危机中进行结构转型的长期能力时，相关多样化程度较高的地区可以提供更多产业间互相学习的机会，产业间可以从共享技术、劳动力等资源中受益（Neffke et al.，2011）。实证研究表明相关多样化是区域进行路径创造的关键要素，区域能够通过重新组织区域要素禀赋，沿着现有产业基础发展出与之技术关联的新产业（Bathelt & Boggs，2003；Boschma & Iammarino，2009；Castaldi et al.，2015），而非相关多样化区域由于缺乏相关的知识而需要更高的转型成本（Frenken et al.，2007）。

因此，本研究提出假说 4：地区产业结构影响区域韧性。危机第一阶段，非相关多样化使地区具有多种发展路径，可以帮助区域分散风险，降低产品衰退的比例，而相关多样化程度较高的地区由于多种产品共有相似知识基础，一种产品的衰退会大范围波及其他产品。故非相关多样化对增强区域产品抵抗力有着积极作用，而相关多样化对区域产品抵抗力的作用是负向的。危机第二阶段中，区域原有产业的知识积累以及可以共享的劳动力池等溢出效应可以促进与原有产业知识邻近的新产业进入，相关多样化对提升区域产品恢复力有着积极作用，而非相关多样化的作用不显著。最后，相关多样化是区域进行路径创造的关键要素，区域能够通过重新组织区域要素禀赋，沿着现有产业基础发展出与之技术关联的新产业，而非相关多样化区域由于缺乏相关的知识而需要更高的转型成本。因此，相关多样化程度高的地区能实现更快的结构升级。

三、金融危机下中国区域韧性的空间差异

（一）数据与研究方法

1. 数据来源

本研究所使用的数据主要来源于中国海关贸易库企业层面进出口数据（2002～2011 年）和各地区相应年份的统计年鉴。中国海关企业层面进出口数据每条记录包括进出口时间与贸易额、企业代码、企业类型、产品 HS 编码、所在城市及出口目的国和贸易类型等详细信息。考虑到贸易公司对出口产品升级刻画的干扰，因此在研究中剔除贸易公司（Manova & Zhang，2012）。

本研究的时间范围为 2002～2012 年，如图 20－2 所示，我国出口贸易数量在 2002～2006 年之间经历了持续增长。而在经济危机的影响下，2008～2009 年，出口贸易出现了明显的负增长（－16.4%）。随后，2010 年出口贸易发生了显著反弹。因此，将金融危机前的 2002～2006 年定义为增长期，而将 2007～2009 年定义为危机发生的第一阶段，2009～2011 年定义为危机发生的第二阶段。下面重点探讨危机发生的第一阶段和第二阶段中我国各区域出口贸易韧性的空间差异及其影响机制。

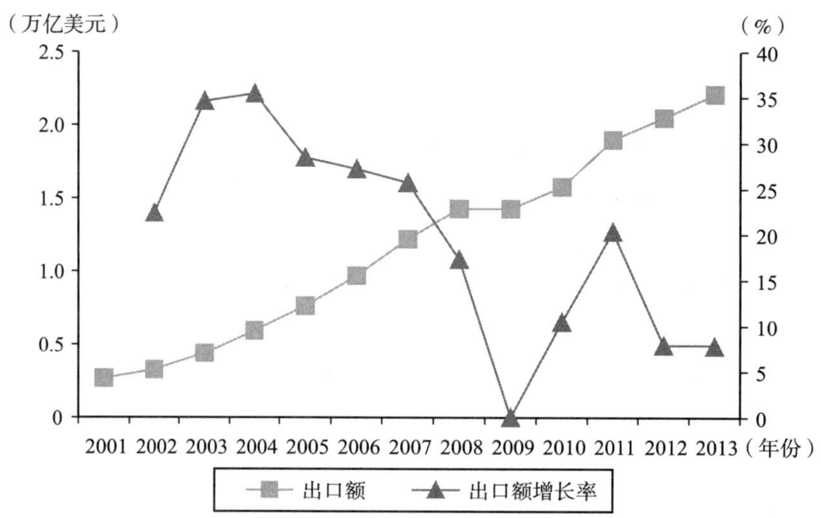

图 20－2　2002～2013 年中国出口贸易变化趋势

资料来源：依据商务部网站数据整理，不包括香港特别行政区、澳门特别行政区、台湾地区。

2. 区域出口贸易韧性的衡量方法

本研究将从区域出口贸易总量的宏观尺度和各区域优势产品演化的微观层面入手，不仅度量区域优势产品在数量上的变化，也考察区域产品是否有结构升级。本研究构建的区域—产品韧性指标包括：（1）抵抗力，包括宏观层面上区域出口贸易总量的变化以及微观层面上区域优势产品抵抗衰退的能力；（2）恢复力，即在危机发生的第二阶段中，宏观层面上的区域出口贸易总额以及微观层面上区域衰退的优势产品恢复能力；（3）结构转换提升力，即危机前后出口产品技术含量的变化。本研究将采用两种方式衡量出口产品技术含量：一方面，根据莱尔（Lall，2000）提出的贸易产品技术分类体系将所有出口产品按技术含量分为资源密集型、劳动密集型（低技术型）、资本密集型（中技术型）、技术密集型（高技术型）产品。但此分类方法对于我国来说存在一定问题，因为我国技术密集型的出口产品主要集中在加工贸易领域，而从事加工贸易领域的我国企业往往只承担了附加值较低的加工环节（唐东波，2012），因此这部分产品计入技术密集型一定程度上高估了我国的出口产品结构。因此另一方面，本研究也将采用豪斯曼和伊达尔戈（Hausmann & Hidalgo，2010）的映射法来计算出口产品技术复杂度。模型具体的设置如下：

$$Compli_{c,N} = \frac{1}{compli_{c,0}} \sum_i RCA_{C,i} k_{i,N-1}$$

$$compli_{c,0} = \sum_i RCA_{C,i} \tag{20.1}$$

$$Compli_{i,N} = \frac{1}{compli_{i,0}} \sum_C RCA_{C,i} k_{C,N-1}$$

$$compli_{i,0} = \sum_C RCA_{C,i} \tag{20.2}$$

其中，城市出口复杂度 $Compli_{c,N}$ 和出口产品复杂度 $Compli_{i,N}$ 是经过迭代的结果，$N \geq 1$。而模型的初始设置为 $compli_{c,0}$ 和 $compli_{i,0}$，产品 i 初始的复杂度为出口产品 i 具有比较优势的城市个数，即产品被出口的遍在程度。城市出口产品的复杂度以国家初始出口产品的数量来代替，反映城市出口产品的多样化程度。

（二）区域出口贸易时空演化特征

如图 20－3 所示，在金融危机第一阶段，抵抗力最好的是西南地区，贸易额仍稳步上升；其次是贸易额稍有回落的东部和中部地区；而受灾较严重的是西北和东北地区，贸易额下降较为明显。在金融危机第二阶段，东部、东北和中部的恢复力较强，而西北地区直至 2011 年仍未恢复至 2006 年水平，其恢复力较弱。折线图展示了各区域贸易额在全国的占比，可以看出在空间分布上金融危机加速了出口活动向东部的集聚。

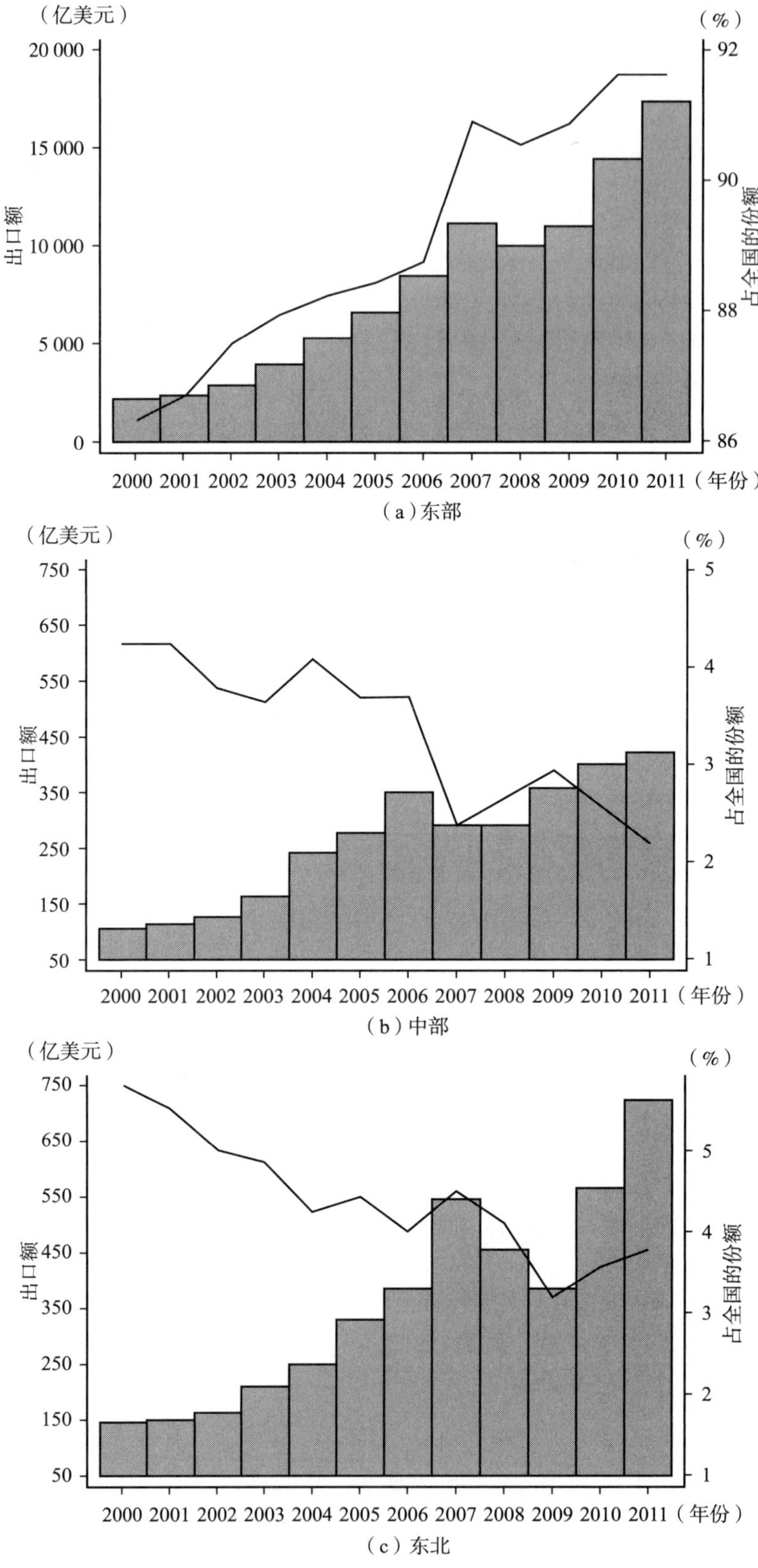

（亿美元）
（%）
20 000
15 000
10 000
5 000
0
92
90
88
86
出口额
占全国的份额
2000 2001 2002 2003 2004 2005 2006 2007 2008 2009 2010 2011（年份）
（亿美元）
（%）
750
650
550
450
350
250
150
50
5
4
3
2
1
出口额
占全国的份额
2000 2001 2002 2003 2004 2005 2006 2007 2008 2009 2010 2011（年份）
（亿美元）
（%）
750
650
550
450
350
250
150
50
5
4
3
2
1
出口额
占全国的份额
2000 2001 2002 2003 2004 2005 2006 2007 2008 2009 2010 2011（年份）

（a）东部

（b）中部

（c）东北

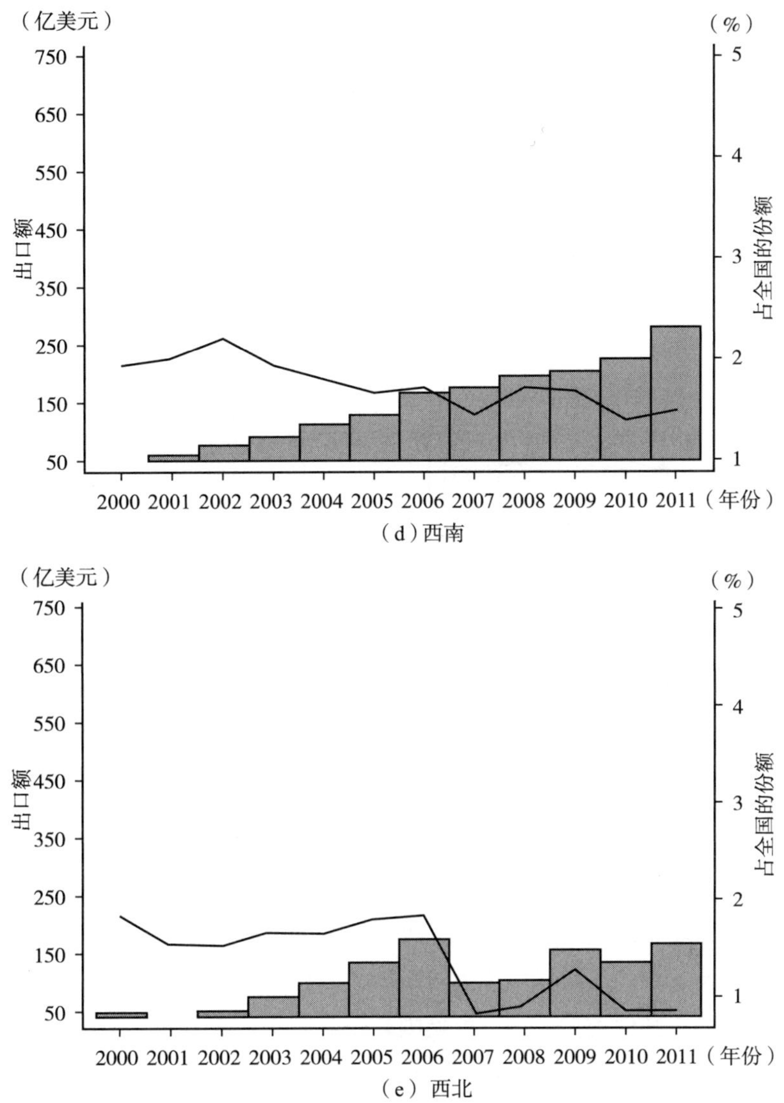

图 20－3　2001～2011 年中国各区域出口贸易额及其占比

资料来源：依据中国海关贸易数据库整理，不包括香港特别行政区、澳门特别行政区、台湾地区。

（三）不同所有制企业出口贸易时空演化特征

如图 20－4 所示，2001～2011 年外商投资企业出口额远高于私营企业和国有企业，在金融危机来临时，外商投资企业最先受到冲击，2008 年和 2009 年出口增长率由危机前的 50% 左右急速下滑至 5% 和－19%，紧接着国有企业和私营企业出口也受到了负面影响，且降幅大于外资企业，2009 年出口额增长率分别降为－23% 和－22%。2010 年各所有制企业出口总额增长率开始回升，但外商投资企业到 2011 年其出口贸易额依然未恢复到危机前水平。国有企业也恢复较慢，直到2011年才开始超过危机前出口水平。私营企业出口额较小，但一直保持较高的增长率，受到危机冲击后迅速恢复。因此可见，外商投资企业在金融危机中最先受到波及，国有企业和私营企业紧随其后。从受损程度来看国有企业和外资企业出口损失大，恢复慢，私营企业所受影响最小。

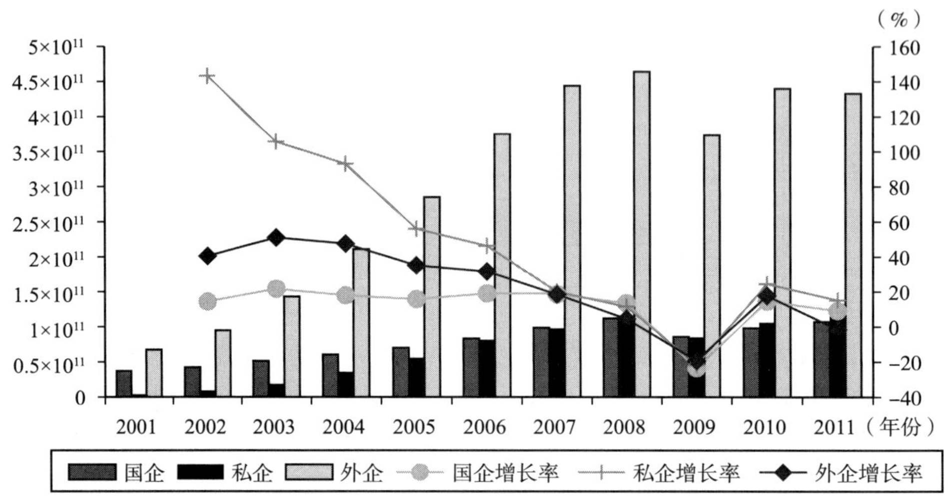

图20-4 2001~2011年不同所有制企业出口贸易额及增长率演变

资料来源：依据中国海关贸易数据库整理，不包括香港特别行政区、澳门特别行政区、台湾地区。

图20-5分别绘制了2006年和2012年三种不同所有制企业不同技术优势产品的出口城市数量箱线图。从企业出口产品结构来看，金融危机发生前，国有企业主要出口产品以资本密集型和劳动密集型为主，金融危机对这两种技术类型的产品进行了筛选，危机过后资本密集及劳动密集型产品出口城市大幅减少，而技术密集型产品出口城市与危机前相比虽略有下降，但远高于其他类型产品，可见国有企业淘汰了部分落后产能，危机后其出口产品实现了一定程度的技术升级。但外资企业和私营企业出口产品结构升级均不明显。

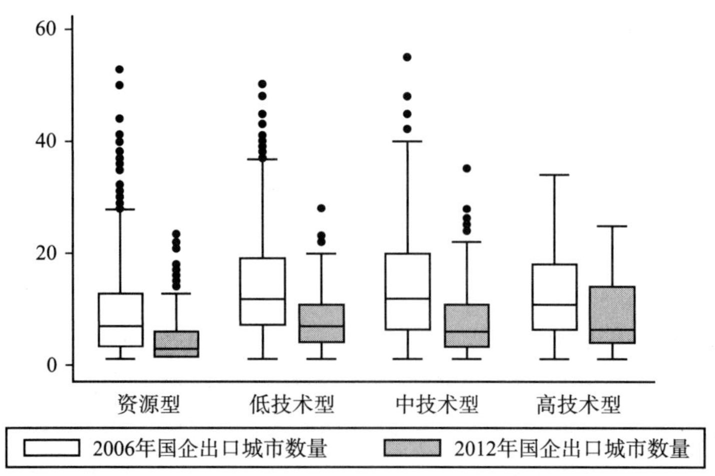

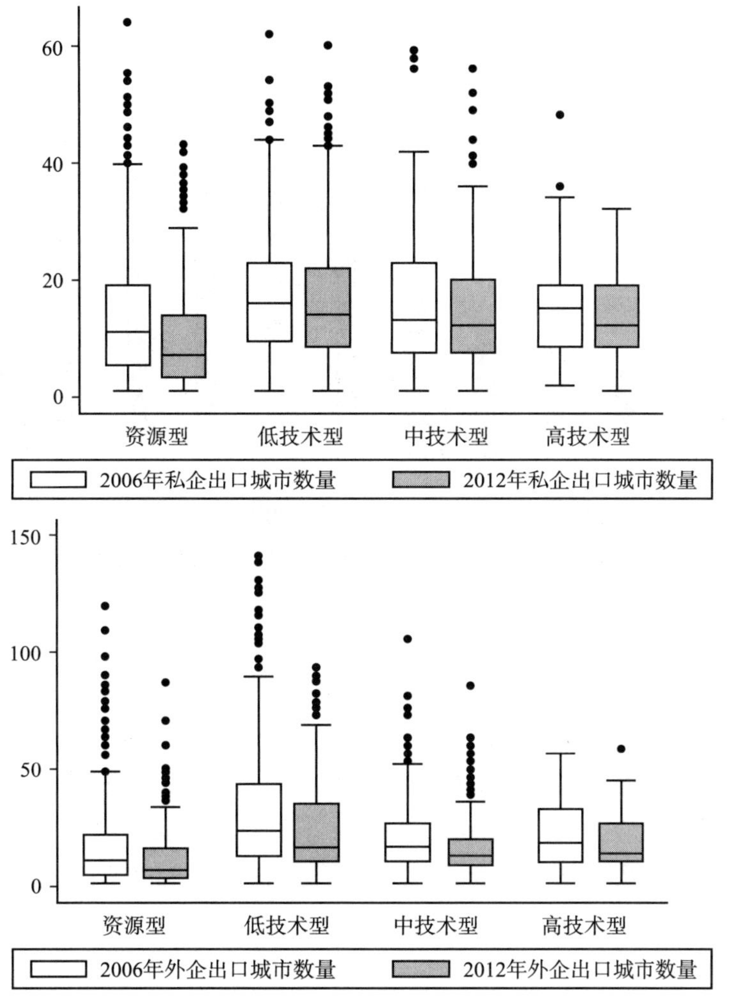

图 20－5　2006 年、2012 年国企、私企、外商投资企业不同技术优势产品出口城市数量

资料来源：依据中国海关贸易数据库计算，不包括香港特别行政区、澳门特别行政区、台湾地区。

（四）不同贸易方式产品出口贸易时空演化特征

从图 20－6 中可以看出，2001～2011 年我国一直以加工贸易为主。在金融危机前，加工贸易和一般贸易均以 30% 左右的增速持续稳定增长；在金融危机发生后，加工贸易首当其冲遭受冲击，2008 年增长率降到了 11%，2009 年为－12%。一般贸易出口额在 2009 年才受到危机冲击，其下降幅度要大于加工贸易，但恢复速度也快于加工贸易，2010 年一般贸易出口额迅速恢复至危机前水平。

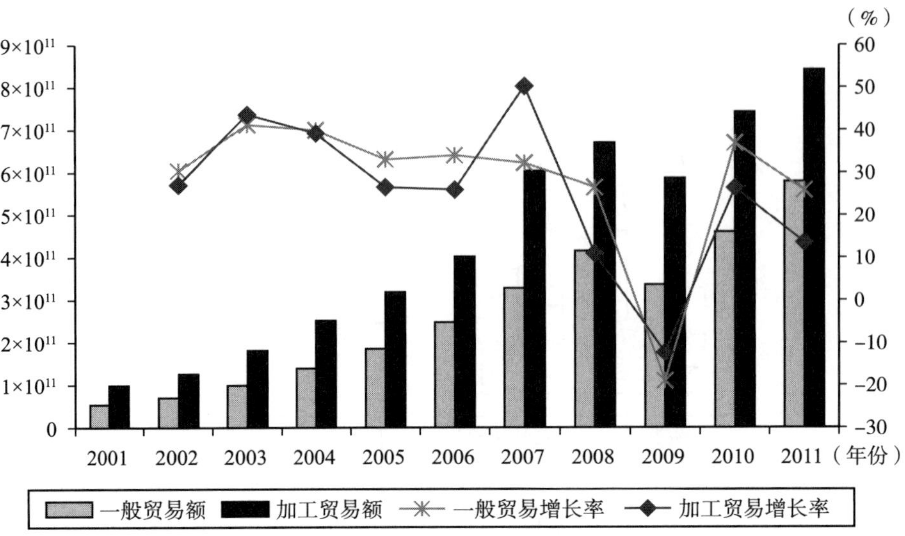

图 20-6　2001~2011 年不同贸易方式产品出口贸易额及增长率演变

资料来源：依据中国海关贸易数据库计算，不包括香港特别行政区、澳门特别行政区、台湾地区。

从图 20-7 可以看出，金融危机后，技术密集型的加工贸易产品出口城市显著增多，而劳动密集型和资本密集型加工贸易产品的出口城市数量有所下降，可以看出加工贸易产品在一定程度上实现了结构升级。而一般贸易产品则相反，危机过后仅劳动密集型和资本密集型的一般贸易产品出口城市有所增多，资本密集型和技术密集型一般贸易产品出口城市数量基本不变，一定程度上阻碍了产品结构的升级。

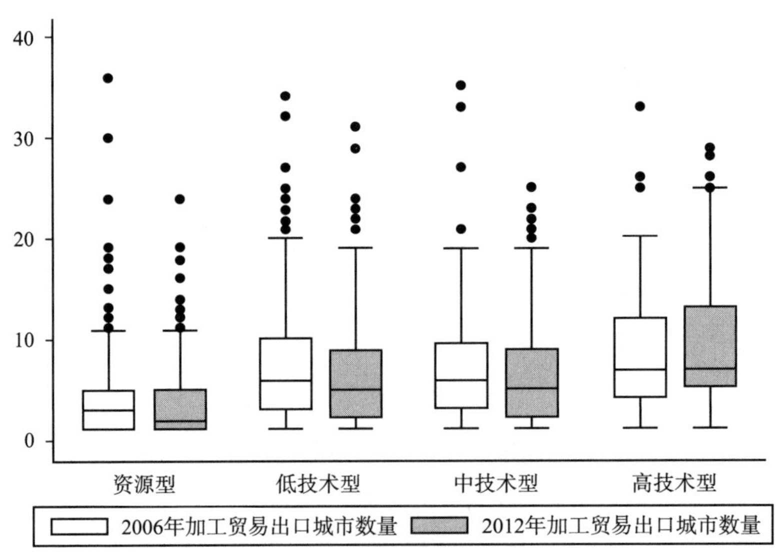

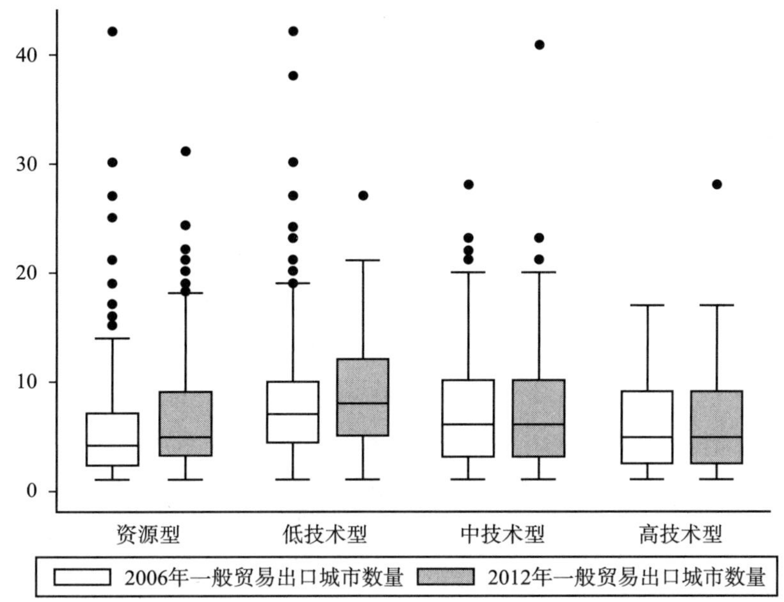

图 20－7 2006 年、2012 年加工贸易与一般贸易不同技术优势产品出口城市数量

资料来源：依据中国海关贸易数据库计算，不包括香港特别行政区、澳门特别行政区、台湾地区。

四、金融危机下中国区域韧性影响机制探究

（一）变量选择与模型构建

1. 模型构建

为验证前文提出的四个假说，本研究进一步构建了区域产品抵抗力（优势衰退）模型、区域产品恢复力（优势恢复）模型以及区域层面的出口产品升级模型，三个模型的区域均基于城市尺度。在模型选择方面，抵抗力模型与恢复力模型分别选用多元 Probit 和 Probit 模型，考察金融危机第一阶段和金融危机第二阶段各城市出口产品抵抗力和恢复力的影响因素。为了验证区域在危机中结构升级的影响因素，本研究构建了城市层面的回归模型，通过 DW 检验发现各区域存在空间自相关，为消除一阶自相关，故采用普莱斯—温斯顿（Prais-Winsten）法对模型进行估计。为避免多重共线性问题，将相关性高于 0.6 的变量分开代入模型。此外，在模型估计中采用稳健性标准误修正线性方程异方差。

在抵抗力模型中，被解释变量 $X_{i,c,t2}$ 表示 2007 年的优势产品在危机第一阶段（即

2008～2009 年）的状态，若在 2008 年及 2009 年两年中仍为优势产品，则赋值为 2；若仅在 2008 年或 2009 年成为优势产品则赋值为 1；若在 2008 年和 2009 两年均呈衰退状态，则赋值为 0。

$$X_{i,c,t2} = \alpha + \beta_1 Density_{i,c,t1} + \beta_2 Tax_{i,c,t1} + \beta_3 Tax_{i,c,t2} + \beta_4 EXJ_{i,c,t1} + \beta_5 Foreign_{i,c,t1} + \beta_6 Import_{i,c,t1} + \beta_7 Num_{i,c,t1} + \beta_8 Region + \beta_9 Compli_{I,t} + \varepsilon_{i,c,t} \quad (20.3)$$

在恢复力模型中，被解释变量 $X_{i,c,t3}$ 表示产品在危机过后的恢复状况，若危机前（2007 年）区域某产品为优势产品，但在 2008 年衰退，2011 年再次恢复为优势产品则赋值为 1，说明该产品恢复力较强；若 2011 年仍为衰退产品，则赋值为 0，说明该产品恢复力较弱。

$$X_{i,c,t3} = \alpha + \beta_1 Density_{i,c,t1} + \beta_2 Tax_{i,c,t2} + \beta_3 EXJ_{i,c,t1} + \beta_4 Foreign_{i,c,t1} + \beta_5 Import_{i,c,t1} + \beta_6 Num_{i,c,t1} + \beta_7 Region + \beta_8 Compli_{I,t} + \varepsilon_{i,c,t} \quad (20.4)$$

在产品结构升级模型中，被解释变量 $X_{c,t3}$ 表示危机过后（2011）各城市出口产品复杂度，并在模型中控制初始年份（2007）各城市出口产品复杂度变量。

$$X_{c,t3} = \alpha + \beta_1 X_{c,t1} + \beta_2 Relvar_{c,t1} + \beta_3 Tax_{c,t2} + \beta_4 EXJ_{c,t1} + \beta_5 Foreign_{c,t1} + \beta_6 Import_{c,t1} + \beta_7 Num_{c,t1} + \beta_8 Cost_{c,t} + \beta_9 Creation_{c,t} + \varepsilon_{i,c,t} \quad (20.5)$$

2. 变量选择

在模型（3）和模型（4）中，路径依赖因素 $Density_{i,c,t1}$ 表示研究阶段第一年 i 产品与 c 城市的产品空间技术关联程度，即相关多样性指数。为了衡量区域—产品的相关多样化程度，采用伊达尔戈等（Hidalgo et al.，2007）和博西玛（Boschma et al.，2012）的方法，产品 i 与产品 j 之间的邻近程度 R_{ij} 为这两类产品在同年同一地区拥有比较优势的条件概率的最小值。R_{ij} 越大，表明 i 产品与 j 产品在同市生产并同时具有比较优势的可能性越大，说明这两种产品在要素禀赋与生产条件上更类似，产品的技术关联度更高。

$$R_{i,j} = \min\{P(RCA_{c,i} > 1 \mid RCA_{c,j} > 1),\ P(RCA_{c,j} > 1 \mid RCA_{c,i} > 1)\} \quad (20.6)$$

基于技术关联度指标，计算产品 i 与 t 年 c 城市产业结构的邻近程度，即 c 城市产品 i 在 t 年的相关多样性指数（Hidalgo et al.，2007），计算公式如下：

$$Density_{i,c,t} = \sum_j (R_{i,j} \times RCA_{j,c,t}) / \sum_j RCA_{j,c,t} \quad (20.7)$$

其中，$RCA_{j,c,t}$ 表示 c 市产品 j 在 t 年的显性比较优势指数，$R_{i,j}$ 表示产品 i 与产品 j 之间的邻近程度。$Density_{i,c,t}$ 越高，表明 c 市的产品结构与产品 i 邻近程度越高，这意味着未来该产品更有可能受到相邻优势产品知识溢出的影响，演化为 c 市具有比较优势的产品。

模型（5）中，$Relvar_{c,t1}$ 表示研究阶段第一年城市层面出口产品的相关多样化熵指数。熵指数越高表示产品多样化程度越高。根据 HS 编码，本研究将同属于两位数产品的四位数产品视为相关产品，而两位数产品之间为非相关产品。相关多样化通过两位数产品内熵指数的加权和表示，具体计算公式如下。其中，P_i 表示四位数出口产品 i 在地区或企业总出口中所占的份额，S_g 表示属于两位数产品 g 的四位数产品集合。

$$relvar = \sum_{g=1}^{G} P_g H_g$$

$$H_g = \sum_{g=1}^{G} \frac{P_i}{P_g} \ln\left(\frac{P_g}{P_i}\right)$$

$$P_g = \sum\nolimits_{i \in s_g} P_i \tag{20.8}$$

同时，引入 3 个重点验证的路径突破变量：*Tax* 为城市财政政策变量，采用城市—产品年度出口退税应退税款表示政府对城市该出口产品的扶持力度。由于产品的出口退税额与其他变量不在同一数量级，因此对该变量取对数。模型（3）和模型（4）分别引入危机前城市对该产品的出口退税额变量 $Tax_{i,c,t1}$ 和危机发生后税收政策变量 $Tax_{i,c,t2}$，对比研究危机前后财政政策变化的影响。*EXJ* 为加工贸易方式变量，度量指标为危机发生前（2007 年）区域对该产品的加工贸易出口占比。*Foreign* 为外商投资变量，采用危机发生前（2007 年）区域外商投资企业对该产品的出口量占比来度量。此外，控制区域对该产品的直接进口额变量以及区域对该产品的出口国多样化程度。模型（3）和（4）还控制了产品所在的区域变量以及产品复杂度变量。δ 为残差项。

此外，区域内部的成本因素和创新投入也会影响危机影响下的区域韧性。因此模型（5）中还加入了危机发生期间（2008～2011 年）各区域的平均劳动力成本变量 $Cost_{c,t}$ 和平均创新投入变量 $Creation_{c,t}$，分别采用各地区统计年鉴中的从业人员平均工资指标和财政支出中的研发投入与教育投入总额来衡量，对这两个变量均取对数以保证各变量数量级一致。

（二）中国区域出口贸易韧性影响因素

1. 抵抗力模型回归结果

分别对全国和区域优势产品抵抗力模型进行回归，结果见表 20－1。如表 20－1 所示，分别将危机前后税收政策变量代入模型，模型 1 中危机前的出口退税政策变量显著为负，说明危机前期的政策不利于区域产品应对危机的冲击。在模型 2 中，将危机后政府采取的税收政策引入模型，发现危机中所实施的税收政策影响显著为正，而技术关联变量变为不显著，说明危机第一阶段（2008～2009 年）中政府多次调整出口退税政策的行为补贴了利润被严重挤压的出口企业，有效地增强了区域优势产品的抵抗力，验证了假说1。尤其是对东部和中部地区，危机后税收政策大大减弱了区域技术关联的作用，但对东北部影响为负，对西部影响不显著。

表20－1　　优势产品抵抗力模型回归结果（2007～2009年）

解释变量	全国		东部		东北		中部		西部	
	模型1	模型2	模型3	模型4	模型5	模型6	模型7	模型8	模型9	模型10
税收政策（危机前）	-4.10***		-3.61***		-7.47***		-4.31***		-2.44*	
税收政策（危机后）		3.94***		3.16**		-7.46***		2.77***		-2.39
产品加工贸易方式占比	4.92**	3.17**	0.64	0.36	-7.60***	-7.11***	-3.67***	-2.16***	14.06***	14.28***
产品外企出口占比	-2.47***	-3.92***	1.46	0.86	-4.66***	-4.83***	-9.40***	-8.09***	-6.08***	-6.14***
产品技术关联	6.46***	1.67	1.79***	-0.88	6.46***	6.84***	1.42	-0.7	-7.29***	-7.21***
产品进口额	-2.91	-7.44	-3.36	-4.62	3.67	3.47	0.6	-1.61	-2.38	-2.39
产品出口目的地数量	20.26***	16.42***	17.04***	13.99***	6.26***	6.18***	14.08***	12.61***	11.11***	11.04***
产品复杂度	9.67***	9.46***	9.07***	8.83***	0.7	0.66	-2.86***	-2.68***	6.38***	6.67*
区域变量	是	是	是	是	是	是	是	是	是	是
Pseudo R^2	0.038	0.0396	0.0326	0.0412	0.034	0.0362	0.1244	0.1142	0.1218	0.1428

注：*** P<0.001，** p<0.05，* p<0.1。

在全国层面，产品加工贸易方式变量的系数符号显著为正，验证假说2。区域产品外企出口占比变量的系数符号显著为负，说明区域外商投资企业出口占比大的产品的确更容易因为资金链断裂而受到危机的冲击，验证假说3。从分地区看，产品加工贸易方式和所有制变量对东部地区产品抵抗力作用不显著。外商投资企业出口占比高的产品在东部以外的其他地区抵抗力均较低。加工贸易占比高的产品在中部和东北部抵抗力较低，而在西部抵抗力较高，说明2007年国家实行的加工贸易类企业从东部向西部转移的效果显著。

技术关联对地区优势产品的抵抗力影响显著为正，说明即使在外部冲击下，相关多样化依然会加强区域优势产品，防止衰退，与假说4相左。但分区域看，东部及中部地区技术关联变量不显著，说明在危机第一阶段技术关联对于东部和中部地区的影响不明显；而西部地区的技术关联变量显著为负，说明与地区产品结构技术关联越弱的产品越能够抵抗危机的冲击。

在控制变量中，所有区域出口目的地的多样化均有助于区域优势产品化解危机冲击。产品进口额对区域产品抵抗力影响不显著。代表产品特性的出口复杂度变量系数符号显著为正，而出口复杂度指数越高则复杂度越低，因此说明产品出口复杂度越高，则抵抗力越弱。从分地区看，产品复杂度较高的产品在中部地区抵抗力较强，在东北地区演化方向不确定，而在其他地区抵抗力均较弱。

2. 恢复力模型回归结果

恢复力模型的回归结果见表 20 - 2。模型 1 是全国样本的回归结果，代表路径突破因素的危机后税收政策回归系数不显著，而在模型 2 和 3 中，危机后政府所采取的税收政策甚至对东部、东北地区优势产品的恢复作用为负，说明危机后所实行的应急型财政政策虽在短期有效增强了区域优势产品的抵抗力，但在长期对优势衰退产品的恢复不利，验证了假说 1。这也与齐俊妍和刘静（2010）的结论一致，在政策的传导过程中由于较高的价格弹性而导致一定的利益流失到进口商和外国消费者的腰包，从国家总体来看多消耗了资源，支出的成本更高但没有收到理想的效果。加工贸易占比高的产品虽在危机第一阶段的抵抗力较强，但在危机后期由于加工贸易企业的附加值低，较依赖外部网络（漆晓宇，2004），因此以加工贸易方式为主的优势衰退产品恢复力较弱，验证假说 2。分地区看，东部和东北地区回归结果与全国样本一致，但加工贸易方式对中西部地区影响不同：中部地区系数不显著、西部地区系数显著为正。产品外企出口占比变量的系数在各个模型都显著为正，说明外资企业占比高的产品虽在危机第一阶段抵抗力较弱，但在危机后期有助于衰退的优势产品重新恢复区域优势，验证假说 3。代表路径依赖因素的技术关联变量显著为正，且在模型 2 ~ 6 中回归系数均显著为正，说明技术关联有助于各区域优势衰退产品的恢复，验证假说 4。

表 20 - 2　　优势衰退产品恢复力模型回归结果（2008 ~ 2011 年）

解释变量	全国	东部	东北	中部	西部
	模型 1	模型 2	模型 3	模型 4	模型 5
税收政策（危机后）	0.8	-4.87***	-2.03*	-1.38	1.03
产品加工贸易方式占比	-2.66**	-6.22***	-2.69**	0.41	4.92***
产品外企出口占比	11.66***	8.69***	11.28***	4.62***	2.18*
产品技术关联	10.87***	8.26***	7.32***	7.66***	2.27*

续表

解释变量	全国	东部	东北	中部	西部
	模型 1	模型 2	模型 3	模型 4	模型 5
产品进口额	10.97***	13.17***	4.68***	3.12**	-1.22
产品出口目的地数量	1.87*	0.62***	6.66***	7.64***	11.32***
产品复杂度	-3.46**	1.37	0.94	-4.21***	-9.03***
区域变量	是	是	是	是	是
Pseudo R^2	0.0214	0.0343	0.0386	0.0392	0.0362

注：*** $P<0.001$，** $p<0.05$，* $p<0.1$。

在控制变量中，产品进口额、出口目的地数量变量在各个模型中显著为正，说明产品进口额越多、出口目的地多样化程度高有助于增强衰退优势产品的恢复力。最后，代表产品特性的出口复杂度变量显著为正，说明产品出口复杂度越高，恢复力越好，但在分区域模型回归中，发现东部地区产品复杂度变量不显著，说明东部地区恢复力强的产品不一定是复杂度高的产品。

3. 结构转换提升力模型回归结果

区域层面结构升级模型的回归结果如表 20-3 所示。危机发生后的税收政策变量显著为负，说明危机发生后政策所采取的应对方案长期来看对区域出口产品结构升级不利，验证假说 1。区域加工贸易额占比变量显著为正，可以看出产品加工贸易方式占主导的区域会发生一定的技术溢出效应，有助于推动区域出口产品结构升级，与假说 2 一致。而外商投资出口产品占比变量回归系数不显著，说明外商投资企业在中国出口贸易中的技术溢出有限，不一定助推区域产品的结构升级，与假说 3 相左。代表路径依赖因素的相关多样化变量系数符号显著为正，说明相关多样化程度高的地区在危机中升级更快，验证假说 4。

在控制变量中，平均劳动力成本变量回归系数不显著，可见劳动力成本对区域出口产品的升级影响微弱。危机期间的平均创新投入变量回归系数显著为正，说明在危机中仍然坚持创新投入的地区有利于自身在危机后实现结构升级的质变。此外，区域进口和区域出口目的地多样性也能显著提高区域在危机中的升级能力。最后，产品结构变化变量回归系数不显著，说明产品结构变化大的区域不一定在产品结构上实现了较大跨越。

表 20－3　　区域出口复杂度模型回归结果（2007～2011 年）

解释变量	全国
税收政策（危机后）	－11.97***
区域加工贸易方式占比	13.16***
区域外企出口占比	12.46
相关多样化	6.13***
区域进口额	10.97***
区域出口目的地数量	1.87**
区域平均劳动力成本	－9.68
区域创新投入	2.64***
结构变化	1.26
rho	0.761

注：*** $P<0.001$，** $p<0.05$。

五、小结

我国经济对外依存度高，金融危机来临后出口贸易首当其冲受到波及。因此，本研究通过出口贸易数据来刻画金融危机影响下的区域韧性，并将区域韧性按不同时期以及不同维度分解为危机第一阶段（2007～2009 年）的抵抗力、危机第二阶段的恢复力（2009～2011 年）、危机过后区域出口产品结构转换提升力。本研究通过构建区域—产品层面的区域出口贸易韧性指标，从区域出口贸易额、产品结构等多层面刻画了金融危机后各区域抵抗力、恢复力及结构转换升级能力的空间差异。在此基础上，通过计量实证模型，对金融危机下我国区域出口经济韧性的空间差异进行机制探讨。研究主要结论如下：

第一，我国出口贸易韧性存在显著空间差异。金融危机第一阶段中，区域抵抗力从高到低分别是西南、东部、中部、西北和东北地区；金融危机第二阶段中，东部、东北和中部的恢复力较强，而西北地区依然较弱；此外，危机期间，各区域的产品结构也经历了较为剧烈的变化。其中，华东、华中、西南地区出口产品复杂度有显著提高，而东北、华南地区出口产品复杂度有所下降。

第二，区域韧性会因出口产品的加工贸易方式及出口企业所有制的不同而在危机中的表现有所不同。外商投资企业出口额在金融危机中最先受到冲击，国有企业和私营企业紧随其后。从受损程度来看国有企业和外商投资企业出口损失大，恢复慢，私营企业所受影响最小。加工贸易产品在危机第一阶段下降幅度较小但恢复速度慢，而一般贸易产品的衰退幅度较大但恢复较快。从企业出口产品结构来看，国有企业淘汰了部分落后产能，危机后其出口产品实现了一定程度的技术升级。外资企业和私营企业出口产品结构升级均不明显。加工贸易产品在一定程度上实现了结构升级，而一般贸易产品则一定程度上阻碍了升级。

第三，金融危机主要从供给和需求两方面对我国区域出口贸易产生影响。实证研究表明：(1) 相关多样化产业结构不仅在短期可以增强区域产品的抵抗力，在长期还可以提高区域产品的恢复力并且助推区域产品实现结构升级。(2) 金融危机后政府通过调高部分出口量较大的劳动密集型产品、“两高一资”产品的出口退税率，一定程度上补贴了利润被严重挤压的出口企业，增强了区域优势产品的抵抗力。但是在危机第二阶段，对于长期利润受到压缩、竞争力不足的优势衰退产品，税收政策的影响较弱，并且一定程度上阻碍了区域产品的结构升级，可见应急型税收政策的影响范围及作用时间均是有限的。(3) 金融危机第一阶段，加工贸易企业由于拥有较低生产成本的优势并且只需缴纳较少的税收额，因此短期内对危机的抵抗力更强。长期来看由于加工贸易企业的附加值低，较依赖外部网络，因此区域中以加工贸易方式为主的优势衰退产品恢复力较弱。此外，加工贸易推动了区域产品在危机中的结构升级。(4) 外资企业出口占比高的区域产品在危机第一阶段受到了更大的冲击，但在危机第二阶段，由于外资企业拥有更为成熟的经营管理经验来应对危机，因此外资出口占比高的区域产品恢复力较快。长期来看，外资企业对区域产品结构升级的影响并不显著。

本研究探讨了区域出口贸易韧性的空间差异及其影响机制。由于我国大量高技术产品生产仅负责产品生产过程中较低附加值的加工环节，未来的研究中可以引入出口质量、产品出口附加值等指标深入衡量我国产品结构转换提升力水平。此外，在金融危机期间，有大量出口企业在危机中转型的经典案例，因此还可以结合定性研究，补充更多的事实依据，为应对危机的政策制定提供依据，谋求区域经济战略性转型和长期可持续发展。

参考文献

[1] 白胜玲，崔霞.2009. 出口退税对我国出口贸易的影响：基于主要贸易国的实证分析. 税务研究，(9)：37-40.

[2] 戴觅，余淼杰，Maitra M. 2014. 中国出口企业生产率之谜：加工贸易的作用. 经济学（季刊)，13 (2)：675-698.

[3] 贺灿飞，董瑶，周沂.2016. 中国对外贸易产品空间路径演化. 地理学报，71 (6)：970-983.

［4］蒋殿春，夏良科.2005. 外商直接投资对中国高技术产业技术创新作用的经验分析. 世界经济，(8)：3－10.

［5］李健.2008. 人民币加快升值对我国外贸发展的影响. 国际贸易，(6)：53－58.

［6］李彤玥，牛品一，顾朝林.2014. 韧性城市研究框架综述. 城市规划学刊，(5)：23－31.

［7］刘晴，徐蕾.2013. 对加工贸易福利效应和转型升级的反思——基于异质性企业贸易理论的视角. 经济研究，(9)：137－148.

［8］骆东奇，郭英，李乐，赵伟.2009. 金融危机背景下我国经济增长的区域差异及原因. 经济地理，29 (9)：1448－1453.

［9］马捷，李飞.2008. 出口退税是一项稳健的贸易政策吗？. 经济研究，(4)：78－87.

［10］漆晓宇，庞洁.2004. 试论我国加工贸易现状及其发展. 当代财经，(2)：101－103.

［11］齐俊妍，王岚.2015. 贸易转型、技术升级和中国出口品国内完全技术含量演进. 世界经济，(3)：29－56.

［12］唐东波.2012. 贸易政策与产业发展：基于全球价值链视角的分析. 管理世界，(12)：13－22.

［13］谢建国，陈莉莉.2008. 出口退税与中国的工业制成品出口：一个基于长期均衡的经验分析. 世界经济，31 (5)：3－12.

［14］Bathelt H. and Boggs J. S. 2003. Toward a reconceptualization of regional development paths: Is Leipzig's media cluster a continuation of or a rupture with the past? . Economic Geography, 79 (3): 265－293.

［15］Boschma R. , Minondo A. and Navarro M. 2012. Related variety and regional growth in Spain. Papers in Regional Science, 91 (2): 241－256.

［16］Boschma R. 2015. Towards an evolutionary perspective on regional resilience. Regional Studies, 49 (5): 733－751.

［17］Boschma R. and Iammarino S. 2009. Related variety, trade linkages, and regional growth in Italy. Economic Geography, 85 (3): 289－311.

［18］Bristow G. 2010. Resilient regions: re-'place'ing regional competitiveness. Cambridge Journal of Regions, Economy and Society, 3 (1): 153－167.

［19］Castaldi C. , Frenken K. and Los B. 2015. Related variety, unrelated variety and technological breakthroughs: An analysis of US state-level patenting, Regional Studies, 49 (5): 767－781.

［20］Chen C. H. , Mai C. C. and Yu H. C. 2006. The effect of export tax rebates on export performance: theory and evidence from china. China Economic Review, 17 (2): 226－235.

［21］Coe D. T. and Helpman E. 1993. International R&D spillovers. European Economic Review, 39 (5): 859－887.

［22］Cooke P. and Rehfeld D. 2011. Path dependence and new paths in regional evolution: in search of the role of culture. European Planning Studies, 19 (11): 1909－1929.

［23］Davies S. 2011. Regional resilience in the 2008－2010 downturn: comparative evidence from European countries. Cambridge Journal of Regions, Economy and Society, 4 (3): 369－382.

[24] Fingleton B., Garretsen H. and Martin R. 2012. Recessionary shocks and regional employment: evidence on the resilience of U. K. regions. Journal of Regional Science, 52 (1): 109 - 133.

[25] Frenken K., Van Oort F. and Verburg T. 2007. Related Variety, Unrelated Variety and Regional Economic Growth. Regional Studies, 41 (5): 685 - 697.

[26] Hassink R. 2010. Regional resilience: a promising concept to explain differences in regional economic adaptability? . Social Science Electronic Publishing, 3 (1): 45 - 58.

[27] Hausmann R. and Hidalgo C. 2010. Country diversification, product ubiquity, and economic divergence. HKS Working Paper No. RWP10 - 045.

[28] Hidalgo C. A., Klinger B., Barabási A. L., et al. 2007. The product space conditions the development of nations. Science, 317 (5837): 482 - 487.

[29] Hill E. W., Wial H. and Wolman H. 2008. Exploring regional economic resilience. Working Paper 2008 - 04. Institute of Urban and Regional Development, Berkeley.

[30] Holling C. S. 1973. Resilience and stability of ecological systems. Annual Review of Ecology and Systematics, 4: 1 - 23.

[31] Lall S. 2000. The technological structure and performance of developing country manufactured exports, 1985 - 1998. Oxford Development Studies, 28 (3): 337 - 369.

[32] Maguire B. and Hagan P. 2007. Disasters and communities: Understanding social resilience. Australian Journal of Emergency Management, 22 (2): 16 - 20.

[33] Manova K. and Zhang Z. 2012. Export prices across firms and destinations. Quarterly Journal of Economics, 127 (1): 379 - 436.

[34] Martin R. 2010. Regional economic resilience, hysteresis and recessionary shocks. Journal of Economic Geography, 12 (12): 1 - 32.

[35] Martin R. 2010. Roepke lecture in economic geography—rethinking regional path dependence: Beyond lock-in to evolution. Economic Geography, 86 (1): 1 - 27.

[36] Martin R. and Sunley P. 2015. On the notion of regional economic resilience: conceptualization and explanation. Papers in Evolutionary Economic Geography, 15 (1): 1 - 42.

[37] McGlade J., Murray R., Baldwin J., Ridgway K. and Winder B. 2006. Industrial resilience and decline: A co-evolutionary framework. In Garnsey E. and McGlade J. (eds.) Complexity and Co-Evolution: Continuity and Change in Socio-Economic Systems. Cheltenham, U. K.: Edward Elgar, Chapter 6.

[38] Neffke F., Henning M. and Boschma R. 2011. How do regions diversify over time? Industry relatedness and the development of new growth paths in regions. Economic Geography, 87 (3): 237 - 265.

[39] Peng C., Yuan M., Gu C., et al. 2017. A review of the theory and practice of regional resilience. Sustainable Cities & Society, 29: 86 - 96.

[40] Pike A., Dawley S. and Tomaney J. 2010. Resilience, adaptation and adaptability. Social Science Electronic Publishing, 3 (1): 59 - 70.

[41] Pimm S. L. 1984. The complexity and stability of ecosystems. Nature, 307: 321 - 326.

[42] Simmie J. and Martin R. 2010. The economic resilience of regions: towards an evolutionary ap-

proach. Cambridge Journal of Regions, Economy and Society, 3 (1): 27 - 43.

[43] Walker B., Anderies J., Kinzig A. and Ryan P. 2006. Exploring resilience in social-ecological systems through comparative studies and theory development: Introduction to the special issue. Ecology and Society, 11 (1): 709 - 723.

第二十一章
总结与展望

改革开放以来，我国引入市场力量和市场竞争，以政治激励和经济激励引发剧烈地方竞争，推动经济发展，同时通过吸引外资、对外直接投资和拓展出口市场，积极融入和推动经济全球化进程。尤其是21世纪以来，我国充分利用加入WTO的契机，推动对外贸易规模加速扩张，贸易结构不断调整，成为世界第一大贸易国。由此国际贸易成为经济学和管理学研究重要领域，产生了一批有影响力的成果。这些研究聚焦在贸易增长、结构变迁、贸易效应、贸易政策评估等。国际贸易作为常见的地理现象，理应作为地理学者的研究对象。随着我国推进“一带一路”建设，积极维护全球多边主义，国际贸易的地理学研究逐年增多。

现有对外贸易的地理学研究主要描述对外贸易的地理格局和网络结构及其演化，注重结合时事热点和重大方针政策，空间描述手段和方法更加精细和全面。但是其解释性研究零散且不足，尤其缺乏对外贸易微观机制的探讨。虽然地理学关注各个地理变量的交互作用，然而这类研究仅展示“现象”，未解释这种相关关系的原因。对外贸易的空间效应研究也只集中于少部分议题，如探讨对外贸易的环境效应。经济地理学综合性空间思维强调超越经济视角审视经济现象，认为对外贸易嵌入在双方社会经济文化政治制度环境中，应以多维度变量解释国际贸易格局；经济地理学将国家和地区间贸易作为重要的全球市场相互依赖性的支撑，是全球联系中最重要的网络，应通过网络思维将地方与全球联系起来；经济地理学重视多样化贸易主体与地方异质性的互动关系。将地理与贸易联系起来，引入综合思维、空间思维、网络思维，强调多主体和地方异质性的分析范式，是国际贸易研究中的不可或缺的理论力量。从经济地理学视角研究我国对外贸易，应认真考虑我国的特殊性：（1）威权性中央政府的特殊作用意味着贸易地理研究需要将贸易看成政治—经济过程，国际地缘、政治、经济、文化、外交关系将影响我国贸易的地理格局及其动态演化趋势；（2）异质性地方政府和地方能力意味着差异性的地方—全球互动模式；（3）多元嵌入式参与主体；（4）我国具有的超级规模经济、范围经济与集聚效应；（5）多尺度力量。

在开展对外贸易的实证研究之前，本研究梳理了国际贸易理论发展脉络、贸易地理研究文献以及中国对外贸易的经济学和地理学研究。基于历史资料，简要介绍了改革开放前的贸易政策体制和改革开放以来贸易政策体制的阶段性演变。具体而言，回顾改革开放以来关税政策、外汇留成制度、外汇调剂制度、汇率双轨形成与并轨过程、出口退税制度和加工贸易政策的演变；尤其突出了促进对外贸易的国际和国内的空间政策，如参与区域一体化进程、“一带一路”倡议、保税区、出口加工区和自由贸易区等。我国贸易体制政策改革对融入全球价值链，促进对外贸易发挥了重要作用。基于统计数据，本研究描述了我国改革开放以来世界贸易格局的变化，世界贸易经历了多轮发展和衰退的周期性调整，货物贸易基本呈现波动上涨的趋势。在20世纪80年代中期、伴随我国加入WTO的21世纪第一个十年这两个时间段内，世界货物贸易蓬勃发展，我国对外贸易的发展是20世纪80年代以来国际贸易格局的重要变化。改革开放以来我国对外贸易发展也呈鲜明阶段性特征：贸易产品结构发生重大变化，工业制成品成为支柱出口产品；对外贸易进出口市场逐渐多样化；各区域间对外贸易规模呈现由东向西梯次递减的特征，区域间差异经历了先扩大后缩小的过程。各区域对外贸易市场多样化水平不断提升，但是不同省区的出口和进口市场存在一定的差异性。

在此基础上，本研究基于系列理论假说探讨我国对外贸易的宏观地理格局形成演化、企业出口决策与出口市场拓展及其对区域经济的影响，研究成果总结归纳如下。

一、宏观贸易地理格局

改革开放以来，我国对外贸易市场不断多元化，商品几乎出口到世界所有国家和地区。在实证研究中，本研究回答的第一个问题是：我国为什么能够与特定市场建立贸易关系？基于经济地理的综合空间思维，考虑到中央和地方政府的特殊角色和多元参与主体的异质性，本研究超越传统的经济解释，引入地缘关系、多维邻近性和移民网络等揭示我国对外贸易地理格局的形成与演化。

首先，本研究以我国与各国（地区）出口规模为研究对象，以多种数据测算我国与贸易市场的政治关系、地理关系、制度关系与文化关系，其中政治关系包括交往频度和亲密程度，地理关系包括地理距离与邻接关系，制度关系包括经济制度距离和法律制度距离，文化关系包括文化距离和文化影响等。基于面板数据模型分析，验证了政治关系、地理关系、制度关系与文化关系显著引导我国出口贸易地理格局的形成与演化。其次，本研究从微观视角探讨企业如何依托多维邻近性拓展出口市场，以揭示我国对外贸易地理格局形成演化的微观机制。基于条件逻辑模型统计分析，发现企业进入新出口市场取决于地理、文化、经济和政治上的邻近性，而企业一旦进行了出口贸易活动，更倾向于进入与过去出口市场邻近的目的地市场。进一步还探讨了移民网络对我国企业出口边界动态的影响，移民网络作为文化邻近性，可以显著降低交易成本和信息成本。本研究发现，移民网络显著降低出口目的市场的不确定性，提升在位出口企业生存率和增长率。

总体而言，从宏观和微观尺度，本研究发现我国对外贸易地理格局很大程度上取决于贸易对象与我国的地缘政治、文化、社会与经济关系，引入非经济因素显著增强了对外贸易格局的解释力，其深层原因是对外贸易是嵌入在社会文化制度环境中的社会经济过程，尤其中央政府和地方政府积极介入贸易过程，地缘关系尤为重要。因此在“一带一路”倡议建设背景下，我国要努力维护好和谐的国际政治经济关系，进一步推动贸易市场多元化，减少贸易市场不确定性。

二、集聚效应、溢出效应与企业出口决策

对外贸易的宏观地理格局的形成与演化，根本原因是贸易企业的市场决策。新新贸易理论强调企业生产效率的差异性，认为只有高效率企业才能克服出口过程中的沉没成本从而进入出口市场。经济地理学注意到更多企业异质性，尤其强调企业所在区位差异性形成的企业异质性。因此在实证研究中，本研究回答的第二个问题是：什么企业更有可能进入或者退出出口市场？基于企业异质性，本研究结合企业区位特性和贸易目的地特性揭示我国出口贸易地理格局的微观机制，因为贸易能否发生需要考虑企业与贸易源地和贸易市场互动关系。首先，聚焦城市集聚效应对企业出口决策的影响。本研究构建了城市经济集聚、城市—行业经济集聚、城市出口集聚、城市—行业出口集聚四个反映集聚效应的指标。研究发现，控制住城市集聚效应，高效率企业更有可能出口，同时城市集聚溢出和城市—行业集聚溢出均能促进企业出口，尤其是对外商投资企业和民营企业的影响更大。城市集聚效应能够降低出口企业的生产成本、创新成本和信息成本，从而提升企业国际竞争力，激励企业出口。其次，本研究探讨企业进入或退出出口市场的决策，强调邻近企业溢出效应和企业所在地制度环境的影响，发现邻近企业溢出效应为企业进入新市场创造了有利条件，但同时也加快了企业从已有市场退出。在市场化程度较低和政府干预程度较高的地区，企业出口活动和邻近企业溢出发挥的“双面性”影响显著且强烈。企业区位的出口集聚效应与制度环境一定程度上决定企业能够进入或退出出口市场。最后，本研究同时考虑出口源地和出口目的地的出口溢出效应对新企业出口决策的影响。研究发现，出口源地和目的地的出口溢出效应显著促进新出口企业进入，私营企业对出口溢出的需求程度最高，外商投资企业更可能出现在出口企业集聚的目的地。出口溢出对跟随型企业，特别是本土跟随型企业进入的促进作用更强。出口地的出口溢出效应更有利于新出口企业拓展到新目的地，目的地出口溢出更有利于新出口企业拓展到新产品。总而言之，我国企业能否成功进入出口市场，取决于企业生产率、所有制属性、对外联系等异质性，但是企业区位特性，尤其是集聚经济、出口信息溢出效应、制度环境以及国际市场联系强度等发挥重要作用。因此推动外向型经济建设，一方面要鼓励企业练好内功，同时

需要完善企业所在区位的社会经济制度环境，内外两手一起抓。

三、全球—地方互动与企业出口市场拓展

我国企业依托自身国际竞争力和外部集聚效应能够成功进入国际市场。进入国际市场的企业能否成功拓展新的国际市场，保持对外贸易的可持续发展和韧性，也是推动对外贸易地理格局演化的重要驱动力。在实证研究中，本研究回答的第三个问题是：什么驱动出口企业成功拓展新市场？本研究从全球—地方互动视角来探讨我国企业能否成功进入新的出口市场，从而拓展企业出口市场范围。首先，本研究探讨外商投资企业出口溢出效应对内资企业拓展新出口市场的影响。本研究选择城市这一更适合溢出效应发挥作用的尺度，综合考虑出口源地、目的地以及出口产品三个维度。研究发现，外商投资企业出口对下一年同一城市的内资企业向同一国家（地区）出口同种产品存在显著的正向溢出效应，外商投资企业对于出口同种产品的溢出效应可以跨越不同的出口目的地进行扩散。外商投资企业对于特定国家（地区）特定产品的出口溢出效应存在异质性，当出口目的地与我国存在较大的经济、地理、政治或制度距离时，外商投资企业对内资企业的出口溢出效应更为显著，这在一定程度上表明外商投资企业的出口活动能帮助内资企业克服较大“距离”差距带来的困难，通过外部性降低交易成本，从而有利于内资企业开拓这些国家（地区）的市场。拓展新的出口市场对中国企业来说是成本高昂的，而外商投资企业出口产生的溢出效应则可能通过多种途径在一定程度上降低内资企业进入新市场的成本。其次，在国际贸易保护主义抬头的新形势下，本研究进一步探讨贸易保护主义对企业拓展出口市场的不利影响。研究发现，我国出口贸易格局呈现典型的技术依赖和市场依赖性，对出口市场经验的依赖特征更明显。多种贸易壁垒广泛地抑制产品进入，切断产品进入市场的渠道。贸易壁垒的外部刺激增强对本地技术溢出效应的依赖，而削弱对需求市场的路径依赖，通过新市场的搜寻带来路径突破。由于贸易壁垒增大了产品进入市场的成本，进入外部市场的路径受阻，出口企业转向更有效地利用本地技术溢出效应，降低产品的生产成本为提高市场准入成本的接受范围腾出空间。本研究进一步探讨了“双反”对光伏产品出口市场变化的影响。研究发现，“双反”降低了我国与欧盟和美国的光伏产品贸易量，主要目的地从德国、荷兰、意大利和美国等转向日本、韩国、印度和新加坡等，“双反”加速了光伏制造业从加工贸易到一般贸易的转变，出口市场多元化并不能缓冲“双反”冲击。各种各样的贸易保护措施显然不利于我国企业出口，

但也激励了我国企业拓展到其他市场。国际贸易保护将一定程度上重塑中国对外贸易地理格局。

四、企业区位与出口产品价格差异性

企业出口产品价格决定其国际竞争力。本研究认为，企业出口产品价格不仅仅决定于企业内部生产技术和管理成本，还决定于企业区位。换句话说，企业国际竞争力与企业区位直接相关。在实证研究中，本研究回答的第四个问题是：企业区位如何影响出口产品价格？本研究首先引入区位偏远度探讨了企业区位对企业出口产品价格的影响。研究发现，企业出口产品价格差异明显，而区位特征比出口目的国特征更能够解释这种差异。区位偏远度对企业出口价格有显著的影响，越偏远的地方，与外界经济联系越困难的地方，出口产品的价格相对越低，加工贸易和外商投资企业对区位的偏远度更为敏感。本研究进一步从企业异质性和产品特征的角度出发，研究地理距离对我国出口产品价格的影响，讨论我国企业出口产品价格研究的一般性与特殊性。研究发现，地理距离对我国出口扩展边界和集约边界的影响方式与发达国家（地区）存在较大的差异，表现出特有的“中国特色”，可以从国内运输成本角度深入分析；地理距离对企业出口到每个国家（地区）每种产品的单位价格有显著正的影响。企业倾向于对距离更远的市场出口单位价格更高的产品；生产率高从而产品质量和单位价格高的企业更可能进入距离更远的市场。这种影响的程度在加工贸易和一般贸易出口之间、外商投资企业和内资企业出口之间差异明显。企业出口产品价格与企业区位存在显著关系，表明对外贸易能够显著影响国内产业地理格局。

五、出口贸易与区域产业地理

相对国内市场为主导的企业，出口企业需要支付沉没成本，克服巨大困难，才能进入国际市场。因此出口企业在区位上有一定特殊要求，从而降低生产成本和信息成本，重构区域产业地理格局。在实证研究中，本研究回答的第五个问题是：对外贸易如何影响区域产业地理格局？本研究首先分析了出口产品的地区专业化格局，发现

2000～2011年城市出口产品地区专业化呈现显著上升趋势，出口产品专业化程度较高的地区从珠三角、长三角和环渤海少数大城市扩展到包括成渝、湖南和安徽等地在内的多个连片区。出口产品地区专业化的空间分布与区域经济发展水平高度契合，经济发展较好的区域也相应地拥有更高的出口产品地区专业化水平。技术关联密度与经济复杂度和出口产品地区专业化呈正相关，表明地方生产能力影响出口专业化水平。地方政府对出口产品的经济干预偏向逆市场化行为，导致市场分割并追求大而全的工业体系，忽略产品与本地的技术关联，阻碍产品相关专业化的提升。本研究进一步分析了出口企业的地理集中趋势，发现出口企业空间集聚程度较高，主要集中于东部沿海地区，但区域转移趋势显著。本地市场规模越、劳动力要素禀赋、地方政府的招商引资政策、开发区政策等促进了出口企业的集聚。总而言之，对外贸易显著提升区域产业专业化水平，促进产业地理集聚，从而提升产业竞争力。

六、区域出口贸易韧性

出口贸易是联系本地与国际市场的经济活动，受到国内外经济周期和不确定性影响。出口目的地的政治形势变化、政策变化、市场波动以及全球性的经济危机等都可能造成区域出口波动，从而导致区域经济不稳定、不可持续。一个区域能否抵抗外部经济冲击，能否从外部冲击中恢复并继续发展，区域出口贸易需要有足够韧性。在实证研究中，本研究回答的第六个问题是：什么因素决定区域出口贸易韧性？本研究首先探讨了区域出口贸易的短期韧性，发现产品相关多样化不利于区域贸易的短期韧性，降低区域抵抗力。一方面，相关多样化可能通过知识溢出，促进本地出口产品质量提升，从而提高产品需求弹性，导致城市出口经济在金融危机时期受到更大的外部需求冲击；另一方面，相关多样化产品内部的关联性也构成了外部需求冲击传导的网络，可能会通过网络外部性和产业关联效应放大需求冲击的影响。因此，相关多样化通过质量提升效应和风险传导效应，导致贸易经济在金融危机时期的短期韧性下降。

本研究进一步将区域贸易韧性分解为危机第一阶段（2007～2009年）的抵抗力、危机第二阶段的恢复力（2009～2011年）、危机过后区域出口产品结构转换提升力，探讨金融危机下区域出口韧性的空间差异及其机制。研究发现，区域出口贸易韧性存在显著空间差异，区域贸易韧性因出口产品的加工贸易方式及出口企业所有制的不同而在危机中的表现有所不同。相关多样化产业结构在短期可以增强区域产品的抵抗力，在长期还可以提高区域产品的恢复力并且助推区域产品实现结构升级，而金融危机后政府的应急型税收政策的影响范围及作用时间均有限。因此，为了提升区域贸易韧性，从长期来看，区域应该围绕核心产业知识积累，衍生发展相关多样化的产业结构体系。

本研究探讨了我国对外贸易地理的宏观格局、微观机制及其区域影响。区别于传统的国际贸易研究，本研究基于全球—地方互动视角，联系贸易源地与贸易目的地，研究贸易双方地理特性对贸易地理格局形成演化的影响。研究结论丰富了国际贸易理论，强调了地理要素的重要性，具有重要的政策启示，然后却并没有系统完整地展示贸易地理研究。在未来，将继续从以下方面深入探讨，完善基于中国的贸易地理研究。

（1）国际贸易通过对外贸易企业联系我国各个城市和全球市场，形成多维度、多层级的地理网络。贸易地理研究需要结合演化经济地理理论方法，基于网络思维和网络方法透视贸易地理网络的形成与演化。

（2）国际贸易连接地方和全球，容易受到地方经济与世界经济波动的冲击，尤其是当前“逆全球化”趋势上涨和贸易保护主义抬头，贸易地理研究尤其需要基于全球地方联系视角，深度探讨区域内部扰动与外部冲击对我国各区域贸易的影响机制。

（3）改革开放以来，我国政府积极推动外向型经济建设，从政治和经济上激励地方政府积极参与，地方政府会在双重激励下出现为“贸易而竞争”的局面，贸易地理研究需要从源头入手，揭示地方政府竞争如何塑造并推动贸易地理网络演化。

（4）改革开放以来，对外贸易直接或间接地重新塑造了我国的经济地理格局，贸易地理研究需要更为系统地探讨贸易对源地社会经济环境的影响，并揭示其影响机制。

（5）我国作为世界第一贸易大国，是很多国家的重要贸易伙伴。贸易地理研究也需要探讨我国贸易对目的地国（地区）及其内部经济地理的经济影响。